国家出版基金项目
NATIONAL PUBLICATION FOUNDATION

"船舶智能制造关键共性技术"丛书

船舶智能制造工艺设计

夏勇峰　程庆和　潘建辉　吴　韩　主　编

哈尔滨工程大学出版社
Harbin Engineering University Press

内 容 简 介

本书系统地介绍了船舶制造关键工艺智能化设计技术,为打通三维模型在船舶设计、制造过程中的应用链路,实现基于三维模型的设计制造一体化,提高船舶制造关键环节工艺设计智能化水平奠定了技术基础。本书主要聚焦船体构件加工成形、船体焊接、管子加工、船体结构件装配、分段舾装、分段涂装等船舶制造关键工艺智能化设计技术,对船舶制造关键工艺智能化设计技术现状、工艺特征描述、工艺过程、工艺模型设计、工艺知识库构建进行了系统介绍,一些项目还附有船厂实际应用案例。

本书能够为造船企业实推进智能制造提供指导与帮助。

图书在版编目(CIP)数据

船舶智能制造工艺设计/夏勇峰等主编. — 哈尔滨:
哈尔滨工程大学出版社, 2023.11
ISBN 978-7-5661-4027-2

Ⅰ. ①船… Ⅱ. ①夏… Ⅲ. ①造船-智能制造系统-
工艺设计 Ⅳ. ①U671-39

中国国家版本馆 CIP 数据核字(2023)第 129221 号

船舶智能制造工艺设计
CHUANBO ZHINENG ZHIZAO GONGYI SHEJI

选题策划　史大伟　雷　霞　汪　璇　周长江
责任编辑　丁月华　张志雯
封面设计　李海波

出版发行　哈尔滨工程大学出版社
社　　址　哈尔滨市南岗区南通大街 145 号
邮政编码　150001
发行电话　0451-82519328
传　　真　0451-82519699
经　　销　新华书店
印　　刷　哈尔滨午阳印刷有限公司
开　　本　787 mm×1 092 mm　1/16
印　　张　29.25
字　　数　724 千字
版　　次　2023 年 11 月第 1 版
印　　次　2023 年 11 月第 1 次印刷
书　　号　ISBN 978-7-5661-4027-2
定　　价　150.00 元
http://www.hrbeupress.com
E-mail:heupress@ hrbeu.edu.cn

"船舶智能制造关键共性技术"丛书
编 委 会

主 任

谢 新

常务副主任

邢宏岩　　夏勇峰　　习俊通　　陈　刚

副主任

郗金波　　姜　军　　周文鑫　　汪　璇　　王　旭　　马彦军
习　猛　　唐诗渊　　郑　宇　　胡小锋　　张延松　　姜季江
黄　蔚

委 员

牛延丹　　周荣富　　黄敏健　　饶　靖　　陈好楠　　张　然
马秋杰　　沈文轩　　周同明　　瞿雪刚　　罗　金　　伍英杰
宋建伟　　唐永生　　李　迎　　陈晓波　　陆　豆　　洪子橙
张致宁　　李　季　　郑和辉　　欧书博　　王金涛　　蒋　平
汪　骥　　宋　磊　　严传续　　刘振冲　　陈　震　　吴晓鸣
倪志海　　张宁波

《船舶智能制造工艺设计》
编 委 会

主 编

夏勇峰　　程庆和　　潘建辉　　吴 韩

副主编

周德寿　　潘伟昌　　马彦军　　习 猛　　罗 金

编写人员

瞿雪刚	周卫忠	万 莉	钱振华	周 瑜	戴 伟
翁石华	朱海波	沈朝晖	刘 阳	郑斌华	苏华德
伍英杰	贾恒涛	宋建伟	张亚运	王 欢	阳泽伟
王素清	吕瑞云	李 翔	沈 伟	刘玉峰	邱正峰
吕 迪	唐诗渊	唐永生	李 迎	张 俭	张 安
王立先	陈 婷	胡小才	杨 振	张 浩	刘建峰
王 昆	张宝民	孙 进	杨润党	喻天祥	马 宁
王德禹	何丽丝	储云泽	于 航	郤金波	姜 军
周文鑫	汪 璇	王 旭	牛延丹	周荣富	黄敏健
饶 靖	陈好楠	张 然	马秋杰	沈文轩	周同明
陆 豆	张致宁	李 季			

前　言

随着全球新一轮科技革命和产业变革深入发展,新一代信息技术与先进制造技术加速融合,为制造业高端化、智能化、绿色化发展提供了历史机遇,世界造船强国纷纷规划建设智能船厂,以智能制造为抓手,力图抢占全球制造业新一轮竞争制高点。船舶制造是典型的离散型生产,具有船厂空间尺度大、船舶建造周期相对较长、工艺流程复杂、单件小批量生产、中间产品种类繁多、物理尺寸差异大、作业环境相对恶劣等行业特点,对智能制造技术提出了特殊要求。

近年来,在国家的关心指导、行业的不断努力下,我国船舶工业实现了跨越式发展,产业规模迅速扩大,国际市场份额大幅跃升,造船三大指标位居世界前列,船舶工业核心设施和技术能力大幅提升,形成了长三角、珠三角和环渤海湾三大造船基地;造船核心设施能力达到国际领先水平,骨干船厂建立起以中间产品组织生产为特征的现代总装造船模式,并不同程度地开展了智能化转型探索工作,取得了一定成效。但是我国船舶工业大而不强的问题依然存在,造船质量、效率与世界先进造船国家相比还存在一定差距,我国船舶制造业处于数字化制造起步阶段,各造船企业发展水平参差不齐,三维数字化工艺设计能力不足,关键工艺环节装备自动化水平不高,基础数据缺乏积累,互联互通能力薄弱,集成化水平低等问题亟待解决。未来的 10~20 年是我国由造船大国向造船强国迈进的关键时期,也是我国造船企业通过技术创新实现转型升级、由大到强的重要发展机遇期,风险更大,挑战更为激烈。

为贯彻落实海洋强国、造船强国国家战略,国家相关部委先后发布了《推进船舶总装建造智能化转型行动计划(2019—2021 年)》(工信部联装〔2018〕287 号)、《船舶总装建造智能化标准体系建设指南(2020 版)》(工信厅科〔2020〕36 号)等规划文件,旨在加快新一代信息通信技术与先进造船技术的深度融合,提高我国造船效率和质量,推进船舶总装建造数字化、智能化转型。2016 年 12 月 20 日,工业和信息化部、财政部批复"船舶智能制造关键共性技术专项"项目立项,专项以船舶智能车间为对象,研究突破船舶智能制造关键共性技术,形成船舶智能制造核心技术和系统集成能力,使我国船舶企业建造技术水平跃上一个新台阶,缩短与国际先进造船国家的差距。通过"船舶智能制造关键共性技术专项"四年的研究,形成了一批船舶智能制造关键技术研究成果。为更好地推广科研成果,实现行业共享,项目组将专项的主要研究成果编辑成一套"船舶智能制造关键共性技术"丛书,该丛书以船舶智能车间为对象,通过对面向智能制造的船舶设计技术、船舶智能制造集成技术应用以及互联互通的船舶智能制造车间基础平台开发的相关研究总结,形成船舶智能制造关键共性技术的知识文库,为我国造船企业推进智能制造提供方向指引和知识支撑,助推提升企业造船效率和质量水平,为进一步构建智能船厂,实现我国由造船大国向造船强国的转变打下坚实基础。

本丛书共十一分册,各分册主要内容如下:

第一分册《船舶智能制造数字化设计技术》主要介绍船舶智能制造的数据源头数字化设计技术,包括基于统一三维模型的详细设计及审图、设计与生产集成、三维工艺可视化作业指导以及面向智能制造的产品数据管理系统开发与应用等内容。

第二分册《船舶智能制造工艺设计》主要介绍船体构件加工成形、船体焊接、管子加工、船体结构件装配、分段舾装、涂装等关键工艺环节的工艺模型设计、工艺特征描述、工艺路线设计、工艺知识库构建。

第三分册《船舶智能制造模式》主要介绍造船企业智能化转型的目标图像,分析国内骨干造船企业智能制造技术总体水平与差异,构建以信息物理系统为核心的船舶智能制造系统架构,研究船舶智能制造的设计、管控生产模式,并给出实施路径与评估评价方法。

第四分册《船舶智能制造车间解决方案》主要介绍船舶智能车间通用模型、面向智能制造的船舶中间产品工艺路线制定,提出船体分段、管子加工与分段涂装智能车间解决方案。

第五分册《船舶中间产品智能生产线设计技术》主要介绍国内骨干船厂中间产品生产线的发展现状以及对自动化、智能化程度的需求,研究型材切割、条材切割、船体小组立、平面分段、管子加工等典型中间产品生产线的设计方案,设计开发智能控制系统并验证,支持各类中间产品智能生产线的应用。

第六分册《船舶智能制造的统一数据库集成平台》主要介绍数据库顶层设计、数据库设计规范、数据库标准接口和数据库集成开发技术。

第七分册《船厂大数据技术应用》主要介绍船厂大数据应用的顶层设计、大数据质量保证、大数据分析和应用使能工具等技术,并对基于大数据的派工管控协同优化、分段物流分析与智能优化、船厂能源管控优化进行应用研究。

第八分册《船舶车间智能制造感知技术》主要介绍船舶分段制造车间定位技术、船舶制造中间产品几何信息感知技术、车间资源状态信息采集技术、船舶焊接与涂装车间环境感知应用技术。

第九分册《船舶制造车间组网技术》主要介绍船舶制造车间复杂作业环境下的网络构建和覆盖、制造过程物联,构建基于物联网的可控、可管、可扩展和可信的船舶分段制造车间网络空间架构。

第十分册《船舶智能制造海量数据传输与融合技术》主要介绍基于三维模型的海量数据传输技术及海量异构数据融合、管理技术。

第十一分册《船舶分段车间数字化多工位协同制造技术》主要介绍船舶分段制造车间切割、焊接等多工位协同作业、协同机制分析技术与船舶制造现场多数据源协同集成技术。

本丛书是项目团队花费大量时间和精力研究、编写的成果,希望能够得到广大读者的认可和支持。同时,我们也期待着读者的宝贵意见和建议,以便我们不断改进和完善本丛书的内容,为读者提供更加优质的服务和产品。

最后,我们要感谢所有参与本丛书编写和出版的人员及单位,他们的付出和支持是本丛书能够顺利出版的重要保障;还要感谢所有关注和支持智能制造技术发展的人,让我们共同推动智能制造技术在船舶行业的广泛应用和发展,为实现船舶工业数字化、智能化转型而不懈努力!

编　者

2023 年 5 月

目　　录

第1章 船体构件加工成形工艺智能化设计技术

1.1 概 述

船舶构件成形加工是造船工艺过程的重要组成部分,是开展船舶装配建造的前提条件,构件成形加工的质量与效率对于后续的装配制造有着非常大的影响。同时,构件下料切割作为构件成形加工的前道工序,也对成形加工有着非常大的影响。因此,提高船舶构件成形加工以及其前道工序下料切割的效率,对于提升造船质量、缩短造船周期,提高我国造船行业竞争力具有重要意义。

本章围绕船体板材与型材切割工艺智能化设计技术、板材成形加工工艺智能化设计技术、型材成形加工工艺智能化设计技术等3个方面展开论述。首先,介绍船体板材与型材切割工艺智能化设计技术,分析切割工艺智能化设计现状,提出了板材切割路径智能设计方法;面对不同设计提升自适应能力,根据分段开工顺序、目的地交货(delivered at place,DAP)信息、加工工序信息和分段建造标准工程图等,实现分道套料的智能化设计,同时综合考虑钢板利用率不低于设定目标,实现零件信息自动生成,通过在钢板套料切割版图上智能设计切割路径,提升切割效率,实现分道套料与钢板利用率平衡。其次,介绍船体板材成形加工工艺智能化设计技术,基于板材加工工艺特征,进行板材加工数据集成,提出基于加工余量与补偿量的智能设计方法,并完成板材热加工火工路径设计。最后,介绍船体型材成形加工工艺智能化设计技术,简述基于型材成形加工工艺特征的数据集成技术,选取典型型材成形工艺对象,对型材成形加工加载线进行智能设计,给出型材成形工艺智能设计方案在工艺中的应用案例,验证型材成形工艺智能设计理论的可行性与有效性,并介绍用于型材成形工艺智能化设计的型材加工工艺模型库。

1.2 船体板材与型材切割工艺智能化设计技术

1.2.1 船体板材与型材切割工艺智能化设计现状

船体构件切割的工艺目的是为后续的成形加工以及装配焊接服务。切割过程不可避免地要造成钢板的各种浪费,除了剩余钢板和边角余料的浪费外,各种割缝余量、坡口余量,以及机加工和变形等余量的浪费同样非常可观。因此切割技术将直接影响产品成本,特别是对船舶企业而言,产品的成本主要是钢材成本,而钢材成本则取决于钢材切割过程的利用率。综上,造船企业要生存并发展,就要在提高焊接质量的同时,从钢材切割技术下手,节省钢材,降低成本,提高钢材切割生产效率和效益。

船体板材与型材切割是将一系列形状各异的零件按照一定的填充方法排放在板材上,按照应用合理的排序方法寻找出这些零件的切割顺序和切割起点,然后再将这些已经排放好的零件按照切割顺序和切割起点从板材上切割下来,以此来获得零件的过程。

零件在板材上的排样又称为套料,船体套料是船体构件切割工艺设计的一个重要环节,船体数据在套料过程中得以集中体现,套料结果的优劣,不仅直接影响船舶制造原材料的利用率,更会影响产品的制造成本及企业的效益。船舶板材套料设计的主要任务是对船舶的零件通过套料设计,生成套料图、套料任务报表和切割工艺文件等相关信息,同时将套料的结果如零件清单、板材利用率、余料使用情况等数据进行汇总统计分析以指导生产管理。

在船舶制造企业,船体板材与型材切割是船舶制造的核心生产环节,其生产工艺和流程设计方式是由船体设计部门使用船体设计软件进行船体结构设计、分段详细设计,包括外板展开、分段结构拆分,然后整理成可供编程套料使用的数据文件,进而交由编程套料部门按照分段对零件进行编程套料,生成数控切割文件,安排数控切割机进行切割生产,零件切割完成后,再交由后续加工部门进行船体的成形加工以及相应的装配作业。

1.2.1.1 船体板材与型材切割工艺方法现状

目前国内大多数造船企业已经实现了从船体建模到零件套料以及切割工艺文件生成的计算机化,并正从数字化向智能化方向发展。

我国造船企业的切割工艺与装备,经历了手工火焰切割、机械切割、光电跟踪切割、仿形切割、数控切割等发展阶段。目前,国内造船企业在切割技术方面大范围地实现了自动化,如零件的平直板材切割加工、弯曲板材切割加工、板条及小零件切割加工、型材切割加工以及内部构件的切割加工等流程已经全面实现自动化。主要采用的切割设备及其附属加工设备包括等离子切割机、高速铣边机、板条切割机、光电跟踪切割机及火工平台等,这些设备的投入使用明显提高了生产效率,在加工精度方面也提供了保证。

零件外轮廓切割工艺设计广泛采用一笔画优化切割算法,可以极大地改变套料的操作模式,零件的切割顺序全部可以由计算机自动选择,能够缩短周期套料,并可以大大节省切割机的空走以及打火穿孔时间,提升整体切割效率。

同时,该切割算法及其切割模式可以应用于等离子切割和喷字切割等方面,使得船体零件装配、船体外板的滚压位置线、平钢号料等辅助工作效率得以提升,并能降低工人劳动强度,提高产品质量。

大量切割实践和统计数据证明:使用套料软件的任意共边、等离子桥接、连割等高效切割技术和工艺,可直接减少预热穿孔 70%,减少切割路径 30%,提高切割效率将近 40%,提高钢材套料利用率 1%~3%。同时,还可以有效节省火焰、等离子割嘴电极、激光镜片等耗材的用量以及减少水电气等的消耗。

1.2.1.2　切割工艺设计软件与船舶设计软件的融合现状

目前,使用 TRIBON 船舶设计软件的船舶企业面临的问题是如何使 TRIBON 软件输出的套料图与各种数控切割机,特别是国产数控切割机的切割代码兼容和转换。具体讲就是,TRIBON 软件输出的是以.gen 为后缀的套料图,我国船厂使用的数控切割机有进口和国产两种,切割代码各不相同,如何使新购买的数控切割机和已有的数控切割机可以使用和接受 TRIBON 软件提供的以.gen 为后缀的套料文件是亟须解决的问题。FastCAM 公司专门为 TRIBON 船舶设计软件开发完成了 TriCAM 通用转换软件,可自动将 TRIBON.gen 套料文件转换为通用的 CAM/DXF/DWG 文件,然后就可以使用 FastCAM 套料软件完成自动编程和套料,生成各种数控切割机都可以接受的数控切割代码了。

1.2.2　船舶钢板利用率与分道套料平衡

1.2.2.1　船舶钢板利用率现状

当前,国内船舶建造企业围绕提高船舶板材的利用率、降低生产建造成本这一问题,采取了大量的技术措施。

(1)优化初始设计,降低空船质量

优化初始设计,降低空船质量是从设计源头出发,降低钢材消耗的重要措施。其指导思想是根据以往相同类型船舶的设计经验,对初始设计在计算分析的基础上进行优化,以达到降低空船质量的目的。

(2)优化详细设计,合理结构布置,减少材料品种规格

目前,国内船舶建造企业已经在设计工作中有意识地结合船厂预处理、运输、起吊等设备的能力绘制分段划分图,尽量将分段长度划分一致,在详细设计阶段分板区时将分段接缝绘制于图纸中,并根据分段接缝及时调整板区划分,在满足结构强度的前提下尽可能将板厚换算成同一板厚或减少板厚尺寸。

(3)开展并行设计,提高钢材预估清单准确性

国内船舶建造企业正在通过开展并行设计来提高钢材预估清单准确性,在典型横剖面图、外板展开图以及基本结构图等关键的详细设计图纸完成后即开始工艺性研究,绘制分段划分图、精度布置图并反馈详细设计,可以基本确定船体主板架的钢材订货规格,大大提高订货的准确性。同时,在详细设计的同时启动生产设计,利用三维建模软件,可以准确展开曲形外板的形状,定义订货钢板的尺寸,对不规则的零件板模拟套料和优化板缝排列,形成准确的钢材订货清单。

(4)优化套料方法,提高钢材利用率

国内船舶建造企业利用"交叉套料或混合套料"方法在提高钢材利用率方面开展了大量实践工作。其方法是以一个分段为基础,涉及相邻分段为原则,合理组织分段切割顺序,使套料分段的批次与开工批次保持一致。同时,合理均衡多张钢板套料也是国内船舶建造企业提高钢板利用率的重要手段之一。即将船体零件的最佳套料组合着眼于在一批钢板

上组合,而不能仅在一张钢板上组合。从船体结构中寻找提炼典型结构,研究典型结构并预套料,找出其最优的排布规律有利于提高钢材利用率。

1.2.2.2 分道套料平衡现状

分道套料就是在以分段为单位的套料基础上,将切割版图按照不同的切割方式和组立阶段进行区分,以提高生产现场的理料及配送工作的效率。钢板材料根据版图名的分类实现钢材按组立阶段的需求分道。同时,余料按照切割类型分道,按照分段的加工顺序使用。

按零件分道套料:数控切割零件、板条切割零件、门切切割零件根据不同的版图进行分类套料,这样可方便小组立的施工,也可减少零件的遗失。

按材料分道配送:分道套料以后版图上的板规与材料出库单上的板规一致,预处理后根据要求进行分道送料切割,实现钢板的托盘化管理。

余料分道使用:就是在分段切割的同时,对产生的大量余料直接进行消化使用,而不再退回理料间进行登记,这样就减少了余料的积压;同样为了减少余料的流转,一般余料的使用不超过两次。

按组立需求进行分道套料:根据小组、中组、大组制作分段的先后顺序,按照组立的需求,将船体零件区分开来进行套料。

按照分段加工生产顺序进行分道套料:按全船分段制作的先后顺序,将各个环段之间的顺序有机结合起来,进行分段套料。

船舶板材套料是影响板材利用率的一个关键环节,零件套料是否合理,直接影响到钢材的利用率。

1.2.2.3 船舶分道套料工艺路线优化

目前围绕提高钢板的利用率、减少钢板的采购支出这一目标,现行船舶板材套料设计中主要采取以下一些方案以达到提高套料方案合理性的目的。

(1)针对预套料工艺进行优化提高套料方案合理性

所谓预套料工艺是指不直接从套料方法或算法上着手,而是在套料设计工作之前从船体构件设计以及套料板材选取等方面采取措施,以达到提高板材利用率,从而改进套料方案合理性的目的。目前常采用的方法有以下两种。

①"不定尺"板材采购代替传统"定尺"采购

针对预套料工艺进行优化的一种可行方式是用"不定尺"板材采购代替传统"定尺"的常规尺寸采购。通过这种革新,可以在板缝划分上充分利用合适的板规,提高钢材的利用率,减少余料浪费。该革新方法对船舶板材套料设计提出了较为灵活的要求,同时需要预先综合考虑工厂的钢板设备加工能力、预处理线设备处理最大板宽和起重能力以及运输能力等企业制造能力信息,并在套料设计中充分考虑、灵活决策。其带来的潜在问题是对于单船且不定尺板规少的情况,会增加采购成本。

②面向套料合理性的零件分割优化

面向套料合理性的零件分割优化是针对预套料工艺进行改进的另一种有效策略,并在

船厂得到了广泛应用。其思想是优化板材套料,在套料时如果发现套料方案不合理,存在余料多、钢板利用率不高的情况,可以与结构设计人员协商,对零件的分割进行修改,即增加板缝和结构零件,或修改板缝达到使套料方案更合理的目的。该方法的好处是减少了套料的难度,缩短了套料周期,但需要和结构设计工作密切配合。

(2)套料设计直接优化手段的应用

目前常用的套料设计直接优化手段包括套料批次的优化、余料的科学管理、自动套料算法与软件的使用等。

①套料批次的优化

将若干船体分段对应的船体零件合在一起进行同批套料,则这些零件就属于同一套料批次。船厂应根据其生产计划和工作方式来确定合理的套料批次。目前部分船厂已经将分段总组方案与套料批次相联系,通过组合优化把需要总组的分段安排在一个套料批次里进行套料,解决了分段零件分类快速查找难的问题。同时,分段与套料批次的结合还可以通过对其零件分级评估来优化套料过程及结果,如果零件很小,不是关键构件,还可以强套到高一级的板规材质中去。

②余料的科学管理

套料过程中余料的科学管理是指船厂结合自身的特点,制定科学合理的余料管理方法。其主要思想是力图合理利用切割作业后发生的余料,有效地提高钢材利用率。目前,余料的科学管理在绝大部分船厂都有一定程度的应用,主要是通过相应的信息化手段对余料进行分类管理并强化二次利用实现的。

③自动套料算法与软件的使用

自动套料就是用计算机技术,利用合适的套料方法,使零件在排放时紧密靠近又互不重叠,从而提高材料利用率。近年来国内外不少专家学者开展了大量研究,并取得了一定的成果。日本 IHIMU 船厂经过长期经验积累,开发了一套基于遗传算法的自动套料系统 FINEST。FINEST 系统将零件重叠和分开的情况定义为高的能量级,通过控制温度和范围,以及随机移动和旋转来实现没有重叠的零件排列。FINEST 系统在船厂应用的实例证明,与人工套料相比,该系统能使套料功效提高 90%,使一次套料钢板利用率提高 1%~6%。

(3)板材排样套料设计智能化改造的潜力分析

大量研究与工程实践表明,提升船体套料设计的智能化,有利于提高材料的利用率,降低产品的制造成本,并提高生产效益。

①基于分道原则的套料批次优化智能化改造潜力

零件作为船体结构的基本组成单位,其数量庞大,从切割、成形到最后的总装等诸过程中以单件、部件、组立等多种中间产品形态出现在船体建造的各个阶段。各个建造阶段对前道的产品需求、自身的生产能力评估等最终都形成了对零件的数量需求、运输配送能力需求和对制造能力的评估。

基于此,需要在对零件自身特性及切割加工工艺需求等进行分析研究的基础上实施符合实际情况的零件分道切割和托盘化配送,并根据既定的分道原则和方法对设备分工、人员配置、物量分解目标等进行相应的调整和优化。

因此,基于分道原则的套料批次优化极其重要,同时如果能制定相应的规则使该领域知识与相应的智能套料算法相融合,则能实现船舶板材套料设计与分道建造相结合。

目前,相应的智能套料算法的研究方兴未艾,各种成果层出不穷,为将分道建造与各种智能手段相结合提升套料智能化程度提供了可能。

②自动套料算法智能化改造潜力

目前板材套料优化研究比较活跃。国内外已有不少专家学者在这个领域做了很多研究工作,并且取得了一些成果。例如,背包算法、组块技术等,都能够得到较好的排样效果。但是,前者是近似优化算法,后者是局部搜索方法,达不到排样的总体最优。杨威等提出了基于遗传算法的解决方案,建立了优化套料的遗传算法模型,描述了算法的实现技术,并通过计算实验证明此算法能得到很好的矩形零件排样的优化方案。方辉讨论了如何利用企业的分布式计算环境将分布式并行遗传算法用于矩形零件优化套排的问题。陶献伟等在综合套料生成算法与填充算法思想的基础上,提出了一种适用于矩形件优化排样的最小宽度算法,将其与模拟退火算法相结合,能够跳出局部搜索,最终可获得近似总体最优的排样结果。

③基于分道原则的套料批次优化与套料智能化算法结合的可能

遗传算法和模拟退火算法是在智能套料软件中研究和应用最为广泛的两种基础智能算法。遗传算法是一种采用进化策略在解空间中寻找最优解的优化方法,它是对生物种群进化过程的模拟,从随机生成的种群(即优化问题的解集)开始,按照适者生存的原则,经过选择、交叉、变异等遗传操作,使种群的整体适应度(即优化问题的目标函数值)向增大的方向进化。此外,模拟退火算法也在套料优化中经常使用,这是一种解决组合优化问题的随机搜索技术,它可不断对当前解进行迭代,从而使目标函数达到最优,显著提高板材利用率。

1.2.3 板材切割路径智能设计技术

1.2.3.1 板材切割路径规划设计方法现状

切割路径就是切割机对零件进行切割时割嘴走过的路径。二维不规则图形排样算法的应用使材料利用率得到了很大提高,如果在零件排样完成后对零件进行的后续切割不能有效地保证切割工艺,那么不仅排样算法在材料利用率上获得的收益将丧失,还会导致零件报废或刀具损坏,因此必须对零件的切割顺序和切割起点进行优化以满足生产工艺的要求。

(1)板材切割路径规划设计方法的数学理论基础

切割路径优化主要涉及零件的切割顺序、引入引出方式、轮廓切割方向等,以及一些局部优化处理方法,如桥接切割、链接切割、共边切割等。经典的旅行商问题(traveling salesman problem,TSP)是板材切割路径规划的数学理论基础。其基本模型是旅行商一次性不重复走完给定的所有城市,求取所有路径中最短的那条。后来TSP被应用于解决具有实际意义的板材切割路径优化问题。关于切割路径优化问题,很多学者都进行了深入研究,目前大多数研究都基于一些算法来获取零件切割顺序和寻找合理的打孔点,从而完成切割路径的获取。

(2)板材切割路径规划设计的求解方法

1999 年,Guk-chanHan 和 Suck-jooNa 结合激光切割过程中产生的热量对加工过程的影响,提出了模拟退火算法来解决切割过程中的路径优化问题。他们首先建立了零件信息库和对应的板材切割温度的分布函数,将给定的临界温度作为一种约束,再结合路径优化方法,生成相应的切割路径。模拟退火算法求得的相应最优解都在临界温度范围内,当临界温度发生变化的时候,对应的相对最优解也发生变化。由于板材的材质和激光切割机的性能不同,临界温度也不同,因此就可以根据临界温度的不同,产生满足不同实际需求的激光切割路径。同时,他们还利用实际例子证明了模拟退火算法的可行性。Guk-chanHan 和 Suck-jooNa 的方法结合了实际温度对板材切割质量的影响,对实际的激光切割具有很重要的作用。

(3)板材切割路径规划设计的求解效率

2007 年李泳、张宝峰提出了构造树形结构的算法来解决路径优化问题,对于复杂轮廓切割顺序的生成必须考虑轮廓的嵌套性。其以轮廓位置关系为约束条件,根据图论原理将加工路径优化问题归结为广义旅行商问题(GTSP),并以此为基础提出了先按照轮廓位置关系构造树形结构,然后以加工起点为基准点按照从内向外的顺序遍历树形结构的优化算法。实验结果表明,使用该算法可将激光头空行程距离减少 10%以上,明显地提高了切割的效率和质量。

(4)板材切割路径规划设计原则

切割路径规划设计利用切割约束条件,通过模拟仿真与试验选取最优路径,制定路径选取原则,面对切割任务自动选择最优路径,实现切割路径的自适应。

板材切割路径规划设计原则:

①应尽量减少切割耗材;

②应形成路径不穿过已切割区域;

③相邻的两个切割起点所属的零件必须是紧邻关系;

④优先切割顺序定义为先切左边,然后向右转移;

⑤一笔画切割路径,不停火,连续将所有外边界切割;

⑥满足工艺约束前提下切割路径最短,避免重复切割。

1.2.3.2　板材切割路径优化技术

板材切割路径优化是在满足工艺约束的前提下,减少切割空行程,达到减少切割耗材、提升切割效率和保证切割零件质量的目的。板材切割路径智能设计技术是在充分吸收当前切割套料技术以及钢板切割一笔画技术的基础上,在套料版图上进行切割路径规划,以提升切割效率,最大化减少切割耗材。同时利用切割约束条件,通过模拟仿真与试验选取最优路径,制定路径选取规则,面对切割任务自动选择最优路径,实现切割路径的自适应。

在数控切割机上切割船体零件时,传统的方法是按套料文件上零件出现的先后顺序,以及线段在零件上出现的先后顺序来进行切割,一般是先把所有划线划完再进行边界线的切割。在零件生成时,由于种种原因,同一条划线常常重复出现,最多可有十多次。还常常出现划线搭接的情况,这样就增加了实际划线的长度。

两根划线之间还有一段空走的距离。由于零件生成时不能合理安排划线的先后顺序,因此空走距离较长。在进行边界线段的切割时,在切完一个内孔或一个外边界时,都要停火抬起切割嘴,空走到另一内孔或外边界开始处重新放下切割嘴并点火继续切割。同样由于种种原因,零件套料时不能合理安排零件的先后顺序,因此空走距离较长。

切割路径优化软件通过对划线及边界线段顺序的优化,缩短了划线长度及空走路线的长度,同时取消了原来零件的引火线,加入适当的两零件之间的过渡线,以及采取所谓一笔画的切割方式。一笔画切割路径规划方法的优点十分突出,在我国船舶制造企业中也得到了广泛应用,使得不用停火即可连续将所有外边界切割完,最大限度地减少了点火次数,既节省了切割时间,又减少了电极损耗,便于技术人员操作。

1.2.3.3 板材切割路径优化数学模型

下面给出一种板材切割路径优化数学模型构建方法。

(1)切割工艺约束条件建模

切割工艺约束条件建模原则如下:

①割嘴空行程路径不穿过已切割区域;

②相邻的两个切割起点所属的零件必是紧邻关系;

③优先切割顺序定义为先切左边,然后向右转移。

(2)切割工艺路径优化的数学模型定义

以一张已经排样完毕的套料图为基础,根据上述切割工艺约束条件和切割工艺路径优化目标,设定割炬原点为 O,可以定义待割零件为

$$P_i(i=0,1,2,\cdots,n)$$

为便于切割路径的表达,设组成零件的轮廓为

$$B_i(i=0,1,2,\cdots,n)$$

其中,B_i 为零件的外轮廓。

设组成轮廓的几何元素为

$$G_i(i=0,1,2,\cdots,n)$$

其中,G_i 为线段或圆弧。

每个零点轮廓所对应的特征点可以定义为 F_{ijk},其中,i 为零件序号,j 为轮廓序号,k 为特征点序号。

由切割工艺的约束条件可以假定,每个轮廓对应的切割起点为 $F_{ijs}(s\{0,1,2,\cdots\})$。

于是,可以得到切割起点的集合为

$$F=F\{F,F_{01s},\cdots\}$$

这样,可以将切割路径 R 定义为

$$R=L+\sum L_i$$

$$L = d(0, F_{01s}) + \sum \{d(F_{0js}, F_{0(j+1)s})\} + d(F_{0ms}, F_{0(m+1)s})$$

其中,L 为割炬原点到第一个零件的第一个内轮廓起始点的距离、第一个零件各轮廓起始点间的距离、第一个零件最后一个内轮廓到外轮廓的距离这三个距离的总和;L_i 则是任意两个相邻编号零件间上述三个距离的总和。如此一来,则将切割路径优化的目标转变为具体的数学量了。

1.2.3.4　切割工艺路径优化的数学模型求解方法

采取启发式算法对切割工艺路径优化的数学模型进行求解。启发式算法通过建立相应的选择机制,在状态空间中对每一个搜索的位置进行评估,以此来获取最优的位置,再从这个位置开始继续搜索,不断循环直到结束。

对路径的搜索采用的是以下两种评估判断机制。

(1)基于"上下摆动"的切割路径搜索评估判断

①找到板材上最左下角的零件,加入排序数组,作为第一个被切割的零件 $i(i=0)$,若不存在则排序结束;若存在则执行②。

②以 $i(i=0,1,2,\cdots,n)$ 为参考,寻找 i 的上方零件,若存在则加入排序数组作为下一个被切割的零件 $i+1$,同时循环②;若不存在则执行④。

③以 $i(i=0,1,2,\cdots,n)$ 为参考,寻找 i 的下方零件,若存在则加入排序数组作为下一个被切割的零件 $i+1$,同时循环③;若不存在则执行④。

④以 i 为参考,寻找 i 的右方零件,若存在则加入排序数组作为下一个被切割的零件 $i+1$,同时判断 $i+1$ 在板材的上边缘还是下边缘,若在上边缘则循环③,在下边缘则循环②;若不存在 $i+1$,则结束循环,排序结束。

(2)基于"左右摆动"的切割路径搜索评估判断

从排样图的左下角某一零件开始向上选择,不同的是该评估方法是循环判断当前零件上方和右方零件的位置特征后再做出选择,向上向下的选择方式体现了"左右"摆动的效果。

①找到板材上最左下角的零件,加入排序数组,作为第一个被切割的零件 $i(i=0)$,若不存在则排序结束;若存在则执行②。

②以 $i(i=0,1,2,\cdots,n)$ 为参考,寻找 i 的上方零件和右方零件形成数组 LSParts,若存在则选择 LSParts 中合适的零件,加入排序数组作为下个被切割的零件 $i+1$,同时循环②;若不存在则执行④。

③以 $i(i=0,1,2,\cdots,n)$ 为参考,寻找 i 的下方零件和右方零件形成数组 LSParts,若存在则选择 LSParts 中合适的零件,加入排序数组作为下一个被切割的零件 $i+1$,同时循环③;若不存在则执行④。

④以 i 为参考,寻找 i 的左方零件,若存在则加入排序数组,同时判断 $i+1$ 在板材的上边缘还是下边缘,若在上边缘则循环③,在下边缘则循环②;若不存在 $i+1$,则结束循环,排序结束。

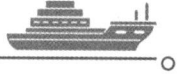

1.2.3.5 切割工艺路径优化的数学模型求解效果

（1）基于"上下摆动"的切割路径搜索求解效果

图 1-1（a）为基于"上下摆动"的切割路径搜索求解效果示意图，从图中可以看出，搜索到达上端的时候就改成向下搜索，向下搜索与向上搜索的原理一样，只是方向不同。然后将微小零件插入即可同时搜索。过程中涉及的一些参数可以根据需要进行修改，根据不同的参数就可以获取不同的切割路径图。

（2）基于"左右摆动"的切割路径搜索求解效果

图 1-1（b）为基于"左右摆动"的切割路径搜索求解效果示意图，与前述方法类似，根据不同的参数就可以获取不同的切割路径图。

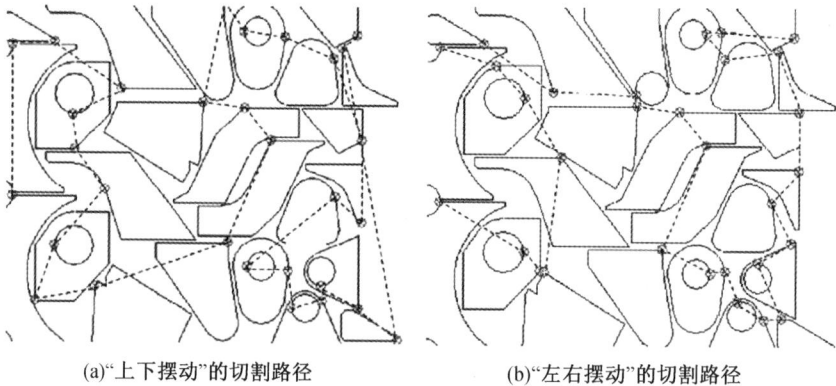

(a)"上下摆动"的切割路径   (b)"左右摆动"的切割路径

图 1-1 基于"上下摆动"和"左右摆动"的切割路径搜索求解效果示意图

1.2.4 针对设备特性的自适应切割智能设计技术

基于板材、型材切割需求，建立切割设备工艺特性参数样本，针对不同的切割任务，进行切割参数匹配。选取典型切割样本，对切割样本进行工艺参数提取，并将工艺参数集成于切割系统，针对典型样本的切割任务，自动完成切割参数匹配。

自适应切割设计要求：

（1）具有自动点火、自动升降、自动穿孔、自动切割、喷粉划线、喷水冷却、返回重割、动态图形跟踪显示等功能；

（2）具有伺服系统，采用闭环控制；

（3）坡口切割过程中切割高度、进给速度、拐角过渡都要随坡口角度变化而适时调整，以实现正切的切割尺寸和坡口角度。

1.2.4.1 船用切割设备分类及特性分析

船用金属材料切割设备按切割方式可分为火焰切割机、等离子切割机、激光切割机、水刀切割机等。火焰切割的质量和精度是上述方式中最低的，一般手工火焰切割的表面粗糙度和板边缘直线度都比较低。目前仿形切割和半自动切割机在生产中逐步代替了手工切割。

等离子切割是利用高温等离子电弧的热量使工件切口处的金属局部熔化(和蒸发),并借高速等离子的动量排除熔融金属以形成切口的一种加工方法。等离子切割配合不同的工作气体可以切割各种氧气切割难以切割的金属,尤其是对于不锈钢、有色金属(铝、铜、钛、镍)切割效果更佳。等离子切割比较容易实现装备的数字化控制,市场上成熟的数控等离子切割装备比较充足,可适应各种不同厚度与材质的钢板切割,因此目前等离子切割工艺广泛应用于造船行业,其具有自动点火、自动升降、自动穿孔、自动切割、喷粉划线、喷水冷却、返回重割、动态图形跟踪显示等功能,伺服系统采用闭环控制,具有响应速度快、定位精度高、割缝质量好的特点。

随着绿色造船技术的发展,激光切割机也在船舶行业有了广泛的应用。当前激光切割应用于船体加工主要集中在小合拢时所需的各类板材零件、分段中一些较薄的板材、切割时容易变形的板材,以及切割质量和精度要求较高的板材等零件,未来如何扩大其在船舶零件中的应用范围是值得关注的方面。此外,应该加强激光切割和等离子切割的互补,根据承建船舶的类型和结构形式,配置合理数量的激光切割设备,为高质量、短工期和快节奏地建造船舶提供可靠的保证。

1.2.4.2　针对切割设备工艺特性的切割参数匹配方法建立

通过制定船舶构件切割类型选择规则、坡口切割工艺生成规则,实现针对切割设备工艺特性的切割参数匹配。

(1)船舶构件切割类型选择规则制定

该规则主要用于对不同船舶构件与切割设备工艺特性的匹配性分析,以决定采用一笔画数控切割或是坡口数控切割。

一笔画数控切割能做到板材切割时先喷粉、切割内孔后将零件外轮廓一笔切割成形,节约了切割时间和耗材。然而一笔画数控切割方式仍然需手工开设打磨坡口,增加人工成本和工时,同时降低了准确性。坡口数控切割则能在切割零件的同时自动开设坡口,但是切割速度慢,对长扁条零件的影响较大,而且切割过程中需要多次点火,对割头磨损较大,指令转换也相对复杂。

可以根据零件材质、板厚、切割长度的坡口情况选择一种配置规则,使得板材切割效率最大化。

①根据材质选择配置规则:一笔画数控切割方法后期需要为坡口零件手工开设坡口,手工开坡口使用的是火焰切割方法,火焰切割的原理是使被切割的材料在高温下高速氧化,而不锈钢(316L)材质的板材抗氧化能力强,不适用一笔画数控切割、后续手工开坡口的方法,因此不锈钢(316L)套有坡口零件的板材需选用坡口数控切割方法。超过切割机可开设的坡口角度范围的,按最大角度开,后期手工补开剩余角度。

②根据板厚选择配置规则:由于等离子数控切割机切割薄板和厚板的成本较高,且切割质量不佳,因此可以根据多次试验获取等离子数控切割机适用的板材厚度区间,在此区间外的板厚,选用一笔画数控切割方法。

③根据切割长度选择配置规则:由于坡口数控切割的走刀速度比一笔画数控切割的走刀速度慢很多,因此切割长度越大,一笔画数控切割的优越性就越明显。根据统计资料,当切割长度在300 m以上时,选用一笔画数控切割的成本将低于坡口数控切割。因此,切割长度在300 m以上时,优先选用一笔画数控切割方法。

④根据坡口情况选择配置规则:当坡口角度在坡口数控切割机可开设的范围内的坡口数量超过3个或长度超过1 m时,采用一笔画数控切割将影响后期手工开设坡口的质量,同时会增加成本。因此,选用坡口数控切割方法更加经济。

(2)坡口切割工艺生成规则制定

坡口切割在切割过程中切割高度、进给速度、拐角过渡处理都要随坡口角度变化而适时调整,以实现确切的切割尺寸和坡口角度。坡口数控切割能在切割零件的同时自动开设一定角度范围内的坡口,避免了手工开设坡口导致的坡口角度不精准、不美观,坡口开漏、开错等问题,同时减少了坡口零件的开设、打磨和扎堆集配工序,极大限度地提高了板材切割效率和精确性。目前,坡口数控切割主要使用400 A等离子数控切割机,可以通过软件MagicNC2.5实现指令转换,将船舶建模软件AVEVAMarine自动生成的.gen文件转化成坡口数控切割文件。针对切割设备工艺特性的钢板切割类型选择如图1-2所示。

图1-2　针对切割设备工艺特性的钢板切割类型选择

1.2.4.3　切割设备工艺特性参数数据库建立

基于船用切割设备特性分析,通过提取其工艺特性参数,建立切割设备工艺特性参数样本库,是实现工艺参数与切割系统的集成,以及切割参数自动匹配的基础。

按照"实体-属性(ER)"方法建立切割设备工艺特性参数数据库的概念模型,使用关系数据实现其外模式,采用商用数据库软件实现其持久化管理即内模式,从而实现三级模式管理的数据库构建。

(1)概念模式设计

切割设备工艺特性参数数据库的概念模型由切割设备工艺特性参数实体的属性、切割设备工艺特性参数与切割工件样本联系、切割设备工艺特性参数领域内涵组成。

①等离子切割设备工艺特性参数实体的属性

等离子切割设备工艺特性参数实体的属性包括设备名称、设备编号、切割速度、切割电流、工作气体与流量、电弧电压、可切割材料名称、可切割材料厚度。其中,设备编号为该实体的主键。

②激光切割设备工艺特性参数实体的属性

激光切割设备工艺特性参数实体的属性包括设备名称、设备编号、激光模式、激光功率、切割速度、焦点位置、喷嘴高度、喷嘴直径、辅助气体种类、辅助气体气压、可切割材料名称、可切割材料厚度。其中,设备编号为该实体的主键。

③气体火焰切割工艺特性参数实体的属性

气体火焰切割设备工艺特性参数实体的属性包括设备名称、设备编号、切割氧纯度、切割氧流量/压力/氧流形状、切割氧流速/动量/攻角、预热火焰功率、可切割材料名称、可切割材料厚度。其中,设备编号为该实体的关键。

(2)切割设备工艺特性参数与切割工件样本联系建立

切割设备工艺特性参数与切割工件样本联系的目的是能够为待切割工件自动匹配合理的切割设备。其实现方式是通过建立待切割工件的可切割工艺类型实体,以及建立切割工艺参数逻辑从属关系的方式来完成的。

①待切割工件的可切割工艺类型实体定义

待切割工件的可切割工艺类型包括待切割工件编号、工件材料、工件厚度、装配坡口要求、可切割工艺序列。其中,待切割工件编号为其主键。

②切割工艺参数逻辑从属关系定义

切割工艺参数在逻辑上有明显的从属关系,工件材料有若干种,每种工件材料又有若干不同的厚度,而每一厚度的板材又有许多组加工参数,因此每一组加工参数都与某一材料某一厚度相关。可建立切割工艺参数逻辑从属关系,其分为两层:材料属性存储在第一层;加工参数存储在第二层。层与层之间采用将上一层记录关键字引入下一层相关记录的方法,使切割工艺参数数据库具有关系型数据库的存储模式。

（3）切割设备工艺特性参数数据库设计

①切割设备工艺特性参数数据库的外模式设计

采用关系数据模型作为切割设备工艺特性参数记录格式来存储大量的加工条件，该模型是切割工艺参数数据库的主体。工艺数据库的操作包括建库、添加、查询、浏览以及删除数据库的信息。由于切割工艺参数数据库是关系型数据库，因此可以采用结构化查询语言（SQL）建立其关系数据表。

以激光切割设备为例，其切割工艺参数中的材料属性如表 1-1 所示。

表 1-1　材料属性表

材料代号	材料名称	材料属性						
		材料类别	热传导率	材料熔点	材料厚度	反射率	易氧化程度	其他

加工参数存储在第二层，如表 1-2 所示。

表 1-2　加工参数表

材料代号	材料名称	材料厚度	切割参数							
			激光模式	激光功率	切割速度	焦点位置	喷嘴高度	喷嘴直径	辅助气体种类	气压

其他切割设备也可以依据上述方式建立切割参数和工件属性之间的两层工艺特性数据表。

②切割设备工艺特性参数数据库的内模式设计

切割设备工艺特性参数数据库的内模式即物理存储模式，采取与船舶企业设计数据库同源的数据库管理系统。用户可对数据库进行维护，对库中的数据进行修改、增加和删除等操作，实现对切割设备工艺特性参数的持久化管理。针对设备特性的自适应切割智能设计规划效果如图 1-3 所示。

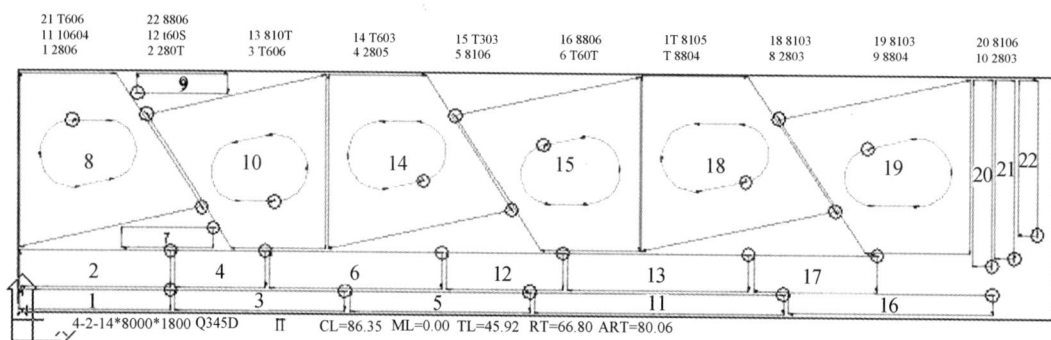

图 1-3　针对设备特性的自适应切割智能设计规划效果

1.2.5　分段套料智能化技术

分段套料智能化技术是根据材料利用率和船体建造分段原则,针对船体零件的几何特性,通过排列组合优选算法,制定智能化的套料设计方案实现分段套料最优组合的技术。同时,根据分段开工顺序计划、DAP(分段组立流程)信息、加工工序信息和分段建造标准工程图等船体建造分段规则,综合考虑钢板利用率,通过分段套料的智能化设计技术,以满足零件信息自动生成、小组立和中组立生产线的送线自动规划要求。

船体分段原则包括分段开工顺序计划、DAP信息、加工工序信息和分道建造标准工程图等。

对船体零件进行套料时,切割工艺适应性不同的零件应归为不同成组。

基于分段、节拍的智能化套料原则:

①分段加工顺序确立之后,按照该顺序对各分段进行套料工作;

②对于某一分段的零件进行套料,确定切割机类型后进行分段套料;

③按照组立阶段及流向进　步划分;

④参与同一块钢板套料的船体构件按照优先级进行套料;

⑤根据套料组合信息进行套料关键算法设计,套料组合信息包括船体零件的名称标识、三维模型与安装固定点信息、面积、套料利用率。

1.2.5.1　面向 DAP 的套料相似性分段原则定义

现代造船模式下,利用工程作业的加工相似性原理进行成组,能够提高作业的批量效应,降低施工成本,提高效率。

将上述思想应用于船体构件套料设计中,可以制定相应的相似性原则,考虑 DAP、分段中船体构件的加工和装配工序信息,以及工程图出图顺序等船体建造分段规则,可以提出以下套料相似性成组原则。

(1)套料零件类型相似原则

套料零件按几何特征结合其在船体结构中的功能角色,可划分为板材、肘板、扶强材、补板。待套料的船体零件可以依据上述分类进行成组,并进行套料优先级选取。

(2)套料零件切割适应性相似原则

对船体零件进行套料时,切割工艺适应性不同的零件应归为不同成组,因此将套料零件切割适应性定义为:船体零件满足切割类型的数量总和。相应地,切割类型包括等离子切割、光电切割、火焰多头切割、数控火焰门式切割、型钢切割。

(3)套料零件分段加工工序相似原则

零件作为船体结构建造过程中较为特殊的中间产品,基本经历了从切割到最终船坞或船台搭载的全过程。经历各个制造阶段的零件流转的每一个过程都会产生相应的零件流向,其反映了装配加工工序的相似性。具体装配加工工序包括小组立、中组立、大组立、总组、搭载。

(4)套料零件成形加工相似原则

零件加工类型主要取决于零件的几何特性,并结合船厂设备加工能力进行分类,包括单曲卷板、双曲弯板、压折加工、复杂线型加工。

1.2.5.2　基于分段、节拍的智能化套料原则与策略

(1)基于分段、节拍的智能化套料原则

根据企业生产、设计条件,制定依托该企业的分段、节拍的套料原则:

①分段加工顺序确立之后,按照该顺序对各分段进行套料工作。

②对于某一分段的零件进行套料,若船舶建造企业具备了一定数量的等离子数控、板条、门式、型钢等类型的切割机,需按照切割(机)类型进行分道套料。版图共分为数控切割版图、板条切割版图、门式切割版图、型钢切割版图等四种类型。

③按照切割类型进行初步划分后,按照其组立阶段及流向进行进一步划分,如表1-3所示。

表1-3　按组立阶段及流向进行套料

类型	作业区分	版图类型	组立类型		备注
			本级	下级	
数控切割版图	小组零件	CNX	小组		
	中组零件	CNY	中组、曲形中组		
	大组零件	CNZ	大型片体、立体中组	最终的大组	
	部分需加工主板	CNY	曲形中组		需加工外板、内壳板,上建压筋板,舱壁的槽形板等
	曲形 T 排腹板	CNX	小组		曲形 T 排腹板专用
板条切割版图	1. T 排 2. 长扁钢 3. 长面板 4. 扁钢型纵骨	CSX		大型片体中组	T 排要考虑到外协的需求
		CSX	小组		长度大于 4 m,且属于小组立阶段的板条
		CSZ	中组、大组	最终的大组	长度大于 4 m,且属于中大组立阶段的板条
门式切割版图	第一个基面主板	CFY	大型片体大组	大型立体中组	双壳分段的内壳板等需上平直流水线拼板的零件
	第二个基面主板	CFZ	大型片体中组		1. 双壳分段的外壳板等需上平直流水线拼板的零件; 2. 单壳分段的基面主板等需上平直流水线拼板的零件
	其他 38 mm 以上的零件	CFX			其他 38 mm 以上各组立阶段的零件(不上平直流水线)
型钢切割版图		X	小组		
		Z	中组、大组	最终的大组	

注:表中 X、Y、Z 分别表示小、中、大组立三个主要阶段;N、S、F 分别表示数控切割、板条切割和门式切割。

④考虑到板条与数控切割机均可以进行板条零件的切割,但是板条切割机的效率相对较高,因此对于板条零件首先考虑采用板条切割机,若板条切割机负荷过重时可以考虑将板条零件套数控切割版图。

分道套料的顺利实施,将会大大提高理料,配送,小、中、大组立的完整性和及时性。

（2）基于分段、节拍的智能化套料策略

制定面向 DAP 的套料相似性分道原则集合后,原则上每一个待套料的船体零件都可以按照不同的原则进行成组,这样会带来两个问题,即套料时究竟应如何针对不同的分组原则进行选择以及不同的分组原则之间哪些应优先考虑。为此制定以下分道套料策略。

①策略一:分道套料批次策略。

套料批次采取分层策略,即按照优先级高的原则成组后,该组内的零件再按照次优先级的原则成组,以此类推。

②策略二:套料分道成组优先级定义。

套料分道成组优先级如表1-4所示,表列从左至右各分道成组优先级依次降低。

表1-4　套料分道成组优先级

切割适应性	加工工序相似	成形加工相似	零件类型相似
数控切割	小组立	详见策略三	按分类即可同时考虑作为微小零件插入的可能
	中组立	详见策略三	同上
	大组立	详见策略三	同上
板条切割	小组立	长条零件	同上
	中组立	长条零件	同上
	大组立	长条零件	同上
门式切割	小组立门切零件	详见策略三	同上
	中组立门切零件	详见策略三	同上
	大组立门切零件	详见策略三	同上
型刚切割	小组立门切零件	详见策略三	同上
	中组立门切零件	详见策略三	同上
	大组立门切零件	详见策略三	同上
	手工下料型材	详见策略三	同上
	曲形型材	详见策略三	同上

③策略三:成形加工(即几何形状)相似成组优先级定义。

可以将参与同一块钢板套料的船体构件按以下优先级顺序进行套料:

a.展开后形状接近矩形的构件优先成组集中参与套料;

b.展开后形状与包络矩形差距较大的构件尽量作为异形微小件插入已经完成部分矩

形构件套料的钢板套料;

c.在展开后形状接近矩形的构件优先成组集中套料时,可使用包络矩形进行套料,降低套料难度,提高套料算法的稳定性。

1.2.5.3　基于分道策略的套料关键算法设计

下面给出几种基于分道策略的套料算法。

(1)面向船体零件特性的构件套料算法

船体零件套料,输出的是船体零件的组合信息,表示两块或多块船体零件可以从套料样板上组合切割得到。为了提高构件的套料利用率 η(表示一个船体零件套料组合中所有船体零件的面积总和与套料样板面积的比值),设置了一个阈值 η_{min},同时还设置了一个套料余量 d_{min},用来表示船体零件组合之间允许的最大间隙,这个间隙是指船体零件轮廓之间的最小距离 d。当船体零件组合的套料利用率 η 大于 η_{min} 且间隙 d 大于 d_{min} 时,一般才认为这个船体零件组合是有效的套料组合。

以较为简单的两块船体零件之间的套料情形来说明船体零件套料过程。

①如图1-4所示,首先对船体零件平面图形进行预处理,将船体零件复原,使船体零件在修剪、移动和旋转之前的形状中心与构件平面坐标系原点重合,同时使船体零件的方向与平面坐标系的 x 轴正向保持一致,也就是除了外形轮廓外,其他数据都恢复成未布置前的初始状态,见右图中的形状。

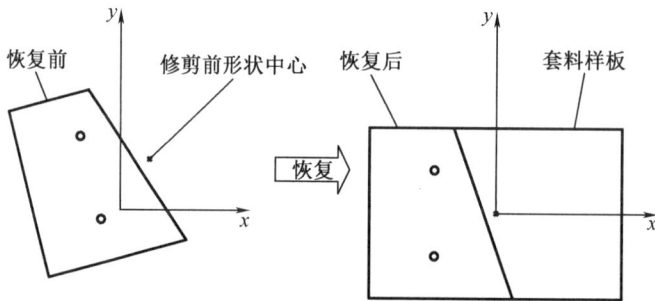

图1-4　船体零件复原

②然后对所有船体零件进行排序,将面积按照从大到小的顺序,分别标记为 W_i,$i=1$,$2,\cdots,m$,m 是船体零件的总数。

③从有序集合 $\{W_i\}$ 中弹出第一个元素 W_j,"弹出"表示从集合中取出并删除该元素,并设置查找位置 pos 为集合 $\{W_i\}$ 的尾端。

④在剩下的有序集合 $\{W_i\}$ 中从当前查找位置 pos 开始,朝艏部方向查找船体零件 W_k,使得船体零件 W_j 与 W_k 组合的套料利用率 η 大于阈值 η_{min},若没有找到这样的船体零件则进入⑦。

⑤判断船体零件 W_j 与 W_k 的轮廓是否相交,若相交,则记旋转次数 $n_r=1$,并进入⑥;若没有相交,则计算两者之间的最小距离 d,若其大于 d_{min},则表示 W_j 与 W_k 是有效的套料组合,套料成功,并将 W_k 从集合 $\{W_i\}$ 中删除,然后再进入⑧;否则,设置当前查找位置 pos =

$k-1$,并回转④。

⑥若旋转次数 n_r 等于 2,则设置当前查找位置 pos$=k-1$ 并转回④;否则,绕原点将船体零件 W_k 旋转 180°,旋转次数加 1, $n_r=n_r+1$,并转回⑤。

⑦此时表明没有可以与 W_j 进行套料的有效组合,套料失败,船体零件 W_j 单独构成一个套料组合。

⑧输出套料组合信息。

⑨若有序集合 $\{W_i\}$ 为空则套料结束,否则回转③。

旋转船体零件,如图 1-5 所示。

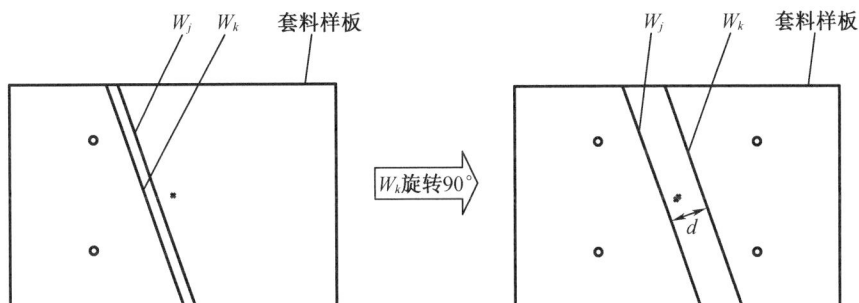

图 1-5　旋转船体零件

对于多块船体零件之间的套料,其原理与上述两块船体零件基本相同,只是需要进行多块船体零件之间的间隙判断,在此不再赘述。

得到的套料组合信息包括船体零件的名称标识、二维轮廓与安装固定点信息、面积、套料利用率,有了这些信息,就可以方便地对船体零件进行数控切割放样,同时能清楚地知道原料构件的利用率,并能详细估算原料构件的总需求量。

(2)船体零件套料间隙检验算法

船体零件套料间隙包括最大和最小两个值,间隙计算一般只需要在相邻的零件之间进行,零件外形是用轮廓边来描述的。计算两零件之间的间隙,也就是计算两零件上相邻边之间的距离,包括最大距离和最小距离。因此,首先要判断具体哪两条边是相邻边,可以通过如下方式来确定。

首先,获取两零件的法向矢量 $\boldsymbol{n}_1$ 和 $\boldsymbol{n}_2$,法向矢量是零件的一个三维数据属性,由曲面零件自动生成算法计算得到,通过这两个矢量可计算得到方向矢量 $\boldsymbol{n}=\boldsymbol{n}_1+\boldsymbol{n}_2$,它确定了一个平面的法向。为简单起见,在以后的讨论中该平面直接用其法向 $\boldsymbol{n}$ 来描述。

其次,用直线 g 连接两零件的中心点 C_1 和 C_2 ,并将其垂直投影到平面 $\boldsymbol{n}$ 上,得平面曲线 f ,称为中心连线,同时也将两零件的轮廓边垂直投影到平面 $\boldsymbol{n}$ 上。中心连线 f 与两零件平面轮廓的相对关系可以分成三种情况来讨论:

①如图 1-6 所示,两轮廓与中心连线 f 有交点,与 f 相交的两条边即两构件的相邻边,且这两条相邻边无交点,表示这两个构件之间没有重叠的部分,因此其间隙值为正值;

②如图 1-7(a)所示,两轮廓与中心连线 f 有交点,与 f 相交的两条边即两零件的相邻边,但这两条相邻边有交点,表示这两个零件之间存在重叠的部分,因此其间隙值为负值;

③如图 1-7(b)所示,两轮廓与中心连线 f 没有交点,表示这两个零件之间重叠的部分很多,至少大于半个零件宽度,因此计算它们之间的间隙没有太大意义,直接将最大和最小间隙值都赋值为负的半个零件宽度即可。

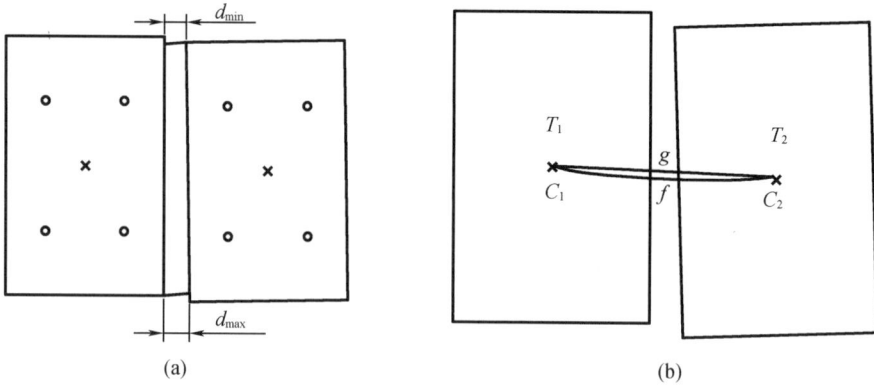

(a)   (b)

图 1-6　判断相邻边(一)

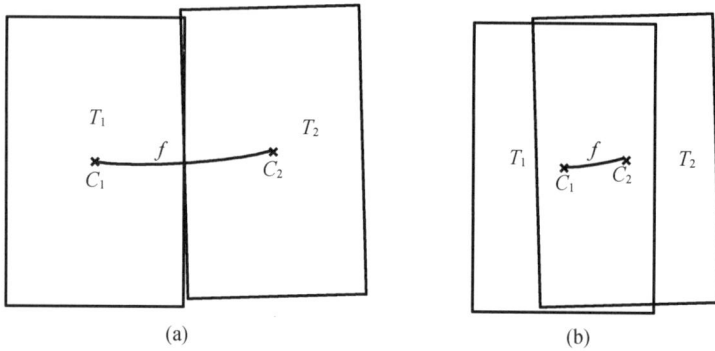

(a)   (b)

图 1-7　判断相邻边(二)

间隙计算示意图如图 1-8 所示。

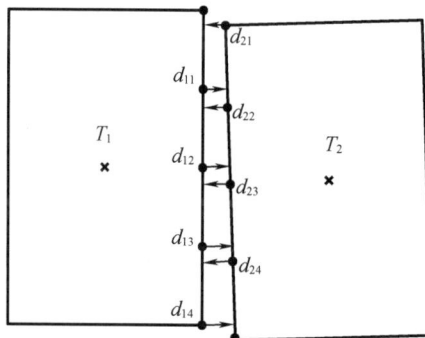

图 1-8　间隙计算示意图

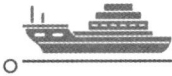

通过上述步骤,判断出了两零件的相邻边,下面将对需要计算间隙的相邻边分别计算其最大间隙和最小间隙,具体方法如下:

①记构成 T_1 上相邻边的离散点为 $P_i(i=0,1,2,\cdots,n-1)$,计算 P_i 点到 T_2 相邻边的垂直距离,并记为 $d_{1j}(j=1,2,\cdots)$,若不存在垂直距离则不进行记录,因此 j 的个数并不等于 P_i 点的个数;

②同理,在 T_2 上可以得到另外一组距离值 $d_{2k}(k=1,2,\cdots)$,k 的个数同样不确定;

③计算所有距离值中的最小值 $\min\{d_{1j},d_{2k}\}$,该值即为所求的最小间隙值 d_{min};

④计算所有距离值中的最大值 $\max\{d_{1j},d_{2k}\}$,该值即为所求的最大间隙值 d_{max}。

零件之间的允许间隙是以实数域 $[a,b]$ 的方式给出的,一般为 $[10,14]$。当上述计算得到的最小间隙 $d_{min}>a$ 且最大间隙 $d_{max}<b$ 时,这两块构件之间的间隙满足要求,否则不满足要求。间隙为负时表示零件之间存在重叠部分,肯定不满足要求,需要进行修整。

1.3　船体板材成形加工工艺智能化设计技术

1.3.1　基于板材成形加工工艺特征的数据集成技术

基于板材成形加工工艺特征的数据集成技术,通过对板材成形加工工艺信息进行分析提取,根据板材成形加工曲面目标形状特征,选取板材成形加工曲面特征信息对比核心采集设备进行板材成形加工形状采集,为板材成形加工曲面特征信息与特征库形状对比提供数据支撑。

板材成形加工工艺智能设计的知识获取、表征与处理,一般应用采集数据点云去噪及点云拟合对比算法,对板材成形加工曲面特征信息进行对比分析,将采集到的数据转变为适合板材成形加工曲面特征信息对比分析的知识表征。

1.3.1.1　板材成形加工曲面特征信息采集技术

板材成形工艺过程中,需要对板材成形加工形状特征进行分析提取,并与加工曲面目标形状进行对比分析。

(1)板材成形加工曲面特征信息对比核心采集设备选型

板材成形加工曲面特征信息对比核心采集设备使用 FOCUS3D 三维激光扫描仪,如图1-9 所示。其工作原理是将红外线激光束射到旋转光学镜的中心,该光学镜将使激光在围绕扫描环境垂直旋转的方向上产生偏差;之后将周围对象的散射光反射回扫描仪。

FOCUS3D 三维激光扫描仪相关参数如表 1-5 所示。

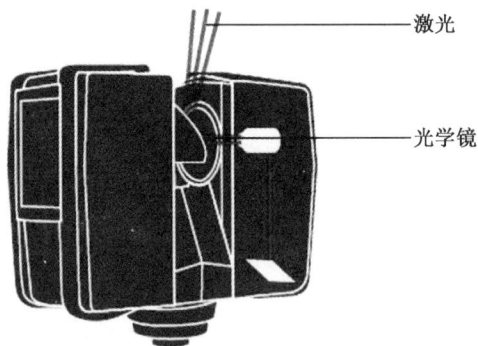

图1-9 FOCUS3D 三维激光扫描仪

表1-5 FOCUS3D 三维激光扫描仪相关参数

参数	描述
扫描范围	0.6~130 m
测距精度	±2 mm
测量速度	122 000/244 000/488 000/976 000 点/s
测量误差	10 m 和 25 m 时为±2 mm
测距类型	相位式
数据储存方式	采用 32 GB 的 SD 卡,支持热插拔
双轴补偿器	精度 0.015°,范围±5°

(2)板材成形加工曲面特征信息采集与提取校核

应用板材成形加工曲面特征信息采集设备对某模拟加工板进行扫描调试,如图1-10所示。

图1-10 板材成形加工曲面特征信息采集与提取校核

在给定的扫描参数下,可以得到目标板材的扫描点云,如图1-11所示,理论上该扫描点云可以直接与假定的目标形状进行对比。

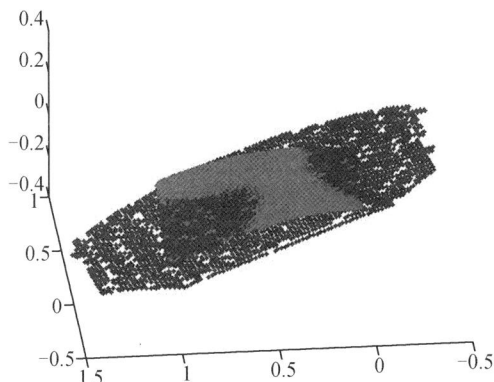

图1-11　目标板材的扫描点云

除此之外,该点云数据只是以形状数据为主,还必须挖掘出其中蕴藏的成形加工工艺知识,以指导加工路径和工艺信息的设计。基于点云去噪及点云拟合的板材成形加工曲面比对技术和板材成形加工工艺知识提取与工艺库系统开发是获取板材成形加工工艺知识的重要方法。

1.3.1.2　基于点云去噪及点云拟合的板材成形加工曲面比对技术

板材成形加工曲面特征信息采集实际上是一个三维重建过程,由于激光扫描获取的数据中不可避免伴有杂点或噪声,会影响后续的板材成形加工曲面特征信息对比分析。因此需要对采集的板材成形形状点云数据进行相应的预处理,以满足板材成形加工曲面特征信息对比的需求。

(1)板材成形加工曲面采集数据点云去噪算法

①板材成形加工曲面采集数据点云噪声来源分析

三维激光扫描仪在对物体进行扫描的过程中,点云一般是非常密集的,由于受到外界环境的影响,往往会产生许多噪声点,而数据建模仅需要单纯目标的点云数据,并不需要多余的背景数据。噪声源主要有以下三种:

a.离扫描设定范围很远的物点;

b.距离研究物体很近的但不属于研究物体的物点;

c.在激光离散度的影响下,同一束光会被多个物体反射,接收器就会接收到多条反射光束,这种噪声在物体边缘十分明显。

②基于噪声来源分析的板材成形加工曲面采集数据点云去噪算法

如上述分析,第一种和第二种噪声需要经过预处理就能建模计算,通常可以采用直接识别法、距离判别法、弦高阈值法来判断出这类噪声;第三种噪声则需要滤波或是光顺的方法进行控制。

点云数据的分类通常有两种,一种是有序点云,另一种是无序点云。对于有序点云,可以直接当作二维图像数据进行处理,常见的方法有中值滤波、均值滤波、高斯滤波和傅里叶变换,以及小波变换等。中值滤波是对邻域内的数据点排序取中值,这种方法对个别离散点很有效;均值滤波则是对邻域内数据求和取均值,通常能很好地过滤随机噪声;高斯滤波是对邻域内的点进行加权平均,权值按高斯分布,该种方法能使平滑效果更加明显。但是这三种滤波算法都有局限性,当邻域取得较大时,都无法保持原图像的尖锐特征和点云边缘;当邻域取得较小时,则效果不佳。而傅里叶变换和小波变换则是图像处理中较为常见的降噪方法,能够有效地保留图像特征,但同样受邻域尺度的限制。

对于无序点云,通常采用空间划分去噪和双边滤波去噪。前者通过对有效空间进行网格划分,每一个网格内都有 n 个数据点,这种方法能有效地去除第一类和第二类噪声点。对于第三类噪声点需要对网格内的点进行曲面拟合,该方法的缺点是比较低效,类似于高斯滤波,但是它的权重因子不仅与距离有关,还与其强度的差值有关。

板材成形加工曲面采集数据点云去噪的基本流程(针对散乱点云)如图 1-12 所示。

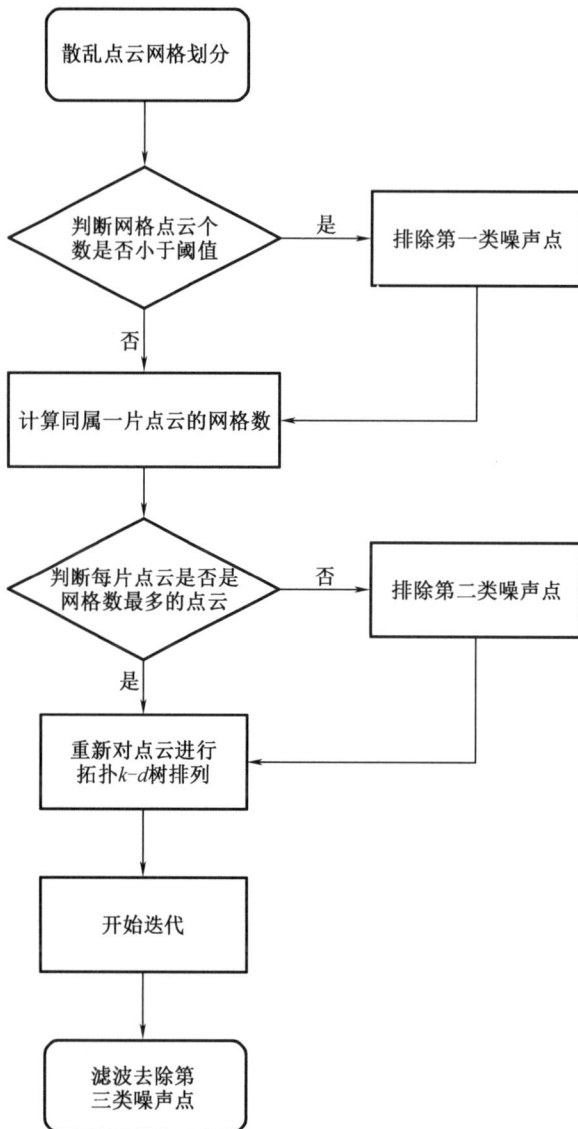

图 1-12　点云去噪基本流程(针对散乱点云)

以上是点云数据去噪的一般流程,但是由于板材成形加工曲面采集数据点云去噪的特殊性,需要在此基础上进行优化设计,优化之后的点云去噪算法的实现流程如图 1-13 所示。

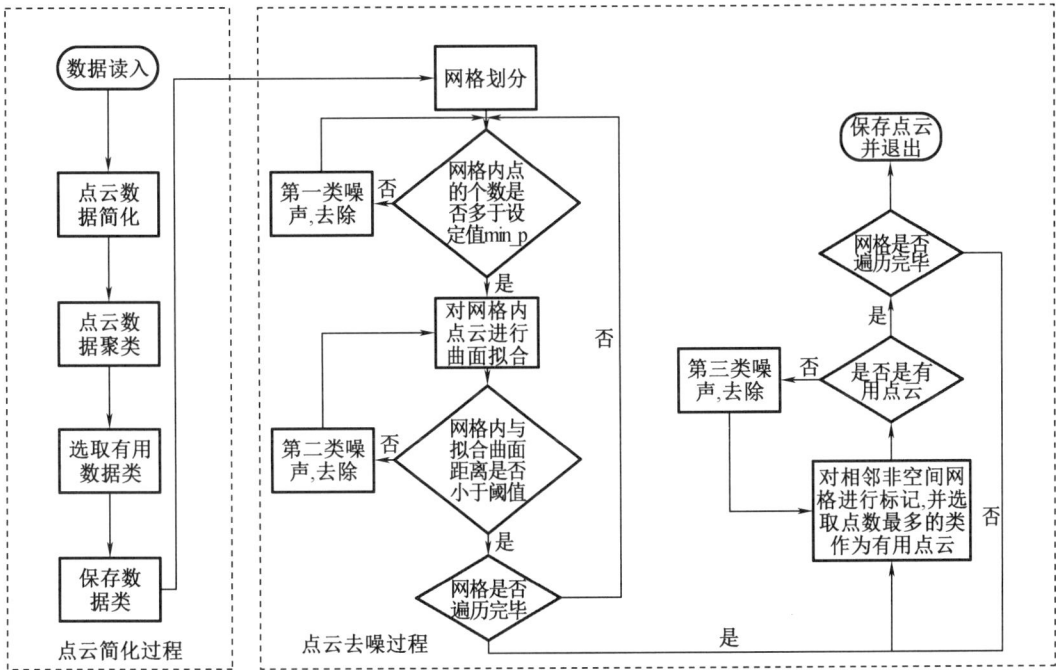

图 1-13 板材成形加工曲面采集数据点云去噪算法优化流程

优化点云去噪算法包含两个过程,即点云简化和点云去噪。首先是点云简化的过程,由于激光扫描仪得到的数据比较庞大,而且有很大一部分是背景数据,是对拟合毫无用处的,因此需要在进行点云处理前对其做预处理,将背景去掉以及将数据量缩小。

第一种是采用网格法进行点云处理,将网格内所包围的点云判定为同一类点云,然后用这一类点云的中心来代替原始点云数据,通过设置 Cubsize 参数来设定网格的尺寸以保证点云得到一定的简化,并且基本不失真。将简化后的数据作为新的点云数据进行聚类,以达到将有用点云和背景分开的效果,有两种方法:第一种是基于密度和距离的聚类,即从一点开始,若以该点为中心半径为 r 范围内的点的个数大于最小密度值 min_p,则认为是同一个类中的点,并从原点云数据中去掉该点,然后以这些相邻点再去做相同的密度聚类,直到没有满足条件的点,然后继续去遍历点云数据中还没被去掉的点,直到原始点云数据中所有的点都已被聚类,这种聚类方法比较精确,但是很依赖于半径和密度值。第二种是采用 k_means 聚类的方法,首先人为定义类的个数,因为是要将点云和背景分开,所以设定为两个类。然后随机选取两个点作为这两个类的初始中心点,为了精确,进行多次选取,以方差最大的点作为初始点,然后去遍历所有的点,将距离某一个类中心点较近的点划为与其同一类的点,并同时更新中心点坐标,直到所有点都被聚类。从数据上看,因为 x、y 轴坐标相对 z 轴坐标差值大得多,所以聚类时只是用 z 轴来做聚类原始点云数据,如图 1-14 所示。聚类效果如图 1-15 所示,由图可以看出,聚类后基本的形状是可以分开的,但因为是基于 z

轴坐标来分类的,所以聚类效果依赖于图像初始的角度以及初始类中心点的选择。优化可以从在分类标准中加入x、y轴坐标权重或者采用其他更好的方法进行聚类方面着手。

图 1-14　原始点云数据图

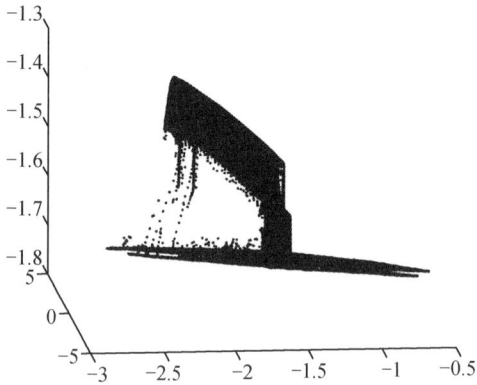

图 1-15　聚类后点云数据图

利用上述聚类后得到的有用数据进行点云去噪,首先,对数据进行网格划分,判断网格内点的个数是否满足最小值条件;其次,对网格内的数据进行曲面拟合,采用最小二乘法求解,判断点到曲面的距离是否小于所设定的阈值,如果不小于,就当作噪声点处理;最后,通过标记法对点云做最后的聚类,采用迭代法将相邻的元素进行标记,类似于简化中的密度法聚类,这里做分类是必不可少的,因为前文中做简化时并没有考虑噪声的情况,而这里分类后选取点数最多的类作为有用点云,其他不在此类中的点都会被当作噪声点去掉。去噪后的点云图像如图 1-16 所示。

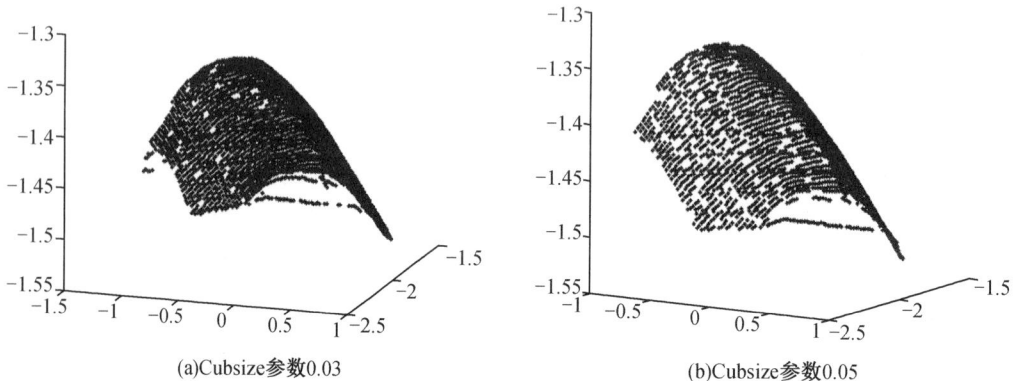

(a)Cubsize参数0.03

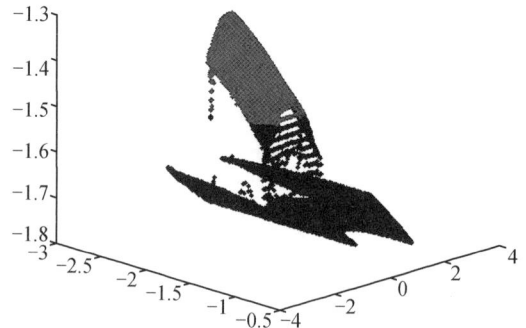

(b)Cubsize参数0.05

图 1-16　去噪效果示意图

（2）板材成形加工曲面与目标曲面对比技术

在完成加工后,需要将实际形状与目标形状进行比较,才能获得对本次加工结果的反馈,这个过程称为成形加工曲面与目标曲面对比,也称为三维数字化检测,其一般流程为:首先,获得测试模型与参考模型;其次,将测试模型与参考模型进行拟合对齐比较;最后,对比较结果进行评估并得出报告。其中,拟合对比是三维数字化检测最为核心的环节之一,拟合对比误差的大小将直接影响检测精度及评估报告的可信度。因此,要得到一个满意的结果必须寻找一种合适的对齐方法,尽量使拟合对齐误差最小化。

①板材成形加工曲面与目标曲面对比拟合对齐方法选取

常见的拟合对齐方法如表1-6所示。

表1-6　常见的拟合对齐方法

对齐方式	定义	特点及适用范围
最佳拟合对齐	通过最佳拟合的方法将一个对象移动至另一个对象,使两个对象处于同一坐标系并匹配在合适的位置	最佳拟合对齐操作简单方便,但具有一定的盲目性,不能保证部分位置的精度,模型对齐时间比较长,甚至在有些情况下模型不能自动匹配或不能实现有效对齐;对齐的偏差在模型上呈均匀分布,整体偏差比较小;适合不规则形状的模型或者没有明显特征的模型
基于特征对齐	用户定义一系列特征,如直线、圆柱体等,然后根据这些特征将测试对象与参考对象相匹配执行对齐	比较适用于形状规则或者具有明显特征的模型;或者在某部位对齐精度要求比较高,要保证该部位对齐偏差比较小时,也可以根据实际情况在该部位建立一定的特征,然后通过特征对齐来约束匹配模型,优先保证模型在该区域的对齐精度
3-2-1对齐	3-2-1对齐是在测试对象和参考对象上分别创建 X、Y 和 Z 平面,重新定向测试对象,使得三个平面与参考的三个平面相匹配	在模型具有三个或三个以上两两相交或垂直的平面时采用。其优点是能够很快地将模型完全约束对齐。其缺点是对齐保证了选定的三个平面的对齐效果,却牺牲了其他部分的对齐精度,容易引起偏差"一边倒"的现象,即不像最佳拟合对齐一样能平均偏差。如果选定的这三个平面数据本身误差比较大,将影响整体对齐精度
RPS对齐	RPS对齐是参考点系统对齐,是通过在测试和参考对象上定义一组对应的点对,并约束每个点对的某一单一方向将测试和参考对象对齐。约束方向可以是 x、y、z 轴方向,也可以是用户定义的方向,并且每对可以有不同的方向,固定的对象为参考对象	RPS对齐需要创建参考目标,点目标和直线目标特征用于提供对齐的灵活性;RPS对齐可以约束某个特征的指定方向,以模拟现场的真实环境。这使得软件检测与实际手动检测情况更加相符,多用于对生产线上产品的检测;比较适合具有定位孔、槽等特征的零件的对齐,此外钣金件和叶片的对齐也多用该方法
基于特征与最佳拟合对齐	先用基于特征对齐部分约束,然后用最佳拟合对齐约束剩下的自由度	首先用基于特征对齐方式通过特征对的匹配可以准确、快速地约束模型部分的自由度,从而初步对齐模型;然后用最佳拟合对齐约束剩下的自由度;最后对齐模型。避免了单独使用最佳拟合对齐计算匹配时的盲目性造成的计算量过大及错误等问题

考虑到系统使用的便捷性与计算的准确性,选择一种合适的算法来实现最佳拟合

对齐。

②板材成形加工曲面与目标曲面对比拟合流程

整个拟合配准过程可以概括为以下几个步骤：

a. 根据测试点云集 P_L 中的点坐标,在目标点云集上搜索就近点点集 P_R。

b. 计算两个点集的重心位置坐标,通过点集中心化生成新的点集。

c. 由新的点集计算正定矩阵 N,并计算 N 的最大特征值及其最大特征向量。

d. 由于最大特征向量等价于残差平方和最小时的旋转四元数,因此将四元数转换为旋转矩阵 R。

e. 在旋转矩阵 R 被确定后,由于平移向量 t 仅仅是两个点集的重心差异,因此可以通过两个坐标系中的重心点和旋转矩阵确定。

f. 根据转换公式 RP_L+t,由测试点集 P_L 计算旋转后的点集 P_L^*。计算 P_L^* 与目标点云的残差平方和,以此作为迭代的依据。

g. 当所求的残差平方和小于某一极小值时,则停止迭代,返回旋转矩阵 R 和平移向量 t。若不满足条件,则以新的点集 P_L^* 作为测试数据继续重复步骤 a~f 的迭代过程。

板材成形加工曲面与目标曲面对比拟合对齐的基本流程如图 1-17 所示。

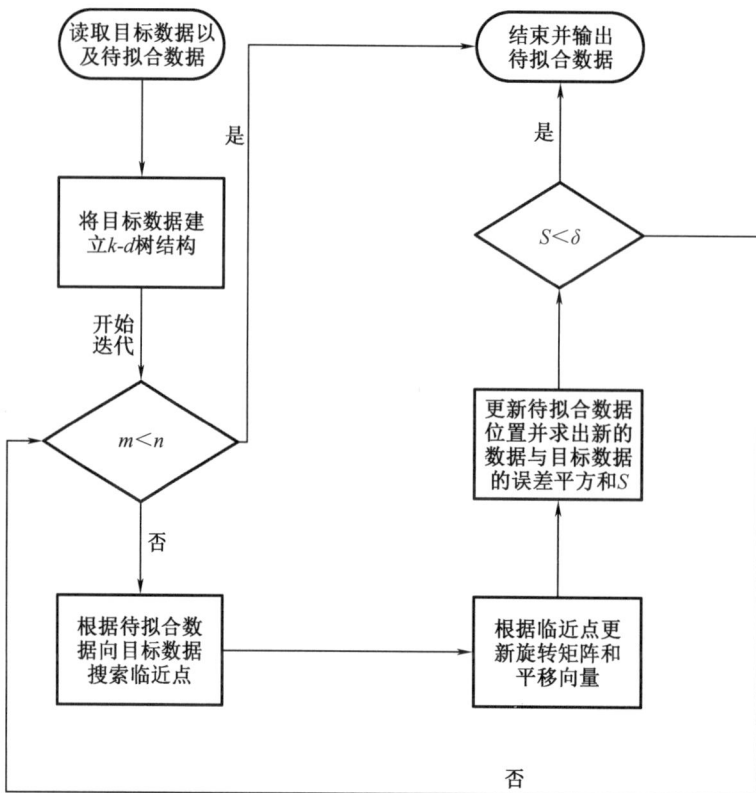

图 1-17　板材成形加工曲面与目标曲面对比拟合对齐的基本流程

在上述工作基础上,完成了对三维激光测量系统的二次开发,实现了对激光扫描的远程控制,在无线网环境下,可以进行数据共享;使用相关算法对点云数据进行去噪、拟合对比等处理,可快速而准确地反映加工结果。板材自动成形检测反馈系统使用的高速激光扫描测量系统如图1-18所示。

(a)　　　　　　　　　　　　　　　(b)

图1-18　板材自动成形检测反馈系统使用的高速激光扫描测量系统

点云拟合示意图,如图1-19所示。

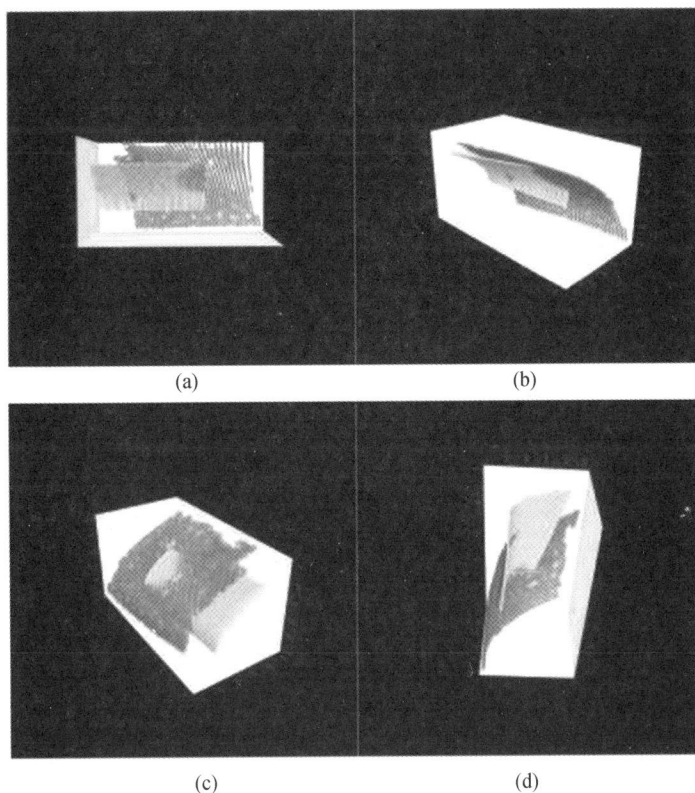

(a)　　　　　　　　　　　　　　　(b)

(c)　　　　　　　　　　　　　　　(d)

图1-19　点云拟合示意图(白色为目标数据,灰色为去噪拟合数据)

误差比对分析窗口图(局部误差分析)如图 1-20 所示。

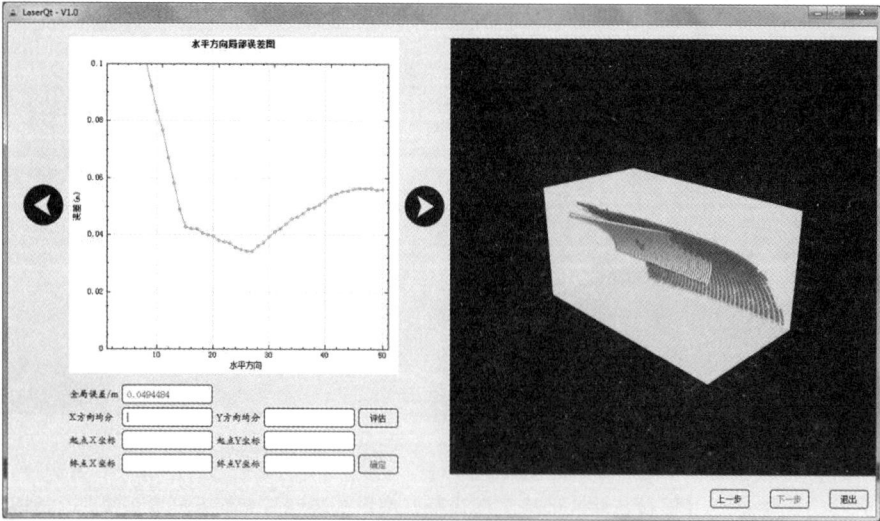

图 1-20 误差比对分析窗口图(局部误差分析)

误差比对分析窗口图(全局误差分布热力图)如图 1-21 所示。

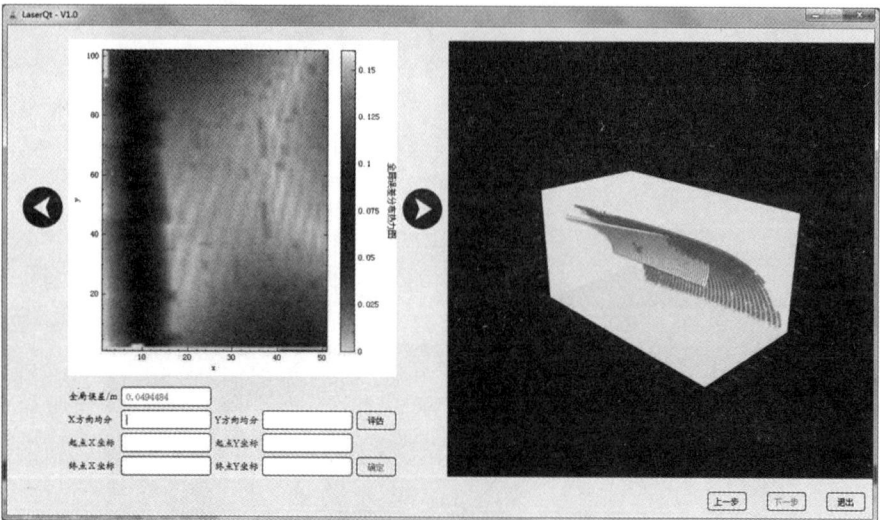

图 1-21 误差比对分析窗口图(全局误差分布热力图)

1.3.1.3 板材成形加工工艺知识构建

(1)板材成形加工工艺知识定义

板材成形加工过程十分复杂,通过对该项业务进行分析,可以定义板材成形加工的领域知识及领域知识的相互作用关系如下。

①板材成形中间阶段面与目标面构造知识

该领域知识的内蕴信息包含两部分：一部分是板材中间阶段面形状构造，可以通过中间阶段板平面信息与中间阶段板离散点数据信息来确定；另一部分是板材目标面形状构造，可以通过目标板型值表信息、目标板函数信息和目标板点数据来确定。

该领域知识的作用规程为：依据其内蕴的构造原始面与目标面信息，施加适当的位移载荷；通过对原始板曲面与目标板曲面进行分析，能够计算得到板材发生的变形，即每个节点相对应的位移载荷。

②板材成形所需应变知识

板材成形所需应变知识主要反映通过中间阶段曲面与目标曲面的关系来确定面内应变与面外应变的分布。该领域知识的内蕴信息包含两部分：板材成形所需面内应变，给板材施加成形载荷后，沿着板材厚度方向均匀分布的应变；板材成形所需面外应变，给板材施加成形载荷后，沿着板材厚度方向线性分布的应变。

该领域知识将与板材初始面和目标面构造知识相互作用，其作用规程为：将面内应变作为面内收缩、将面外应变作为角变形施加到原始板材上，如果面内应变与面外应变施加准确，则恰好能够得到想要成形的目标曲面板。

③板材成形所需热载荷加工参数知识

该领域知识主要包括加工成形所需的线加热位置、加热速度、热源功率大小等。

该领域知识将与板材成形所需应变知识相互作用，其作用规程为：寻找合适的线加热相关参数，使其产生所需的面内应变与面外应变。

(2)板材成形加工工艺知识构建

完成了板材成形加工工艺知识的定义后，还需要构建知识提取或知识推演生成的方法，可以通过代理模型等黑箱隐式方式构建其求解与推演算法。

①船舶曲面板材中间阶段面与目标面知识构建方法

该知识通过在板材成形特性信息比对技术研究内容中建立的板材成形扫描采集方法获取板材中间阶段面离散点云，并建立其拟合曲面。目标面形状知识则通过从船舶设计信息中提取的方式获取。

②板材成形所需应变知识构建方法

该知识依据以下算法从船舶曲面板材中间阶段面与目标面知识中推演出来。

一块厚度为 t 的初始平板，沿着厚度方向分为5层，如图1-22所示，在成形为目标板曲面后，可以分别计算得到沿着 x 轴方向的应变值 ε^x，沿着 y 轴方向的应变值 ε^y，以及在 x-y 平面内的切应变值 γ^{xy}。令 ε^{ix} 表示第 i 个点沿着 x 轴方向的应变值，其中 $i=1,2,\cdots,5$。同理 γ^i 则表示第 i 个点在 x-y 平面内的切应变值。

首先，以 x 轴方向的应变值为例，求出沿厚度方向的5个点在 x 轴方向的应变值之和 ε^{sx}，即

$$\varepsilon^{sx} = \varepsilon^{1x} + \varepsilon^{2x} + \varepsilon^{3x} + \varepsilon^{4x} + \varepsilon^{5x} \tag{1-1}$$

同理，利用公式(1-2)和公式(1-3)求出5个点在 y 轴方向的应变值之和 ε^{sy}，以及在 x-y 平面内的切应变值之和 γ^s：

$$\varepsilon^{sy} = \varepsilon^{1y} + \varepsilon^{2y} + \varepsilon^{3y} + \varepsilon^{4y} + \varepsilon^{5y} \tag{1-2}$$

$$\gamma^{s} = \gamma^{1} + \gamma^{2} + \gamma^{3} + \gamma^{4} + \gamma^{5} \tag{1-3}$$

其次,利用公式(1-4),求出 5 个点在 x 轴方向上的应变平均值 ε^{mx},即

$$\varepsilon^{mx} = \frac{\varepsilon^{sx}}{5} \tag{1-4}$$

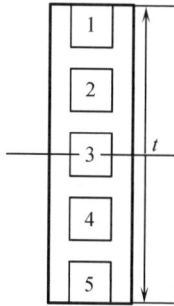

图 1-22　板沿厚度方向分层

同理,利用公式(1-5)和公式(1-6)求出 y 轴方向的应变沿厚度方向的平均值 ε^{my},以及切应变沿着厚度方向的平均值 γ^{m}:

$$\varepsilon^{my} = \frac{\varepsilon^{sy}}{5} \tag{1-5}$$

$$\gamma^{m} = \frac{\gamma^{s}}{5} \tag{1-6}$$

再次,利用面内应变计算公式(1-7)、公式(1-8)和公式(1-9),求出此处的最大面内应变 ε^{a} 与最小面内应变 ε^{b} 的大小和方向,此时切应变大小为零。

$$\varepsilon^{a} = \frac{\varepsilon^{mx} + \varepsilon^{my}}{2} + \sqrt{\left(\frac{\varepsilon^{mx} - \varepsilon^{my}}{2}\right)^{2} + \left(\frac{\gamma^{m}}{2}\right)^{2}} \tag{1-7}$$

$$\varepsilon^{b} = \frac{\varepsilon^{mx} + \varepsilon^{my}}{2} - \sqrt{\left(\frac{\varepsilon^{mx} - \varepsilon^{my}}{2}\right)^{2} + \left(\frac{\gamma^{m}}{2}\right)^{2}} \tag{1-8}$$

$$\tan 2\alpha_{0} = \frac{-\gamma^{m}}{\varepsilon^{mx} - \varepsilon^{my}} \tag{1-9}$$

其中,面内最大应变 ε^{a} 与面内最小应变 ε^{b} 互相垂直,且 ε^{a} 与 x 轴正方向的夹角为 α_{0}。

最后,利用公式(1-10)、公式(1-11)和公式(1-12),求出此处的最大面外应变 ε^{c} 与最小面外应变 ε^{d} 的大小和方向,此时切应变大小为零。

$$\varepsilon^{c} = \frac{\varepsilon^{bx} + \varepsilon^{by}}{2} + \sqrt{\left(\frac{\varepsilon^{bx} - \varepsilon^{by}}{2}\right)^{2} + \left(\frac{\gamma^{b}}{2}\right)^{2}} \tag{1-10}$$

$$\varepsilon^{d} = \frac{\varepsilon^{bx} + \varepsilon^{by}}{2} - \sqrt{\left(\frac{\varepsilon^{bx} - \varepsilon^{by}}{2}\right)^{2} + \left(\frac{\gamma^{b}}{2}\right)^{2}} \tag{1-11}$$

$$\tan 2\beta_{0} = \frac{-\gamma^{b}}{\varepsilon^{bx} - \varepsilon^{by}} \tag{1-12}$$

其中,面外最大应变 ε^c 与面外最小应变 ε^d 互相垂直,且 ε^c 与 x 轴正方向的夹角为 β_0。

③板材成形所需热载荷加工参数知识构建方法

采用隐式构建方式,通过构建神经网络模型建立成形所需应变与热载荷加工参数间关系的代理模型,完成从应变分布到热载荷参数的推演。

(3)板材成形加工工艺知识库系统开发

依据 UML 规则,对板材成形加工工艺知识库的功能模块进行细化和分析,并抽象出处理这些功能模块所需的类,同时作出了对应的类图。

①板材形状构造

本模块的作用是完成板材的形状信息构造,即构造出成形目标板形状与原始板形状,从而通过形状计算出位移。因此,该模块首先要提供成形目标板形状构造的功能与原始板形状构造的功能。分析与这些功能模块有关联的对象只有一个,即板材对象,因此定义了相应的板材对象类,如图 1-23 所示。

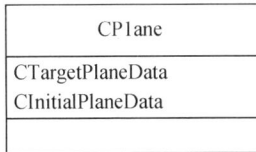

```
┌─────────────────────────┐
│         CPlane          │
├─────────────────────────┤
│ CTargetPlaneData        │
│ CInitialPlaneData       │
├─────────────────────────┤
│                         │
└─────────────────────────┘
```

图 1-23 板材类图

类 CPlane 是用来描述板材成形构造的,它拥有两个属性。CTargetPlaneData 表示成形目标板数据,用来描述目标板的形状;CInitialPlaneData 表示原始板数据,用来描述原始板形状。

另外,依据上述类 CPlane 的定义需求,在系统中还定义了两个类,分别是目标板类 CTargetPlane 和原始板类 CInitialPlane,类 CTargetPlane 表示目标板数据信息,如图 1-24 所示,它包含 6 个数据属性:属性 Station1 和属性 Station2 表示船舶外板所在的站位信息,属性 WaterLine1 和 WaterLine2 表示船舶外板所在的水线信息,属性 Parameter1 和 Parameter2 表示外板横、纵向网格控制参数信息。同时它还包含一个操作 TableOper( ),用来对型值表进行三次样条插值,确定目标板曲面形状的功能。

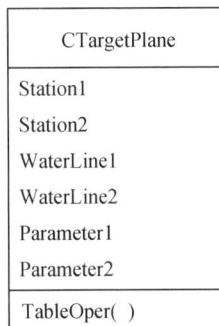

```
┌─────────────────────────┐
│      CTargetPlane       │
├─────────────────────────┤
│ Station1                │
│ Station2                │
│ WaterLine1              │
│ WaterLine2              │
│ Parameter1              │
│ Parameter2              │
├─────────────────────────┤
│ TableOper( )            │
└─────────────────────────┘
```

图 1-24 目标板类

类 CInitialPlane 用来表示原始板的形状信息,如图 1-25 所示,它包含 3 个数据属性:属性 Length 表示原始板长度,属性 Width 表示原始板宽度,属性 Thickness 表示原始板厚度,同时该类具有一个操作 InitialOper( ),即通过原始板平面信息构造初始板曲面形状。

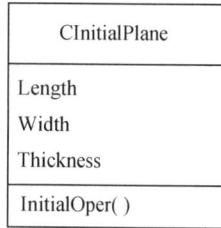

```
┌─────────────────┐
│  CInitialPlane  │
├─────────────────┤
│ Length          │
│ Width           │
│ Thickness       │
├─────────────────┤
│ InitialOper( )  │
└─────────────────┘
```

图 1-25　原始板类

所有上述定义的类之间存在一定的关系,可以用如图 1-26 所示的扩展类图来表示,从图中可以看出,一个 CPlane 类包含了一个 CTargetPlane 对象和一个 CInitialPlane 对象。

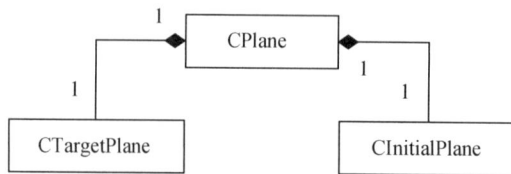

图 1-26　系统扩展类图

②施加位移载荷

施加位移载荷模块的功能,主要是通过对目标板曲面与原始板形状进行分析,得到成形所施加的位移值,找到板材成形形状与位移之间的关系。本模块所涉及的对象仅仅是类 CPlane,所以不需要增加新的对象类定义,只需在已定义类的基础上,增加一个新的操作 Load( ),如图 1-27 所示,该操作用来计算目标板与原始板在对应各个点上的位移大小。

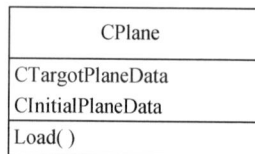

```
┌──────────────────────┐
│       CPlane         │
├──────────────────────┤
│ CTargotPlaneData     │
│ CInitialPlaneData    │
├──────────────────────┤
│ Load( )              │
└──────────────────────┘
```

图 1-27　增加操作 Look( )的板材类图

③面内应变与面外应变计算

面内应变与面外应变计算模块的功能,主要是对成形加工后,有限元计算得到的应变值进行后处理,依据公式进一步计算出面内应变与面外应变的大小和方向,从而求出其分布规律。面内应变与面外应变所涉及的对象只有类 CPlane,所以在图 1-28 所示的类的基础上,再增加两个操作 InPlaneStrain( )和 OutofPlaneStrain( )即可,操作 InPlaneStrain( )用来计算最大面内应变和最小面内应变的大小及方向,操作 OutofPlaneStrain( )用来计算最大面外应变和最小面外应变的大小及方向。板材类图补充如图 1-28 所示。

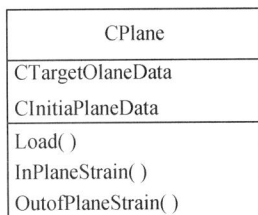

CPlane
CTargetOlaneData
CInitiaPlaneData
Load( )
InPlaneStrain( )
OutofPlaneStrain( )

图 1-28　板材类图补充(一)

④应变分布信息输出

应变分布信息输出功能模块，主要是将计算得到的面内应变与面外应变分布结果，以图片的形式进行输出。该功能模块也仅涉及对象类 CPlane，因此不需要增加新的对象类定义。可在前述类的基础上，再增加一个 OutputResults( ) 操作，如图 1-29 所示，对应变分布情况以图片的形式进行输出。

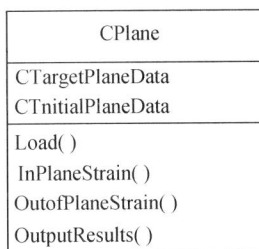

CPlane
CTargetPlaneData
CTnitialPlaneData
Load( )
InPlaneStrain( )
OutofPlaneStrain( )
OutputResults( )

图 1-29　板材类图补充(二)

(4)板材成形加工工艺知识库系统演示

系统界面如图 1-30 所示。

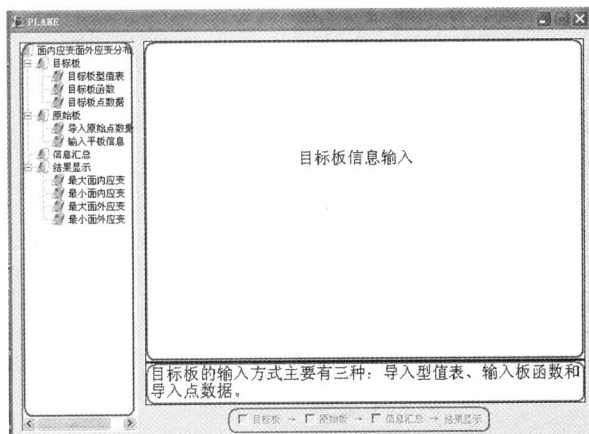

图 1-30　系统界面

本系统中用户的输入操作主要是在目标板与原始板阶段,因此也设计了实用方便的窗口界面,下面以通过导入目标板型值表与输入初始板信息为例,进一步对界面进行说明。

通过型值表确定目标板信息:导入型值表;输入站位与水线信息,输入目标板横向、纵向网格数;利用三次样条插值求出空间离散曲面信息,并确定提交。

输入目标板型值表信息,如图1-31所示。

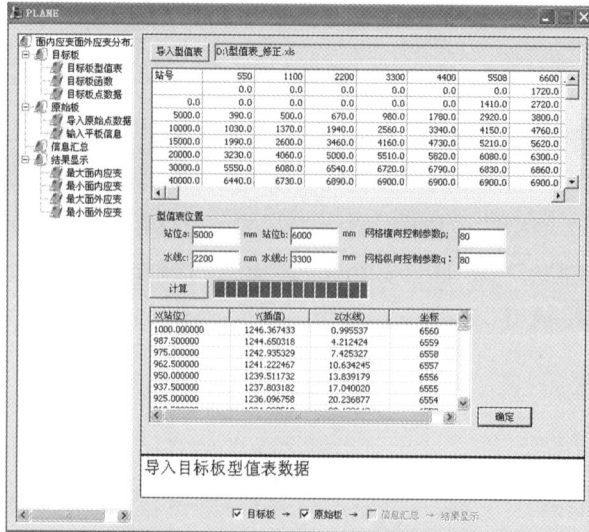

图1-31 输入目标板型值表信息

①输入原始板尺寸信息与网格信息,确认提交。

输入原始板信息,如图1-32所示。

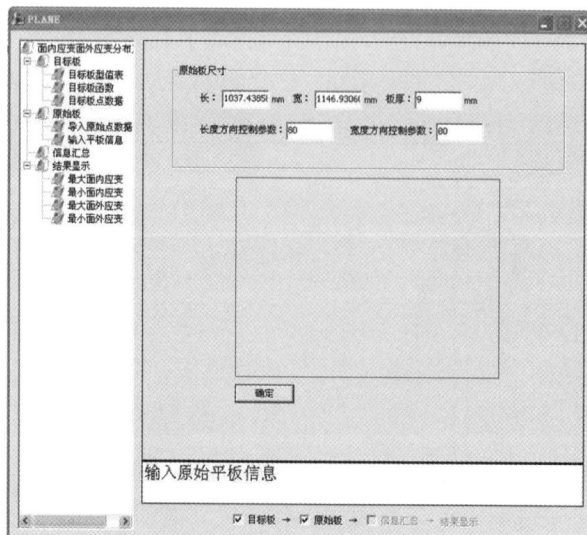

图1-32 输入原始板信息

②输入结果文件名与存放路径,提交计算。

输入文件名与路径,如图1-33所示。

图1-33　输入文件名与路径

③查看面内应变与面外应变分布云图。

查看结果,如图1-34所示。

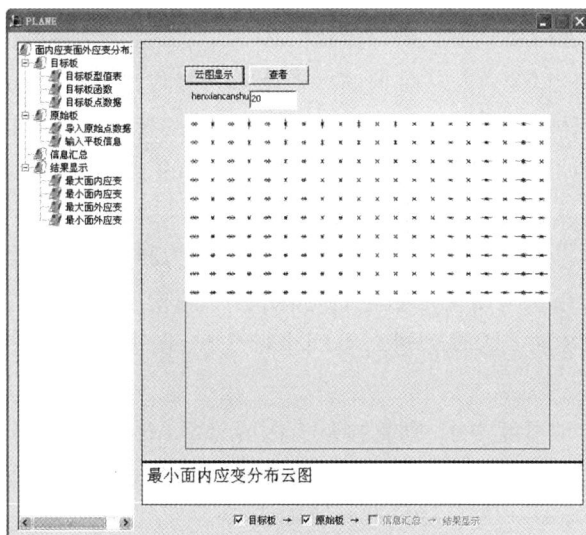

图1-34　查看结果

1.3.2 基于加工余量与补偿量的板材成形工艺智能设计技术

1.3.2.1 板材成形加工中的加工余量与补偿量定义

加工余量和补偿量本是精度造船中的两个重要概念,更多应用于板材套料与船体装配过程中的精度控制。本节的研究对象是板材成形加工,不应对相关概念生搬硬套,而应该制定合理的、适合本节内容的加工余量和补偿量概念。

板材成形加工余量:由于板材回弹影响,加工板某次成形加工后的中间形状与实际所需的形状之间存在的偏差。

板材成形加工补偿量:为克服加工板成形加工后的中间形状与实际所需的形状之间存在的偏差,在单次加载时适当过载所对应的板材预计成形量。

1.3.2.2 基于板材成形加工余量与补偿量的智能设计

加工余量与补偿量的引入是为了在板材成形工艺中考虑回弹的影响,回弹程度是由钢材的材料弹塑性特征所决定的。

因此,在板材成形工艺设计时,可以以加工余量和补偿量为抓手反映加工过程中弹塑性的影响,制定以下的工艺智能设计流程。

(1)基于板材成形加工余量与补偿量的板材成形工艺塑性应变智能获取流程

①根据所需的目标形状,对目标形状曲面进行三维曲面拟合,并根据拟合的结果计算有限元模型中每个节点的位移场,对于初始形状不是平板的形状,则以初始形状与所需目标形状之间的挠度差作为目标形状补偿量;

②将得到的位移场以节点位移载荷的形式施加到弹塑性模型上,由于平板模型在发生大挠度变形的同时会伴随着板长和板宽方向的位移,因此在施加节点位移时只施加板厚方向的位移,在板长和板宽方向则处于自由状态,同时约束被加工板的刚体位移;

③借助商业有限元软件进行弹塑性计算,通过平衡迭代计算出平板的变形,在此步骤中会计算回弹对变形的影响,得到的应变场和变形场均为回弹后的结果;

④将得到的变形结果与所需形状进行对比,由于两模型存在着坐标不一致等问题,基于最小二乘法原理对被加工板模型进行空间坐标变换,实现两模型坐标的统一,并计算两者之间的总体偏差;

⑤若总体偏差满足精度要求,则直接从有限元计算结果中提取应变结果,若不满足精度要求,则根据步骤③中得到的变形与所需形状之间的偏差对位移场施加反向变形,重新进行步骤①~④中的过程,直至偏差满足精度要求。

根据形状补偿量计算对应塑性应变分布的流程图如图1-35所示。

(2)基于板材成形加工余量与补偿量的塑性应变向面内应变与面外应变转换流程

利用基于迭代算法的数值方法,可以得到复杂曲面形状所对应的塑性应变分布,根据冷热一体线加载成形产生的塑性应变分布可知其产生的塑性应变主要是垂直于加工路径的面内应变和弯曲应变,因而可以使用面内和弯曲主应变的分布进行加工路径的确定,即从面内和弯曲主应变分布图上选择与面内主应变和弯曲主应变垂直的路径进行加工。为了便于加工路径的确定，将得到的目标形状所对应的塑性应变分布转换为面内主应变和弯曲主应变的形式，对得到的应变分布进行转换，在此过程中认为 $\varepsilon_z = \varepsilon_{yz} = \varepsilon_{zx} = 0$，以便将塑性应变转换为分布于 xOy 平面内的面内应变和弯曲应变，得到的面内应变和弯曲应变如图 1-36 所示。

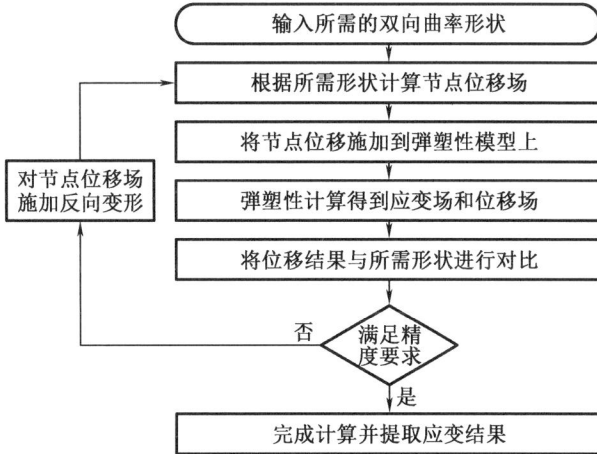

图 1-35　根据形状补偿量计算对应塑性应变分布的流程图

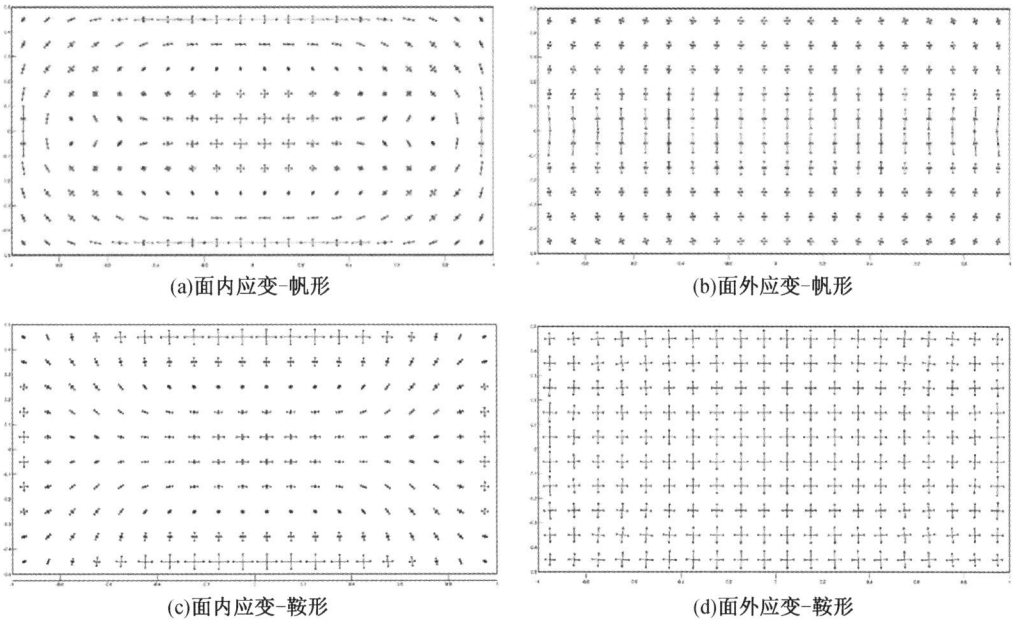

(a)面内应变-帆形　　(b)面外应变-帆形
(c)面内应变-鞍形　　(d)面外应变-鞍形

图 1-36　基于板材成形加工余量与补偿量得到的各形状曲面板及其对应塑性应变分布图

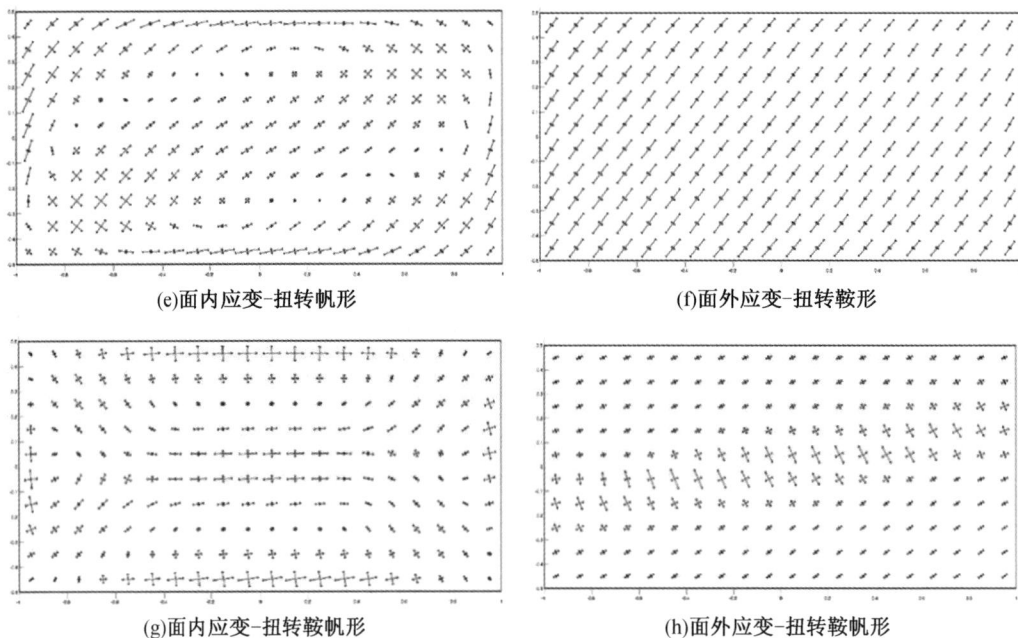

(e)面内应变-扭转帆形   (f)面外应变-扭转鞍形

(g)面内应变-扭转鞍帆形   (h)面外应变-扭转鞍帆形

图1-36(续)

（3）基于板材成形加工余量与补偿量的板材加工路径设计

①线加热成形产生的应变主要是垂直于加工路径的面内应变和弯曲应变,根据这一特性可以进行加工路径的确定;

②成形常见船舶曲面形状所需的应变是十分复杂的,对于同一目标,所需的面内应变和弯曲应变的分布之间没有明显的关系;

③应变的大小与板厚和工艺参数有关,当板较薄时,面内应变起主要作用,当板较厚时,弯曲应变起主要作用,当变形后曲率较小时,弯曲应变起主要作用,当变形后曲率较大时,面内应变起主要作用;

④所需成形形状对应的应变分布与所需形状之间有直接关系,随着成形形状曲率的增加,对应的应变大小也增加。

依据图1-36中的应变分布,按照上述方案进行加工路径的确定,得到的结果如图1-37所示,在图中实线表示在板的正面进行加载,虚线表示在板的反面进行加载。

（4）基于板材成形加工余量与补偿量的板材成形加工工艺参数确定

在确定了加工路径的位置之后,还需要确定每条加工路径所对应的工艺参数,确定工艺参数的方法如下:对图1-37中确定的加工路径,依次计算每条路径所对应的最大面内和面外应变大小,并沿着每条路径求平均值,近似得到每条加工路径上所需的总面内应变和总弯曲应变大小。

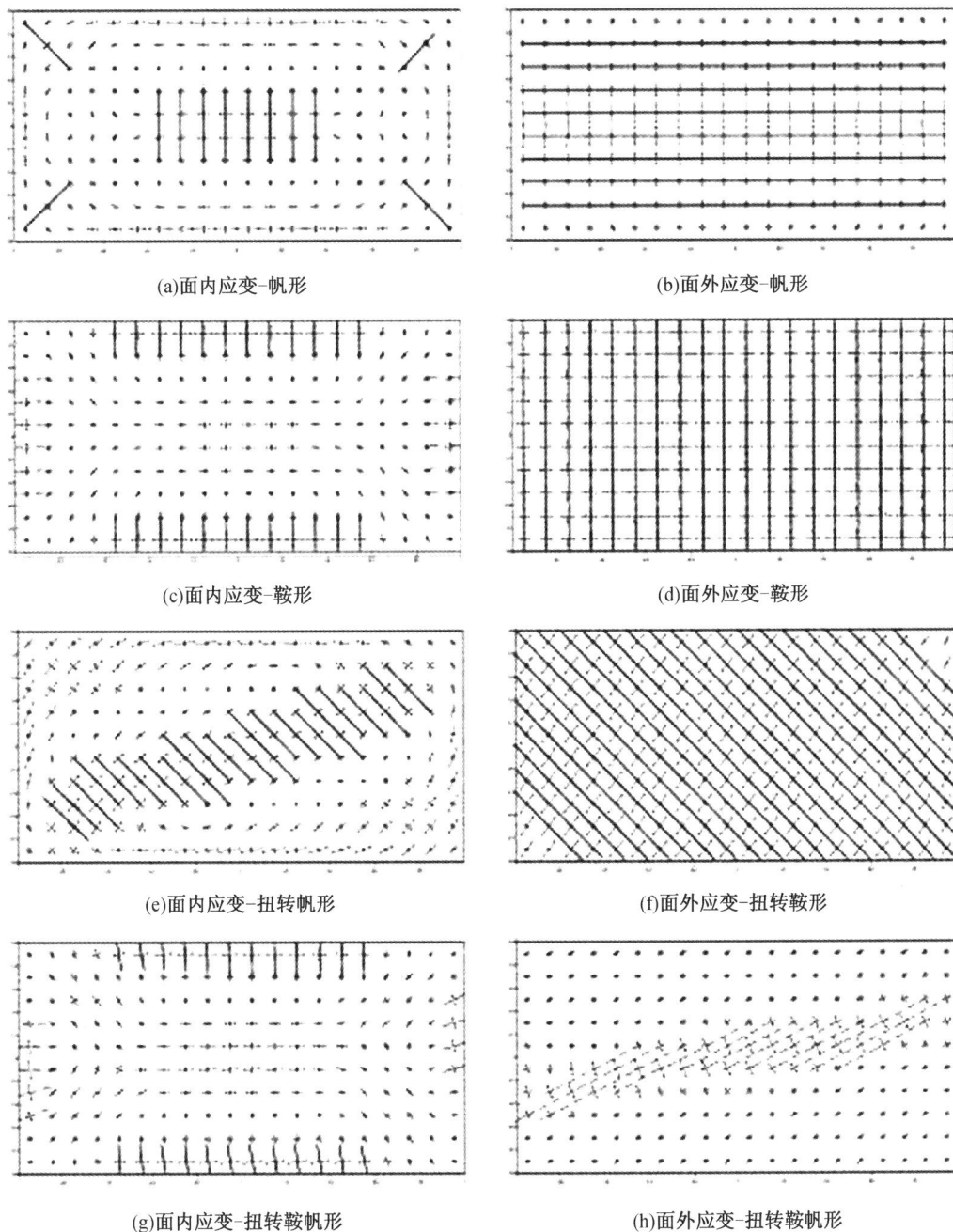

(a)面内应变-帆形

(b)面外应变-帆形

(c)面内应变-鞍形

(d)面外应变-鞍形

(e)面内应变-扭转帆形

(f)面外应变-扭转鞍形

(g)面内应变-扭转鞍帆形

(h)面外应变-扭转鞍帆形

图1-37　基于板材成形加工余量与补偿量的板材加工路径设计

　　对各工艺参数组合所对应的应变分布进行计算,得到各工艺参数组合所对应的总面内应变和总弯曲应变。将加工路径上所需的总应变与各工艺参数组合所对应的总应变进行匹配,选择应变与所需总应变最接近的一组,并将该组的工艺参数作为该条加工路径的工艺参数。工艺参数主要包括加载路径起始坐标、热源功率大小、热源移动速度、热源与板面间距离等。

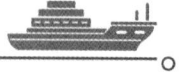

1.3.2.3 基于板材成形加工的加工余量与补偿量的确定

根据仿真计算及现场试验验证结果,总结板材成形加工余量与补偿量关系如表1-7、表1-8所示。

表1-7 船长方向收缩补偿量加放表 单位:mm

厚度	每1 000收缩 (L.S=820)	每1 000中组收缩 (W.S=3 340)	每800总计收缩 (FS=800)	补偿取整 (FS=800)
5	0.15	0.24	—	0.4
6	0.14	0.23	0.29	0.3
7	0.14	0.22	0.29	0.3
8	0.13	0.22	0.28	0.3
9	0.13	0.21	0.27	0.3
10~10.5	0.12	0.20	0.25	0.2
11~11.5	0.12	0.20	0.25	0.2
12~12.5	0.11	0.19	0.24	0.2
13~13.5	0.11	0.18	0.24	0.2
14~14.5	0.10	0.17	0.21	0.2
15~15.5	0.10	0.17	0.21	0.2
16~16.5	0.09	0.16	0.20	0.2
17~17.5	0.09	0.15	0.19	0.2
18~18.5	0.08	0.15	0.18	0.2
19以上	0.08	0.14	0.17	0.2

表1-8 船宽方向收缩补偿量加放表 单位:mm

厚度	每L.S(L.S=820)收缩	每1 000中组收缩
5	0.85	1.04
6	0.80	0.98
7	0.75	0.91
8	0.70	0.85
9	0.65	0.79
10~10.5	0.59	0.72
11~11.5	0.54	0.66
12~12.5	0.49	0.66
13~13.5	0.44	0.60

表 1-8（续）　　　　　　　　　　　　　　　　　　　　单位:mm

厚度	每 L.S(L.S=820)收缩	每 1 000 中组收缩
14~14.5	0.39	0.54
15~15.5	0.34	0.48
16~16.5	0.29	0.42
17~17.5	0.24	0.36
18~18.5	0.19	0.29
19~19.5	0.14	0.24
20 以上	0.10	0.17

1.3.3　板材成形热加工火工路径智能设计技术

首先,根据板材成形目标形状与热加工工艺特征,建立表征热加工火工路径与成形目标形状之间隐式关系的代理模型;然后,采用智能优化方法对代理模型进行优化,并求取实现目标形状的火工路径,实现板材成形热加工路径的自动获取。

1.3.3.1　基于人工神经网络模型的热加工火工路径与目标形状间隐式关系建立

人工神经网络研究的问题可以分为分类问题和回归问题,分类问题是数据属于哪个类别的问题,而回归问题是根据某个输入预测一个连续数值的问题。通过应变值预报板材成形线加工参数,加工参数均为连续的数值,因此属于回归问题,适用于多层全连接神经网络。

人工神经网络由输入层、隐藏层和输出层组成。每层由多个神经元组成,层之间的神经元通过权重连接。输入层神经元的数量等于输入参数的数量,输出层神经元的数量等于输出参数的数量,隐藏层数和神经元数量由网络训练效果的好坏决定。本章中热加工人工神经网络的输入数据为面内应变和面外应变,输出数据为电磁感应热源功率和热源移动速度,故输入层和输出层的神经元数量均为 2 个。图 1-38 为本章所建立的 2 个输入、2 个输出的热加工人工神经网络模型基本结构。

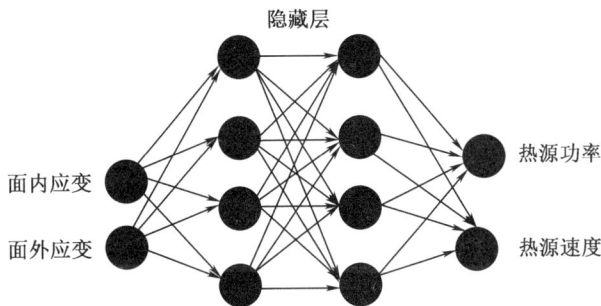

图 1-38　热加工人工神经网络模型基本结构

1.3.3.2 加工参数预报模型的正向传递方式设定

人工神经网络的正向传递是将输入值乘以输入层与隐藏层之间的权值,经过隐藏层神经元内的激活函数后,将隐藏层与输出层之间的权值相乘,最后进入输出层。激活函数将非线性因子引入神经元,允许神经网络任意逼近任何非线性函数。输出层中的神经元也具有激活功能。神经网络可用于分析分类问题和回归问题。需要根据情况改变输出层的激活功能。在本章连续数值问题的预测中,输出层神经元的激活函数是一个恒等函数,即输出层的输入值是输出层的输出值。

激活函数一般使用 Sigmoid 函数和 ReLU 函数。

Sigmoid 函数为

$$\sigma(x) = \frac{1}{1+\mathrm{e}^{-x}}$$

Sigmoid 函数图像如图 1-39 所示。

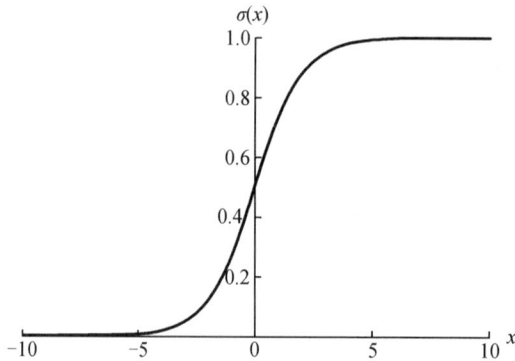

图 1-39 Sigmoid 函数图像

ReLU 函数为

$$f(x) = \max\{0, x\}$$

ReLU 函数图像如图 1-40 所示。

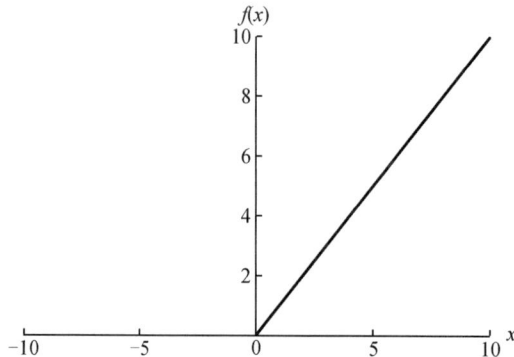

图 1-40 ReLU 函数图像

使用 Sigmoid 函数计算量大,反向传播求误差梯度时,求导涉及除法,取值范围为(0,1),适用于神经网络的分类算法;ReLU 函数收敛速度很快,取值范围为(0,+∞),适用于预测连续的数值。本节是预测连续数值,故选取 ReLU 函数作为隐藏层每个神经元的激活函数。

1.3.3.3　板材成形加工人工神经网络模型优化算法选择

神经网络学习的目标是找到使损失函数的值尽可能小的参数。这是找到最佳参数的问题,解决这个问题的过程称为最优化。神经网络的最优化问题非常难,这是因为参数空间非常复杂和庞大,无法轻易找到最优解。为了找到最优参数,沿参数的梯度方向更新参数,并重复这个步骤多次,从而逐渐靠近最优参数。常见的优化算法有随机梯度法(SGD法)、Momentum 法、AdaGrad 法和 Adam 法。

SGD 法可以用下式表示:

$$W \leftarrow W - \eta \frac{\partial L}{\partial W}$$

其中,W 为需要更新的权值参数;L 为损失函数;η 表示学习率。学习率是超参数,可以通过改变学习率调整沿梯度方向更新的大小。

SGD 法容易实现,计算简单,虽然每一步都沿着梯度下降方向搜索,但是并没有指向最小值的方向,遇到复杂问题时,SGD 的收敛速度非常慢。

为解决 SGD 法的低效问题,还可以用 Momentum 法,即

$$v \leftarrow \alpha v - \eta \frac{\partial L}{\partial W}$$

$$W \leftarrow W + v$$

这里新出现了一个变量 αv(其中,α 根据神经网络学习情况手动设定一个值,一般为0.9;v 对应物理上的速度,表示物体在梯度方向上的受力)。如果把损失函数想象成一座山,球从山顶加速滚下,可以帮助球跳出鞍点或者局部极小值点。Momentum 法比 SGD 法更快速地朝最优点收敛。

Momentum 法参照小球在碗中滚动的物理规则进行更新,AdaGrad 法为参数的每个元素适当地调整更新步伐。Adam 法的基本思路是把前两种方法结合,实现参数空间的高效搜索。因此使用 Adam 法作为优化算法。

1.3.3.4　板材成形加工人工神经网络样本采集

人工神经网络需要一定数量的样本进行训练和测试,从而确定网络的各项参数。若用实验的方法采集样本需要耗费大量的人力和物力,本节采用经过实验验证的数值模拟方法完成样本的计算采集工作。

(1)板材成形加工人工神经网络实验样本采集

钢板热加工成形装置如图 1-41 所示,热源以电磁感应的方式对被加工钢板加热,由受热分布不均产生的温度梯度使钢板发生横向收缩为主的变形。磁感应线圈可以根据情况更换,本节使用的是方形线圈,可以根据加工要求调整加工速度和热源功率。当热加工结

束后,温度冷却到室温以下,被加工钢板成形。

图1-41 钢板热加工成形装置

(2)板材成形加工人工神经网络数值仿真样本采集

热加工数值模拟共进行了800组样本计算,热源速度为5~50 mm/s,间隔为5 s,共10个速度值;热源功率为5~160 kW,间隔为5 kW,共80个功率值,功率值与速度值两两配对进行计算。由于温度低于450 ℃时钢板变形很小,高于728 ℃时钢板材质发生很大变化,故将温度低于450 ℃和高于728 ℃的结果去掉,剩余306组计算结果作为人工神经网络模型的样本,如表1-9所示。

表1-9 热加工人工神经网络样本

项目		序号					
		1	2	…	304	305	306
输出	热源速度/(mm/s)	2	2	…	48	48	48
	热源功率/kW	35	40	…	150	155	160
输入	面外应变	0.053 827	0.070 343	…	0.011 004	0.011 719	0.012 199
	面内应变	−0.041 52	−0.052 6	…	−0.003 23	−0.003 59	−0.003 88

1.3.3.5 基于人工神经网络的板材成形加工热加工智能设计应用

将306组样本随机分成两部分,280组用于训练数据,26组用于测试数据。采用三层神经网络模型,即"2−X−2",隐藏层神经元数目 X 变化范围为5~35,学习率变化范围为0.001~0.01,迭代次数为20 000。因为需要确定隐藏层的神经元数目和学习率的值,且同时找出两个参数的最优值较为复杂,所以采用先随机选取一个学习率,得到最优的神经元数目,再固定最优的神经元数目,选取最优的学习率。

表1-10所示为确定学习率为0.007,隐藏层神经元数目变化时,训练样本和测试样本的损失函数值的变化。

表1-10　学习率为0.007的损失函数值

隐藏层神经元数目	训练样本损失函数值	测试样本损失函数值
5	266	465
10	93	111
15	89	95
20	90	87
25	68	95
26	66	93
28	66	83
30	66	54
32	87	101
34	84	124
35	81	133

当隐藏层神经元为30个时,训练样本和测试样本的损失函数值最小;当隐藏层神经元少于30个时,损失函数值较大;当隐藏层神经元多于30个时,测试样本损失函数值较训练样本大很多,发生了过拟合的情况,表明网络变现力太强。此时可以确定隐藏层神经元为30个时,预报模型的效果最好。

表1-11所示为隐藏层神经元为30个时,不同学习率训练样本和测试样本的损失函数值的变化。

表1-11　隐藏层神经元为30个的损失函数值

学习率	训练样本损失函数值	测试样本损失函数值
0.001	102	140
0.002	75	81
0.003	79	95
0.004	78	66
0.005	90	98
0.006	64	79
0.007	66	54
0.008	66	69
0.009	67	64
0.01	67	71

可以看到学习率为0.007时,训练样本和测试样本的损失函数值最小。所以确定学习率为0.007,隐藏层神经元为30个时,热加工参数预报模型的效果最好。

1.3.3.6　基于人工神经网络的板材成形加工火工参数智能预报模型结果验证

找到最优学习率和隐藏层神经元数目后,预报模型的各个神经元之间的权值也随之确定,此时,需要对预报的结果进行验证,从而判断该预报模型是否有效。

当预报模型各项参数确定后,测试样本的输入值经过一次神经网络的正向传递,得到测试样本的输出值(即为人工神经网络模型预报的加工参数值)如图 1-42 和表 1-12 所示,这个过程几乎是瞬间完成的,因为所有权值确定后,计算机只是进行乘法和加法运算。然后将测试样本的输出值代入 ABAQUS 数值模拟中计算得出其对应的应变值,最后将该应变值与测试样本输入的应变值进行误差对比分析,判断结果的正确性。

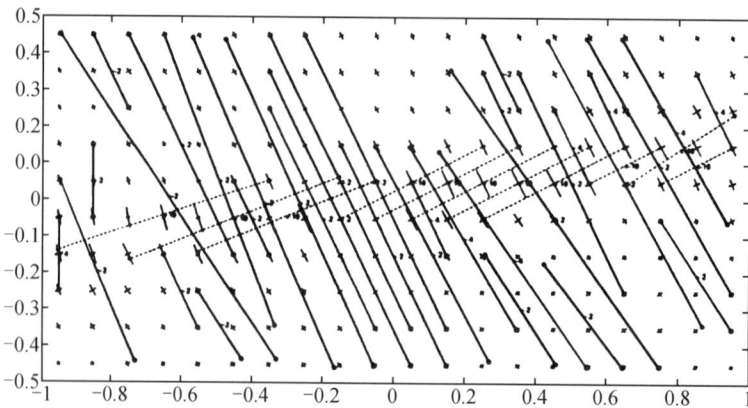

图 1-42　基于人工神经网络模型预报的板材成形加工火工路径

表 1-12　基于人工神经网络模型预报的板材成形加工参数

参数项目	参数值
钢板尺寸/mm	1 000×800×16
感应器冷却方式	线圈内通冷却水
线圈距钢板高度/mm	10
加热速度/(mm/s)	5
钢板初始温度/℃	20
感应线圈功率/kW	60

使用矩形线圈热加工的正确解与测试样本结果对比如表 1-13 所示。

表1-13　使用矩形线圈热加工的正确解与测试样本结果对比

实际速度 /(mm/s)	实际功率 /kW	实际面外	实际面内	计算速度 /(mm/s)	计算功率 /kW	计算面外	计算面内	面外误差 /%	面内误差 /%
20	90	0.014 0	−0.005 4	19.42	90.279	0.014 5	−0.005 6	3	3
18	140	0.043 8	−0.012 7	19.72	155.136	0.045 8	−0.013 1	4	3
26	130	0.021 3	−0.007 5	27.77	137.449	0.022 3	−0.007 9	5	4
24	125	0.022 3	−0.007 9	27.21	137.819	0.021 1	−0.007 5	5	5
4	50	0.054 7	−0.022 5	4.10	49.648	0.050 4	−0.020 6	8	9
24	135	0.026 1	−0.008 9	27.07	151.012	0.026 5	−0.009 2	1	2
26	115	0.016 0	−0.005 9	26.37	119.907	0.016 9	−0.006 1	6	3
26	160	0.031 4	−0.010 6	18.83	121.539	0.031 8	−0.010 8	1	2
4	115	0.107 8	−0.104 6	3.14	100.150	0.107 4	−0.107 9	0	3
24	100	0.013 0	−0.004 8	22.99	100.847	0.012 4	−0.004 7	5	4
20	135	0.035 2	−0.011 1	20.12	141.554	0.038 0	−0.011 9	8	7
14	105	0.038 4	−0.012 0	16.63	120.230	0.038 1	−0.012 1	1	0
16	100	0.027 7	−0.009 7	21.75	125.831	0.026 7	−0.009 3	4	5
14	115	0.045 1	−0.013 2	16.90	132.460	0.043 9	−0.013 0	3	2
6	125	0.106 6	−0.062 0	6.55	121.527	0.101 3	−0.058 7	5	5
8	90	0.063 0	−0.021 8	7.58	88.964	0.065 3	−0.023 2	4	6
16	120	0.040 0	−0.012 2	17.45	129.618	0.040 2	−0.012 4	0	1
4	110	0.108 4	−0.096 8	3.69	105.565	0.109 2	−0.103 9	1	7
14	95	0.031 0	−0.010 75	15.90	106.451	0.032 2	−0.010 7	4	1
28	150	0.024 8	−0.008 76	25.26	135.687	0.024 2	−0.008 5	2	3
2	110	−0.104 9	−0.275 9	1.83	108.503	−0.107 4	−0.292 5	2	6
40	160	0.016 1	−0.005 7	33.76	138.790	0.015 7	−0.005 4	3	6
2	75	0.103 5	−0.163 7	2.39	84.753	0.106 0	−0.150 2	2	8
24	140	0.028 2	−0.009 6	24.13	141.000	0.028 2	−0.009 7	0	1
20	150	0.042 2	−0.012 4	19.59	151.626	0.044 4	−0.012 9	5	4
24	115	0.018 5	−0.006 8	25.44	121.008	0.018 7	−0.006 8	1	1

使用圆形线圈热加工的正确解与测试样本结果对比如表 1-14 所示。

表 1-14 使用圆形线圈热加工的正确解与测试样本结果对比

实际速度/(mm/s)	实际功率/kW	实际面外	实际面内	计算速度/(mm/s)	计算功率/kW	计算面外	计算面内	面外误差/%	面内误差/%
12	115	0.041 6	-0.016 9	11.57	114.65	0.041 1	-0.017	1	1
16	115	0.025 8	-0.012 9	16.91	118.72	0.025 7	-0.013	0	1
10	75	0.016 9	-0.012 8	8.71	71.29	0.016 8	-0.013	1	2
30	150	0.015 9	-0.006 4	31.14	150.88	0.016 1	-0.006	1	6
8	135	0.083 7	-0.045 1	8.32	128.47	0.075 8	-0.048	9	6
18	60	0.003 2	-0.001 1	14.88	54.16	0.003 1	-0.001 1	3	0
38	130	0.011 0	-0.002 9	41.94	136.81	0.011	-0.003	0	3
24	85	0.006 9	-0.001 8	21.87	81.59	0.006 8	-0.001 8	1	0
8	40	0.002 6	-0.003 2	7.82	37.93	0.002 6	-0.003 1	0	3
22	90	0.009 4	-0.004 3	22.81	91.03	0.009 6	-0.004 4	2	2
40	125	0.010 0	-0.002 6	40.32	126.94	0.010 1	-0.002 6	1	0
16	125	0.032 9	-0.014 4	15.59	124.12	0.032 4	-0.014	2	3
18	155	0.045 5	-0.015 7	18.28	153.87	0.047 2	-0.016 7	4	6
20	145	0.032 9	-0.013 3	20.05	145.97	0.032 9	-0.013 2	0	1
14	135	0.048 2	-0.016 9	14.53	138.78	0.049 8	-0.017 5	3	4
18	145	0.039 5	-0.015 0	17.09	139.95	0.039 4	-0.015 5	0	3
38	155	0.013 8	-0.004 8	36.72	149.52	0.013 8	-0.004 8	0	0
26	115	0.012 1	-0.005 0	26.25	114.15	0.013	-0.004 8	7	4
10	145	0.079 0	-0.035 1	10.38	147.67	0.081	-0.034 9	3	1
30	145	0.016 4	-0.006 8	31.47	146.73	0.016 4	-0.006 9	0	1
18	85	0.009 1	-0.004 8	18.54	84.98	0.009 5	-0.005 1	4	6
44	155	0.012 7	-0.003 6	40.42	151.46	0.013 8	-0.003 9	9	8

结果表明,测试样本得到的输出值代入 ABAQUS 计算后得到的应变值与测试样本正确解的应变值比较,误差均小于 10%,正确率为 100%,证明无论是使用矩形线圈还是圆形线圈,热加工预报模型都是准确有效的。

1.3.4 板材成形加工智能设计系统应用验证

板材成形加工智能设计系统在板材加工过程中得到应用。该系统能够有效提高生产效率,降低人力使用成本。具体应用效果如下。

(1)构建板材成形加工系统加工路径及工艺参数智能设计系统,能够实现对板材成形加工路径的自动计算,规划并生成相关工艺参数,实现其智能化设计,如图1-43所示。

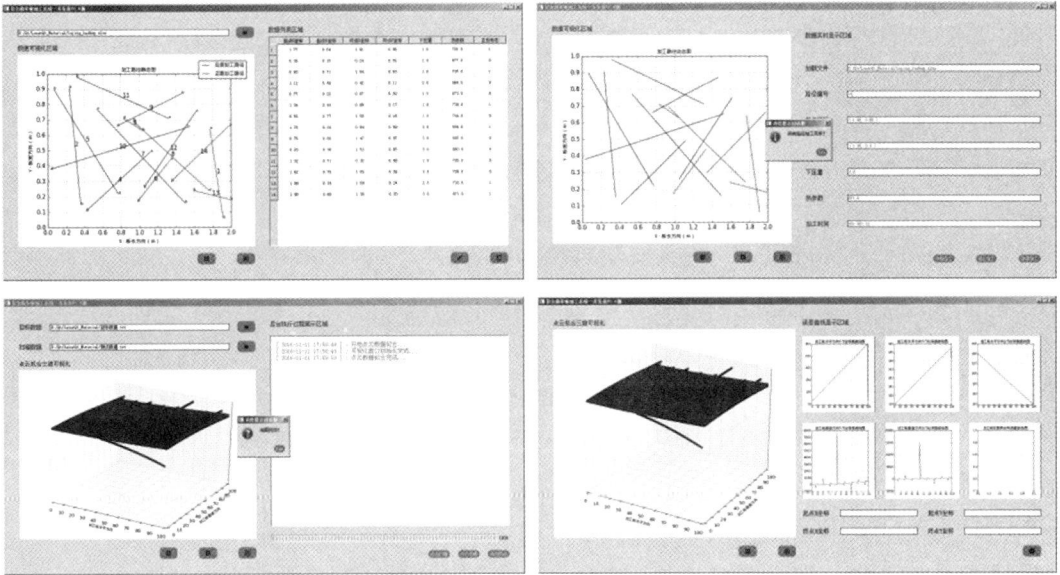

图1-43　板材成形加工系统加工路径及工艺参数智能设计系统

(2)船体板材成形加工工艺智能化设计示例

①通过船舶设计系统及放样数据获取某一待加工板材的型值数据,如图1-44所示。

Y	X																				
	−1 000	−900	−800	−700	−600	−500	−400	−300	−200	−100	0	100	200	300	400	500	600	700	800	900	1 000
−500	0	−4	−5	−5	−5	−5	−5	−5	−5	−7	−9	−6	−3	−1	0	0	0	0	0	0	0
−400	−13	−18	−21	−23	−23	−22	−22	−22	−22	−24	−26	−23	−20	−18	−18	−17	−17	−17	−17	−17	−17
−300	−25	−29	−33	−36	−39	−39	−39	−38	−39	−40	−42	−39	−37	−35	−35	−35	−35	−35	−34	−34	−34
−200	−35	−39	−43	−46	−49	−52	−54	−54	−55	−56	−58	−55	−53	−53	−52	−52	−52	−52	−51	−51	−50
−100	−44	−48	−51	−55	−58	−61	−63	−66	−69	−71	−73	−70	−69	−69	−68	−68	−68	−68	−67	−67	−65
0	−45	−48	−52	−55	−58	−61	−64	−67	−70	−74	−79	−78	−77	−77	−76	−76	−76	−76	−75	−74	−73
100	−37	−40	−44	−47	−50	−53	−56	−59	−63	−68	−74	−75	−77	−77	−77	−76	−76	−76	−75	−74	−73
200	−28	−31	−34	−37	−40	−43	−47	−50	−55	−60	−67	−71	−73	−75	−75	−76	−74	−74	−72	−72	−72
300	−19	−22	−25	−28	−31	−34	−38	−42	−46	−52	−59	−60	−62	−64	−67	−70	−73	−73	−72	−71	−70
400	−9	−13	−16	−19	−22	−25	−28	−33	−38	−44	−51	−52	−54	−56	−59	−62	−65	−67	−69	−68	−66
500	0	−3	−3	−9	−12	−15	−19	−23	−29	−35	−42	−44	−45	−47	−50	−53	−56	−58	−59	−61	−60

图1-44　待加工板材的型值数据

②通过弹塑性仿真分析,得到由平板加工至目标形状所需要产生的应变分布(图1-45),并进行方向计算对比,控制精度。

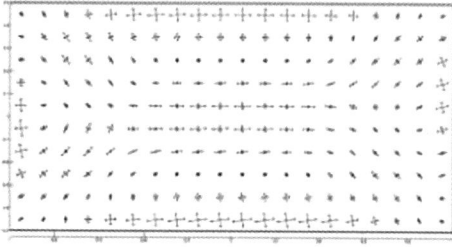

(a)扭转马鞍形的面内应变分布　　　　　　　(b)扭转马鞍形的弯曲应变分布

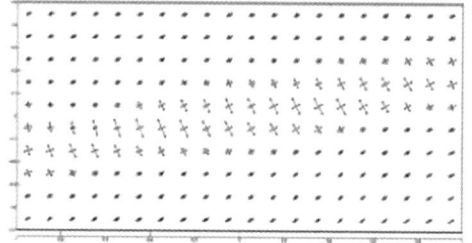

图 1-45　平板加工至目标形状所需要产生的应变分布

③计算热成形加工路径与工艺参数,如图 1-46 所示。

起点X坐标	起点Y坐标	终点X坐标	终点Y坐标	加载面	冷加载参数	热加载参数
-0.48	-0.44	0.44	-0.44	1	3	0
-0.48	-0.44	0.44	0.44]	1	3	0
-0.48	-0.4	0.48	-0.4	1	3	0
-0.48	0.4	0.48	0.4	1	3	0
-0.48	-0.48	-0.28	-0.48	1	3	0
-0.48	0.28	0.48	0.28	1	3	0
-0.48	-0.28	0.48	-0.28	1	3	0
-0.48	0.36	0.44	0.36	1	3	0
-0.48	0.24	0.48	0.24	1	3	0
-0.44	-0.24	0.48	-0.24	1	3	0
-0.44	-0.36	0.48	-0.36	1	3	0
-0.48	0.32	-0.12	0.32	1	3	0
-0.48	0.2	0.48	0.2	1	3	0
-0.48	-0.2	0.48	-0.2	1	3	0
-0.32	0.48	0.28	0.48	1	2	0
-0.24	-0.48	0.2	-0.48	1	3	0
-0.4	-0.32	0.44	-0.32	1	3	0
-0.48	0.16	0.48	0.16	1	3	0
-0.48	-0.16	0.48	-0.16	1	3	0
-0.48	0.32	0.12	0.32	1	3	0
-0.48	0.12	0.48	0.12	1	3	0
-0.48	-0.12	0.48	-0.12	1	3	0

图 1-46　成形热加工路径与参数

④生成驱动数控加工装备的加工数据,如图 1-47 所示。

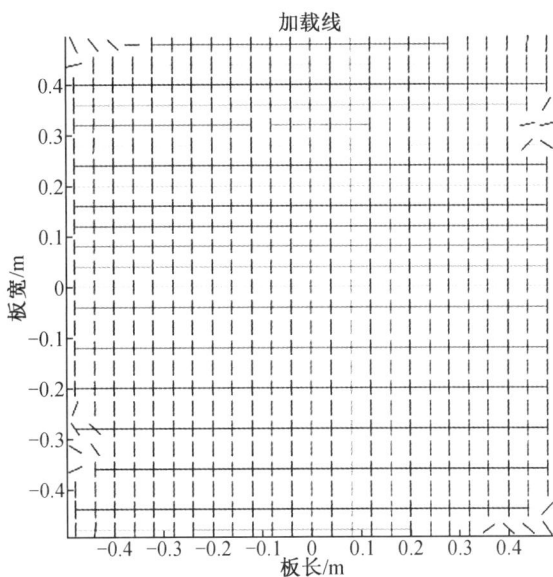

图 1-47　生成驱动数控加工装备的加工数据

⑤进行加工,如图 1-48 所示。

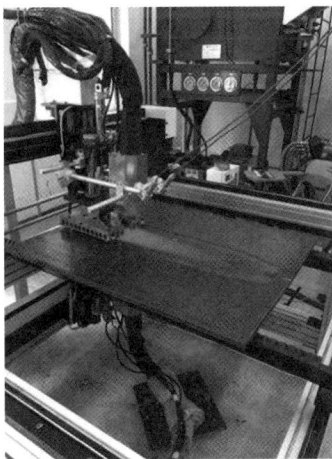

图 1-48　进行加工

⑥进行成形形状测量,并与目标形状进行比较,确定形状差距,如图 1-49 所示。

根据形状差距进入第二次迭代加工过程,再次进行①~⑥的加工过程,直至加工精度满足要求。

⑦根据生成的加工路径和工艺信息进行板材成形加工,具体加工效果如图 1-50 所示。根据统计结果分析,板材成形加工曲率半径相对误差为 2.3%,满足加工精度要求;其加工效率约为传统水火弯板加工的 5~12 倍。

各类加工板材如图 1-51、图 1-52 所示。

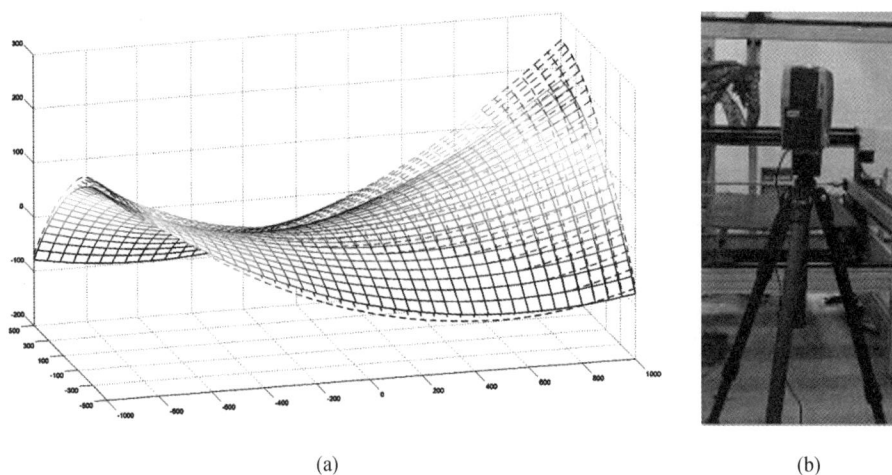

(a)   (b)

图 1-49   成形形状测量与比较

图 1-50   板材加工效果

成形形状			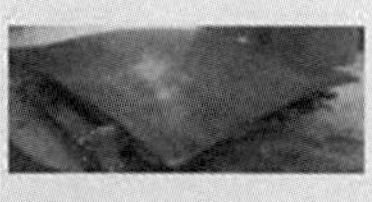	
板厚	t=12 mm	t=20 mm	t=16 mm	t=16 mm
方式	冷压	冷压	冷压	冷热一体(双面加热)
类型	筒型	帆型	帆型	鞍型
路线	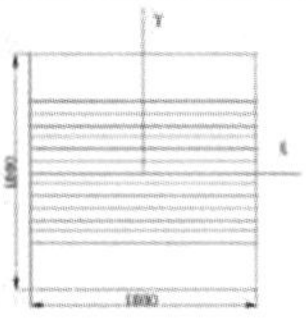	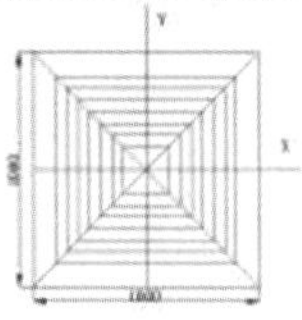	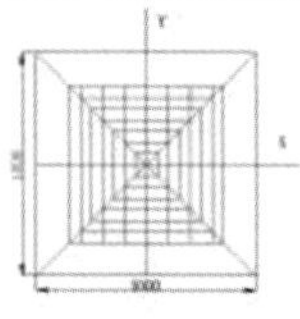	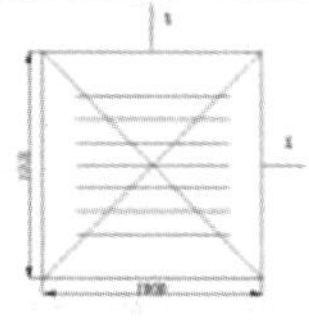
半径	R=1.29 m	R_1=2.76 m,R_2=5.39 m	R_1=2.59 m,R_2=3.89 m	R_1=1.99 m,R_2=2.31 m

图 1-51   各类加工板材(一)

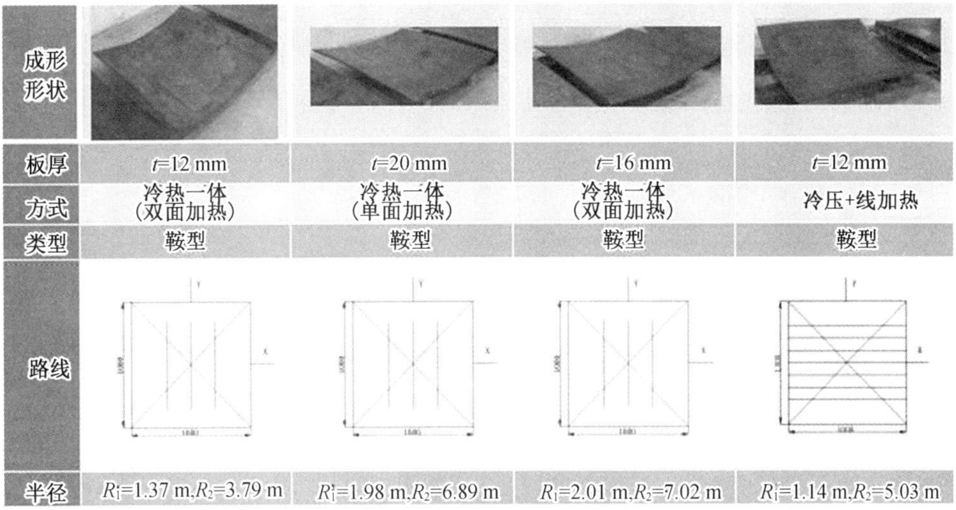

成形形状				
板厚	t=12 mm	t=20 mm	t=16 mm	t=12 mm
方式	冷热一体 (双面加热)	冷热一体 (单面加热)	冷热一体 (双面加热)	冷压+线加热
类型	鞍型	鞍型	鞍型	鞍型
路线				
半径	R_1=1.37 m, R_2=3.79 m	R_1=1.98 m, R_2=6.89 m	R_1=2.01 m, R_2=7.02 m	R_1=1.14 m, R_2=5.03 m

图 1-52 各类加工板材(二)

1.4 船体型材成形加工工艺智能化设计技术

1.4.1 基于型材成形加工工艺特征的数据集成技术

根据型材成形加工曲线目标形状特征,利用型材成形加工曲线特征信息与特征库形状比对技术,建立型材成形加工工艺智能设计知识库,为型材加工成形智能设计提供有力支持,在需求分析基础之上,分析型材成形加工工艺智能设计的知识获取、知识表征和知识构建。

通过对板材成形加工工艺信息进行分析提取,根据板材成形加工曲面目标形状特征,选取板材成形加工曲面特征信息对比核心采集设备,进行板材成形加工形状采集,为板材成形加工曲面特征信息与特征库形状对比提供数据支撑。

板材成形加工曲面特征信息采集设备选型:采用三维激光扫描仪,其参数如表 1-15所示。

表 1-15 三维激光扫描仪参数

参数	要求
扫描范围	0.6~130 m
测距精度	±2 mm
测量速度	不小于 488 000 点/s
测距误差	±2 mm
双轴补偿器	精度 0.015°,范围±5°

1.4.1.1　型材成形加工曲线特征信息与形状比对技术

型材成形加工曲线特征信息主要为其几何信息,即型材的形状。由于型材加工形状近似为平面曲线,其获取难度远小于板材成形形状获取的难度,因此在本节中,型材成形加工曲线特征信息仍然采用前文中采取的曲面(线)获取手段,即采用FOCUS3D三维激光扫描仪进行型材样件表面数字化,其工作原理与方法在此不再赘述。

此外,型材成形加工曲线特征信息与目标形状对比仍然沿用板材成形加工中开发的采集数据点云去噪算法,以及目标曲面(线)对比技术进行,在此不再赘述。

1.4.1.2　型材成形加工工艺知识构建

(1)型材成形加工工艺知识定义

通过对业务进行分析,可以定义型材成形加工的领域知识及领域知识的相互作用关系。

①型材成形中间阶段中性轴曲线与目标中性轴曲面构造知识

该领域知识的内蕴信息包含两部分:一部分是型材中间阶段中性轴曲线曲面构造,可以通过中间阶段中性轴曲线信息与中间阶段中性轴曲线离散点数据信息来确定;另一部分是型材目标中性轴曲面构造,可以通过目标型材的型值表信息、目标型材中性轴函数信息和目标型材离散点数据来确定。

该领域知识的作用规程为:依据其内蕴构造初始中性轴与目标中性轴信息,施加适当的位移载荷,通过对初始中性轴曲线与目标中性轴曲面进行分析,能够计算得到型材发生的变形,即每个节点相对应的位移载荷。

②型材成形所需应变知识

型材成形所需应变知识主要反映通过中间阶段中性轴曲线与目标曲面的关系来确定弯曲应变的分布。该领域知识的内蕴信息包含型材成形所需弯曲应变(给型材施加成形载荷后,沿着型材厚度方向均匀分布的应变)。

该领域知识将与型材成形中间阶段中性轴曲线与目标中性轴曲面知识相互作用,其作用规程为:将弯曲应变作为角变形施加到初始型材上,则恰好能够得到想要成形的目标曲面形状。

③型材成形截面特征知识

该领域知识主要包括型材截面形状、型材截面几何形状、型材截面惯性矩信息。该领域知识将与型材成形所需应变知识、型材成形所需载荷加工参数相互作用,其作用规程为:由型材成形截面形状、型材截面几何形状、型材截面惯性矩信息,分析得到型材抗弯刚度;由型材成形所需应变知识,确定型材成形所需载荷的施加位置、载荷大小。

④型材成形所需载荷加工参数知识

该领域知识主要包括加工成形所需的加载位置、加载下压量等信息。该领域知识将与型材成形所需应变知识相互作用,其作用规程为:寻找合适的加载相关参数,使其产生所需的弯曲应变。

（2）型材成形加工工艺信息分类

型材成形加工工艺模型库包括船舶建造常见型材类型、尺寸信息、加工工艺等各类工艺信息，其分类如下。

①船舶建造常见型材类型

型材成形加工工艺模型库中的船舶建造常见型材类型主要包括 T 型材、角钢、球扁钢。

②型材尺寸信息

型材成形加工工艺模型库中的型材尺寸信息包括以下几种。

T 型材构件：T 型材腹板高度、腹板厚度、面板宽度、面板厚度。

角钢构件：角钢规格型号、角钢截面尺寸数据。

球扁钢构件：球扁钢规格型号、球扁钢截面尺寸数据。

③加工工艺与成形特征信息

型材成形加工工艺模型库中的加工工艺与成形特征信息包括型材待加工曲线形状、型材材料特性、型材成形回弹特性、载荷不同加载历程影响特性、其他工艺参数影响特性。

④型材材料特性建立

型材材料特性可以用双线性弹塑性模型表示，屈服应力为 590 MPa，用塑性阶段的斜率 E' 来表示其加工硬化指数，如图 1-53 所示。当 $E' = 0$ 时，即为理想弹塑性模型。杨氏模量 $E = 210$ GPa，泊松比 $\nu = 0.3$。

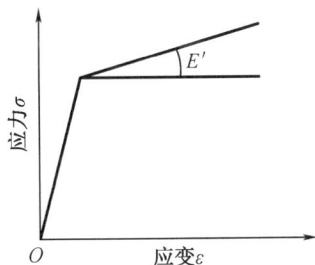

图 1-53　双线性材料应力-应变曲线

（3）型材成形回弹特征信息获取与建立

①回弹试验方案

成形过程中，型材各部位所受载荷不同，所以各处的应力、应变状态也不一样。当外部载荷释放后，弹性变形会自动恢复，而塑性变形却无法恢复。弹性变形的自动恢复能力会使型材的形状发生改变，我们称这种现象为回弹。试验目的是对实际生产中的型材回弹进行测量。

a.试验模具和试样

试验中采用的模具是单曲率成形模具，如图 1-54 所示，由凸模和凹模组成。成形时凸模下压，同时由于凹模两侧的支撑在板上产生了弯矩使型材弯曲成形，随着凸模下压量的增大这种弯曲也逐渐增大。

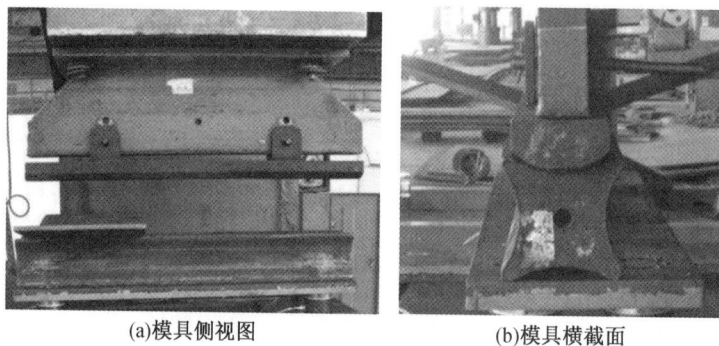

(a)模具侧视图　　　　(b)模具横截面

图 1-54　冷弯成形试验的模具

b. 载荷测量方案

试验所使用的试验机的压力值不能直接读取,因此无法直接获取成形时所需的载荷。在下模具的底部设计了一个平台,如图1-55所示,该平台由三部分组成,即2块底板、4个压力传感器、1块上面板。

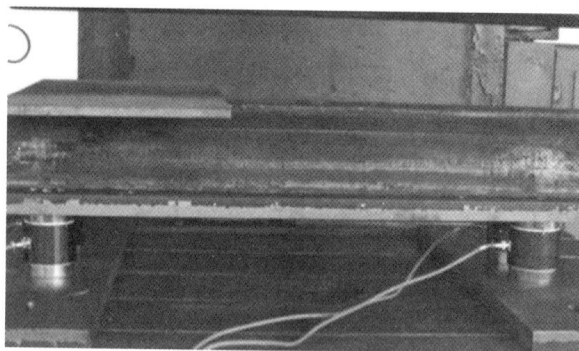

图 1-55　下模具的底部平台

在试验过程中将压力传感器与应变仪相连,通过电脑采集软件自动采集各压力传感器的数据,如图1-56所示。

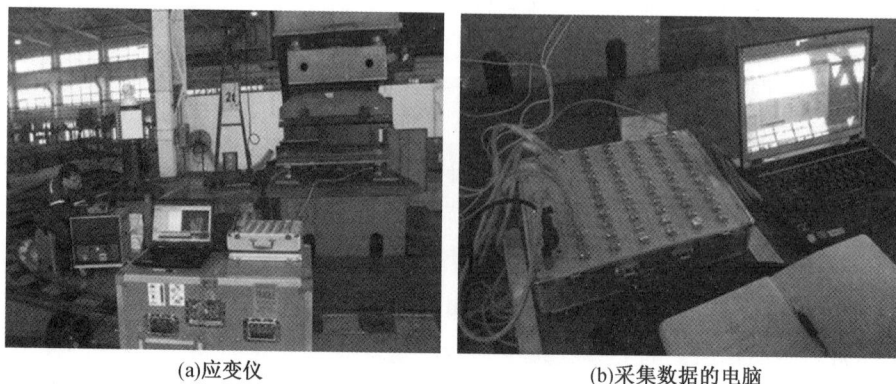

(a)应变仪　　　　(b)采集数据的电脑

图 1-56　应变仪和采集数据的电脑

c.回弹测量方案

本节主要的关注点是型材的回弹,因此对回弹的测量尤为关键。在冷弯成形试验中,采用激光雷达测量回弹的数据,以型材各点挠度变化值及型材的曲率变化来表示回弹。试验中将凸模下压到指定下压量,稳定后测量此时型材的形状,再将模具移除,板发生明显回弹,此时再次测量型材的形状,前后两次测量各点的挠度之差即为回弹。本节中回弹量均指回弹后的挠度与回弹前的挠度之差。激光雷达如图1-57所示。

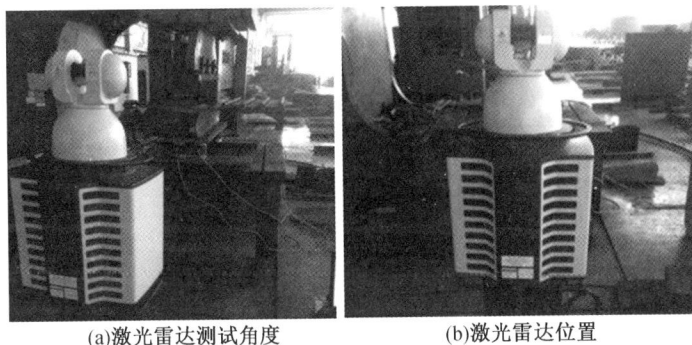

(a)激光雷达测试角度　　　　　　(b)激光雷达位置

图1-57　激光雷达

激光雷达测量原理是用一束具有规则几何形状的激光以某一角度聚焦在被测物体表面,然后用图像传感器在另一角度对物体表面上的漫反射光斑进行成像,通过计算主光线的角度,来计算激光在物体表面照射点的位置高度。这样利用三角法可确定成像点的位置,结合系统光路的有关参数可把被测点的空间坐标计算出来,如图1-58所示。

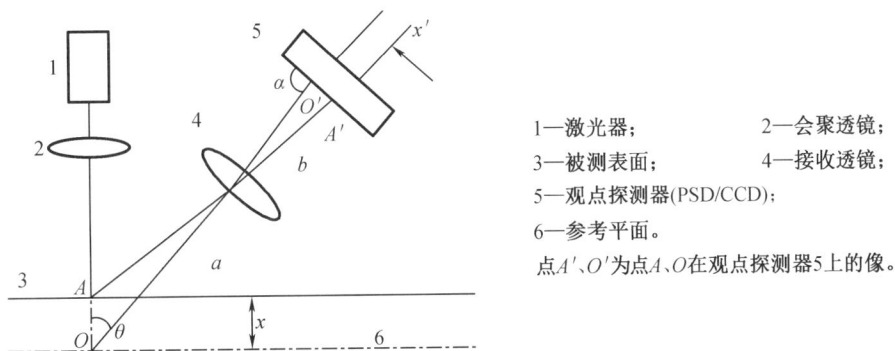

1—激光器;　　　　　　2—会聚透镜;
3—被测表面;　　　　　　4—接收透镜;
5—观点探测器(PSD/CCD);
6—参考平面。
点A'、O'为点A、O在观点探测器5上的像。

图1-58　直射式激光三角法测量原理图

试验中模具挡住激光雷达的视线,无法对型材的整个表面进行测量,因此在试验过程中通过测量型材侧面的形状来代替整体板变形的形状。可将激光雷达布置在试件的侧面,如图1-59所示。通过测量型材侧面的标记点在卸载前后的坐标值和后期的数据处理可以计算出回弹量。

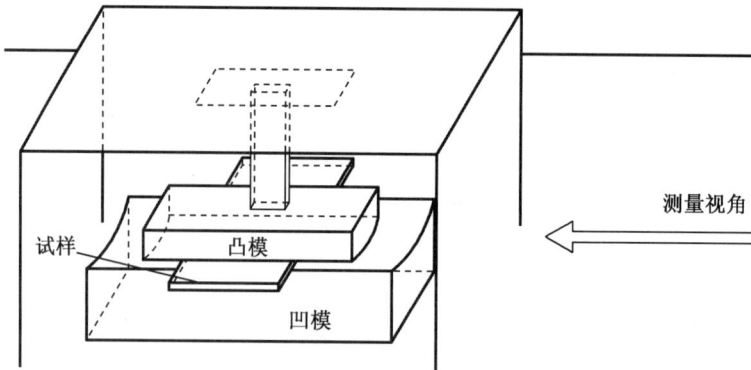

图 1-59　激光雷达测量示意图

d. 试验结果及数据处理

完成模压试验后,对测量的试验数据进行处理分析。分析不同下压量的载荷和每次卸载后的回弹数据,得出型材成形的一些基本规律。

对压力传感器的数据进行处理,将四个位移传感器的数据叠加计算出各试件在不同凸模下压量下的载荷。结果表明,随着板厚的增加载荷不断增大,随着下压量的增大载荷也逐渐增大。回弹量主要由型材上标记点挠度的变化表示,如图 1-60 所示。而在试验中激光雷达测量的是三维数据的点,得到的坐标值以激光雷达本身的坐标系为准,得到的数据如图 1-61 所示,因此无法直接根据投影的坐标值计算挠度回弹量。

图 1-60　挠度的回弹量

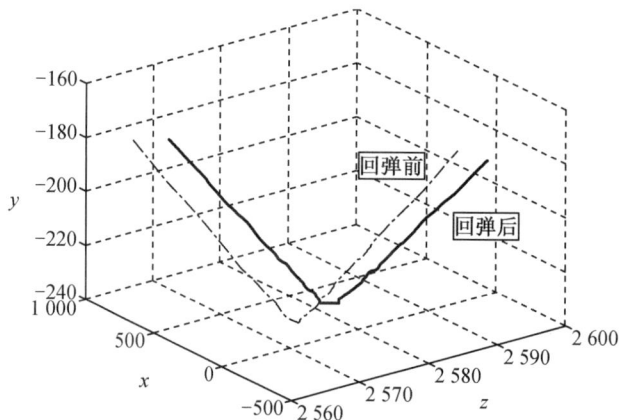

图 1-61　激光雷达测量的一组数据(单位:mm)

由以上的测量方案可知,可用型材侧面形状的变化来反映板的回弹,因而每次测量的数据点可认为在同一平面内。在数据处理时,首先通过旋转变换将数据点所在的平面旋转成与 xOy 平行的平面,如图 1-62 所示,这样减少了一个坐标值,可以快速地求出各点挠度值及回弹量。

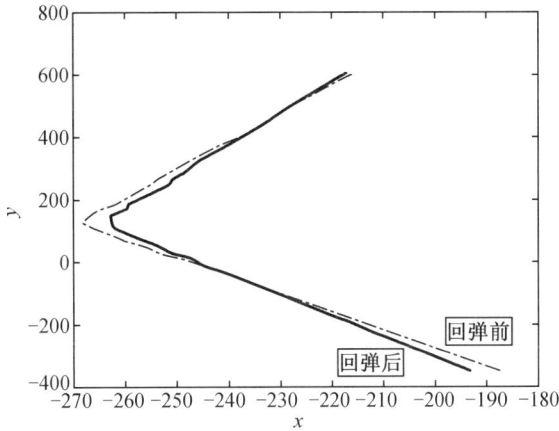

图 1-62　经过旋转变换后的数据(单位:mm)

通过分析试验测得的数据得出各试样的回弹量,挠度回弹和与中心线的距离的关系如图 1-63 所示。

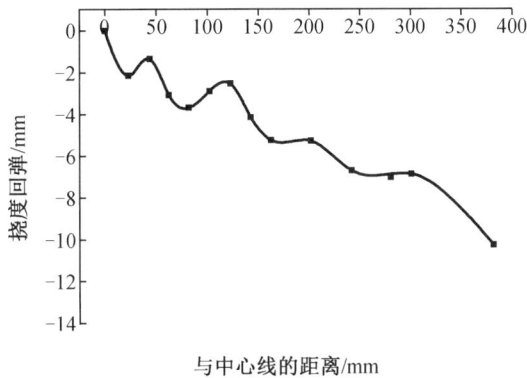

图 1-63　凸模下压 10 mm 时型材的回弹量

根据试验的结果可以得出加载中心位置的回弹特征。

②型材成形回弹仿真模拟

由于回弹的影响因素非常复杂,且在试验中关注的问题有限,投入成本也非常高,无法深入地解决本章关注的问题,所以拟通过有限元仿真计算来获取不同类型型材在不同加载条件下的回弹特性,并在有限元软件 ABAQUS 中对前述试验进行仿真,将仿真结果与试验结果进行对比,验证仿真方法的有效性。在成形过程中型材必然要发生弹塑性变形,同时随着弯曲程度的增大,型材与模具间的接触面也在不断发生变化,而卸载时弹性变形的恢复使型材的弯曲程度有所减小即回弹。这些过程都是非线性的,导致型材成形仿真计算具有很强的非线性。因此在仿真计算过程中,主要关注的是材料塑性阶段的性质、模具的接触属性、回弹边界条件的设置等。

a. 有限元模型

在数值仿真中对该试验进行模拟,模具简化模型如图 1-64 所示。其中型材长 $L = 1\ 000$ mm,$W_{up} = 100$ mm,$W_{down} = 200$ mm,$R_{up} = 120$ mm,$R_{down} = 150$ mm,$r = 30$ mm, 杨氏模量 $E = 210$ GPa,泊松比 $\nu = 0.3$。

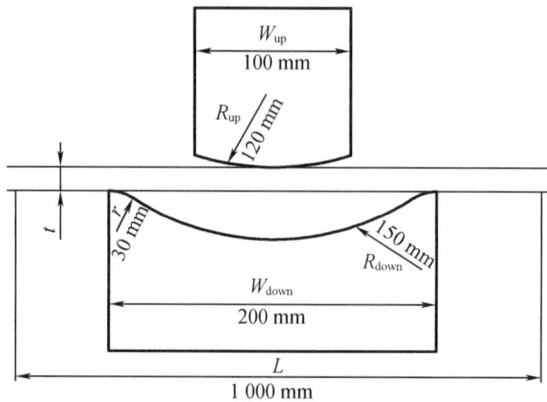

图 1-64　数值仿真模拟模具简化模型示意图

b. 网格划分

由于结构对称,在有限元软件中建立了一半的模型以减少计算网格,提高计算效率。上下模具采用离散刚体单元。型材上在模具接触区域对网格进行了细化,特别是下模具边缘曲率变化较大,对网格进一步进行了细化,同时对模具自身的网格在接触区域也进行了细化。

考虑到回弹仿真材料塑性阶段性质对试验结果影响很大,本节采用的是双线性强化模型,如图 1-65 所示。根据材料试验测得结果,取屈服应力 $\sigma_Y = 650$ MPa,最大应力 $\sigma_{max} = 7\ 800$ MPa, 材料塑性阶段的斜率 $E' = 780$ MPa,然后进行数值仿真计算。

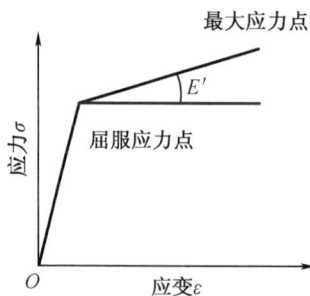

图 1-65　材料模型

在实际成形中,随着凸模下压量的增大,型材与模具间的接触面也在不断发生变化,因此在仿真过程中具有较强的接触非线性,这在一定程度上会对回弹的仿真精度产生影响。本章对接触的处理是在有限元软件中定义接触以及接触属性。本章节定义了两对接触,分别是凸模与型材上表面接触、凹模与型材下表面接触;定义了模具表面为主面,型材表面为从面。在接触属性中分别定义了接触时的法向属性和切向属性,其中法向接触为硬接触,切向接触为罚函数摩擦属性,摩擦系数为0.15。

由于回弹是在型材成形过程结束后卸载时产生的,因此本节在有限元软件中采用的计算方法是,成形过程完成后,移除上下模具,然后固定型材的对称中心,此时型材上存在的内应力不能维持平衡,利用有限元软件进行内应力平衡计算使板上的弹性变形恢复,完成回弹量的计算,如图1-66所示。在完成计算后,对计算前后型材侧面点的 z 向位移即板上点的挠度进行分析得出挠度的回弹量。

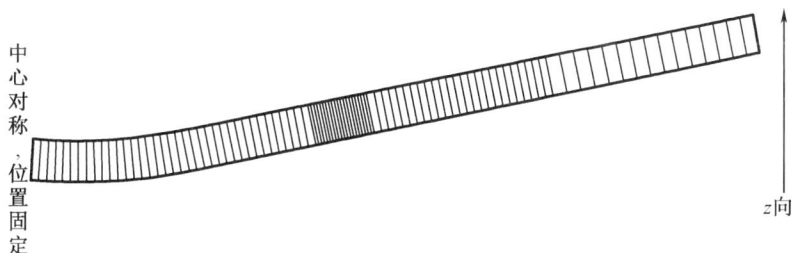

图 1-66　回弹量的计算示意图

由以上分析可知回弹是由型材的弹性变形恢复产生的,假设型材没有塑性变形,回弹后形状应该与初始状态一致。本章采用完全弹性材料模型在有限元软件中运用上文提出的回弹仿真方法对此进行数值试验,计算结果如图1-67、图1-68所示。结果显示,回弹后型材上的变形和残余应力都接近零,符合实际情况。

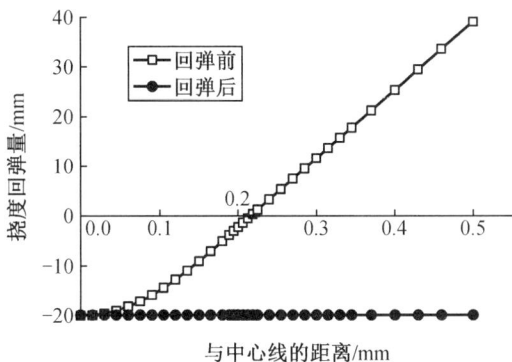

图 1-67　挠度回弹量

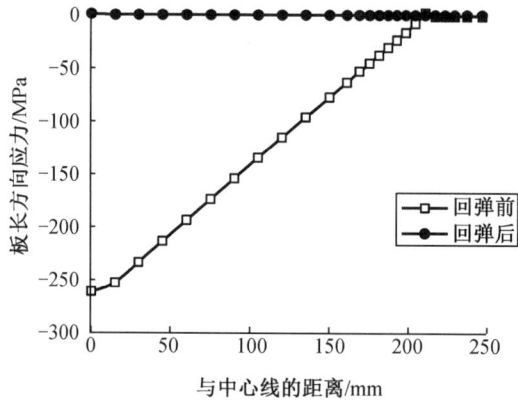

图 1-68　回弹前后的应力分布

③仿真结果与试验结果对比

对不同下压量的试验进行仿真计算，提取各型材挠度的回弹量和不同下压量的载荷并进行分析，与试验结果进行比较。

型材面板厚 18 mm 的载荷试验与仿真结果如图 1-69 所示。

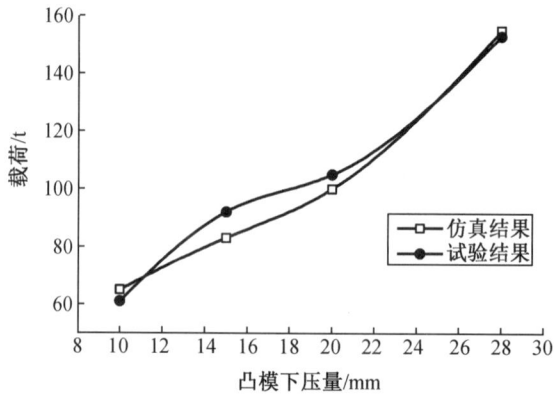

图 1-69　型材面板厚 18 mm 的载荷试验与仿真结果

型材面板厚 26 mm 的载荷试验与仿真结果如图 1-70 所示。

型材面板厚 30 mm 的载荷试验与仿真结果如图 1-71 所示。

型材面板厚 18 mm 挠度回弹试验与仿真结果如图 1-72 所示。

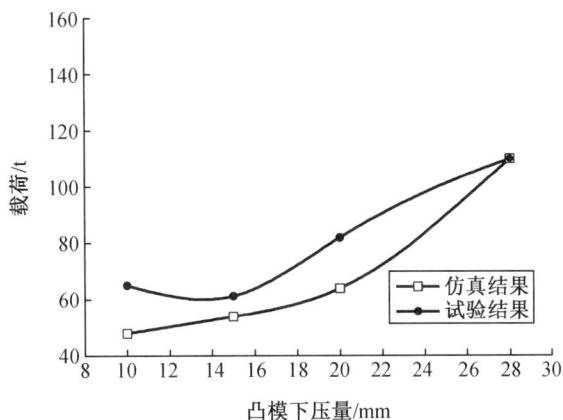

图 1-70　型材面板厚 26 mm 的载荷试验与仿真结果

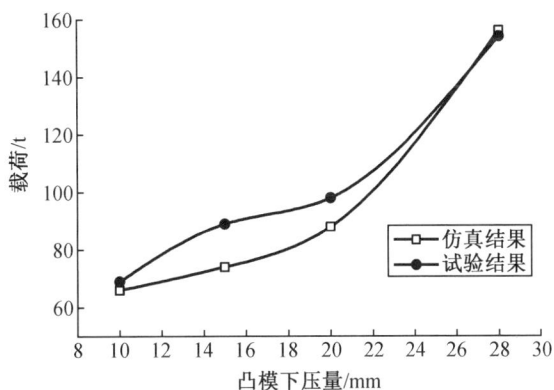

图 1-71　型材面板厚 30 mm 的载荷试验与仿真结果

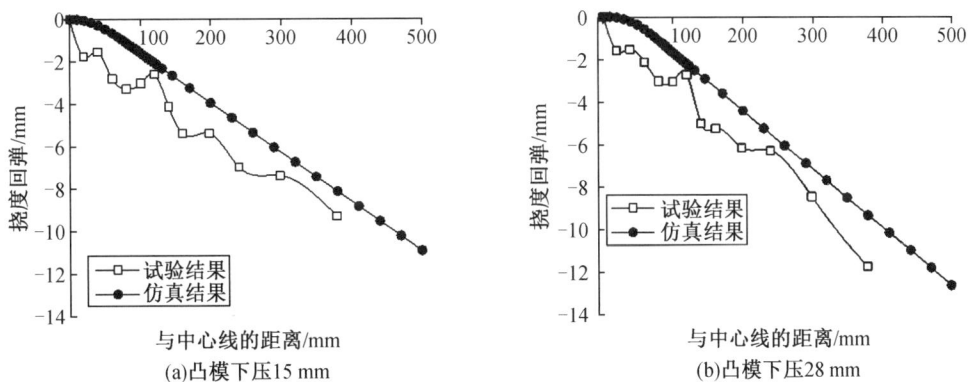

(a)凸模下压15 mm

(b)凸模下压28 mm

图 1-72　型材面板厚 18 mm 挠度回弹试验与仿真结果

型材面板厚 26 mm 挠度回弹试验与仿真结果如图 1-73 所示。

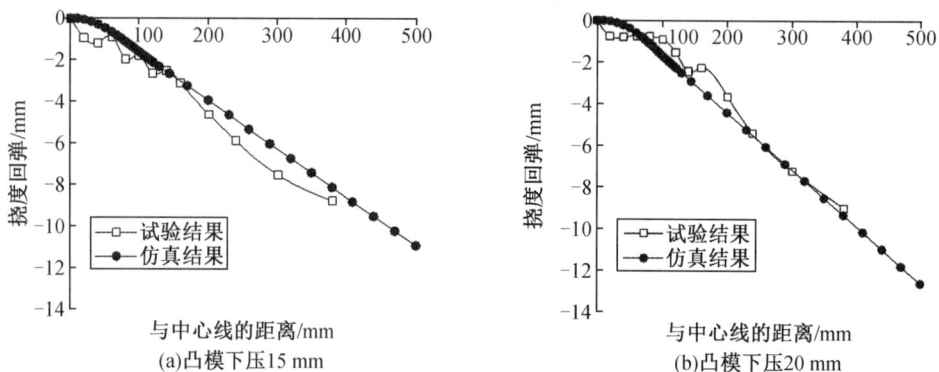

(a)凸模下压15 mm　　　　　　　　(b)凸模下压20 mm

图1-73　型材面板厚26 mm挠度回弹试验与仿真结果

型材面板厚30 mm的挠度回弹试验与仿真结果如图1-74所示。

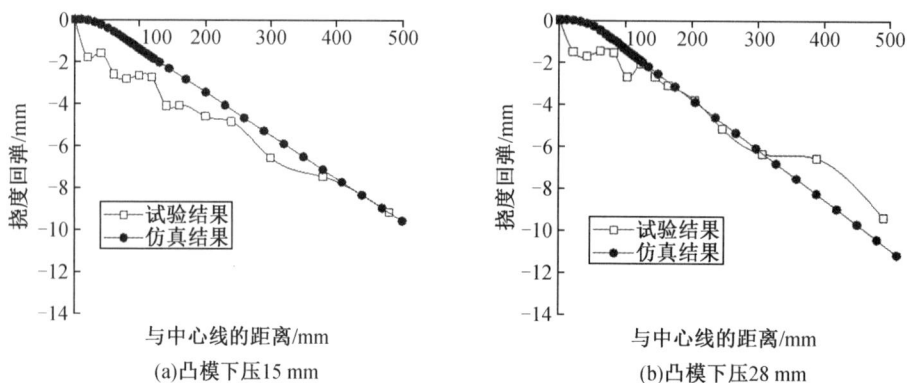

(a)凸模下压15 mm　　　　　　　　(b)凸模下压28 mm

图1-74　型材面板厚30 mm的挠度回弹试验与仿真结果

试验与仿真结果的比较表明,在相同下压量下试验与仿真的结果基本吻合,载荷与下压量关系曲线基本一致,即型材成形工艺模型库型材回弹特性信息基本准确。

1.4.2　型材成形加工加载线智能设计技术

1.4.2.1　基于人工神经网络模型的型材成形加工加载线智能设计技术

(1)型材成形加工加载线智能设计人工神经网络模型输出层与输入层定义

型材成形加工加载线智能设计仍然采用基于人工神经网络模型的代理模型。

型材成形加工加载线智能设计人工神经网络模型输入层包括型材成形线形曲率半径 R、腹板高 h、面板宽 b、板厚 t。

型材成形加工加载线智能设计人工神经网络模型输出层包括冷弯加载行程距离。

(2)型材成形加工加载线智能设计人工神经网络模型结构

型材成形加工加载线智能设计人工神经网络分为三层,如图1-75所示。

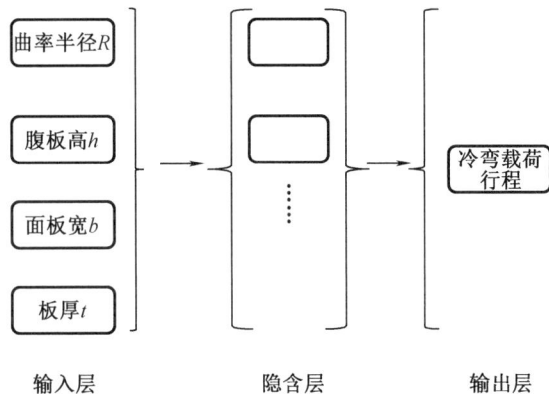

图 1-75 型材成形加工加载线智能设计人工神经网络结构

（3）型材成形加工加载线智能设计人工神经网络隐含层确定方法

隐含层最佳单元数的确定采用从最小的网络开始逐步增长计算，在所有计算结果中，选取误差最小的网络结构作为最终确定的结构。最后，本型材成形加工加载线智能设计人工神经网络隐含层的单元数量确定为 15 个。

（4）型材成形加工加载线智能设计人工神经网络的训练方式

型材成形加工加载线智能设计人工神经网络训练采用型材进行弯曲成形加工系列试验的 250 组数据作为训练样本，如表 1-16 所示。

表 1-16 加工数据样本

训练样本序号	R(实际值)/mm	腹板高 h/mm	面板宽 b/mm	板厚 t/mm	冷弯加载行程距离/mm
1	1 750.00	75	50	8	62.1
2	2 000.00	75	50	8	48.2
3	2 250.00	75	50	8	39.5
4	4 000.00	75	50	8	21.0
5	5 500.00	75	50	8	16.4
⋮	⋮	⋮	⋮	⋮	⋮
25	1 750.00	100	63	8	63.22
26	2 000.00	100	63	8	49.32
27	2 250.00	100	63	8	40.62
28	4 000.00	100	63	8	22.12
29	5 500.00	100	63	8	17.52
⋮	⋮	⋮	⋮	⋮	⋮

表 1-16（续）

训练样本序号	R(实际值)/mm	腹板高 h/mm	面板宽 b/mm	板厚 t/mm	冷弯加载行程距离/mm
75	1 750.00	125	80	8	75.76
76	2 000.00	125	80	8	58.80
77	2 250.00	125	80	8	48.19
78	4 000.00	125	80	8	25.62
79	5 500.00	125	80	8	20.01
80	1 750.00	140	90	12	69.69
81	2 000.00	140	90	12	54.09
⋮	⋮	⋮	⋮	⋮	⋮
100	2 250.00	140	90	12	44.33
101	4 000.00	140	90	12	23.57
102	5 500.00	140	90	12	18.40
⋮	⋮	⋮	⋮	⋮	⋮
246	1 750.00	160	100	12	78.25
247	2 000.00	160	100	12	60.73
248	2 250.00	160	100	12	49.77
249	4 000.00	160	100	12	26.46
250	5 500.00	160	100	12	20.66

（5）型材成形加工加载线智能设计人工神经网络模型预测结果准确性验证

使用型材成形加工加载线智能设计人工神经网络预测的、不同弯曲半径时对应的冷弯加工载荷施加于相应截面模数的型材上，通过有限元弹塑性分析得到相应截面模数的型材的弯曲变形，计算其加载处在卸载回弹后的弯曲半径，与预测前输入的弯曲半径进行对比，即可验证型材成形加工加载线智能设计人工神经网络模型预测结果的准确性，如表 1-17 所示。

表 1-17　型材成形加工加载线智能设计结果对比

对比序号	R(加载后得到的弯曲半径)/mm	R(预测前输入的弯曲半径)/mm	相对误差/%
1	985.20	1 000.00	1.48
2	1 478.60	1 500.00	1.43
3	1 770.50	1 800.00	1.64
4	2 015.30	2 000.00	0.76
5	2 481.20	2 500.00	0.75
6	3 041.00	3 000.00	1.37
7	3 382.10	3 500.00	3.37

表 1-17(续)

对比序号	R(加载后得到的弯曲半径)/mm	R(预测前输入的弯曲半径)/mm	相对误差/%
8	4 112.10	4 000.00	2.80
9	4 595.02	4 500.00	2.11
10	5 102.20	5 000.00	2.04
11	5 456.46	5 500.00	0.79
12	5 976.13	6 000.00	0.40
13	6 602.05	6 500.00	1.57
14	7 089.12	7 000.00	1.27
15	7 584.54	7 500.00	1.13
16	8 102.10	8 000.00	1.28
17	8 568.20	8 500.00	0.80
18	9 067.40	9 000.00	0.75
19	9 586.10	9 500.00	0.91
20	9 927.34	10 000.00	0.73

结果表明,测试样本得到的弯曲半径与预测前输入的弯曲半径进行对比,误差均小于4%,证明型材成形加工加载线智能设计人工神经网络模型预测结果是准确有效的。

1.4.2.2 型材成形加工加载位置与型材变形关系的数据规则及确定算法

(1)型材成形加工加载位置与变形关系的初步选取原则

针对型材成形加工进给一段弯曲一段的特点,加载位置的确定实际是一个确定弯曲时最佳进料步长的过程。通过分析型材加工特点,可以得到以下的型材成形加工加载位置与变形关系的初步选取原则。

①型材逐段弯曲加工时,最佳进料步长在理论上是一个与型材高度有关的长度范围,常在 1~1.5 倍型材高度的范围内取值。同时进料步长还与型材样条曲线的曲率 K 的大小有关,若曲线的曲率 K 大,则需减小进料步长的长度;若曲线的曲率 K 小,则可相应增加进料步长的长度。

②在型材中性轴曲线上合理地划分进料步长,确定加载位置,不仅对曲线的成形质量有重要影响,而且对压弯的加工效率也起着决定性的作用。当弦长划分过短时,虽然能使曲线有良好的成形形状,但降低了加工效率;而当弦长划分过长时,尽管可以提高加工效率,但在加工中曲线的平直段过多,将会严重影响曲线的成形形状。因此,如何合理地划分中性轴曲线,提供合理的进料步长和最佳加载位置依据,对型材的准确成形有重要的影响。

(2)型材成形加工加载位置(最佳进料步长)的确定算法

①型材成形加工的逐段加载段、加载位置和检测点定义。

每一个加载段定义为:L_i;

加载位置定义为:L_i 段的中点;

型材成形弯曲加工形状的检测点定义为：L_i 段的首尾起始点。

②基于弦角控制的型材逐段成形检测方法定义。

在型材成形弯曲加工时，将型材中性轴曲线各加载段的各顶点作为检测点。通过主弯曲油缸带动的压头加工弦线 L_i 间的型材部分，再通过检测装置对弦线 L_{i-1} 和弦线 L_i 的夹角 θ_i 进行检测，当 θ_i 达到了成形控制角的目标值 θ_i' 时，即说明弧段已经加工完毕。接下来，再加工下一加载段，当所有成形控制角都达到相应的 θ_i' 值时，或者在误差允许范围之内，即说明型材已经弯制成所要求的曲线形状。

③适应弦角控制方法的型材成形加工加载位置（最佳进料步长）确定原则。

型材的一段加载段 L_i 完成所要求的形状后，再进给新的一段 L_{i+1} 进行加工。L_{i+1} 的最大可取长度即最佳进料步长，兼顾了弯曲精度与弯曲效率。其确定原则为：当弯曲中轴线第 $i+1$ 段时，L_{i+1} 应保证检测成形控制角 θ_{i+1}，使该段中轴线达到预期形状的同时，并不会使上一成形控制角 θ_i 产生很大的变化，从而不会影响已成形曲线的形状。

④适应弦角控制方法的型材成形加工加载位置（最佳进料步长）的确定算法。

弦角控制型材成形加工加载位置示意图，如图1-76所示。

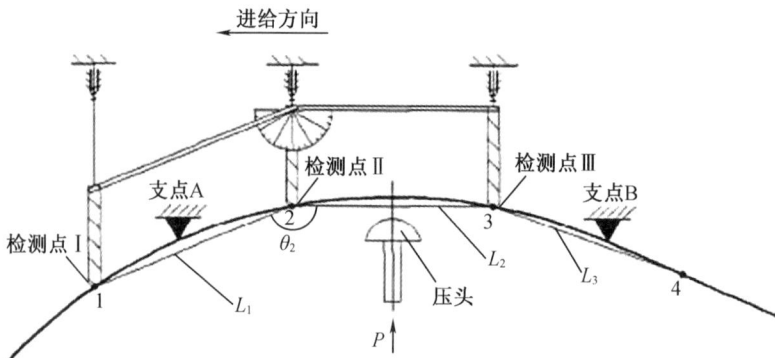

图1-76 弦角控制型材成形加工加载位置示意图

如图1-76所示，弦角控制法是通过已知的两点求取第三点，即通过曲线上点1，2的坐标，去确定点3的坐标。后续点依次类推，可以依次确定每一段加载段的长度，即获得了进料步长。

假设型材中性轴曲线方程为三次样条曲线，即

$$y = f(x) = ax^3 + bx^2 + cx + d$$

将依次的4个点1,2,3,4的坐标代入，可得

$$y_1 = ax_1^3 + bx_1^2 + cx_1 + d$$
$$y_2 = ax_2^3 + bx_2^2 + cx_2 + d$$
$$y_3 = ax_3^3 + bx_3^2 + cx_3 + d$$
$$y_4 = ax_4^3 + bx_4^2 + cx_4 + d$$

由于各点坐标值均为已知且非线性相关，因此上述方程组存在唯一解，曲线方程相应可以确定。

当型材曲线较为平缓时,可用弦线长度 L_i 近似代替弧长 S_i 的长度进行进给。考虑到冷弯设备对于型材是以直线进给的,当弦线长度 L_i 能够最大限度代替弧长 S_i 时,即将两者的长度差距保持在规定范围内时,可以保证弯曲成形的精度。

而上述两者的长度差距保持的规定范围应该是取作型材成形时的曲线伸长量,记为 δ,其可由型材附着曲面的应变分析展开确定。

(3)型材成形加载位置的自动匹配方法

由型材曲线方程:

$$y = f(x) = ax^3 + bx^2 + cx + d$$

根据弧长公式,所分得的每一段弧长为

$$S_i = \int_i^{i+1} \sqrt{1 + f'(x)^2}\,\mathrm{d}x$$

而对应的弦长为

$$L_i = \sqrt{(x_{i+1} - x_i)^2 + (y_{i+1} - y_i)^2}$$

弦长 L 与相应的弧长 S_i 做比较,若两者的误差不大于 δ,即说明该段弦长 L 能较好地代替弧长,否则需要对该段弦长重新进行划分。

型材成形加载位置的自动匹配方法如图 1-77 所示。

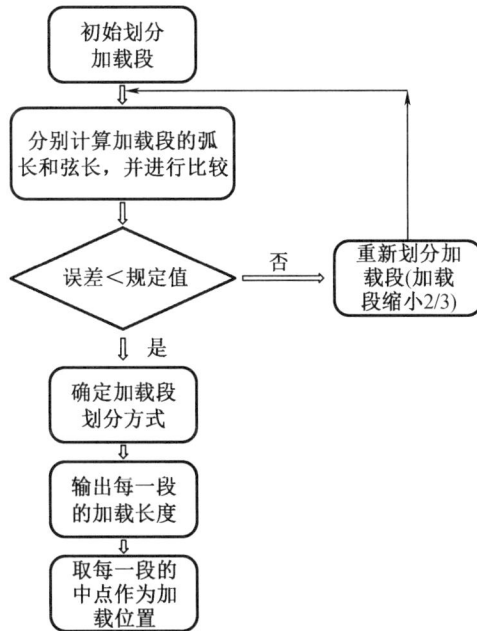

图 1-77　型材成形加载位置的自动匹配方法

1.4.3　型材加工综合工艺智能设计技术

提取型材成形加工工艺参数,建立型材成形加工工艺模型,将型材加工工艺模型赋予工艺参数信息,包括型材类型、尺寸信息、加工工艺等,为成形加工提供组合参数匹配技术支持。

1.4.3.1 型材成形加工工艺模型库构建

根据肋骨冷弯加工自动控制工艺过程,结合肋骨冷弯自动加工的数字控制原理、回弹和误差处理方法以及数控肋骨冷弯机的硬件和功能特点,型材成形工艺模型库应包括如下信息:

(1)能根据接口软件转换出的肋骨加工数据自动生成加工控制参数,用于肋骨冷弯机的自动加工控制;

(2)能够快速准确检测加工控制参数,用于肋骨加工中的进料和弯曲控制过程;

(3)提供机器参数标定和设置的界面与方法,在机器安装完成后能够确定自动加工需要的机器安装参数和加工参数,通过设置界面保存起来,且能备份;

(4)进行各种加工记录,如记录工件加工信息、记录进料目标及其误差情况,记录打印参数、弯曲回弹过程中的各个角度变化情况。

数控肋骨冷弯机参数设置,如图1-78所示。

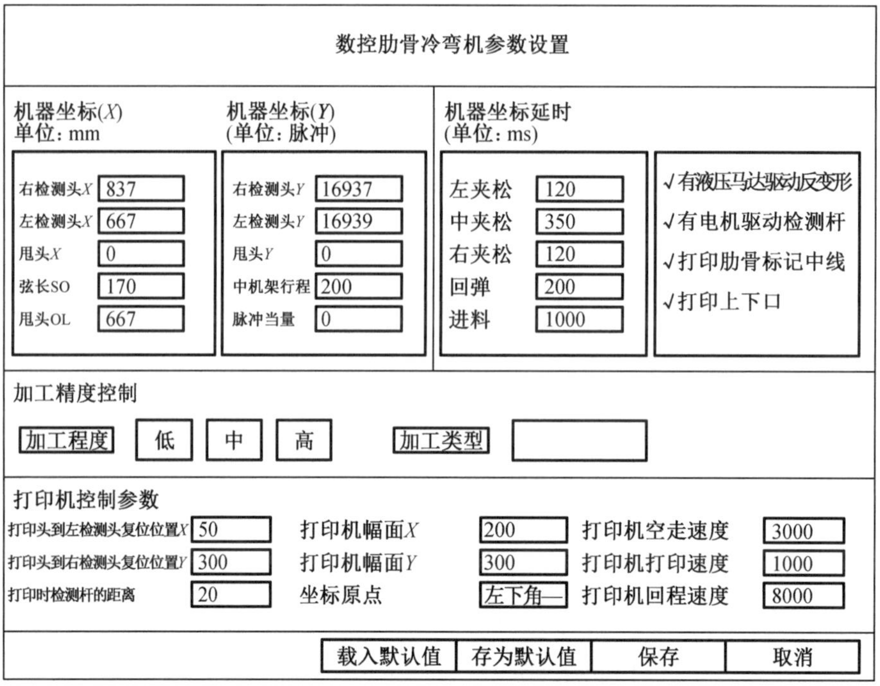

图1-78 数控肋骨冷弯机参数设置

设置界面中包含设置参数和按钮两个部分。设置参数的含义如表1-18所示。

表 1-18　参数含义

序号	参数类型	参数名称	备注
1	机器坐标(X)(单位:mm)	右检测头 X	
2		左检测头 X	
3		甩头 X	始终为 0
4		弦长 SO	左右检测杆的间距
5		甩头 LO	右检测杆到夹手旋转中心的 X 方向的距离
6	机器坐标(Y)(单位:脉冲)	右检测头 Y	
7		左检测头 Y	
8		甩头 Y	始终为 0
9		中机架行程	
10		脉冲当量	暂时保留
11	机器动作延时(单位:ms)	左夹松	
12		中夹松	
13		右夹松	
14		回弹	暂时保留
15		进料	暂时保留
16	加工精度控制(暂不用)		暂时保留
17			暂时保留
18	打印机控制参数	打印头到左检测头复位位置 X	
19		打印头到右检测头复位位置 Y	
20		打印时检测杆的距离	
21		打印机幅面 X	
22		打印机幅面 Y	
23		坐标原点	
24		打印机打印速度	1 000 mm/s
25		打印机回程速度	8 000 mm/s
26		打印机空走速度	3 000 mm/s

1.4.3.2　型材加工综合工艺智能设计验证

在基于型材类型、尺寸信息、加工工艺、成形特征建立的型材加工工艺模型库的基础上,对型材加工成形综合工艺模型库进行应用验证。

(1)数值仿真计算

针对上文分析的影响参数,利用所得有限元仿真方法展开一系列的数值仿真计算。在数值计算中,重点关注材料模型及塑性的设置等。

①模具尺寸

在仿真计算中采用的模具形式如图 1-79 所示,选用了不同型材面板厚度的型材进行数值仿真研究,编号 t26。其中型材面板厚度 $W=500$ mm,型材长 $L=1\,000$ mm,$W_{up}=200$ mm,$W_{down}=400$ mm,$R_{up}=340$ mm,$R_{down}=370$ mm,$r=60$ mm。

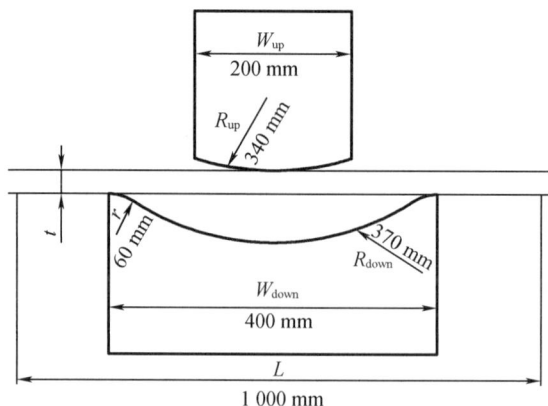

图 1-79　冷弯成形的模具

②材料模型

计算中假设了两种材料模型,分别是理想弹塑性模型和双线性模型,两种模型的屈服应力均为 590 MPa,对于双线性模型用塑性阶段的斜率 E' 来表示其加工硬化指数,如图 1-80 所示,当 $E'=0$ 时即为理想弹塑性模型。杨氏模量 $E=210$ GPa,泊松比 $\nu=0.3$。

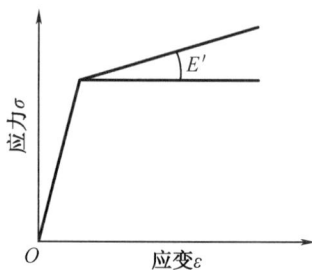

图 1-80　双线性材料应力-应变曲线

③计算结果分析

对仿真计算中结果进行处理,提取了计算结果中的挠度、应力、应变和弯矩。

(2)型材成形工艺信息匹配验证

根据仿真结果,结合型材成形工艺模型库,自主选择匹配下压量、摩擦、厚向异性系数、板厚、凸模半径、加载历程和材料性质等关键工艺信息,完成型材成形加工。

①凸模下压量

以型材(t26)为例,其下压量与回弹量关系如图 1-81 所示。结果表明型材上的点在回

弹前后挠度值明显发生了变化,证明卸载时的回弹对成形结果影响很大。在下压量小于60 mm 时随着下压量的增大,型材上各点挠度的回弹量在逐渐增大,下压量为 60 mm 时回弹量显著减小。同时,中心点回弹比与下压量呈线性增长关系,说明随着下压量的增大,相对回弹越来越小。

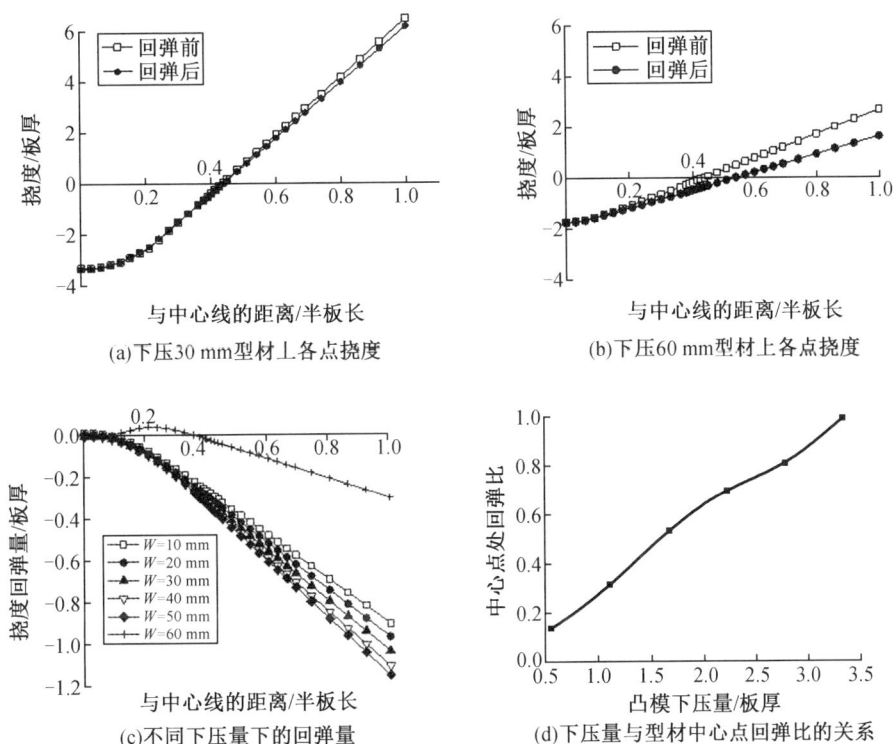

图 1-81 不同下压量与回弹量关系

为此对型材的上表面应力分布进行分析,如图 1-82 所示,在下压量小于 60 mm,随着下压量的增加,上表面达到塑性的区域逐渐增大,但下压量达到 60 mm 后,型材上表面的应力分布发生很大的变化,中心区域的塑性区域有所减小。图 1-83 是型材板长方向的应力,结果显示在下压量为 60 mm 时,在中心点附近的应力与其他下压量的应力大小相等、方向相反,从而在型材的截面上形成了一个方向的弯矩,起到卸载的效果,所以当模具移除后它的回弹量非常小。

导致此应力分布的原因,通过分析在最大下压量时型材下表面的接触应力,如图 1-84 所示,仅型材中心与凹模接触,就形成了多点弯曲,使得型材上表面中心区域受到一个反向的弯矩,从而使应力分布发生很大的变化。而其他下压量时,型材的下表面中心没有与凹模具接触,如图 1-85 所示,型材下表面中心接触应力为 0。

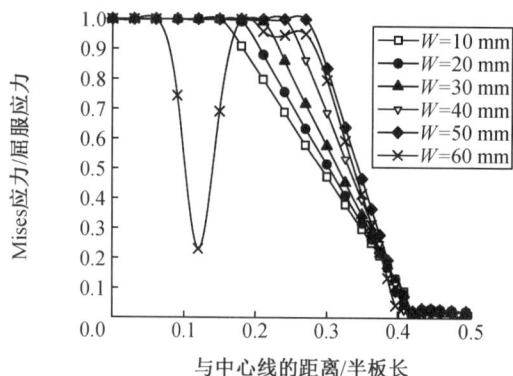

图 1-82　不同下压量 Mises 应力

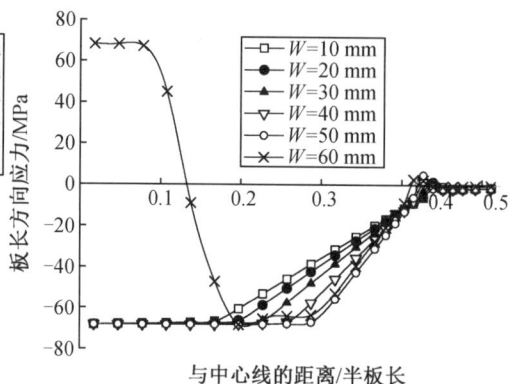

图 1-83　不同下压量型材板长方向应力

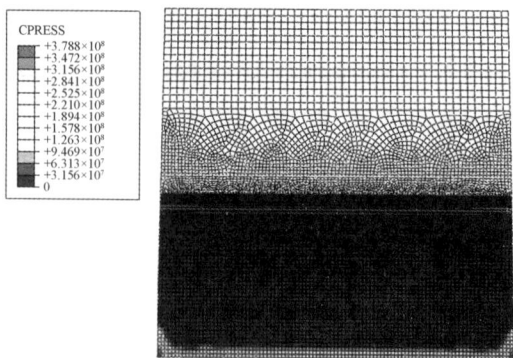

图 1-84　下压 60 mm 型材下表面接触应力

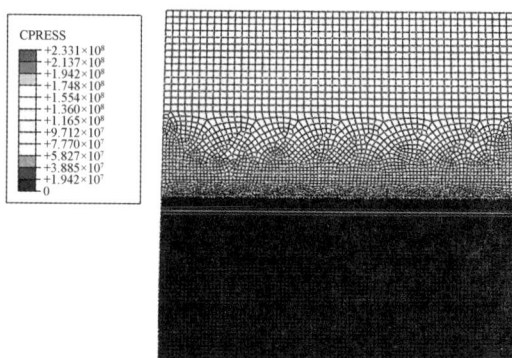

图 1-85　下压 30 mm 型材下表面接触应力

②凹模深度

由分析结果可以看出,当板材下表面接触后,对回弹和应力分布的结果影响较大。因此本章在仿真计算中改变下模的深度使板材在不同下压量时与凹模底部接触,如图 1-86 所示。对 26 mm 的型材(t26)进行了不同凹模深度成形回弹计算,并由此分析下表面的接触对板材成形的影响规律,表 1-19 是仿真计算的方案。

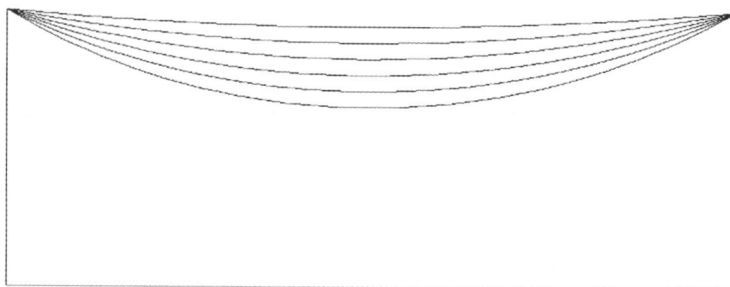

图 1-86　凹模深度调整

表 1-19　不同下压量触底对比方案

下压量/mm	凹模接触情况	
10	触底	不触底
20	触底	不触底
30	触底	不触底
40	触底	不触底
50	触底	不触底
60	触底	不触底

　　计算完成后对各组回弹的结果进行比较分析,结果如图 1-87 所示。表明在下压量较小时,触底和不触底的结果没有差异,各点的挠度回弹量基本相同;但当下压量大于 20 mm 时两者回弹量出现明显的差异,并且这种差异随着下压量的增大而增大。

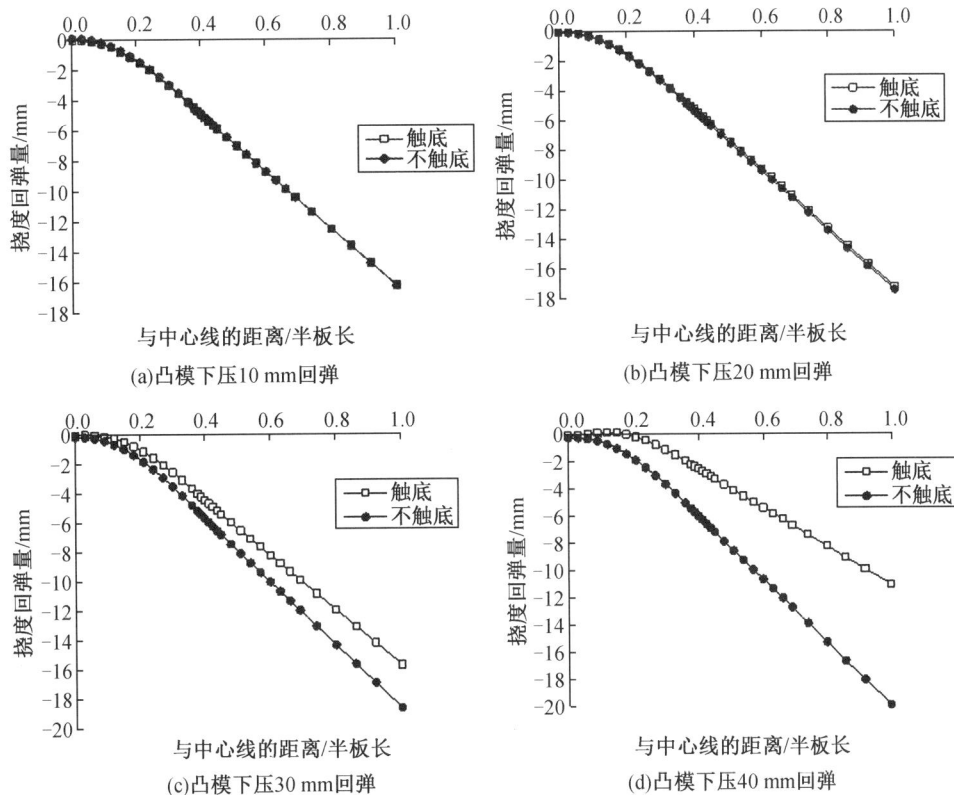

(a)凸模下压10 mm回弹

(b)凸模下压20 mm回弹

(c)凸模下压30 mm回弹

(d)凸模下压40 mm回弹

图 1-87　回弹结果对比

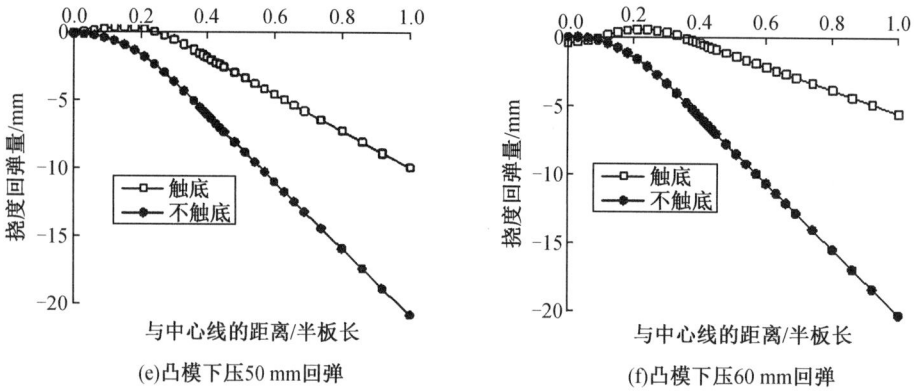

(e)凸模下压50 mm回弹

(f)凸模下压60 mm回弹

图1-87(续)

计算结果表明型材板长方向的应力对回弹的结果有较大的影响,在图1-88中比较了不同模具深度之间的应力结果。研究表明,在下压量较小时模具的深度对应力的影响很小,随着下压量的增大,模具对应力分布将会产生显著的影响,型材中心的最先触底会使板中间产生相反的应力分布,这种影响随着模具深度的增加而增大。

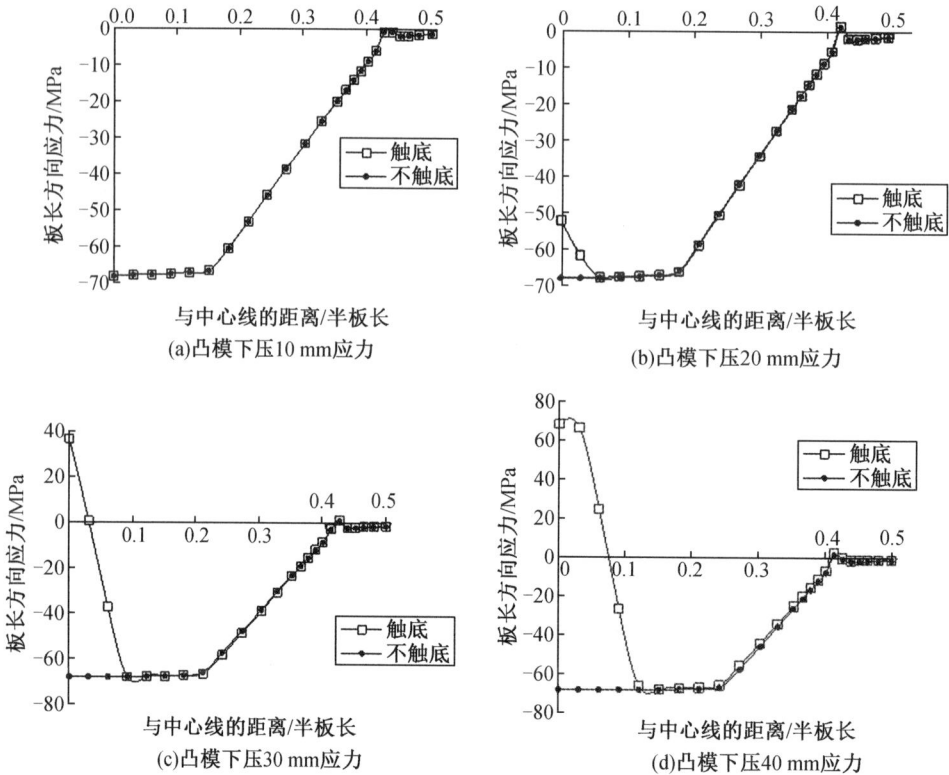

(a)凸模下压10 mm应力

(b)凸模下压20 mm应力

(c)凸模下压30 mm应力

(d)凸模下压40 mm应力

图1-88 中性板长方向不同模具深度之间的应力结果对比

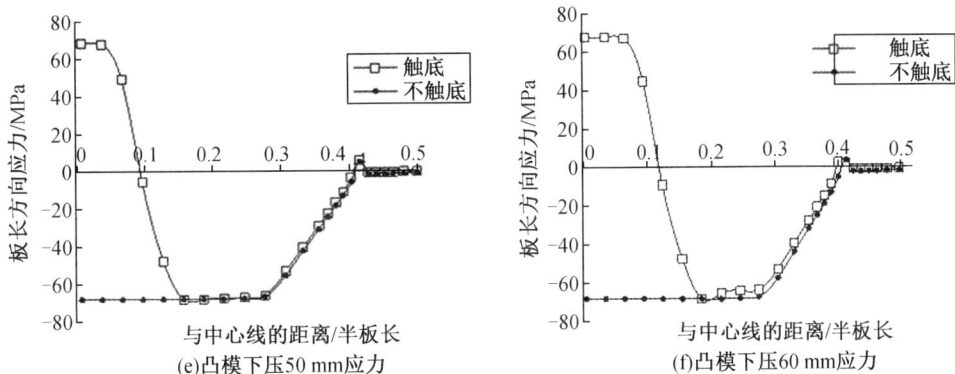

(e)凸模下压50 mm应力　　　　　　　(f)凸模下压60 mm应力

图 1-88(续)

横截面弯矩分布对比,如图 1-89 所示。

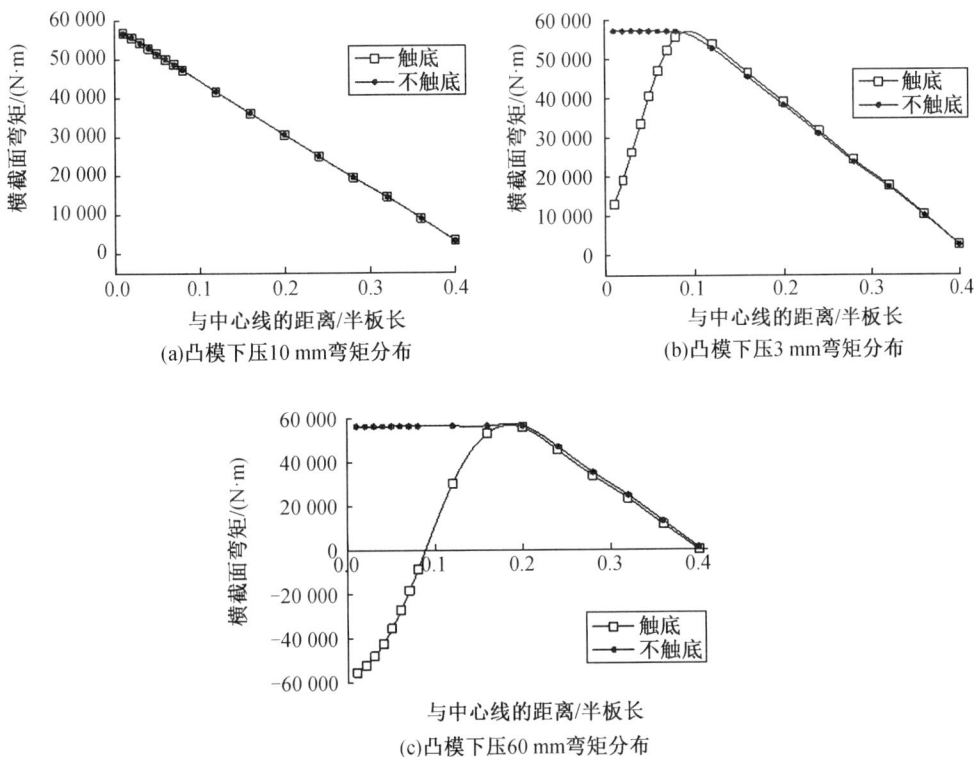

(a)凸模下压10 mm弯矩分布　　　　　　(b)凸模下压3 mm弯矩分布

(c)凸模下压60 mm弯矩分布

图 1-89　横截面弯矩分布对比

③凸模半径

在研究冷弯成形的凸模半径 R_{up} 对成形的影响时,对下压量 30 mm 的成形采用了 6 种不同的 R_{up} 分别进行了数值仿真计算,材料模型为理想弹塑性模型,比较分析了 R_{up} 对回弹、应力、应变的影响。

凸模半径 R_{up} 的取值:100 mm、150 mm、200 mm、250 mm、300 mm、340 mm。

图 1-90 的结果显示随着凸模半径的增大,型材的回弹量逐渐增大,但当凸模半径为

340 mm 时,回弹量却明显减小。图 1-91 表明型材中心点处的回弹比随着上模具半径增大而增大,呈线性关系增长。

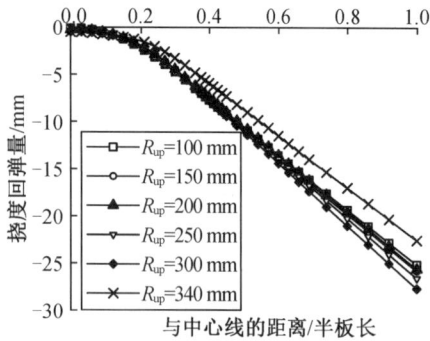

图 1-90 回弹量与 R_{up} 关系

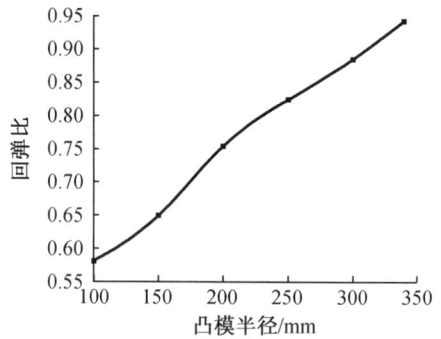

图 1-91 中心点回弹比与 R_{up} 关系

提取型材上表面的应力及应变分布如图 1-92、图 1-93 所示。

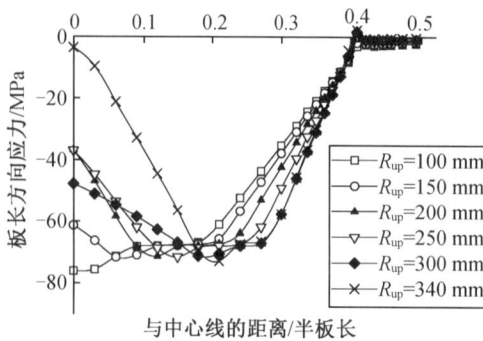

图 1-92 不同凸模半径型材长方向应力

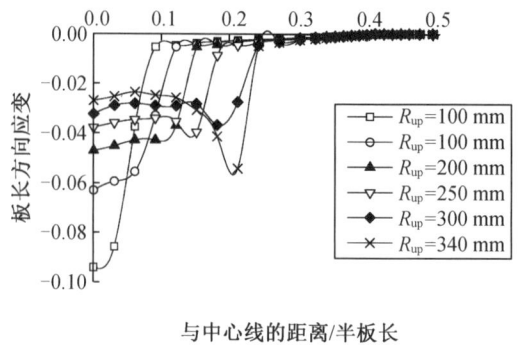

图 1-93 不同凸模半径型材长方向应变

图 1-92 显示,随着 R_{up} 增大,中心区域的应力有减小的趋势,高应力的区域在逐渐扩展,特别是当 R_{up} = 340 mm 时中心区域的应力显著减小。

图 1-93 说明,对于不同的凸模半径中心区域的应变差异较大,随着凸模半径的增大中心点应变值在减小,中心区域的应变变化越来越平缓,并且平缓区域也随着模具半径的增大而逐渐扩展。形成这一变化规律的原因分析,模具的半径越小曲率就越大,当大曲率的模具作用在型材表面时可能导致接触区域局部变形过大,所以中心点应变值较大,且随着下压量的增大曲率较大的模具与型材的接触面积增加比较缓慢即模具的影响范围较小,所以高应变的范围较小。

以上分析表明凸模具半径对成形的影响较大,在模具半径小于 300 mm 时随着凸模半径的增大型材的回弹量逐渐增大,中心点处的应力和应变值都随着模具半径的增大而减小。

④加载历程

本节中加载历程指的是在成形过程中达到某一下压量所用的加载次数。考虑本章节中凹模的最大深度为 60 mm,在数值仿真计算中采用了 4 种加载历程,分别是:1 步成形,一次下压 60 mm;2 步成形,一次下压 30 mm;3 步成形,一次下压 20 mm;6 步成形,一次下压 10 mm。

图 1-94、图 1-95 结果显示 4 种不同的加载历程回弹前后型材上各点的挠度都保持一致,表明加载历程对最终的成形结果没有影响。中心点回弹比与加载历程的关系,如图 1-96 所示。

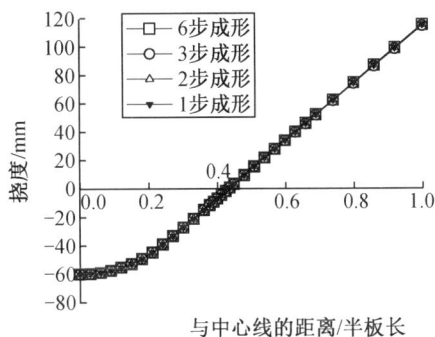

图 1-94 回弹前挠度对比

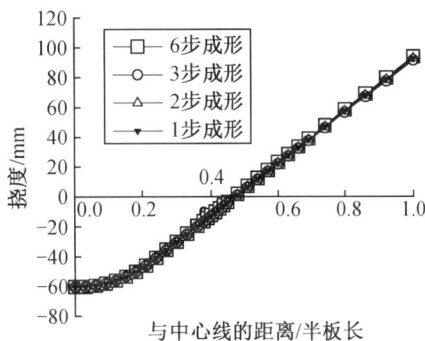

图 1-95 回弹后挠度对比

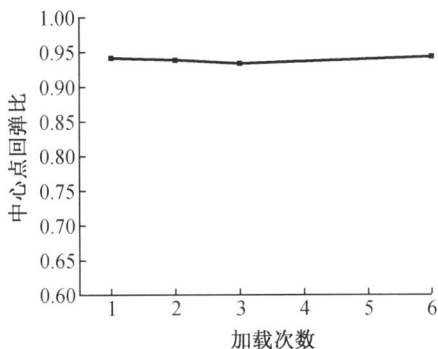

图 1-96 中心点回弹比与加载历程的关系

⑤材料性质

前面的分析中均采用是理想弹塑性材料模型,但是材料属性又是影响型材成形特性的重要因素之一,因此本节采用了双线性模型进行仿真计算。在数值计算中改变了双线性模型的塑性阶段的加工硬化斜率 E',对不同的 E' 下的成形特性进行了比较分析。

在计算中加工硬化斜率 E' 分别取 100,300,500,700,900,1 100,同时与前面计算的 E' 为 0 的结果相比较。

图 1-97、图 1-98、图 1-99 的结果显示在相同下压量下,随着斜率 E' 的提高挠度的回弹量有一定程度减小,而型材上各点的回弹比却逐渐增大,说明对于双线性模型同一板上各点的回弹比随着距中心线距离的增大呈减小的趋势,与理想弹塑性模型规律不一致。

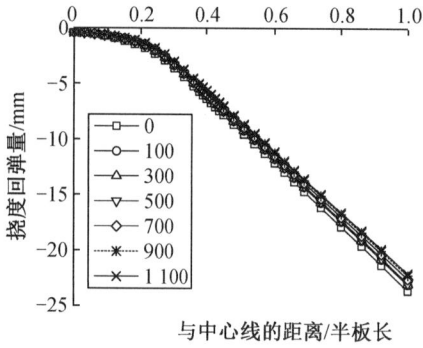

图 1-97 挠度回弹量与 E' 的关系

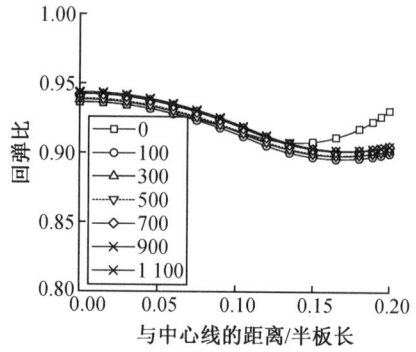

图 1-98 挠度回弹比与 E' 的关系

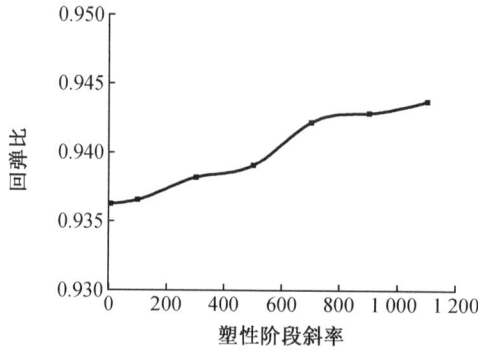

图 1-99 中心点回弹比与 E' 的关系

结果表明,随着加工硬化斜率 E' 的提高,型材中心区域应力逐渐减小,但在模具边缘刚好相反,逐渐增大,如图 1-100 所示。

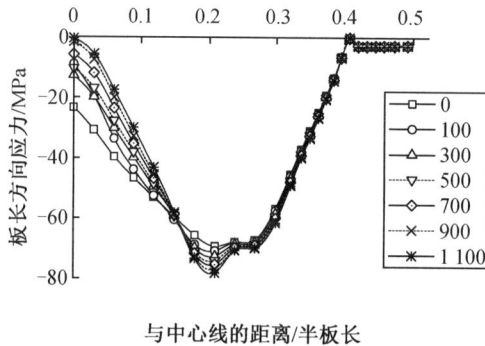

图 1-100 应力分布与硬化斜率 E' 的关系

1.5　本　章　小　结

本章针对船体构件加工成形这一关键环节,重点介绍了船体板材与型材切割工艺、板材成形加工工艺、船体型材成形加工工艺等智能化设计技术,分别从技术现状、工艺流程、关键技术、应用验证等方面对三项船体构件加工成形工艺智能化设计技术进行了阐述,总结了船体构件加工成形工艺智能化设计的技术要点,可以为后续船体构件切割、板材成形加工、型材成形加工的智能化设计提供技术支撑。

(1)船体板材与型材切割工艺智能化设计技术

该部分主要介绍了船体板材与型材切割工艺智能化设计现状、船舶钢板利用率与分道套料平衡、板材切割路径智能设计技术、面向设备特性的自适应切割智能设计技术、分道套料智能化等技术,分析了当前常用的船体板材与型材切割工艺方法以及切割工艺设计软件与船舶设计软件融合应用的现状;阐述了船舶钢板利用率与分道套料平衡的关系,提出了几种船舶分段套料工艺路线优化方案;介绍了板材切割路径规划设计方法现状,给出了板材切割路径优化数学模型及求解方法;描述了面向设备特性的自适应切割智能设计技术,分析了船用切割设备特性,建立了面向切割设备工艺特性的切割参数匹配方法及切割设备工艺参数数据库;针对材料利用率和船体建造分道原则,面向船体零件的几何特性,通过排列组合优选算法,实现分段套料最优组合。

(2)船体板材成形加工工艺智能化设计技术

该部分主要介绍了基于板材成形加工工艺特征的数据集成技术、基于加工余量与补偿量的板材成形工艺智能设计技术、板材成形热加工火工路径智能设计技术,分析了板材成形加工曲面特征信息采集技术,构建板材成形加工工艺知识库,给出了板材成形加工中的加工余量与补偿量定义并进行加工余量与补偿量的确定,提出一种板材成形加工人工神经网络模型优化算法,板材成形加工智能设计系统在板材加工过程中得到应用,能够有效提高生产效率,降低人力使用成本。

(3)船体型材成形加工工艺智能化设计技术

该部分主要介绍了船体型材成形加工工艺特征的数据集成技术、型材成形加工加载智能设计技术、型材加工综合工艺智能设计技术,与板材成形加工工艺智能化设计技术类似,介绍了型材成形加工曲线特性信息与形状比对技术,构建了型材成形加工工艺知识库,分析了基于人工神经网络模型的型材成形加工加载线智能设计技术,提出了型材成形加工加载位置与型材变形关系的数据规则与确定算法,并构建相关工艺知识模型库,在基于型材类型、尺寸信息、加工工艺、成形特征建立的型材加工工艺模型库的基础上,对型材加工成形综合工艺模型库进行了应用验证。

第 2 章　船体焊接工艺智能化设计技术

2.1　概　　述

随着制造业智能制造技术的发展,人工智能逐步走入制造领域,焊接技术在制造领域扮演着不可或缺的角色,在智能制造技术的冲击下也将迎来新一轮革新。焊接作业作为船舶建造的主要施工方式,智能焊机管控(焊接设备智能管理控制)技术和焊接机器人的引入,使焊接智能化作业模式逐步取代原有的作业模式,为船舶的焊接质量和焊接效率提供了保证。焊接作业的智能化管控和施工需要全方位船体焊接建模设计数据作为理论依据。针对智能制造的焊接工艺设计有广阔的应用前景,在焊接派工管理方面,由于焊缝的多样性和复杂性,焊缝统计困难,这也是困扰焊接派工和核算工作的一项技术问题。在焊接施工方面,由于船舶焊接质量跟踪需求,需要对某些关键焊缝进行质量跟踪,以前手工处理焊缝跟踪数据,效率低,并且无法形成有效统一数据源。在焊接生产管理方面,焊机管控的智能化也对焊接建模提出了应用需求。

船体焊接工艺智能化设计技术包括焊接工艺模型设计、焊接坡口设计、基于知识的焊接工艺设计、面向机器人的焊接工艺设计等。

2.2　面向智能制造的焊接工艺模型设计技术

为实现智能制造焊接工艺模型的实时交互设计,需要提供焊接设计实时交互对象,即焊接几何信息模型。在焊接几何信息模型的基础上,增加焊接工艺信息的设计,使焊接工艺信息设计可视化。

焊接模型的构建过程如图 2-1 所示,主要包括焊接设计对象、智能焊接模型两部分。焊接设计对象由船体分段模型、船体装配树、船体结构树等基础数据及船体建造树组立节点、分段节点、总组节点、搭载节点组成。针对焊接设计对象,构建智能焊接模型,包括焊接构件数据、焊缝轨迹数据组成的焊接几何信息;焊接样式设计、焊接施工设计组成的焊接工艺信息。

智能焊接模型通过焊接几何信息和焊接工艺信息数据的联合,达到可视化焊接工艺数据的交互管理。二者模型数据统一于 SPD 船体设计系统的焊接计划模块,统一进行智能焊接工艺模型的设计管理;焊接几何模型和焊接工艺模型采用同一模型号来进行统一,在生成焊接模型时,同时生成一个全船唯一焊缝 ID 编码来作为焊接模型的标识。

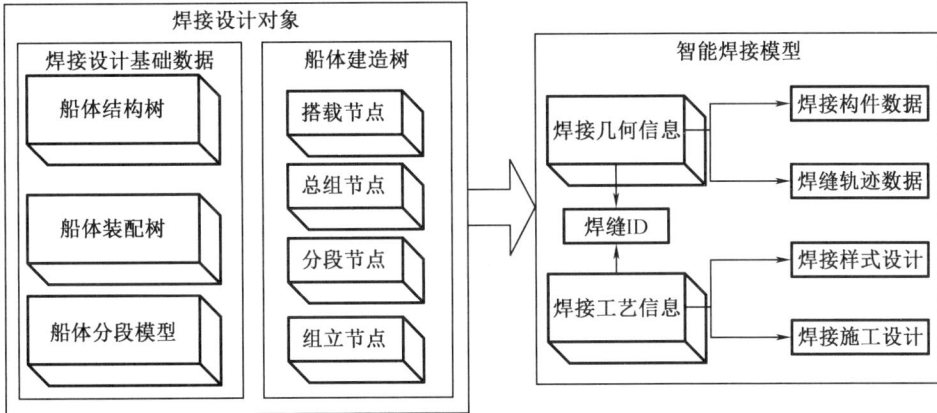

图 2-1 焊接模型构建过程

2.2.1 焊接模型冗余处理技术

焊缝模型生成过程中,焊接构件设计变更引起焊接构件模型变更,不可避免地会出现焊缝模型冗余。算法的不断完善只能使所生成的焊缝更精确,尽量避免焊缝冗余,但不能完全消除焊缝冗余。

图 2-2 描述了冗余数据的产生来源、冗余数据判定方法及解决方案,为了实现对焊接模型的冗余处理,首先需要对其冗余信息进行判定,具体的判定方法如下:

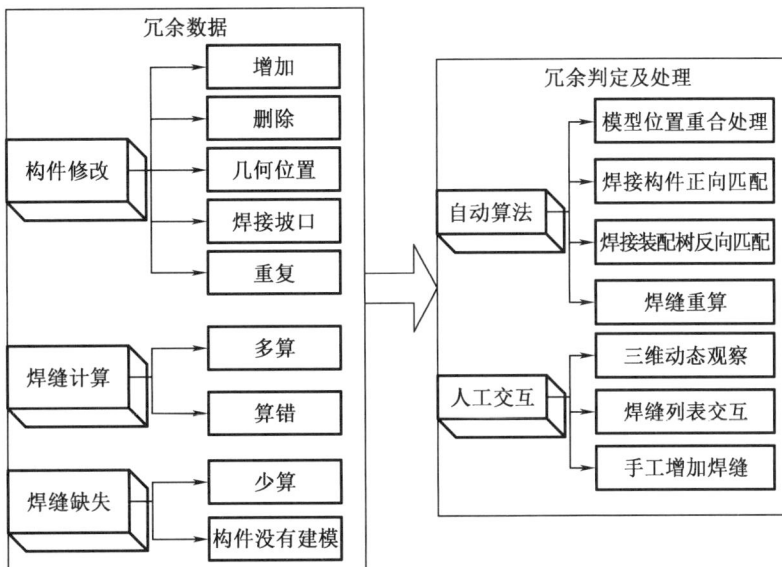

图 2-2 焊接模型冗余问题处理

(1)焊接模型标注点位置重合法。在人们的预期中,在同一位置不可能出现多条焊缝,所以,采用该种方法可以找到重合计算的焊缝数据,这种焊缝用人工难以判别。

(2)焊接构件查询法。在自动搜索计算的焊缝模型中,焊接模型与船体构件间是有对

应关系的,如果某条焊缝没有找到相关联的构件,则说明相关的构件已经不存在,则该焊缝属于多余焊缝。

(3)船体结构焊接树重构法。原理类似于焊接构件查询法,但以船体结构树对象,反向搜索,如果找到相关焊缝,则为非冗余即正常焊缝;如果没有找到,则为冗余焊缝,需要删除。

(4)三维视图焊缝模型人工观察法。即将焊缝模型展现在三维视图中,通过视图显示手段,观察各焊缝的模型状态,可以找到过长的焊缝和没有生成焊缝模型的焊缝。

焊缝长度规则法,即通过对焊缝长度进行排序,找到过短的、过长的、没有正常焊缝长度数据的不正确焊缝。

针对不同的焊接模型冗余原因,需要应用不同的方法和手段,使获取的焊接模型最终符合人们的预期,具体的处理方法如下:

(1)焊接模型标注点位置重合处理法。遍历焊缝,两两比较,如果焊缝模型标注点重合,则处理;这种情况需要进行人工干预处理,系统提出重合焊缝列表集,人工交互解决这些矛盾。对于构件重合时,需要人工干预;对于计算引起的重合,可以通过改进焊缝运算方法来解决。

(2)焊接构件查询处理法。遍历焊缝模型数据,查找焊缝的两个构件是否存在,如果不存在,则认为该焊缝数据为冗余数据。该种方法仅适用于自动算法。

(3)船体结构焊接树反向查询处理法。遍历结构焊接树各焊缝,反向查找焊缝构件相关焊缝,如果存在重复数据,则需要交互处理相关焊缝。

(4)深层处理即焊接构件重算处理法。如果遇到构件大批量修改的情况,而且件号也大批量修改,则需要进行重算,即先前所处理的焊缝只能用于焊接物量的预估,不能用于焊接生产的指导。

(5)人工观察处理法。在焊接工艺建模过程中,如果出现焊缝长度或焊缝模型不正常的情况,则需要针对该种情况进行干预。更改焊缝数据过长的焊缝,删除焊缝数据过短的数据,修正焊缝数据不正确的情况。

除了焊缝模型冗余问题,还有焊缝模型缺失问题。在焊缝模型的建立过程中,还有一些焊缝相关的构件没有建模,如一些铸件等;还有一些焊缝因为构件间建模间隙过大或其他原因没有计算出来。这些焊缝需要人工交互添加生成焊缝模型,以便后期与其他生产管理系统数据相接,形成统一数据源,为智能生产制造提供完整有效的焊接物量和焊接建造数据。

2.2.2　焊接工艺信息建模技术

针对船体焊接工艺智能化实施规范和需求,来确定焊接工艺模型信息内容,主要包括船体结构模型(SPD船体结构模型)、船体建造阶段、船体焊接工艺标准、船体焊接施工规范、船体焊接工时规范、船体焊接验收规范等与船体焊接设计建造相关的设计流程和规范标准,收集了焊接设计标准信息。焊接实船施工过程,涉及焊接作业相关信息,如焊缝跟踪图、焊接工作图、焊接材料定额管理、焊接工时管理等信息。第三方软件的焊接应用需求包括焊接机器人接口数据、焊机管控数据源、MES、ERP 系统、焊接派工管理、焊接质量控制管理等。

智能焊接模型是用于指导生产管理的理论数据来源依据,焊接建造与焊接工艺密切相关。焊接设计过程中,需要满足焊接设计规范;焊接建造过程中,需要满足焊接建造规范、焊接质量验收规范;焊接生产管理过程中,需要进行焊接工时管理、焊接派工管理。为满足这些规范和管理条件,需要在焊接建模设计阶段给出完整的焊接工艺数据信息和焊接模型数据信息。

图 2-3 描述了焊接工艺模型的构建分类属性信息、焊接工艺信息内容,按不同生产设计阶段要求分成以下三类。

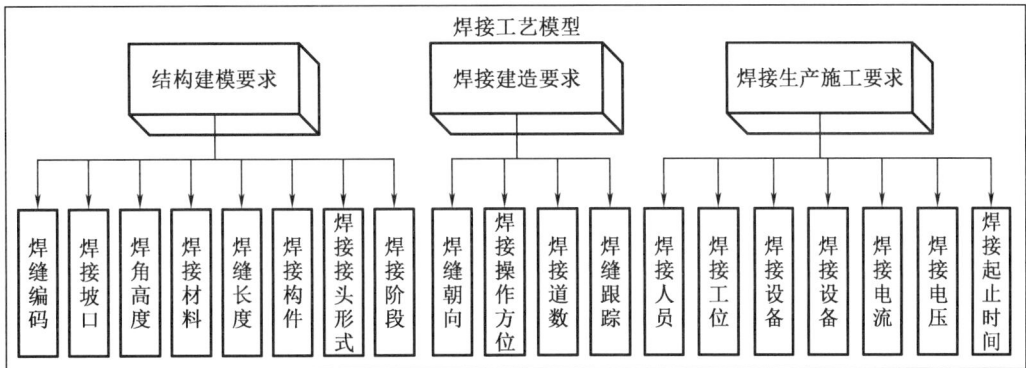

图 2-3　焊接工艺模型构成

(1)结构建模要求

结构建模过程中,需要针对不同的构件及相关构件在船体上的位置,设置不同的焊缝编码,焊接坡口,焊接方法,焊角高度,焊接材料,焊缝长度,焊接构件尺寸、规格、材料、类型,焊接阶段,焊接接头形式等;根据结构建模条件和焊接工时管理的需求,需按生成焊接构件类型和焊接接头形式细分。

焊缝编码用于对焊缝的识别。焊接坡口、焊接方法、焊接构件类型和焊接接头形式直接决定了焊接的难易程度和焊接工作量。焊接坡口可根据焊缝定位信息匹配船体结构库中定义数据获取相应的坡口样式。焊接方法需要按规则生成一个初始数据。焊接构件类型需要从船体结构定义数据中获取。焊接接头形式根据构件间接头关系可划分为三大类:对接焊、角焊、搭接焊;根据焊接工时规范中的计算规则,焊接接头形式这种划分方法远远不够,还需要细分,如需要加上焊接的是构件的哪条边等。

(2)焊接建造要求

焊接建造过程中,针对不同阶段有不同的建造方位,需要设置焊缝朝向、焊接操作方位、焊接道数、焊缝是否跟踪等。

根据船体焊缝的焊接重要性,有些焊缝需要进行焊接质量追踪,使船体建造质量得到保证。这些需要追踪的焊缝,需要生成焊缝跟踪图,这些焊缝数据需要发送至焊接质量管控系统。

焊接道数与现场施工情况、焊接人员及焊接质量相关,在有些情况下,也需要提前设计焊接道数。

焊接操作方位根据具体操作方式,分为立焊、平焊、仰焊、横焊等;需要根据具体焊接装配节点的姿态和焊缝朝向来决定。一般情况下,焊接施工采取平焊和立焊为宜,所以施工时,装配组立基面尽量与焊接需求相关联。装配基面的指定应该与装配节点对应。焊缝朝向可以在进行焊缝建模计算时,根据构件和焊缝的船体坐标下几何空间关系自动计算得到。通过组立基面和焊缝朝向信息判定焊接操作方位。通常情况下,仰焊可以通过现场调整组立姿态改为平焊,在焊接工时定额计算过程中,仰焊是按照平焊来计算焊接工时的,但不排除特殊情况。

(3)焊接生产施工要求

焊接生产施工过程中,针对不同的焊缝,需进行焊接人员、焊接工位、焊接设备及焊接材料等信息的匹配,需要设置焊接设备的电流、电压、焊接起始时间、焊接结束时间、焊接质量控制等。

一般焊接设计阶段,无法确定焊接生产施工时的要求,但在焊接生产管理和焊接智能制造时,为保证焊接质量和组立装配节点的完工节点,需要提供焊接生产施工时的焊接信息,为智能焊接制造生产管理全局把控提供理论数据。

2.3 面向智能制造的焊接坡口设计技术

2.3.1 建立焊接坡口标准库

焊接坡口是影响焊接结构承载性的重要工艺参数,焊接坡口形式的选择主要取决于板材厚度、焊接方法和工艺过程,应考虑以下几个方面:

(1)可焊到性或便于施焊,避免大量的仰焊;

(2)降低焊接材料的消耗量,对于比较厚的构件采用 X 形坡口比 V 形坡口能节省较多的焊接材料;

(3)坡口易加工;

(4)减少或控制焊接变形。

坡口的作用是使电弧能深入根部焊缝,其角度的大小与板厚和焊接方法有关,坡口角度越大,焊缝金属量越多,焊接变形也增大。一般坡口角度选择60°左右。

针对船舶结构不同的钢级、板厚和所使用的焊接方法,制定相对应的焊接工艺规程(WPS),焊接坡口是其中一项工艺参数,为了在生产设计阶段进行合理的坡口设计,并进行焊接坡口建模,对全船可能使用到的 200 多种坡口进行总结,编制成焊接接头基本形式图册,给每一种坡口一个特定的代码,如 CV-1、CV-1 * 等,并给定适用范围,形成焊接坡口建模标准库。

要实现计算机自动识别坡口代码信息,首先要建立坡口代码数据库。

焊接坡口梳理如表 2-1 所示。

表 2-1　焊接坡口梳理

坡口代号	意义
AI-1	埋弧自动焊 I 形坡口
CV-1	CO_2 气保护半自动单面焊 V 形坡口
CMV-1	双丝 MAG 焊 V 形坡口
SV-1	SEG 法 V 形坡口
MV-1	MVG 法 V 形坡口
FY-1	FCB 法 Y 形坡口
Y-1	手工电弧焊或 CO_2 半自动双面焊接 Y 形坡口

　　焊接坡口可分为两种形式:对接焊和角焊。不同形式的焊接坡口在同一构件上的体现是相同的,如图 2-4 所示。

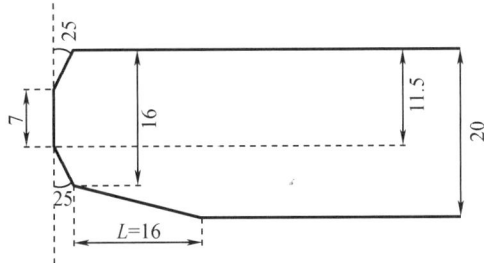

图 2-4　焊接坡口举例(单位:mm)

　　对焊接坡口形式进行梳理,总结出焊接坡口定义的参数表如表 2-2 所示。

表 2-2　焊接坡口参数表

焊接坡口代号	坡口间隙	正面坡口		反面坡口		大坡口				备注
		角度	留根	角度	留根	正面大坡口		反面大坡口		
						坡口长度	留根	坡口长度	留根	

　　把焊接接头坡口构成信息输入到 SPD 软件中,编写坡口标准(图 2-5)。

　　坡口标准定义了每种坡口代码所对应的坡口间隙、焊接收缩补偿值、坡口留根、坡口朝向、坡口角度及板厚差过渡削斜长度等信息。标准设置好之后,在后续建模过程中,只需选择坡口代码,相应坡口信息会自动录入设计系统并转化为零件加工信息。

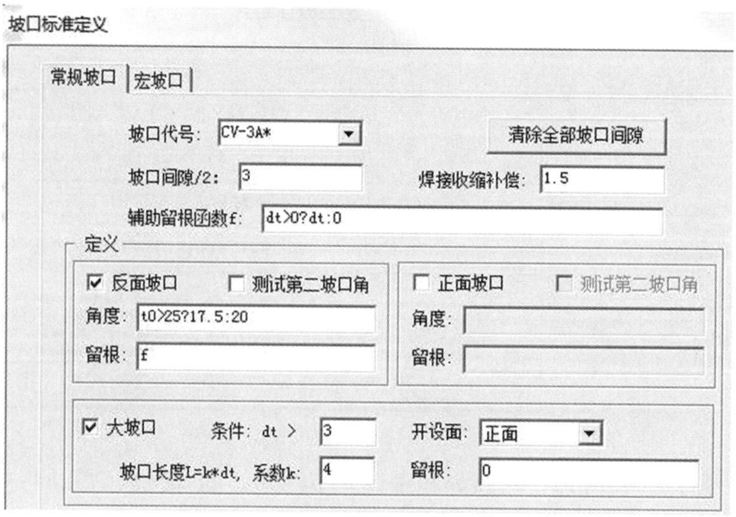

图 2-5　SPD 坡口标准设置

2.3.2　焊接坡口建模技术

焊接坡口建模要求在分段内及分段间的板架对接、型材接头、肘板边界、深熔焊及熔透角焊处进行建模,综合考虑板厚、构架面、板厚朝向、建造方式、施工场地条件等,调用焊接坡口标准库中的相关信息,实现焊接坡口的快速建模。对于单个板材同时与多种厚度板架对接的情况,必要时需要将此条板缝按多个不同焊接坡口分割成几段长度进行建模(图 2-6)。

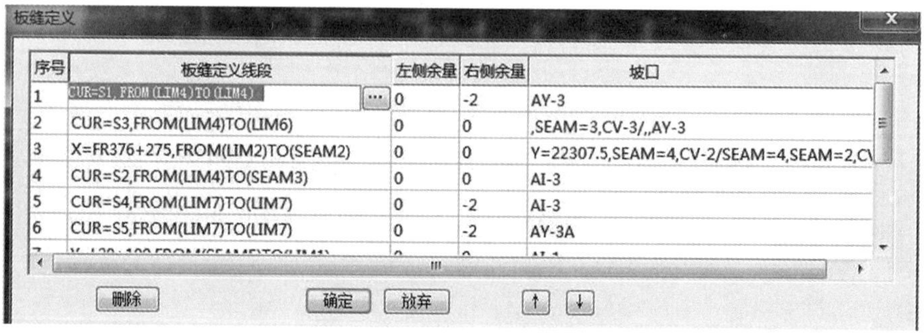

图 2-6　板对接处焊接坡口建模

因焊接技术在船舶建造中的应用历史久远,且焊接技术频繁更新迭代,不同焊接工艺适用情况又不尽相同,造成目前船舶建造中所用焊接坡口形式多达 200 多项,需要将船体结构设计、生产设计及现场生产工艺综合考虑,一个坡口代码涉及焊接工艺、坡口形状、焊接位置、板厚及板厚朝向、构架安装面、坡口朝向等信息,稍有考虑不周就会导致坡口定义出错,进而造成整块钢材报废,既造成巨大损失又严重影响生产进度,因此焊接坡口建模这项工作对焊接工程师提出了很高的要求,传统的坡口建模方式也严重拖累了焊接设计的工作效率。

宏坡口建模功能就是为解决这一问题而进行的开发创新。所谓宏坡口就是给定焊接方式和位置,但不明确指定构架面和定位面的坡口代码形式。由计算机根据板架定义自动识别构架面和定位面,确定所对应的普通坡口代码。即一个宏坡口代码可以捆绑多个普通坡口代码,如图2-7所示。

图 2-7 宏坡口与普通坡口关联方式

使用宏坡口焊接建模,将原来200多个坡口代码与25个宏坡口代码相关联。设计人员在进行坡口建模时只考虑焊接方法和焊接位置,从25个宏坡口代码中进行选择,将原本需由人工进行的大部分判断工作(坡口形状、板厚及板厚朝向、构架安装面)交由计算机来计算,提高了焊接设计的自动化水平。

实际测得单个船体分段坡口建模所需平均工时由8工时缩短至3~4工时,焊接设计工作效率比原工作模式提高了50%以上,坡口建模准确率由85%提高至95%。

在船体模型中加入坡口信息能为后续套料图版的自动生成、焊接物量统计,以及各种焊接报表的提取等提供信息数据支撑。

(1)生成焊缝模型数据表,提高焊接质量

图2-8所示为建模完成后抽取的全船焊缝模型数据表,包括焊缝编码、焊接样式、焊缝长度等一系列相关数据。这些数据是后续计算抽取各种焊接相关报表数据的基础,其中模型名称、焊缝编码和焊缝长度可用于制作焊缝追踪图。该图用以推进焊工操作实名制,记录每条焊缝焊接时所用焊接方法、焊接参数、焊工姓名及操作时间,对焊缝质量进行追踪和反馈,加强焊工责任心,提高焊接质量。

(2)计算焊接工作量及焊材消耗量,进行精细化派工及焊材定额

通过焊接坡口建模,后续提取焊缝焊接方法、焊接板厚以及焊接位置等数据就可得出焊接工作量。焊接工作量和所使用的焊接方法、焊接板厚、坡口形式以及焊接位置有很大关系,比如CO_2气体保护焊的焊接效率比手工电弧焊高很多,仰焊难度大于普通的平焊,厚板要多层焊、焊接工作量是薄板的好几倍。根据得出的焊接工作量进行焊接精细化派工,

可取代传统粗放型管理,大大减少人力成本的浪费。

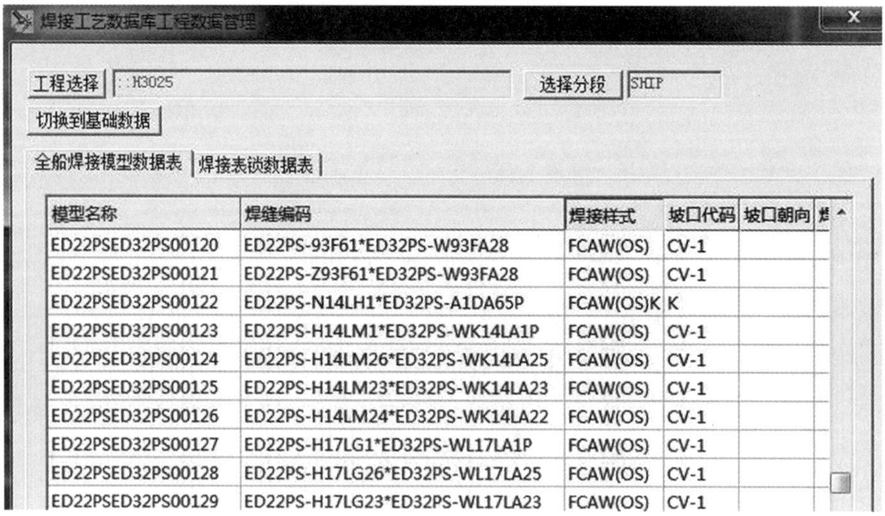

模型名称	焊缝编码	焊接样式	坡口代码	坡口朝向	焊
ED22PSED32PS00120	ED22PS-93F61*ED32PS-W93FA28	FCAW(OS)	CV-1		
ED22PSED32PS00121	ED22PS-Z93F61*ED32PS-W93FA28	FCAW(OS)	CV-1		
ED22PSED32PS00122	ED22PS-N14LH1*ED32PS-A1DA65P	FCAW(OS)K	K		
ED22PSED32PS00123	ED22PS-H14LM1*ED32PS-WK14LA1P	FCAW(OS)	CV-1		
ED22PSED32PS00124	ED22PS-H14LM26*ED32PS-WK14LA25	FCAW(OS)	CV-1		
ED22PSED32PS00125	ED22PS-H14LM23*ED32PS-WK14LA23	FCAW(OS)	CV-1		
ED22PSED32PS00126	ED22PS-H14LM24*ED32PS-WK14LA22	FCAW(OS)	CV-1		
ED22PSED32PS00127	ED22PS-H17LG1*ED32PS-WL17LA1P	FCAW(OS)	CV-1		
ED22PSED32PS00128	ED22PS-H17LG26*ED32PS-WL17LA25	FCAW(OS)	CV-1		
ED22PSED32PS00129	ED22PS-H17LG23*ED32PS-WL17LA23	FCAW(OS)	CV-1		

图 2-8　全船焊缝模型数据表

基于焊缝建模数据的其他焊接报表如分段内及分段间焊缝长度统计表,T 型材角焊缝计算、焊材定额统计表等生成如图 2-9 所示。

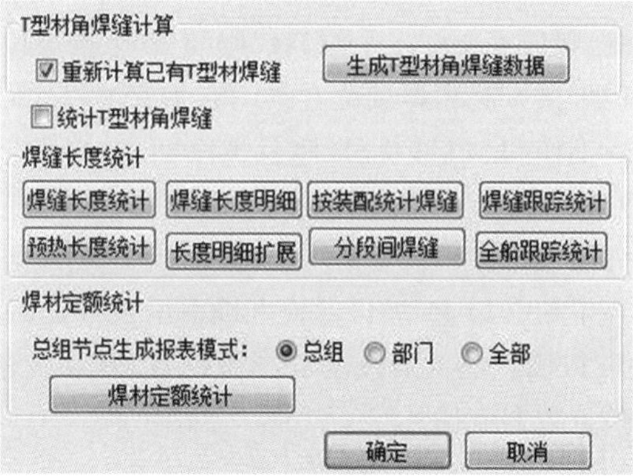

图 2-9　焊接报表生成

焊接坡口建模后,可直接通过计算机提取坡口模型信息计算出每一条焊缝的准确熔敷金属填充量,从而推算出理论焊材消耗量,为企业实现准确焊材定额提供了精准数据。

现在工业的生产技术水平和经营管理水平的高低主要反映在企业生产过程中消耗材料的多少,所有的企业都必须制定先进合理的材料消耗定额,焊接材料消耗在造船成本中占据很大比例,精确进行每种焊材的定额统计对于减少焊材浪费,节约成本具有重要意义,而且材料定额的多少直接影响到材料储备定额和储备资金数量的多少,因此合理的耗材定额是制定正确的材料储备定额和储备资金定额的先决条件。该船焊材定额统计表如图 2-10 所示。

焊材种类	单位	组立部	加工部	船装部	机装调试部	搭载部	小计
CO2药芯焊丝(3Y)	t	278.6	95	24.2	22.8	136.4	557
CO2药芯焊丝(4Y)	t	10					10
CO2药芯焊丝(5Y40/42)	t	22	6			20	48
HS-32电极焊丝	t	18					18
垂直气电焊丝	t					3.8	3.8
SAW焊丝(3Y)	t	2.4	11.4			5.2	19
SAW焊丝(4Y40M)	t	2.8	3.6			1.2	7.6
FCB焊丝	t	12					12
焊条(碱性)	t	14		6	7	6	33
铜焊丝	t				0.05		0.05
不锈钢焊条	t			0.25	0.15		0.4
不锈钢焊丝	t	0.06		1.6	0.2		1.86
不锈钢氩弧焊丝	t				0.1		0.1
422焊条(酸性)	t				0.4		0.4
TIG焊丝	t				1		1
合计							711.21

焊材种类	单位	组立部	加工部	船装部	机装调试部	搭载部	小计
SAW焊剂(3Y)	t	2.88	13.6			6.2	22.68
SAW焊剂(4Y40M)	t	3.36	4.32			1.44	9.12
FCB焊剂(表面)	t	14.4					14.4
FCB焊剂(底层)	t	4					4
碳棒	支	8 000	2 500	580	1 000	14 500	26 580
衬垫	m	16 000	1 000	860	200	23 000	41 060
银焊丝	kg				1		1
银焊剂	kg				1.2		1.2
硼砂	kg/2瓶				5		5
钨棒	根				400		400

图 2-10 焊材定额统计表

(3)生成套料图版

在进行焊接坡口建模之前,船体结构套料中的坡口信息需要人工输入,效率低且容易出错,进行焊接坡口建模之后,坡口信息可以自动体现在套料卡上,实现套料卡的自动生成,大大提高设计效率,节约工时成本。套料版图如图 2-11 所示。

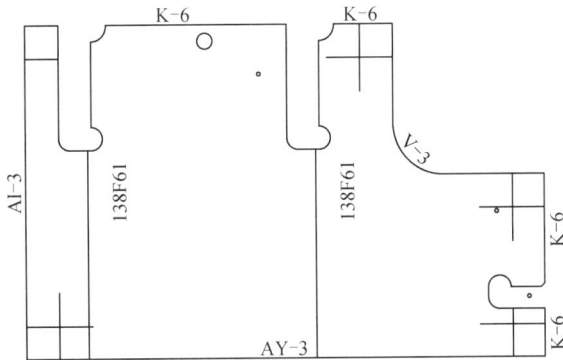

图 2-11 套料版图

2.3.3 焊接坡口建模设计及标注

2.3.3.1 焊接建模功能模块

焊接建模要求在分段内及分段间板对接处、型材对接处、肘板端部、深熔焊及熔透焊角接处进行坡口建模,具体选用哪种坡口形式要综合考虑板厚、构架面、板厚朝向、建造方式及所适用的焊接方法等。焊接建模的一般原则为能使用自动焊的尽量使用自动焊,并避免仰焊。板对接处焊接坡口建模如图 2-12 所示。

图 2-12　板对接处焊接坡口建模

对于一个板与多个不同厚度的板对接的情况,坡口形式也是不一样的,此时要把板缝分段建模。

2.3.3.2　焊接坡口的自动标注

基于焊接坡口建模功能的实现,进一步开发了焊接坡口自动标注功能,将已建模的板架、型材、肘板等所包含的坡口信息,以图面标注的形式体现在分段工作图中,便于现场察看,如图 2-13 所示。

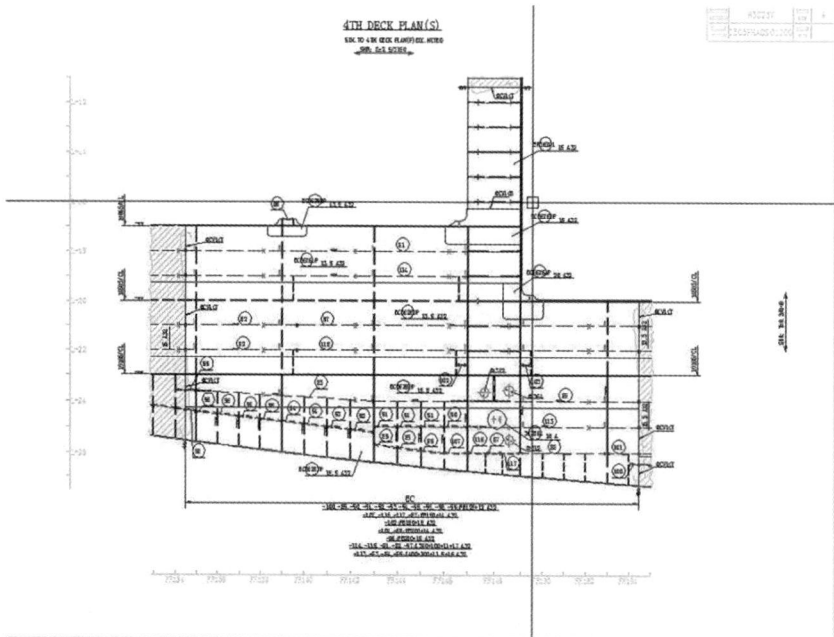

图 2-13　已生成焊接坡口代码的分段工作图

（1）焊接坡口标注功能模块

分段工作图中只需选择对应板架的边界或板缝，即可通过焊接坡口标注功能生成对应的焊接坡口代码，如图 2-14 所示。

图 2-14 焊接坡口标注功能模块

（2）拼板图焊接坡口自动生成功能

生成分段拼板图的同时，自动生成板架所含坡口信息的对应标注。

2.3.3.3 焊接坡口功能的开发完善与应用

（1）焊接宏坡口

目前，船体设计要求焊接坡口进行建模，原有坡口体系过于冗杂，牵涉因素过多，导致焊接坡口建模工作量巨大，因此急需对坡口系统进行简化，以提高 SPD 焊接建模效率和准确性，由此衍生出宏坡口的开发工作。

原有坡口代码包含以下信息：焊接方法、坡口角度、留根、间隙、坡口朝向、板厚过渡段长度及板厚差所在侧、构架安装面。特定坡口标注如图 2-15 所示。

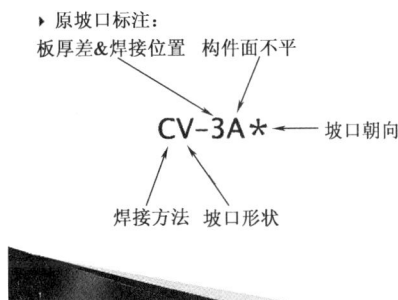

图 2-15 特定坡口标注

宏坡口代码包含信息如下：焊接方法、坡口角度、留根、间隙、坡口朝向，由 SPD 系统依据船体模型及坡口要素信息自动判断生成。宏坡口标注，如图 2-16 所示。

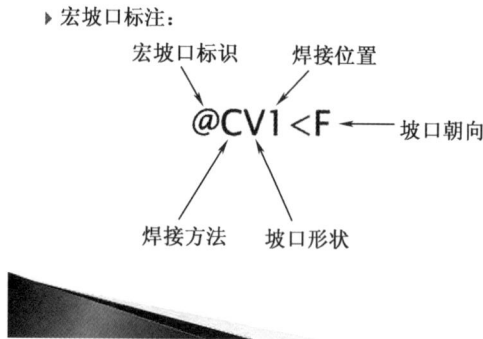

图 2-16　宏坡口标注

宏坡口是给定焊接方式和位置，但不包含构架面和定位面的坡口代码形式，代码形式为"宏坡口码+<+朝向码"，以下划线字符"@"开头，坡口朝向有 8 个：艏 Fore、艉 Aft、上 Top、下 Bot、舷 Outs、舯 Cl、左 Po、右 Sb。"左""右"只用于中纵结构（为表达简洁，或者朝向码采用英文含义首字母）。

宏坡口仅体现在分段图纸中，套料卡仍维持原坡口代码。

宏坡口可以对原坡口体系进行极大的优化和精简，将原先 217 个坡口代码，精简为 25 个宏坡口代码，个别无法用宏坡口覆盖的，沿用原代码。应用宏坡口后，新坡口代码总数减少到 39 个。

（2）自然坡口、组合坡口、多段坡口

增加自然坡口、组合坡口、分段坡口等坡口设计方法，实现实际坡口角度的自动计算和设计，实现三维可视化浏览坡口设计结果和坡口截视图标注，解决了坡口校核、坡口设计和结构设计数据的统一问题，实现了坡口自动标注和批量刷新问题。

2.4　基于知识的焊接工艺设计方法

2.4.1　船体焊接工艺数据库

焊接工艺数据库分为基础库、规则驱动库和工程库。基础库保存焊接工艺基础数据，包括焊接坡口、焊接样式、焊接方法、焊材规格、焊接接头形式、焊接操作位置等。规则驱动库保存自动生成焊接工艺数据的规则，包括坡口驱动、构件驱动、建造阶段驱动、缺省驱动等。工程库保存与当前工程相关的焊接工艺数据即焊接建模数据。

2.4.1.1　焊接工艺基础库

作为焊接工艺设计的基础，需要包含焊接工艺设计所包含的所有信息。为了实现对全船焊接工艺统一设计数据源,需要对焊接工艺设计对象和结果进行梳理,最后整理出相关的焊接工艺信息规范。

　　建立焊接工艺基础数据库,包括焊接方法分类表、坡口类别分类表、焊接样式表、焊接方法表、焊材规格表、焊接操作位置表、焊接连接形式表、装配部门列表等。这些表存放焊接工艺基础属性数据和说明数据,是焊接工艺设计的基础。

　　焊接方法是焊接工艺设计的基础,与焊接坡口有很强的关联性。针对焊接方法进行梳理,如表 2-3 所示。

表 2-3　焊接符号梳理表

符号	焊接方法
A	埋弧自动焊
C	CO_2 气保护半自动单面焊
CM	双丝 MAG 焊(双丝单面 CO_2 气保护自动焊)
S	SEG 法(气电垂直自动焊)
M	MVG 法(多层多道气保垂直半自动焊)
F	FCB 法(焊剂铜垫单面埋弧自动焊)
无	手工电弧焊或 CO_2 半自动双面焊

　　针对焊接时的焊缝形式,进行梳理,如表 2-4 所示。

表 2-4　焊接形式梳理表

焊缝形式名称	参数表
对接焊	a1、a2、c、h、f、t
连续角焊	a1、a2、c、h、f、t
间断角焊	k、l、e
圆孔塞焊	d、a、a1、e、e1
长孔塞焊	l、b、a、a1、e、e1
搭接焊	k
组合型	k1、l、e/k2
深熔焊	a1、a2、c、h、f、t、k1、k2

　　针对焊接时所采用的施工方位进行梳理,如表 2-5 所示。

表 2-5　焊接施工文件梳理表

焊接位置代号	
平焊	
立焊	
仰焊	
横焊	

针对焊接时所采用的焊接材料进行梳理,如表 2-6 所示。

表 2-6　焊接材料梳理表

焊接材料
2SM 级的焊材组合:H08A+HJ431
2YSM 级的焊材组合:DQ. PCB-1+DQ. FCB-1R
2YSM 级的焊材组合:HIOMn2+H1431
2YSN 级的焊材组合:前丝 YM-5 实芯焊丝,后丝 SF-I 药芯焊丝,切断焊丝 YK-CM
2Y 级 JHE5024 等
2Y 级焊丝:SF-71 等药芯焊丝
2Y 级焊丝:SM-1F
3SM 级的焊材组合:HO8A+SJ101
3YSM 级的焊材组合:HIOMn2++SJ101
3YSM 级焊丝:DWS-43G 药芯焊丝
3Y 级 FHE5015、JHE5018 等
3Y 级 JL-50D、TL-50D 等
3Y 级焊丝:7100ULTRA、YCJ501-1、TWE-711 等药芯焊丝
3Y 级焊丝:7100ULTRA、YCJ501-1、TWE-711 等药芯焊丝,JM-56、BH503 等实芯焊丝
3 级 JHE4303 等
奥 102、奥 132
奥 302
食品级纯 CO_2 气体

经过以上梳理,提炼出相关焊接工艺数据基础特征,制定焊接工艺基础数据表:焊接坡口标准表、焊接方法表、焊材规格表、焊接工位表、焊接接头形式表。

焊接坡口表定义如图 2-17 所示。

CODE	N_ANGLE	N_REMAIN	P_ANGLE	P_REMAIN	CHAMFER_YN	CHAMFER_SIDE	CHAMFER_K	REMAN	VALUE_F	GAP
NVARCHAR(16)	NVARCHAR(28)	NVARCHAR(28)	NVARCHAR(28)	NVARCHAR(28)	NVARCHAR(4)	NVARCHAR(4)	NVARCHAR(4)	NVARCHAR(16)	NVARCHAR(28)	NVARCHAR(16)
Al-1	N		N		N					0,0.5
Al-2	N		N		N					0,0.5
Al-2A	N		N		N					0,0.5
Al-3	N		N		N	0	4	t0		0,0.5
Al-3A	N		N		N					0,0.5
Al-4	N		N		N					0,0.5
Al-5	N		N		N	1				0,0.5
AX-1	25		25		1	0				0,0.5
AX-2	25	t0/2:3.5	25		1	0				0,0.5
AX-2A	25	t0/2:3.5:f	25		1				dt>0?dt:0	0,0.5
AX-3	45	12*t0:3	30		1					0,0.5
AX-3'	45	2*t0:3	30		1					0,0.5
AX-4	30	t0:3:5	45		1	0	4		dt>0?dt:0	0,0.5
AX-4'	30	t0:3:5:f	45		1				dt>0?dt:0	0,0.5
AX-4A	45	12*t0:3	30		15					0,0.5
AX-4A'	45	2*t0:3:f	30		15					0,0.5
AX-5	45	12*t0:3	30		1	0	4	t0		0,0.5
AX-5A	45	12*t0:3:f	30		1		4	t0		0,0.5

图 2-17　焊接坡口定义表

焊接方法定义表如图 2-18 所示。

METHODCODE	METHODNAME	METALRECOVERY	WELDRODCODE	METHODNOTE
NVARCHAR(19)	NVARCHAR(49)	REAL	NVARCHAR(19)	NVARCHAR(19)
FCAW(16E)	16电极自动角接焊	0.85000002	AWS A5.26 EG70T-2	16E角焊
FCAW(BS)	CO2半自动双面焊	0.85000002	AWS A5.2017 E71T-1	平对接焊
FCAW(OS)	CO2半自动单面焊	0.85000002	AWS A5.2017 E71T-1Z	平对接焊
FCAW(OS)DS	CO2半自动单面焊(异种钢)	0.85000001	AWS A5.22:E309LT0-4	平对接焊
FCAW(OS)K	CO2半自动双面焊角焊接	0.85000002	AWS A5.2017 E71T-1	双面角焊
FCAW(OS)K1	CO2半自动单面焊角焊接	0.85000002	AWS A5.2017 E71T-1	单面角焊
FCAW(OS)KDS	CO2半自动双面焊角焊接(异种钢)	0.85000001	AWS A5.22:E309LT0-4	双面角焊
FCAW(OS)KSS	CO2半自动双面焊角焊接(双相不锈钢)	0.85000001	AWS A5.22 E309LT0-4	双面角焊
FCAW(OS)SS	CO2半自动单面焊(双相不锈钢)	0.85000001	AWS A5.22 E309LT0-4	平对接焊
FCAW(OS-A)	CO2横对接自动焊	0.85000002	AWS A5.2017 E71T-1	平对接焊
FCB	平面分段流水线拼版	0.85000002	FCB	平对接焊
MAG(DE)	双丝MAG焊	0.85000002	MAG(D)	平对接焊
MAG(SE)	单丝MAG焊	0.85000002	MAG(D)	平对接焊
SAW	埋弧自动焊	0.98000002	AWS F7A2-EH14	平对接焊
SAWSS	埋弧自动焊(双相不锈钢)	0.94999999	AWS A5.9 ER2209	平对接焊
SEG	垂直气电立焊	0.85000002	AWS A5.26 EG70T-2	平对接焊

图 2-18　焊接方法定义表

焊材规格定义表如图 2-19 所示。

MTTQUA	MATNOTE	DOSE1	UPDOWNRATIO1	DOSE2	UPDOWNRATIO2	DOSE3	UPDOWNRATIO3	DOSE4	UPDOWNRATIO4
NVARCHAR(50)	NVARCHAR(50)	NVARCHAR(50)	NVARCHAR(20)	NVARCHAR(50)	NVARCHAR(20)	NVARCHAR(255)	NVARCHAR(255)	NVARCHAR(255)	NVARCHAR(255)
AWS A5.17 F4A5-EM12K	埋弧自动焊	BHM-4	0.43	SJI01	0.57				
AWS A5.17 F7A7-EH14	埋弧自动焊	BHM-4	0.43	SJI01	0.57				
AWS A5.20 E70T-1/-9	16E	SC-70H	1						
AWS A5.2017 E71T-1	CO2半自动焊	TWE-711	1						
AWS A5.2017 E71T-JZ	CO2半自动焊	TWE-711	1	衬垫	1.01				
AWS A5.22 E2209T0-4/-1	CO2半自动焊	Avesta FCW-2D 2205	1	衬垫	1.01				
AWS A5.22:E309LT0-4(1)	CO2半自动焊	Avesta FCW-2D309L	1	衬垫	1.01				
AWS A5.23 F8A6-EA2	埋弧自动焊	BHM-4	0.43	SJI01	0.57				
AWS A5.26 EG70T-2	SEG	SC-EG2	1						
AWS A5.29 E81T1-K2C	CO2半自动焊	SC-81-K2	1						
AWS A5.9 ER2209	埋弧自动焊	Avesta 2205	0.43	Avesta Flux 805	0.57				
AWS F6A2-FL8	埋弧自动焊	BHM-4	0.43	SJI01	0.57				
AWS F7A2-FH14	埋弧自动焊	BHM-4	0.43	SJI01	0.57				
FCB	FCB	Y-DM3	0.15	Y-DL	0.3	NSH-55EM	0.3	NSH-1RM	0.25
MAG(D)	MAG	YM-55H	0.45	SF-1	0.45	YK-CM	0.1		

图 2-19　焊材规格定义表

焊接方位定义表如图 2-20 所示。

POSITIONCODE	POSITIONCOLOR	POSITIONNOTE
NVARCHAR(19)	SMALLINT	NVARCHAR(50)
仰焊	0	仰焊
平焊	0	平焊
横焊	0	横焊
立焊	0	立焊

图 2-20　焊接方位定义表

焊接接头形式定义表如图 2-21 所示。

FLAGPARTSJOINT	DEF
NVARCHAR(10)	NVARCHAR(10)
搭接焊	搭接焊
对接焊	对接焊
角焊	角焊

图 2-21　焊接接头形式定义表

焊接工艺基础库表,如图 2-22 所示。

建立焊接工艺规则数据库,包括缺省参数表、角焊默认参数表、对接焊默认参数表、坡口过滤规则表等。这些表存放焊接工艺设计的规则,用来对焊接基础数据进行梳理和分类,可根据经验数据后期进行相关的完善。

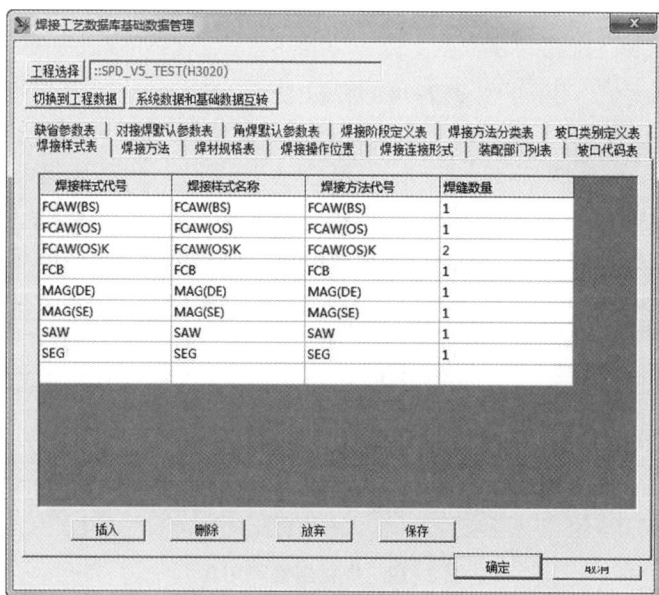

图 2-22　焊接工艺基础库表

焊接工艺工程库表,如图2-23所示。

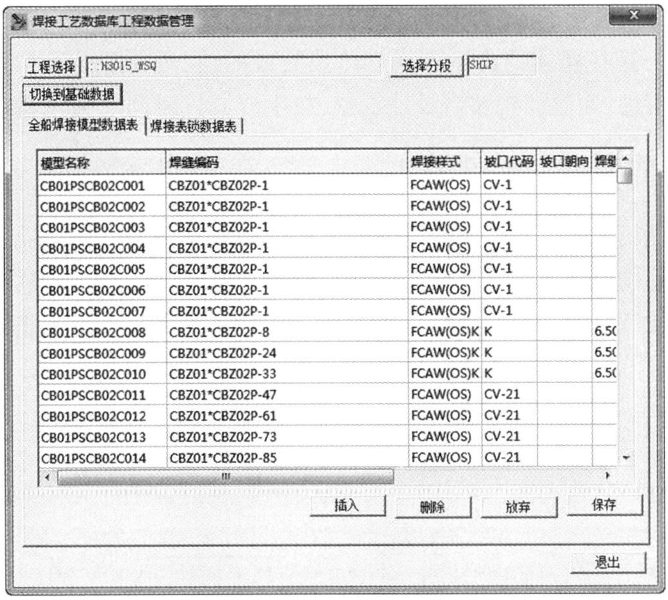

图2-23　焊接工艺工程库表

焊接工艺工程库保存焊接工艺设计结果,包括焊接工艺属性数据库、焊接几何数据库。焊接工艺属性数据库包括搭载网络数据表、分段焊接工艺属性数据表、总组搭载焊接工艺属性数据表。焊接几何数据库包括分段焊接几何数据文件和总组搭载焊接几何数据文件。

分段总组搭载表主要保存船体结构网络搭载图相关内容,用于焊接各建造阶段数据的管理和接口抽取。

分段或总组焊接工艺属性表主要保存分段焊接工艺属性建模数据,用于对焊接工艺属性数据及结构建模数据进行统一管理。这些数据包括:焊缝ID,焊接阶段,焊缝编码,焊接构件号、材质、板厚、规格、大小,焊接坡口,焊接方法,焊缝长度,焊脚高度,焊材规格,焊接操作位置,焊接接头形式等信息。

分段或总组焊接几何数据文件主要保存焊缝的迹线几何数据,利用样条数据结构来实现。

焊接工艺数据库是在船体结构模型和船体装配树建立起来后,利用焊接工艺基础库的数据和规则驱动方法,通过自动、半自动和用户交互的手段来建立。焊接工艺数据库可以通过后期人工干预进行增加、删除和修改,是焊接工艺设计核心数据。

2.4.1.2　焊接工艺规则驱动库

焊接工艺规则驱动库主要针对两方面的内容进行梳理:焊接坡口定义驱动、焊接工艺规则驱动。

(1)焊接坡口定义驱动

焊接坡口生产设计在船体生产建造过程中起着至关重要的作用。焊接坡口的大小、间隙、朝向、大坡口、留根等信息在一定的定义范围内可以自动确定相关参数。

对焊接坡口设计条件进行分析,确定焊接坡口根据定义生成实际坡口的相关规则,可实现焊接坡口定义的简化,同时方便生产设计人对焊接坡口标准的选用。

焊接坡口定义是在船体结构生产设计阶段完成的,在进行船体结构建模时,同时设置相关的焊接坡口信息,提前焊接坡口设计工作,在生产设计时同时考虑建模和建造,使焊接坡口设计更加直观高效。

与坡口有关的参数分别是坡口开口面、构架面、构件定位面、坡口角度、坡口间隙、坡口焊接收缩补偿、留根、大坡口等。在船体生产设计过程中,主要利用焊接坡口标准定义中的数据自动算出相关技术参数。针对焊接坡口标准进行梳理,提炼出焊接坡口标准定义中影响生产设计焊接坡口设计的影响因子,提出宏坡口的概念,在生产设计建模中定义宏坡口,在结构零件展开时可以自动转化为多种坡口形式,与坡口有关的面,如图 2-24 所示。

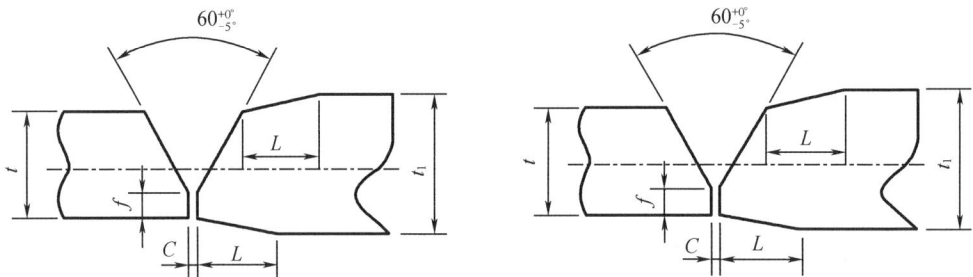

图 2-24　与坡口有关的面

焊接工人(设备)在构件的哪一侧施焊,那一侧就是坡口开口面。焊接坡口开口面确定了坡口角的朝向。当两侧都有坡口角时,以其中主要的或指定的一侧坡口角所在的面为坡口开口面。构架面(安装面)就是板架安装附属件的那个面。通常有厚度差的两对接的零件,在构件的定位面所在的面是"齐平"的,厚度差出现在构件的定位面的对面。构件的定位面确定了有厚度差的两对接的零件,如果要开大坡口,则在构件的非定位面开。根据构件的定位面与构架面(安装面)的关系,确定大坡口的正反。当板厚分中时,构件的定位面在零件的中间层,此时如果要开大坡口,将两面都开大坡口。

与坡口有关的 3 个面:坡口开口面,构架面(安装面),构件定位面。

坡口开口面(Beveling Side,以下简称 B 面):焊接工人(设备)在构件的哪一侧施焊,那一侧就是坡口开口面,它确定了坡口角的朝向。当两侧都有坡口角时,以其中主要的或指定的一侧坡口角所在的面为坡口开口面。

构架面(安装面)(Fitting Side,以下简称 F 面):就是板架安装附属件的那个面。零件作为构架面的那一面,在以后套料切割时将自动被设置成"向上",成为零件的"正面"。根据相对于零件的"正面"来规定坡口角的正反。构架面不一定是"齐平"的。

构件定位面(Locating Side,以下简称 L 面):通常有厚度差的两对接的零件,构件定位面所在的面是"齐平"的,厚度差出现在构件的定位面的对面。

这 3 个面相互之间,可能是构件的同一个侧面,也可能分别在构件的不同位置。根据这

3个面的位置关系,对同一类焊接方式,可以形成最多6种的不同的坡口形式。宏坡口和一般坡口的转化原则如下。

①B面、F面、L面在构件的同一个侧面。

例:焊接坡口Y-2,如图2-25所示。

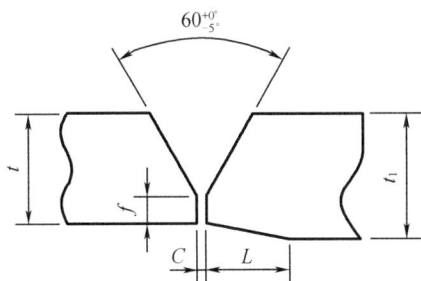

图 2-25　焊接坡口 Y-2

此时,B面和F面齐平。而在构件的另一侧,当板厚相同时化为Y-1;当板厚差小于指定值时,出现台阶,化为Y-3;当板厚差大于指定值时,出现大坡口,即Y-2。焊接坡口Y-1、Y-3,如图2-26所示。

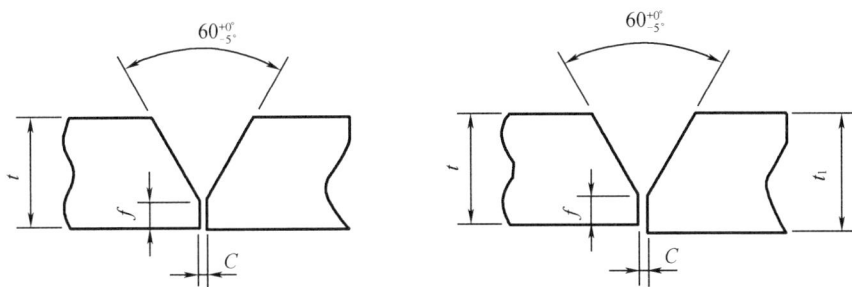

图 2-26　焊接坡口 Y-1、Y-3

②B面和F面在构件的同一侧,而L面在另一侧。

例:焊接坡口Y-2A,如图2-27所示。

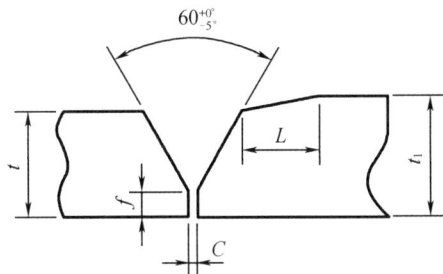

图 2-27　焊接坡口 Y-2A

此时，B 面和 F 面可能不齐平，而 L 面齐平。当板厚相同时化为 Y-1；当板厚差小于指定值时，出现台阶，化为 Y-3A；当板厚差大于指定值时，出现大坡口，即 Y-2A。焊接坡口 Y-1、Y-3A，如图 2-28 所示。

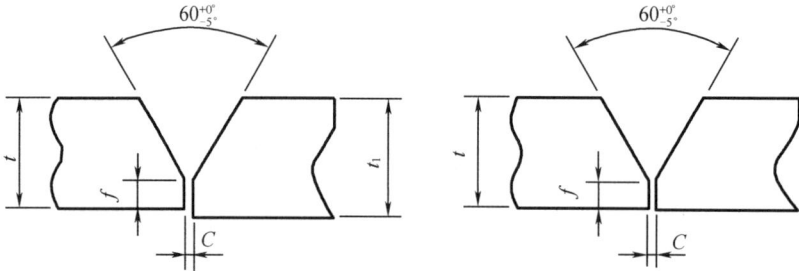

图 2-28　焊接坡口 Y-1、Y-3A

③B 面在构件的一侧，而 L 面和 F 面在另一侧。

例：焊接坡口 Y-2*，如图 2-29 所示。

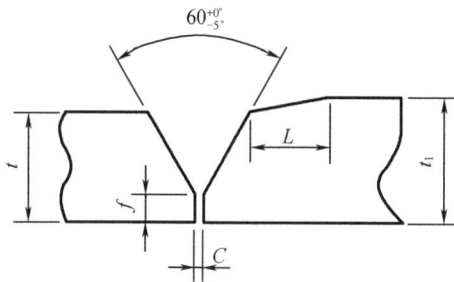

图 2-29　焊接坡口 Y-2*

此时，L 面和 F 面齐平。而 B 面在构件的另一侧，可能不齐平，当板厚相同时化为 Y-1*；当板厚差小于指定值时，B 面不齐平，化为 Y-3*；当板厚差大于指定值时，B 面出现大坡口，即 Y-2*。焊接坡口 Y-1*、Y-3*，如图 2-30 所示。

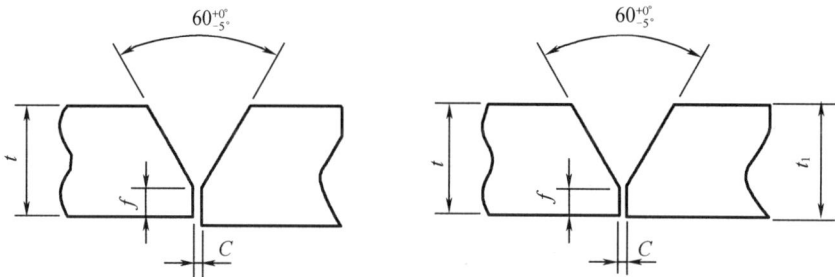

图 2-30　焊接坡口 Y-1*、Y-3*

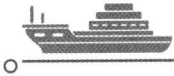

④B 面和 L 面在构件的同一侧,而 F 面在另一侧。

例:焊接坡口 Y-2A∗,如图 2-31 所示。

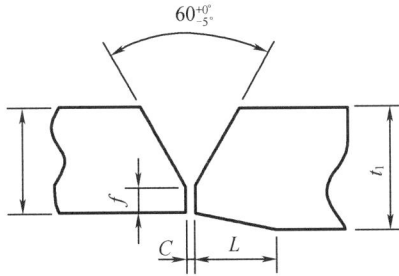

图 2-31　焊接坡口 Y-2A∗

此时,B 面和 L 面齐平,而 F 面可能不齐平。当板厚相同时化为 Y-1∗;当板厚差小于指定值时,出现台阶,化为 Y-3A∗;当板厚差大于指定值时,出现大坡口,即 Y-2A∗。焊接坡口 Y-1∗、Y-3A∗,如图 2-32 所示。

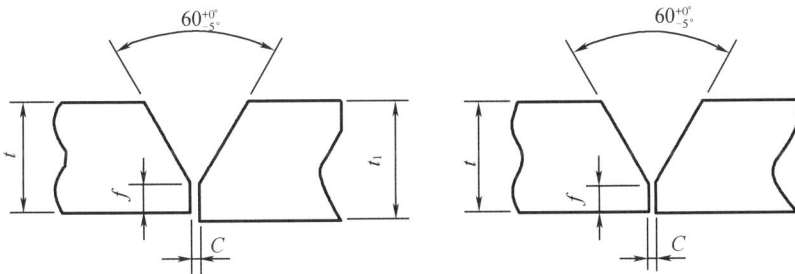

图 2-30　焊接坡口 Y-1∗、Y-3A∗

⑤B 面和 F 面在构件的同一侧,而 L 面在板厚度的中间层。

例:焊接坡口 Y-9,如图 2-33 所示。

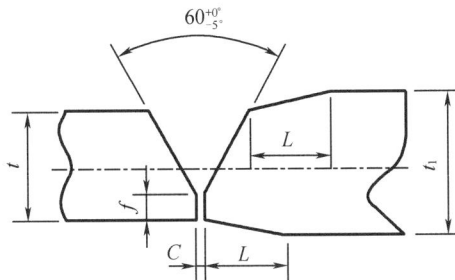

图 2-33　焊接坡口 Y-9

此时,B 面和 F 面可能不齐平。当板厚相同时化为 Y-1;当板厚差小于指定值时,两侧出现台阶,化为 Y-8;当板厚差大于指定值时,两侧出现大坡口,即 Y-9。焊接坡口 Y-1、Y-

8,如图 2-34 所示。

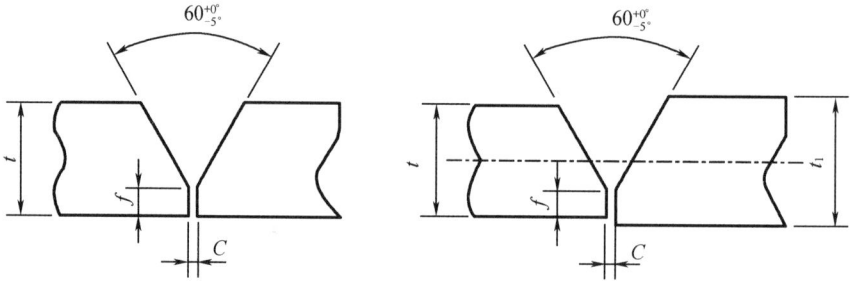

图 2-34　焊接坡口 Y-1、Y-8

⑥B 面和 F 面分处构件的两侧,而 L 面在板厚度的中间层。

例:焊接坡口 Y-9 ∗,如图 2-35 所示。

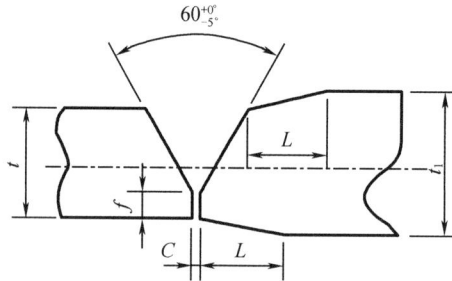

图 2-35　焊接坡口 Y-9 ∗

此时,B 面和 F 面可能不齐平。当板厚相同时化为 Y-1 ∗;当板厚差小于指定值时,两侧出现台阶,化为 Y-8 ∗;当板厚差大于指定值时,两侧出现大坡口,即 Y-9 ∗。焊接坡口 Y-1 ∗、Y-8 ∗,如图 2-36 所示。

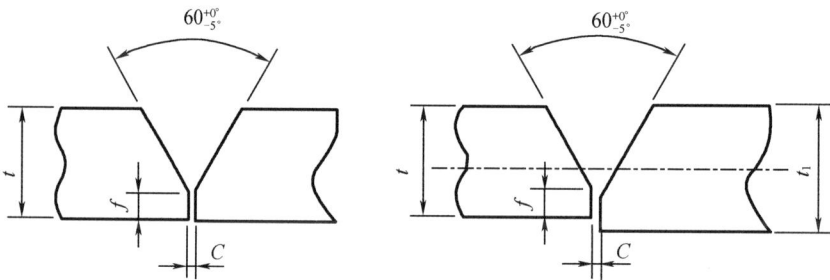

图 2-36　焊接坡口 Y-1 ∗、Y-8 ∗

宏坡口,就是给定焊接方式和位置,但不明确指定构架面和定位面的坡口代码形式。宏坡口的形式为"宏坡口码<朝向码"。宏坡口是焊接坡口设计定义驱动的基础。

（2）焊接工艺规则驱动

在焊接工艺设计过程中，如果针对每条焊缝进行详细的焊接工艺的定义，每个分段需要定义 2 000 条左右焊缝，对于焊接工艺设计工作量是非常大的。为了节约焊接工艺设计工时，对焊接工艺设计方法进行调研和梳理，着重分析了构件属性与焊接方法的关系、焊接坡口与焊接方法的关系、焊接方法与焊材规格的关系，以及焊接构件、焊接坡口和焊接方法之间的相互关系，提炼出相关定义规则，使焊接工艺属性值初始化最大限度地满足设计要求。

焊接方法选择原则如表 2-7 所示。

表 2-7　焊接方法选择原则梳理表

板的拼接	小组装拼板	在平面分段流水线上制造	FCB 法
		不在上平面分段流水线上制造 >500 mm	埋弧自动焊
		<500 mm	手工焊或 CO_2 半自动焊
	分段间的拼接	总组、船台装配	CO_2 单面衬垫焊或双丝 MAG 焊
外板的拼接	分段内部外板的拼接	平直段拼板	双面埋弧自动焊
		曲面段	CO_2 单面衬垫焊
	船台大合拢缝	垂直大接缝	SEG 法或 MVG 法根据焊接接头基本形式选择
		其他焊缝	CO_2 单面衬垫焊
纵舱壁	船台大合拢缝	垂直段	SEG 法或 MVG 法根据焊接接头基本形式选择
角钢与角钢对接	板厚<7 mm		手工焊或 CO_2 半自动焊
	板厚≥7 mm		CO_2 单面衬垫焊
扁钢与扁钢对接	板厚<30 mm 长度<250 mm		手工焊或 CO_2 半自动焊
	板厚<30 mm 长度为 250~450 mm		CO_2 单面衬垫焊
	板厚≥30 mm 长度≥450 mm	垂直立对接	MVG
		其他位置	CO_2 单面衬垫焊
其他	手工焊或 CO_2 半自动焊		

焊接材料选择原则如表 2-8 所示。

表 2-8　焊接材料选择原则梳理表

序号	焊接方法	焊接材料	焊接钢种情况	适用情况
1	手工电弧焊	2Y 级 JHE5024 等	A、B、D、E、A32、D32、E32、A36、D36、E36	平角焊专用
		3 级 JHE4303 等	A、B、D	全位置对接和角接焊
		3Y 级 FHE5015、JHE5018 等	A、B、D、A32、D32、A36、D36	
		3Y 级 JL—50D、TL—50D 等	A,B,D,E	立向下行角接焊专用
		奥 102、奥 132	A、B、D、A32、D32、A36、D36	不锈钢对接和角接焊
		奥 302	A、B、D、A32、D32、A36、D36	不锈钢与异种钢种对接和角接焊
2	埋弧自动焊	2SM 级的焊材组合：H08A+HJ431	A、B、D	拼板对接焊
		2YSM 级的焊材组合：HIOMn2+H1431	A、B、D、A32、D32、A36、D36	
		3SM 级的焊材组合：HO8A+SJ101	A、B、D、E	
		3YSM 级的焊材组合：HIOMn2++SJ101	A、B、D、E、A32、D32、E32、A36、D36、E36	
3	FCB 法（焊剂铜垫单面埋弧自动焊）	2YSM 级的焊材组合：DQ. PCB-1+DQ. FCB-1R	A、B、D、A32、D32、A36、D36	平面分段流水线拼板对接焊
4	CO_2 气体保护半自动单（双）面焊	2Y 级焊丝：SF-71 等药芯焊丝	A、B、D、A32、D32、A36、D36	中、大合拢对接焊，全位置对接和角接焊
		3Y 级焊丝：7100ULTRA、YCJ501-1、TWE-711 等药芯焊丝，JM-56、BH503 等实心焊丝	A、B、D、E、A32、D32、E32、A36、D36、E36	
		食品级纯 CO_2 气体		
5	双丝 MAG 焊	2YSN 级的焊材组合：前丝 YM—5 实心焊丝，后丝 SF-I 药芯焊丝，切断焊丝 YK-CM	A、B、D、A32、D32、A36、D36	底、甲板中、大合拢拼板对接焊
		食品级纯 CO_2 气体		

表 2-13(续)

序号	焊接方法	焊接材料	焊接钢种情况	适用情况
6	MVG 法 (多层多道气保垂直半自动焊)	2Y 级焊丝: SF-71 等药芯焊丝	A、B、D、A32、D32、A36、D36	厚板(26-r60u)外板、纵舱壁垂直大合龙对接焊
		3Y 级焊丝: 7100ULTRA、YCJ501-1、TWE-711 等药芯焊丝	A、B、D、E、A32、D32、E32、A36、D36、E36	
		食品级纯 CO_2 气体		
7	SEG 法	3YSM 级焊丝: DWS—43G 药芯焊丝	A、B、D、E、A32、D32、E32、A36、D36、E36	26~60 m 外板、纵舱壁垂直大合拢对接焊
		食品级纯 CO_2 气体		
8	CO_2 气体保护自动角焊	2Y 级焊丝:SM-1F	A、B、D、A32、D32、A36、D36	平面构架角焊缝
		食品级纯 CO_2 气体		

在进行焊接工艺设计的分析后,发现焊接坡口与焊接方法有一定的对应关系,同时焊接构件板厚和材质也与焊接方法有一定的对应关系,统一焊接工艺设计的这些规则,形成一般缺省焊接工艺设计规则库。具体焊接方法选择规则数据表如图 2-37 所示。

BEVELCODE	WLDMETHOD	WLDMANOPER	FLAGPARTSJOINT	PLATETHICK	PLTTHICKDIFF
NVARCHAR (255)	NVARCHAR (255)	NVARCHAR (255)	NVARCHAR (255)	NVARCHAR (255)	NVARCHAR (255)
FY-1*	FCB	PA	对接焊	[10,35]	0
FY-2	FCB	PA	对接焊	[10,35]	[0.5,3]
FY-2*	FCB	PA	对接焊	[10,35]	[0.5,3]
FY-3	FCB	PA	对接焊	[10,35]	(3,)
FY-3*	FCB	PA	对接焊	[10,35]	(3,)
FY-4	FCB	PA	对接焊	[10,35]	[0.5,6]
FY-2A	FCB	PA	对接焊	[10,35]	[0.5,6]
FY-2A*	FCB	PA	对接焊	[10,35]	[0.5,3]
FY-3	FCB	PA	对接焊	[10,35]	(3,)
FY-3*	FCB	PA	对接焊	[10,35]	(3,)
FY-3A	FCB	PA	对接焊	[10,35]	(3,)
FY-3A*	FCB	PA	对接焊	[10,35]	(3,)
FY-4	FCB	PA	对接焊	[10,35]	[0.5,6]
SV-1	SEG	PF	对接焊	[10,28]	0

图 2-37　焊接方法选择规则数据表

在对焊接材料分析后,发现焊剂与焊接方法有很密切的对应关系,只要知道焊接方法,基本就确定了焊接材料。由于焊材是由不同的焊剂组成的,因此可将不同的焊剂所组成的焊材作为一种焊材规格,与相应的焊接方法相对应。具体的焊材规格选择规则表如图 2-38所示。

NVARCHAR (50)	NVARCHAR (50)	NVARCHAR (50)	NVARCHAR (20)	NVARCHAR (50)	NVARCHAR (20)	NVARCHAR (255)	NVARCHAR (255)	NVARCHAR (255)	NVARCHAR (255)
AWS A5.17 F7A5-EM12K	埋弧自动焊	BHM-4	0.43	SJ101	0.57				
AWS A5.17 F7A8-EH14	埋弧自动焊	BHM-4	0.43	SJ101	0.57				
AWS A5.20 E70T-1/-9	16E	SC-70H	1						
AWS A5.2017 E71T-1	CO2半自动焊	TWE-711	1						
AWS A5.2017 E71T-1Z	CO2半自动焊	TWE-711	1	衬垫	1.01				
AWS A5.22 E2209T0-4/-1	CO2半自动焊	Avesta FCW-2D 2205	1	衬垫	1.01				
AWS A5.22:E309LT0-4(1)	CO2半自动焊	Avesta FCW-2D309L	1	衬垫	1.01				
AWS A5.23 F8A6-EA2	埋弧自动焊	BHM-4	0.43	SJ101	0.57				
AWS A5.26 EG70T-2	SEG	SC-EG2	1						
AWS A5.29 E81T1-K2C	CO2半自动焊	SC-81-K2	1						
AWS A5.9 ER2209	埋弧自动焊	Avesta 2205	0.43	Avesta Flux 805	0.57				
AWS F6A2-EL8	埋弧自动焊	BHM-4	0.43	SJ101	0.57				
AWS F7A2-EH14	埋弧自动焊	BHM-4	0.43	SJ101	0.57				
FCB	FCB	Y-DM3	0.15	Y-DL	0.3	NSH-55EM	0.3	NSH-1RM	0.25

图 2-38　焊材规格选择规则表

针对特殊的材质和板厚,角焊和对接焊采用不同的焊接方法或焊接角度。

角焊缺省焊接方法设置表如图 2-39 所示。

SPECIFICATION	MATERIAL1	MATERIAL2	PLATETHICK	STYLECODE	BEVELCODE
NVARCHAR (24)	NVARCHAR (20)	NVARCHAR (20)	NVARCHAR (255)	NVARCHAR (255)	NVARCHAR (255)
	SS	SS	[0,100]	FCAW(OS)KSS	
	SS		[0,100]	FCAW(OS)KDS	

图 2-39　角焊缺省焊接方法设置表

对接焊缺省焊接方法设置表如图 2-40 所示。

SPECIFICATION	MATERIAL1	MATERIAL2	PLATETHICK	STYLECODE	BEVELCODE
NVARCHAR (24)	NVARCHAR (20)	NVARCHAR (20)	NVARCHAR (255)	NVARCHAR (255)	NVARCHAR (255)
			[0,30)	FCAW(OS)	CV-1
			[30,100]	FCAW(OS)	CV-10
	SS	SS	[0,100]	FCAW(OS)SS	CVS-1
	SS		[0,100]	FCAW(OS)DS	CVS-1

图 2-40　对接焊缺省焊接方法设置表

针对角焊和对接焊,有一种焊接工艺在船上使用比较广泛,可作为缺省值设置表,如图 2-41 所示。

SYSVALUENAME	SYSVALUEDATA	NOTES
NVARCHAR (255)	REAL	NVARCHAR (255)
角焊缝焊接样式	0	FCAW(OS)K
角焊缝坡口形式	0	K
T型材对接焊焊接样式	0	FCAW(OS)
T型材对接焊坡口形式	0	CV-1
球扁钢对接焊焊接样式	0	FCAW(OS)
球扁钢对接焊坡口形式	0	CV-21
扁钢对接焊焊接样式	0	FCAW(OS)
扁钢对接焊坡口形式	0	CV-1
焊材定额系数	1.5	用户可以修改参数值

图 2-41　焊接缺省值设置表

对于焊脚高度,一般船体结构焊脚高度设计与对应船体结构规范中不同焊缝类别的具体规定相关,同时与对应舱室腐蚀增量相关。船体焊缝类别的多样性,船舱划分方法的不确定性,焊接构件间倾角的多样性,导致焊脚高度的设计复杂多样,焊脚高度的设计统一规则需要更加细致的建模设计和规则设计才能初步实现。在本节中,采用薄板的一半来做缺省设置,在实际应用过程中,可适当地修改以配合船体建造要求。

2.4.1.3　焊接工艺工程库

作为船体焊接工艺设计的结果,为后续工作提供焊接统一数据源,是船体焊接工艺设计的最终载体。

根据焊接设计的阶段不同,数据分为焊接坡口工程数据和焊接工艺模型数据。

(1)焊接坡口工程数据

焊接坡口工程数据主要与船体构件相关,在船体结构建模阶段实现,保存在船体结构库中。与船体结构件设计数据关联拓扑保存,有利于焊接坡口的校验、后期的焊接坡口标注、结构零件的坡口数据展开生成。

根据设计建模方式的不同,船体结构零件焊接坡口的设计存储方式也不同。船体结构零件设计建模方式分别为平面板架板零件、平面型材零件、平面面板零件、平面补板零件、肘板零件、肘板型材零件、曲面板零件、曲面型材零件等。根据船体结构零件建模方式不同,焊接坡口的设计也分为平面板缝坡口、平面板边界坡口、平面型材端部坡口、平面型材迹线坡口、面板对接坡口、曲面板缝坡口、曲面型材端部坡口、曲面型材迹线坡口、肘板边界坡口等。

为方便实施焊接操作,在焊接坡口设计中,还有一种坡口是横向坡口,如图2-42所示。需要人工指定左坡口(下坡口)和右坡口(上坡口)。指定横向坡口后,可以根据设计规则,展开成特定的坡口状态。

除了船体结构零件焊接坡口外,在船体装配过程中,由于板与板之间的空间位置关系,也会形成一种自然坡口,如图2-43所示。

图2-42　横向坡口　　　　　　　　　　图2-43　自然坡口

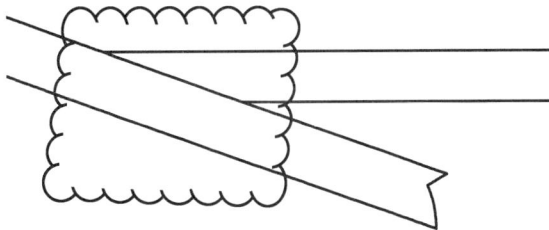

这样的坡口以前的处理是通过加入余量的方法来解决的,如图2-44所示。

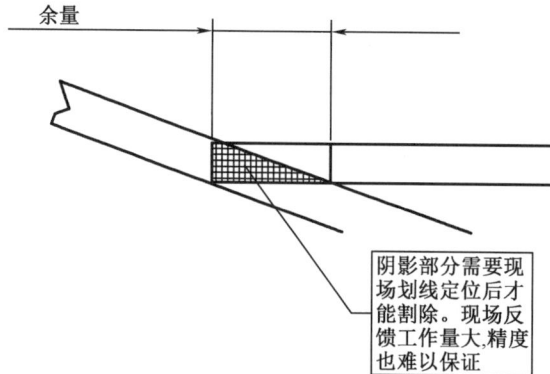

阴影部分需要现场划线定位后才能割除。现场反馈工作量大,精度也难以保证

图2-44 自然坡口余量

在生产设计建模阶段,考虑自然坡口、宏坡口、一般坡口后,可以利用软件计算手段解决生产制造的相关问题。

通过对设计坡口的梳理,综合考虑生产设计和生产建造相关内容,制定焊接坡口工程数据结构,具体内容包括坡口定义对象、自然坡口、宏坡口、坡口朝向、一般坡口、坡口定义部位、横向坡口、坡口定义区间等,如表2-9所示。

表2-9 焊接坡口建模定义表

坡口定义对象	自然坡口	宏坡口	坡口朝向	一般坡口	坡口定义部位	横向坡口	坡口定义区间

(2)焊接工艺模型数据

焊接工艺设计的结果有几何模型和工艺模型两种形态,几何模型保存焊缝的空间位置及姿态,工艺模型保存焊缝的焊接工艺设计数据和相关构件数据。基于此,建立焊接工艺模型几何数据库和焊接工艺模型属性数据库。焊接几何模型数据作为可视化管理焊缝的实时交互三维模型基础数据,在现在船体建造日益精细化管理形势下尤其重要。

焊接几何模型数据用三维几何样条来描述,以期实现三维可视化交互管理,为后续的三维作业指导书的三维焊接作业指导图的生成提供数据支撑。焊接几何模型数据采用线状描述,管状展示。

焊缝的几何模型可称为焊缝迹线数据。描述语句为:焊缝迹线名称、焊缝点号、焊缝样条点列表、焊缝样条点方向矢量列表。焊缝管状展示是以焊缝迹线数据为母线,以定长半径为圆作圆柱或环,创建焊缝几何实体模型。焊缝迹线几何数据定义表如表2-10所示。

表 2-10　焊缝迹线几何数据定义表

焊缝迹线名称	焊缝点号	焊缝样条点列表	焊缝样条点方向矢量列表

　　焊接工艺属性数据用来描述每条焊缝焊接工艺属性信息,采用数据库表的形式来保存,利于数据的存取、管理、备份和接口的开发。焊缝工艺属性建模数据表如表 2-11 所示。

表 2-11　焊接工艺属性建模数据表

分段代码	模型名称	焊缝编码	装配名称	焊接样式	焊缝长度	坡口代码	焊缝参数	焊接位置	接头形式	相关构件	焊材规格

　　船体的焊接建造过程是分阶段的,从小组、中组、大组,到分段、总组,最后到搭载。在每个阶段,由于建造姿态的不同,焊接位置也不同,因此,生成焊接位置时,需要针对不同的焊接阶段,不同的焊接阶段对应有不同的建造基面,所以需要对各建造阶段建立相应的建造基面信息。焊接构件的位置关系和焊接坡口的朝向信息梳理完成后,根据给定的装配基面,可计算出焊接位置;因此,还需要在分段装配树中给出焊接基面信息。基于以上分析,需要在船体工程中建立船体搭载网络图和分段装配树,并定义相关信息,才能完善相关焊接工艺的设计。

　　分析船体建造搭载网络图,提炼出总组节点和搭载节点两种类型的数据结构,分别形成总组数据表和搭载数据表。

　　总组数据表的字段表如表 2-12 所示。

表 2-12　总组数据表的字段表

总组名称	分段名称列表	装配场地	装配部门	备注

搭载数据表的字段表如表 2-13 所示。

表 2-23　搭载数据表的字段表

搭载节点	节点类型	搭载顺序	前道节点列表	备注

　　结合现场装配焊接施工流程、工时派工管理工作需求,需要对不同施工单位或施工场地进行焊接工作量的统计和焊材定额的发放。因此,在焊接工艺属性数据中,需要对焊接施工单位或场地进行定义,以利于后期的焊接派工和焊材的领料管理。

为将原有坡口体系进行简化,对原有坡口进行梳理归纳,以宏坡口代码进行覆盖,并开发了一整套完善的规则驱动库来将新旧坡口相匹配。

2.4.2 焊接工艺与焊缝的生成技术

焊接工艺数据库服务于船体焊接工艺设计和船体焊接标注及焊接数据管理。在实施焊接工艺设计过程中,需要建立焊接工艺数据库与焊接工艺设计相关联的接口来驱动组立各阶段焊接工艺设计,满足智能化焊接设计需求,同时建立焊接数据存储接口来实现焊接建模数据的存储。在进行船体焊接标注过程中,需要建立组立构件与焊接工艺数据的关联接口,同时建立焊接符号的匹配接口,为实现焊接自动标注做准备。

2.4.2.1 焊接自动标注接口

根据面向的对象和设计建模方法的不同,焊接自动标注接口分焊接坡口数据接口和焊接工艺属性数据接口两种。

(1)焊接坡口数据接口

根据焊接坡口标注所涉及的对象,焊接坡口数据接口主要分四类:船体图形数据接口,船体模型数据接口,船体结构数据接口,船体标准数据接口。焊接坡口数据接口,如图2-45所示。

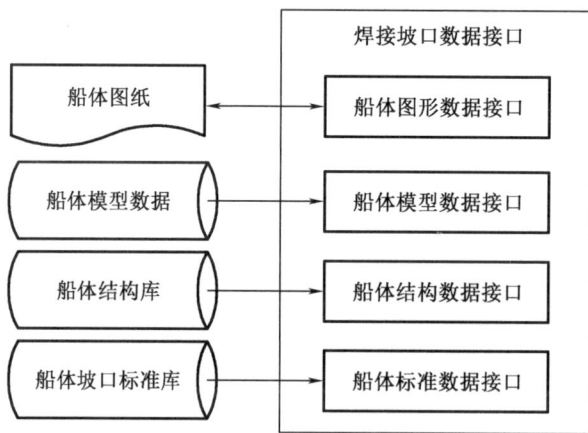

图2-45 焊接坡口数据接口

船体图形数据接口:读取相关图形数据信息,获取与船体结构相关的结构零件信息和几何位置信息;根据船体图纸相关视口坐标系、相关视口定位、视口中相关模型图形数据定位,生成相关焊接坡口标注数据信息。

船体模型数据接口:根据相关图形数据信息,匹配相关船体模型数据,获取相关船体模型数据信息。

船体结构数据接口:根据船体模型数据信息和船体图形数据定位信息,获取船体结构焊接坡口信息。

船体标准数据接口：根据所获取的船体结构焊接坡口信息、船体模型数据和船体结构数据，获取相关焊接坡口定义标准和规则信息。

焊接坡口自动标注接口为用户焊接坡口标注交互和各数据之间的协调提供数据接口，实现不同数据库之间数据的梳理，统一图形、标准、模型、结构设计等相关数据，在计算机内存中形成数据关系图，为焊接坡口自动标注的实现做准备。

（2）焊接工艺属性数据接口

根据焊接坡口标注所涉及的对象，焊接工艺属性数据接口主要分五类：船体图形数据接口船体模型数据接口，船体结构数据接口，船体工艺工程库接口，焊接工艺基础库接口。焊接工艺属性数据接口，如图2-46所示。

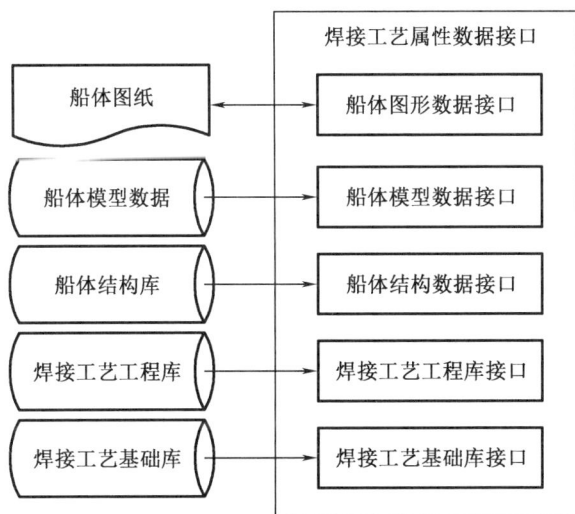

图2-46　焊接工艺属性数据接口

船体图形数据接口：在焊接坡口数据接口基础上，增加了图形视区平面的判断、两两构件焊接情况的判断等条件判断功能。同时，实现焊接工艺标注数据的创建和保存功能。

船体模型数据接口：在焊接坡口数据接口基础上，增加了船体模型两两成对数据接口，方便焊缝迹线的图形数据的生成。

船体结构数据接口：在焊接坡口数据接口基础上，增加了两两成对船体零件结构数据接口，方便焊接工艺数据的标注和焊接构件数据的查询。

焊接工艺工程库接口：船体工程焊接工艺属性数据包括焊接模型ID号、焊接方法、焊接样式、焊接编码、焊脚高度、焊接符号等。在接口中，建立两两焊件对应的焊接工艺属性数据获取方法，获取焊接工艺属性信息。同时，实现焊接工艺工程数据的读取和写入。

焊接工艺基础库接口：根据对应的焊接方法和焊接形式，获取相关的焊接工艺标准，生成焊接工艺标注信息。同时，实现焊接工艺基础数据表的读取和写入。

2.4.2.2　基于焊接工艺数据库的焊接工艺标注生成技术

读取组立结构模型数据，获取相关构件结构信息，在焊接工艺数据库中查找相关构件间的焊接工艺设计数据,匹配焊接设计符号、焊接方法、焊接样式、焊材规格等信息,在图纸空间创建相关焊接标注信息,实现焊接工艺自动标注。根据焊接工艺建模结果,可实现焊接坡口自动标注和焊接工艺属性自动标注两方面的功能。

（1）焊接坡口自动标注

焊接坡口自动标注主要实现焊接普通坡口和焊接宏坡口的自动标注。

焊接坡口自动标注功能数据流程和技术路线如图2-47所示。

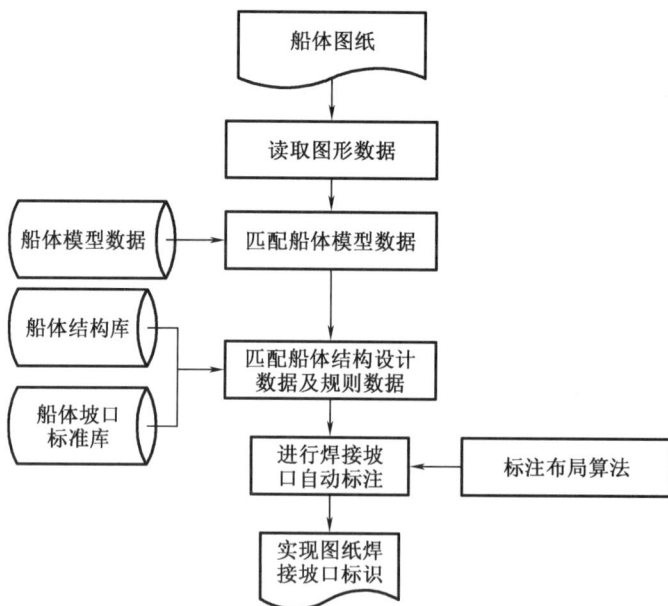

图2-47 焊接坡口自动标注功能数据流程和技术路线

根据图面图形数据信息,获取相关船体结构模型数据;根据三维坐标定位信息,获取相关坡口信息;根据规则库和焊接坡口标准库,应用规则算法,形成焊接坡口相应标识;根据图面图形信息,应用标注布局算法,自动布局相关焊接坡口标注信息到恰当的图面位置,减少人工调整工作量。

焊接坡口自动标注功能实现步骤:根据图形数据匹配船体模型数据;船体焊接坡口规则算法实现;船体焊接坡口自动标注。

图形数据匹配船体模型数据,主要实现船体图形数据的定位和分析,利用船体模型数据接口搜索与图形数据相关的船体板架模型,得到与图形数据匹配的船体结构三维实体模型数据。

船体焊接坡口规则算法实现,主要利用船体结构接口和船体坡口标准接口,对船体构件模型相关坡口信息进行定位和解析,实现坡口数据的实例化,完成船体结构模型的坡口建模和坡口标注信息的完善。

船体焊接坡口自动标注,针对所要标注的图面进行分析整理,利用标注布局算法,对焊接坡口进行自动标注,使焊接坡口标注完成后的图面尽量美观、整洁,减少人工的干预度和修改率,提高设计效率和出图正确率。

（2）焊接工艺属性自动标注

焊接工艺属性自动标注主要实现焊接方法、焊接编码、焊脚高度、焊缝长度的自动标注。

焊接工艺属性自动标注功能数据流程和技术路线如图2-48所示。

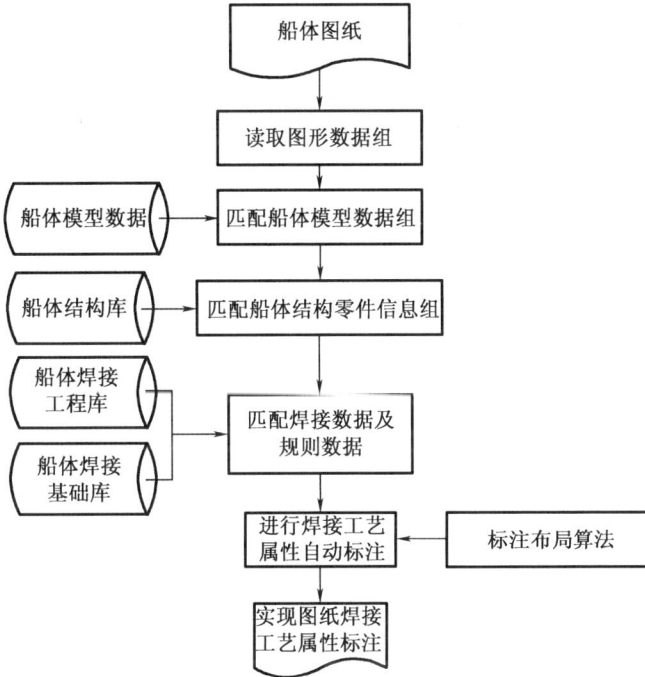

图 2-48　焊接工艺属性自动标注功能数据流程和技术路线

根据图面图形数据信息组,匹配相关船体模型数据信息组;根据三维坐标定位信息和几何信息,匹配相关船体结构零件信息数据组;利用模型信息和结构信息,匹配船体焊接模型数据,匹配焊接工艺模型信息和相关焊接工艺属性信息,形成焊接工艺属性标识数据;根据图面图形信息,应用标注布局算法,自动布局相关焊接工艺属性标注信息到恰当的图面位置。

焊接工艺属性自动标注功能实现步骤:读取船体图形数据组,匹配船体模型数据组,匹配船体结构零件信息组,匹配焊接数据及规则数据,进行焊接工艺属性自动标注。

读取船体图形数据组:船体图面中信息纷杂,如结构线、划线、定位线、板缝线、边界线、零件模型线等,为了获取实际需要标注的样条或实体数据,需要对这些样条进行过滤,从而得到真正需要标注的船体图形数据组。

匹配船体模型数据组:根据所得到的船体图形数据组,分析图形属性数据,匹配相关船体模型数据,获取标注三维几何属性数据信息,从而得到需要标注的船体模型数据组。

匹配船体结构零件信息组:根据船体模型几何数据,获取相关几何关系,同时获取相关构件的结构属性数据,形成扩展的船体结构零件信息组。

匹配焊接数据及规则数据:根据已经获取的成对焊件模型数据,获取该组焊件对应的焊接模型工艺数据和焊接模型几何数据;并同时根据焊接模型工艺数据读取相应的标注规则,匹配相关的标识信息;形成焊接工艺模型标识数据组。

焊接工艺属性自动标注:针对所要标注的图面进行分析整理,利用标注布局算法,对焊接工艺属性进行自动标注,使焊接属性标注符合一般标注规定,减少标注出错率,提高设计效率。

焊接工艺属性自动标注,如图 2-49 所示。

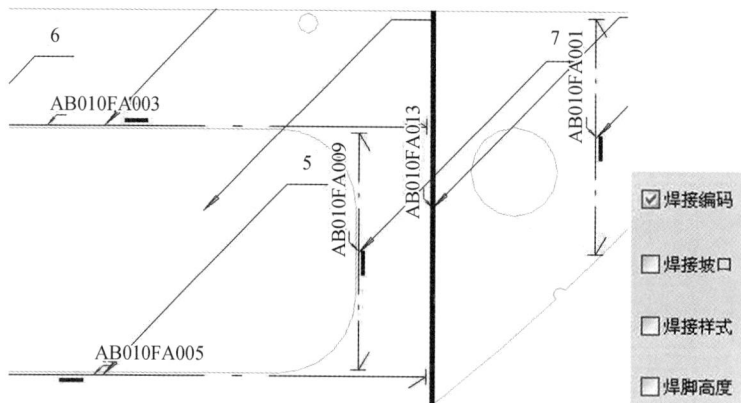

图 2-49　焊接工艺属性自动标注

焊接工艺属性自动标注主要实现焊接编码、焊接坡口、焊接样式、焊脚高度的自动标注。

焊接工艺属性自动标注可以通过选择图面信息和选择视口两种方式来进行。选择图面信息的标注主要用在结构剖面图和截视图中;选择视口进行标注主要用在装配 DAP 图小组立图。拼板焊缝跟踪图,如图 2-50 所示。

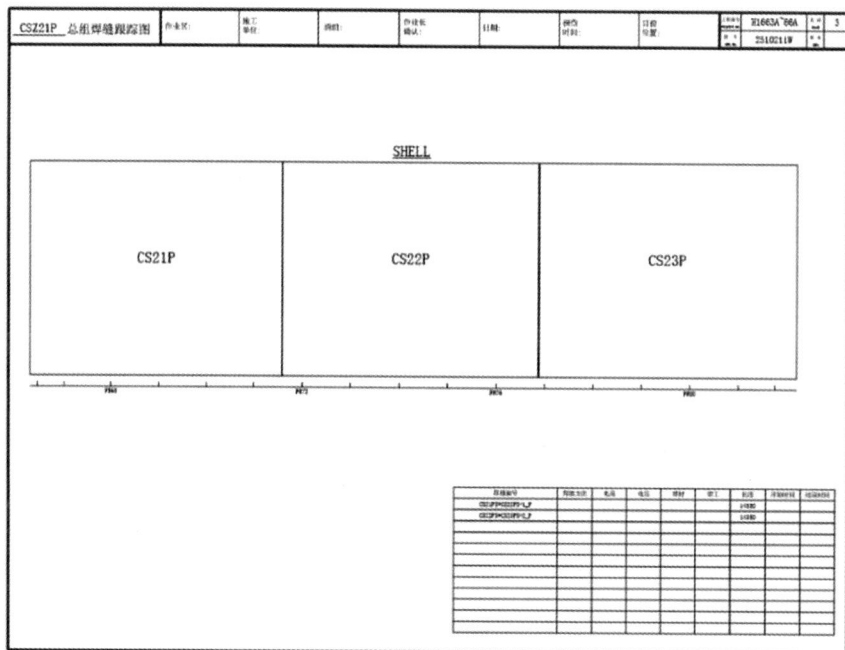

图 2-50　拼板焊缝跟踪图

在分段和总组焊缝跟踪图中,实现焊缝迹线的自动描绘,焊缝列表的自动生成。总组焊缝跟踪图中,同时实现焊缝的自动合并。搭载焊缝跟踪图,如图 2-51 所示。

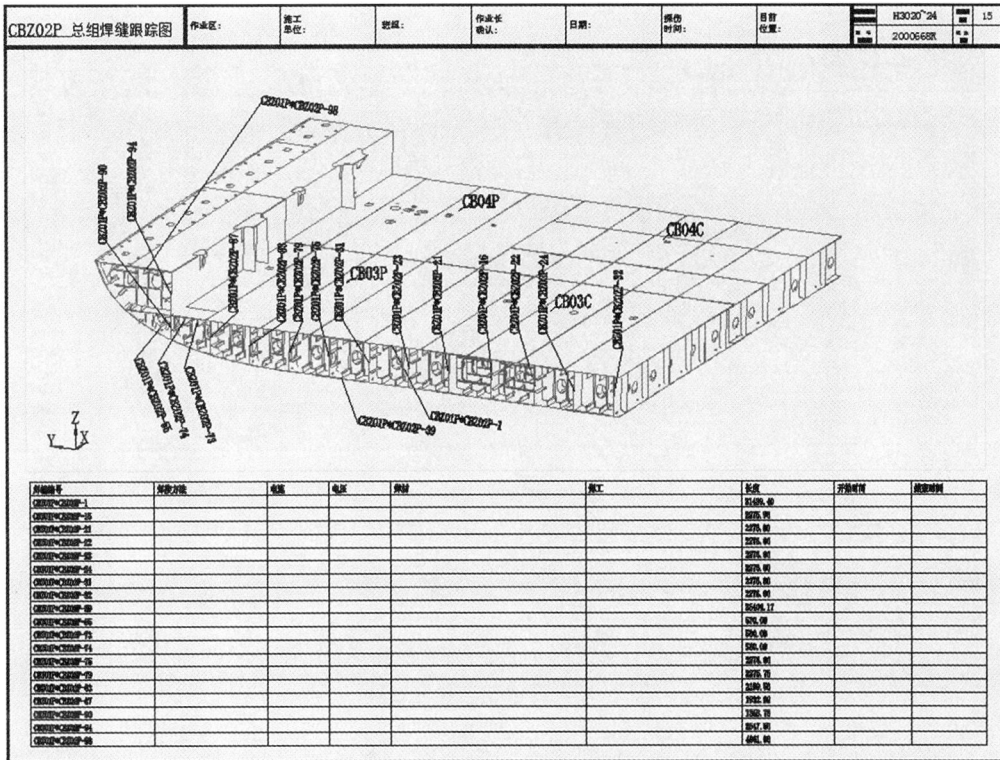

图 2-51　搭载焊缝跟踪图

在搭载焊缝跟踪图中,实现焊缝迹线的自动生成、焊缝编码的合并、焊缝编码的标注、焊缝列表的自动生成。

2.4.2.3　焊接工艺属性设计模块

焊接工艺属性设计,如图 2-52 所示。

焊接工艺属性设计模块主要用来实现焊接工艺属性数据和焊缝迹线数据的自动、半自动、交互生成,为焊接建模设计提供一个可视化的设计平台,用来直观预览设计的几何形状和位置。

焊接工艺属性设计平台主要由三块组成:焊接工艺属性数据列表、分段总组焊接树、三维可视化界面。焊接工艺属性数据列表主要完成焊接工艺属性的交互设计和自动添加,对焊接工艺属性数据进行管理。分段总组焊接树可展示装配树和结构树两种状态,主要完成焊缝的自动搜索和查看,实现焊缝的全自动搜索功能。三维可视化界面用来展示船体模型和焊缝几何模型,以及实现用户的三维交互功能。

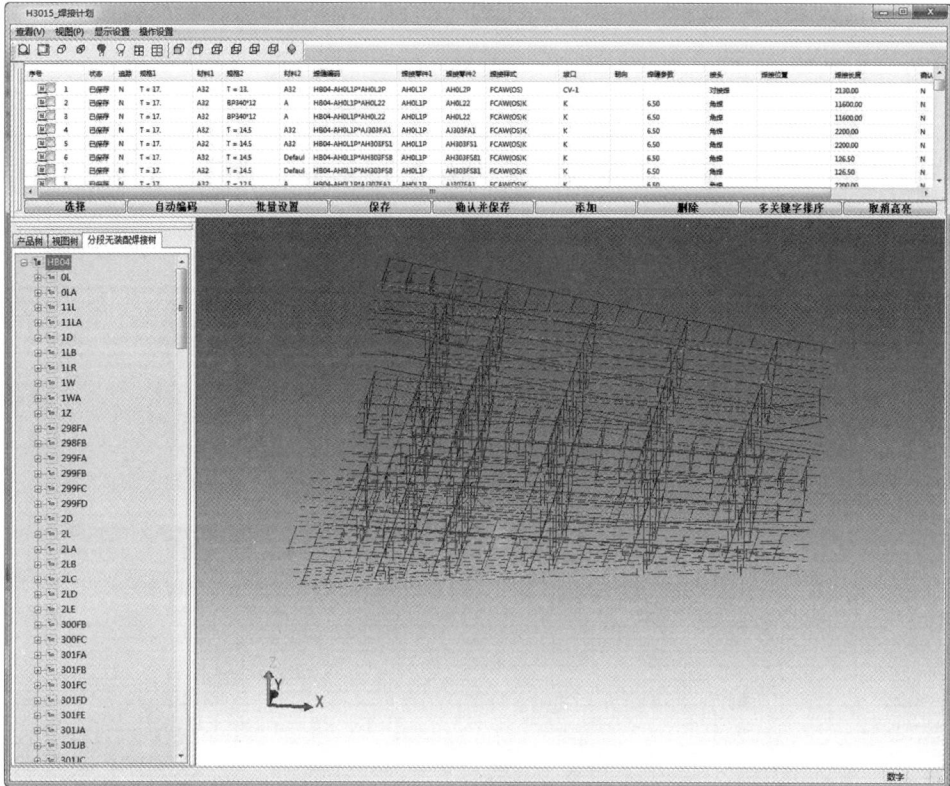

图 2-52　焊接工艺属性设计

焊缝的自动搜索功能是根据已有的船体模型和船体装配树,根据模型几何实体计算出相关的焊缝迹线几何数据;根据模型结构属性和焊接基础数据库与相关规则库,设置相关焊缝的焊接工艺属性信息;根据装配基面信息、焊接坡口朝向信息、焊接构件位置信息计算出焊接位置数据;根据焊接阶段和装配树,计算出焊接组立信息或搭载节点信息。

焊缝列表用户交互手段提供批量设置、排序、三维交互定位、交互计算添加、多关键字排序等功能,极大地方便用户对焊缝焊接工艺属性的设置,提高了交互设计效率。

2.5　面向焊接机器人的焊接工艺设计技术

船厂的劳动环境差,焊接过程中会产生大量的有毒有害气体,对工人的身体健康造成危害,而船舶建造的焊接工时占总工时的 30%~40%,引进高效且质量稳定的焊接机器人可明显提高焊接效率和改善工人的作业环境。船舶行业应用焊接机器人的难度在于,分段组立结构的形式复杂多样,一条大型船舶的焊缝多达几十万条,几乎没有任何两个组立的形式是完全一样的,只有引进能适应不同组立形式的柔性焊接机器人才能提高船舶焊接机器人的使用效率。

小组立焊接机器人(图 2-53)可以根据上位系统提供的 CAD 工件数模,采用 KCONG 系统自动生成焊接信息,对提前拼装点焊的小组立板材顺次进行焊接作业。两套龙门装置

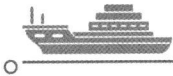

可以对同一部材进行两侧同时焊接,对小组立部件进行平角焊缝、包角焊接、立向上角缝焊接、立向上对接缝焊接等,实现了分段小部件的柔性化、智能化焊接。

图 2-53　焊接机器人

SPD 是应用广泛且公司拥有自主知识产权的我国船舶类大型设计软件,目前国内外研究 SPD 软件与焊接机器人的接口尚属首次。引进小组立焊接机器人,SPD 与 KCONG 软件的接口开发、优化焊接工艺图纸设计成为亟须解决的技术难题。

2.5.1　面向焊接机器人的模型转换技术

智能制造的核心是建立互联互通的网络化工业生态,需要标准体系作为支撑。为实现 SPD 设计软件和机器人软件 KCONG 之间的数据传递,必须使两家公司的软件具有"共同语言",这个"共同语言"就是生成 SPD 模型的标准数据文件(图 2-54)。该数据文件包括零件的规格、材质和空间坐标位置等信息,机器人自带的 KCONG 离线编程软件在读取这些模型的标准数据文件后,会对模型进行解析,并重新以 KCONG 熟悉的语言重构模型,重新建立小组立各构件之间的空间关系。

```
<Member Index="2" Name="A131FC21"
  Thickness="10.0" Type="2">
  <StretchVector X="-0.00000" Y="-0.00000"
    Z="1.00000" />
- <Loops>
  - <Loop IsOutLoop="true">
    - <LoopSegments>
      - <LoopSegment Type="1">
        - <SegmentCoords>
          <Coord X="115400.00000"
            Y="7946.22412"
            Z="1440.00000" />
          <Coord X="115315.00000"
            Y="7799.00000"
            Z="1440.00000" />
        </SegmentCoords>
      </LoopSegment>
      - <LoopSegment Type="1">
        - <SegmentCoords>
          <Coord X="115315.00000"
            Y="7799.00000"
```

图 2-54　SPD 模型的标准数据文件

2.5.2 面向焊接机器人的焊接工艺抽取技术

2.5.2.1 SPD焊接模块的开发

为实现SPD焊缝信息的抽取,必须建立小组立的焊缝信息数据库。焊缝数据库由焊缝编码、焊脚高度和焊接代码等组成,焊接代码对应相应的坡口形状。SPD焊接模块经过开发,现已实现所有对接焊和角接焊的焊接代码建模,保证了焊接基础数据的完整性。如果将焊接代码与焊接方法关联起来,则可进一步通过截面积得到小组立焊接机器人所用焊材的预估物量。

（1）区分焊缝所属阶段

现代造船模式具有按区域设计、以中间产品为导向的设计特点,设计、工艺、管理一体化,壳、舾、涂一体化,各设计阶段相互结合:一条船的结构建造通常分为内场阶段C、组立阶段B、总组阶段P、船坞阶段D、码头阶段Q和单元阶段U六个阶段,结构焊接主要发生在B、P、D三个阶段。在分段设计之前,设计人员必须非常清晰地了解分段的建造方式,并将分段的建造流程以编码的形式体现在分段装配流程图DAP(图2-55)中。焊接物量系统需要根据DAP的装配逻辑关系分解每个零件的每条焊接边所属的焊接阶段,并将设计建模的焊接方法采集到相应定额数据库中,这样才能有针对性地生成小组立阶段的焊缝数据文件。

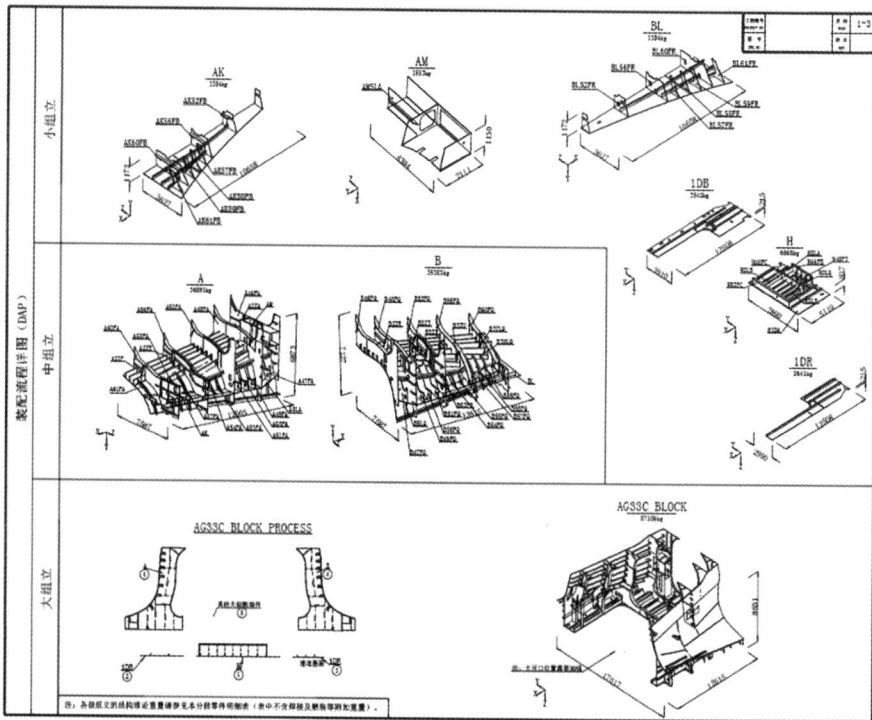

图2-55 分段装配流程图DAP

（2）焊脚高度的数据设置

一条船的焊缝数几十万条,仅用手工定义焊脚高度工作量过大,其定义又比较复杂,因此为了能快速定义分段焊脚高度,设计人员需在 SPD 软件焊缝工艺分解模块(图 2-56)中先设置一个默认的焊脚高度,特殊情况可对焊脚高度按照《钢制海船入级规范》中的公式进行修改,本章节不再赘述。

图 2-56　焊缝工艺分解模块

（3）包角类型的数据设置

小组立零件的端部包角类型通常有包角和不包角两种情况,逐一定义包角属性较为烦琐和耗时,若不进行清晰定义则会造成设备批量的重复焊接,增加工人打磨的工作量。通过分析零件端部形式和焊接要求,调整判断条件,最终实现了大部分零件的包角属性可通过软件自动计算。

（4）基准面的数据选择

小组立板架的基准面选择为焊接机器人的行走路径提供基础,可基于母板上提供的 K1/K2/K3 基准点定位整个平面。小组立实际摆放时方向与轨道的行进方向存在一定的角度偏差,当固定于龙门架上的 CCD 摄像机将定位坐标传输回计算机后,系统会读取 KCONG 软件生成的指令,通过坐标转换,按实际摆放位置规划机械手的焊接路径,最终实现柔性焊接。

经过上述四个步骤后,SPD 就可以生成能被 KCONG 识别的标准数据文件,但在前期测试过程中,设计人员发现 KCONG 模型重构时零件端切丢失比较严重,导致后期生成的焊缝干涉检查频繁报错,因此在 KCONG 指令中增加了一些控制零件削斜的特殊代码,使之能够正常获取并重构模型的准确形状。

设计人员除解决了 KCONG 软件模型重构所需要的标准接口数据文件之外,还可以通过优化焊接工艺图纸设计进一步发挥小组立机器人的实际作用,以满足连续性生产和智能制造的要求。

2.5.2.2　小组立焊接机器人焊接工艺技术

(1)小组立机器人工艺图适用范围的筛选

机器人手臂在焊接移动过程中,受焊枪本身的姿势角度与大小限制,很可能与周围的构件产生干涉。若存在焊枪与结构干涉,当机器人全自动焊接时,程序会自动过滤掉有问题的焊缝,导致大量的焊缝漏焊;当机器人半自动焊接时,程序无法识别干涉的情况,导致焊枪与结构直接相撞,损坏焊接枪头。

为避免焊枪与结构干涉,设计人员在制作小组立焊接图纸前应熟知各类可能的干涉情况,提前预判选择并调整到位,特别是遇到以下两种易干涉的情况时(图2-57)需要满足:①当小组立焊接的部件含端部削斜的零件时,零件端部与构件的间隔至少为35 mm,零件本身的高度也应尽量小于100 mm;②当小组立焊接的部件含类T型材时,其T排面板单边的净距离宽度与腹板扣除30 mm传感高度后的比值应小于3/4。另外,设计人员需要考虑焊接场地的长、宽、高等限制条件,根据上述限制条件筛选制作小组立焊接文件,才能在机器人的能力范围内发挥它的最大效率。

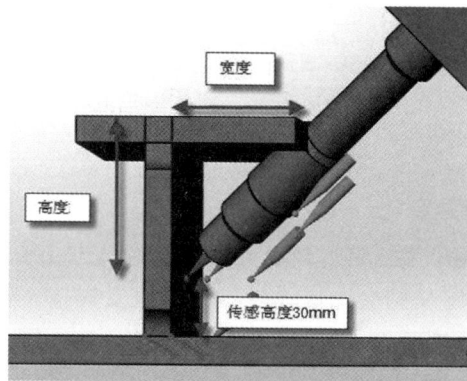

图2-57　两种易干涉情况的解决

(2)零件间隙的设计模型优化

为保证机器人的正常施焊,在焊接工艺图出图之前,需对部分不符合机器人焊接工艺条件的设计模型进行优化,如斜装的筋板S端距离边界的净距离不足35 mm,容易造成焊缝重叠和机器人焊枪干涉,因此需要调整SPD软件算法,将延长距离35 mm改为净距离35 mm(图2-58),同时应考虑板厚朝向引起间距变小的因素。

(3)图纸中基准点的选择和表示

设计部门在将XML文件提供给现场进行实际焊接时,可能出现构件摆放方向与设计定义方向刚好相反的情况,尤其是当构件超长时,在车间有限的空间内掉头是相当困难的,为了辅助现场人员准确地放置小组立,防止重复吊运,在图纸上准确显示K1/K2/K3点是很有必要的。

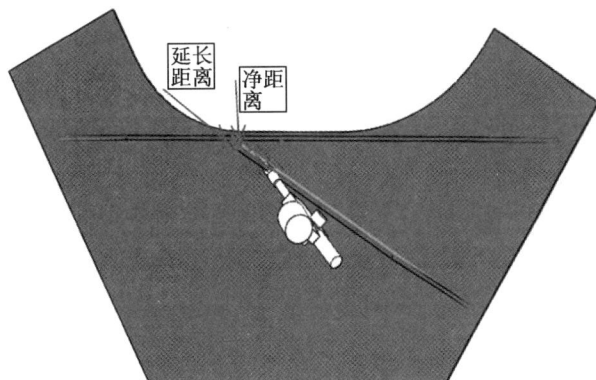

图 2-58 零件端部间隙较小的情况

（4）图纸中焊脚高度的显示

焊脚高度决定了机械手的动作类型,所有这些动作需要以数据的形式存储在 KCONG 动作库中,以便随时调用。在机器人自动焊接时,所有焊脚高度均可自动执行完毕,但对于某些半自动焊接的情况,则需要根据焊脚来控制焊接的速度和电流。信息所为此专门开发了小组立机器人焊接图纸,标明所有构件的焊脚高度,同时对于焊接完成后的检查也起到了辅助作用。

（5）焊接设计的流程优化

原小组立焊接设计时,参考的图纸包括结构工作图中的焊脚标注和定位标注等,现场装配工人根据图纸进行装配点焊定位和手工烧焊。为了保证机器人的指令输入和正常生产,重新梳理和优化了相关的工艺流程,新的焊接工艺流程(图 2-59)增加了机器人焊接指令的制作过程。

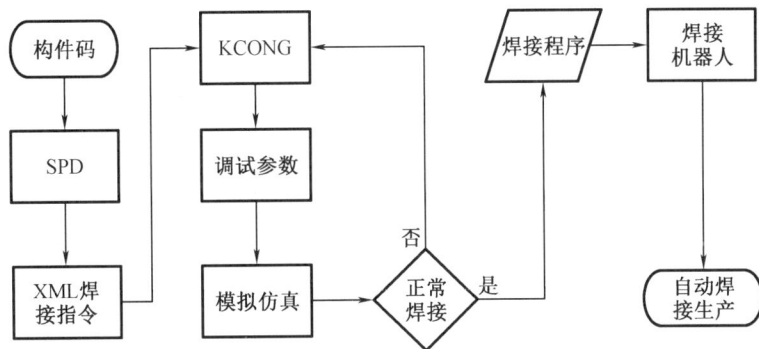

图 2-59 小组立焊接机器人工艺流程

2.5.3 焊缝跟踪图的自动生成

根据船体结构建造阶段进行划分,焊缝跟踪图的生成分为三个阶段:分段内焊缝跟踪图、分段间焊缝跟踪图、搭载焊缝跟踪图。

2.5.3.1 分段内焊缝跟踪图

分段内焊缝跟踪图制作流程,如图 2-60 所示。

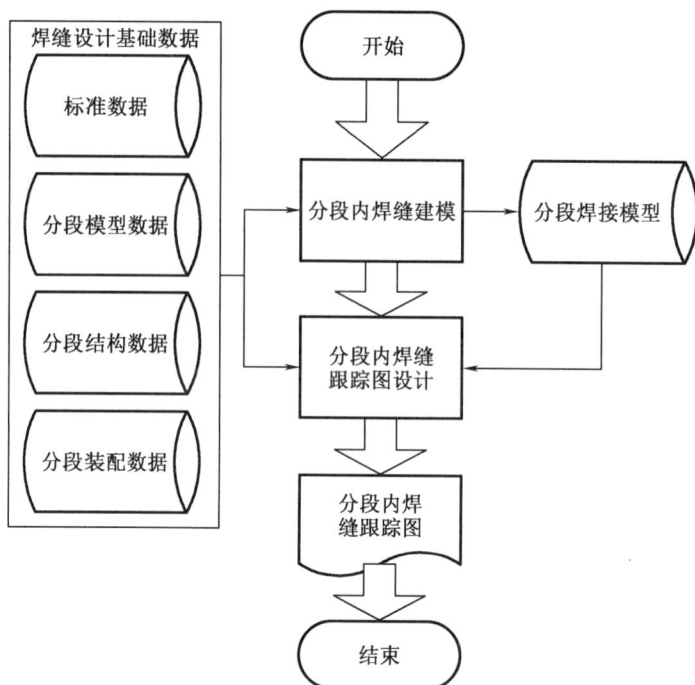

图 2-60 分段内焊缝跟踪图制作流程

分段内焊缝跟踪流程图制作流程:对焊接标准数据进行梳理,形成焊接工艺数据标准库;对分段内结构数据、模型数据、装配数据进行分析,形成分段内焊缝建模设计架构;对分段内焊缝进行建模设计,形成分段焊接模型数据库,为分段内焊缝跟踪图设计提供基础数据保障;在已有分段内拼板图生成的基础上,生成分段内构件拼板图,读取分段焊接模型库生成拼板焊缝数据,并同时生成焊缝跟踪列表及相关焊缝信息,最后生成分段内焊缝跟踪图。

2.5.3.2 分段间焊缝跟踪图

分段间焊缝跟踪图制作流程,如图 2-61 所示。

分段间焊缝跟踪图制作流程:对焊接标准数据进行梳理,形成焊接工艺数据标准库;对船体结构数据、船体模型数据、总组装配数据进行分析,形成分段间焊缝建模设计架构;对分段间焊缝进行建模设计,形成分段间焊接模型数据库,为分段间焊缝跟踪图设计提供基础数据保障;在已有拼板图生成的基础上,生成分段间构件拼板图,读取分段间焊接模型库生成分段间拼板焊缝数据,并同时生成分段间焊缝跟踪列表及相关焊缝信息,最后生成分段间焊缝跟踪图。

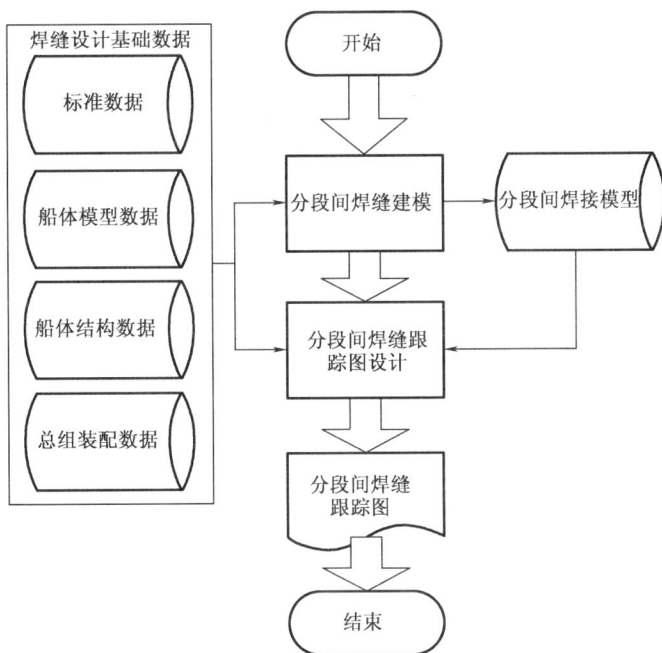

图 2-61 分段间焊缝跟踪图制作流程

2.5.3.3 搭载焊缝跟踪图

搭载焊缝跟踪图制作流程,如图 2-62 所示。

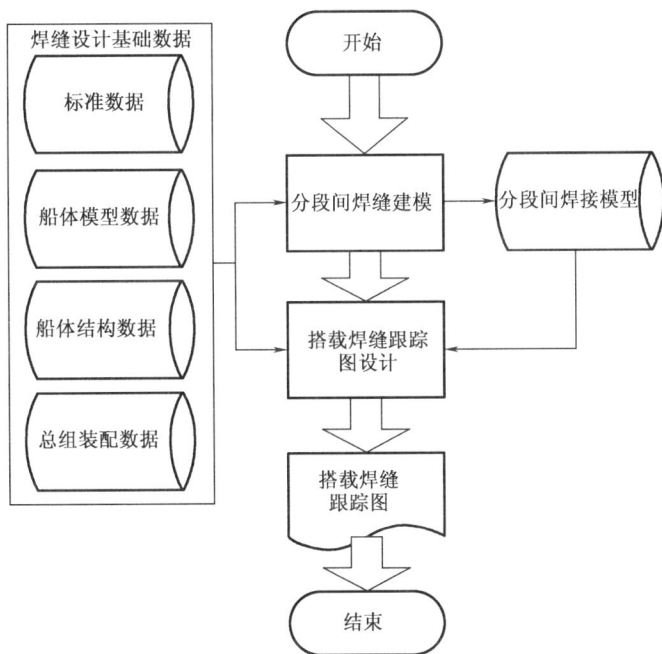

图 2-62 搭载焊缝跟踪图制作流程

搭载焊缝跟踪图制作流程：搭载焊缝建模数据库是在分段间焊接模型数据库的基础上，增加搭载信息后重构而成，为搭载焊缝跟踪图设计提供基础数据保障；在三维船体模型基础上，读取分段间焊接模型库对搭载焊缝数据进行搭载焊缝的设计和管理（实现搭载焊缝拼接、焊缝编码的生成、焊缝跟踪标志的设置等），生成搭载总组三维视图、搭载焊缝跟踪模型图，并同时生成搭载焊缝跟踪列表及相关焊缝信息，最后生成搭载焊缝跟踪图。

2.6 本章小结

本章介绍了面向智能制造的焊接工艺模型设计、焊接坡口设计、基于知识的焊接工艺设计、面向焊接机器人的焊接工艺设计等技术，重点分析了船体焊接建模和焊接物量信息抽取技术，以基于船体结构模型和焊接坡口标准库的焊接坡口建模为基础，生成焊接坡口三维模型及焊接坡口自动标注；以焊接工艺库为技术支持，自动生成焊接工艺标注；以面向焊接机器人的焊接工艺设计技术为基础，实现焊接机器人智能化焊接。

焊接坡口的智能化设计应用自然坡口、宏坡口、特定坡口等标准，完善了船体焊接坡口建模功能，提高了船体焊接坡口建模率。焊接坡口的自动化标注提高了设计效率，减少了焊接坡口标注出错率。

焊接工艺属性三维可视化建模及管理，实现了船体各建造阶段焊接工艺完整性建模，为后期的智能化焊接和管理提供有效数据。焊接工艺的自动化标注和焊缝跟踪图的自动生成为焊接工艺设计提供有效设计手段，提高设计出图效率。

基于船体焊缝坡口数字化建模的量化考核方法，通过坡口建模、焊缝信息统计以及工时标准制定，对船体焊接工时进行精细化计算。并通过现场数据反馈，制定了个人量化考核机制。通过在企业的试用，达到了预期效果。有利于提高数字化、精细化造船水平，进一步提升企业管理能力。

面向焊接机器人的焊接工艺设计技术，通过小组立焊接机器人在实船项目的应用，解决了 SPD 焊接模块的开发、焊脚高度的设置和基准面的选择问题，解决了小组立机器人在实际应用施工时的问题，提高焊接的质量和效率。

第3章　管子加工工艺智能化设计技术

3.1　概　　述

近年来我国船舶工业快速发展,但数字化工艺设计能力严重不足,在管子加工方面,传统的工艺信息是通过文档形式下发到车间的。随着我国造船业产品结构升级,船舶产品走向高端,作为数字化造船的重要组成部分,船舶管子加工同样要走工业化与信息化融合的道路,通过数字化和智能化的设计技术,信息化传递技术支撑管子制造车间,实现管子智能化加工流水线的应用和实施,实现管子加工生产现代化,有利于提高管子加工质量和加工效率,提高管子加工过程中材料的利用率,减少船舶管子在分段、单元组装、坞内合拢过程中安装的差错率,降低船舶建造成本。

本章针对船舶管子加工工艺智能化设计技术展开论述,为提高船舶管子加工的智能化程度,提升产品建造质量和工作效率,推进管子智能化加工流水线的高效应用,实现设计数据和加工数据的无缝对接,输出三维可视化工艺模型直接指导生产,构建生产流水线完整的信息化处理模式,以生产设计为起点,重点描述管子智能化设计和智能化加工驱动技术内容,以达到支撑管子智能制造的目标。

本章以船舶管子智能化加工为终极目标,分析整个管子智能化加工需求的全生命信息进行系统,从设计端的初始编码规范制定,到高效的管子设计,管子加工信息的提取、传递、应用全流程,涉及管子智能化弯管补偿量、法兰预转角、精确套料和装配等关键技术,为管子智能化加工奠定基础。

智能化管子加工工艺智能化设计技术体系图如图3-1所示。

3.2　面向智能制造的管子设计编码体系和设计标准化

船舶管路系统制定相应的编码规则是实现计算机程序驱动船舶管路系统的智能化建模的基础。管路的编码要被计算机驱动程序所识别,实现船舶管路系统智能化建模的目标,就需要匹配完备的标准化的管路编码体系来支撑。要实现管子设计数据驱动管子加流水线,也需要标准化的管路编码体系作为保证。

依据管子加工流水线对管子材料、规格等信息自动识别的需要,程序驱动智能化建模的需求,给出管子设计的编码体系和相关设计标准化的技术路线。将管子加工信息及数据信息通过编码的形式直接关联到管子的三维模型中,体现在管子制作输出数据中,使之适应管子加工需求,最终形成管子设计编码指导书。本节将介绍智能化建模规则,对管路编码的唯一性和规范性进行描述,实现管子设计编码体系对管子的智能化设计和智能化制造的有效支撑。面向智能制造的管子设计编码体系和标准化技术路线,如图3-2所示。

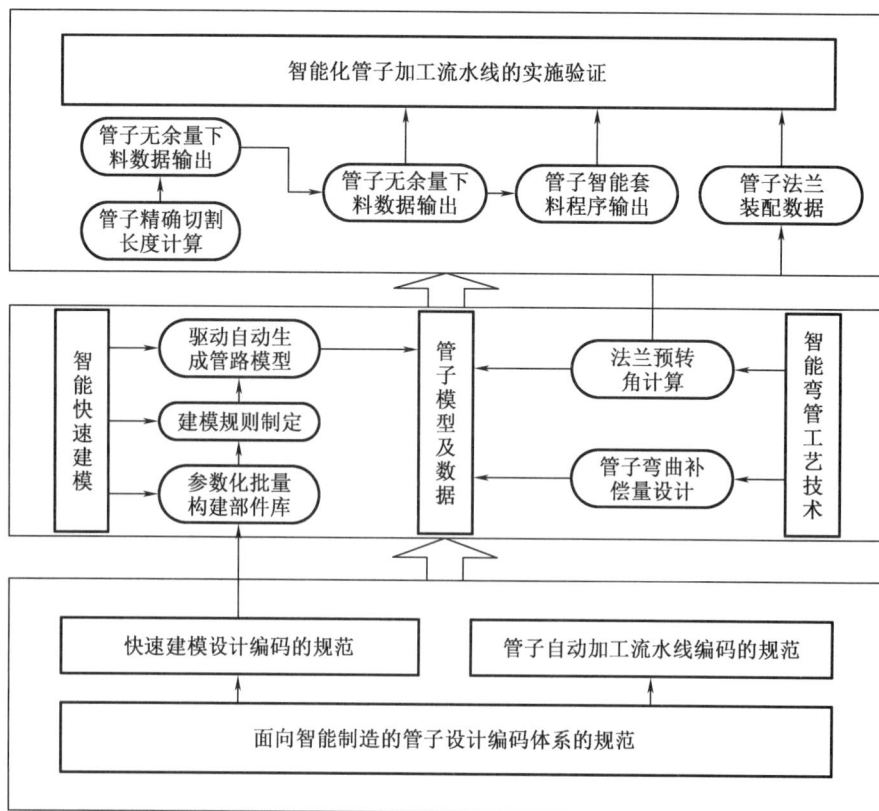

图 3-1　智能化管子加工工艺智能化设计技术体系图

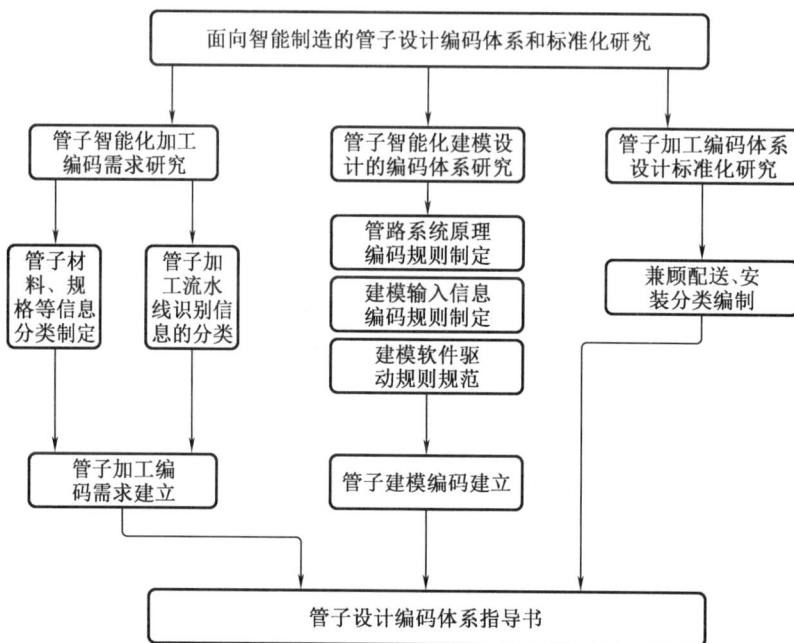

图 3-2　面向智能制造的管子设计编码体系和标准化技术路线

3.2.1　基于管子智能化建模设计的编码体系

船舶管路系统(简称船舶管系),是指保证船舶航行性能和安全,以满足船舶正常运行和人员生活需要的管路系统。

船舶管路主要包括动力系统和通用系统,组成船舶系统的管路包括管子、阀门及其管路连接所需的附件、设备和仪表等。

船舶管路系统在整个舾装设计中分类众多,结构复杂,在整个船舶管路系统的智能化建模设计及其建造和检验过程中,为了保证其系统管路设计信息识别的唯一性和可识别性以保证管路的编码能够被智能化建模的计算机驱动程序所识别;同时为保证后续建造和检验过程的可追溯性,以及更好地把基本设计或详细设计信息传递到生产设计的模型中,再将设计模型传递至施工部门,为此必须对所有的管路系统做好分类和规划,并制定一套基于管子智能化建模设计的编码规则,形成完整的、科学的船舶设计编码体系,才能够实现基本设计图纸到详细设计原理图和生产设计模型的无缝顺畅传递,实现三维设计及工艺数据的施工传递。

根据船舶管路系统自身特性的主要信息内容,如介质类型、管系等级、压力、温度、材质、处理方式、口径规格等进行编码组合完成基础编码工作,并使其对应的管路信息具有唯一性、规范性、统一性、通用性和可识别性,以满足其编码能被智能化建模驱动程序所识别,同时可在详细设计和生产设计过程中快速高效的关联使用。实现整个设计—出图—生产—校验流程框架下各个船舶管路系统的信息、属性的高效传递及便捷维护,使设计信息传递更加高效准确、统一清晰,提高设计的效率、规范性和可识别性。

3.2.1.1　船舶管路系统的编码需求分析与规则制定

船舶管路系统编码规则制定,需从详细设计端开始进行规范的定义,然后传承至生产设计到加工信息,以实现一体化的信息体现和传承。

(1)管路编码原则

管路编码设计要求将管路的基本信息全面、准确地进行表述并且具有唯一性,所表述信息能够顺利传达给下一级设计或者制造工序。同时根据智能化建模驱动程序的相关要求,管路编码应尽可能简洁,由数字和字母组成,以减少驱动程序识别运算的时间、降低服务器压力、提高识别的准确性、提高信息传递的效率。

综合考虑,船舶管路编码原则应包括系统代号、管线编号、管线标准、管线材料壁厚、压力等级、船级社证书等级和公称通径等内容。同时上述信息均应由尽可能简短的数字和字母组成。

通过对某船厂生产的典型VLCC船型的详细设计的系统原理图信息进行归纳,参照部分国内主要船厂、船舶设计院图纸档案的信息和主流船舶设计软件的管路图纸编码形式,以简单明了,能涵盖生产设计所必须信息为原则,完成了船舶管路系统原理图中管线信息的标准化设计。详细设计的系统原理的管线编码采用层级代码结构,命名格式如图3-3所示。

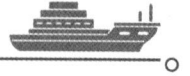

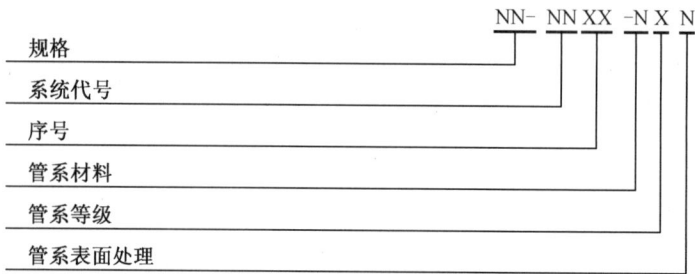

图 3-3　管系原理图管线命名格式

①规格

规格以管子通径的数字表示。

②系统代号

图 3-3 中所示命名格式中的系统代号,通常在详细设计的系统设计前期进行统筹策划,不同的系统采用不同的代号,通常为两位字母代号,以系统英文缩写较为常见。为提高管路编码的通用性和可识别性,形成统一的行业标准或者国家标准将更加有利于行业的规范发展。表 3-1 所示为部分管路系统代号编码,相关系统代号可以参见企业标准。

表 3-1　管路系统代号编码

系统名称	系统代号
液位及吃水测量系统 TAMKLEVELING&DRAFTMEASUR. SYSTEM	TL
压载水及压载水处理系统 BALLASTWATERHANDLING&TREATMENTSYSTEM	BA
甲板注入系统 TAMKLEVELING&DRAFTMEASUR. SYSTEM	FI
甲板海水消火及清洗系统 SEAWATERFIRE&WASHINGSYSTEM	DW
甲板泡沫灭火系统 DECKFOAMFI-FISYSTEM	EF
货油输送及扫舱系统 CARGOHANDLING&STRIPPINGSYSTEM	CO
舱柜透气系统 HULLTANKAIRVENTSYSTEM	VP
甲板海水消火及清洗系统 SEAWATERFIRE&WASHINGSYSTEM	SF

表 3-1（续）

系统名称	系统代号
甲板泡沫灭火系统 DECKFOAMFI-FISYSTEM	EF
洗舱系统 TANKCLEANINGSYSTEM	CW
排油监控系统 OILYWATERDISCHARGEMONITORSYS.	OD
甲板惰气系统 INTERGASSYSTEMONDECK	IG
甲板疏排水系统 UPPERDECKSCUPPERSYSTEM	DH
甲板空气测深系统 AIR&SOUNDSYSTEMFORHULLPART	MH
甲板机液压系统 HYDRAULICOILSYSTEMFORDECKMACHINE	HF
甲板压缩空气系统 HULLDECKCOMPRESSEDAIRSYSTEM	AD
杂用蒸汽系统 HULLMIXEDUSESTEAMSYSTEM	SG
主机燃油日用系统 M/EFOSERVICESYSTEM	FM
发电机燃油日用系统 G/EFOSERVICESYSTEM	FG
锅炉燃油日用系统 BOILERFO. SERVICESYSTEM	FB
淡水注入及日用系统 FRESHWATERFILLING&SERVINGSYSTEM	FW

③管线序号

序号统一从 01 开始,当序号大于 2 位数时,再升至 3 位数。

④管系材料

管系材料按材质、壁厚等级形成代码,如表 3-2 所示。

表 3-2　管系材料代码

代码	材质 PIPEMATERIAL	壁厚 WALLTHICKNESS	备注 REMARK
A	碳钢管 CARBONSTEELPIPE	SPECIALTHICKNESS	
B		SCH40	
C		SCH80	
D		SCH160	
E	铜管 COPPERPIPE	SPECIALTHICKNESS	
F		<1.0 MPa	
G		1.0~3.0 MPa	
H		3.0~6.4 MPa	
J	不锈钢管 STAINLESSSTEELPIPE	SPECIALTHICKNESS	
K		SCH5S	
L		SCH10S	
M		SCH20S	
N		SCH40S	
P	铜镍合金管 COPPERNICKLEPIPE	16Bar	
Q		20Bar	
R	塑料管 PLASTICPIPE		
S	1%Cr 钢管 1%CrSTEELPIPE	SCH80	
T	玻璃钢管 GREPIPE		

⑤管系等级

按船级社规范,管系分为三个等级,依次以 1,2,3 标注为管系等级,如表 3-3 所示。

表 3-3　管路系统等级

代码	项目 ITEM	等级 CLASS	备注 REMARK
1	管系等级 CLASSOFPIPES	CLASSI	
2		CLASSII	
3		CLASSIII	

管路船级社证书按实际订货为准,不在信息中体现。

⑥管系的表面处理

管系的表面处理通常包括内表面和外表面处理方式。将各种组合形成代码,以体现在管系编码中,如表 3-4 所示。

表3-4　管路系统表面处理

代码	项目 ITEM	表面处理方式 SURFACETREATMENT	备注 REMARK
A		酸洗,外涂防锈漆 PICKLING,ANTICROSSIVEPAINTOUTSIDE	
E		喷砂,内涂纯环氧 SANDBLASTING,PUREEPOXYINSIDE	
F		喷砂,内涂环氧粉末 SANDBLASTING,FBEINSIDE	
G		酸洗,热镀锌 PICKLING,GALVANIZED	
H	管子表面 处理管系 TREATMEN TOFPIPES URFACE	酸洗,外涂耐热漆 PICKLING,HEATRESISTANTPAINTOUTSIDE	外随环境油漆 OUTSIDEPAINTING： SAMEAS SURROUNDING'S
L		酸洗,内涂保养油、外涂防锈漆 PICKLING,OILFLUSHINGINSIDE,ANTICROSSIVEPAINTOUTSIDE	
M		喷砂,内涂改性环氧 SANDBLASTING,MODIFYEPOXYINSIDE	
N		不处理 NOR-TRATMENT	
P		酸洗,磷化 PICKLING,PHOSPHATE	
S		钝化 PASSIVATION	
Y		喷砂,内涂聚乙烯 SANDBLASTING,POLYTHLENEDINSIDE	

（2）管路生产设计层级结构分析

在建模过程中,需根据设计分工、建造过程中的区域划分,创建模型区域和专业的分工,基于上述信息体现,创建分区、分专业命名原则,以设计软件架构为基层,创建顶级分类和命名原则如下:

$$\boxed{科室代码1(4位)}-\boxed{区域编码}-\boxed{专业代码(1位)}$$

①科室代码对应关系如表3-5所示。

表 3-5 设计科室代码

科室名称	科室代码
船装	OUTF
电装	ELEC
机装	MACH
居装	ACCO
涂装	PAIN
工艺	TECH

②区域代码应以实船划分为准,其中典型 VLCC 船舶的区域代码划分如表 3-6 所示。

表 3-6 VLCC 区域代码

序号	区域代码	区域部位	序号	区域代码	区域部位
1	ZA00	艉部	38	ZC80	8 号货舱
2	ZE10	机舱双层底	39	ZC90	9 号货舱
3	ZE20	机舱底部	40	ZCA0	10 号货舱
4	ZE30	机舱四平台	41	ZCB0	11 号货舱
5	ZE40	机舱三平台	42	ZD10	1 号主甲板上货舱区域
6	ZE50	机舱二平台	43	ZD20	2 号主甲板上货舱区域
7	ZE90	机舱烟囱	44	ZD30	3 号主甲板上货舱区域
8	ZP00	泵舱	45	ZD40	4 号主甲板上货舱区域
9	ZB10	1 号货舱底	46	ZD50	5 号主甲板上货舱区域
10	ZB20	2 号货舱底	47	ZD60	6 号主甲板上货舱区域
11	ZB30	3 号货舱底	48	ZD70	7 号主甲板上货舱区域
12	ZB40	4 号货舱底	49	ZD80	8 号主甲板上货舱区域
13	ZB50	5 号货舱底	50	ZD90	9 号主甲板上货舱区域
14	ZB60	6 号货舱底	51	ZDA0	10 号主甲板上货舱区域
15	ZB70	7 号货舱底	52	ZDB0	11 号主甲板上货舱区域
16	ZB80	8 号货舱底	53	ZD10	1 号主甲板上货舱区域
17	ZB90	9 号货舱底	54	ZD20	2 号主甲板上货舱区域
18	ZBA0	10 号货舱底	55	ZD30	3 号主甲板上货舱区域
19	ZBB0	11 号货舱底	56	ZD40	4 号主甲板上货舱区域
20	ZW10	1 号边压载舱	57	ZD50	5 号主甲板上货舱区域
21	ZW20	2 号边压载舱	58	ZD60	6 号主甲板上货舱区域
22	ZW30	3 号边压载舱	59	ZD70	7 号主甲板上货舱区域

表 3-6（续）

序号	区域代码	区域部位	序号	区域代码	区域部位
23	ZW40	4 号边压载舱	60	ZD80	8 号主甲板上货舱区域
24	ZW50	5 号边压载舱	61	ZD90	9 号主甲板上货舱区域
25	ZW60	6 号边压载舱	62	ZDA0	10 号主甲板上货舱区域
26	ZW70	7 号边压载舱	63	ZDB0	11 号主甲板上货舱区域
27	ZW80	8 号边压载舱	64	ZF00	艏部区域
28	ZW90	9 号边压载舱	65	ZH00	生活区域
29	ZWA0	10 号边压载舱	66	ZH10	生活区域主甲板
30	ZWB0	11 号边压载舱	67	ZH20	生活区域 A 甲板
31	ZC10	1 号货舱	68	ZH30	生活区域 B 甲板
32	ZC20	2 号货舱	69	ZH40	生活区域 C 甲板
33	ZC30	3 号货舱	70	ZH50	生活区域 D 甲板
34	ZC40	4 号货舱	71	ZH60	生活区域 E 甲板
35	ZC50	5 号货舱	72	ZH70	生活区域 F 甲板
36	ZC60	6 号货舱	73	ZH80	生活区域 G 甲板
37	ZC70	7 号货舱	74	ZH90	生活区域驾驶甲板

③舾装专业代码对应关系如表 3-7 所示。

表 3-7 舾装专业代码

舾装专业	代码
管系	P
通风	V
内装	R
电气	E
铁舾	F
管系支架	PS
通风支架	VS

设计软件中典型示例，如图 3-4 所示。

3.2.1.2 船舶管路系统的编码体系在典型 VLCC 的管路建模中的验证

在典型 VLCC 船型的设计过程中验证船舶管路系统的编码体系，除了上述管路编码信息外，利用 AM 软件中的 diagram 模块，及其部件库的共享性，绘制 VLCC 的系统图并制定相应管路编码规则，创建通用规格书并能通过客户化程序优化部件选择规则，从而实现系统图绘制基础信息利用的共享性和规范性。

图 3-4　模型区域划分示例

在 AM 软件的管系图纸中，管线自动命名规则的创建和应用需依据船舶管路系统的编码原则开展管线、阀门等附件类命名原则，通过规则和模板的创建与应用，确保相关报表的一致性和规范性。管系原理图编码信息属性的统一配置在 AM 软件中的示例如图 3-5 所示。

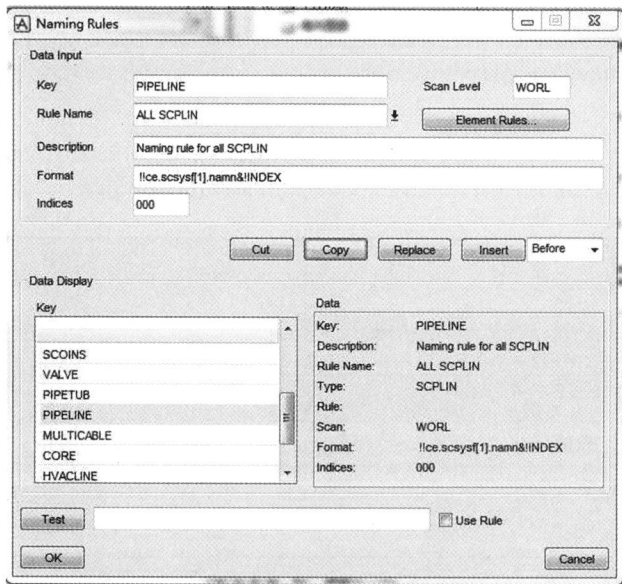

图 3-5　统一的规范命名

基于以上自动命名信息实现了管系原理图的图面信息和属性应用信息的统一规范。如图 3-6 所示为典型 VLCC 船舶的货油输送及扫舱系统原理图。

图3-6 货油输送及扫舱系统原理图

基于图3-6的原理图,通过 AM 软件完成货油输送及扫舱系统的三维模型创建,如图3-7 所示。

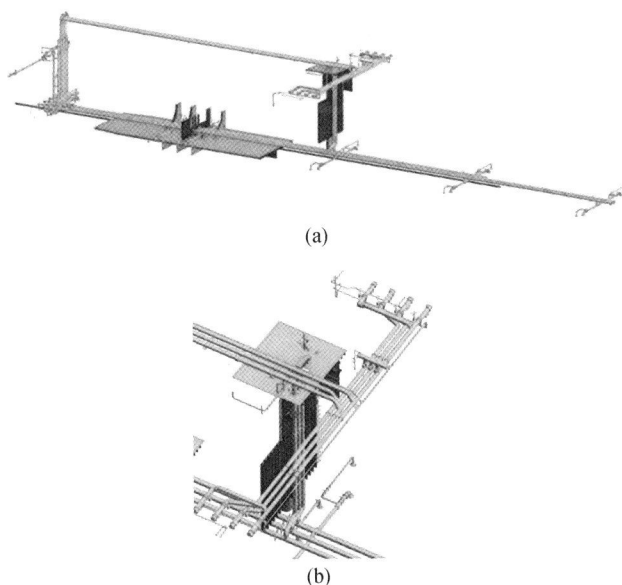

(a)

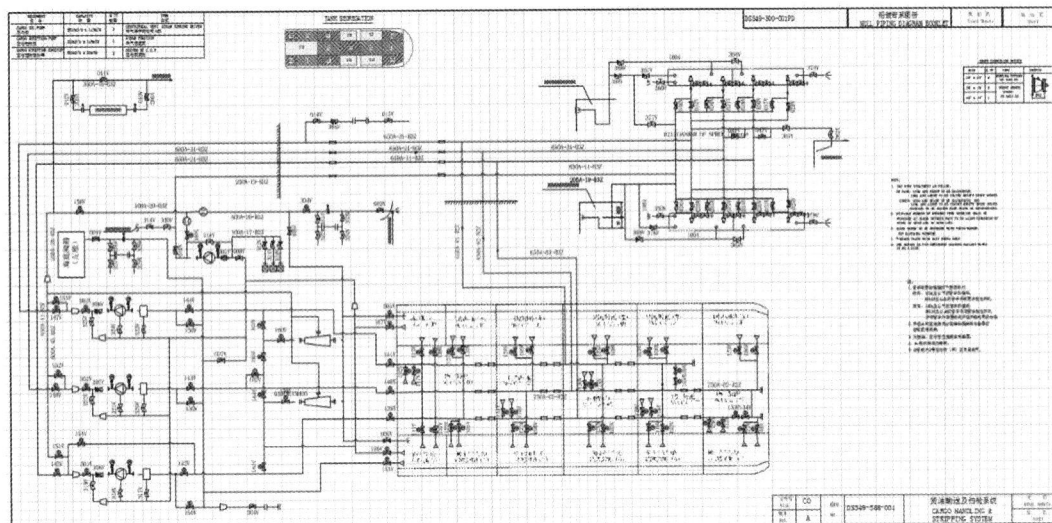

(b)

图3-7 货油输送及扫舱系统的三维模型

3.2.2 基于管子智能化加工的编码需求

船舶建造过程中,造船信息在容量及复杂程度上,超过一般的制造业。国外许多船厂应用编码技术,实现船舶建造过程的信息流和物流的管理。为适应造船模式的需要,实现设计、生产过程的信息化,对于管子装配计划中给管件赋予编码,把船舶管子设计、制作及安装信息编码化、标准化,为数字化制造打下基础。

3.2.2.1 面向智能加工的管子加工过程对管路编码信息的需求

某船生产的典型 VLCC 船型过程中的管加工车间的管子加工制作的主要工序:备料、切割下料、装配校管、焊接、打磨、预集配、表面处理、管子配盘,典型的管子加工制作工艺流程如图 3-8 所示。图中实线框工艺项表示管子加工制作的主要工艺,虚线框工艺项是根据管子加工制作要求来进行的特殊加工处理,例如开坡口、打底、探伤、油漆等处理措施。

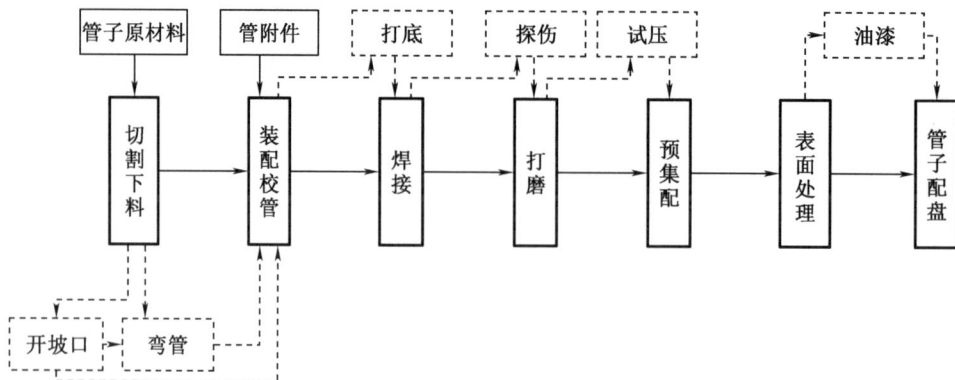

图 3-8 典型的管子加工制作工艺流程

结合我国大多数的船舶制造企业管加工车间生产实际,可归纳出管加工车间主要工序的工艺特点及其信息来源,如表 3-8 所示。

表 3-8 管加工车间生产工艺特点及其信息来源

工艺环节	工艺特点	信息来源
管材备料	生产准备工作	托盘表:物资信息
切割下料	按照作业任务(任务包)进行画线和切割下料的工序	管子制作图:下料长度信息
管子弯制	1. 先弯后焊 2. 先焊后弯	管子制作图:弯管信息 弯管工艺规程
装配校管	利用设备去除余量后按图要求选用管附件,经校正后点焊定位	管子制作图:附件连接信息 焊接工艺规程
焊接、探伤	手工氢弧焊、CO_2 保护焊;根据管系报验要求,进行探伤操作	管子制作图:附件连接信息 焊接工艺规程 探伤工艺规程

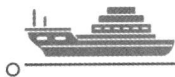

表 3-8(续)

工艺环节	工艺特点	信息来源
打磨	去除焊接过程中留在表面上的焊渣、毛刺等附属物	管子焊接工艺规程
泵压	通过压水或往管道内打压缩空气的方法进行	管子制作图:压力等级 压力试验工艺规程
预集配	按照托盘清单对加工制作的管子装箱	托盘清单
表面处理	主要进行以清洗涂油、镀锌等方式的化学处理以及直接除锈后油漆的非化学处理	管子制作图:表面处理信息
托盘完工集配	按照各个托盘清单将管子托盘配齐	托盘清单

由表 3-8 中的信息来源及传统的船舶管子加工方式可知,管加工过程中大量的信息需求均来自制作图中表述的数据和信息。

在管子的加工阶段,详细设计的继承仅需继承系统代号和管件号,压力、处理方法将以单独数据信息呈现。除了上述加工信息的需求,管子加工编码需体现以下信息。

(1)设计部门信息

为了便于追溯管子的设计源头,将管子加工中产生的问题及时反馈至设计部门。管子加工编码应包含设计信息。管系舾装件对应机装管系(T)、船装管系(P)、居装管系(A)三个专业。

(2)施工阶段信息

为了将加工后的管子配盘,并配送至相关的安装部门,管子加工编码应包含设计施工阶段信息。管路在船上的安装位置和安装阶段,分为分段、总组、区域、单元四个阶段,分段号就表示该管路安装阶段为分段阶段;总组号就表示该管路的安装阶段为总组阶段;区域号就表示该管路的安装阶段为合拢后;单元号就表示该管路的安装阶段为单元安装。

(3)系统代号信息

为了在加工过程中核对管子的相关信息,管子加工编码必须包含系统代号信息。船上不同的管路系统,对其管子的加工信息均有明确说明。通过系统代号可明确该规格管子确定的加工信息。

(4)管路序列号和管段序列号

为在加工过程中明确和核对管子规格,管子加工编码必须包含管路序列号和管段序列号的信息,以便明确管子与详细设计原理图的对应的管系。

(5)流水线从属信息

某船厂管加工车间根据管子的加工过程设计了四条典型流水线:直管加工流水线;先弯后焊的管子加工流线;先焊后弯的流水线(根据不同管径可分为:W1 和 W2);全部采用弯头连接的弯曲管路加工流水线。在加工过程中,需通过编码识别管子加工的流水线从属信息。

基于以上的必要信息需求,形成以下的管子加工编码架构。管子加工编码架构如图 3-9 所示。

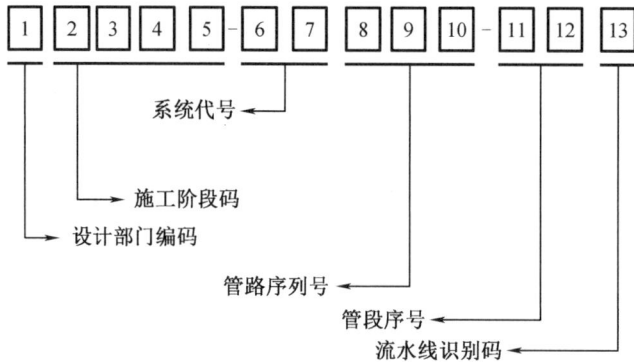

图 3-9 管子加工编码架构

而对于智能加工管子加工流水线需要将传统的船舶管子制作图中部分文字描述转换为计算机可识别的代码,通过编码体系将加工信息从设计过程传递给加工过程。

3.2.2.2 针对数字化制造的管路编码自动识别解决方案

根据某船厂生产典型 VLCC 船型的智能加工的管子流水线的分配需求,需对基于 AM 软件中生成的管子、管支架制作图和安装图以及生成的相应托盘表的编码程序进行二次开发,以实现对三维建模完成的管路进行智能化加工许可校核,以满足智能加工的许可条件;实现从管路系统原理图和全船规格书中直接提取分段区域信息、压力等级信息、表面处理信息,从而满足智能加工过程中磅压、表面处理和托盘集配的图纸分拣需求;实现从管子、管支架制作图中提取制作材料信息并进行相应的统计,从而实现托盘表的自动统计与生成,满足智能加工过程的管材备料和切割下料需求;实现从管子制作图中直接提取管子弯制的相应信息,生成相应的流水线识别码,以实现智能加工过程中的管子流水线分属的自动识别。

(1)流水线识别码

流水线识别码是一种使用字母和数字表示的用于识别管子加工流水线的编码。该识别码是在管路建模完成后通过管路检查,采用一定的算法来确定管加工过程所分属流水线的。不同的字母表示不同的流水线,具体分类如表 3-9 所示。流水线识别码写入到管子 Spool 的 UDA 属性中,可通过模型数据进行提取,在数据发布环节传输到生产部门,指导实际的管子加工生产。

表 3-9 流水线识别码分类

编码字母	编码含义
S	直管加工流水线
B	先弯后焊的管子加工流水线
W	先焊后弯的流水线(根据不同管径可分为:W1 和 W2)
E	全部采用弯头连接的弯曲管路

舾装件编码示例:在分段 2215 段上,压载系统(系统代号为:BH)中序列号为 16 的管子,在三维模型中分离的管段为第 3 根的管子,该管子需要在焊后弯流水线上进行加工,其编码为 P2215-BH016-03W1。

(2)流水线识别码生成程序

在 PipeFabricationCheck 阶段,即管子检查阶段,先对区域下管段进行有效性检查,全部通过生成 Spool 后,通过图 3-10 所示的算法结构,编写计算程序,将生成的识别码写入 Spool 的 UDA 属性。

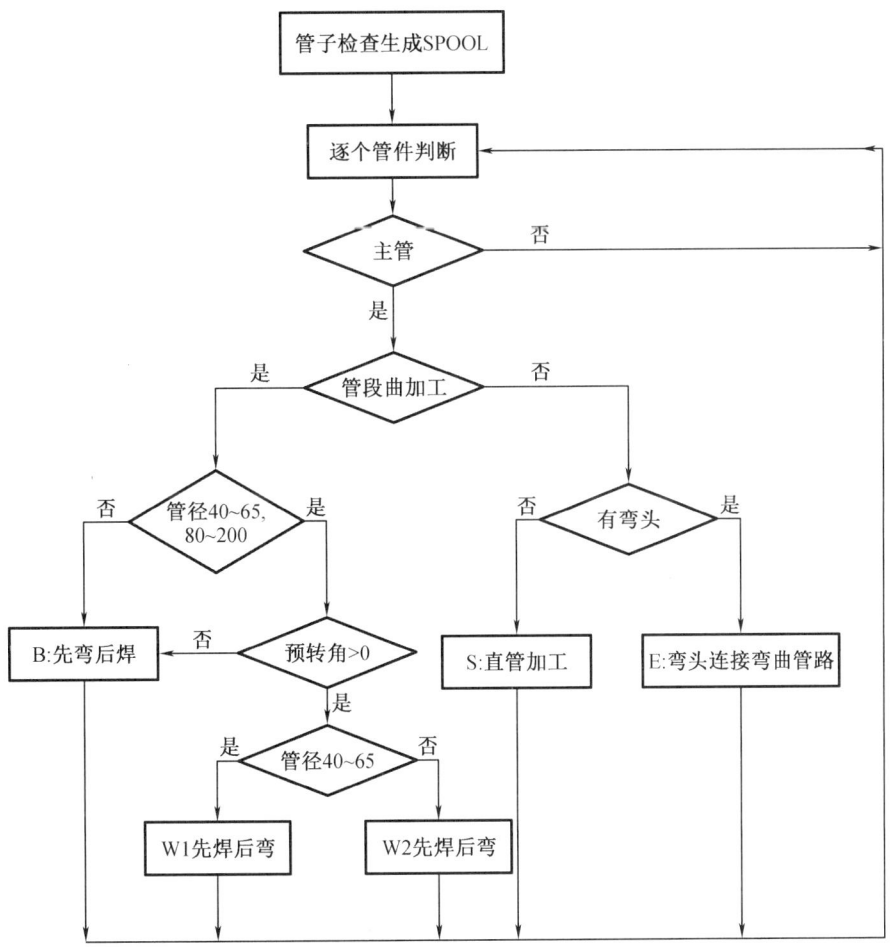

图 3-10 流水线识别码生成程序的算法结构

以上加工识别码生成程序的运行阶段如图 3-11 所示。

流水线识别码生成程序对管段判断,生成识别码写入 UDA 属性,如图 3-12 所示。

流水线识别码在管子制作图上的显示方式如表 3-10 所示。

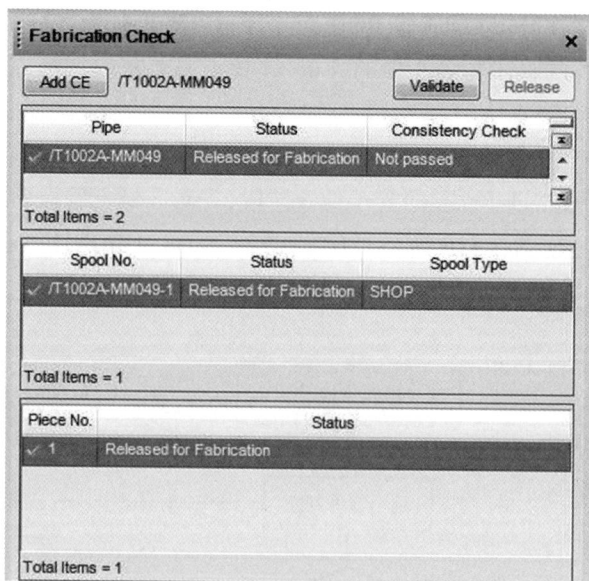

图 3-11　加工识别码生成程序的运行阶段

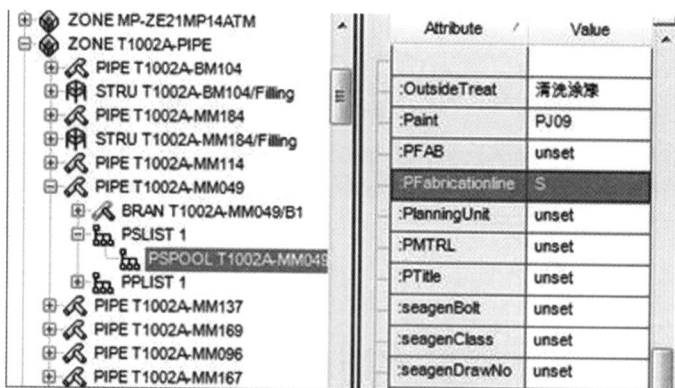

图 3-12　写入 UDA 属性

表 3-10　流水线识别码在管子制作图上的显示方式

管子制作图		共 33 页　第 22 页			
		图号	1002MP111TM	管件索引号	
		安装图号	1002TP111TF	T1002A-MM049-1	S
区域	管件号	压力/MPa	管内处理	管外处理	涂装代码(外/内)
T1002A	MM049-1	0	清洗涂保养油	清洗涂漆	PJ09

流水线识别码生成的部分实现代码如下：

```
-------------------------------------------------------------------------------------------------------
------.pipelineJudgeCode
-------------------------------------------------------------------------------------------------------
    define method .pipelineJudgeCode(!spool is string) is string
       !pipelineFlag='S'

       !PSM=object PIPESPOOLMANAGER()
       !ppPipePieces=!PSM.GETPIPEPIECES(ce)

    ......
       !hasFlangeNum=0
       !bendingTables=!PFPSM.getBendingTables(ce)

       do !i indices !ppPipePieces
          !pp=!ppPipePieces[!i]
          !pPieceCNBD=!pp.PPCNBD
        ......
          !isBranch=false
          !bendrray=object ARRAY()
          !flow=true
                -----------------------------------------------------------------
                ---获得支管的夹角，判断有否支管：支管不参与判断
                -----------------------------------------------------------------
          do !x indices !ppAssemblyTables
                   !activityType=!ppAssemblyTables[!x].activityType
                   !component=!ppAssemblyTables[!x].component
          if(!activityType EQ 'BRANCH' and (!component.name EQ!pPieceName)then
                        !isBranch=true
                        Skip
                 endif
             enddo
           if!isbranch eq true then
                Skip
           endif

           ---!pipdia
           !branchElements=!PSM.GETBRANCHELEMENTS(ce)
           !pipdia=!pp.aodiam
       if!pPieceCNBD then
    ......
       if !hasFlangeNum GT 1 then
          if(!pipdia GT 40 and !pipdia LT 65)or(!pipdia GT 80 and !pipdia LT 200) then

          do! j from 1 to !activities.size()+1
             if !j LE !activities.size() then
                        $P---'获取管段'
                        !bendData=!activities[!j]
                        !bendData=!activities[!j]
                        !feed=!bendData.feed.value().nint()
                        !bend=!bendData.bend.nint().value().string()

                !bendarray.append(!bendData.bend.nint().value()0
```

```
            if(!j eq !activities.size())    and !hasFlangeNum GT 1 then
                ……
                    !prepTurnAng=!preturnlast[1]
                    handle any
                    endhandle
                endif
            endif
        enddo
        if(!prepTurnAng NE 0) then
            if(!pipdia GT 40 and !pipdia LT 65) then
                        !pipelineFlag='W1'
            else
                        !pipelineFlag='W2'
            endif
        else
            !pipelineFlag='B'
        endif
……
    else
        do !j indices !branchElements
            if !branchElements[!j].type eq |ELBO| then
                    !pipelineFlag='E'
                    break
                else
                    !pipelineFlag='S'
                endif
            enddo
        endif
    enddo
    return !pipelineFlag
endmethod
```

3.2.3　管子加工编码体系设计标准化

管子加工编码体系的标准化,明确管子安装阶段和相关的注意事项,规范管子智能化设计的标准,同时计算机通过该编码体系准确提取出所需要的信息,便于三维模型数据的自动转换以及后期统计报表的生成,形成一套适合管子智能化设计和数字化制造技术应用的编码体系,规范管子智能化设计和加工的过程和方法。

3.2.3.1　基于船舶管路系统智能化设计流程的管路编码体系

在 AM 软件中船舶管路系统的智能化设计通过图 3-13 中所示的流程实现。

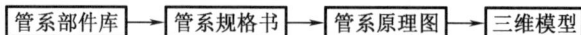

```
管系部件库 ──► 管系规格书 ──► 管系原理图 ──► 三维模型
```

图 3-13　船舶管路系统设计流程

（1）船舶管系部件库的建立

管系部件库基于船舶管路和管路附件的各类标准创建，包含管路和管路附件的几何模型、重量、材料、连接方式，工作条件等参数。

管材的编码结构如下：

| 标准号-年代 | 材料 |

管路附件的编码结构如下：

| 标准号-年代 | 附件类型码 | 连接类型 | 压力等级 | 材料 | 通径 |

管路附件中法兰的编码结构如下：

| 标准号-年代 | 材料 |

（2）管系规格书的创建

管系规格书基于管系部件库创建，将管系部件库中的部件通过连接方式，工作条件等进行分类，以便船舶管路原理图创建及管路三维建模过程中的调用。

管系规格书通过关联部件库中的部件供管系原理图的三维模型调用。在 AM 软件中，部件库中的几何模型存储于 CATE 文件，重量、材料、连接方式，工作条件等参数等信息存储于 GPART 文件，规格书文件（SPEC）通过关联 GPART 文件形成。

根据船舶的不同专业在 AM 中创建 CATE，并在其中创建管系规格书模板，如图 3-14 所示。

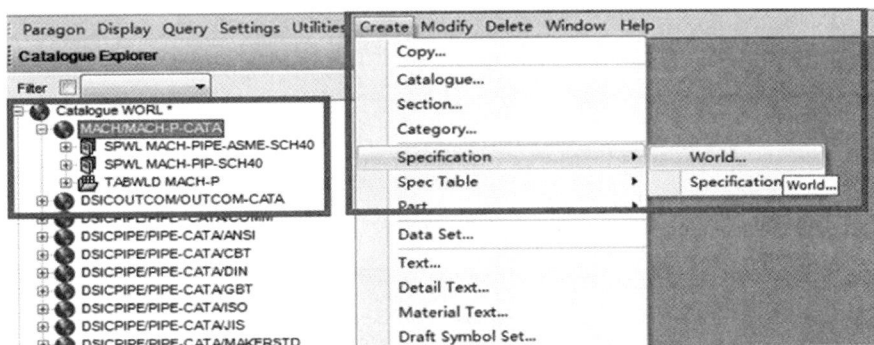

(a)

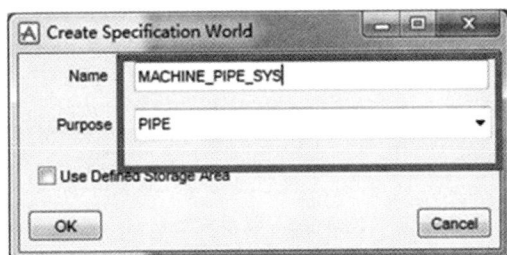

(b)

图 3-14　各专业的规格书创建

根据部件库中管路和管路附件的壁厚等级和管材类型等参数对管子规格书模板进行关联,关联过程如图3-15所示,将生成如图3-16所示的管系规格书。

图3-15 管系规格书模板的关联过程

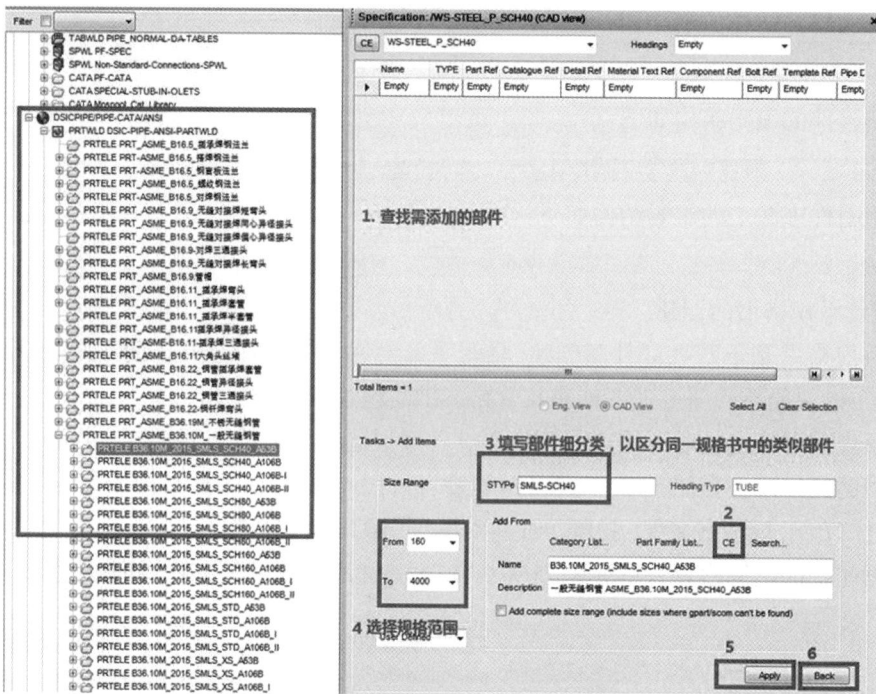

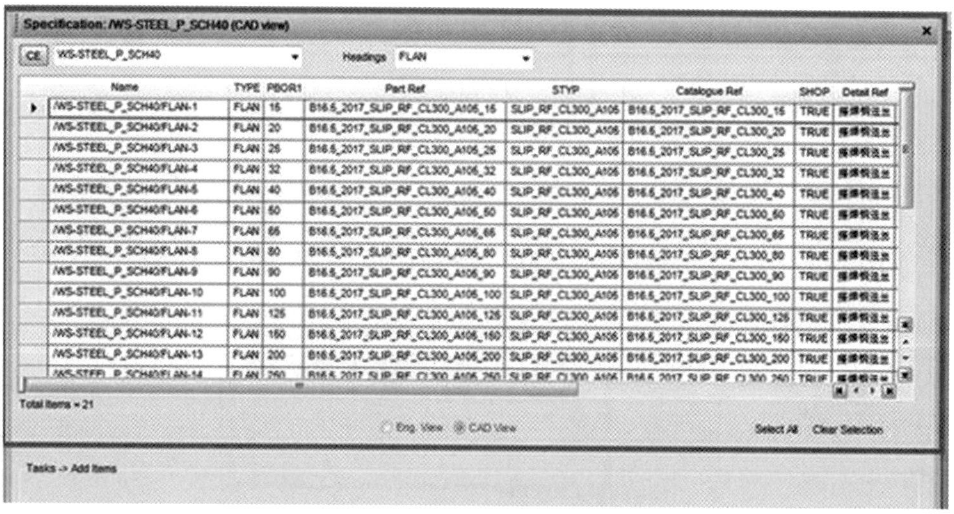

图3-16 管系规格书

(3)管系原理图

管系原理图根据管路系统的功能绘制,在绘制过程中通过调用规格书确定所需管路和管路附件,并在此过程中确定管路编码。

基于以上建立的管系规格书制定绘制管系原理图需配置管系符号库和其他基础信息。利用 AM 软件的 diagram 模块,绘制如图 3-18 所示的标准符号库。

(a)

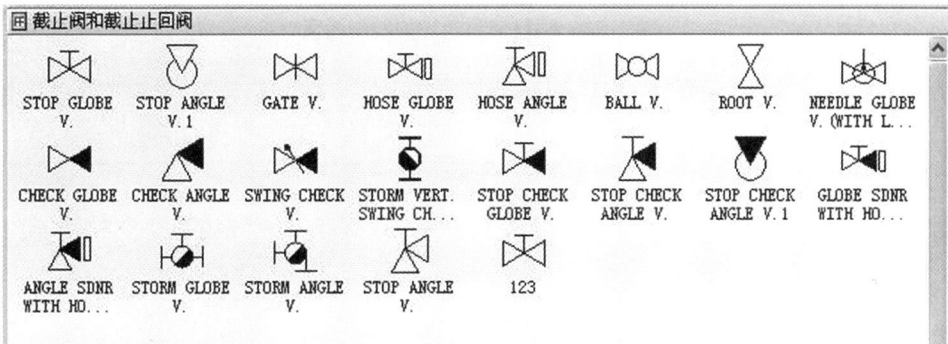

(b)

图 3-17　管系原理图标准符号库示例

进行管系原理图绘制需基于管系规格书对编码信息属性进行统一配置,如图 3-18 所示。

(4)管系原理图的三维模型转换

2D 原理图和 3D 三维模型间的高效转换和信息交互式检查和信息传递,对于高效自动布置管路进行客户化提高准确性和快捷性,对于 2D 和 3D 三维模型间,信息变更交互式核对、替换、更新进行规范和固化,以能在设计中实施 2D 和 3D 间转换。

根据实际生成管路模型特点,对于空间要求复杂的或有设备定义位置的管系 2D 转 3D,根据实际创建后 3D 模型的平面和空间特点,制定 2D 和 3D 高效转换方式。主要开发出两种转换方式:一种对于实际布置主要分布在同一平面上的管系,如压载管系,货油管系、开发出以平面坐标为参考点的平面转换方式;另一种对于有固定设备为参考点的空间模型,开发出以设备为参考点而进行的转换方式。

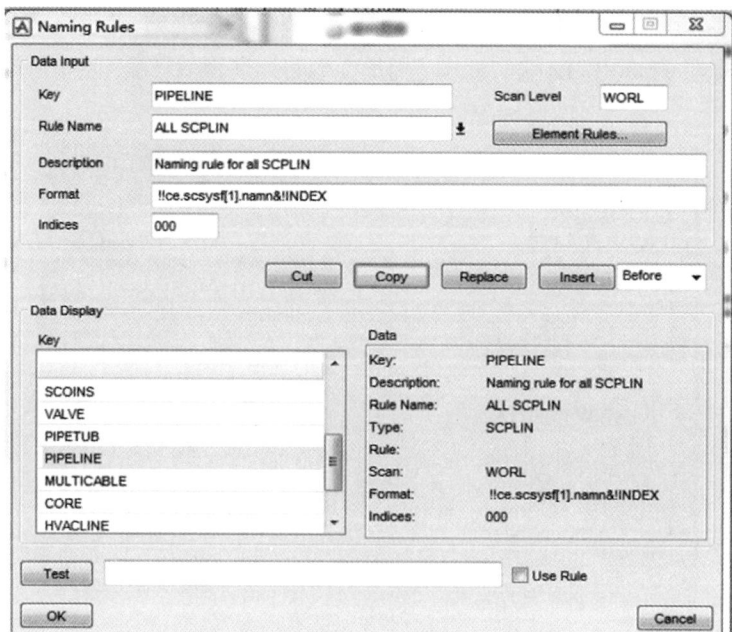

图 3-18　编码信息属性的统一配置

方式一:2D 平面坐标转换至 3D,如图 3-19 所示。

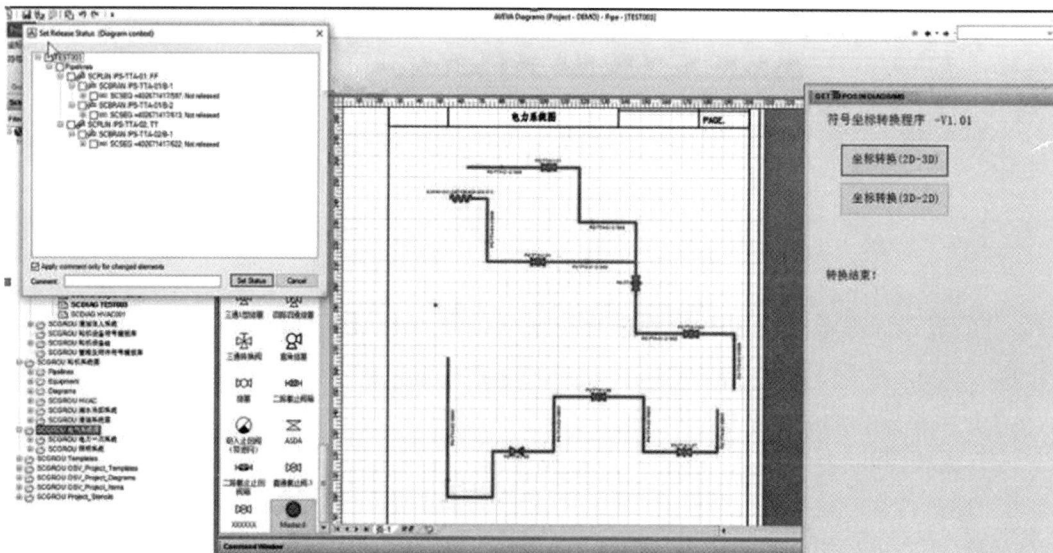

图 3-19　转换方式一 2D 坐标转 3D

基于图 3-20 所示的舱内压载系统的原理图进行模型转换。

为实现模型按指定平面和线性比例进行转换需进行平面转换基本位置和比例输入(图 3-21)。压载管系模型转换创建示例如图 3-22 所示。

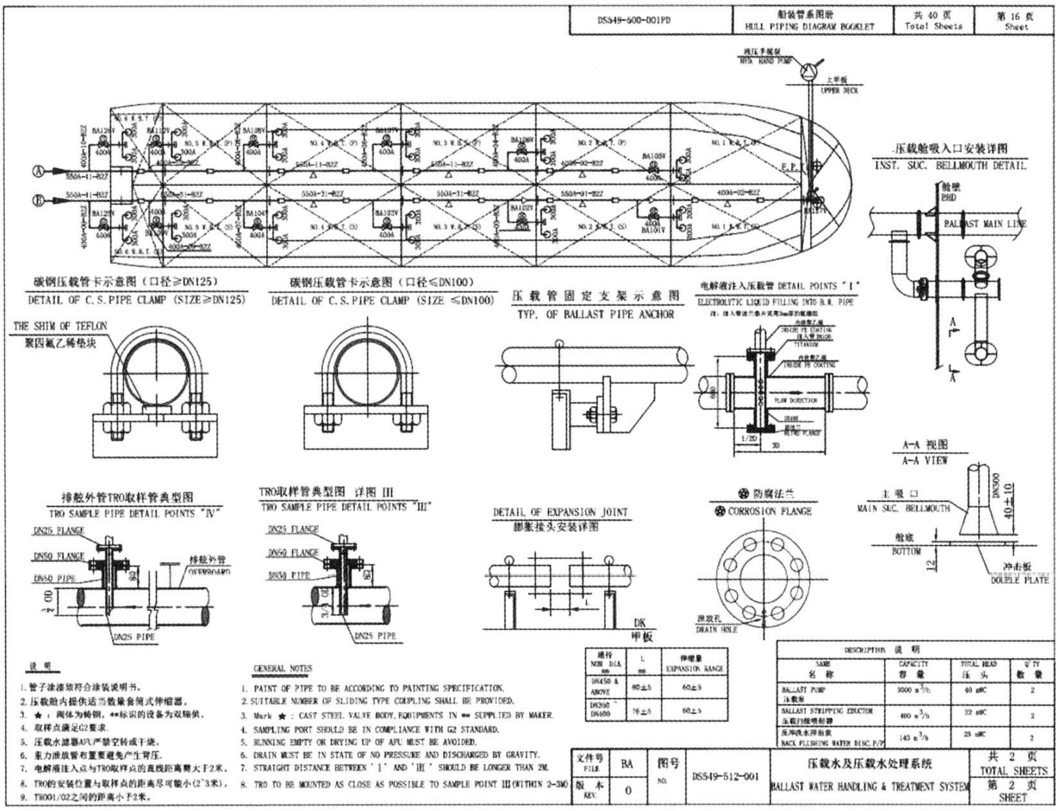

图3-20 舱内压载系统的原理图

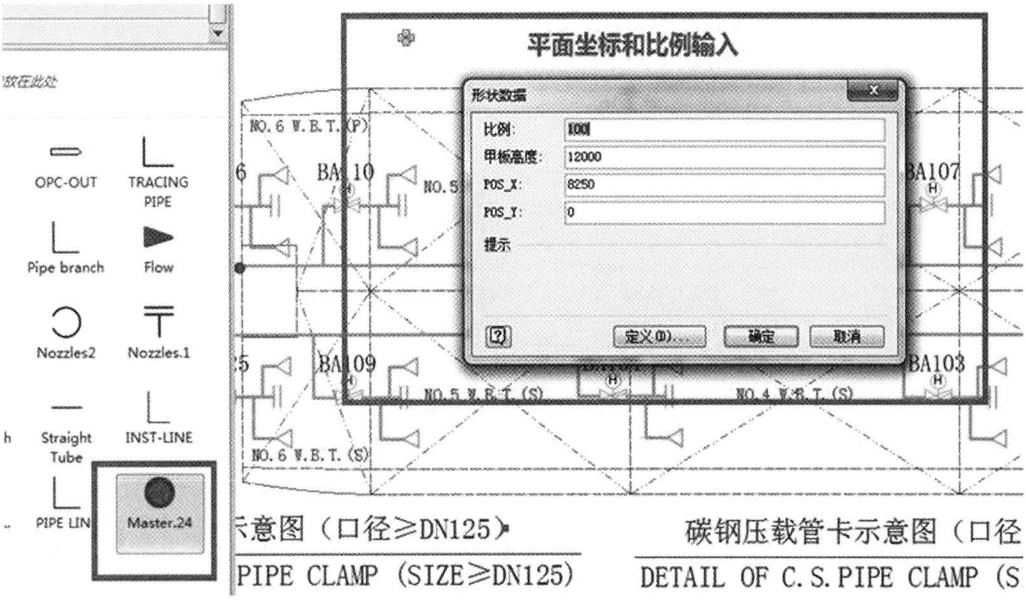

图3-21 平面转换基本位置和比例输入

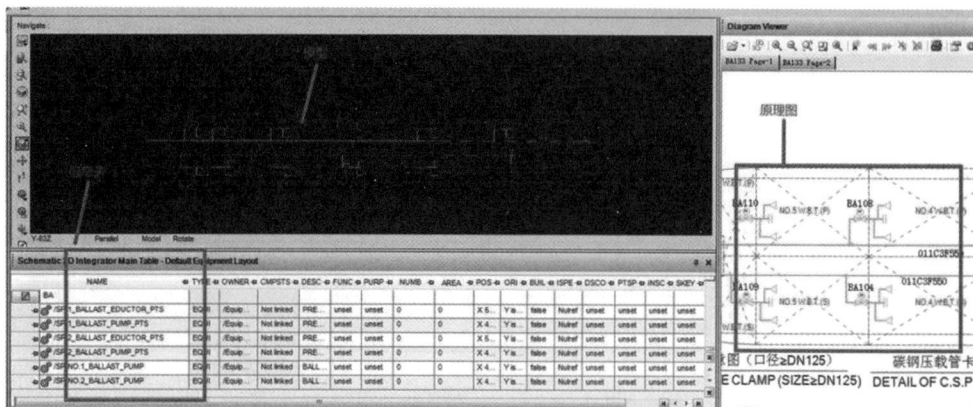

图 3-22　压载管系模型转换创建示例

方式二:以固定位置设备为参考点的空间转换,如图 3-23 所示。

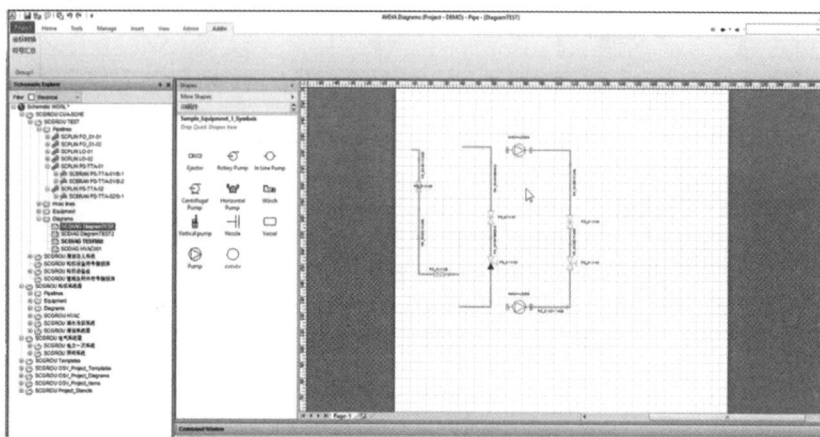

(a)

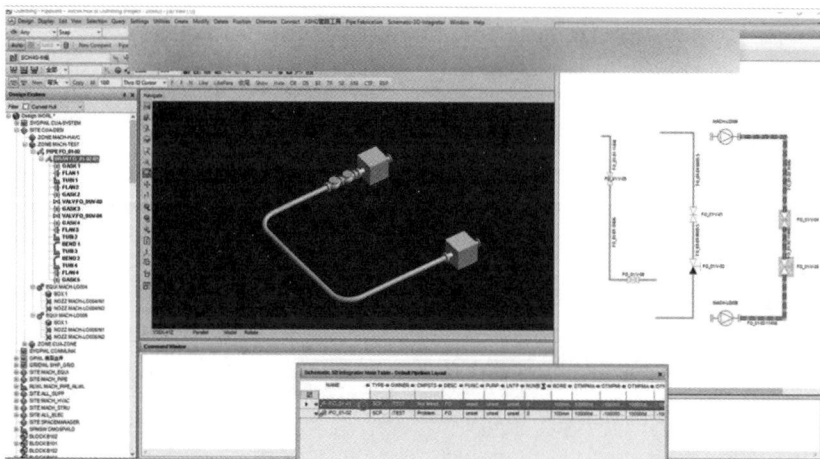

(b)

图 3-23　固定位置设备为参考点的空间转换示例

在三维模型中,通过以上图示的二次开发程序实现设备接口快速布管。

3.2.3.2　基于船舶管路智能化加工流程的编码体系

基于船舶管路智能化加工流程对 AM 设计软件进行二次开发,实现生产设计的过程中生成管子的自动命名编码。

(1)舾装管系编码

舾装管系编码,如图 3-24 所示。

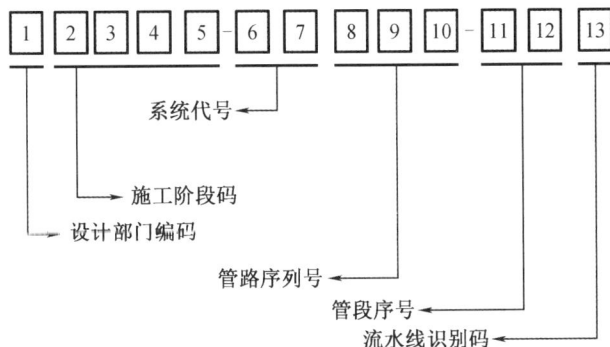

图 3-24　舾装管系编码

①设计部门编码

设计部门编码参见表 3-11,设计部门编码是用来识别各类舾装件所对应的设计部门。对于同一类的舾装件,可能会对应不同的舾装专业,如管系舾装件可能会对应机装管系、船装管系、居装管系三个专业。

表 3-11　设计部门编码

专业	居装管系	船装管舾	机装管舾
编码	A	P	T

②施工阶段码

施工阶段码表示该管路在船上的安装位置和安装阶段,分为分段/总组/区域/单元四个阶段,分段号就表示该管路安装阶段为分段阶段;总组号就表示该管路的安装阶段为总组阶段;区域号就表示该管路的安装阶段为合拢后;单元号就表示该管路的安装阶段为单元安装。

分段号由四位数字组成;总组号由三位数字+一位字母组成(具体的分段号和总组号所代表的位置按照船只船体分段划分图执行);区域号由代表区域舾装的字母 Z+三位区域号组成,区域号由大/中/小区分码组成。

单元号由代表单元舾装的字母 U+两位单元号+一位序号组成,单元号由大/小区分组成。

③系统代号

系统代号是管路系统的识别码,一般用两位字母表示,具体的系统代号参见《Q/DS1508管路系统图册设计指南》。

④管路序列号

管路序列号是管路在三维模型中的编号,一般情况下用三位数字表示,该编号按详细设计管路系统原理图编号执行。

⑤管段序号

管段序号是管路建模完成后,分离成管段时自动生成的编号,用两位数字表示,序号从01开始顺序排序。

⑥管子加工工艺流向码

管子加工工艺流向码是用于识别管子加工流水线的编码,用一位字母来表示,该识别码是管路建模完成后,通过管路检查来确定管子加工流水线的,并由系统自动生成。S代表直管加工流水线,B代表传统的先弯后焊的管子加工流水线,W代表智能加工的先焊后弯的流水线,E代表全部采用弯头连接的弯曲管路。

管系舾装件编码示例:船装管系专业在分段2215段上,压载系统(系统代号为BH)中序列号为16的管子,在三维模型中分离的管段为第3根的管子,该管子需要在智能加工的先弯后焊流水线上进行加工,其编码为:P2215-BH016-03W。

(2)管子装配编码

分段阶段安装的管件编码,如图3-25所示。

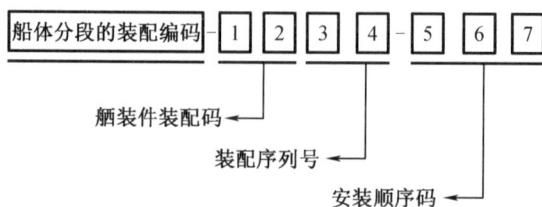

图3-25　分段阶段安装的管件编码

①船体分段的装配编码

在分段上安装的舾装件需要对应到船体结构的组立阶段进行装配计划的编制,按船体分段组立的大/中/小组立阶段建立舾装件的装配树,舾装件的装配树不改变船体原有的装配,但必须继承船体分段的装配结构和装配编码。

②管件装配码

舾装件在分段阶段的装配码按舾装件类别码+顺序号表示。

舾装件类别码由两位组成,第一位表示设计部门,第二位用P表示管舾装件的类型,详细组合如表3-12所示。

表 3-12　舾装件类别编码

舾装件类别码	居装管系	船装管舾	机装管舾
编码	AP	PP	TP

③装配序列号

装配序列号是在某个分段的装配树下建立同类型舾装件装配的顺序代码,由两位数组成,从 01 开始。

④安装顺序码

安装顺序码是装配中的零件按安装的先后顺序,以三位的顺序号来表示,从 001 开始。

船装管舾件装配编码示例:在 2215 分段中组立阶段,建立的管系的第 2 个装配,第 5 个安装的管件,其装配码为:/2215/BS1A3/TT1A2/PP02-005。

⑤区域/总组码

在总组/合拢阶段安装的舾装件,用区域(总组)号来替代船体分段的装配编码,用于识别安装的位置和阶段。其装配树不能依托在船体结构的装配计划中,此类舾装件所建立的装配可参照船体分段的装配树的格式,但与船体的装配树平行存在于 AM 系统的装配树中。总组/合拢阶段安装的管件编码,如图 3-26 所示。

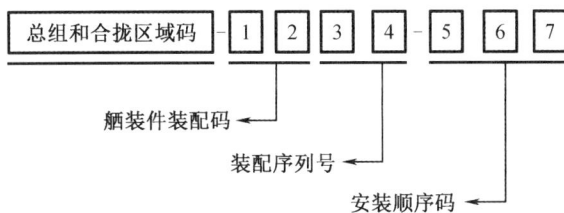

图 3-26　总组/合拢阶段安装的管件编码

总组/合拢阶段安装舾装件装配编码示例:在 ZC11 区域合拢阶段安装管系的第 3 个装配,第 10 根安装的管子,其装配码为:ZC11/PP03-010。

3.3　管子加工智能化建模和输出技术

管子加工三维智能化建模技术是实现管子设计部件所需信息标准化和规范化,实现管子加工三维作业指导的基础技术。管子三维模型存在大量冗余信息,将会占用大量存储空间,因此需要对管子三维模型进行冗余信息处理,输出轻量化的三维模型,指导管子加工生产。另外,管子加工生产线需要数据分析处理,从而将三维模型的设计数据与智能管子生产线加工数据无缝对接。

管子设计主要由基础部件、高效建模、智能图表三方面组成,任何一部分的不完善,都将对数字化制造的应用产生影响,具体技术路线如图 3-27 所示。

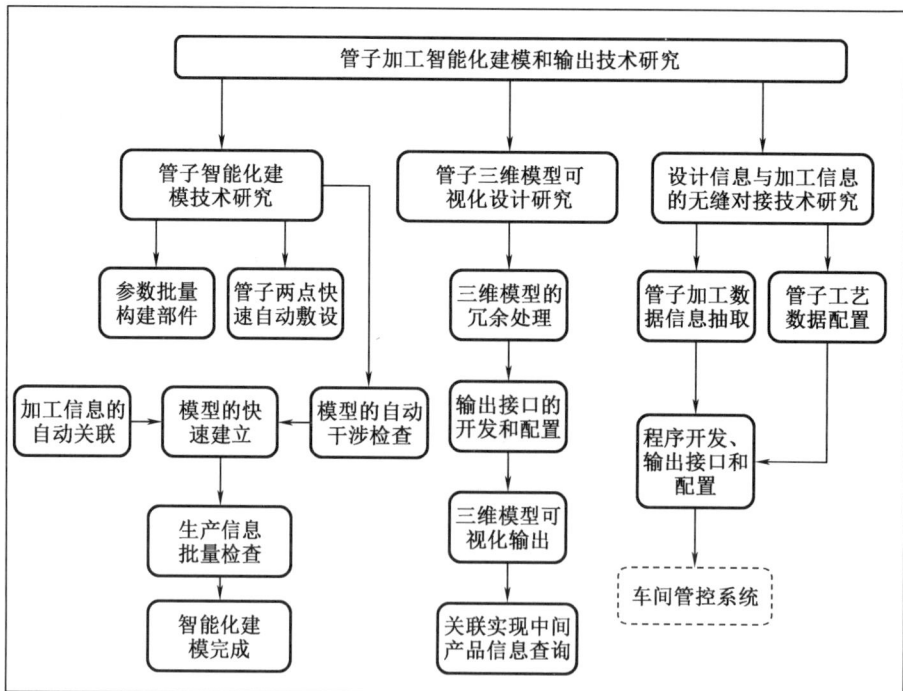

图 3-27　管子加工工艺智能化设计技术路线

3.3.1　管子智能化建模技术

管子设计所采用的部件库种类繁杂,构建及修改的过程复杂,需要构建部件库参数化、智能化的模型库,将相关的管子部件标准数据化,通过对部件参数以数据库的形式与三维模型相关联,批量构建管子部件库。当前,国内管子智能化建模存在管子建模设计工作量大、修改过程烦琐等问题,可应用基于管子智能建模技术,包括用管子自动敷设规则来实现快速建模,自动干涉检查,自动关联加工信息,批量进行生产信息检查,实现管子智能化建模设计,规范管子建模过程,减少设计错误,满足管子智能化建模的需求。

3.3.1.1　基础部件库的规范、快速创建

部件库的规范创建,离不开部件的规范分类。根据部件的特点及设计软件AVEVAMARINE(AM)进行部件的结构分类。标准部件库的构成由 CATEGORY 和 GPART 两部分组成,部件分类根据部件标准建立的国别、标准代号、标准年代号、标准名称、自身结构类型进行原则区分,对于管系部件做如下部件结构分类(图 3-28),以便能够规范地创建和管理各部件,管系部件库结构分类原则如表 3-13 所示。

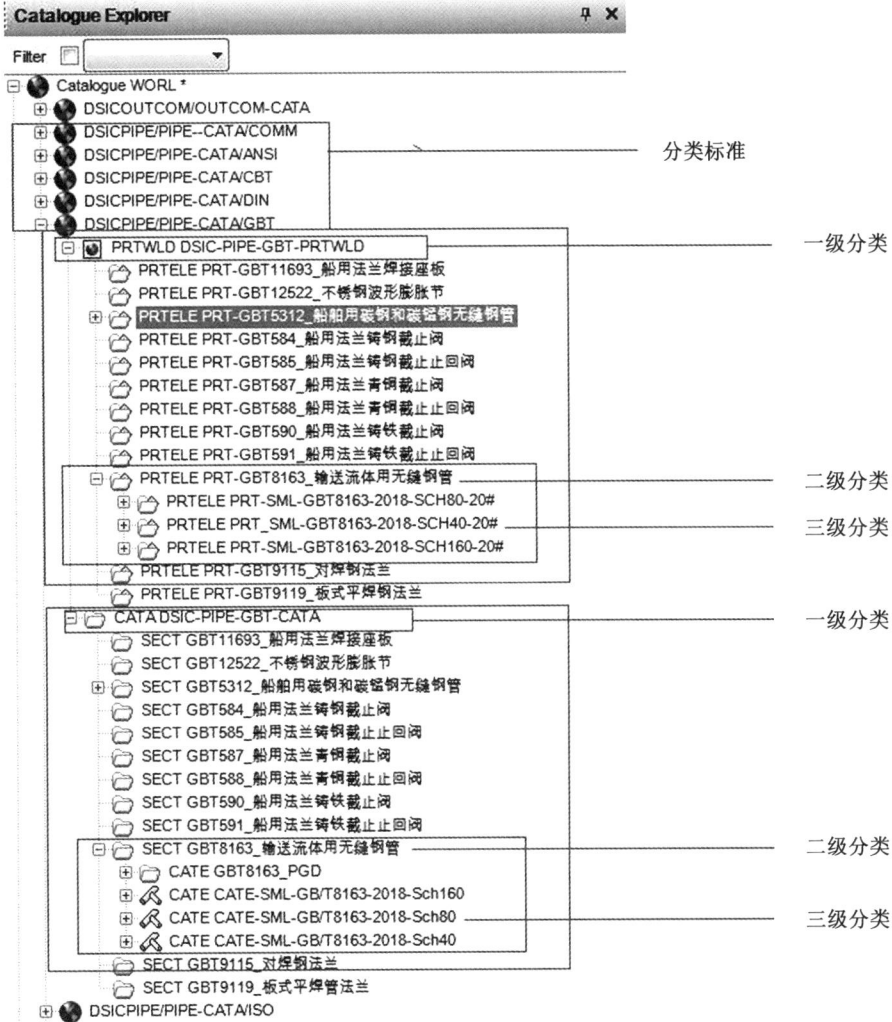

图3-28 管子部件库层级结构原则

表 3-13　管系部件库结构分类原则

序号	分类标准	一级分类		二级分类		三级分类	
1	1. DSICPIPE/PIPE/GBT 中国国家标准 2. DSICPIPE/PIPE/ANSI 美国标准 3. DSICPIPE/PIPE/CBT 中国船舶行业标准 4. DSICPIPE/PIPE/JIS 日标 5. DSICPIPE/PIPE/QDS 大船企业标准 6. DSICPIPE/PIPE/DINDIN 标准 7. DSICPIPE/PIPE/MAKERSTD 企业标准 说明： 1. 上述分类为 AM 中自带标准分类 2. 以下三级分类按对应标准进行细分的实施原则 3. 每一类标准部件的形成由两部分组成 CATEGORY 和 GPART	PARTWORLD	按分类标准进行区分 后缀字符为 PRTWLD 实例：DSIC - PIPE - GBT-PRTWLD	Parthierarchy1	以"PRT+标准号+标准名称"进行分类 实例：PRT_GBT8163-输送流体用无缝钢管	Partfamily1	以"标准号+年代号进行+特征区分码+材质"进行分类 实例：GBT8163 - 2018 - SCH40_20#
						Partfamily2	同上实例 GBT8163_2018_SCH80_20#
		CATALOGUE	按分类标准进行区分 后缀字符为 CATA 实例：DSIC - PIPE - GBT-CATA	SECTION1	以"标准号+标准名称"进行分类 实例：GBT8163-输送流体用无缝钢管	CATE1	以"标准号+年代号进行+特征区分码"进行分类 实例：GBT8163 - 2018 _SCH40
						CATE2	同上实例：GBT8163_2018_SCH80

注：1. 一、二、三级分类中 GPART，CATA 应该一一对应，且分类和名称应保持一致。
2. 三级部件细分类不允许出现汉字，均用字母和数字表示。
3. 三级分类结合不同部件的特征区分码，可适当增加区分码，主要部件命名规则如表 3-14 所示。
4. 同类型部件使用公用 PGD（点集，型集，数据集）。

管系部件的命名应能充分体现部件的自有属性特点,方便部件创建、设计选用、查找。管系部件库的命名原则如表 3-14 所示,并根据具体类型进行分类,部件编码原则由部件的标准号、标准年代号、特征分类码(压力等级、壁厚等级、结构形式等)、材质等组合形成具体分类。

表 3-14 管系部件库分类命名原则

序号	部件种类	管系部件库具体分类命名原则	
		Category(scom)命名原则	Partfamily(Gpart)命名原则
1	钢管、铜管	Category: 标准号+年代号+钢管形式+壁厚等级 实例:GBT8163_2018_SMLS_STD Scom: 标准号+年代号+钢管形式+壁厚等级+外径×壁厚 实例:GBT8163_2018_SMLS_STD_27×3.0	Partfamily: 标准号+年代号+钢管形式+壁厚等级+材质+等级 实例:GBT8163_2018_SMLS_STD_20# Gpart: 标准号+年代号+钢管形式+壁厚等级+材质+等级+外径×壁厚 实例:GBT8163_2018_SMLS_STD_20#_27×3.0
		Category: 标准号+年代号+钢管形式+壁厚等级 实例:GBT8163_2018_SMLS_XS Scom: 钢管形式+标准号+年代号+钢管形式+壁厚等级+外径×壁厚 实例:GBT8163_2018_SMLS_XS_27×3.0	Partfamily: 标准号+年代号+钢管形式+壁厚等级+材质+系统等级 实例:GBT8163_2018_SMLS_XS_410_Ⅰ Gpart: 标准号+年代号+钢管形式+壁厚等级+材质+系统等级+外径×壁厚 实例:GBT8163_2018_SMLS_XS_410_Ⅰ_27×3.0
2	不锈钢管	Category: 标准号+年代号+壁厚等级 实例:JISG3459_2012_10S Scom: 标准号+年代号+壁厚等级+外径×壁厚 实例:JISG3459_2012_10S_27.2×2.1	Partfamily: 标准号+年代号+壁厚等级+材质+系统等级 实例:JISG3459_2012_10S_304_Ⅱ Gpart: 标准号+年代号+壁厚等级+材质+系统等级+外径×壁厚 实例:JISG3459_2012_10S_304_Ⅱ_27.2×2.1

表 3-14(续1)

序号	部件种类	管系部件具体分类命名原则	
		Category(scom)命名原则	Partfamily(Gpart)命名原则
3	紫铜管	Category： 标准号+年代号+压力等级 实例：GBT1527_2006_1-3MPa Scom： 标准号+年代号+压力等级+外径×壁厚 实例：GBT1527_2006_1-3MPa_25×1.5	Partfamily： 标准号+年代号+压力等级+材质 实例：JISG3459_2012_1-3MPa_TP2 Gpart： 标准号+年代号+压力等级+材质+外径×壁厚 实例：JISG3459_2012_1-3MPa_TP2_25×1.5
4	普通截止阀和截止止回阀	Category： 标准号+年代号+结构形式+压力等级 实例：GBT588_2009_AS_P6 Scom： 标准号+年代号+结构形式+压力等级+通径 实例：GBT588_2009_AS_P6_50	Partfamily： PRT_标准号+年代号+结构形式+压力等级+材质+(证书) 实例：GBT588_2009_AS_P6_Q Gpart： 标准号+年代号+结构形式+压力等级+材质+通径+(证书) 实例：GBT588_2009_AS_P6_Q_50
5	法兰	Category： 标准号+年代号+结构形式+压力等级+壁厚等级 实例：QDS5501_2014_A_P16_STD Scom： 标准号+年代号+结构形式+压力等级+壁厚等级+通径 实例：QDS5501_2014_A_P16_STD_50	Partfamily： 标准号+年代号+结构形式+压力等级+壁厚等级+材质+系统等级 实例：QDS5501_2014_A_P16_STD_A_Ⅱ Gpart： 标准号+年代号+结构形式+压力等级+壁厚等级+材质+系统等级_通径 实例：QDS5501_2014_A_P16_STD_A_Ⅱ_200
6	松套法兰	Category： 标准号+年代号+压力等级 实例：QDS5502_2014_P10 Scom： 标准号+年代号+压力等级通径×法兰孔数 实例：QDS5502_2014_P10_65×8	Partfamily： PRT_标准号+年代号+压力等级+环材质+法兰材质+系统等级 实例：PRT_QDS5502_2014_P10_H_A_Ⅱ Gpart： PRT_标准号+年代号+压力等级+环材质+法兰材质+系统等级_通径×法兰孔数 实例：PRT_QDS5502_2014_A1_P10_H_A_Ⅱ_65×8

表 3-14(续 2)

序号	部件种类	管系部件库具体分类命名原则	
		Category(scom)命名原则	Partfamily(Gpart)命名原则
7	油滤器	Category： 标准号+年代号+结构形式+法兰等级+磁性装置(选择项) 实例：QDS5528_2015_LA_P10_M Scom： CATE_标准号+年代号+结构形式+法兰等级+磁性装置(选择项)+通径 实例：QDS5528_2015_LA_P10_50_M	Partfamily： 标准号+年代号+结构形式+法兰等级+磁性装置(选择项)+材质 实例：QDS5528_2015_LA_P10_M_G Gpart： Gpart_标准号+年代号+结构形式+法兰等级+磁性装置(选择项)+材质+通径 实例：QDS5528_2015_LA_P10_M_G_50
8	水滤器	Category： 标准号+年代号+结构形式+法兰等级 实例：QDS5527_2015_LA_P6 Scom： 标准号+年代号+结构形式+法兰等级+通径 实例：QDS5527_2015_LA_P6__50	Partfamily： PRT_标准号+年代号+结构形式+法兰等级+材质 实例：QDS5527_2015_LA_P6_G Gpart： Gpart_标准号+年代号+结构形式+法兰等级+材质+通径 实例：QDS5527_2015_LA_P6_G_50
9	泥箱	Category： 标准号+年代号+结构形式+法兰等级 实例：QDS5521_2015_A_P6 Scom： 标准号+年代号+结构形式++法兰等级+通径 实例：QDS5521_2015_A__P6_50	Partfamily： 标准号+年代号+结构形式+法兰等级+材质 实例：QDS5521_2015_A_P6_G Gpart： Gpart_标准号+年代号+结构形式+材质+通径 实例：QDS5521_2015_A__P6_G_50
10	套管	Category： 标准号+年代号+结构形式 实例：QDS5509_2013_P Scom： CATE_标准号+年代号+结构形式+通径 实例：QDS5509_2013_P_50	Partfamily： 标准号+年代号+结构形式+材质 实例：QDS5509_2013_P_20#_Ⅱ Gpart： 标准号+年代号+结构形式+材质+通径 实例：QDS5509_2013_P_20#_Ⅱ_50

表 3-14(续3)

序号	部件种类	管系部件库具体分类命名原则	
		Category(scom)命名原则	Partfamily(Gpart)命名原则
11	弯头	Category： 标准号+年代号+结构形式+角度+壁厚等级 实例：QDS5511_2006_L_45_S Scom： 标准号+年代号+结构形式+角度+壁厚等级+通径 实例：QDS5511_2006_L_45_S_50	Partfamily： 标准号+年代号+结构形式+角度+壁厚等级+材质及等级 实例：QDS5511_2006_L_45_S_410_I Gpart： 标准号+年代号+结构形式+角度+壁厚等级+材质及等级+通径 实例：QDS5511_2006_L_45_S_410_I_50
12	异径接头	Category： 标准号+年代号+壁厚等级 实例：QDS5512_2006_S Scom： 标准号+年代号+壁厚等级+通径×通径 实例：QDS5512_2006_S_50×40	Partfamily： 标准号+年代号+壁厚等级+材质+等级 实例：QDS5512_2006_S_410_I Gpart： 标准号+年代号+壁厚等级+材质+等级+通径×通径 实例：QDS5512_2006_S_410_I_50×40
13	法兰通舱件焊接腹板	Category： 标准号+年代号+压力等级+腹板厚度 实例：QDS5508_2006_P16_16t Scom： 标准号+年代号+压力等级+规格 实例：QDS5508_2006_P16_320X116X8	Partfamily： 标准号+年代号+压力等级+腹板厚度+材质 实例：QDS5508_2006_P16_16t_A Gpart： 标准号+年代号++压力等级+材质+规格 实例：QDS5508_2006_A_P16_320X 116X8
14	焊接座板	Category： 标准号+年代号+形式+压力等级 实例：GBT11693_2008_AS_P25 Scom： 标准号+年代号+形式+压力等级+规格 实例：GBT11693_2008_AS_P25_100	Partfamily： PRT_标准号+年代号+形式+压力等级+材质 实例：PRT_GBT11693_2008_AS_P25_G Gpart： 标准号+年代号+形式+压力等级+材质+规格 实例：GBT11693_2008_AS_P25_G_100

表 3-14(续 4)

序号	部件种类	管系部件库具体分类命名原则	
		Category(scom)命名原则	Partfamily(Gpart)命名原则
15	油、水舱吸入口	Category： 标准号+年代号+结构形式+法兰等级+固定板(选择项) 实例：QDS5525_2015_A_P6_F Scom： 标准号+年代号+结构形式+法兰等级+固定板(选择项)+通径 实例：QDS5525_2015_A_P6_50_F	Partfamily： 标准号+年代号+结构形式+法兰等级+固定板(选择项)+材质 实例：QDS5525_2015_A_P6_F_G Gpart： 标准号+年代号+结构形式+法兰等级+固定板(选择项)+材质+通径 实例：QDS5525_2015_A_6_F_G_50
16	漏斗、漏油口、漏水口	Category： 标准号+年代号+结构形式+法兰等级 实例：QDS5515_2015_A_P6 Scom： CATE_标准号+年代号+结构形式+法兰等级+通径 实例：QDS5515_2015_A_P6_40	Category： 标准号+年代号+结构形式+法兰等级+材质 实例：QDS5515_2015_A_P6_G Gpart： 标准号+年代号+结构形式+法兰等级+材质+通径 实例：QDS5515_2015_A_P6_G_40
17	管子堵板	Category： 标准号+年代号+压力等级 实例：QDS5534_2006_P6 Scom： 标准号+年代号+压力等级+外径×厚度 实例：CATE_QDS5534_2006_P6_535×15	Partfamily： 标准号+年代号+压力等级+材质 实例：QDS5534_2006_P6_A Gpart： 标准号+年代号+压力等级++材质+外径×厚度 实例：QDS5534_2006_P6_A_535×15
18	U形管卡	Category： 标准号+年代号+结构形式+弹簧垫圈(选择项) 实例：QDS5514_2012_A_T Scom： 标准号+年代号+结构形式+外径+弹簧垫圈(选择项) 实例：QDS5514_2012_A_T_60	Partfamily： 标准号+年代号+结构形式+弹簧垫圈(选择项)+材质 实例：QDS5514_2012_A_T_G Gpart： 标准号+年代号+结构形式+弹簧垫圈(选择项)+材质+外径 实例：QDS5514_2012_A_T_G_60

表 3-14（续5）

备注序号	部件种类	管系部件具体分类命名原则	
		Category(scom)命名原则	Partfamily(Gpart)命名原则
19	测深注入头	Category： 标准号+年代号+形式 实例：QDS5558_2008_Y Scom： 标准号+年代号+形式+通径 实例：QDS5558_2008_Y_40	Partfamily： 标准号+年代号+形式+盖材质 实例：QDS5558_2008_S_N Gpart： 标准号+年代号+形式+盖材质+通径 实例：QDS5558_2008_S_N_50
20	仪表用焊接座	Category： 标准号+年代号+形式 实例：QDS5524_2006_B Scom： 标准号+年代号+形式+规格 实例：QDS5524_2006_B_G1X140	Partfamily： 标准号+年代号+形式+材质 实例：QDS5524_2006_B_G Gpart： 标准号+年代号+形式+材质+规格 实例：QDS5524_2006_B_G_G1X140
21	液货通岸接头	Category： 标准号+年代号 实例：QDS5539_2006 Scom： 标准号+年代号+规格 实例：QDS5539_2006_500/400	Partfamily： 标准号+年代号+材质 实例：QDS5539_2006_G Gpart： 标准号+年代号+材质+规格 实例：QDS5539_2006_G_500/400
22	铜管平肩螺纹接头	Category： 标准号+年代号+形式 实例：QDS5554_2008_A Scom： 标准号+年代号+形式+通径 实例：QDS5554_2008_A_25	Partfamily： 标准号+年代号+形式+材质 实例：QDS5554_2008_A_Q Gpart： 标准号+年代号+形式+材质+通径 实例：QDS5554_2008_A_Q_25
23	铜管接头	Category： 标准号+年代号+形式+压力等级 实例：QDS5553_2007_TS_P10 Scom： 标准号+年代号+形式+压力等级+通径 实例：QDS5553_2007_TS_P10_15	Partfamily： 标准号+年代号+形式+压力等级+材质 实例：QDS5553_2007_TS_P10_T2 Gpart： 标准号+年代号+形式+压力等级+材质+通径 实例：QDS5553_2007_TS_P10_T2_15

表 3-14(续 6)

备注序号	部件种类	管系部件具体分类命名原则	
		Category(scom)命名原则	Partfamily(Gpart)命名原则
24	绝缘骨架	Category： 标准号+年代号+形式+宽度 实例：QDS5555_2012_B_100 Scom： 标准号+年代号+形式+宽度+通径 实例：QDS5555_2012_B_100_2000	Partfamily： 标准号+年代号+形式+宽度+材质 实例：QDS5555_2012_B_100_Q235B Gpart： 标准号+年代号+形式+宽度+材质+通径 实例：QDS5555_2012_B_100_Q235B_2000
26	防蚀法兰	Category： 标准号+年代号+形式+压力等级 实例：QDS5548_2008_S_P10 Scom： 标准号+年代号+形式+压力等级+规格 实例：QDS5548_2008_S_P10_100	Partfamily： 标准号+年代号+形式+压力等级+材质 实例：QDS5548_2008_S_P10_Q235B Gpart： 标准号+年代号+形式+压力等级+材质+规格 实例：QDS5548_2008_S_P10_Q235B_100
27	防火罩	Category： 标准号+年代号 实例：QDS5557_2008 Scom： 标准号+年代号+通径 实例：QDS5557_2008_2000	Partfamily： 标准号+年代号+材质 实例：QDS5557_2008_Q235B Gpart： 标准号+年代号+材质+通径 实例：QDS5557_2008_Q235B_2000
28	防雨盖	Category： 标准号+年代号+形式 实例：QDS5556_2008_A Scom： 标准号+年代号+形式+通径 实例：QDS5556_2008_A_2000	Partfamily： 标准号+年代号+形式+材质 实例：QDS5556_2008_A_Q235B Gpart： 标准号+年代号+形式+材质+通径 实例：QDS5556_2008_A_Q235B_2000
29	液流观察器	Category： 标准号+年代号+形式+压力等级 实例：CBT4316_2013_JS_2 Scom： 标准号+年代号+形式+压力等级+规格 实例：CBT4316_2013_JS_2__200	Partfamily： 标准号+年代号+形式+压力等级+材质 实例：CBT4316_2013_JS_2_HT Gpart： 标准号+年代号+形式+压力等级+材质+规格 实例：CBT4316_2013_JS_2_HT_200

表 3-14(续7)

序号	部件种类	管系部件具体分类命名原则	
		Category(scom)命名原则	Partfamily(Gpart)命名原则
30	吸入滤网	Category： 标准号+年代号+形式 实例：CB623_1980_B Scom： 标准号+年代号+形式+规格 实例：CB623_1980_B__150	Partfamily： 标准号+年代号+形式+材质 实例：CB623_1980_B_H Gpart： 标准号+年代号+形式+材质+规格 实例：CB623_1980_JS_H_150
31	垫片	Category： 标准号+年代号+结构形式+压力等级+壁厚等级 实例：QDS5532_2015_A_P10_S Scom： 标准号+年代号+结构形式+压力等级+壁厚等级+通径 实例：QDS5532_2015_A_P10_S_50	Partfamily： 标准号+年代号+结构形式+压力等级+壁厚等级+材质 实例：QDS5532_2015_A_P10_S_304/G Gpart： 标准号+年代号+结构形式+压力等级+壁厚等级+材质+通径 实例：QDS5532_2015_A_P10_S_304/G_50

注：系统等级Ⅲ级不需表示。

规范的部件命名形成后，对于同一类型的阀门，创建通用的点集、型集和数据集，实施参数化、标准化建库，提升管子设计建模的效率和质量。管子部件规范命名，如图 3-29 所示。典型阀门部件，如图 3-30 所示。

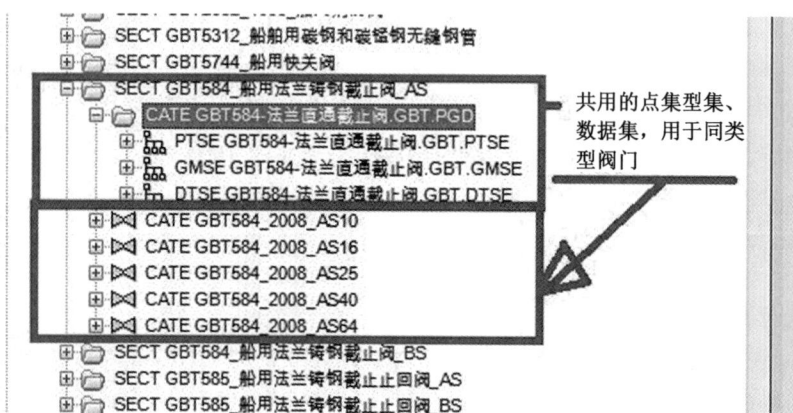

图 3-29　管子部件规范命名

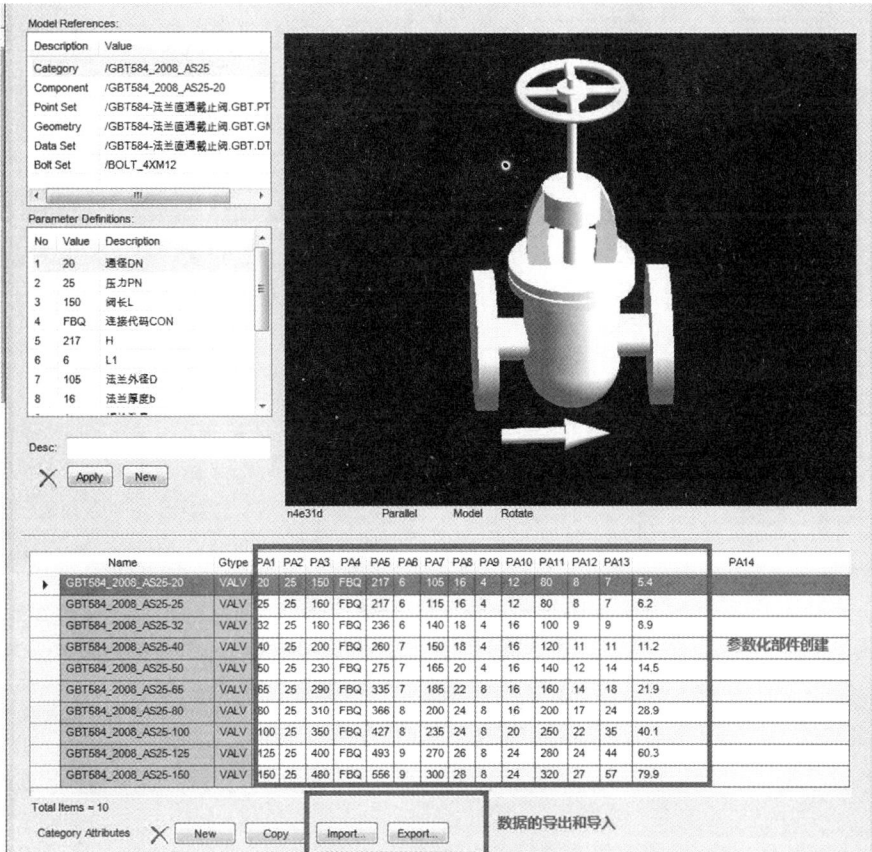

图 3-30 典型阀门部件

部件工程的设置:为了避免各项产品工程的部件的重复创建,对于标准部件,创建独立工程,各产品工程直接关联和调取标准工程,既避免了重复工作,又实现部件的高质量应用。

3.3.1.2 管系模型高效创建

基于 AM 基础功能,结合管系模型设计特点及管系建模基础应用,通过二次开发,编制相关程序,应用部署于设计平台中,从而实现高效快速建模。管子快速建模工具如图 3-31 所示。

通用部分,主要包括视图刨切、视图模型筛选、批量命名等基础性建模功能的开发,开发的工具集能够实现空间位置、模型种类的动态调整,命名批量智能化修改功能,充分展示出高效快捷的操作、查询、显示特点。管子建模通用功能如图 3-32 所示。

管系部分,围绕管系建模过程中应用频率最多的操作内容,高效实现支管创建,复制拷贝、对齐、替换、合并、拆分等功能。使管系建模更加灵活,应用更加方便高效,按照生产模式快速拆分托盘数量,实现智能化高效操作。为高效、高质建模奠定基础功能。管子快速建模工具详单,如图 3-33 所示。

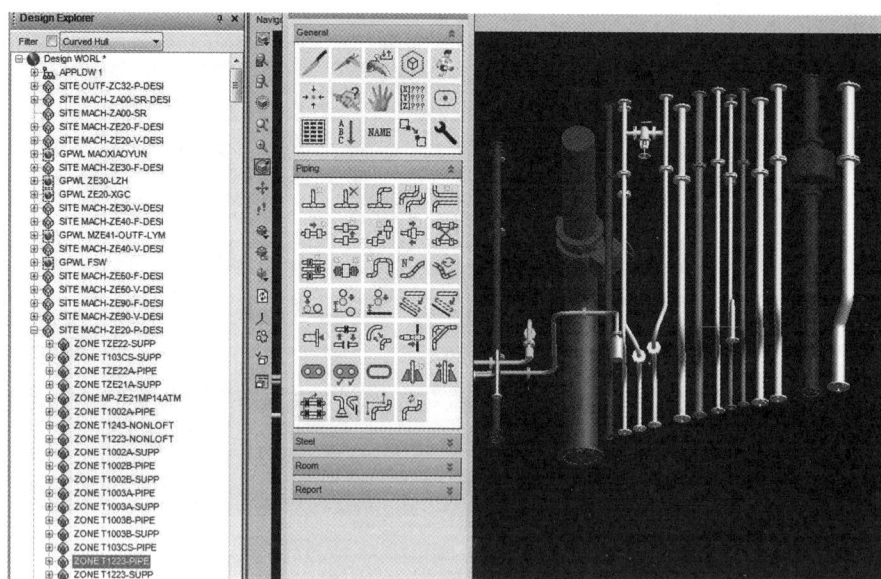

图 3-31　管子快速建模工具

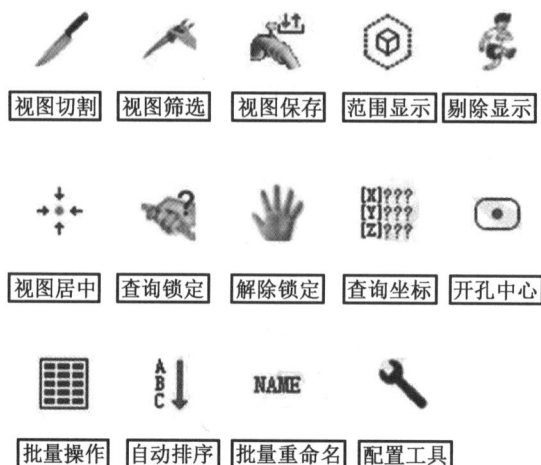

图 3-32　管子建模通用功能

　　开发相关建模、检查、出图等工具发,弥补了原三维设计软件设计功能的不足,能够大大提升了智能化设计的能力和水平,相关开发程序典型示例如下。

　　(1)管子镜像工具

　　该工具操作方便,具有预览功能,可提前调节合适的距离。

　　镜像面是根据鼠标点击的 TUBI 生成并实时更新的。当多次镜像多个 BRAN 时,首先勾选 Distance,通过第一个 BRAN 确定镜像面后,再勾选 Plane,将镜像面固定住,然后依次镜像其他 BRAN。支管被镜像时,其相连的连接件(TEE/OLET)会一并镜像,并保留完好的连接信息,镜像的 PIPE 或 BRAN 将自动命名。

　　管子建模快速镜像如图 3-34 所示。

1简介

此模块为管系建模提供了一系列工具，具体如下。

新建支管	删除支管	插入支管	复制支管	镜像管子
直线复制	平衡复制	任意复制	部件翻转	批量删除
批量法兰	法兰补全	桥形管	调整角度	弯管切换
管子对齐	距离设定	与面距离	旋转至管	旋转平面
管子连接	分割合并	弯管弯头	套管对齐	管子倒角
多联复板	防击板			

图 3-33 管子快速建模工具详单

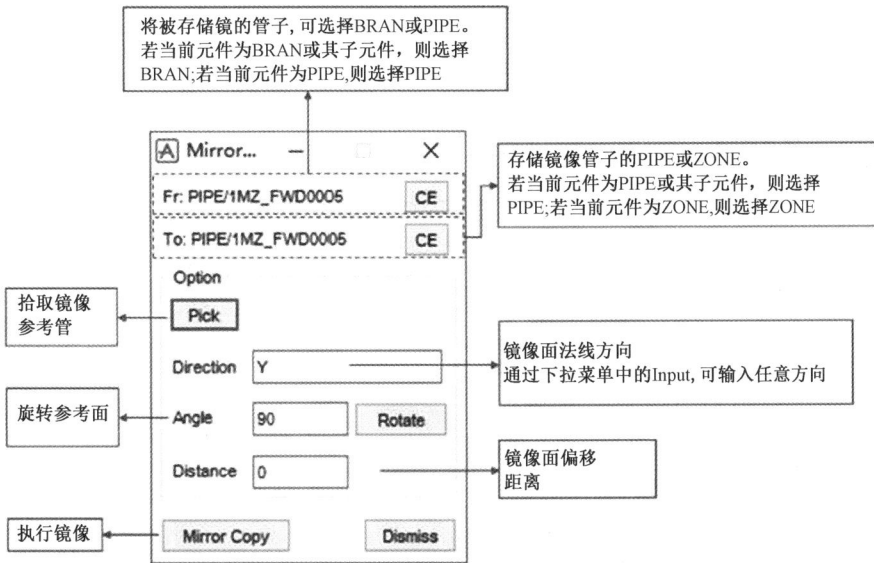

将被存储镜的管子，可选择BRAN或PIPE。
若当前元件为BRAN或其子元件，则选择
BRAN；若当前元件为PIPE，则选择PIPE

存储镜像管子的PIPE或ZONE。
若当前元件为PIPE或其子元件，则选择
PIPE；若当前元件为ZONE，则选择ZONE

A Mirror... — □ ×

Fr: PIPE/1MZ_FWD0005   CE

To: PIPE/1MZ_FWD0005   CE

Option

拾取镜像参考管 ← Pick

Direction Y → 镜像面法线方向
通过下拉菜单中的Input，可输入任意方向

旋转参考面 ← Angle 90   Rotate

Distance 0 → 镜像面偏移距离

执行镜像 ← Mirror Copy   Dismiss

图 3-34 管子建模快速镜像

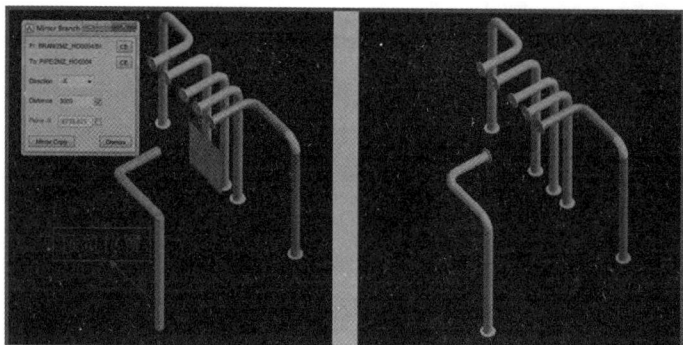

图 3-34（续）

（2）法兰批量创建工具

该工具能够帮助用户实现快速批量创建法兰，当 BRAN 上仅包含一种类型的法兰或垫片，将选择与其相同的法兰或垫片；否则由用户自行选择（若仅有一种可选，则无须选择）。当创建的法兰靠近管子端部或其他管部件时，程序会提示是否移动法兰以连接。当视图被剖切时，切割范围外的管子将排除在外。生成法兰后，可以根据提示调整法兰的位置。法兰批量创建示例如图 3-35 所示。

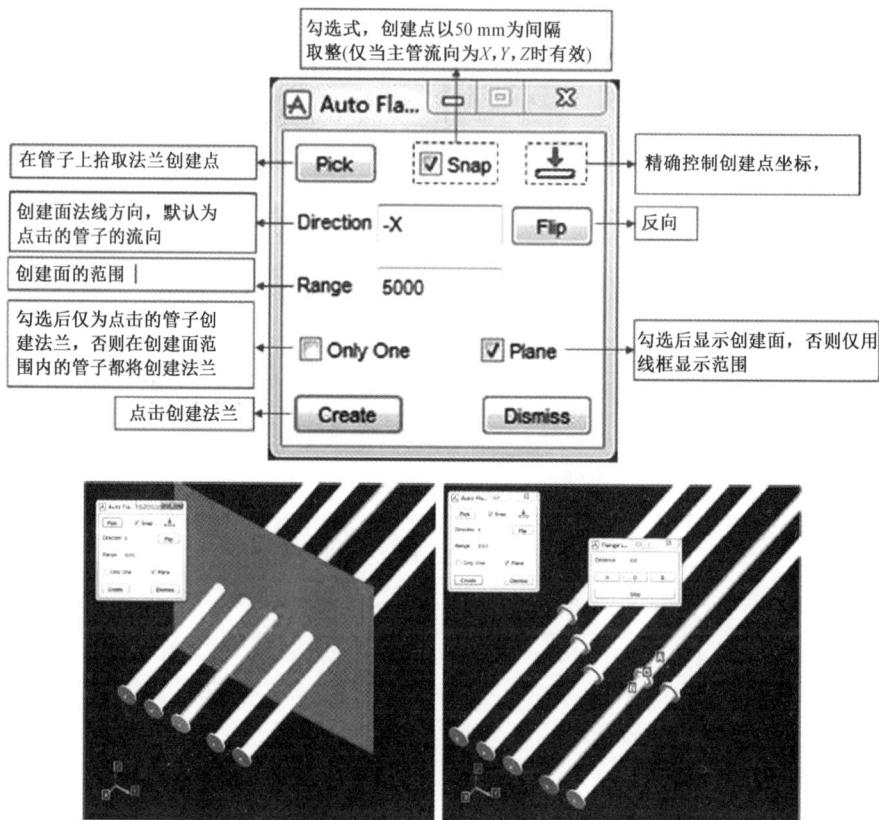

图 3-35 法兰批量创建示例

该工具能够帮助用户快速实现管子元件连接、管子元件收头、管子尾点重定位、尾部延伸等功能。

（3）多联腹板工具

使用此工具快速创建、修改多联腹板。管子通舱腹板的高效创建如图3-36所示。

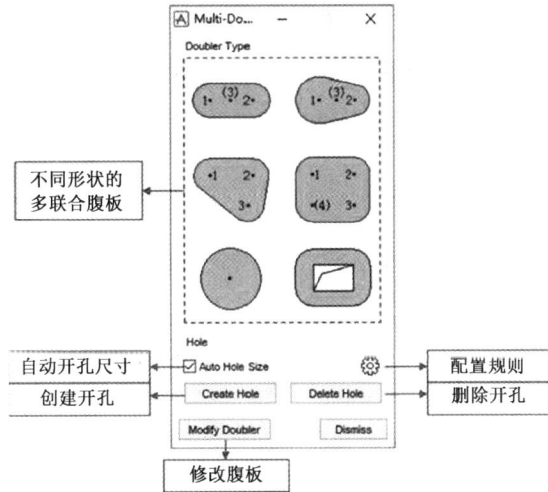

(a)

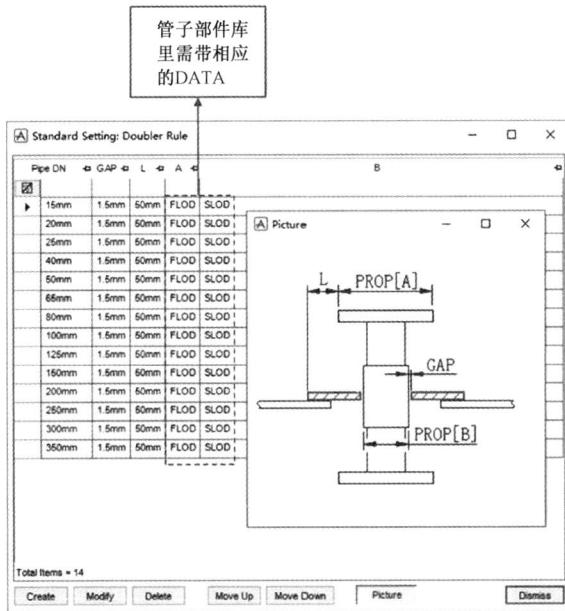

(b)

图3-37 管子通舱腹板的高效创建

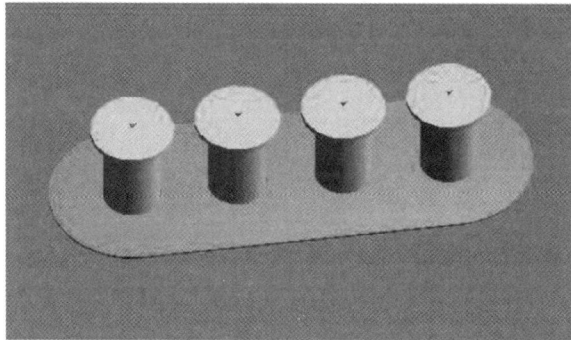

(c)

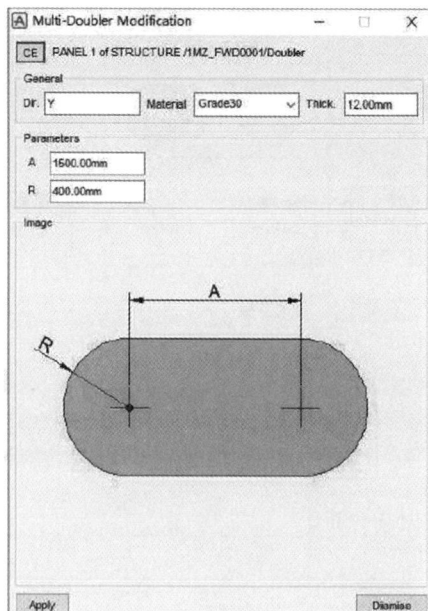

(d)

图 3-36(续)

3.3.1.3 管系相关报表的智能化输出

管系模型完成后,需进行快速的数据处理及报表的生成,满足生产施工需求,根据生产组织的特点,形成不同类型的各类材料表、托盘表,满足施工生产。

该报表的编制,重分结合模型的命名原则,图文档中图号的自动匹配功能,实现按特征符自动关联,最大限度地减少任意环节的输入。完成各类报表的自动输出。

管子生产报表自动输出,如图 3-37 所示。

典型管子材料表示例,如图 3-38 所示。

图 3-37　管子生产报表自动输出

大船设计院		管子制作材料表							共 页	第 页	
编号：T308K-5	区域：1002		制作图号：1002MP111TM			托盘表编号：				卡号：51	
设计部门：船研所机装设计室一料			联系电话：84487232/2022/832			托盘表名称：					
序号	名称	规格	型号	材质	数量	计量单位	总重(kg)	订货清单号	来处	备注	
系统：AS-起动空气系统											
1	搭焊钢法兰	PLRF16065-4	GB/T9119-2010	Q235B	1	个	2.98				
2	套管	65X100	Q/DS5509-2013	20#	1	个	1.84				
3	弯头	65X45S	Q/DS5511-2006	20#	1	个	0.52				
4	一般无缝钢管	76X5X6000	GB/T8163-2018	20#	0.55	米	4.84				
系统：BM-机舱压载,消防和舱底水系统											
1	搭焊钢法兰	PLRF16065-4	GB/T9119-2010	Q235B	1	个	2.98				
2	套管	65X100	Q/DS5509-2013	20#	1	个	1.84				
3	弯头	65X45S	Q/DS5511-2006	20#	1	个	0.52				
4	一般无缝钢管	76X5X6000	GB/T8163-2018	20#	0.46	米	4.06				
5	搭焊钢法兰	PLRF16050	GB/T9119-2010	Q235B	1	个	2.45				
6	套管	50X100	Q/DS5509-2013	20#	1	个	1.58				
7	一般无缝钢管	60X4X6000	GB/T8163-2018	20#	4.41	米	24.31				
8	套管	50X50	Q/DS5509-2013	20#	2	个	1.2				
系统：FD-燃油泄放系统											
1	搭焊钢法兰	PLRF6050	GB/T9119-2010	Q235B	2	个	2.58				
2	套管	50X100	Q/DS5509-2013	20#	2	个	3.16				
3	弯头	50X45S	Q/DS5511-2006	20#	2	个	0.52				
4	一般无缝钢管	60X4X6000	GB/T8163-2018	20#	0.87	米	4.82				
5	搭焊钢法兰	PLRF6065	GB/T9119-2010	Q235B	1	个	1.62				
6	弯头	65X90S	Q/DS5511-2006	20#	1	个	1.04				
7	套管	65X100	Q/DS5509-2013	20#	1	个	1.84				
8	弯头	65X45S	Q/DS5511-2006	20#	1	个	0.52				

图 3-38　典型管子材料表示例

3.3.2 管子可视化三维工艺模型设计

目前国内船舶管子加工从下料、切割、弯曲到焊接的过程还主要靠人工读取图纸信息,手动输入到加工设备进行作业,加工过程中需要参照图纸对加工后零件的尺寸进行校核,并及时修正。图纸和数据的管理均为离散模式。近年随着数字化加工和无纸化实施的推进,加工信息的一体应用模式越来越迫切,可视化实施可满足二三维一体化呈现需求,既能满足数字化加工推进,又符合传统手动加工的需求。可视化应用是将设计轻量化模型、二维图纸和加工数据集成在同一平台上,实现集中呈现模式,制造部门可直观地看到产品模型和数据,轻松获得管子的尺寸等加工需求信息,为数字化和传统加工模式提供更加有效的加工或校核方式,为智能化加工的推进奠定基础。

可视化需要实现的主要目标包括以下几个方面。

(1)可查看:模型可以供客户端查看,这是最基本的特性

(2)轻量化:模型和文件便于网上传输,必须远远小于原始的大小。有时为了满足网上浏览的需要,可能会采用流媒体的方式,或者异步加载的方式使用户感觉不到太多延迟。

(3)中性化:各种三维模型或二维图纸必须能统一为一种或少数几种格式,这样能大大简化客户端浏览和操作的复杂性,并且使多种模型的组合查看成为可能,也能够使用户只关注模型和图纸的使用,而不再关心是何种格式。

(4)可操作:能够对三维模型和二维图纸进行操作,但不能改变原数据,例如尺寸的测量、剖切、隔离、标注等。

(5)关联性:模型和图纸中的重要元素能够被抽取,并和外部数据建立关联,这样,模型或图纸中包含的元素才是"活化"可用的。其实质是数据之间的关联性和由此带来的便利性,并逐步扩展的延伸应用,如一体化浏览和虚拟装配。

3.3.2.1 可视化实施平台应用及程序开发

基于 AVEVAMARINE 和 AVEVANET 两个模块,通过程序开发实现可视化的基本功能转换。可视化逻辑技术路线图如图 3-39 所示,可视化功能基本数据源和程序如表 3-15 所示。

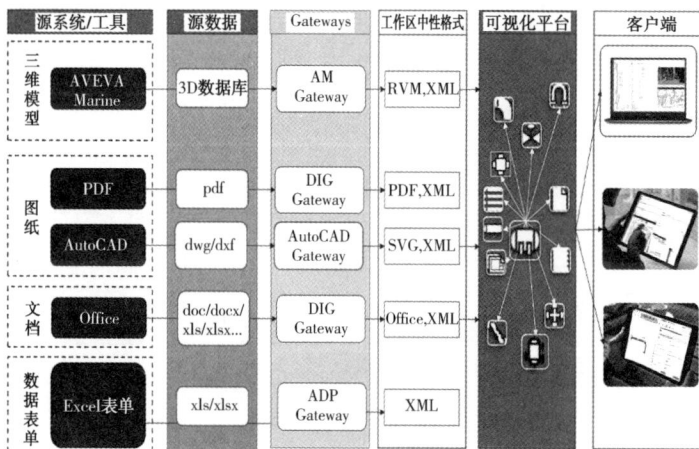

图 3-39　可视化逻辑技术路线图

表 3-15 可视化功能基本数据源和程序

三维模型	三维模型及模型描述文件所在的文件夹,AVEVANETGatewayforAM 生成的 XML 文件都在此文件夹中
图纸文档	图纸文档所在的文件夹,DIG 和 GCT 处理后的文档都在此文件夹中
通用文档	备用文件夹
001. BaseClasses_null. xml	基础类定义
002. AssociationType_null. xml	关联关系定义
003. AllowedAssociation_null. xml	允许在哪些类上建立哪些特定关联关系
005. DatasetDefinition_null. xml	Dataset 数据集定义,数据集是属性的集合
006. System_null. xml	目前用到的系统定义
007. TagDocs_null. xml	位号和文档之间的关系定义
008. ContentFolders_null. xml	ContentFolder 是文件夹进入 AVEVANET 后的对象,此处是为了定义特定的 ContentFolder 如何在导航树上显示
009. Breakdown_null. xml	导航树分解节点定义

3.3.2.2　三维模型数据可视化发布

三维模型的数据源只有一个,即 AVEVAMarine 系统,输出 rvm 模型后,再由系统自动转换为中性的 zgl 格式,客户端查看的其实都是 zgl 格式模型。

依托二次开发创建快速发布界面实现快速发布。三维模型数据可视化发布如图 3-40 所示。

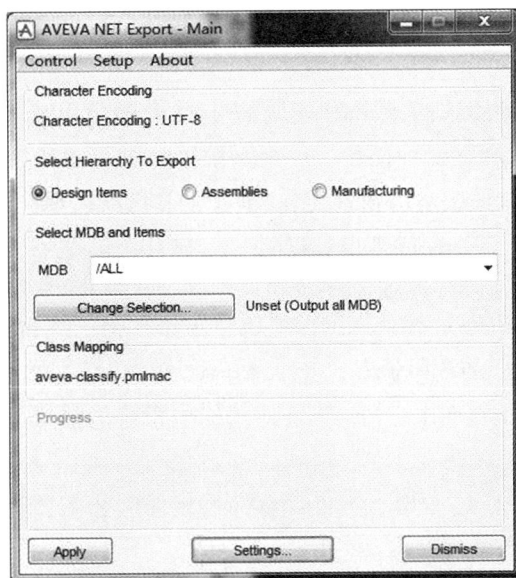

图 3-40　三维模型数据可视化发布

三维模型可视化包括模型浏览、模型关联、模型本身的操作,如剖切、标注、飞行、旋转、移动、视角变化、尺寸测量等。

3.3.2.3 二维图纸和文档可视化发布

DocumentIndexingGateway(DIG)用来处理 PDF 或其他类型的文档,处理后会生成 XML 数据文件,将 XML 文件及原始 PDF 文件发布到 AVEVANET 系统后,即形成可视化的文档。

将文件拷贝到预先设置好的程目录下。并按专业和类型分类放置。二维文档数据可视化发布数据库如图 3-41 所示。

安装图
安装托盘表
订货清单
管子制作电子数据
设备资料
新建文件夹
原理图
制作图
制作托盘表

图 3-41 二维文档数据可视化发布数据库

依靠开发的程序文件,完成一键文档发布。

3.3.2.4 可视化的应用

在制造车间,配置好终端 IE 浏览器,即可登录可视化平台,通过浏览器进行数据、图纸、模型的一体化查询和协调交互,全面取消纸质文件,实现可视化和数字化加工应用。

(1)可视化信息的检索及查询功能应用

施工工人可对所需要的数据、图纸和模型,进行快速的定位和信息检索,满足制作加工快速关联功能,可查询到所有设计信息。可视系统能按如下原则实现全面的信息检索:分类树检索、关键字检索、条件组合高级查询、信息数字关联检索等。

①分类树检索:可以按零部件类型、文档类型、设计产品结构、装配计划等方式进行分类展开。

②关键字检索:支持所有或指定类型的关键字模糊搜索。使用专用三维设计软件系统支持的模糊搜索表达式进行信息检索。

③条件组合高级查询:使用多个组合条件精确检索所需信息,包括属性、关联关系、对象状态等条件类型。

信息数字关联检索:通过专用三维设计软件系统访问船舶项目设计数据,可以利用不同数据项之间的数字关联进行检索。

搜索界面,如图 3-42 所示。

图 3-42 搜索界面

（2）二、三维数据一体化浏览的可视应用

数字化流水线和传统加工方式都需要二维或三维信息的指导或校验,将离散型的信息集中在同一平台,呈一体化展示将会更加高效高质地指导生产。

在可视化实际应用过程中,在可视化平台上的图文集成浏览模块功能中,施工工人可根据需要,有效地实现二维图档、三维模型的集成浏览,直观、便捷地理解图纸信息及加工制造的要求。对于同一个编码的管子,二维图文档和三维模型、设置参数,都可以在同一个界面浏览。二三维模型联合显示窗口,如图 3-43 所示。

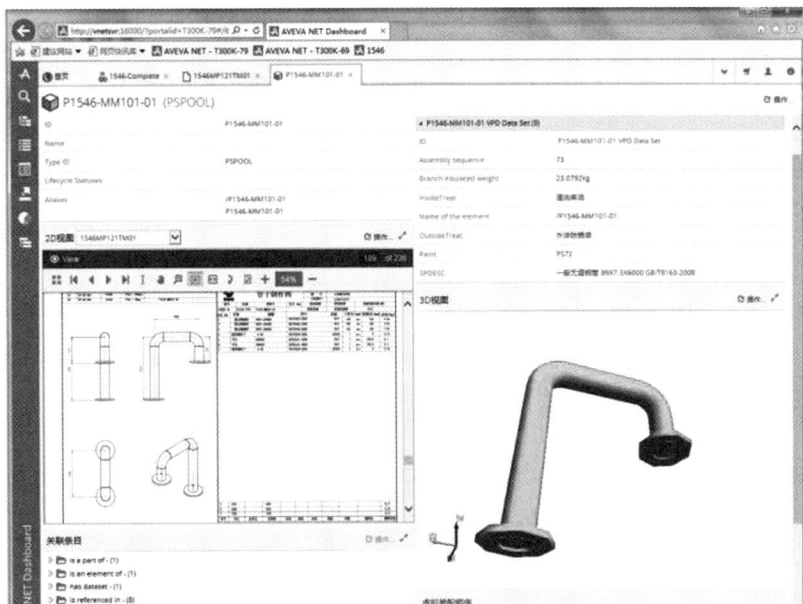

图 3-43 二三维模型联合显示窗口

（3）可视化模型交互式操作应用

为了更加深刻地掌握和了解模型外部信息及内含属性,施工工人可在可视化平台上,对模型进行基本的浏览和查询操作,亦可在模型的基础上进行信息反馈,实现施工与设计在可视化平台上的交互式沟通。主要功能如下。

①对模型的查看:在不改变模型数据的前提下,对模型进行旋转、缩放、剖切、分离、隐

藏、透明化等各种操作;

②对模型进行尺寸、坐标等的测量:即使在没有图纸的情况下,也可以直接在模型上测量管子的精确尺寸;

③对技术要求等进行标注:可以直接在模型上进行标注并保存,制造部门能够在模型中标注反馈信息,设计部门直接在可视化模型上查看到车间标注反馈的信息,并进行相应的调整或修改。

可视模型操作应用如图 3-44 所示。

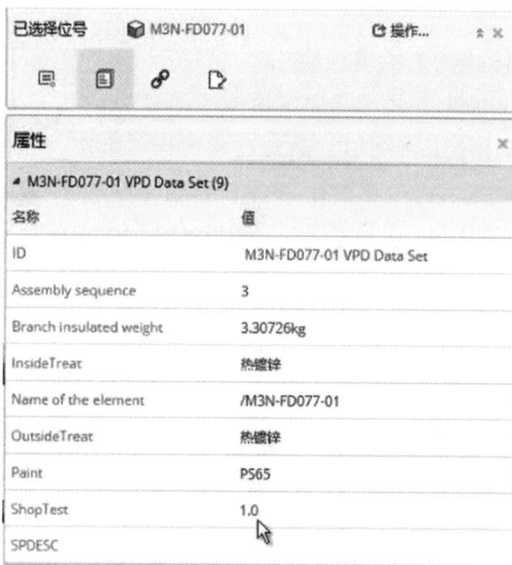

(a)

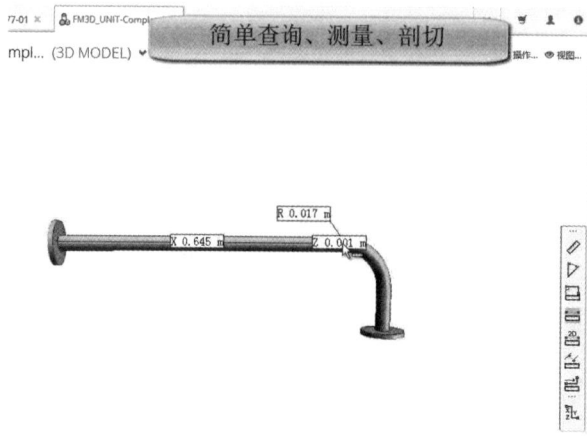

(b)

图 3-44 可视模型操作应用

3.3.3 管子设计信息与加工信息无缝对接技术

根据管子模型数据,建立智能化船舶管子设计数据信息和管子加工数据处理中心,通过接口程序输出到加工车间的管控系统,打通设计与加工的数据网络,完善统一三维设计加工信息的单一数据源管理,实现设计数据和加工数据的准确传递和无缝对接。

从设计平台系统提取模型数据,并对特殊数据计算需求结合生产进行程序开发,提出图纸发布及数据同步传输的途径,并通过管子制作图出图系统来完成从图纸数据获取、转换到发布的操作流程。电子数据传递系统流程示意图如图3-45所示。

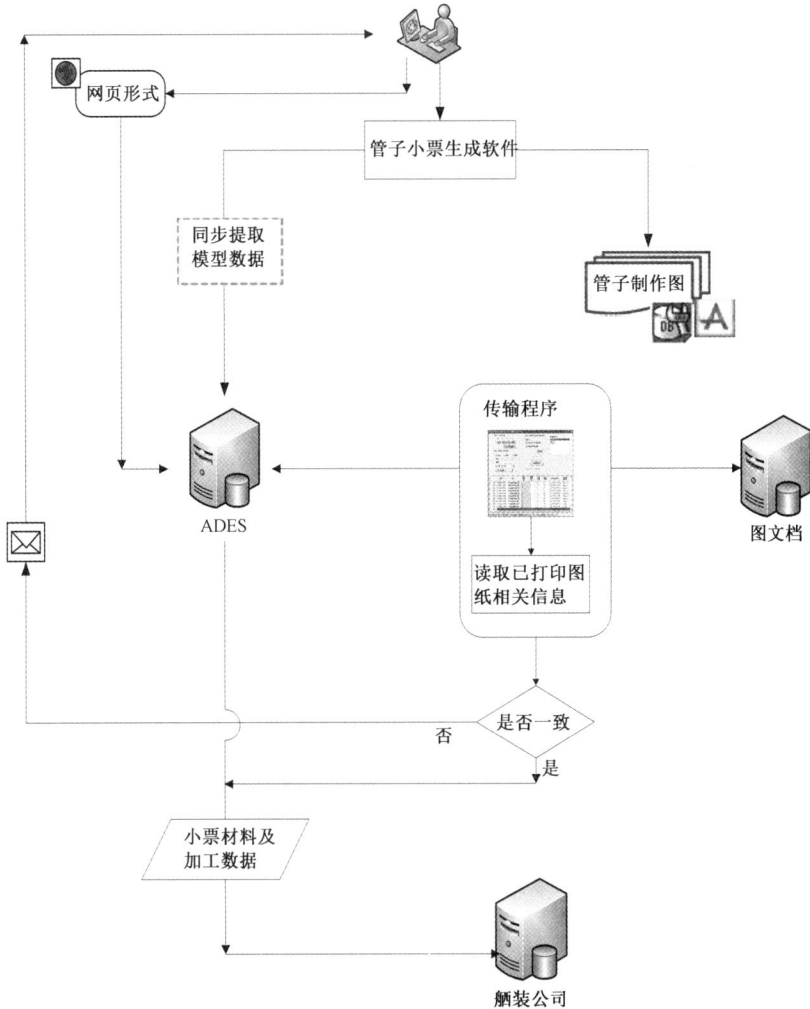

图3-45　电子数据传递系统流程示意图

依据管加工车间ERP数据管理需求,建立管系生产数据库,确定数据发布方法,保证数据和设计图纸的同步,为车间提供精准的加工数据是本章节的重点工作。

生产数据库的建立是根据管子小票特点,将小票图面信息分成三个部分,包括表头信息、材料信息及加工信息,相应的分别建立三个数据库表来保存每个管段图面数据,设计人员在生成小票时,通过项目程序自动提取小票信息,并自动将这些信息保存到对应的数据库表中,以电子发布的形式在管加工车间建立同名的管子数据库表,数据库表中主要包含如下信息。

(1)表头信息

包括工程号、区域、小票名称、管段、制作图号、安装图号、内外表面处理、涂装代码、页码、卡号等总信息;表头信息配置图,如图 3-46 所示。

(2)材料信息

列出每个管段下材料的名称、规格、型号、材质、下料长度、制作长度、重量等。材料信息配置图如图 3-47 所示。

列名	数据类型	允许 Null 值
Project	varchar(15)	☐
TribonModule	varchar(20)	☐
SketchName	varchar(20)	☐
PipeNo	varchar(30)	☐
DrawingNo	varchar(20)	☑
InTreatment	varchar(50)	☑
OutTreatment	varchar(50)	☑
InPaintCode	varchar(15)	☑
OutPaintCode	varchar(15)	☑
InArea	varchar(10)	☑
OutArea	varchar(10)	☑
Pressure	varchar(10)	☑
PipeWeight	varchar(20)	☑
Page	smallint	☑
Users	varchar(30)	☑
CreateDate	smalldatetime	☑
ModifyDate	smalldatetime	☑
ModifyTimes	tinyint	☑
Status	varchar(10)	☑
Memo	varchar(30)	☑
DelDate	smalldatetime	☑
DelUserZH	varchar(10)	☑
PipeLineCode	varchar(10)	☑

图 3-46　表头信息配置图

列名	数据类型	允许 Null 值
SketchName	varchar(20)	☐
DrawingNo	varchar(20)	☑
Project	varchar(15)	☐
TribonModule	varchar(20)	☐
PipeNo	varchar(20)	☐
MtrlPos	varchar(2)	☐
MtrlFlag	varchar(6)	☑
MtrlName	varchar(50)	☑
MtrlGG	varchar(100)	☑
MtrlXHCZ	varchar(100)	☑
MtrlQuantity	varchar(10)	☑
MtrlUnit	varchar(5)	☑
MtrlBuildLength	varchar(10)	☑
MtrlWeight	varchar(10)	☑
Memo	varchar(20)	☑
MtrlGGXHCZ	varchar(200)	☑
ConnPos	varchar(30)	☑
ConnX	varchar(20)	☑
ConnY	varchar(20)	☑
ConnZ	varchar(50)	☑

图 3-47　材料信息配置图

(3)加工信息

包括管子的加工信息,身长、起弯点、曲角、转角、弯模、管子连接等,加工信息配置图如图 3-48 所示。

VADESSVR01....e_Sketch_JG | SQLQuery386...1 (sa

列名	数据类型	允许 Null 值
SketchName	varchar(20)	☐
DrawingNo	varchar(20)	☑
Project	varchar(15)	☐
TribonModule	varchar(20)	☐
PipeNo	varchar(50)	☐
JGXH	varchar(2)	☐
JGFlag	varchar(10)	☑
StartBend	varchar(10)	☑
StraightPipe	varchar(10)	☑
PipeLine	varchar(10)	☑
ZJBend	varchar(10)	☑
QJTurn	varchar(10)	☑
Inclination	varchar(10)	☑
GLExcess	varchar(10)	☑
Radius	varchar(10)	☑
PreTurn	varchar(10)	☑
AccConnection	varchar(30)	☑
BraClosedLen	varchar(6)	☑
BraInclineWay	varchar(6)	☑
BraTurnAngle	varchar(6)	☑
BraXDistance	varchar(6)	☑

图 3-48　加工信息配置图

生产数据获取方式是在管子模型检查通过,生成管段信息后,设计人员可以通过管子制作图生成模块对选择的管段生成图纸,同时数据提取程序在后台提取管段相关信息,通过一定算法,计算并整理数据,保存到本地生产数据库中。模型数据提取模块如图 3-49 所示。管系生产数据库数据示例如图 3-50 所示。

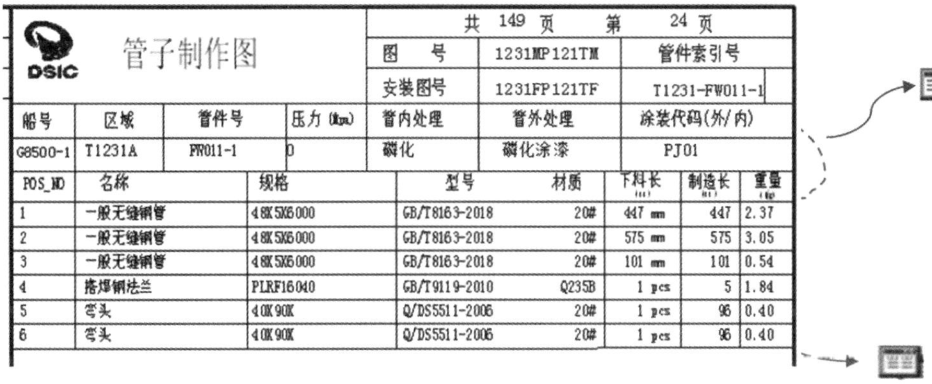

(a)

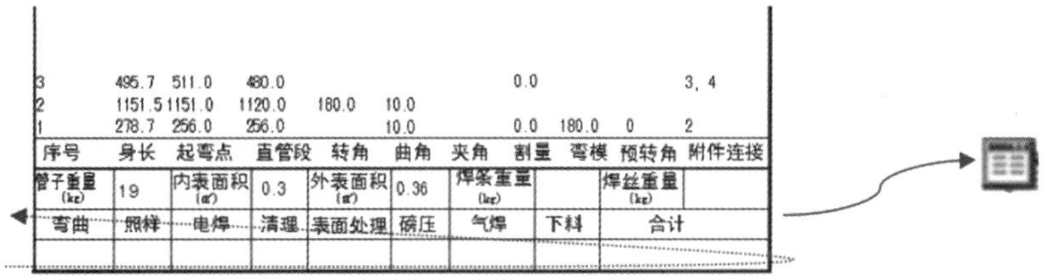

(b)

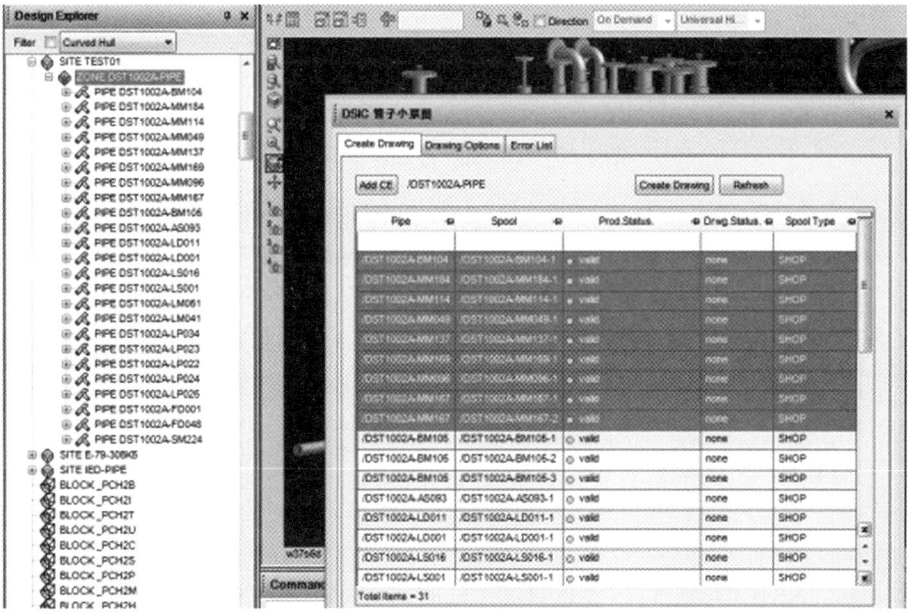

(c)

图 3-49　模型数据提取模块

管子制作图		共 149 页	第 24 页
	图　号	1231MP121TM	管件索引号
	安装图号	1231FP121TF	T1231-FW011-1

船号	区域	管件号	压力(Mpa)	管内处理	管外处理	涂装代码(外/内)
G8500-1	T1231A	FW011-1	0	磷化	磷化涂漆	PJ01

POS_NO	名称	规格	型号	材质	下料长	制造长	重量
1	一般无缝钢管	48X5X6000	GB/T8163-2018	20#	447 mm	447	2.37
2	一般无缝钢管	48X5X6000	GB/T8163-2018	20#	575 mm	575	3.05
3	一般无缝钢管	48X5X6000	GB/T8163-2018	20#	101 mm	101	0.54
4	搭焊钢法兰	PLRF16040	GB/T9119-2010	Q235B	1 pcs	5	1.84
5	弯头	40X90X	Q/DS5511-2006	20#	1 pcs	96	0.40
6	弯头	40X90X	Q/DS5511-2006	20#	1 pcs	96	0.40

(d)

图 3-49(续)

	Project	TribonModule	SketchName	PipeNo	DrawingNo	InTreatment	OutTreatment	InPaintCode	OutPaintCode	InArea	OutArea	Pressure	PipeWeight	Page	Users	CreateDate	ModifyDate
1	G8500-1	DS_P1100A	DS_P1100A-FB043-1	FB043-1	DS1100MP12APM	热镀锌	热镀锌			0.554	0.647	0.7	30.500	0	yan_lilin	2019-10-25 09:48:00	1900-01-01 00:00:00
2	G8500-1	DS_P1100A	DS_P1100A-FG008-1	FG008-1	DS1100MP12APM	热镀锌	热镀锌			0.142	0.166	0.8	10.470	0	yan_lilin	2019-10-25 09:48:00	1900-01-01 00:00:00
3	G8500-1	DS_P1100A	DS_P1100A-MH042-1	MH042-1	DS1100MP12APM	热镀锌	热镀锌			0.081	0.090	0	8.140	0	yan_lilin	2019-10-25 09:45:00	2019-10-25 09:47:00
4	G8500-1	DS_P1100A	DS_P1100A-WF022-1	WF022-1	DS1100MP12APM	热镀锌	热镀锌			0.023	0.033	0.9	1.340	0	yan_lilin	2019-10-25 09:48:00	1900-01-01 00:00:00
5	G8500-1	DS_T1314	DS_T1314-FW012-5	FW012-5	123DS	磷化	磷化涂漆	PJ01	PJ01	0.063	0.075	0.4	3.210	0	yan_lilin	2019-10-24 13:46:00	1900-01-01 00:00:00
6	G8500-1	DS_TZE32T	DS_TZE32T-LT009-1	LT009-1	123DS	清洗涂保养油	清洗涂漆	PS10	PS10	0.196	0.235	1.0	11.740	3	yan_lilin	2019-10-18 10:44:00	2019-10-18 11:28:00
7	G8500-1	DSS_T1314	DSS_T1314-AE007-1	AE007-1	123DS	热镀锌	热镀锌			0.192	0.253	4.95	11.430	0	yan_lilin	2019-10-24 16:52:00	2019-10-24 17:25:00
8	G8500-1	DSS_T1314	DSS_T1314-FW012-5	FW012-5	123DS	磷化	磷化涂漆	PJ01	PJ01	0.063	0.075	0.4	3.210	0	yan_lilin	2019-10-24 16:07:00	2019-10-24 17:27:00

	SketchName	DrawingNo	Project	TribonModule	PipeNo	MtrlPos	MtrlFlag	MtrlName	MtrlGG	MtrlXHCZ	MtrlQuantity	MtrlUnit	MtrlBuildLength	MtrlWeight	Memo	MtrlGGXHCZ
1	DS_P1100A-FB043-1	DS1100MP12APM	G8500-1	DS_P1100A	FB043-1	1		一般无缝钢管	76X7X6000	GB/T8163-2018 20##	2576	mm	2595	30.68	AM	76X7X6000 GB/T8163-2018 20##
2	DS_P1100A-FB043-1	DS1100MP12APM	G8500-1	DS_P1100A	FB043-1	2		搭焊钢法兰	PLRF16065-4	GB/T9119-2010 Q235B	1	pcs	8	2.98	AM	PLRF16065-4 GB/T9119-2010 Q235B
3	DS_P1100A-FB043-1	DS1100MP12APM	G8500-1	DS_P1100A	FB043-1	3		套管	65X100	Q/DS5509-2013 20##	1	pcs	0	1.84	AM	65X100 Q/DS5509-2013 20##
4	DS_P1100A-FB043-1	DS1100MP12APM	G8500-1	DS_P1100A	FB043-1	4		异径接头	80X65X	Q/DS5512-2006 20##	1	pcs	100	1.46	AM	80X65X Q/DS5512-2006 20##
5	DS_P1100A-FG008-1	DS1100MP12APM	G8500-1	DS_P1100A	FG008-1	1		一般无缝钢管	76X7X6000	GB/T8163-2018 20##	73	mm	73	0.87	AM	76X7X6000 GB/T8163-2018 20##
6	DS_P1100A-FG008-1	DS1100MP12APM	G8500-1	DS_P1100A	FG008-1	2		一般无缝钢管	76X7X6000	GB/T8163-2018 20##	134	mm	134	1.60	AM	76X7X6000 GB/T8163-2018 20##
7	DS_P1100A-FG008-1	DS1100MP12APM	G8500-1	DS_P1100A	FG008-1	3		一般无缝钢管	76X7X6000	GB/T8163-2018 20##	95	mm	95	1.13	AM	76X7X6000 GB/T8163-2018 20##
8	DS_P1100A-FG008-1	DS1100MP12APM	G8500-1	DS_P1100A	FG008-1	4		一般无缝钢管	76X7X6000	GB/T8163-2018 20##	85	mm	85	1.01	AM	76X7X6000 GB/T8163-2018 20##

	SketchName	DrawingNo	Project	TribonModule	PipeNo	JGXH	JGFlag	StartBend	StraightPipe	PipeLine	ZJBend	QJTurn	Inclination	GLExcess	Radius	PreTurn	AccConnection	BraClosedLen	BraInclineWay	BraTurnAr
1	DS_P1100A-FB043-1	DS1100MP12APM	G8500-1	DS_P1100A	FB043-1	1		212	212	442	-90	90		0	230	0	4	NULL	NULL	NULL
2	DS_P1100A-FB043-1	DS1100MP12APM	G8500-1	DS_P1100A	FB043-1	2		406	1570	1800				0	230	0	4	NULL	NULL	NULL
3	DS_P1100A-FG008-1	DS1100MP12APM	G8500-1	DS_P1100A	FG008-1	1			73	157							5,6	NULL	NULL	NULL
4	DS_P1100A-FG008-1	DS1100MP12APM	G8500-1	DS_P1100A	FG008-1	2			134	210							6,7	NULL	NULL	NULL
5	DS_P1100A-FG008-1	DS1100MP12APM	G8500-1	DS_P1100A	FG008-1	3			95	171							7,8	NULL	NULL	NULL
6	DS_P1100A-FG008-1	DS1100MP12APM	G8500-1	DS_P1100A	FG008-1	4			85	116							9	NULL	NULL	NULL
7	DS_P1100A-MH04...	DS1100MP12APM	G8500-1	DS_P1100A	MH04...	1			320	320							2,3	NULL	NULL	NULL
8	DS_P1100A-WF02...	DS1100MP12APM	G8500-1	DS_P1100A	WF02...	1			120	124							3,4	NULL	NULL	NULL
9	DS_P1100A-WF02...	DS1100MP12APM	G8500-1	DS_P1100A	WF02...	2		100	100	257		135		0	65	0	4	NULL	NULL	NULL

图 3-50　管系生产数据库数据示例

数据发布方法既要考虑数据的完整性，也要考虑数据更新的及进性。在生产设计图文档管理系统进行 PDF 文件发布时，将电子数据同步传输到管加工车间的加工数据库。而如何获取图纸发布的时间点，又如何触发数据的实时拷贝，是发布的关键点，在图文档数据库中，有专门数据表记录设计人员提交打印作业的详细信息，找到其中“打印完成时间”列，里面记载了图纸打印完成时间，可以监测该信息，当打印时间发生改变时，可以用以下两种方式自动传输数据：

（1）实时传输

利用数据库同步复制功能，触发数据拷贝程序模块。实时传输如图 3-51 所示。

（2）定时传输

利用 window 任务计划程序，设置自动传输时间，将传输条件带到控制程序，把满足条件的数据，以制作图号为单位，将对应图纸信息从本地数据库服务器同步拷贝到舾装公司数据库，完成一次数据同步过程。定时传输设置如图 3-52 所示。

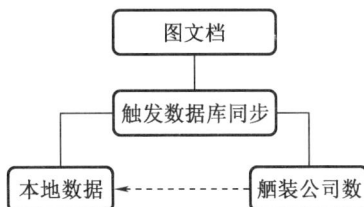

图 3-51 实时传输

图 3-52 定时传输设置

数据发布实现方式是在三维设计软件 AM 平台外,利用 C#结合数据库表、视图、存储过程等编程技术,分别访问不同数据库服务器,根据图文档服务器的"打印完成时间"节点,结合 windows 的计划任务每天自动传输已经发放的小票图纸数据到生产车间数据库中。典型程序语言如图 3-53 所示。管系生产数据定时传输界面如图 3-54 所示。

```
ALTER VIEW [dbo].[Pipe_Sketch_TWD_TB]
AS
SELECT  TOP 100 Percent TWD.工程号,TWD.图号,TWD.图名 ,TB.管子根数,TWD.责任者登
录名,     TWD.页数 as 发图页数,TWD.打印完成时间
        ,OUTFIT.舾装管子根数
        ,DayLog.IsPassed as 通过
        ,TWD.引用工程号
FROM   [database].[dbo].[TWDML] TWD
LEFT JOIN
        (SELECT  project,DrawingNo,count(pipeno) as 管子根数
            FROM     [cyssvrdb].[dbo].[Pipe_Sketch_List]
            where  (status is null or rtrim(ltrim(Status)) != 'del' ) +
            GROUP BY project,DrawingNo) TB
ON TB.project= TWD.工程号  and TB.DrawingNo= TWD.图号
LEFT JOIN
```

图 3-53 典型程序语言

```sql
        (SELECT  project,DrawingNo,count(pipeno) as 舾装管子根数
        FROM     [outfsvr].[tribon1].[dbo].[Pipe_Sketch_List]
        GROUP BY project,DrawingNo) OUTFIT
ON TB.project= OUTFIT.project and TB.DrawingNo= OUTFIT.DrawingNo

WHERE  打印完成时间 is not null and 图名 like '%管子制作图%'
and 自定义版本 in ('0','o')
ORDER BY 打印完成时间

ALTER PROCEDURE [tribon].[PROC_Pipe_Transfer]
    @DrawingNo varchar(20) = '1525MP121TM',
    @Project varchar(20) = 'projectno',
    @module varchar(20) = '1525'
AS
BEGIN

delete from [ourfsvr].[db].[dbo].[Pipe_Sketch_list]
where [Project] = @Project and [DrawingNo] = @DrawingNo and TribonModule
= @module

    insert into [ourfsvr].[db].[dbo]..[Pipe_Sketch_list]
    SELECT [Project]
        , [TribonModule]
        , [SketchName]
        , [PipeNo]
        , [DrawingNo]
        , [InTreatment]
        , [OutTreatment]
        , [InPaintCode]
        , [OutPaintCode]
        , [InArea]
        , [OutArea]
        , [Pressure]
        , [PipeWeight]
        , [Page]
        , [Users]
        , [CreateDate]
        , [ModifyDate]
        , [ModifyTimes]
        , [Status]
        , [Memo]
        , [PipeLineCode]
     FROM [cysdb].[dbo].[Pipe_Sketch_list]
     where [Project] = @Project and [DrawingNo] = @DrawingNo and (Status !=
'del' or  Status = '' or Status is null) and TribonModule = @module
     and SketchName not in (
     select SketchName from [ourfsvr].[db].[dbo].[Pipe_Sketch_list]
      where [Project] = @Project and [DrawingNo] = @DrawingNo )
    insert into [ourfsvr].[db].[dbo].[Pipe_Sketch_mtrl]
    SELECT *
   FROM [cysdb].[dbo].[Pipe_Sketch_Mtrl]
     where [Project] = @Project and [DrawingNo] = @DrawingNo and Memo not
like '%del' and TribonModule = @module
     and SketchName not in (
     select SketchName from [ourfsvr].[db].[dbo].[Pipe_Sketch_mtrl]
      where [Project] = @Project and [DrawingNo] = @DrawingNo )

    insert into [ourfsvr].[db].[dbo].[Pipe_Sketch_jg]
    SELECT *
     FROM [cysdb].[dbo].[Pipe_Sketch_jg]
     where [Project] = @Project and [DrawingNo] = @DrawingNo and Memo not
like '%del' and TribonModule = @module
     and SketchName not in (
     select SketchName from [ourfsvr].[db].[dbo].[Pipe_Sketch_jg]
      where [Project] = @Project and [DrawingNo] = @DrawingNo
END
```

图 3-53(续)

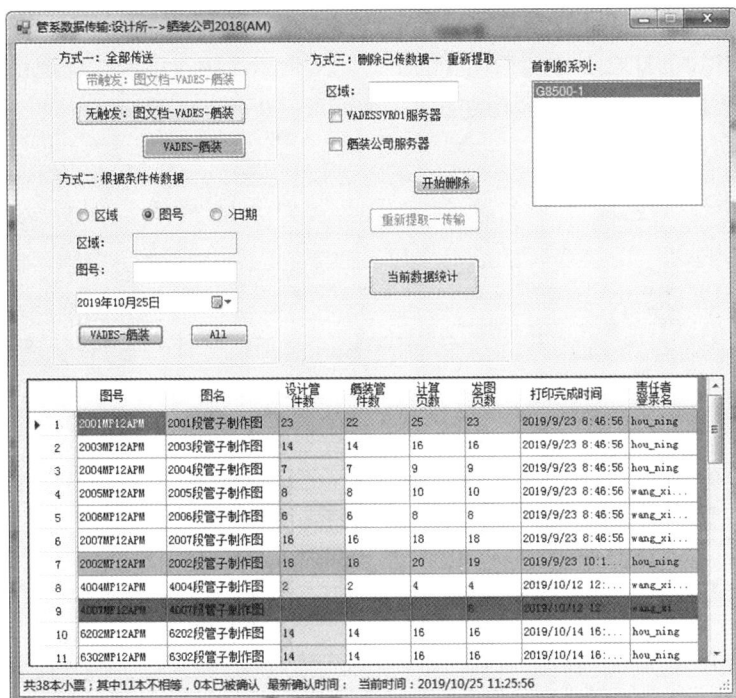

(a)

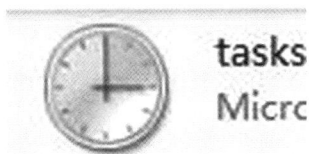

(b)

图 3-54 管系生产数据定时传输界面

（3）电子数据在制作车间的 ERP 中应用

电子数据传输到制作车间 EPR 系统后，可以继续开展如下应用。

①进行先焊后弯流水线管件标识检验及生产计划批量分卡（提供基本数据上线条件验证判断。如口径范围、长度范围、材质、报验、管型等上线条件）。

②按分工原则编制车间生产作业计划、下达生产作业区。

③生产作业区进行班组工位小日程计划编制，将生成物资领料信息发送给物资仓储部门进行生产物资配送。

④按班组生产批次汇总管子数据，根据实际使用管材规格、批号获取弯曲工艺修正参数数据库。根据数学模型进行管件弯曲加工参数修正转换及无余料下料长度修正计算。

⑤通过生产线数据接口获取待加工管材规格、材质、炉批号及测长数据，按班组生产批次进行管材智能套排料计算。

⑥生成直管生产线的每根原材料的下料数据接口文件。

⑦生成每个管件的法兰打码设备及装配设备数据接口文件。

⑧生成每个管件的弯管设备弯曲加工数据接口文件。

⑨将设备数据接口文件发送给对应设备进行生产加工。

⑩读取设备加工日志进行加工管件的工序完工信息反馈及生产过程记录。

管系电子数据在 ERP 中的应用如图 3-55 所示。

图 3-55　管系电子数据在 ERP 中的应用

3.4　面向智能弯管工艺的设计技术

目前国内管子加工企业仍采用管子先弯后焊加工工艺,这种弯曲加工工艺在下料长度上留有余量,待管子弯曲后转序校管平台校对封闭尺寸,切除两管端余量再按法兰双孔正定位要求装配点固焊法兰,然后转焊区进行管子与法兰焊缝的全位置人工焊接。因此,这种先弯后焊法兰的加工工艺具有管材浪费、装配效率低下、焊接质量差等缺点,一直是制约国内管子加工企业提高生产效率的主要原因之一。

管子智能加工就是要通过设计的优化将弯管的工艺信息数据关联到三维模型中,完成弯管补偿量的修正计算,生成管子的起弯位置、转角、曲角等智能弯管机需求的精确数据。弯管补偿量设计和法兰装配预转角等关键数据的计算,为智能化弯管技术的应用提供了精确的数据。

通过对批次管子弯曲后的补偿量的测算和法兰装配过程中的转角计算,利用二次开发程序构建数据模型,可实现各数据的补偿计算,修正各弯管加工工艺数据,实现智能弯管研究。其技术路线如图 3-56 所示。

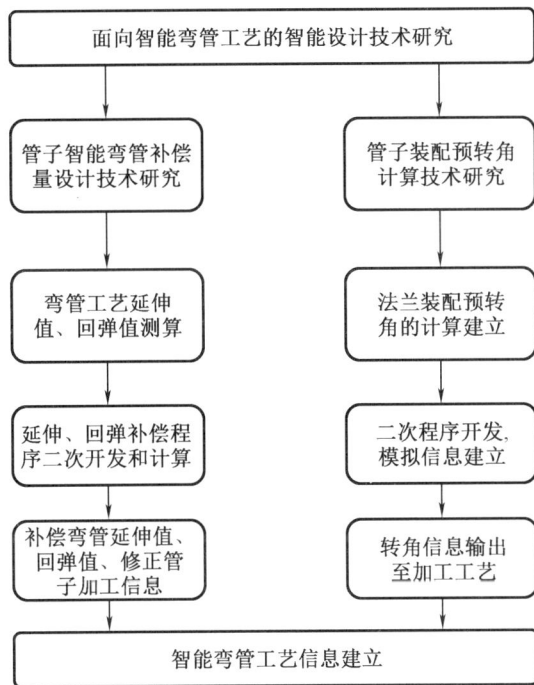

图3-56　面向智能弯管工艺的智能设计技术研究路线

3.4.1　管子智能弯管补偿量设计技术

为满足管子智能化弯管工艺和无余量下料数据需要,通过对管子工艺数据库中管子延伸值、角度回弹补偿值和双向切线值等数据的读取,利用程序的二次开发,计算出管子弯曲补偿量对管子下料长度的影响,在管子三维模型中建立相关数据,完成补偿量对管子下料长度的修正,最终体现在输出的管子加工信息中,为管子自动加工提供基础数据。

3.4.1.1　管子回弹的理论

管子的弯曲成形包含了管子与模具接触的非线性、材料的本构方程的非线性,以及管子应变与位移的非线性等诸多复杂问题,管子加工过程难以在同时考虑所有回弹影响因素及应变特点的情况下进行理论分析,因此管子回弹理论需要做以下假设:

(1)管子弯曲过程为纯弯曲;

(2)弯曲段横截面始终保持为平面,截面形状不变;

(3)弯曲作业卸载前后应力中性层和应变中性层始终重合,且位于截面中心;

(4)管子材料各向同性;

(5)忽略材料的包辛格效应。

将复杂的管子弯曲简化为纯弯曲后,就能从理论上分析管子弯曲过程中弯曲段横截面弹塑性变形区域的应力应变特点。因弹性变形区弯矩占整个横截面弯矩比例较小,故忽略其影响将整个横截面应力应变关系简化为幂函数硬化关系,最终建立了考虑管子壁厚的回弹角度及回弹后曲率半径预测模型。通过分析管子材料力学性能、管子尺寸参数、弯曲尺

寸参数对回弹的影响,得到如下结论:

(1)回弹随硬化系数 K 的增大而增大,随弹性模量 E、材料硬化指数 n 的增大而减小;

(2)回弹随管子外径 D 的增大而减小,随管子壁厚 t 的增大而增大;

(3)回弹随着弯曲角度 α 和弯曲半径 ρ 的增大而增大。

3.4.1.2 管子回弹的有限元分析

根据船用管子弯曲成形的实际加工情况,建立管子弯曲的有限元分析模型,整体模型如图 3-57 所示。

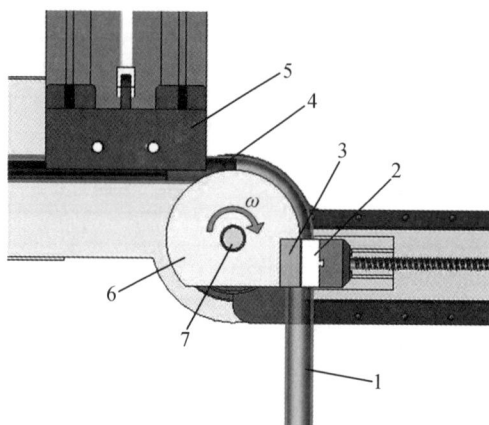

1—管件;2—前卡;3—镶块;4—芯棒;5—滑板组;6—胎膜;7—主轴。

图 3-57 船用管子弯曲成形整体模型图

确定了管子弯曲成形整体约束及载荷情况及胎膜约束 5 个自由度,只保留绕 z 轴的转动,以此模拟实际弯曲过程中随主轴的回转。

板组及芯棒均约束其全部自由度,模拟实际弯曲过程中各自的相对位置不变化;胎膜中心施加转速,模拟实际加工过程中对管子施加的弯曲载荷。该力学模型如图 3-58 所示。

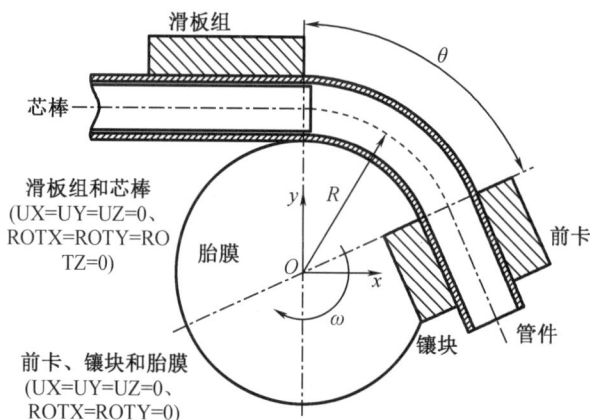

图 3-58 力学模型图

根据力学模型图,进一步建立了成形过程中管子的约束条件,①为芯棒与管子内壁间的接触对,②为滑板与管子外壁间的接触对,③为管子外壁与胎膜间的接触对,④为管子与镶块间的绑定约束处理,⑤为前卡与管子的绑定约束处理。通过所建立的各个接触对来约束管子,从而模拟实际弯曲成形。

基于上述理论,利用有限元软件建立了管子弯曲成形的有限元模型。

3.4.1.3　管子弯曲成形过程弹塑性

(1)弯曲成形过程的应力分析

由图3-59可知,较大的等效应力主要集中在芯棒与弯管内壁接触部位附近,该位置由于芯棒与弯管的摩擦支反力导致应力显著增大,其最大值为446.4 MPa,大于材料的屈服极限,同时最大应力由管子已变形区向未变形区转变,从而使得已变形区的应力发生顺序卸载;管子塑性变形区发生在弯曲结束区域(即芯棒支撑管子部位)附近,包括直线段和弯曲段两部分,其中未接受弯曲变形的直线段同样存在等效应力,这是由变形应力扩散导致的;随着弯曲成形的进行,塑性变形区一直处于动态变化之中,但是其大小和相对位置(在全局坐标系下)基本不发生变化。

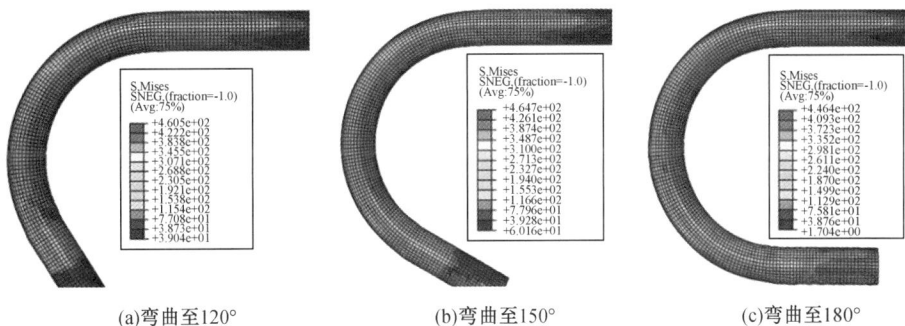

(a)弯曲至120°　　　　(b)弯曲至150°　　　　(c)弯曲至180°

图3-59　弯曲成形过程的应力分析图

(2)弯曲成形过程的应变分析

弯管成形过程中等效塑性应变分布云图如图3-60所示。

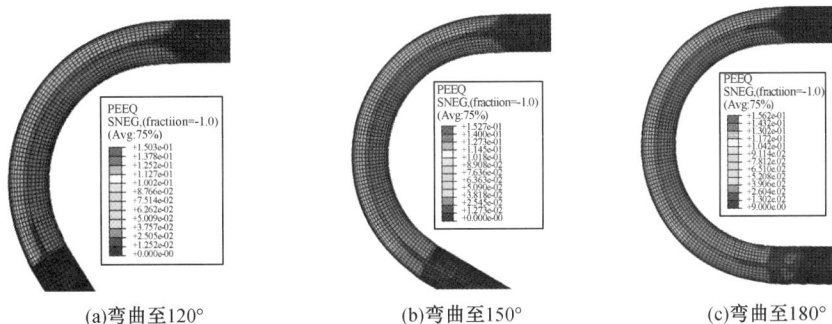

(a)弯曲至120°　　　　(b)弯曲至150°　　　　(c)弯曲至180°

图3-60　弯管成形过程中等效塑性应变分布云图

（3）弯曲成形过程的截面质量分析

图 3-61 为弯管成形过程中壁厚变化分布云图。

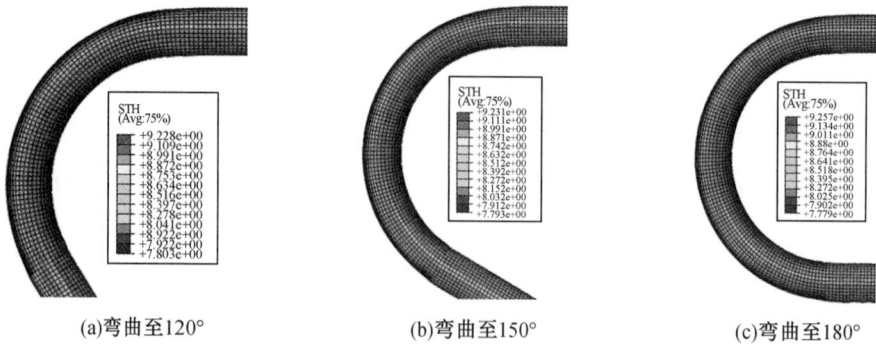

(a)弯曲至120°　　　　(b)弯曲至150°　　　　(c)弯曲至180°

图 3-61　弯管成形过程中壁厚变化分布云图

通过分析研究弯曲过程中变形区的应力应变、弯曲成形后变形区的应力应变、弯曲过程中截面质量以及弯曲成形后的截面质量，总结出管子弯曲成形的弹塑性变化规律。

3.4.1.4　工艺参数对弯管截面质量的影响

在管子数控弯曲成形过程中，芯棒起着至关重要的作用。利用前面建立的有限元模型，可以分析出芯棒伸出量、芯棒与管子间隙两个工艺参数对弯管截面质量的影响规律，从中获取合适的工艺参数，改变弯曲过程中管子的受力状态，减少壁厚减薄和截面畸变程度。其结果可指导同批管子的弯曲成形，并为提高管子成形精度及弯管机研发提供理论参考。

（1）芯棒伸出量对弯管截面质量的影响结果

在管子数控弯曲成形过程中，芯棒的工作位置直接影响弯管质量，在实际弯曲成形中，芯棒的工作位置应该超出弯曲切点 A 一定距离，该距离标示为芯棒伸出量 e，如图 3-62 所示。

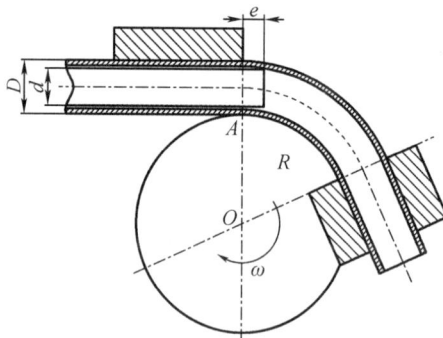

图 3-62　芯棒伸出量对弯管截面质量的影响

（2）芯棒与管子之间的间隙对弯管截面质量的影响结果

在管子弯曲成形过程中，其芯棒与管子之间的间隙直接影响弯管截面质量。如果间隙过小导致芯棒与管子的摩擦作用加强,管子外侧所受的拉应力增大,壁厚减薄率增大;如果间隙过大导致芯棒对管子的支撑作用减小,使得截面畸变程度加重。通过有限元仿真并提取计算对应的壁厚减薄率及截面畸变程度,获得的芯棒与管子内侧单侧间隙对弯管成形后截面质量的影响规律如图3-63所示。

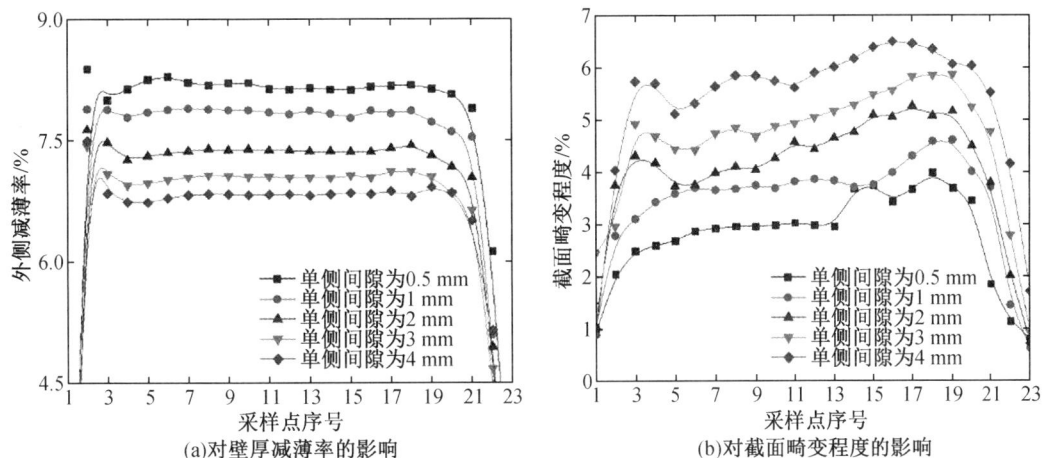

图3-63　芯棒与管子内侧单侧间隙对弯管成形后截面质量的影响规律

3.4.1.5　管子弯曲试验

(1)管子弯曲回弹

管子弯曲外载荷卸除以后,管子都伴随有弹性变形,使管子弯曲角度小于外载卸除前弯曲角度,这样的回弹现象叫作管子弯曲回弹。要实现管子先焊后弯加工,就需要系统地研究管子弯曲回弹的具体变化规律,才能在管子弯曲加工前修正管子弯曲角度,得到想要的管子弯曲成形角。

在管加工现场进行了大量的弯管试验,测量了输入弯曲不同角度对应回弹后的成形角值。

试验1:使用某公司生产制作的$\phi 114$数控弯管机进行$\phi 114 \times 5.5$弯曲加工,实测各个参数数据见表3-16。

表3-16　试验1实测参数

序号	成形角/(°)	输入角/(°)
1	20	20.92
2	30	31.17
3	45	46.54
4	60	61.90
5	90	92.66

分析具体输入弯曲角与成形角关系,如图3-64所示。

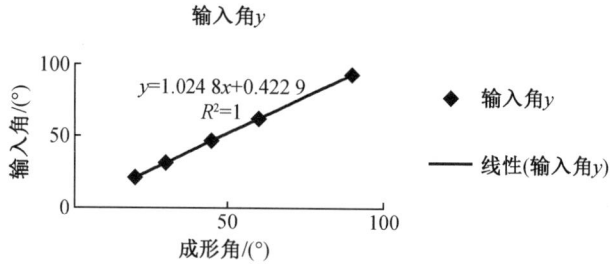

图3-64 输入弯曲角与成形角关系(试验1)

试验2:仍使用某公司生产制作的 $\phi114$ 数控弯管机进行 $\phi114\times6$ 弯曲加工,实测各个参数数据见表3-17。

表3-17 试验2实测参数

序号	成形角/(°)	输入角/(°)
1	20	20.70
2	30	30.90
3	40	41.10
4	45	46.20
5	50	51.30
6	60	61.50
7	70	71.70
8	80	81.90
9	90	92.10

分析具体弯曲角与成形角关系,如图3-65所示。

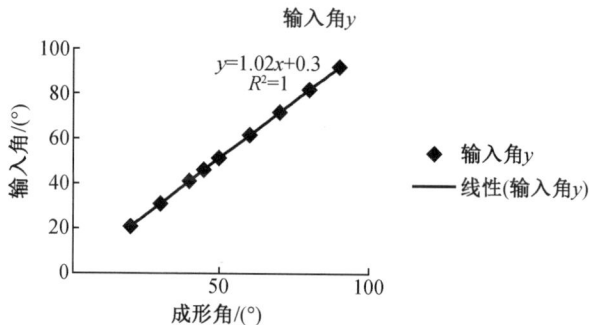

图3-65 输入弯曲角与成形角关系(试验2)

通过数据对比分析,管子弯曲回弹在 22°以上时,输入角与成形角之间呈线性关系,假设弯曲角为 θ,成形角为 α,根据通用直线方式建立如下数学模型:

$$\theta = K_1\alpha + C_1$$

(2)管子弯曲延伸

管子弯曲过程中,由于管子弯曲时受到外力拉拔,管子弯曲部分会产生尺寸变长的现象,这种现象叫作弯曲延伸。要实现管子先焊后弯加工,就需要系统地研究管子弯曲延伸的具体变化规律,才能在管子弯曲加工前修正管子下料尺寸,得到想要的管子弯曲封闭尺寸。

在管加工现场进行了大量的弯管试验,测量了输入弯曲不同角度对应的延伸值。

试验 1:使用某公司生产制作的 $\phi114$ 数控弯管机进行 $\phi114\times5.5$ 弯曲加工,实测各个参数数据见表 3-18。

表 3-18　试验 1 实测参数

序号	输入角/(°)	延伸值/mm
1	20	8.00
2	21	8.23
3	30	10.29
4	45	13.72
5	60	17.14
6	90	24.00
7	92.6	24.50

分析具体输入角与延伸值的关系,如图 3-66 所示。

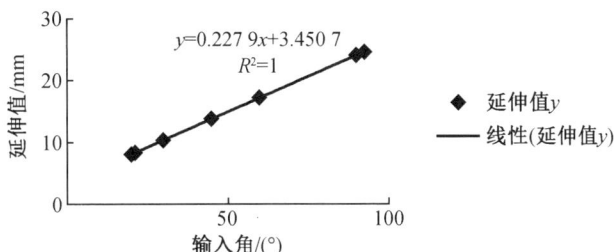

图 3-66　输入角与延伸值关系

试验 2:使用某公司生产制作的 $\phi114$ 数控弯管机进行 $\phi114\times6$ 弯曲加工,实测各个参数数据见表 3-19。

表 3-19　试验 2 实测参数

序号	输入角/(°)	延伸值/mm
1	20	6.50
2	30	8.78
3	40	11.00
4	45	12.10
5	50	13.30
6	60	15.60
7	70	17.90
8	80	20.10
9	90	22.30

分析具体输入角与延伸值的关系,如图 3-67 所示。

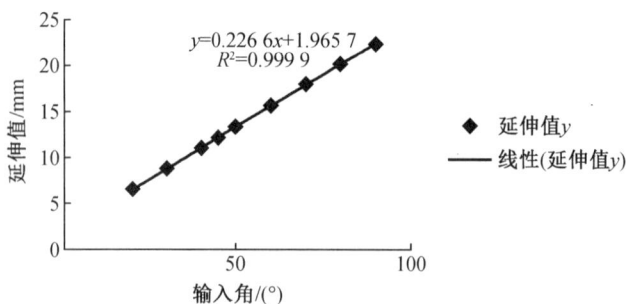

图 3-67　输入角与延伸值关系

通过对试验数据对比分析,管子弯曲回弹在 22°以上时,输入角与延伸值之间呈线性关系。假设延伸值为 ΔL,成形角为 α,根据通用直线方式建立如下数学模型:

$$\Delta L = K_2\alpha + C_2$$

(3)管子弯曲双切线

管子弯曲外载卸除以后,由于弯曲回弹,使管子弯曲半径变大,管子沿弯曲切线方向上的尺寸变长,这样的现象叫作管子弯曲切线增量。但弯曲首段半径变化要比弯曲末端大,使管子弯曲两个方向的切线长度不一致。要实现管子先焊后弯加工,就需要系统地研究管子弯曲双向切线的具体变化规律,才能在管子弯曲加工前修正下料尺寸,得到想要的管子弯曲封闭尺寸。

管子弯曲后外载卸除前起弯点 O 位置变化成外载卸除后起弯点 O' 位置。把管子轴向设为坐标系 x 方向,把管子径向设为坐标系 y 方向,这样 O 位置变成 O' 位置,其回弹前后的坐标点位置也发生了变化,具体变化值为 $x_{(尾增)}$、$y_{(首减)}$,如图 3-68 所示。

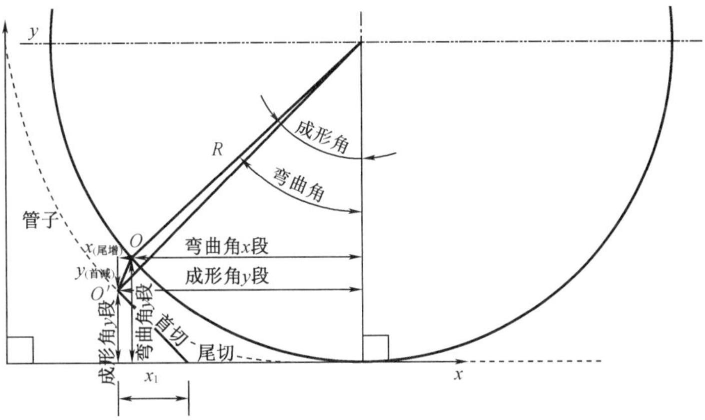

图 3-68　管子弯曲回弹示意图

选用同一炉批号中相同规格管子(ϕ114×6,炉批号为 11-200842)进行了多次设定弯曲范围的弯曲试验,记录了相应的试验参数(表 3-20)。

表 3-20　实测参数

测量内容	弯曲角度/(°)										
	10	20	30	40	45	50	60	70	80	90	95
首减	4.0	7.5	11.5	15.0	16.0	19.5	22.0	23.0	25.0	24.5	24.5
尾增	0.5	1.0	3.0	7.0	7.1	9.0	12.0	16.5	21.0	27.0	29.0

将所有参数在坐标系中标识后,分析其显现的曲线发现管子弯曲首减、尾增值均趋于规则的抛物线形状(图 3-69)。

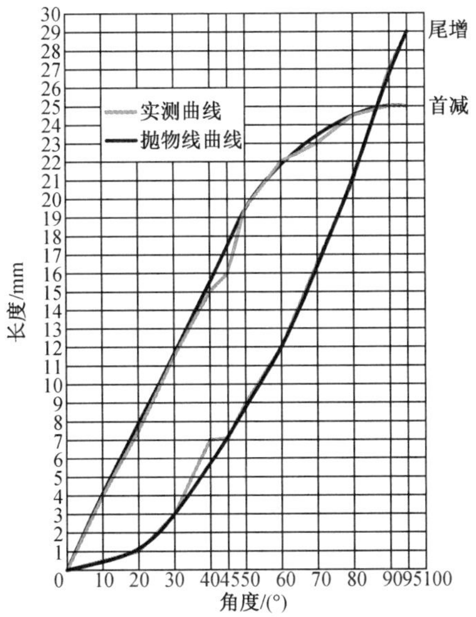

图 3-69　弯曲首减、尾增与弯曲角关系

设尾增为 x，首减为 y，弯曲角为 θ，成形角为 α，首部切线长为 A（首切），尾部切线长为 B（尾切）。根据通用抛物线方式建立如下数学模型：

$$x = K_3\theta^2 + K_4\theta + C_3$$
$$y = K_5\theta^2 + K_6\theta + C_4$$

首切、尾切分别与首减、尾增具体数学模型：

$$A = \frac{R(1-\cos\theta) - y}{\sin\alpha}$$

$$B = R\sin\theta + x - [R(1-\cos\theta) - y]/\tan\alpha$$

3.4.1.6　管子弯曲回弹后拟合弧长

设管子弯曲回弹后圆弧对应弦长为 I，弧高为 J，圆弧拟合半径为 r，圆弧对应圆心角为 β。根据三角函数得到如下数学公式：

（1）回弹后圆弧拟合半径公式：$r = J/2 + I^2/(8J)$。

（2）回弹后圆弧对应圆心角公式：$\beta = 2\arcsin[(I/2)/r]$。

（3）回弹后拟合弧长公式：$G = pr\beta/180°$。

弯曲弧长如图 3-70 所示。

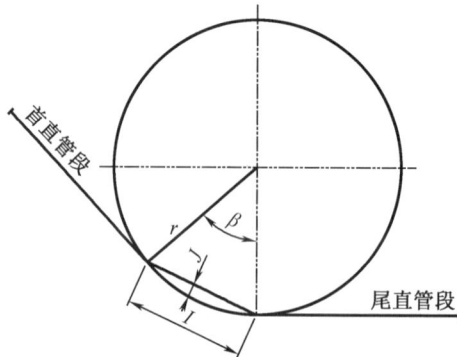

图 3-70　弯曲弧长

3.4.2　法兰装配预转角计算技术

根据法兰装配过程中预转角的计算，利用二次开发的程序，构建管子弯曲后的数学模型，模拟出相关法兰装配的预转角信息，完成装配管子法兰预转角的计算，为管子智能化加工的先焊后弯技术应用提供加工数据，并将装配预转角信息输出体现在管子三维工艺模型中，为管子自动加工提供数据基础。

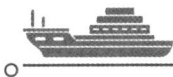

3.4.2.1 法兰预转角的定义

（1）法兰双孔正的定义

目前国内船厂管子生产设计和管子制作时两端法兰通常规定采取法兰双孔正，以此保证系统相连接的管子螺栓孔位置一致。

法兰双孔正的定义就是法兰最上端的两个螺栓孔中心连线 ab 与水平线 $a'b'$ 平行。

（2）法兰预转角的定义

管子在弯曲前，进行直管加工时提前计算好一个法兰相对另一个法兰预先旋转某个角度后再焊接，然后再上弯管机弯曲后符合两端法兰都保证双孔正和封闭尺寸，这就实现了管子先焊后弯的加工工艺。而提前计算好直管两端法兰相对预先旋转的角度，就是法兰预转角，用符号 ω 表示。

法兰预转角就是管子在进行直管组焊时首端法兰与双孔水平连线 ab 平行的连线 $a'b'$ 和尾端法兰与双孔水平连线 cd 平行的连线 $c'd'$ 之间的夹角 ω。

3.4.2.2 法兰预转角基本原理

（1）管子先焊后弯法兰预转角计算公式

管子弯曲时，初时角 β_1 和所有的转角 ψ 最终都通过了直管段 P_3P_4，然后再加上尾端角 β_2 就完成了预转角 ω 的旋转。

预转角的计算公式为 $\omega = \beta_1 + \beta_2 + \psi_1 + \psi_2 + \cdots + \psi_n$。其中，$\psi_1 + \psi_2 + \cdots + \psi_n$ 均为管子给出的已知数据，但 β_1 和 β_2 需要单独进行计算。

（2）三角函数法计算初始角 β_1 和尾端角 β_2

首先将管形示意图形放入一个直角坐标系，如图3-71示意。

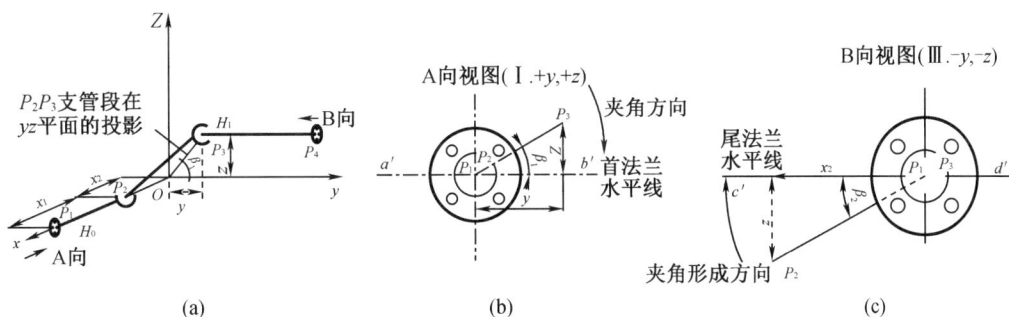

| (a) | (b) | (c) |

图 3-71 直角坐标系内管子管形示意图

（3）计算方法用自定义来确定 $a'b'$ 基准线的位置

由于三维设计系统的特殊性，三维设计系统坐标系内的管系计算程序的二次开发按照法向量法进行计算，但该系统对管子的 β 角计算不同于前述用三角函数法，可通过人为对管子以某坐标轴旋转来确定法兰 $a'b'$ 基准线。而三维设计系统出具的管子尺寸是根据布置在船体数学模型中管子在 xyz 空间坐标节点数据通过法向量法计算所得，不能进行空间旋转。为此在判定法兰 $a'b'$ 基准线时有如下三种情况。

第一种情况:当管形中首、尾端管均平行于坐标系 xOy 平面时,首、尾端管段垂直于坐标系中某个坐标轴(x 轴或 y 轴),该坐标轴方向即为该管段法兰 $a'b'$ 方向。

第二种情况:当管形中首、尾端管段均垂直于坐标系 xOy 平面时,首、尾端管法兰 $a'b'$ 方向选取 Tribon 坐标系 x、y 轴方向均可。为了统一计算结果,规定只选坐标系 x 轴方向作为 $a'b'$ 方向。

第三种情况:当管形中首、尾端管一个平行于坐标系 xOy 平面,一个垂直于坐标系 xOy 平面时,应按弯曲顺序进行法兰 $a'b'$ 方向的判定,其中:

平行于坐标系 xOy 平面的管段,垂直于坐标系中某个坐标轴(x 轴或 y 轴),该坐标轴方向即为管段法兰 $a'b'$ 方向(同第一种情况);

垂直于 Tribon 坐标系 xOy 平面的管段,该管段法兰 $a'b'$ 方向选取坐标系 x、y 轴方向均可。为了统一计算结果,规定只选坐标系 x 轴方向作为 $a'b'$ 方向(同第二种情况)。

以上所有规律必须满足三个必要条件:

①应用三维设计系统规定的坐标系;

②法兰螺孔必须为 4 的整数倍;

③管子弯曲顺序与三维设计系统图纸中管端 C_1C_2 顺序一致。

直管段的投影线 OP_3 象限如图 3-72 所示。

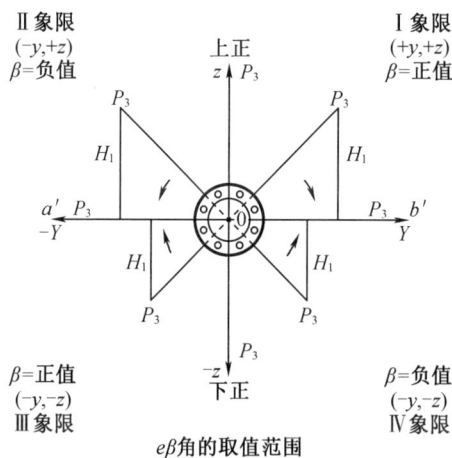

图 3-72 直管段的投影线 OP_3 象限

面对法兰看象限图,如图 3-73 所示。汇总如下:$a'b'P_1P_2$ 组成的平面为基准面 $a'b'$ 为基准线,当 $P_1P_2P_3$ 平面与其相交时会出现:

当 P_2P_3 直管段的投影线 OP_3 与 $a'b'$ 基准线相交于法兰圆心,并且靠向基准线旋转为顺时针时,则 β 为正(且 $0<\beta<90°$)(存在于 Ⅰ 和 Ⅲ 象限)。反之,投影线 OP_3 与 $a'b'$ 基准线相交于法兰圆心,并且靠向基准线旋转为逆时针时,则 β 为负(且 $-90°<\beta<0$)(存在于 Ⅱ 和 Ⅳ 象限)。也可按象限内坐标正负确定,如负负得正,正负得负。

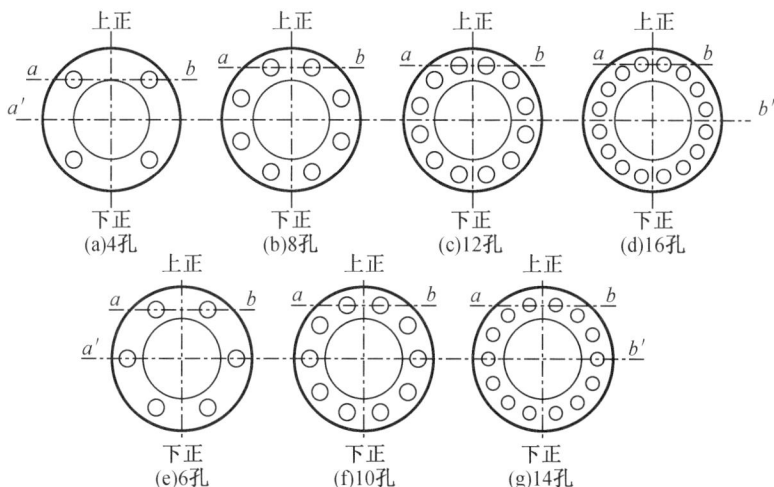

图3-73 法兰螺栓孔示意图

当 P_2P_3 直管段的投影线 OP_3 与 $a'b'$ 基准线相交于圆心并且重合时,β 为 0°。

当投影线 OP_3 垂直于 $a'b'$ 基准线上正时 $\beta = 90°$,而下正时 $\beta = -90°$(这样规定是为了同管子弯曲时正负转角定义保持一致)。当法兰螺栓孔为 4,8,12,16,20 孔时,β 角视为 0°;而为 6,10,14 孔时,β 角要进行计算,最终 $-90° < \beta < 90°$。

对法兰螺栓孔为 4,8,12,16,20 孔时,β 角为 0° 进行如下解释。从图3-74 中可以看到 4,8,12,16 孔水平、垂直中心线和左右 $a'b'$ 基准线对称,都是双孔正。而 6,10,14 孔水平、垂直中线是双孔正,左右 $a'b'$ 基准线与两螺孔重合使上半部和下半部螺孔数量不对称,所以要进行 β 角计算。

3.4.2.3 法兰预转角验证工艺方法

管子先焊后弯法兰预转角的验证工艺方法为样杆模拟验证法。

利用计算出的预转角信息,使用样杆模拟数控弯管机弯曲先焊后弯管子的过程,从而判断计算的预转角数值是否正确,具体步骤如下。

步骤一:样杆模拟将弯管作为直管安装法兰过程,使首端法兰相对尾端法兰旋转某预转角度 ω(正为顺时针旋转,负为逆时针旋转)。

步骤二:样杆模拟安装法兰后直管段上数控弯管机调整过程。首段法兰需要双孔正,然后旋转初始角度 β_1(正为顺时针旋转,负为逆时针旋转)。

步骤三:样杆模拟直管段在数控弯管机上调整后的弯曲加工过程。样杆按照给定的伸长、转角、曲率信息进行弯曲加工作业。

最后形成的样杆符合管子具体形状,而且样杆首尾端法兰均为双孔正,证明前面计算得出的 β_1、β_2、ω 结果均是正确的。

(1)法兰预转角 ω 的操作工艺方法

法兰预转角的旋转是在管子曲弯前直管上法兰焊接时就要确定的。具体操作方法是:首先将首端法兰点固好后找双孔正,然后将 $a'b'$ 基准线顺时针旋转 ω(ω 是正值时双孔正水平基准线顺时针旋转,当 ω 是负值时双孔正水平基准线逆时针转),然后再将尾端法兰找好双孔正点固好后转焊接。这样就完成了预转角 ω 的旋转。这个过程在法兰装配机上操作时应再编制一个"操作指导书",指导工人完成上述工作。

第一步:首端法兰点固焊后找好双孔正再旋转 22°后上尾端法兰。

第二步:尾端法兰双孔正点固焊后转法兰自动焊接机焊接。

预转角旋转图($\omega=22°,\beta_1=31°$)如图 3-74 所示。

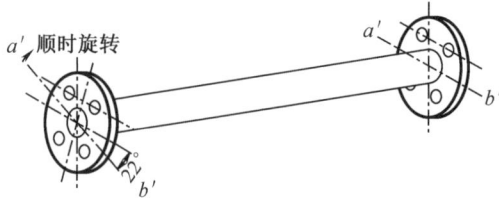

图 3-74 预转角旋转图($\omega=22°,\beta_1=31°$)

(2)法兰初始角 β_1 的操作工艺方法

将在完成了预转角旋转法兰焊好后的直管送到弯管机准备弯曲前,还要在弯管机上完成初始角 β_1 的旋转和定位。具体操作方法是:直管法兰在完成了预转角的焊接后就可以曲弯了,但曲弯时,如果从首端向尾端弯,就要考虑初始角 β_1 的旋转,也就是在弯曲前,工人面对弯管机找出首端法兰双孔正,然后旋转初始角 β_1 后前卡夹紧管子开始曲第一个曲角。操作如下:管子从首端开始弯曲时,工人面对弯管机先确定首端法兰双孔正,然后将双孔正顺时针旋转 31°后夹紧管子开始弯第一个曲角,接着就按正常顺序往下进行。这个先焊后弯的过程中有一个工人先做初始角 β_1 的干预,要准确、快捷操作,应在数控弯管机上完成以上过程。

3.5 面向管子智能加工的设计技术

国内一般是根据管子弯曲变化规律估算的不同规格及皮厚管子的延伸、回弹相应的经验值进行船舶管子长度计算的,这样计算的管子长度数据不精确。

表 3-21 为国内与日韩先进造船企业的管子加工现状对比分析表。

表 3-21 国内与日韩先进造船企业的管子加工现状对比分析表

序号	内容	国内现状	日韩现状
1	加工工艺	先弯后焊	先焊后弯
2	料架	人工装卸上料	自动上料立体库
3	测长、定长、切割	人工测长、套料,人工操作机械切割	智能自动测长、定长、切割
4	直管法兰装配	人工平台组装校管装配	智能直管法兰机器人装配系统
5	标识	手工写	自助打印

表 3-21（续）

序号	内容	国内现状	日韩现状
6	弯管	半自动人工操作液压弯管机	数控弯管机自动弯曲
7	组装管焊接	人工全位置焊接	全自动机器人焊接
8	相贯线切割	半自动相贯线切割机	数控相贯线切割机
9	管子加工生产线	数字化直管加工生产线	智能直管、弯管加工一体化生产线

　　管子智能下料、切割、弯曲及套料设计技术，即通过对管系工艺数据、管子模型中数据的分析和计算，及管子弯管补偿量的修正实现无余量下料。通过对管子规格等的分类分析，计算数据二次开发，生成管子智能套料输出的程序，将加工设备所需的数据直接传递给管子加工及装配流水线，直接驱动流水线的设备实现管子的智能化制造。具体技术内容如图 3-75 所示。

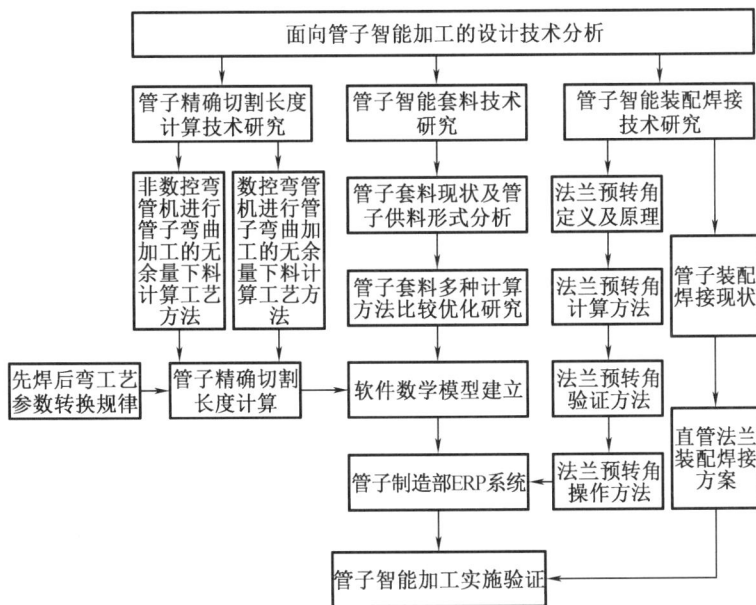

图 3-75　面向管子智能加工的设计技术研究

3.5.1　基于智能制造的管子精确切割长度计算

3.5.1.1　非数控弯管机进行管子弯曲加工的无余量下料计算工艺方法

　　根据以往非数控弯管机进行管子弯曲加工的经验，无余量下料计算方法采用"后段减前弯延伸"。具体非数控弯管机进行管子弯曲加工的无余量下料计算公式总结如下。

　　针对连续 n 个弯曲段的一根管件，$n \geq 2$，相应参数加角标 $1,2,\cdots,n$ 表示，并通过设计和测量得到如下参数值：首直管段长 D_1、第二段直管段长 D_2、第 n 段直管段长 D_n、尾直管段长

D_L；第一弯曲角弧长 G_1、第二弯曲角弧长 G_2、第 n 弯曲角弧长 G_n；设计图纸中首段封闭尺寸 F_1、第二段封闭尺寸 F_2、第 n 段封闭尺寸 F_n、尾段封闭尺寸 F_L；第一弯曲角切线 A_1、第二弯曲角切线 A_2、第 n 弯曲角切线 A_n；第一弯曲角产生延伸值为 ΔL_1、第二弯曲角产生延伸值为 ΔL_2、第 n 弯曲角产生延伸值为 ΔL_n；管件下料总长 L。总结针对非数控弯管机进行管子弯曲加工的无余量下料计算方法具体公式如下：

$$\begin{cases} D_1 = F_1 - A_1 \\ D_2 = F_2 - A_1 - A_2 - \Delta L_1 \\ \vdots \\ D_n = F_n - A_{n-1} - A_n - \Delta L_{n-1} \\ D_L = F_L - A_n - \Delta L_n \\ L = D_1 + G_1 + D_2 + G_2 + \cdots + D_n + G_n + D_L \end{cases} \quad (3-1)$$

3.5.1.2 数控弯管机使用非数控弯管机无余量下料计算的弯曲分析

根据非数控弯管机进行管子弯曲加工的无余量下料计算方法，模拟数控弯管机弯曲管子的过程，使用设定的管子进行弯曲。管子使用非数控弯管机无余量下料计算方法在弯管机上弯曲示意图如图 3-76 所示。

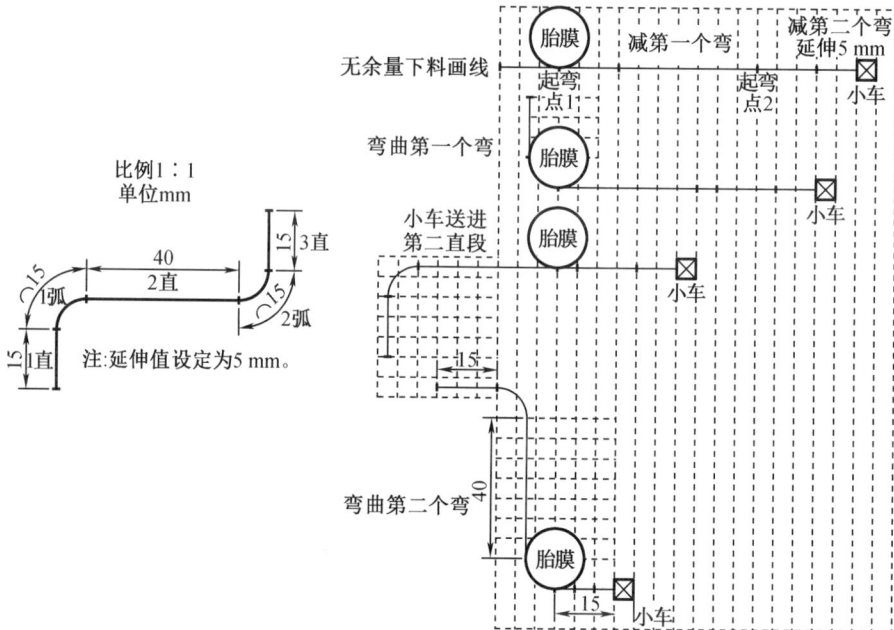

图 3-76　管子使用非数控弯管机无余量下料计算方法在弯管机上弯曲示意图

假设第一直管段为 15 mm，第一弯管段为 15 mm，第二直管段为 40 mm，第二弯管段为 15 mm，第三直管段为 15 mm；第一、二弯管的延伸值均为 5 mm。数控弯管机弯曲管子的过程如下：

（1）管子去掉延伸量下料画线；

(2) 数控弯管机弯曲第一个弯;

(3) 数控弯管机小车送进第二直段;

(4) 数控弯管机弯曲第二个弯。

由模拟过程分析可得:管子弯曲后第二段封闭尺寸短于第一弯的延伸值,第三段长于第一弯的延伸值。通过分析"前直段短一个延伸,后一段长一个延伸",发现后段长是前段"累积"过来的。为此,数控弯管机进行管子弯曲加工的无余量下料计算应把前段延伸不减而把累积延伸在最后一直段全部减掉,而不能采取传统的"后段减前弯延伸"无余量计算方法。

3.5.1.3　数控弯管机进行管子弯曲加工的无余量下料计算工艺方法

针对一根连续 n 个弯曲段的管件,$n \geq 2$,相应参数加角标 $1,2,\cdots,n$ 表示,并通过设计和测量得到如下参数值:首直管段长 D_1、第二段直管段长 D_2、第 n 段直管段长 D_n、尾直管段长 D_L;第一弯曲角弧长 G_1、第二弯曲角弧长 G_2、第 n 弯曲角弧长 G_n;设计图纸中首段封闭尺寸 F_1、第二段封闭尺寸 F_2、第 n 段封闭尺寸 F_n、尾段封闭尺寸 F_L;第一弯曲角切线 A_1、第二弯曲角切线 A_2、第 n 弯曲角切线 A_n;第一弯曲角产生延伸值为 ΔL_1、第二弯曲角产生延伸值为 ΔL_2、第 n 弯曲角产生延伸值为 ΔL_n;管件下料总长 L。总结针对非数控弯管机进行管子弯曲加工的无余量下料计算方法的具体公式如下:

$$\begin{cases} D_1 = F_1 - A_1 \\ D_2 = F_2 - A_1 - A_2 \\ \quad\vdots \\ D_n = F_n - A_{n-1} - A_n \\ D_L = F_L - A_n - \Delta L_1 - \cdots - \Delta L_n \\ L = D_1 + G_1 + D_2 + G_2 + \cdots + D_n + G_n + D_L \end{cases} \qquad (3-2)$$

3.5.1.4　适用数控弯管机无余量下料计算工艺方法的情况分析

根据数控弯管机进行管子弯曲加工的无余量下料计算方法,模拟数控弯管机弯曲管子的过程,使用设定的管子进行弯曲。

假设第一直管段为 15 mm,第一弯管段为 15 mm,第二直管段为 40 mm,第二弯管段为 15 mm,第三直管段为 15 mm;第一、二弯管的延伸值均为 5 mm。数控弯管机弯曲管子的过程如下:

(1) 管子去掉延伸量下料画线;

(2) 数控弯管机弯曲第一个弯;

(3) 数控弯管机小车送进第二直段;

(4) 数控弯管机弯曲第二个弯。

根据"数控弯管机进行管子弯曲加工的无余量下料计算应把前段延伸不减而把累积延伸在最后一直段全部减掉"进行的管子弯曲加工模拟得到的管子各段尺寸符合要求。管子使用数控弯管机无余量下料计算方法在弯管机上弯曲示意图如图 3-77 所示。

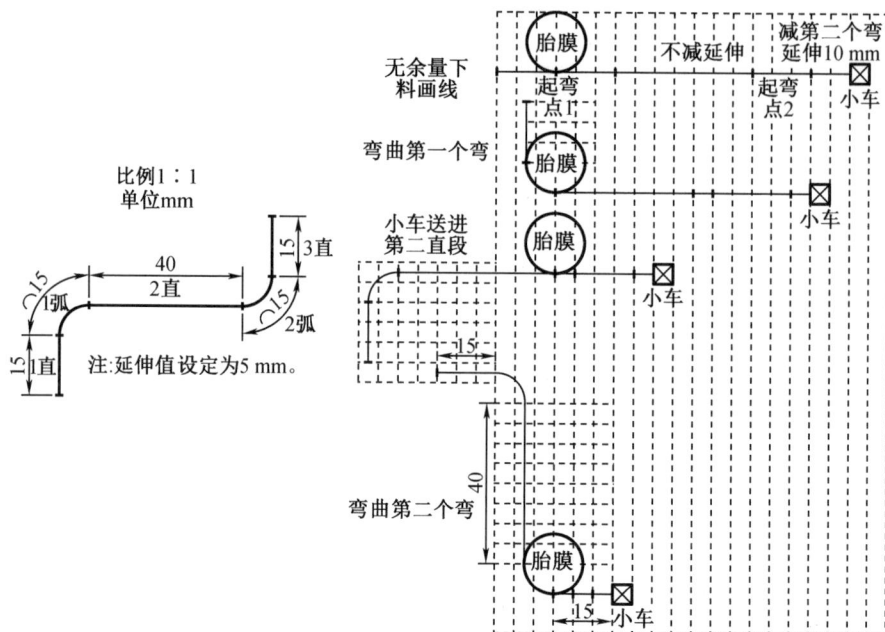

图 3-77　管子使用数控弯管机无余量下料计算方法在弯管机上弯曲示意图

3.5.1.5　方法实例检验

应用一台 φ114 数控弯管机进行管子弯曲加工。根据掌握的针对非数控弯管机进行管子弯曲加工的无余量下料计算方法和数控弯管机进行管子弯曲加工的无余量下料计算方法分别进行管子弯曲加工。具体管形及管子参数如图 3-78、表 3-22 所示。

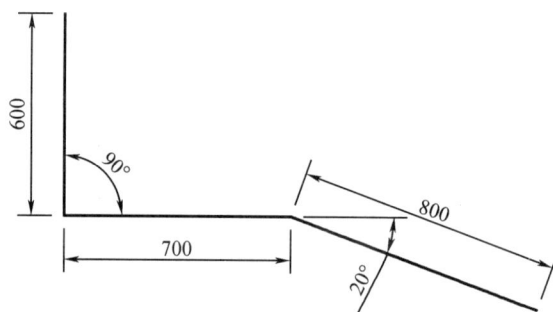

图 3-78　管子结构示意图(单位:mm)

表 3-22　管子加工参数

序号	管件号	管子规格/mm	总料长/mm	弯曲序号	封闭长/mm	起弯点	直管段	转角/(°)	曲角/(°)	预转角/(°)
1	4F7-MM37-1	114×6	1 916	1	600	239	239	—	90	0
—	—	—	—	2	700	819	252	180	20	—
—	—	—	—	3	800	858	729	—	—	—

经过试验测试得到：

输入弯曲角92.6°时所得回弹成形角90°，对应延伸21.8 mm，切线361 mm，弧长565.7 mm。

输入弯曲角20.5°时所得回弹成形角20°，对应延伸6.4 mm，切线65 mm，弧长125.2 mm。

（1）使用非数控弯管机进行管子弯曲加工的无余量下料计算方法，根据式（3-1）计算：

$$D_1 = F_1 - A_1 = 600 - 361 = 239 \text{ mm}$$

$$D_2 = F_2 - A_1 - A_2 - \Delta L_1 = 700 - 361 - 65 - 21.8 = 252.2 \approx 252 \text{ mm}$$

$$D_3 = F_3 - A_2 - \Delta L_2 = 800 - 65 - 6.4 = 728.6 \approx 729 \text{ mm}$$

$$L = D_1 + G_1 + D_2 + G_2 + \cdots + D_n + G_n + D_L$$

$$= 239 + 565.7 + 252.2 + 125.2 + 728.6$$

$$= 1\ 910.7$$

$$\approx 1\ 911 \text{ mm}$$

根据以上无余量下料计算方法计算出的管子加工参数见表3-23。

表 3-23　管子使用非数控弯管机无余量下料计算方法加工参数

序号	管件号	管子规格/mm	总料长/mm	弯曲序号	封闭长/mm	起弯点	直管段	转角/(°)	曲角/(°)	预转角/(°)
1	4F7-MM37-1	114×6	1 911	1	600	239	239	—	92.6	0
—	—	—	—	2	700	819	252	180	20.5	—
—	—	—	—	3	800	858	729	—	—	—

在该数控弯管机上进行管子弯曲加工，通过弯曲后经检验发现弯曲角度准确，第一段封闭尺寸准确，第二段封闭尺寸678 mm短了第一弯的延伸值（700-678=22 mm），第三段封闭尺寸822 mm长了第一弯的延伸值（822-800=22 mm）。实例试验证明了"数控弯管机使用非数控弯管机无余量下料计算方法的弯曲情况分析"阐述的内容，说明使用传统"后段减前弯延伸"的非数控弯管机进行管子弯曲加工的无余量下料计算方法不适应数控弯管机进行管子弯曲，有送进小车的数控弯管机无余量下料计算方法与非数控弯管机在无余量下料计算方法上是有区别的。

使用数控弯管机进行管子弯曲加工的无余量下料计算方法，根据式（3-2）计算：

$$D_1 = F_1 - A_1 = 600 - 361 = 239 \text{ mm}$$

$$D_2 = F_2 - A_1 - A_2 = 700 - 361 - 65 = 274 \text{ mm}$$

$$D_3 = F_3 - A_2 - \Delta L_1 - \Delta L_2 = 800 - 65 - 21.8 - 6.4 = 706.8 = 707 \text{ mm}$$

$$L = D_1 + G_1 + D_2 + G_2 + \cdots + D_n + G_n + D_L$$

$$= 239 + 565.7 + 274 + 125.2 + 706.8$$

$$= 1\ 910.7$$

$$\approx 1\ 911 \text{ mm}$$

根据以上无余量下料计算方法计算出的管子加工参数见表3-24。

表 3-24　管子使用数控弯管机无余量下料计算方法加工参数

序号	管件号	管子规格/mm	总料长/mm	弯曲序号	封闭长/mm	起弯点	直管段	转角/(°)	曲角/(°)	预转角/(°)
1	4F7-MM37-1	114×6	1 911	1	600	239	239	—	92.6	0
—	—	—	—	2	700	819	274	180	20.5	—
—	—	—	—	3	800	858	707	—	—	—

在该数控弯管机上进行管子弯曲加工,通过弯曲后经检验发现弯曲角度准确,第一段封闭尺寸准确,第二段封闭尺寸准确,第三段封闭尺寸准确。实例试验证明了"数控弯管机进行管子弯曲加工的无余量下料计算方法"适用"数控弯管机无余量下料计算方法的情况分析"阐述的内容,说明使用"数控弯管机进行管子弯曲加工的无余量下料计算应把前段延伸不减而把累积延伸在最后一直段全部减掉"的数控弯管机进行管子弯曲加工的无余量下料计算方法是准确的。

3.5.2　管子套料计算方法

管子套料就是要解决将 n 根管材套在 N 根母材上求最优解的问题,余料最短即为最优解。例如,现有 n 根编号不同的管材要套在 N 根母材上,L 表示母材的长度,求最省料的算法。$A[i]$ 表示第 i 根管材的长度,$X[i]$ 表示第 i 根管材,对于管材套料可以转化为以下数学模型:

$$\max \sum_{i=1}^{n} A[i] \cdot X[i]$$

并且满足约束条件

$$\max \sum_{i=1}^{n} A[i] \cdot X[i] \leqslant L$$
$$X[i] \subseteq \{0,1\}, 1 \leqslant i \leqslant n$$

先在第一根母材上进行套料。套一根共有 C_A^1 种方法,将剩余长度最小的方法存放在临时变量 B_1 中,套两根共用 C_A^2 种方法,将剩余长度最小的方法与 B_1 比较,如果小于 B_1,则将 B_1 替换。依次类推直到 C_A^A,此时 B_1 中存放的就是在第一根长度为 L 母材上套料的最佳结果。然后取第二根母材,按照上述的算法求出 B_2,依此类推直到求出 $B_N D_N$。对 $B_1 \sim B_N$ 进行比较,求出最优的结果 $B_{\min}$。将最优结果所对应的母材和管材全部删除,按照上述算法继续运算,直到 $A=0$,全部套完。

程序如下:

```
For i:=1 to A
Begin
For j:=0 to N
Begin
If B_MIN < C_J^I <= L
```

```
B_{MIN}:=C_J^I
j:=j+1
end
i:=i+1
end
```

使用这种穷举法把所有的可能性均列举出来,再选择其中最优的一种可能性,可以得出最优解。但是当管材根数多时,运行的次数成倍增长,时间复杂度更是成倍增加,因此要研究一种能够满足实际需求的算法势在必行。

3.5.2.1 贪心算法

贪心算法是一种总是做出在当前状态下的最佳选择,并不能考虑到全局的最优解的一种优化算法。贪心算法所做出的是某种意义上的局部最优解,并不是对所有问题都能得到整体的最优解,关键是贪心策略的选择,所选的贪心策略必须具备无后效性,即某个状态以前的过程不会影响以后的状态,只与当前状态有关。

贪心算法求解的问题通常具有两个重要性质:贪心选择性质和最优子结构性质。贪心选择性质是指可以通过一系列局部最优解的选择来获得所求问题的整体最优解,即用贪心选择来达到。最优子结构性质是指一个问题的最优解包含其子问题的最优解。可用动态规划或贪心算法求解的关键特征就是问题必须具有最优子结构性质。

使用贪心算法的基本思想解题,虽然速度很快,但不一定能得到最优解。

3.5.2.2 回溯法

回溯法是一种系统搜索问题答案的方法。主要是选择一条路往前走,能进则进,不能进则退回来,换一条路再走。回溯算法问题的解通常是在搜索问题的解的过程中动态产生的。回溯法一般首先定义一个包含问题解的解空间,利用适于搜索的方法组织解空间,利用深度优先的方法搜索解空间,利用限界函数避免到不可能产生解的子空间去搜索。

用回溯法来使用状态空间树,只要其左结点是一个可行的结点,就进入其左子树进行搜索。只有当其右子树有可能包含最优解时才搜索其右子树,否则将其右子树剪掉。可以按收益密度对剩余对象排序,将对象按密度的降序排布在一个母材上,当遇到第一个不能全部排入的对象时,则一根母材排布完成。为了便于计算上界,可先将物品按照单位质量价格从大到小排序,此后只要按顺序考察各物品即可。

使用回溯法的基本思想解题,速度虽慢,但能得到最优解。

3.5.2.3 分支限界法

分支限界法也是一种在问题的解空间上搜索问题解的算法。通常情况下,分支限界法的求解目标是找出满足约束条件的其中一个解,或是在满足约束条件的解中找出使某一目标函数值达到极大或极小的解,即在某种条件下的最优解。分支限界法常以广度优先或以最小消耗优先的方式搜索问题的解空间树。

常见的分支限界法有两种:

(1)队列式(FIFO)分支限界法:按照队列先进先出(FIFO)原则选取下一个结点为扩展结点。

(2)优先队列式分支限界法:按照优先队列中规定的优先级选取优先级最高的结点成为当前扩展结点。

根据分支限界法的基本思想解题,问题的解可表示为 n 元向量 $\{x_1, x_2, \cdots, x_n\}, x_i \in \{0, 1\}$ 则可用排序树表示解空间,在树中做广度优先搜索。约束条件为 $\sum_{i=1}^{n} w_i x_i < C$,目标函数为 $\sum_{i=1}^{n} w_i v_i x_i$,目标函数限界初值为 $U = 0$,$C(x)$ 表示以 x 为根的叶子中路径权值最大者,$\overline{C(x)}$ 表示从根至 x 的部分路径的权值。

分支限界法解决问题流程图如图 3-79 所示。

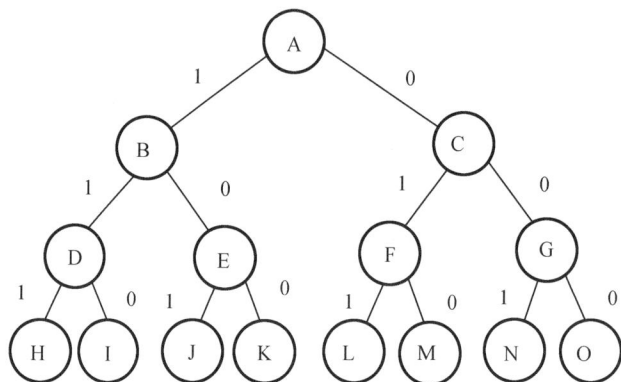

图 3-79　分支限界法解决问题流程图

使用分支限界法的基本思想解题,速度比回溯法快,但占用内存大,效率不高,能得到最优解。

3.5.2.4　动态规划法

动态规划法是一种将待求解问题分解成若干更小的、相似的子问题,并存储子问题的解以减少重复计算,来解决最优化问题的算法策略。

动态规划法可以用来解决某些具有最优子结构性质的问题,在解决这些问题中可行的解决方案可能不止一个。每个解决方案对应一个值,要从中找出具有最优的解决方案。动态规划法与分治法类似,其基本思想也是要把待求解的原问题分解成许多小的子问题,先解决其子问题,然后从这些子问题的解中找到原问题的解。区别于分治法,动态规划法适用于用动态规划来求解的问题,在分解过程中往往会得到许多并不相互独立的子问题。分治法在解决这类问题时,由于分解得到许多的子问题,往往导致有些子问题会被反复计算很多次。如果在计算过程中,将已经解决的子问题的答案保存下来,当再次需要时直接查找调用,这样就可避免大量的重复计算,节省了不少时间。将所有已经解决的子问题的答案都记录在一个表里,只要被计算过的就将其结果存入表中,不管以后是否会被再次调用。以上即为动态规划法的基本思路。虽然动态规划法多种多样,但它们的填表格式相同。

动态规划法的基本要素:

(1)最优子结构:设计动态规划法的第一步通常是描述最优解的结构。当子问题的最优解包含在问题的最优解中时,则该问题具有最优子结构性质。该问题是否具有最优子结构性质是动态规划法是否可以解决该问题的关键,并为其提供重要线索。在动态规划法中,通过使用问题的最优子结构性质,用自下而上的方法倒序递归地从子问题的最优解中构建出整个问题的最优解。

(2)问题必须满足无后效性的状态:所谓无后效性是指下一时刻的状态与之前的状态无关,只与当前的状态有关。

(3)重叠子问题:在用倒序递归方法自下向上求解问题时,有些子问题会被反复求解多次,并不是每次解决的都是新问题。动态规划法在解决这种具有重叠性质的子问题时,对遇到的新子问题进行求解而后将其结果保存在一个表格中,当再次需要解决该子问题时,只需到表格中查找即可。

使用动态规划法的基本思想解题,速度较慢,占用内存大,效率不高,但能得到最优解。

3.5.2.5　计算方法比较

对以上所有方法的解题进行分析可以看出每种算法各有不同的特点,针对不同的问题领域,它们的效率不同。

分别应用贪心算法、回溯法、分支限界法、动态规划法进行管子套料工作,测试各方法的计算性能和结果优异性。

测试环境硬件:LenovoL440(i5-4300M2.60G/4G/512G)。

操作系统:Windows10 专业版。

应用软件:管子智能套料系统 V1.0 版(核心算法分别使用贪心算法、回溯法、分支限界法、动态规划法四种)。

测试过程:选择 149 根 $\phi114$ 的管子,在测长的 $\phi114$ 管材上进行套料,计算软件运行时间,记录对比套料材料利用率情况。

具体测试结果及分析汇总内容如表 3-25 所示。

表 3-25　计算方法比较列表

算法名称	时间复杂度	优点	缺点	测试结果
贪心算法	$O(n\log_2 n)$	速度快	不一定是最优解	2 s 左右,最优解
回溯法	$O(n2^n)$	能够得到最优解	速度慢	2 s 左右,最优解
分支限界法	$O(2^n)$	速度较快,易求解	占用内存较大,效率不高	2 s 左右,最优解
动态规划法	$O(Cn)$	可得到最优决策数列	速度与 C 值有关	1 s 左右,最优解
	$O(n2^n)$,$C>2$	可得到最优决策数列	速度慢	2 s 左右,最优解

通过以上几种算法的对比可知,在解决问题时,时间复杂度和占用空间都比较少的贪心算法并不一定能得到最优解;回溯法和分支限界法计算速度慢、占用的计算时间比较多;动态规划法可以得到最优的决策数列,是用空间换取时间的经典算法。

3.5.3　管子智能套料软件编程及应用

3.5.3.1　管子智能套料软件编程

某船厂受管子成本控制影响,主要使用不定尺管子进行管子的加工制作。主要加工流程如图 3-80 所示。

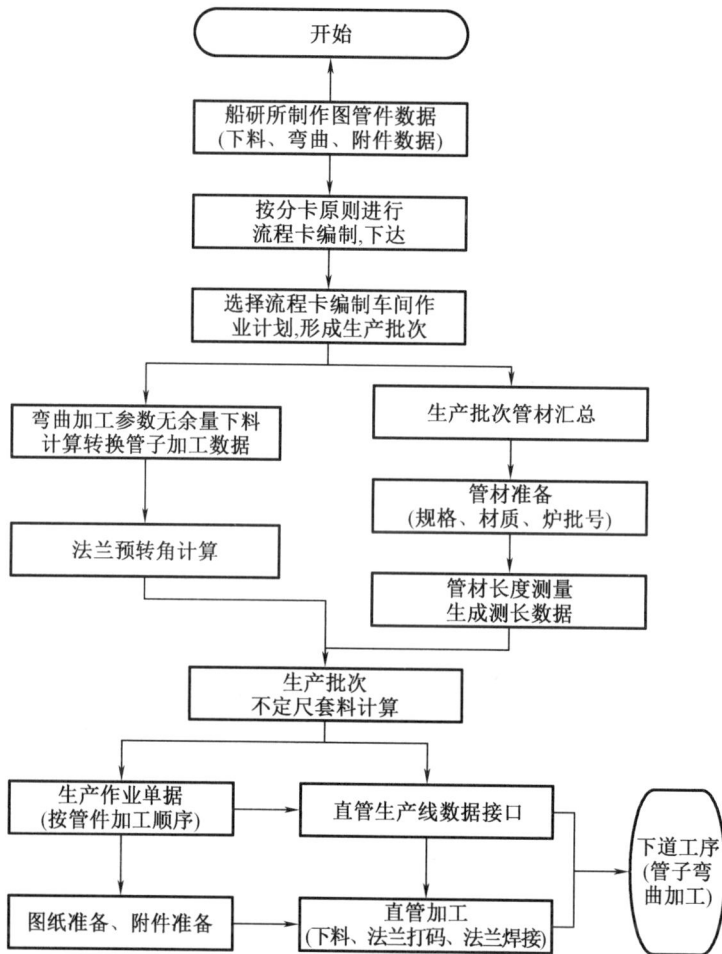

图 3-80　管子智能套料加工流程

套料过程中,对待使用管材编号后进行测长,根据测长数据结合生产批次,将相同规格、材质的管件下料长度明细进行智能套排料计算,生成每根管材使用最优管件下料长度组合结果(最大利用率),并将套料结果以数据形式传输给生产线装备,定长切割装备指令接口接收切割数据执行切割命令。

管子智能套料软件功能主要包括系统安全管理、管子智能套料计算。系统安全管理用于维护系统用户基本信息(包括账户、姓名、单位、部门、电话、备注等)、用户管理操作(包括添加、修改、删除、查询功能),同时在数据库中形成系统用户信息表。管子智能套料计算主要包含导入待加工管件管材明细数据(主要包括管件号、材料序号、规格、材质、下料长度、坡口标识等,操作包括导入、增加、删除功能)、导入管材测长数据(主要包括管材编号、规格、材质、炉批号、料长、根数等,操作包括导入、增加、删除功能)、输入切割设备信息(主要包括编号、切缝宽度、最小余料、最小料长等设备加工参数),然后进行智能套料计算,输出套料结果信息(主要包括设备编号、套料时间、套料编号、规格、材质、炉批号、料长、余料、利用率、序号、管件号、管材序号、下料长度、坡口标识等)。管子智能套料软件界面如图3-81所示。

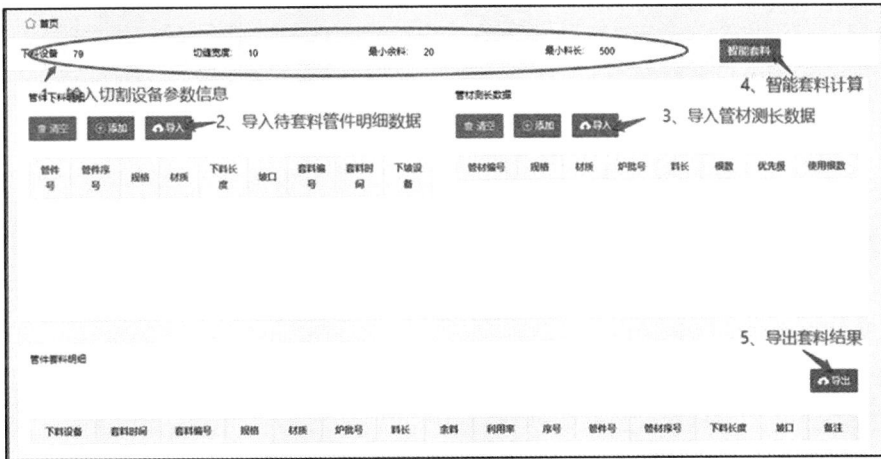

(a)

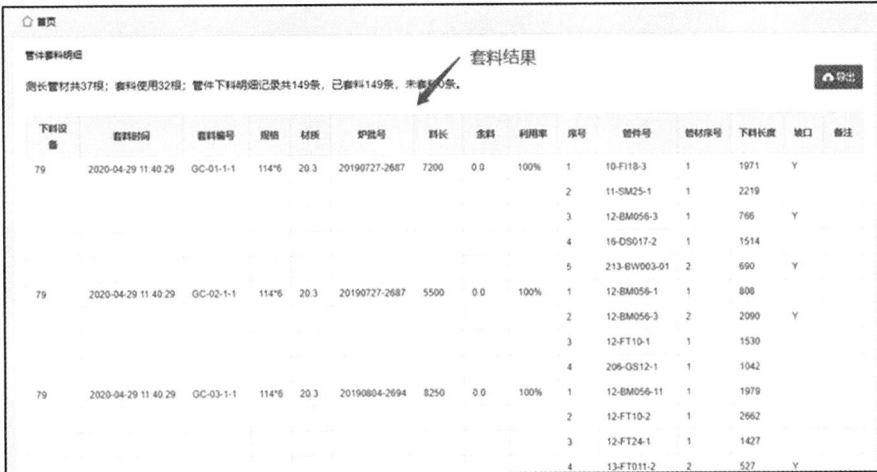

(b)

图3-81　管子智能套料软件界面

3.5.3.2 管子智能套料软件应用

根据日常管子生产加工计划进行试验测试。选择需要生产加工的 149 根 $\phi114$ 的管子,在测长的不定尺 $\phi114$ 管材上进行套料,最终管子套料在 32 根管材上。最终统计:不计余料,总体管材利用率达到 96.77%;计算大于 1 000 mm 以上的余料,总体管材利用率达到 99.56%(余料两根,分别为 1 417 mm、8 771 mm)。使用传统的人工套料模式进行管子套料,总体管材利用率一般不超过 90%。管子智能套料软件套料对比传统的人工套料模式,总体管材利用率提高 5% 以上。管子智能套料软件套料试验数据如图 3-82 所示。

下料设备	套料时间	套料编号	规格	材质	炉批号	料长	余料	利用率	序号	管件号	管材序号	下料长度	进口	备注
									4	263 SG49 2	1	2047		
79	2020/4/29 11:41	GC.05.11.1	114×6	20.3	20190918_2908	12000	0	99.67%	1	197 DL201 6	1	2573		
									2	197 DL212 1	1	3135		
									3	211 FA003 8	1	2399	Y	
									4	256 FT18 2	1	2557	Y	
									5	263 SG50 2	1	1896		
79	2020/4/29 11:41	GC.05.12.1	114×6	20.3	20190918_2908	12000	0	99.67%	1	197 DL212 7	1	1957		
									2	198 DL206 1	1	1682		
									3	205 GS12 3	1	2953		
									4	210 BW001 1	1	1810		
									5	243 SG49 3	1	3558		
79	2020/4/29 11:41	GC.05.13.1	114×6	20.3	20190918_2908	12000	25	99.54%	1	196 DL606 2	1	6000		
									2	206 GS12 2	1	3185		
									3	211 BW1 4	1	2760		
79	2020/4/29 11:41	GC.05.14.1	114×6	20.3	20190918_2908	12000	0	99.50%	1	197 DL306 1	1	2631		
									2	208 SG10 1	1	3775		
									3	209 SG48 3	1	2378		
									4	243 SG50	1	3156		
79	2020/4/29 11:41	GC.05.15.1	114×6	20.3	20190918_2908	12000	20	99.50%	1	213 BW015 01	1	2872		
									2	243 SG49 2	1	2956		
									3	243 SG51 2	1	2956		
									4	243 SG52 2	1	3156		
79	2020/4/29 11:41	GC.05.16.1	114×6	20.3	20190918_2908	12000	30	99.50%	1	229 DL306 2	1	5782		
									2	243 SG51 3	1	3558		
									3	250 SB009 1	1	2600		
79	2020/4/29 11:41	GC.05.17.1	114×6	20.3	20190918_2908	12000	41	99.33%	1	199 DL106 1	1	1954		
									2	212 BW007 8	1	3509		
									3	243 SG50 3	1	3228		
									4	243 SG52 3	1	3228		
79	2020/4/29 11:41	GC.05.18.1	114×6	20.3	20190918_2908	12000	228	97.85%	1	197 DL212 5	1	4030		
									2	227 DL306 1	1	3840		
									3	256 SM25 1	1	3872		
79	2020/4/29 11:41	GC.05.19.1	114×6	20.3	20190918_2908	12000	1417	88.03%	1	197 DL212 2	1	5528		
									2	229 DL206 2	1	5035		
79	2020/4/29 11:41	GC.05.20.1	114×6	20.3	20190918_2908	12000	8771	26.83%	1	209 SG48 2	1	3219		
合计	不计余料					365200		96.77%				353398		
合计	计算>1000mm余料					365200		99.56%				353398		

图 3-82 管子智能套料软件套料试验数据

3.5.3.3 先焊后弯管子加工精度

应用管子智能套料技术、先焊后弯加工工艺技术,根据日常管子生产加工计划进行管子加工试验,测试具体管子加工精度。根据试验管精度测试结果,先焊后弯管子加工精度如下。

弯曲后封闭尺寸:±6 mm;

转角:±0.5°;

曲角:±0.5°;

圆度:允许极限 10%;

减薄率:允许极限 25%;

褶皱高度:$\leqslant 2\% D_w$。

根据试验管精度测试结果,先焊后弯管子加工精度质量达到国家标准 GB/T 34000—2016 要求。

3.5.4　管子智能装配焊接技术

3.5.4.1　直管法兰智能装配装备

（1）总体方案

直管法兰智能装配装备单元包括法兰上料装置、桁架式机械手、法兰自动组对机点焊系统等。智能直管法兰装配单元示意图如图3-83所示。

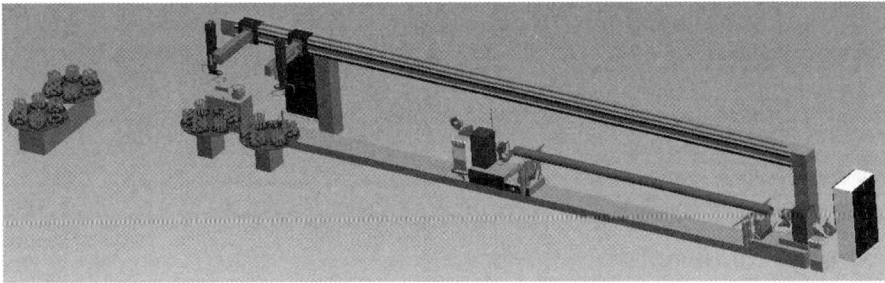

图3-83　智能直管法兰装备单元示意图

（2）结构组成

装备单元主要结构如表3-26所示。

表3-26　装备单元主要结构

序号	设备名称	技术参数	所属机构
1	转盘		法兰上料单元
2	导杆		
3	法兰托盘		
4	检测开关		
5	手动卡盘	法兰外径	
6	底座	ϕ190 mm、ϕ220 mm、ϕ320 mm、ϕ340 mm	
7	托料机构	法兰厚度	
8	打码机	18 mm、20 mm、22 mm、24 mm、26 mm	打码机
9	移动式法兰库(共计8个)		移动式法兰库
10	底座		气动回转臂机械手
11	主轴		
12	机械手爪		
13	角度限位杆		

表 3-26（续）

序号	设备名称	技术参数	所属机构
14	龙门组件		
15	取料上料机构		
16	行走机构	法兰外径	桁架式机械手
17	检测机构	φ190 mm、φ220 mm、φ320 mm、φ340 mm	
18	竖直升降机构	法兰厚度	
19	水平移动机构	18 mm、20 mm、22 mm、24 mm、26 mm	
20	旋转变位机构		
21	法兰夹紧旋转机构		
22	底座		
23	移动小车		
24	电动卡盘组件	≤12 m 的 φ89~φ219 mm 钢管定位焊	法兰自动组
25	支撑调整托架		对机点焊系统
26	翻料机构		
27	焊接电源		
28	输送线	≤12 m 的 φ89~φ219 mm 钢管	管子自动物流传输线
29	电气控制系统	适应的电气控制系统	各系统

（3）装备单元主要功能

①装备单元的气动回转臂机械手从移动式法兰库抓取法兰送打码机完成管子固定标识打印；

②法兰自动组对机点焊系统根据部件管子长度调整移动端位置适宜，桁架式机械手抓取打完标识的法兰完成预转角后送至法兰自动组对机点焊系统；

③管子自动物流传输线将切割好的管子自动上料到法兰自动组对机点焊系统，法兰自动组对机点焊系统检测管端相对尺寸，调整直管与法兰位置、间隙合适，保证管子封闭尺寸在误差允许范围内，法兰自动组对机点焊系统中的焊接臂执行钉焊接作业。

3.5.4.2 直管法兰智能焊接装备

（1）总体方案

直管法兰智能焊接装备单元包括自动焊接机、固定和移动式直管法兰机组、物流线等。智能直管法兰焊接单元示意图如图 3-84 所示。

（2）结构组成

装备单元主要设备如表 3-27 所示。

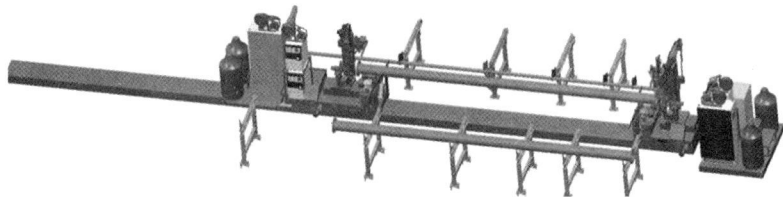

图 3-84　智能直管法兰焊接单元示意图

表 3-27　装备单元主要设备

序号	设备名称	技术参数	所属机构
1	驱动单元		
2	移动小车		
3	底座	管径 $\phi89\sim\phi219$ mm	直管法兰焊接机
4	支撑调整托架	尺寸 1 100~12 000 mm	
5	翻料机构	壁厚 4~16 mm	
6	焊接电源	法兰外径	
7	跟踪装置	$\phi190$ mm、$\phi220$ mm、$\phi320$ mm、$\phi340$ mm	
8	摆动装置	法兰厚度	单端法兰单枪
9	焊枪位置调整机构	18 mm、20 mm、22 mm、24 mm、26 mm	或双枪/两端法兰
10	压紧机构		双枪或四枪
11	导电机构		
12	输送线	≤12 m 的 $\phi89\sim\phi219$ mm 带法兰钢管	管子自动物流传输线
13	电气控制系统	适应的电气控制系统	各系统

（3）装备单元主要功能

①管子自动物流传输线将直管法兰上料到直管法兰智能焊接装备；

②直管法兰焊接机自动调取装备集成的焊接工艺数据库焊接参数；

③焊接机实时感知焊接位置等信息及时调整焊接参数和位置,确保焊接质量,装备最多采用四枪方式完成管子内外角焊同步智能高效焊接。

3.5.4.3　法兰管道四点同步自动焊系统智能焊接系统方案

（1）所有手动调整手轮执行机构都更换为伺服驱动执行机构；

（2）在四把焊枪姿态调整机构上各集成一套条状激光传感器,在选型时要求该激光传感器有四部分功能,分别为焊缝寻位、焊缝几何尺寸测量、焊缝跟踪、焊后焊缝外形尺寸检测。激光传感器如图 3-85 所示。

(a)

(b)

(c)

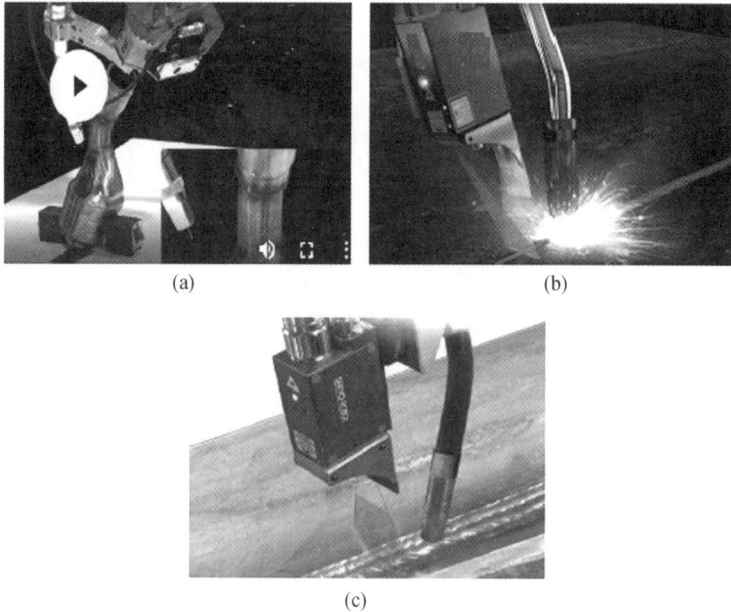

图 3-85　激光传感器

（3）要求激光传感器具备网络通信接口,方便基于 PC 的网络化控制系统集成,保证相关数据的实时性和准确性。

3.5.4.4　法兰管道四点同步自动焊系统智能化焊接程序流程

法兰管道四点同步自动焊系统智能化焊接程序流程如图 3-86 所示。

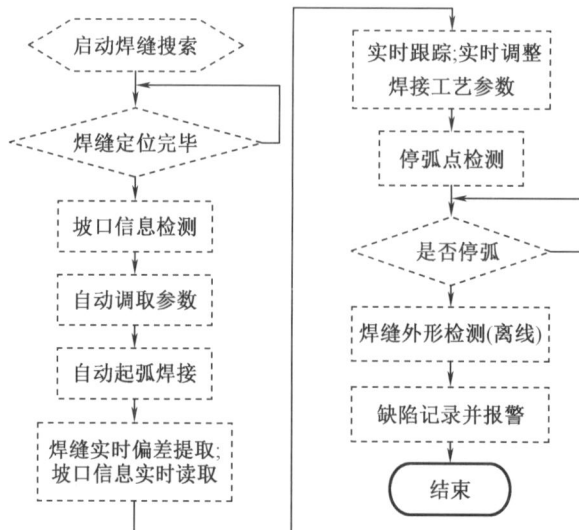

图 3-86　法兰管道四点同步智能化焊接系统程序流程

在完成第 1~3 步后,人工点击焊缝寻找启动按键,进行激光焊缝寻找;寻位结束后,装备压紧法兰、焊枪根据激光传感反馈的位置信号控制焊枪调整执行机构自动到达焊缝位置。之后启动激光传感焊缝几何尺寸测量程序,通过激光条纹测量出诸如坡口角度、坡口宽度、对口间隙等焊缝几何尺寸信息,通过控制系统的自适应焊接工艺系统自动调取专家数据库中对应的焊接工艺参数,并自动进行起弧焊接。焊接过程中激光传感器实时读取坡口偏差信息,与焊枪调整机构形成闭环跟踪系统,实时跟踪由于装配精度及焊接热变形造成的焊缝偏差。此过程中无须人工干预。此外,焊接过程中,激光传感会实时测量坡口尺寸,根据坡口尺寸实时调整焊接工艺参数,保证焊缝成形一致,获得稳定的焊接质量。在即将到达停弧位置时(根据旋转角度判断),激光传感器还可以测量停弧位置处接头的尺寸,根据接头识别信号执行停弧指令。停弧结束后,系统会启动焊缝质量检测程序,管道开始旋转后,激光传感器根据旋转位置会检测焊缝的成形尺寸,比如焊缝宽度、咬边、焊缝余高以及夹角等信息,为焊接质量分析提供准确可量化的数据。确认焊缝外观成形没有问题后,再进行自动翻转下料的流程。

3.6　本章小结

本章针对船舶管子加工工艺智能化设计技术展开论述,推进管子智能化加工流水线的高效应用,构建生产流水线完整的信息化处理模式,提高船舶管子加工的智能化程度,提升产品建造质量和工作效率,以达到支撑管子智能制造的目标。

论述了非数控弯管机进行管子弯曲加工的无余量下料计算工艺方法、数控弯管机与非数控弯管机弯曲管子的工艺性差异,数控弯管机无余量下料计算工艺方法。对比分析管子套料的贪心算法、回溯法、分支限界法和动态规划法的差异的优劣,给出管子套料最优计算方法,介绍了管子智能套料软件。分析了管子智能弯管补偿量设计技术及法兰装配预转角技术、法兰预转角及初始角的验证和操作工艺方法。根据管子模型数据,建立了智能化船舶管子设计数据信息和管子加工数据处理中心,通过接口程序定时输出到加工车间的管控系统,打通设计与加工的数据网络,可以完善统一三维设计加工信息的单一数据源管理,实现设计数据和加工数据的准确传递及无缝对接。

依托实际产品,分析管子加工工艺智能设计全流程中的关键技术,构建智能设计的编码体系,实现规范设计、自动高效建模,提高设计效率;模型及数据输出,可实现设计数据与管子智能加工管控系统的直接传递和可视化服务;无余量下料计算、智能套料程序的开发以及满足先焊后弯技术的法兰预转角的计算等,可实现设计数据、工艺数据与管子智能加工流水线的无缝对接。

第4章 船体结构件装配工艺智能化设计技术

4.1 概 述

在船舶建造过程中,装配是一个重要的环节,据相关资料统计,产品装配工时占总工时的40%~60%,装配成本占制造总成本的30%~50%,船舶从设计到制造的生命周期中,装配是影响建造质量的重要因素之一。船体结构件装配工艺智能化设计是数字化造船的重要组成部分,通过合理优化得到的装配工艺可以提高船舶的建造效率,降低企业建造成本,对提高船舶智能化建造水平和建造质量具有重要意义。

在虚拟装配仿真方面,当前,欧美国家、日、韩等国外先进造船企业,已经将船舶虚拟建造技术作为一项重要的设计手段,广泛开展基于模型的设计、工艺仿真与设计优化,有效提升了设计的效率和质量。国内骨干造船企业已率先基于达索公司的 3DEXPERIENCE 平台,开展基于三维模型的完整性建模、面向分段装配的工艺仿真设计、三维模型下车间等工作。通过虚拟装配仿真,在船舶实际建造前就能预先发现和优化设计方案和装配工艺,从而最大限度地减少因设计失误导致的现场返工,是提高建造效率和降低生产成本的有效途径。

4.2 面向智能制造的装配序列设计

在装配顺序设计技术方面,国外起步较早。20 世纪 80 年代初,法国学者 Bourjault 在装配顺序设计方面进行了开拓性的研究,提出了一种用于二维拓扑关联图表达的装配模型。在装配关联模型基础上,Homen de Mello 和 Sanderson 引入了割集分析法,对装配关联图进行处理生成装配割集,并进行人机交互问答,分析每一个装配割集的分解可行性,根据用户的回答搜索得到所有的几何可行的装配顺序。

20 世纪 80 年代末,美国学者 De Fazio T. L. 和 Whitney D. E. 对 Bourjault 的算法进行了修正,需要用户通过分析产品的装配关系,列举出各个装配连接所有的紧前紧后优先关系。20世纪 90 年代以来,装配顺序设计的研究方法得到了进一步提高,Wilson 提出了一种基于割集分析法的改进方法,在针对每一种装配割集分解可行性时,增加了一种允许用户指出几何干涉零件子集的交互方式,为后续的割集分解提供更为丰富的判断信息,减少了提问次数。

国内计算机辅助装配顺序设计的研究主要集中在汽车、飞机等机电产品行业,上海交通大学林忠钦等人建立的层次装配系统实现了汽车车身装配的自动规划。欧阳君涛等人提出一种基于分层有向图模型的飞机机翼装配顺序设计方法,将装配模型逐层拆解、逐步规划,从而组合形成产品装配模型。西安交通大学赵珊珊等人采用多色集合建立了装配信息模型和装配约束关系方程,提出了一种求解零件装配序列的新方法,预先对不合理的装配顺序进行剔除。王艳玮等人建立了装配顺序分层、分步的规划方法,大大降低了装配顺序设计的复杂性。

在船舶装配方面,田秀峰等人在虚拟环境中对船舶关系的装配路径规划算法进行了研究,为船舶管系设计了一种基于装配体配合关系的路径规划算法,这是一种基于拆卸原则的路径规划算法,产生冗余的路径信息量相对较小,拆卸引导路径接近于最优装配路径。魏艳等人通过研究造船过程中舾装件的装配顺序,建立了一套完整的装配顺序自动生成系统,该系统通过输入舾装件的工程信息,依照一定的装配原则自动生成并优化装配顺序。

面向智能制造的装配序列设计技术是以产品结构模型为基础,结合车间的工艺流程特点,综合考虑到设备利用率、装配质量、精度控制、工时消耗、检验要求等因素,分析分段组立自动划分和分段装配顺序,梳理并归纳组立类型,制定组立零件编码规则,实现组立的自动划分和装配序列生成。以货舱区域的分段为对象,利用模块生成分段的装配树模型,为后续的分段装配工艺仿真和设计优化提供模型基础。

4.2.1　组立划分原则

面向智能制造的组立特征要求,使得组立的数量、结构复杂程度均能适应设备设施和工艺流程。梳理面向智能制造装备的组立类型,针对不同施工场地的工艺要求、精度控制及生产管理水平等,归纳总结出不同施工场地的组立划分原则,例如组立的尺寸、质量、复杂程度等。以某船厂分段建造车间为例,进行组立划分原则的制定(表4-1)。

表 4-1　组立划分原则

类型		划分原则	示例
小组立	C	一块(或两块)钢板上附件一个(或几个零件)的最基本的组立,也可称为部件组立	
	S	(1)由型钢、部件、扶强材、钢板组成的组立 (2)部件组立和部件组立的结合 (3)超过部件组立范围的小组立 (4)锚链管组立,舵柱、轴隧管等需要拼接的组立 (5)质量和尺寸范围:质量≤32 t,翻身高度≤6.5 m	

表 4-1(续 1)

类型		划分原则	示例
中组立	一般中组立 M	(1)由多个小组立以及零件组合 (2)多块钢板和多个部件构成 (3)部分大型箱型结构 (4)质量和尺寸范围:质量≤150 t,长度≤22.5 m,宽度≤22.5 m	
	大型片体中组立 P	主要船体结构平面板加纵骨、横梁的平面片体结构: (1)平直流水线装焊的大型片体中组,如外板+纵骨片体,内底板+纵骨片体,质量≤220 t,长度≤22.5 m,宽度≤22.5 m (2)艏艉、机舱及其他非流水线分段的立体大型中组所属的基面拼板加纵骨横梁的大型片体中组,质量≤150 t,长度≤22.5 m,宽度≤22.5 m (3)上建分段的甲板、舱壁加纵骨的大型片体中组,质量≤300 t,长度≤22.5 m,宽度≤22.5 m	
	大型立体中组立 H	以主要船体结构平台板为基面,加纵骨、横梁和其他部件的立体结构: (1)艏艉、机舱及其他非流水线分段的大型立体中组,质量≤150 t,长度≤22.5 m,宽度≤22.5 m (2)平直流水线装焊的大型立体中组,如货舱双层底所属的大型立体中组,质量≤220 t,长度≤22.5 m,宽度≤22.5 m	
	曲面中组立 R	(1)以外板为基面的船体外板组立 (2)需要上线型胎架进行拼板、装焊的组立	

表 4-1(续 2)

类型		划分原则	示例
大组立	G	(1)在流水线上装焊形成的大组立 (2)最终形成分段的大组立 (3)质量和尺寸范围： 车间：质量≤250 t，翻身高度≤20 m； 外场：质量≤300 t，长度≤22.5 m，宽度≤22.5 m	

4.2.2　组立零件编码规则

4.2.2.1　船体组立编码规则

根据组立划分原则,综合考虑船厂设备资源、工艺流程和智能制造装备情况,进行船体组立编码规则的制定。

船体组立编码为四级编码体系,由工程号、分段号、上级组立名和本级组立代码组成。其中本级组立代码由本级组立名和装配顺序码组成,本级组立名由结构代码、位置代码、分区号组成。船体组立编码形式如图 4-1 所示。

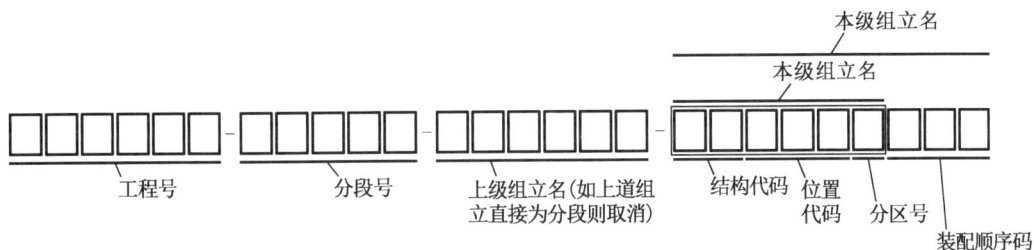

图 4-1　船体组立编码形式

船体组立编码中,工程号即为船号(或产品编号),分段号为该组立所在分段的分段号,上级组立名即为该组立所属的上一级组立编码,结构代码为该组立的结构类型,位置代码为该组立在船舶中的纵向、横向上的位置,分区号为该组立所处的左、右舷位置,装配顺序码代表第几个装配,为 1~999 之间的数字。结构代码、位置代码和分区号如表 4-2 至表 4-4 所示。

表4-2 结构代码分类

代码	描述	代码	描述	代码	描述
DK	甲板、平台	LB	纵舱壁	CG	(集装箱的)箱格导轨
BS	外底板	CB	槽型隔舱、压筋板	BX	各种风管、箱体
SS	舷侧外板	RH	挂舵壁	HP	锚链管
FR	强框架、肋板	GR	纵桁	BG	舭龙骨
NW	非水密舱壁	TS	艉封板	DP	隔栅
TB	水密舱壁、肋板	BL	组合纵骨和型材	BW	挡浪板
BM	横梁	BU	舷墙	SB	尾柱轴毂
CF	斜肋位	ST	防倾封板	BH	首顶蹼板
SR	水平桁	CM	舱口围	IB	底板
SL	墩子	BK	肘板	CL	锚链管
TT	舱顶	HT	底边水舱斜顶板	ST	艉轴管
VR	垂直桁材	EG	(集装箱格)入口导承	ET	其他

表4-3 位置代码分类

区分	代码	描述	区分	代码	描述
横向	02	在FR2位置上装配	纵向	00	跨中位置上装配
	01	在FR1位置上装配		1	L1位置上装配
	0	在FR0位置上装配		2	L2位置上装配
	1	在FR1位置上装配		999	L999位置上装配
	999	在FR999位置上装配			

表4-4 分区号分类

区分	代码
左舷	A、B、C、E、F、G、H、J、K
右舷	Q、R、T、U、V、W、X、Y、Z

对于上述编码规则进行示例解读,如 H1870A-CB01C-1B1A,表示的是船号为 H1870A,隶属于 CB01C 分段,大组过程中第一个装配的内底板中组立 1B1A。如 H1788A-CB03C-BS1A-FR2B2,表示的是船号为 H1788A,隶属于 CB03C 分段的 BS1A 中组立,中组过程中第二个装配的小组立 FR2B。

4.2.2.2 船体零件编码规则

在组立划分原则基础上,进行船体零件编码规则的制定。船体零件编码为四级编码体系,由工程号、分段号、上级组立代码和零件代码组成。其中上级组立代码按照上一节的船体组立编码规则进行编制,零件代码由零件类型代码和安装顺序码组成。船体零件编码形式如图4-2所示。

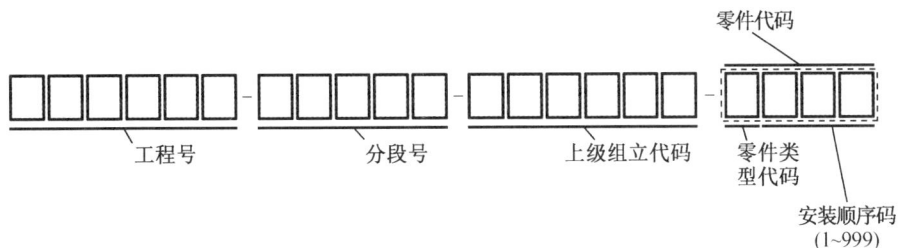

图4-2 船体零件编码形式

船体零件编码中,工程号即为船号(或产品编号),分段号为该组立所在分段的分段号,上级组立代码即为该零件所属的上一级组立编码,零件类型为该零件的具体类型,安装顺序码代表第几个装配,为1~999之间的数字。零件类型代码如表4-5所示。

表4-5 零件类型代码分类

代码	描述	代码	描述
A	不拼接的板	M	甲板梁
B	肘板	P	一般板材
C	补板	S	一般加强筋
D	垫板	W	面板
F	肋板	X	纵梁
K	需要拼接的基板	Y	普通件
L	纵桁板	E	其他

对于上述零件编码规则进行示例解读,如H1870A-CB01C-FR1A-S5,表示的是船号为H1870A,隶属于CB01C分段的FR1A小组立,在小组过程中第5个装配的加强筋。

4.2.3 标准化分段设计

综合具体建造场地的组立结构形式、装焊特性、装配效率、精度控制等多方面考虑,选取了货舱区域的双层底分段作为标准分段进行组立划分,该分段包含内底中组C和外板中组A,下面分别从补板、肘板、部件、小组立和中组立等方面进行标准化分段设计。

4.2.3.1 补板划分

补板位置码与其所在母板板架一致,补板装配码以补板焊接边相邻构件及补板所在板架的装配码来判断,按取"公约数"原则划分。

(1)两边的相邻构件装配码完全相同时,则补板装配码与相邻构件装配码相同。

（2）两边的相邻构件的第一位装配码相同,第二位装配码不同时,补板装配码取相邻构件的第一位装配码。如图 4-3 所示的补板 2,其相邻构件分别为肋板 AH 和外板纵骨 AB,因此补板 2 的装配码(编码第一位字母)取为 A。

（3）两边的相邻构件的第一位装配码不同,或两位装配码均不相同时,则补板的装配码为空。如图 4-3 所示的补板 3,其相邻构件分别为肋板 AH 和内底板纵骨 C,因此补板 3 的装配码为空。

（4）当补板焊接边跨分段时,若所跨分段属于同一个总段,装配码命名为 Z,若所跨分段不属于同一个总段,则装配码命名为 E。

（5）特殊情况:水密包头补板的装配码与对应的型材装配码一致,如图 4-3 所示的补板 1 为水密补板,其对应的型材装配码为 AH,因此该补板的装配码也为 AH。

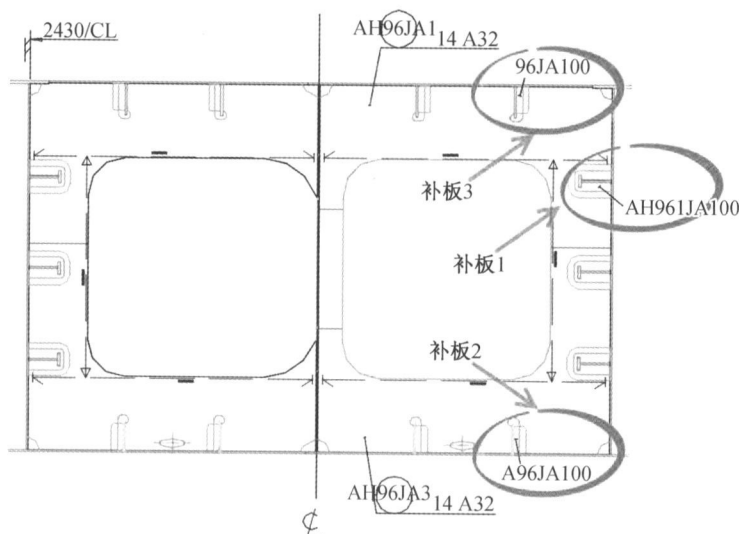

图 4-3　补板装配码的划分

4.2.3.2　肘板划分

分段中肘板的零件数量非常多,按照编码规则,对肘板装配码、位置码和零件号进行划分。

（1）肘板装配码

①肘板焊接边跨分段时:当肘板尺寸大于 500 mm×500 mm 或质量大于 500 kg 时,肘板不散装,应作为分段内部零件正常参与各级组立。当肘板尺寸和质量小于上述要求时,则作为散装件。根据所跨分段的总组划分方式,可以对这类散装肘板编制统一的装配码,如肘板所跨分段后续将合拢成一个总段的,则装配码统一编为"Z",如果不在一个总段的,则装配码可以统一编为"E"。

②肘板焊接边在同一分段内部时:这时也要分两种情况进行装配码划分,一种是肘板作为部装从属件,一种是肘板不作为部装从属件。

a. 肘板作为部件从属件时：当肘板装在其他部件构架面或者 T 型板架上时，作为该部件的从属件，其装配码与该板架相同。当肘板装在多个部件构架面时，以焊接边更长的部件为准。如图 4-4 所示，1 和 2 的肘板同时与肋板和肋板上加强筋焊接，此时需要根据两块肘板与肋板和加强筋焊接边的长短，来规定肘板的装配码，肘板应与焊接边长的部件装配码保持一致。如果肘板上布置有加强筋，则其装配码与肘板一致。

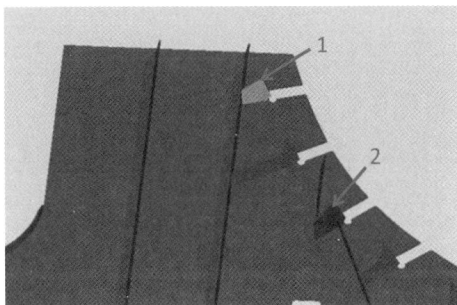

图 4-4　肘板作为部件从属件时装配码的划分

b. 肘板不作为部件从属件时：肘板的装配码按照肘板焊接边相邻的装配码来判断，简而言之就是根据肘板焊接边构件的装配码来取"公约数"。相邻构件装配码完全相同时，则肘板装配码与相邻构件装配码相同。相邻构件的第一位装配码相同，第二位装配码不相同时，则肘板装配码取相邻构件的第一位装配码。如图 4-5 中肘板 1，其相邻的构件分别为 AJ 和 AB，因此肘板 1 的装配码取名为"A"。相邻构件的第一位装配码和第二位装配码均不相同时，则肘板的装配码为空。如图 4-5 中肘板 2，其相邻构件分别为 AJ 和 C，因此肘板 2 装配码为空。

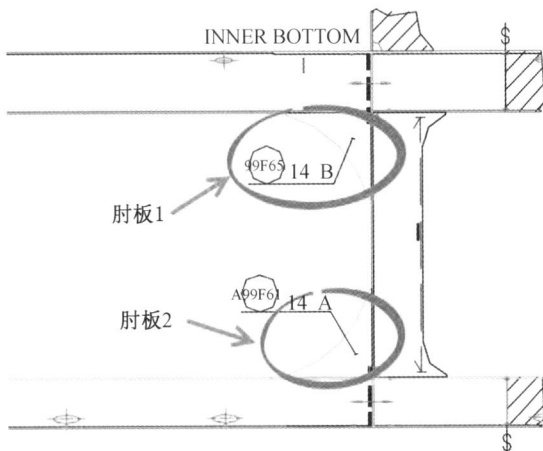

图 4-5　肘板不作为部件从属件时装配码的划分

（2）肘板位置码

①肘板作为部件从属件时：当肘板装在其他部件构架面或者 T 型板架上时，作为该部件的从属件，其位置码与该板架相同。当肘板装在多个部件构架面时，以焊接边更长的部件为准。

②肘板不作为部件从属件时：位置码按照肘板的空间位置，其划分规则可参考船体零件编码规则。

（3）肘板零件号

①肘板作为部件从属件时，按照依附的母材上已有的从属件数量，按顺序进行依次取号，肘板上的加强筋根据肘板件号依次取号，如肘板为 135F51，加强筋为 135F52。

②肘板不作为部件从属件时，如果肘板上有加强筋，将其视为"板+筋"的部件结构，如肘板为 11L1，筋为 11L21。肘板不作为部件从属件时，肘板上无筋，则肘板作为散装件编制位置码。

4.2.3.3　部件划分

除了中组立的基面板架外，其余板架的母材及型材组成部件，但板架两面都有型材时，总迹线更长的那一面上的型材作为部件，另一面上的型材作为小组件或中组件。

4.2.3.4　小组立划分

在外板中组 A 上，以各纵桁板为基面，将落在纵桁结构面的肋板布置到纵桁上，按照小组立建造场地的设备设施要求，划分成各个纵桁小组立，如图 4-6 所示。

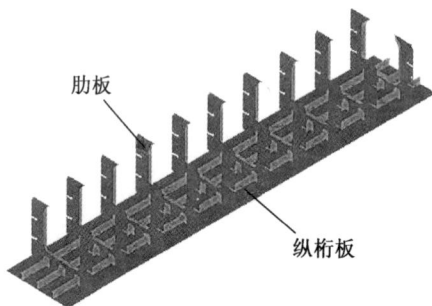

图 4-6　纵桁小组立划分

4.2.3.5　中组立划分

针对内底中组立 C，以内底板为基面，内底板和内底纵骨形成内底板中组立。除内底板中组立零件外，所有落在外板上的板架全部划归到外板中组立 A 中，平直外板和外板纵骨形成外板次级中组，如图 4-7、图 4-8、图 4-9 所示。

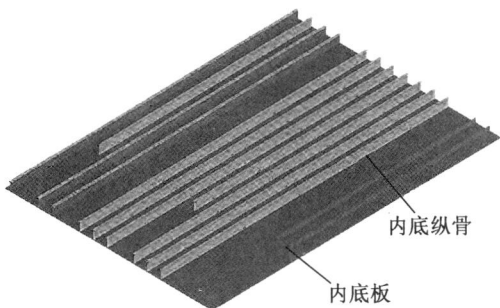

图 4-7　内底中组 C 划分

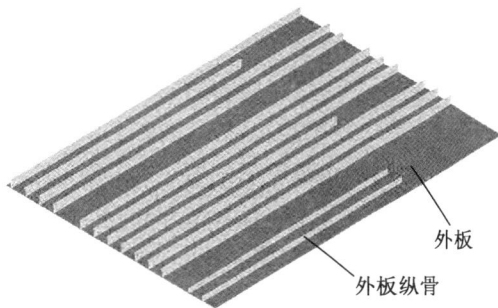

图 4-8　外底次级中组划分

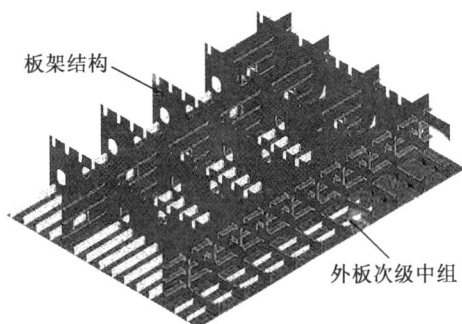

图 4-9　外底中组 A 划分

4.2.4　组立自动划分及装配顺序生成

以组立划分原则和船体组立零件编码规则为基础,基于一定的规则算法,项目开发了船体组立自动划分和装配序列自动生成模块,通过对分段的组立进行自动划分和组立名的自动定义,利用装配序列生成模块生成分段的装配树模型,为结构生产设计和虚拟仿真提供模型基础,从而大幅提高设计效率。图 4-10 为组立自动划分和装配顺序生成的总体方案流程图。

该模块具有自动分段数据梳理、零件展开梳理、自动装配、自动编码和装配编码回写功能,具体的实现步骤为:单板归并→T 排归并→板筋归并→外板归并→板架梳理(基面管理)→分段合并→中组合并→次组合并→补板装配→肘板装配→自动编码。在实际的操作过程中,上述的步骤是集成在软件中一键式操作的。

4.2.4.1　配置工艺参数

根据组立划分原则,将各级组立的外形尺寸、质量等信息在缺省配置表中进行定义,写入软件的程序语言中,保存在当前的船舶工程项下,建造工艺参数缺省配置表如表 4-6所示。

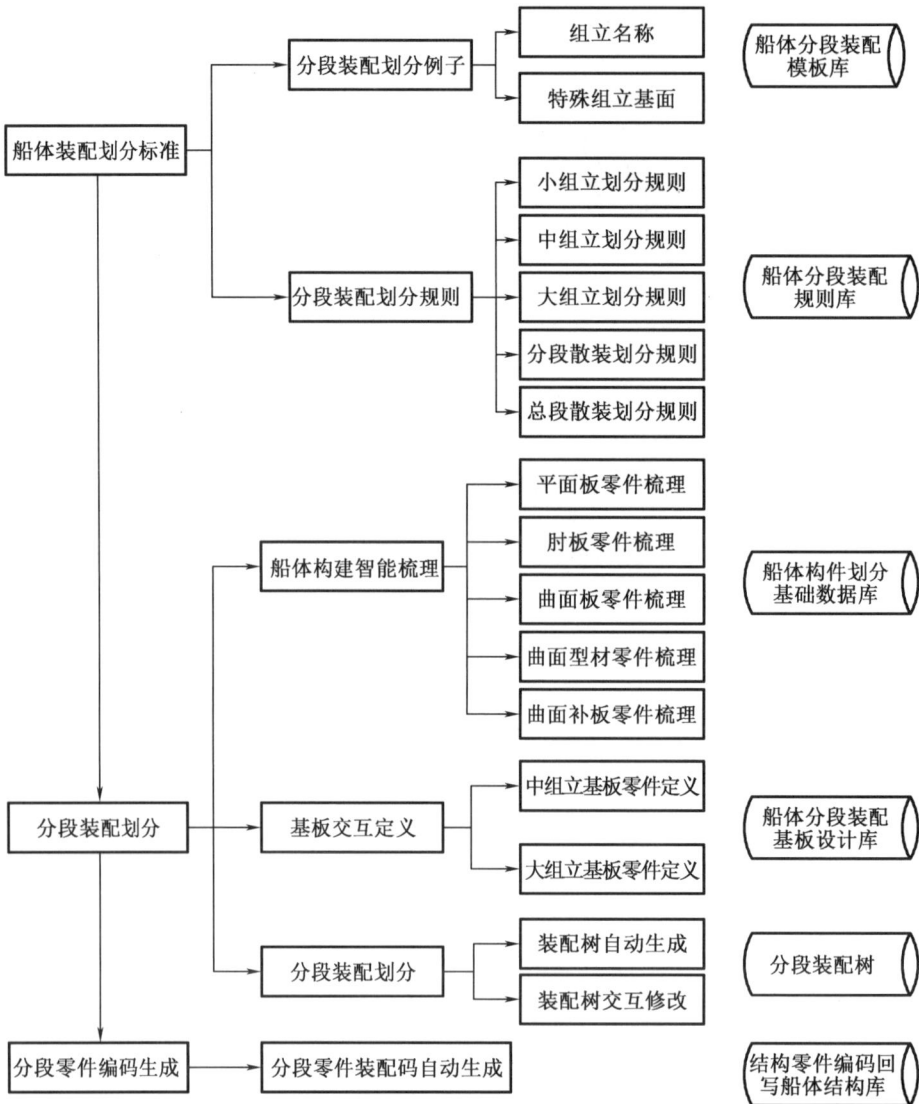

图4-10 组立自动划分及装配顺序生成总体方案

表4-6 工艺参数缺省配置表

序号	组立阶段	形状下限	形状上限	质量下限	质量上限	缺省装配节点名表	说明
1	大组					A、B、C、D	
2	中组					F、H	
3	小组					L、M、N	
4	部件					部件自动命名法	利用面所在的坐标位置(横向为 FR,纵向为 L,水平面为 Z 等或板架建模名称)。

4.2.4.2 单板归并

在双层底分段结构中,类似内底板、纵桁板、肋板等,这类板架的母板结构都是由一块块的板拼接而成的,要想实现自动划分,首先要将这类板架母板下属的各个单板结构进行归并,这个过程称为单板归并。利用这项功能,程序将分段内所有的拼板结构进行自动化装配组合,以内底板架的母板为例,如图 4-11 所示,单板归并将组成内底板架的每一块单板(P1、P2、P3……)自动归并到 1D 这个节点底下,从而完成了内底板板架母板的自动归并。

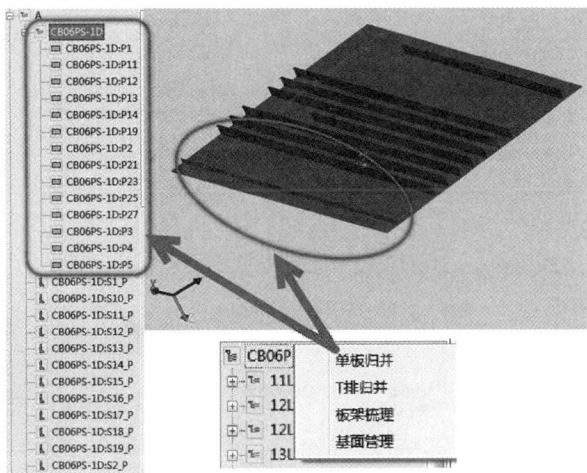

图 4-11 单板自动归并

4.2.4.3 T 排归并

T 排为腹板加面板的组合,将组成 T 排腹板和面板的板结构进行归并,这个过程称为 T 排归并,程序通过判断腹板和面板的连接关系将其进行归并。利用这项功能,程序能将分段内所有的 T 排结构进行自动化的装配组合。以内底板架中的 T 排为例,如图 4-12 所示,T 排归并将组成 T 排的面板(F1_P)与腹板(P1_P)自动归并至 T 排的节点(12L、13L、15L……)底下,从而完成了内底板架中 T 排的自动归并。

4.2.4.4 板筋归并

在小组立的所有类型中,有一种最简单的小组立,它的结构特点为一块单板加简单的筋板,这样的板筋结构称为 C 型小组立(或者小部件)。将组成 C 型小组立的板和筋进行归并称为板筋归并,通过这项功能,程序可以将分段内所有的 C 型小组立进行自动化的装配组合。以肋板小组立为例,如图 4-13 所示,板筋归并将组成肋板 C 型小组的母板(P1_P)、筋板(P2_P、P3_P)自动归并至 C 型小组的节点(99FG)底下,从而完成了板筋的自动归并。

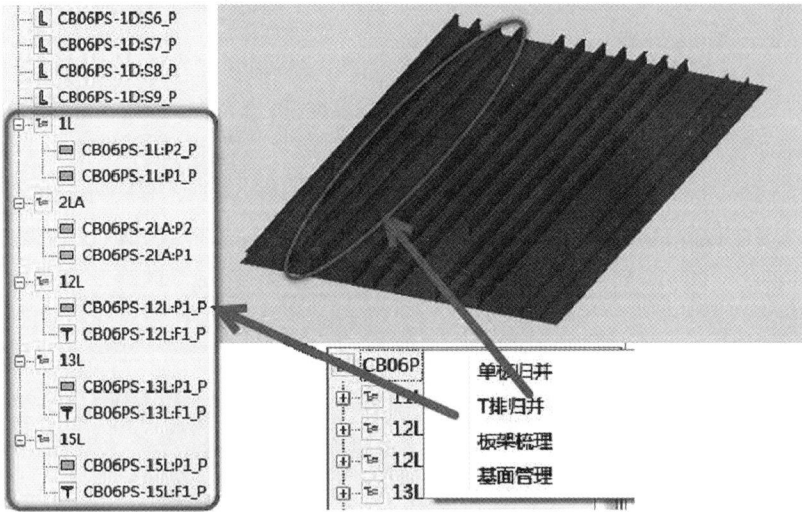

图 4-12　T 排自动归并

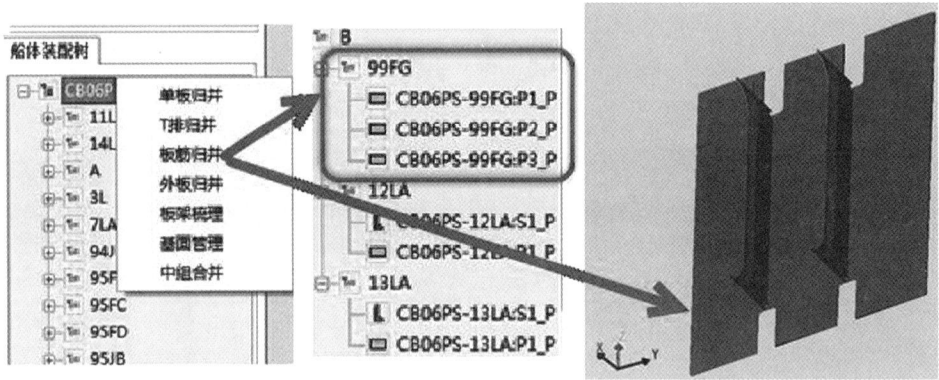

图 4-13　板筋自动归并

4.2.4.5　外板归并

组成分段的外壳板架称为外板板架,在双层底分段结构中,外底板板架的母板结构都是由一块块的外板拼接而成的,将外板板架母板下属的各个单板结构进行归并,这个过程称为外板归并。通过这个过程,程序将分段内所有的外板拼板结构进行了自动化的装配组合,以外底板为例,如图 4-14 所示,外板归并将组成外板板架母板的每一外板拼板结构(PL1、PL2_P、PL3_P……)自动归并至 SHELL 这个节点底下,从而完成了外板的自动归并。

4.2.4.6　分段合并

对于一个典型双层底分段来说,其大组流程为大型立体中组立结构翻身扣向另外一个大型片体中组立上,因此通过确定大组建造基面,可以判定出是内底还是外底最终形成了立体中组立。从 LNG 双层底分段的建造工艺标准可以得出,为了控制内底板的变形,一般会以外底板架作为立体中组立的基面,以内底板架作为大组的基面。将该项工艺写入程序,可以将内底板架组立划归出来,作为一个大组基面组立,此外,介于外底立体中组立和内底板架中组立之间的零件也被自动划归出来,如图4-15所示。

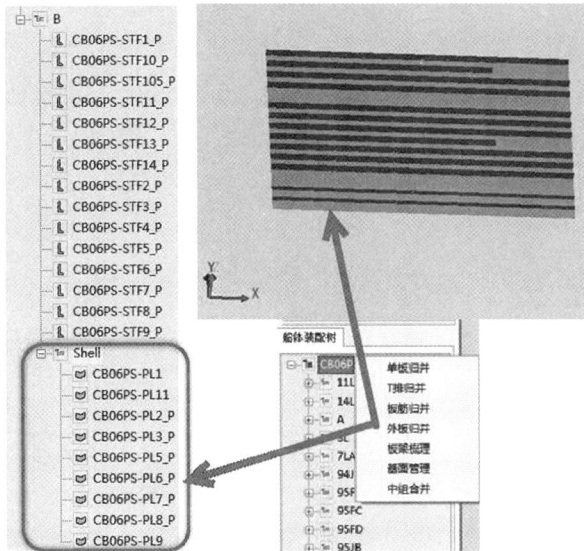

图4-14 外板归并

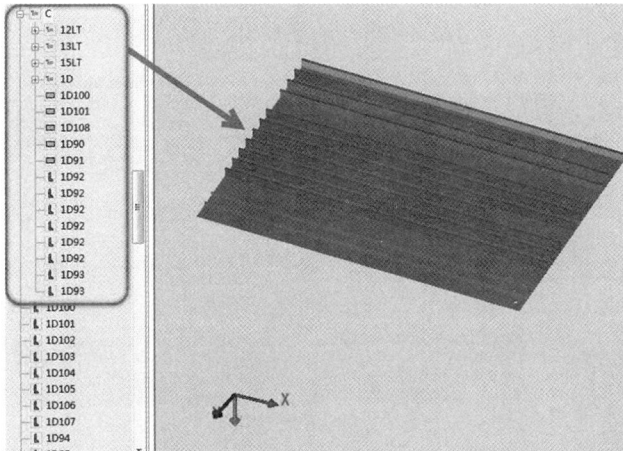

图4-15 内底板架作为大组基面自动合并

4.2.4.7 中组合并

在双层底分段中,外底板架作为大型立体中组的基面,程序先将中组立基面找到,并且增加上级节点,将该基面节点拖入上级节点下,程序继续检查其他结构是否与该基面进行连接,如果相接,程序继续判断构架面方向是否一致,如果其他结构在基面板的构架面方向,则将所有的其他结构也加入新节点下,如图4-16所示,外底板(B)以及其他结构(OL、11L、95FC……)被拖入到大型立体中组立(A)节点下,从而完成了中组立的自动合并。

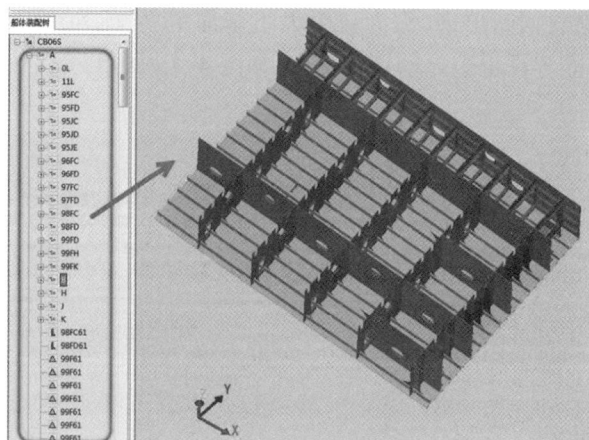

图 4-16 外底大型立体中组立自动合并

4.2.4.8 次组合并

在双层底分段中,大型立体中组立被拆分成不同的条框小组立,也就是说,经过板筋归并后形成的小组立,还能够继续组合,形成较为复杂的小组立,根据前期定义的小组立尺寸以及质量等工艺限制条件,程序先将复杂小组立的基面找到,增加上级节点,再检查构架面是否还有其他部件结构与其相连,如果相连,则将其他部件结构也拖入到上级节点下,从而形成各级纵桁条框小组立,如图 4-17、图 4-18 所示即为 AH、AJ 条框小组立的自动合并过程。

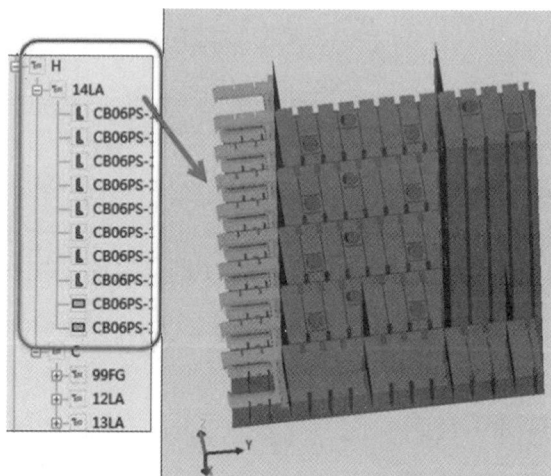

图 4-17 纵桁小组立 AH 自动合并

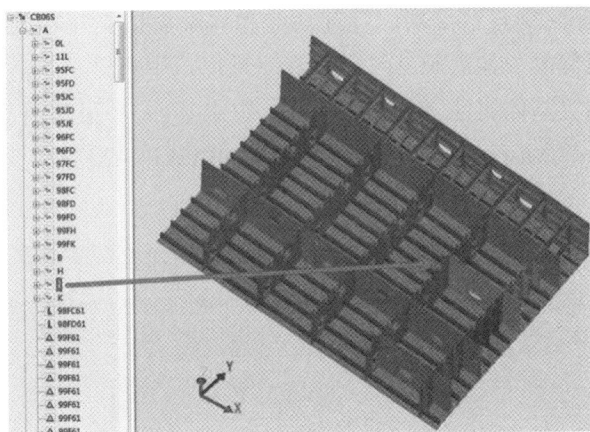

图4-18　纵桁小组立 AJ 自动合并

4.2.4.9　肘板/补板装配

当肘板/补板焊接边跨分段时(如果肘板尺寸小于 500 mm×500 mm 或质量小于 50 kg)，则肘板/补板不散装，作为分段内部零件正常参与各级组立；当肘板尺寸大于 500 mm×500 mm 或质量小于 50 kg，则作为散装件；如果肘板/补板跨的分段作为一个总段内部的分段，则该肘板/补板属于总段散装件；如果肘板/补板跨的分段作为一个总段之间的分段，则该肘板属于搭载散装件。

当肘板焊接边都在分段内时，一种情况是肘板装在其他部件构架面或者 T 型板架上，则作为该部件的从属件。当肘板装在多个部件构件面时，以焊接边更长的部件为准。另外一种情况是肘板不作为部装从属件，则该肘板可能作为中组立的散装件，也可以作为大组立的散装件。如果是水密包头补板，则程序自动判断补板与对应的型材属于同一个板架结构。典型的大组肘板散装件自动装配如图4-19所示，部装肘板自动装配如图4-20所示。

图4-19　大组肘板散装件自动装配

4.2.4.10　交互定义基面管理

在分段建造工艺比较固化的情况下，可以将各级组立的建造基面直接通过缺省的方式定义在程序中，对于建造工艺不固定的分段，可以加入部分的设计人工干预，从而提升组立划分的科学性和准确性,交互定义基面管理功能和三维窗口交互功能组合使用,对三维窗口中定义的数据进行修改。如图4-21所示,在三维窗口中右键单击需要设置组立的板架,可以为该板架设置组立基面属性,包括分段基面、中组基面、次组基面、正盖板、反盖板等信息,设置好的信息被保存至表SPDT_H_ASM_AUTO_BASEPLANEDEF_USER中。

图4-20 部装肘板自动装配

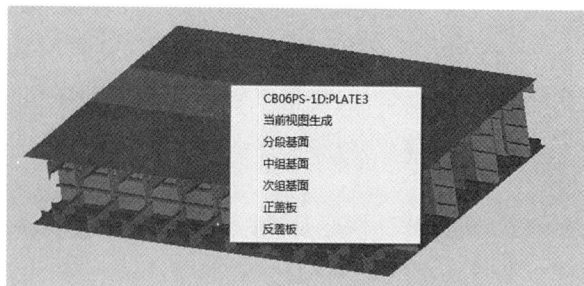

图4-21 交互定义基面管理功能

4.2.4.11 自动编码

根据前文介绍的船体零件编码规则,在程序中设置相应规则,对各级组立节点和各零件节点进行自动编码。针对零件节点,如果有预处理同名零件在同一装配节点下,则会生成同一件号。如图4-22所示,点击"自动编码"按钮,则装配节点(中组立、小组立、零件)会进行自动编码,将自动编码后的装配树保存到数据库中。保存装配树时,进行自动编码的回写功能,将各装配组立节点编码组合生成零件件号后回写到结构库中。

4.2.4.12 一键生成

通过单板归并→T排归并→板筋归并→外板归并→板架梳理(基面管理)→分段合并→中组合并→补板装配→肘板装配→自动编码,设计人员可以对调取的分段实现组立划分和装配顺序生成的一键式操作,从而大幅度提升设计效率。同时,设计人员还可以通过交互式操作,根据现场实际建造情况对各级组立划分和装配树进行修改及调整,从而提升组立自动划分及装配顺序的准确性。

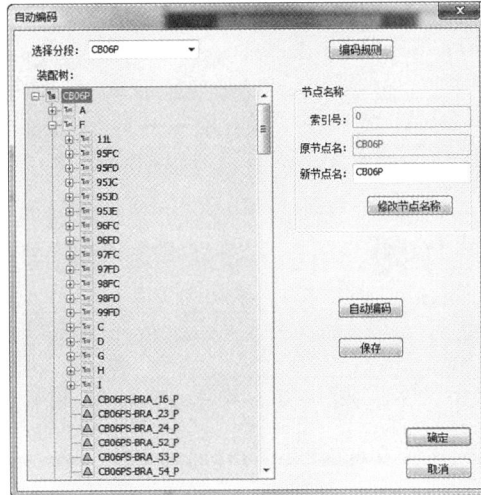

图 4-22　组立自动编码

4.2.5　基于设计场景的模块应用验证

在对标准化分段进行组立自动划分和装配顺序生成的基础上,基于实际设计场景,进行模块的应用验证工作。通过实际应用,验证了模块的可操作性和合理性,大幅提升了生成设计效率,降低设计差错导致的现场返工成本,如图 4-23 至图 4-26 所示。

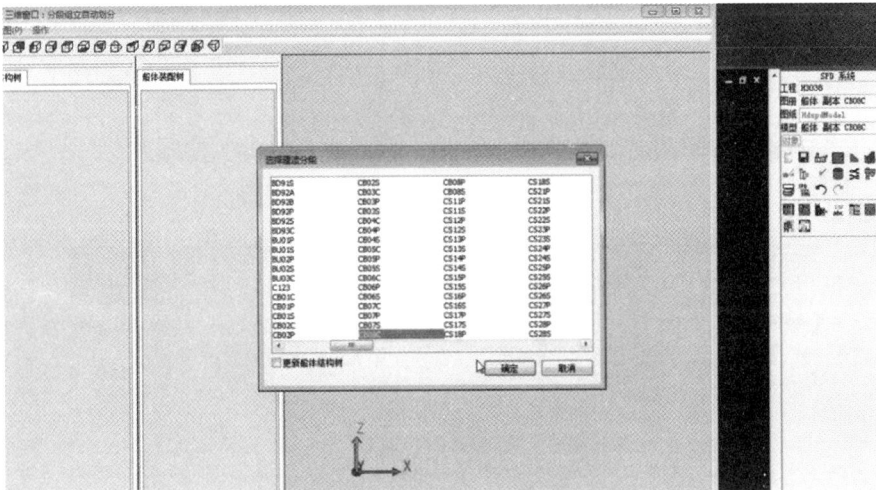

图 4-23　目标分段选取

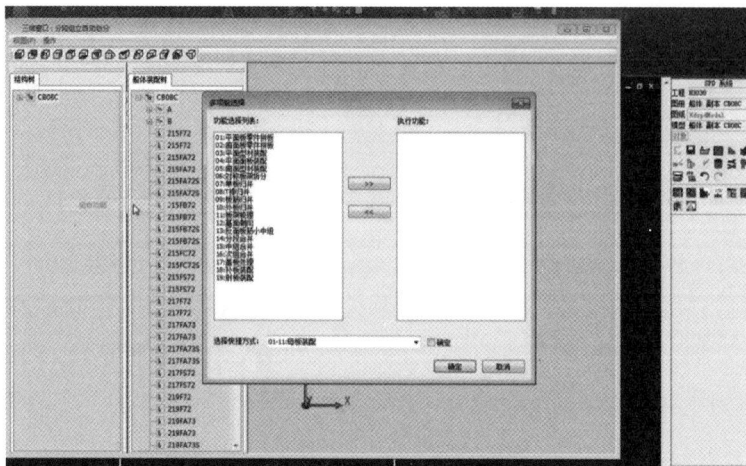

图 4-24　功能选择

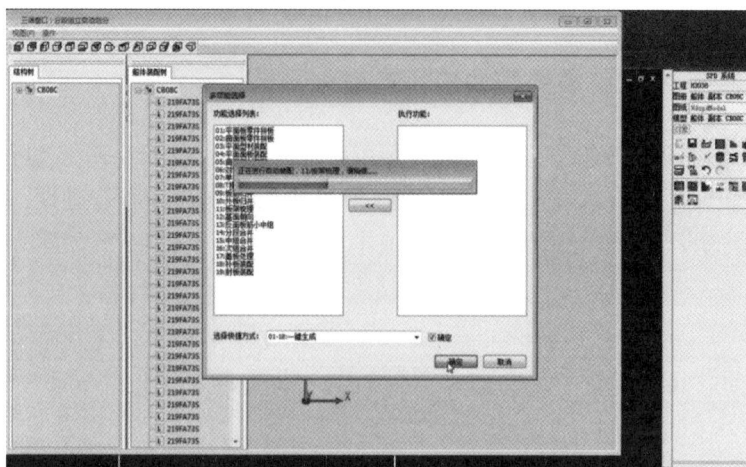

图 4-25　一键生成中

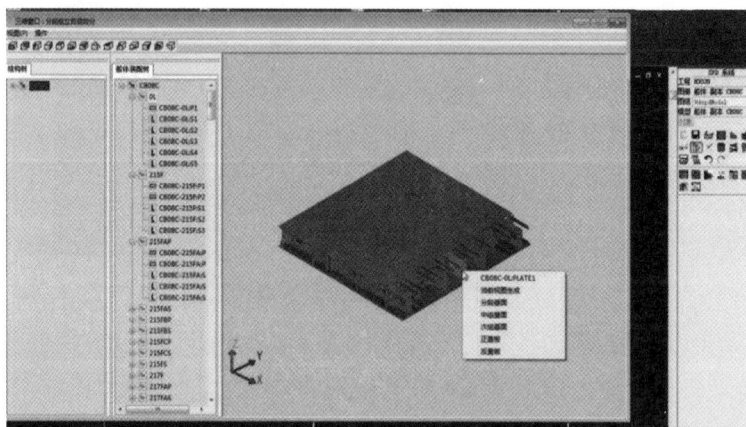

图 4-26　装配序列生成

4.3 面向小组立装配机器人的装配工艺设计技术

面向小组立装配机器人的装配工艺,确定小组立装配机器人所需的装配工艺特征,选取货舱分段,实现小组立智能化装配工艺模型的生成。分析机器人的装配工艺需求,形成小组立智能化装配工艺设计模块。

4.3.1 小组立智能化装配工艺模型设计技术

根据小组立装配机器人的要求,分析小组立模型装配工艺特征,以货舱区域分段小组立为对象,介绍小组立智能化装配工艺建模技术。小组立装配工艺特征模型中既包含了所有零部件的几何尺寸信息和零件信息,也包含了能被装配机器人识别的装配基面板的定位信息,零件的构架位置线、理论装配面、焊接边位置、零件在构件位置线上的止位线、零件的装配顺序等小组立装配工艺特征信息,形成小组立智能化装配工艺设计标准。

4.3.1.1 几何尺寸信息及装配基面

在小组立的装配工艺模型设计中,小组立的几何尺寸信息、零件信息和装配基面是装配工艺模型设计的基础。它需要在小组立的三维模型中体现该小组立的长度、宽度和高度尺寸,该小组立包含哪些零件及零件编码信息,以及小组立的装配基面。其中,小组立的装配基面是组立智能化装配的基础,在装配工艺模型设计过程中,需要根据装配顺序定义该组立的基面定位信息,供装配机器人识别。如图 4-27 所示。

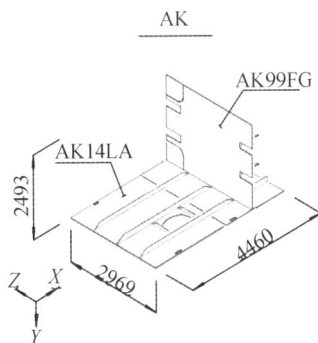

图 4-27 小组立装配基面及尺寸信息(单位:mm)

4.3.1.2 零件装配工艺信息

小组立装配基面模型建立后,在装配基面上需要定义该小组立的其他零件信息,主要包括零件的构架位置线、理论装配基面、零件板厚朝向、零件在构件位置线上的止位线、焊接边位置,以及零件装配顺序等信息。这些装配工艺信息是小组立装配机器人作业的基础,装配工艺信息的完整性对小组立装配机器人这一类智能装配来说至关重要,它关系到后续施工过程中装配作业的正确性和合理性,因此进行小组立装配工艺建模时,一定要保证工艺信息全部定义到模型中,为后续小组立装配工艺的转换提供数据基础。

（1）理论构架线、止位线、装配面及板厚朝向,如图4-28所示。

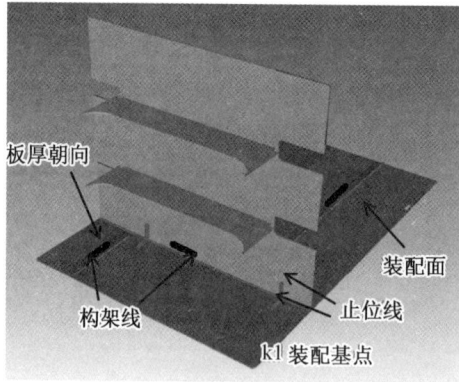

图4-28　零件的理论构架线及板厚朝向信息

（2）零件装配焊接信息

在进行面向小组立装配机器人的零件装配焊接信息建模时,需要设置当前组立的装焊基板信息、基准点信息以及板的边界点信息,如图4-29所示。

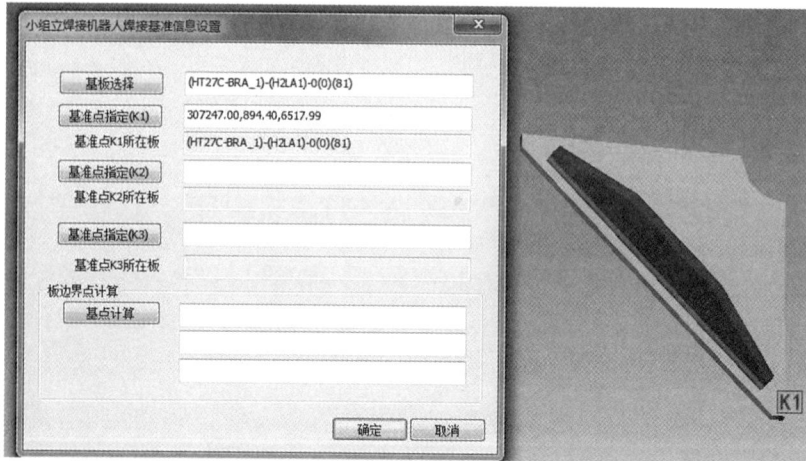

图4-29　装配焊接的基板和基准点设置

（3）零件装配顺序

零件的装配顺序是小组立焊接前进行组装定位的关键依据,因此小组立装配工艺模型必须包含合理的装配顺序。零件装配顺序的保存采用数据库进行统一管理,在同一组立下形成先后装配顺序后,保存至相应的装配节点属性字段中,便于设计管理和接口的调用。图4-30为小组立装配顺序自动生成后的交互设置界面,可根据实际建造情况对装配顺序进行创建、修改、排序等交互式设计。图4-31为某小组立装配顺序设置结果。

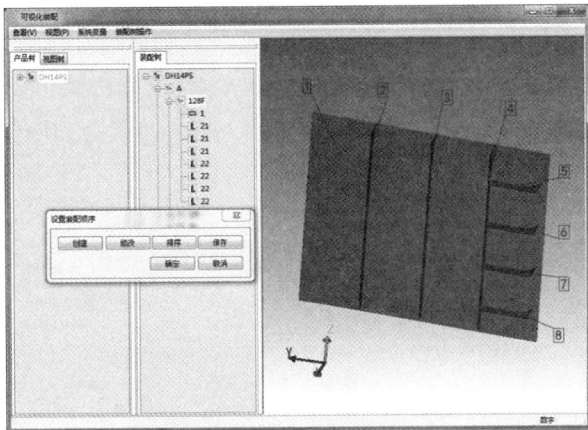

图4-30　装配顺序交互设计

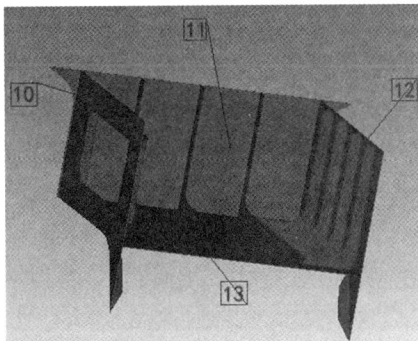

图4-31　装配设置结果

4.3.2　小组立智能化装配工艺模型转换技术

4.3.2.1　装配工艺信息生成

根据小组立装配机器人的装配工艺需求,在智能化装配工艺模型设计的基础上,介绍装配工艺信息生成技术,开发数据抽取接口,生成满足小组立装配机器人施工的模型数据和装配工艺信息。

装配工艺信息数据主要包括分段数据、装配数据和零件数据。其中,分段数据包括分段范围、重量重心、投影范围等;装配数据包括装配节点、装配节点范围、装配重量重心、装配场地、装配顺序等;零件数据包括零件名称、零件ID、尺寸、重量范围、重心、材质、种类和加工代码等信息。其中装配顺序依据装配子组立和装配子零件而设计,严格按照施工技术、施工场地、工作场景、实际吊装设备、安装设备、智能分拣设备等信息进行装配工艺设计,为小组立装配机器人提供尽可能多的先期条件。

图4-32是数据抽取接口主界面,通过DXF抽取功能,可以生成相应的DXF格式小组立结构模型数据。通过XML接口功能,可以抽取相应XML格式的小组立装配工艺数据。

图 4-32　装配工艺信息抽取和生成

4.3.2.2　装配工艺数据转换

通过分析小组立装配机器人特征和现阶段主流软件的数据接口信息,项目选用 XML 文件作为传输接口,来实现小组立装配工艺数据文件的传递。项目开发了 XML 文件的读取接口,实现装配工艺信息在小组立装配机器人中的导入,达到设计数据源的统一,提高设计效率。

XML 文件生成主要是将提取到的装配工艺数据按照 XML 关键字和接口标准生成相应的数据信息格式文件,以供小组立装配机器人能够导入正确的装配工艺设计数据,如图 4-33 所示。

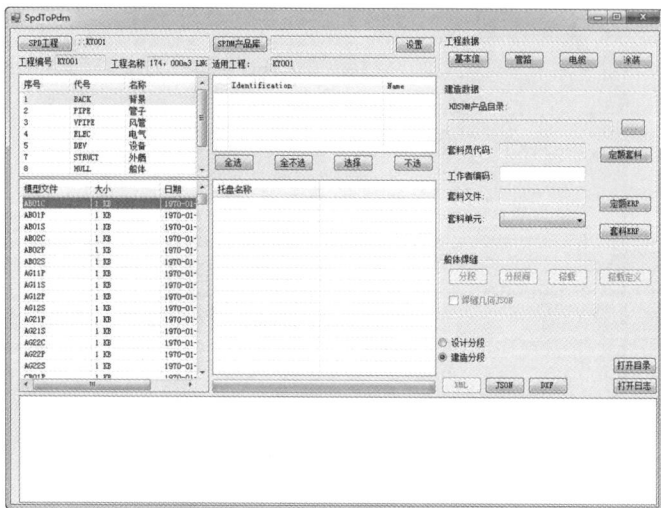

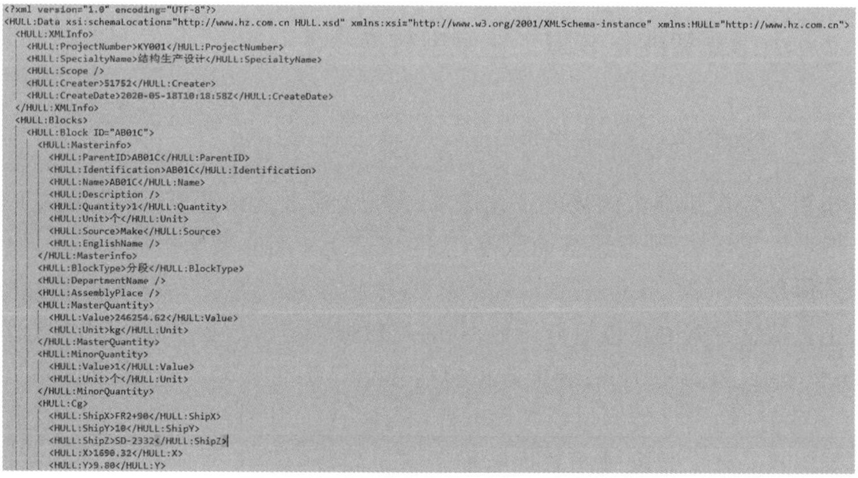

```xml
<?xml version="1.0" encoding="UTF-8"?>
<HULL:Data xsi:schemaLocation="http://www.hz.com.cn HULL.xsd" xmlns:xsi="http://www.w3.org/2001/XMLSchema-instance" xmlns:HULL="http://www.hz.com.cn">
  <HULL:XMLInfo>
    <HULL:ProjectNumber>KY001</HULL:ProjectNumber>
    <HULL:SpecialtyName>结构生产设计</HULL:SpecialtyName>
    <HULL:Scope />
    <HULL:Creater>51752</HULL:Creater>
    <HULL:CreateDate>2020-05-18T10:18:58Z</HULL:CreateDate>
  </HULL:XMLInfo>
  <HULL:Blocks>
    <HULL:Block ID="AB01C">
      <HULL:Masterinfo>
        <HULL:ParentID>AB01C</HULL:ParentID>
        <HULL:Identification>AB01C</HULL:Identification>
        <HULL:Name>AB01C</HULL:Name>
        <HULL:Description />
        <HULL:Quantity>1</HULL:Quantity>
        <HULL:Unit>个</HULL:Unit>
        <HULL:Source>Make</HULL:Source>
        <HULL:EnglishName />
      </HULL:Masterinfo>
      <HULL:BlockType>分段</HULL:BlockType>
      <HULL:DepartmentName />
      <HULL:AssemblyPlace />
      <HULL:MasterQuantity>
        <HULL:Value>246254.62</HULL:Value>
        <HULL:Unit>kg</HULL:Unit>
      </HULL:MasterQuantity>
      <HULL:MinorQuantity>
        <HULL:Value>1</HULL:Value>
        <HULL:Unit>个</HULL:Unit>
      </HULL:MinorQuantity>
      <HULL:Cg>
        <HULL:ShipX>FR2+90</HULL:ShipX>
        <HULL:ShipY>10</HULL:ShipY>
        <HULL:ShipZ>SD-2332</HULL:ShipZ>
        <HULL:X>1690.32</HULL:X>
        <HULL:Y>9.80</HULL:Y>
```


图 4-33　转换后的装配工艺数据信息

正确的 XML 文件关键信息标准格式,实现了生产工时管理系统、生产派工管理系统、模拟仿真软件、智能装备应用接口软件等系统软件的源头为统一数据源信息,保证生产管理数据信息的一致性,减少开发工作量,增加交流沟通流畅度,提高工作效率和工作质量。

4.4　面向分段装配的工艺仿真设计技术

针对因设计人员考虑不周而导致的实际装配过程中的装配干涉、人员施工困难、装配效率低下等一系列问题,突破虚拟装配工艺仿真技术,实现对货舱区域分段的装配工艺流程进行模拟仿真,从而在人机交互式环境下优化分段装配工艺,进一步完整装配工艺模型中的工艺信息,输出仿真结果文件,为三维作业指导书的制定提供数据。

4.4.1　虚拟装配工艺仿真技术

装配技术在制造业中占有重要地位,是产品研制生产的关键环节。在船舶建造过程中,装配过程更是产品质量和可靠性的重要保障,对提高船舶产品竞争力、降低制造成本具有重要意义。当前基于三维可视化技术的装配虚拟仿真技术发展已经非常成熟,为解决产品的装配问题提供了有效手段。装配虚拟仿真是在产品研制阶段虚拟环境下的预装配,可以提前发展装配过程中的设计质量等问题,为现场实际装配提供有效的技术保障,实现精益化、数字化造船。

产品装配工艺仿真是通过计算机图形学对产品的装配过程进行动态可视化模拟,主要模拟零件的装配运动轨迹、工具工装的运动轨迹与姿态,以及对装配过程的工艺技术要求进行表达。通过产品装配工艺的虚拟仿真,可以模拟产品的装配过程是否合理,工具工装在装配过程中是否与零件发生干涉,装配空间是否合理等。产品装配工艺的虚拟仿真也可以应用于现场,下发三维作业指导书,指导装配工人进行现场装配作业指导。

4.4.1.1　产品完整性模型构建和工程分解

(1)产品完整性模型构建

在船舶生产设计中,船体结构建模不但是船舶产品的第一环节,而且船体模型还将作为机电专业和舾装专业的载体,为其提供工作平台。为了更好地完成船体建模工作,船体建模完整性的问题尤为重要。船体建模的完整性主要包括结构完整性建模、精度完整性建模和装配完整性建模三大方面,船体完整性建模要求所有船体构件的基本信息、焊接信息、精度信息完整输入系统,完整的模型必须包含各种生产制造所需的产品信息以及建造过程中需要的工艺信息等。完整性建模是现代造船的基本条件,设计人员还需要关注现代造船的装配流程及焊接工艺信息等,使得设计模型不仅完整而且符合最新的工艺技术要求。

产品完整性建模技术利用数据转换平台从船舶设计软件中导出模型文件并解析。以产品建造工艺流程策划为基准,在分段模型及装配序列基础上,进行装配路径分析,生成合理的装配路径,建立起装配工艺树。同时构建场地、工装和设备等资源模型,为后续的分段装配工艺仿真提供数据基础。

基于三维建模软件将船体结构、舾装件、工装件、吊马、加强进行建模,更进一步地,将工艺信息、管理信息进行建模。完整性建模不仅仅指的是参照详细设计图纸来布置模型,设计人员还需要具备相当丰富的经验和发现问题的能力,在生产设计过程中发现和拓展详细设计中通常不考虑的相关问题的能力,在模型设计阶段避免因设计考虑不周造成的现场修改。

如图 4-34 所示,利用三维建模软件建立分段的模型,形象地建立了一颗 EBOM(设计 BOM)树,该树中包含了船体结构、管系、管支架、管附件、电舾件、铁舾件、工艺加强件。

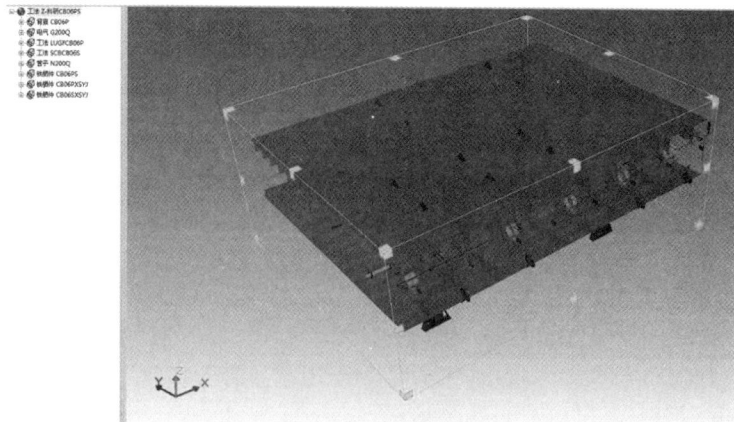

图 4-34 双层底分段完整性建模

(2)产品建造工艺流程策划

基于统一模型的建造工艺流程设计,是以产品完整性建模为基础,贯彻中间产品完整性的核心设计理念,利用已有的 EBOM 模型,根据不同生产阶段的要求来进行产品工艺流程策划,它必须包括船体结构、舾装、场地、工装、设备、人员、工序等信息,由设计人员和施工人员共同评审后形成建造工艺流程图,指导后续生产设计。这种设计方式突破了设计专业分工的限制,很好地体现了"通过中间产品有序组合叠加实现造船"的设计理念。典型的船舶建造工艺流程图如图 4-35 所示。

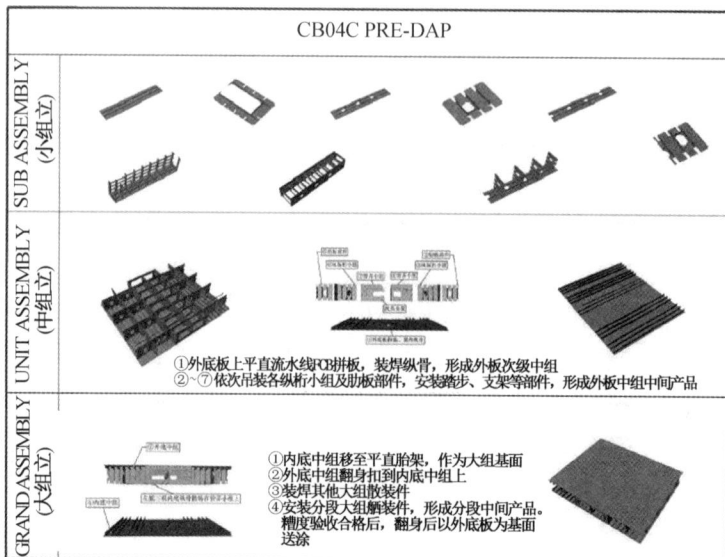

图 4-35 典型分段的建造工艺流程图

（3）产品工程分解

在船舶产品完整性建模和三维建造工艺设计结束以后，就需要对船舶产品进行工程分解，从而为后续的虚拟建造仿真创造产品模型条件。为了减少对计算机资源的无效占用，利用接口软件对船体结构、舾装三维模型以及工艺加强模型进行轻量化处理，转化成3DXML或CGR格式的轻量化面片模型，并将其导入仿真软件的装配设计模块进行中间产品的定义，即对船体结构进行工程分解，形成产品的MBOM（制造BOM）树。

船体分段装配模型构建是进行装配设计的基础，传统的装配设计（拉装配）会占用设计人员大量时间。项目开发了组立自动划分模块，其主要的技术手段是根据典型组立划分模板以及组立的质量、尺寸、建造基面、类型（纵桁条框组立、肋板组立等）等划分规则，初步归纳出了模板分段拆分组立的规则，并将其运用到目标分段上。通过编写程序，开发船体结构件装配序列自动生成模块，利用装配序列生成模块生成分段的装配树模型。如图4-36所示。

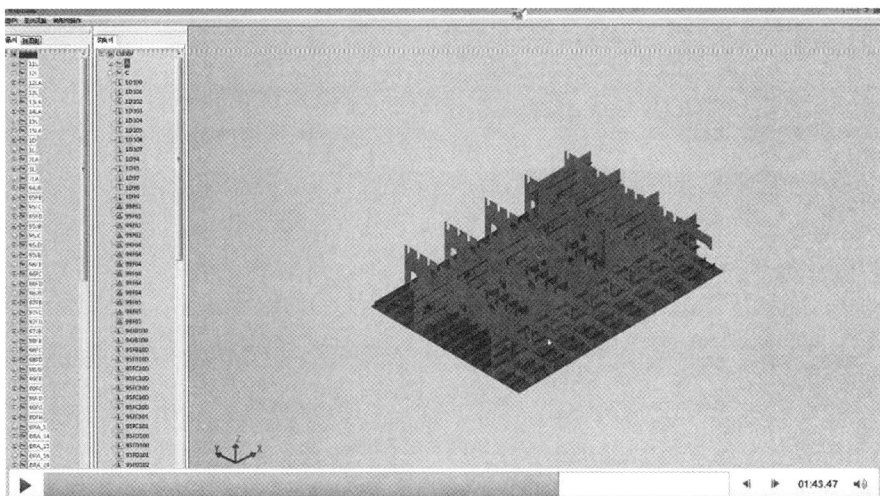

图4-36　双层底分段组立自动划分

与常规船舶设计不同的是，在构建MBOM的过程中要围绕"中间产品"的设计理念，以结构DAP为基础，将自动划分好的中小组立作为中间产品载体，把铁舾、管子、管支架、电舾件作为附属物归属到各级结构中小组立中，这样映射出的MBOM树，所呈现出来的"中间产品"不再是孤立的结构件，还包含了舾装信息。中间产品工程分解设计结束以后，将其保存为Product文件，供后面的交互式工艺仿真设计使用，如图4-37所示。

4.4.1.2　资源设备模型的构建

（1）船厂生产区域的建模

一般来说，为了在仿真环境中使仿真的效果更加真实，对模型采取实际长度单位，不进行比例缩小，结合现有船厂布局的图纸，利用仿真软件的厂区布置模块先建立起船厂区域划分图，划分出各车间、堆场、工场、船台/坞的范围，再利用装配设计对各车间、堆场、工场等生产区域进行建模，最终在仿真时将各生产区域模型汇总合成整个船厂。典型的各个场地区块如图 4-38、图 4-39 所示。

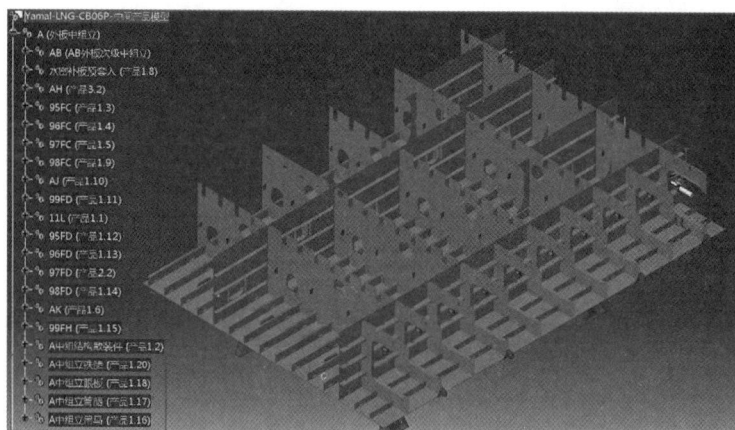

图 4-37　双层底分段外板中组立中间产品树的设计

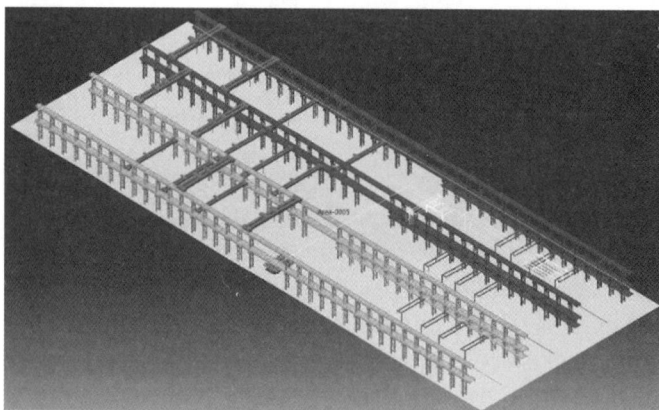

图 4-38　曲面分段工厂

图 4-39　翻身大组场地

（2）设备工装资源的建模

船厂设备工装的建模是一个庞大且烦琐的工程，模型一旦建立可以重复利用。设备资源模型相当于公司的数字资产，为了达到仿真的实际效果，一般也采用1∶1建模，模型不进行缩放。设备资源模型库越充实，就越有利于在虚拟空间和物理空间之间搭建起桥梁，推动公司朝着以信息物理系统（CPS）为核心、以数据为驱动、以数字空间与物理空间相互融合的数字孪生（digital twin）智能船厂的目标迈进。

工装设备建模时，通常将一个设备的整体作为 Product 的内容，对于其中可能产生相对运动的构件分装到不同的 Part 文件中，这样可以有效简化产品的结构树，极大提升建模和仿真的效率。图4-40所示为某龙门吊建模，首先将龙门吊作为一个 Product 文件，二级部件为行走机构、上小车及吊索具、下小车及吊索具，考虑到两个小车的不同吊排在仿真时也会出现相对上小车、下小车产生相对运动的情况，因此在二级部件下设三级部件，将上下小车以及不同的吊排分装到不同的 Part 文件中去，这样就能满足不同情形下对龙门吊吊装仿真的需求。

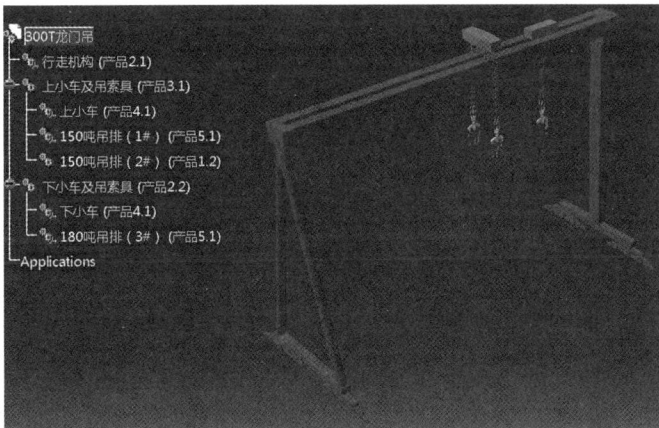

图4-40　龙门吊设备建模

为了加快设备建模的速度，可以将 AUTOCAD、CATIA、SOLIDWORKS、PROE、UG 等不同的三维造型软件中建立的设备模型，导出为产品数据交换标准 STEP 格式的文件，再导入仿真软件中。在虚拟仿真的过程，需要对该中间产品制造过程中的主要设备资源模型进行建模。如半门吊、埋弧自动焊机、CO_2 半自动焊机、单面自动角焊机，工装模型如防倾倒工装、撬棒，工具如卷尺、面罩、扫帚、簸箕、钢丝刷等，如图4-41、图4-42所示。

由于虚拟仿真过程中涉及了大量的设备资源，为了加快建模速度，可以利用仿真软件中的设计表工具进行大范围的参数化建模，以缩短建模时间；建模完成后利用零件库工具对所有的资源设备模型进行统一管理，以方便后续建造仿真过程中的随时调用，如图4-43所示。

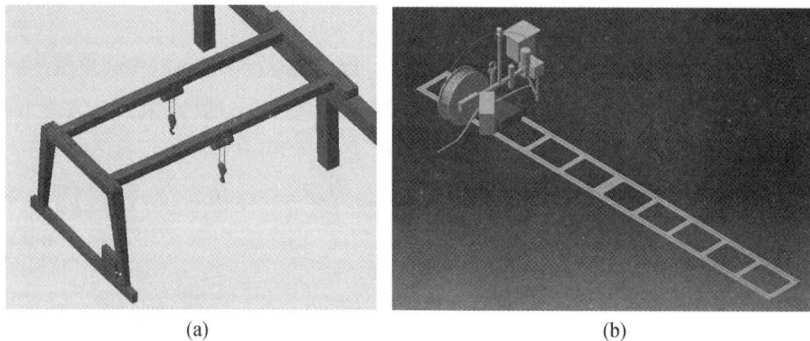

(a)　　　　　　　　　　(b)

图 4-41　半门吊模型、埋弧自动焊机模型

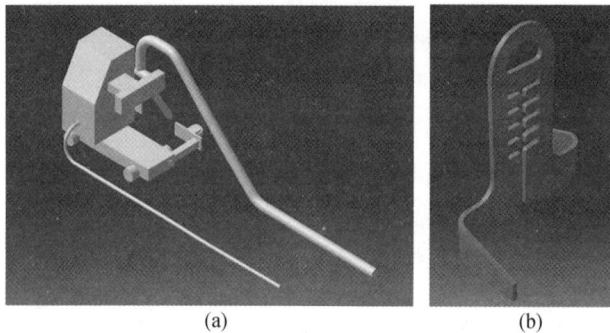

(a)　　　　　　　　　　(b)

图 4-42　单面自动角焊机模型图、防倾倒工装

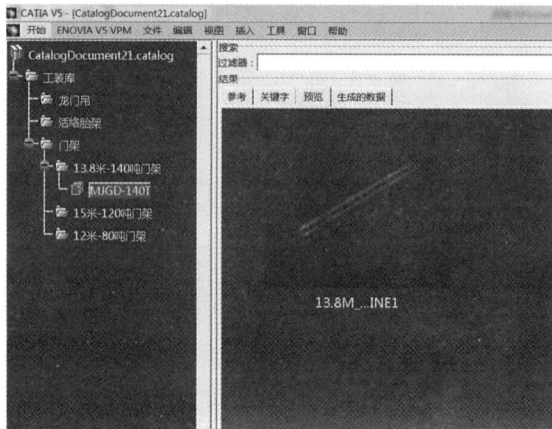

图 4-43　设备工装资源的统一入库管理

（3）模型的轻量化

模型的轻量化是指在保留三维模型基本信息、保证必要的精确度的前提下,将原始的CAD 格式文件压缩成只有原格式 1/10 大小甚至更小的轻量化格式文件,使该模型的可视化与原来的三维软件无关联,从而可以快速通过网络传输,并通过使用通用浏览器软件或其他方式对原始产品三维造型图形进行查看、批注等便利性交互操作。在进行虚拟仿真时,考虑到仿真过程中涉及的设备工装资源模型众多,数据量大,为了减少对计算机硬件的占用并使得仿真的过程能够流畅进行,就要对模型进行轻量化处理。

模型的轻量化一般有两种方式,第一种方式是将零件保存成 cgr 格式,cgr 格式是虚拟仿真软件的一种特殊的可视化文件,它只保存了零件的外形信息,不包含参数化的数据,因而这种文件是不能直接进行编辑的,但是它极大地减少了模型的数据量;第二种方式是利用过滤产品数据功能模块,将其转化为实体文件,从而减少零件几何信息的数据量,如图 4-44 所示。

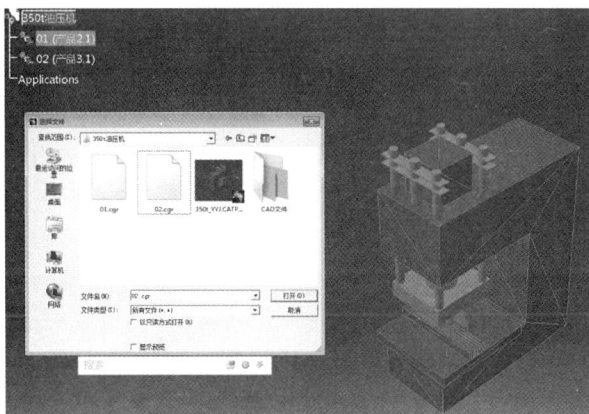

图 4-44　设备模型的轻量化处理

(4)模型的着色和贴图处理

为了使仿真效果更加逼真,还可以对各零件进行贴图和上色。虚拟仿真软件一般有三种方式可以给模型上色。第一种是右键属性修改模型的颜色;第二种是通过材料库的表面图形和光学性质对模型进行整体贴图;第三种是利用图片工作室里面的贴图工具进行着色,这种情况适用于第一种和第二种方式下找不到比较逼真的颜色的状态,用图片工作室模块中的添加标签工具,它可以在一个用户设定的范围内对产品进行贴图,使模型更加逼真,如图 4-45 所示。

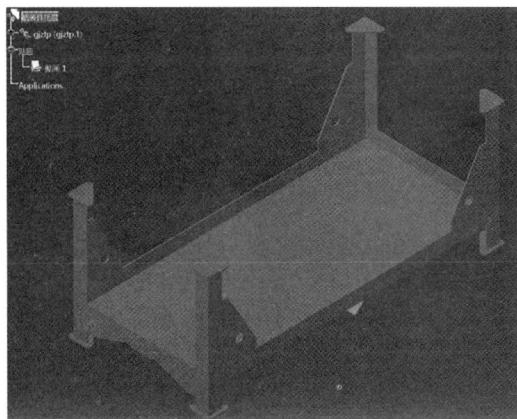

图 4-45　舾装件托盘渲染着色

4.4.1.3 装配路径工艺规划

船舶构件的装配路径指的是装配过程中,船舶构件的运动空间轨迹,零部件从装配开始前存放的位置出发,经过装配路径,最终达到装配组件自己所处的正确位置,合理规划的装配路径一方面应该避免零件装配的过程中与其他物体发生干涉,另外一方面应该考虑到设备资源的利用,使得装配路线优化最短。装配路径规划是虚拟装配的重要任务和关键技术之一。

利用仿真软件进行船舶的建造虚拟仿真,一般采用基于拆卸的逆向装配路径规划方法,因为船体结构模型的中小组立、部件、板架、管系、设备、铁舾、电舾、内舾装件等几何体都是通过空间坐标的方式在整个装配坐标系中进行定位的,如果采用正向定义装配路径的方法,需要为各个结构件重新找到装配基准和约束的元素,这是一项巨大的重复建模的过程,耗费时间长也容易出错。

在对船舶产品进行完整性建模设计的时候,各个部件已经按照最终的状态被装配在一起了,所以在进行虚拟建造仿真的时候,只需要基于“可拆即可装”原则对产品的装配顺序进行分析,将部件从正确的装配位置移动至装配开始的存放位置,再对这一路径进行反转,就得到了装配路径,拆装过程互为逆向过程。由于拆卸序列的逆序列就是装配序列,因此如果船舶零件被最后拆卸,那么在进行装配时它就应该被先装配,利用软件对拆卸的工序进行反转,就可以得到船舶产品正向的装配工艺流程。

如图 4-46 所示,在船舶中间产品建造工艺流程正向策划基础上,先将船舶中间产品的建造工序进行逆向处理,对虚拟装配环境进行建立,确定出待拆卸的零部件及其拆卸方向、拆卸平移量。其中,拆卸方向与零件的装配结构形式、工装设备的使用、托盘的摆放有关;拆卸平移量即单步分解,使零部件沿着拆卸方向缓慢移出,并进行动态干涉检查,检查零部件与船体结构或者工装资源设备是否发生干涉,确保零部件跟主体结构的有效分离。重复上述过程,直至所有单元都被拆卸。最后,把上述路径“反向”,便可获得中间产品的的虚拟装配路径。在此过程中,还可以进行人机工程分析,该方法既简单又实用,使设计人员的经验知识得到了充分发挥,提高了装配工艺设计的效率。

4.4.2 分段虚拟装配工艺过程仿真验证

以 LNG 船货舱区域分段为对象,进行分段虚拟装配工艺过程仿真验证。在虚拟环境中,利用仿真干涉检查技术准确检测出各级组立之间或组立与工装设备之间的干涉,结合人因工程分析,优化装配路径,最终形成符合现场施工的合理的装配工艺。

其中机器人仿真主要是对焊接机器人的工作轨迹进行模拟、轴超限检查,并进行路径轨迹优化,还可以对周围环境进行碰撞干涉分析,最终生成后置处理代码用于实际机器人的生产活动。

生产线仿真主要是对完整的生产设施、生产线、工厂进行仿真模拟,通过标准或者定制的资源设备构建完整生产模型,再通过模拟建模,考虑到生产线内部和外部供应链、生产资源、生产流程以及业务流程,然后通过仿真分析来优化生产线的瓶颈,提高生产线的平衡率。

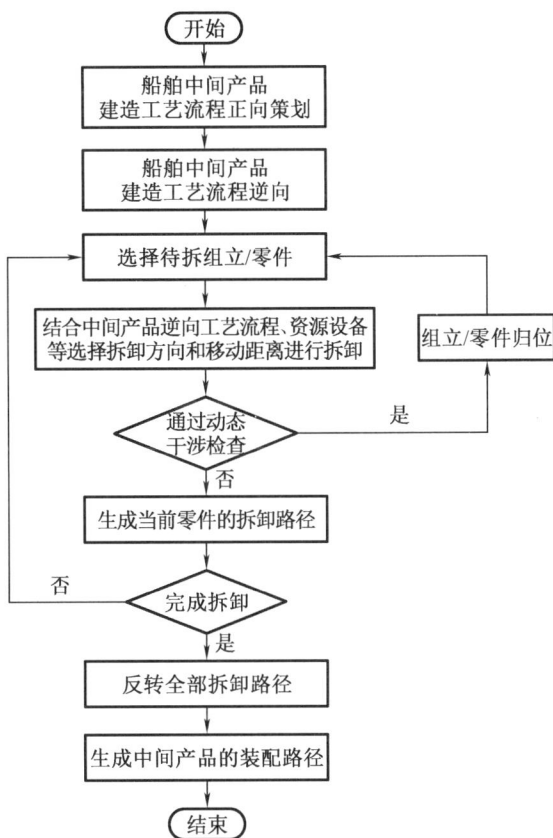

图4-46 船舶中间产品装配功能工艺设计中拆卸法基本流程

4.4.2.1 创建虚拟装配工艺环境

在开始仿真作业前,首先要将建造过程中所需要的全部装配工艺资源项目导入仿真环境。设备模型如半门吊、埋弧自动焊机等;工装模型如防倾倒工装等;工具包括卷尺、面罩等。在虚拟装配环境下,导入的船舶产品以及工艺资源项目都处于设计状态,如图4-47所示,需要调整位置使它们的布局位置与实际的装配现场要求的初始环境一致。

船舶产品对象与资源设备布置结束以后,通过静态干涉检查命令来确认各类项目在空间上没有干涉碰撞现象。在构建完成仿真环境以后,需要对产品和资源设备的初始状态进行保存,由于采用的是"可拆即可装"的方式进行的工艺规划,因此初始状态指的是产品、资源模型以装配工艺的完成姿态作为初始状态,利用这种方式便于拆卸法的实现,如图4-48所示。

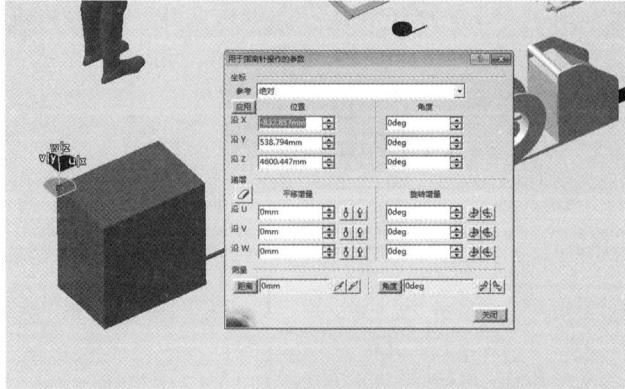

图 4-47　利用罗盘来调整产品或者资源的空间位置

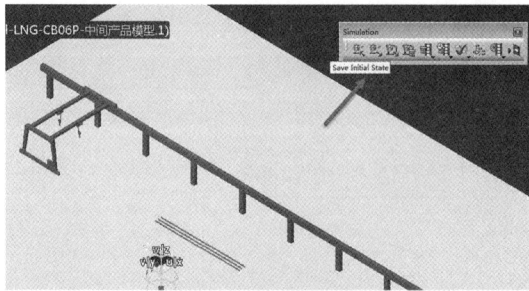

图 4-48　仿真保存的初始状态

4.4.2.2　创建装配工艺计划

（1）创建工艺库

工艺库（process library）是仿真软件中存储工艺宏观设计的文件，根据建造工艺流程设计（或者是建造仿真规划），在工艺库中写入各个工序的名称、设置工序相关属性并组织其层次，形成以. act 为后缀的工艺库文件，供后期仿真使用。工艺库中的工序指的是一个（或一组）工人在一个工作地点对一个（或几个）劳动对象连续进行生产活动的综合，是组成生产过程的基本单位。一个装配工序下有若干个工步，一个工步下有若干个装配操作，一个装配操作下有若干个装配动作。工序、工步、装配操作均由 Activity 节点表示，装配动作由MOVE 动作、抓取动作实现。工序的划分，以中小组立的工作地是否改变作为依据，对于同一个工序的操作者，工作地和劳动对象是固定不变的，如果有一个要素发生变化，就构成了另外一道工序。图 4-49 展示的是通过工艺库创建的某小组立的工艺库文件。

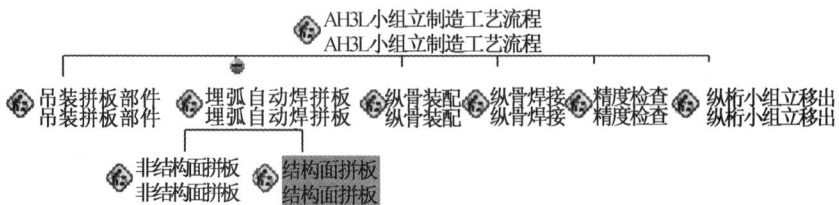

图 4-49　小组立工艺库创建

(2)创建工艺计划

创建装配工艺计划，即工艺顺序规划，是在仿真软件的装配仿真环境下建立起一系列完整的装配工艺，表现为针对各级中间产品，建立每个步骤的操作工艺，以及它们之间的前后顺序关系或是并列关系，为每个操作的工艺活动指派对应的产品对象或是资源项目。创建工艺装配计划对于装配计划制定以及装配工艺的优化是一件非常有意义的基础性工作，工艺计划一旦制定了，就可以将其存储在数据库中并且可以方便其他工程项目在基础上进行进一步的细化和调用，图 4-50 展示的即为某小组立工艺计划的创建。

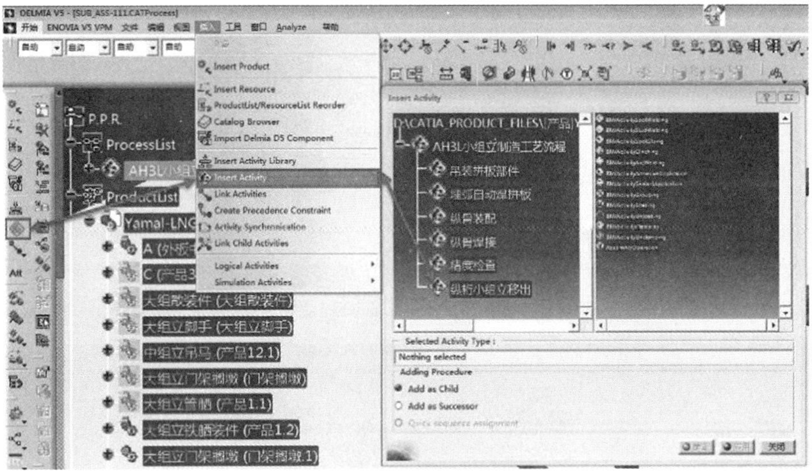

图 4-50 创建工艺活动

装配工艺活动之间的操作顺序关系设置在 PERT Chart 流程图内进行，它是一种图形化方式表现的流程图，可以使操作者以直观、动态和友好的交互方式完成活动的顺序的排序和更改操作，形成完整的串并联活动流程图，操作结果将直接反映在 PPR 结构树的工艺活动列表中，如图 4-51 所示。

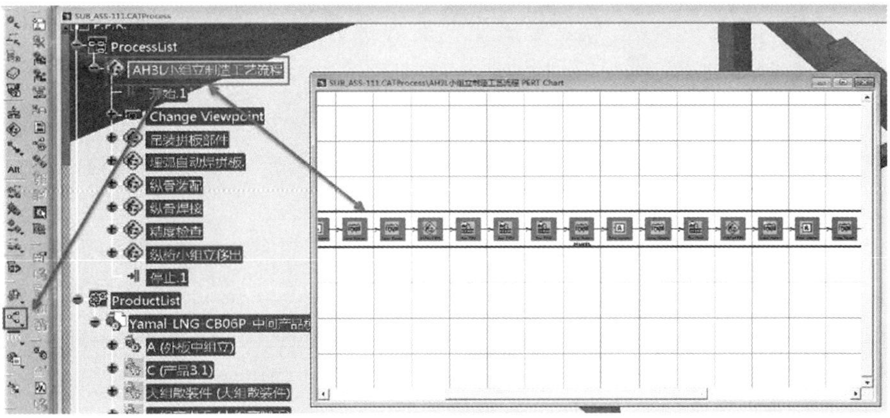

图 4-51 前后工艺活动的调整

工艺流程计划创建并且工艺顺序定义好之后,下一步就是为每个活动指派产品对象或者资源项目的操作。不同的中组立、小组立可以在这个阶段指派给不同的工艺步骤,通过"Unassigned Products"核查哪些产品或者资源没有进行工艺指定或者分派。

(3)检查工艺过程

在开始正式的仿真之前,先要利用工艺流程确定(process verification)来对工艺和产品的关系做一个检查确认,如图4-52所示。工艺流程确认功能允许设计人员按照工艺流程计划来确认工艺流程顺序,通过这个过程可以直观地看到各个组立的工艺工作。

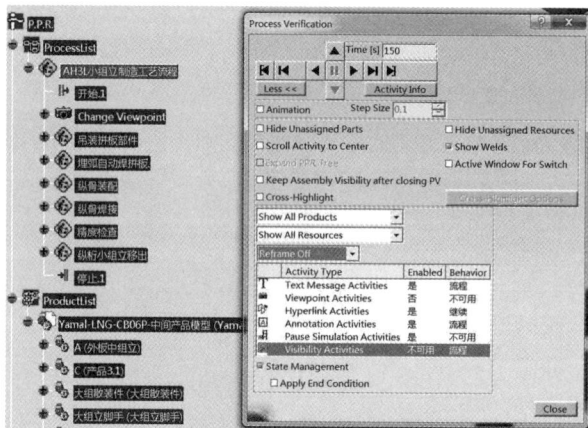

图4-52 工艺过程的检查

4.4.2.3 创建装配仿真运动

可行的装配工艺流程应该使得每个零部件在装配的过程中都具有可行的装配路径,不会与其他的中小组立或者是工艺设备资源发生碰撞,保证装配工作顺利、有序进行。利用装配仿真运动,可以对船舶中间产品的整个流程的可行性进行反复分析与评估,避免将不合理的工艺流程下发给现场,带来不必要的返工和损失。在此过程中一旦发现了零件装配过程中发生碰撞与干涉的情况,就需要对工艺流程进行重新设计或者调整,直到虚拟建造工艺优化至完全顺畅可行。

零部件的仿真活动设计主要通过为每个活动创建"Move Activity"类型的活动来实现。如图4-53所示,仿真软件可以在零部件活动的过程中记录它的运动轨迹,通过罗盘等方式来确定物体的行动轨迹和行动方向。

虚拟建造仿真在原理上可以做到现场建造实际情况的完全映射,例如,一般半门吊空程的时候行走速度为1 m/s,吊装物体的时候行走速度为0.5 m/s。在虚拟建造仿真的时候,就可以为半门吊不同的工艺活动创建不同的行走速度,图4-54与图4-55展示的分别是半门吊空程行走至钢板堆放工位的过程以及半门吊吊装钢板的行走过程。

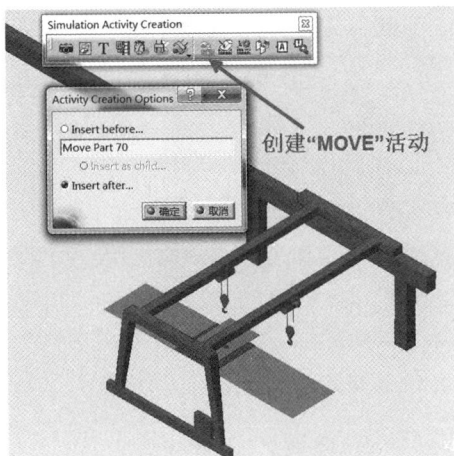

图 4-53 拼板吊装活动创建

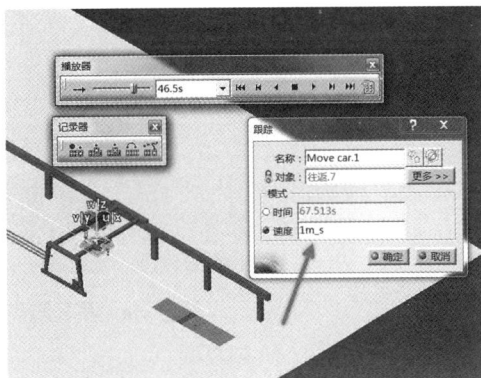

图 4-54 半门吊空程行走工况下速度的定义

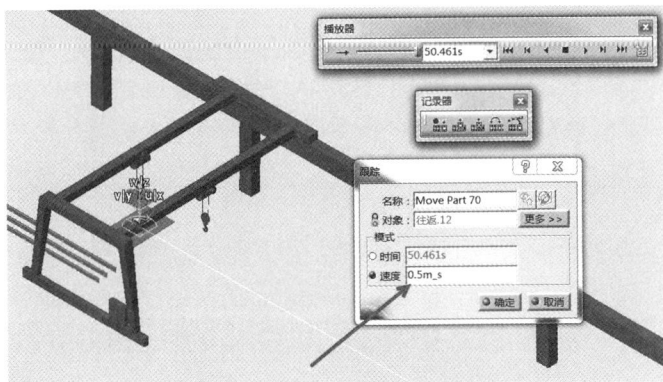

图 4-55 半门吊钢板吊装工况下速度的定义

4.4.2.4 仿真干涉分析

(1)静态干涉分析

静态干涉检验是指在虚拟环境下,在静态工位的布局中,检验船舶产品模型中的结构、铁舾、设备、管系、冷空通、电装、工艺件、工装设备之间的相对位置关系是否存在着空间的干涉,结构件、舾装件、工装件彼此之间是否存在着空间干涉,各个构件之间是否有合理的装配精度。一旦发现存在静态干涉的问题,就需要对各个构件之间的装配关系进行调整,对设计节点进行分析和优化,以得到正确合理的设计。

如图 4-56、图 4-57 所示,通过仿真软件的碰撞干涉检查功能,可以检查出吊马与肋板之间出现的干涉现象,通过对干涉区域的局部放大检查,系统将干涉区域进行高亮显示,从而快速找到干涉区域和干涉类型,以及干涉部件的名称和具体干涉值,设计人员能够根据干涉检查结果快速响应,将吊马移动到准确位置。

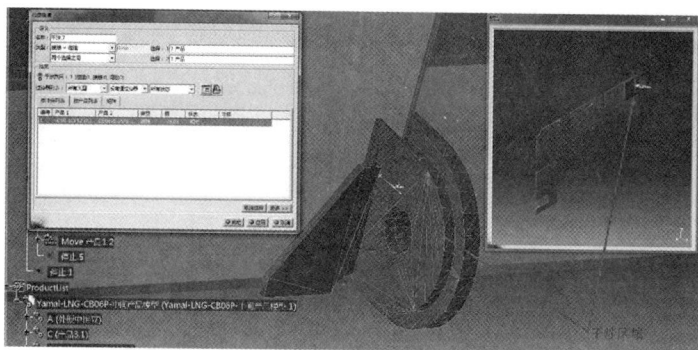

图 4-56　吊马与船体结构的干涉现象

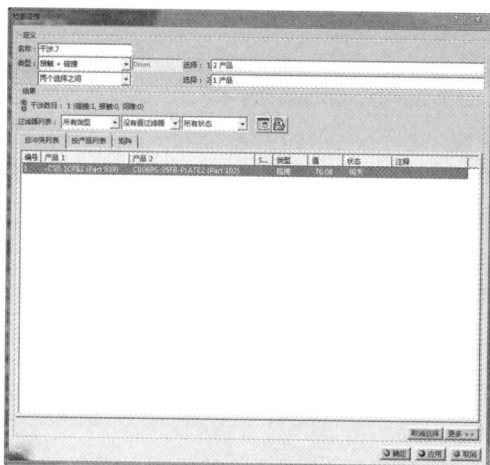

图 4-57　干涉部件名称以及干涉数值

　　如图 4-58 所示,通过移动吊马的位置,更正吊马与结构的干涉错误,重新进行干涉检查,此时干涉检查已经消除。通过这种静态干涉检查功能,能够提醒设计人员快速发现建模过程中的错误,实现对静态干涉错误的快速修改。

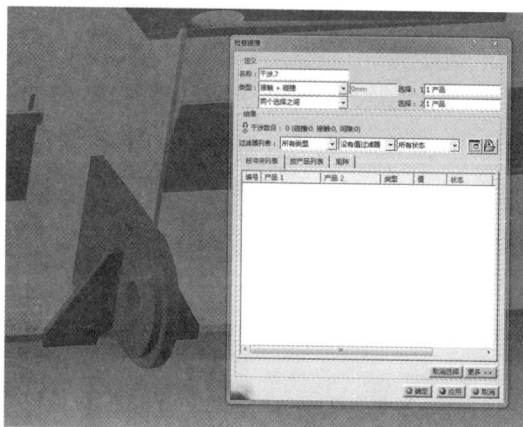

图 4-58　通过干涉数值迅速更正设计

　　又如在管支架建模中,由于管支架数量众多,容易发生管支架定位错误的问题。如图

4-59 所示,通过静态干涉检查,可以检测出管支架与结构面板发生干涉的具体位置、构件名称以及干涉数值,设计人员只需根据干涉检查结果修改管支架位置,消除设计错误。

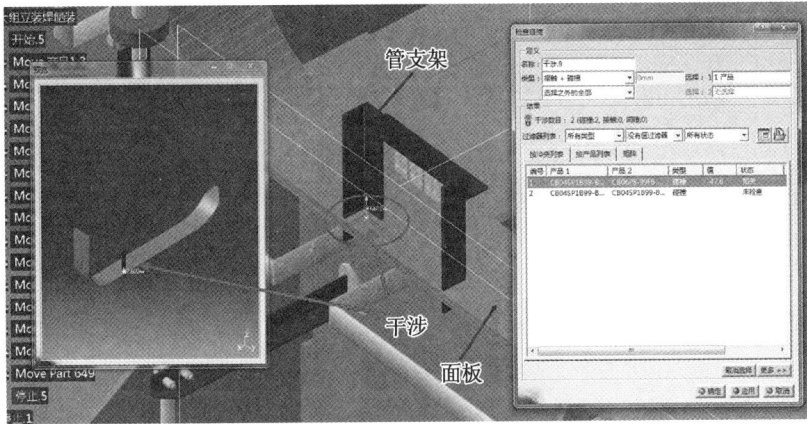

图 4-59　发生干涉的管支架与结构面板

(2)动态干涉分析

在船舶实际建造中,静态干涉检查是远远不够的,船舶结构和舾装件密集、施工空间狭小的区域,如机舱、艉舯部分段,往往会由于装配顺序不合理,造成干涉和返工现象,此时就需要用到虚拟装配过程中的动态干涉分析。动态干涉检验主要针对船舶构件在装配运动过程中的扫掠体是否产生干涉问题,一般借助于装配路径、装配关系等信息所形成的虚拟体积转化为静态干涉检来来完成,一旦发现了装配干涉,设计人员再通过修改、调整船舶结构件、舾装件的装配顺序、装配运动姿态等,得到正确的装配设计方案。

如图 4-60 所示,在分段的虚拟装配设计中,依照舾装前移理念,将电缆扁铁提前到小组立阶段安装,散装肘板在大组立阶段安装,然而电缆扁铁安装结束后,散装肘板已经无法安装,需要拆除电缆扁铁,造成现场返工。

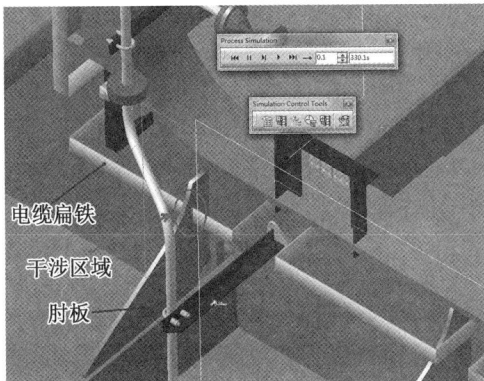

图 4-60　结构件与铁舾件的动态干涉检查

　　上述情况可以通过动态干涉仿真技术来解决。通过动态干涉分析检查,当发现肘板与电缆扁铁发生装配干涉时,仿真过程就会自动停止,并高亮显示出干涉区域,并标注出干涉具体部位,方便工艺人员分析查找干涉原因。该技术可以帮助设计人员迅速找到干涉位置,调整舾装件的安装阶段或者装配路径,优化装配设计方案。任何微小的碰撞干涉都能被动态干涉检测出来,进而逐步优化完成虚拟建造工艺的规划。

　　如图4-61所示,压缩空气管在中组立阶段安装后,大组阶段安装肘板时,肘板就会与压缩空气管干涉。这种情况下需要将压缩空气管的安装阶段调整到大组阶段,即先安装肘板再安装压缩空气管。因此,针对分段中间产品的建造工艺,进行包含结构与舾装的综合性工艺仿真,可以有效检验装配工艺的合理性。利用动态干涉仿真功能检查,可以让工艺设计更加准确。

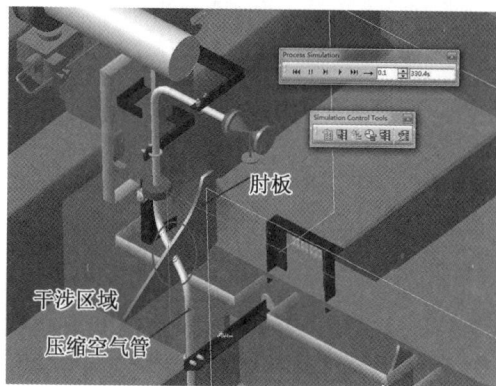

图4-61　压缩空气管与肘板的动态干涉检查

4.4.2.5　人因工程分析

　　考虑到船舶行业的特点,现阶段船舶建造过程中,人是一项非常重要的生产资源,工人的心理以及生理状态很大程度上影响着施工效率及施工质量,因此利用虚拟仿真技术分析建造工艺过程中的人因工程要素是非常有必要的。人因工程技术是运用生理学、心理学和其他相关知识,把工人、机器、环境视为一个统一的整体,并对该系统进行整体的研究和改善,使“人-机-环境”达到最佳匹配状态,保证工人在一个安全、高效的环境下工作。人因工程分析可以在仿真虚拟环境中模拟人工任务,利用软件中强大的分析工具评估人因工效,避免受伤害的风险和创建有效的符合人因工程学的研究,并可以优化布局和验证手工装配的可行性。

　　人因工程本质上是面向设计、面向系统实现的应用学科,涵盖策划、设计、实现、评估、维护、再设计和持续改进等阶段。其中设计最为关键,因为2/3以上的故障均可以追溯到设计源头。人因工程强调与系统研制相关方面均应参与到策划、设计和研发中。

　　在虚拟装配中,利用人因工程技术,根据虚拟装配环境,通过对虚拟人体的控制,模拟装配人员在装配时的各种实际作业操作,并进行测试和分析,实现虚拟装配方案设计的人机工程学评估,以便及时发现产品装配设计中存在的问题。

（1）可达性与可见性检验

在人因工程技术中,可达性检验与可视性检验是非常重要的两个施工特性因素,可达性检验是检查零部件的目标装配位置是否处于工人的肢体,或借助于装配工具所能达到的空间范围内;可见性检验是检查产品的零部件是否因为装配次序和装配路径的设置不合理,而影响了工人的施工视野。通过仿真软件中的"Visionwindow"（视野窗口）以及"Reach Envelope"（可达膜）可以进行工艺合理性检验。如图 4-62 所示,视野窗口可以模拟施工工人的视野范围,而可达膜用球状面描述了工人手持焊枪所能触及的范围,借助上述工具,设计人员完全可以站在虚拟工人的角度来考虑液货管的安装工艺是否合理,如果装焊操作空间太小,可以进一步调高隔舱与门架之间垫木的高度,从而设计出合理的舾装施工工艺。

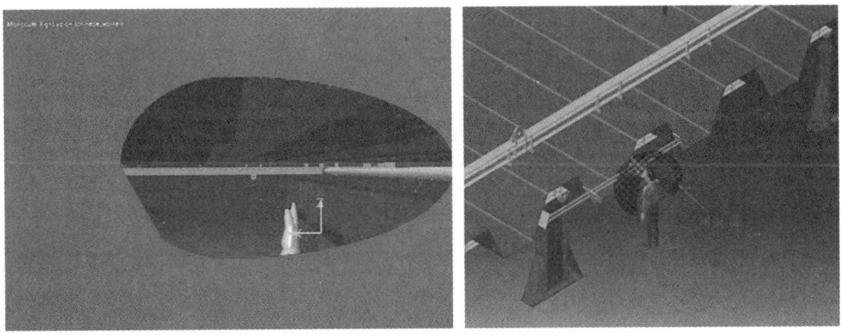

(a)　　　　　　　　　　　　　(b)

图 4-62　虚拟人的视野范围以及装焊操作空间检验

（2）人体行为分析

①快速上肢分析

快速上肢分析,即 RULA 分析(全称为 rapid upper limb assessment),是面向人体操作姿态的重要分析方法,该方法利用主要关节自由度角度对应出身体各部位的分数,每个身体部位的分数都能以颜色的方式显示出来,再综合各主要身体部位的分数给出整个姿势的分数。图 4-63 展示的是施工工人在安装截止阀的操作,根据 RULA 评分表格,该姿势可以接受,工人负载比较严重的部分主要集中在腕关节和手臂关节处,可以建议工人在施工前先活动这两处关节,有利于施工中的健康安全。

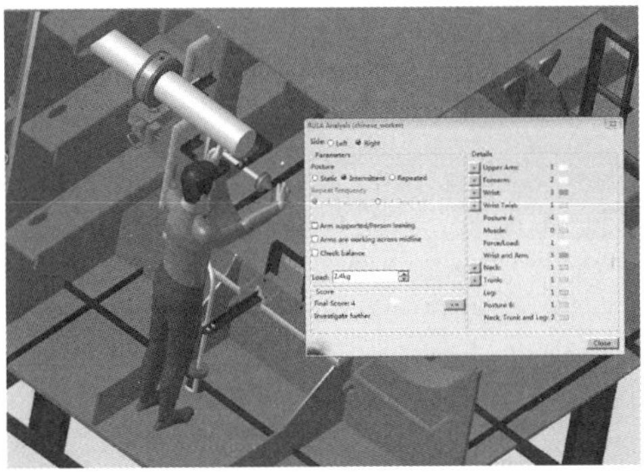

图 4-63　工人安装截止阀过程中的快速上肢分析

②举放分析

如图4-64所示,对工人安装蝶阀进行举放分析,分析结果显示,蝶阀的质量已经超出了工人安全操作的范围。如果一定要在这种情况下进行安装操作,就需要在船体结构上烧焊额外的工装件并配合手拉葫芦进行装配,增加了烧焊打磨的工作量,而且不利于生产效率的提升。通过上述分析可以得出,蝶阀的安装尽量安排在中组立阶段,该阶段工人为俯态作业,在增加安全性和便利性的前提下,还可以减轻工人劳动强度并且避免过多的工艺烧焊。

③推拉分析

如图4-65所示,进行分段涂装作业时对工人推拉作业平台进行分析,通过分析结果可知,工人可以推动整个工装,但是不适合长时间维持推动作业,因此需要对工装进行轻量化设计。通过人因工程分析,可以科学合理地对工装进行优化和完善。

图4-64　工人安装蝶阀过程中的举放分析

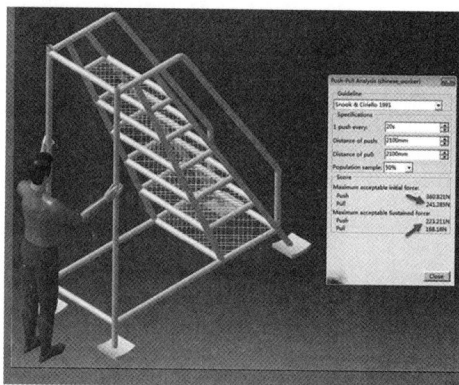

图4-65　涂装作业过程中的推拉分析

④搬运分析

仿真软件为工人的搬运动作提供了多种分析工具,如图4-66所示,工人在搬运设备时,定义好了搬运节拍、搬运距离以及人群中的占比以后(人员采样),就能够获得搬运操作的最大可接受质量。当设备质量大于最大可接受质量的时候,就要采取其他的吊运工具对设备进行搬运。

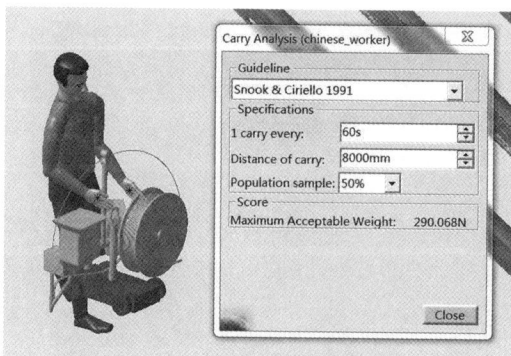

图4-66　工人作业过程中的搬运分析

4.4.3 工艺仿真结果文件的输出技术

通过虚拟仿真可以得出合理的装配工艺,并生成多种工艺文件。研究工艺仿真结果文件的类型,进行装配工艺仿真视频、装配工艺树和装配工时等输出技术研究,最终输出三维作业指导书所需的数据文件。

4.4.3.1 仿真视频的输出

利用仿真软件的视频输出工具或者录屏软件可以实现对建造工艺过程的视频记录,仿真软件自带录屏工具输出的视频文件是 AVI 格式,视频的清晰度与视频文件的大小存在正比关系,因此在不影响显示效果的前提下,一般利用录屏软件对仿真工艺过程进行录屏操作,然后输出体积较小,显示效果较好的视频文件。如图 4-67 所示。

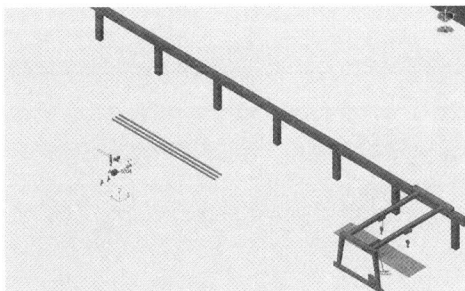

图 4-67 工艺仿真视频的输出

4.4.3.2 装配工艺树的输出

在仿真软件中插入前期设计好的中间产品 PRODUCT 文件、资源设备等,根据工法策划设定的工艺阶段,将产品树、资源树和工艺树中相对应的节点建立联系,最终完成 PBOM 的构建。在具体的施工工艺设计中,体现为建立了结构、舾装件、工装件和作业工序的关联关系,形成了"产品-资源-工艺"的一体化递进式工艺设计体系,如图 4-68 所示,通过一定的接口,可以将产品树、资源树、工艺树进行输出,方便对虚拟建造设计过程中的各项资源进行查看。

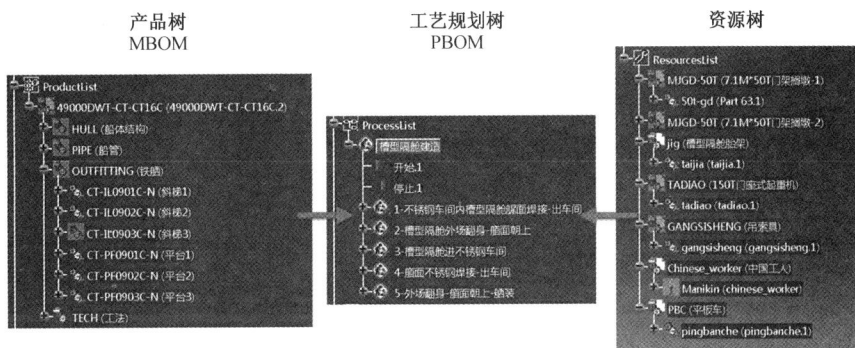

图 4-68 装配工艺树的输出

4.4.3.3　装配工时的输出

传统的工艺设计是很难输出工时定额的,但是经过虚拟建造仿真的设计,却很容易做到这一点。仿真软件中的 GANTT 图是一种基于作业顺序,将工序和时间联系起来的图表,通常以活动作为纵坐标,用来表示整个工艺流程的开始时间、结束时间以及持续时间,它不仅仅可以看到一个工序的时间,也可以看到每一个工序下工步的操作时间。如图 4-69 所示,将工艺过程的工时以 GANTT 工时数据图表的形式输出,获得准确的 GANTT 图的前提是虚拟装配模拟过程的时间设置必须是非常细致和准确的,这也从一个侧面说明,只要施工的工艺足够标准和固化,是可以通过设计手段计算出每一个工序、工步的施工作业时间的。

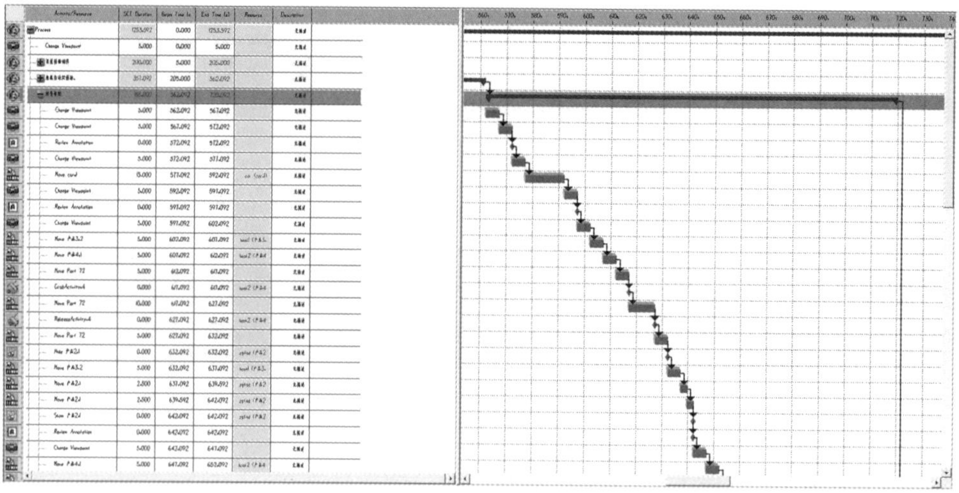

图 4-69　利用 GANTT 输出特定工序的工时列表

4.4.3.4　干涉检查报告的输出

在进行分段装配工艺仿真过程中,仿真软件会提示提醒结构、舾装和设备资源的干涉现象,根据干涉内容可以输出仿真干涉检查报告,提供干涉区域、干涉部件名称以及具体干涉值等信息。通过干涉检查报告,设计人员能及时对结构、舾装的安装顺序进行综合梳理和调整,生成优化后的装配路径,再次进行干涉检查,直到整个仿真过程顺畅为止,从而得到合理的装配顺序。干涉检查报告的输出能够帮助设计人员及时发现干涉问题,并优化装配工艺。如图 4-70 所示。

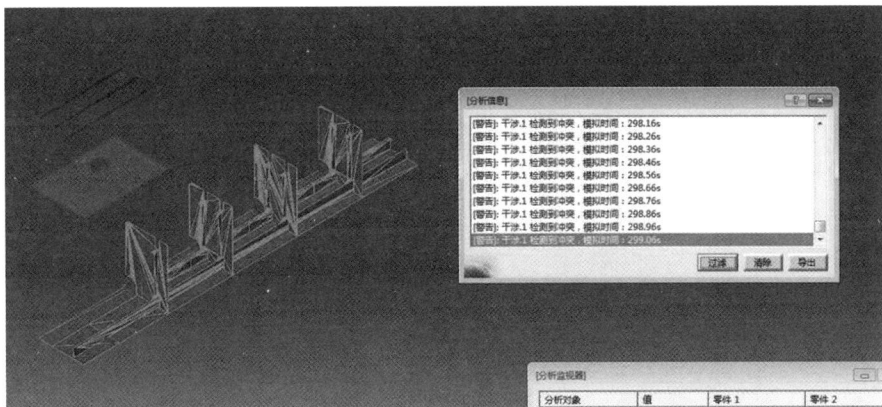

图 4-70　仿真软件的干涉检查分析

4.5　仿　真　验　证

4.5.1　船体结构件装配工艺仿真验证技术

以产品结构模型为对象,综合考虑场地资源、结构尺寸、装焊特性、智能制造装备等因素,根据组立划分原则和组立零件编码规则,应用船体结构件装配工艺专用软件接口,实现组立自动划分和装配顺序自动生成,大幅减少设计人员工作量和设计差错,提高装配设计效率。

以装配工艺数据和结构三维模型为数据抽取对象,按建造分段组织装配工艺数据,根据船体构件模型 ID 实现三维模型数据与装配工艺数据之间的相互关联,实现装配工艺数据的抽取和转换,为小组立装配机器人和模拟仿真软件提供可靠的装配工艺数据及三维模型数据。

针对造船过程中因设计人员考虑不周所导致的装配干涉、人员施工困难、装配效率低下等问题,应用交互式分段装配工艺仿真技术,通过对 LNG 船货舱区域分段的装配工艺流程进行虚拟仿真,在人机交互式环境下优化分段装配工艺,输出仿真结果文件指导现场的装配施工作业,提高装配效率,降低生产成本。

4.5.2　船体结构件装配顺序自动生成模块

船体分段装配树是组织分段装配的组立序列化成果,是分段成组装配技术的核心,是预舾装的依据。根据装配序列生成结果,创建分段装配树;在创建装配树的基础上,建立与装配树一致的分段产品树,以达到设计分段零件信息与装配分段零件信息保持高度一致,实现产品的可追溯性。

在生成装配树和产品树时,创建构件与三维结构模型的对应关系,以达到各装配组立节点实现实时组装显示在三维视图空间,实现可视化装配工艺设计。

可视化装配工艺设计提供了产品树、装配树、三维窗口、菜单栏等交互方式,实现了产品树、装配树、三维窗口模型统一对应映照关系,为装配顺序的自动化设计和交互设计提供了基础设计平台。如图 4-71 所示。

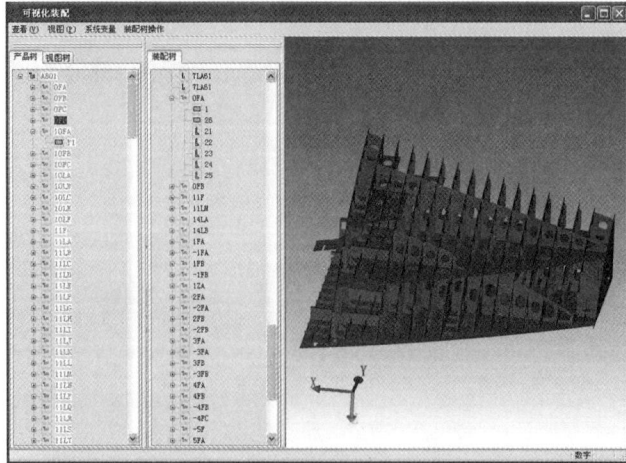

图 4-71　装配工艺设计交互界面

以组立装配节点为装配顺序设计对象,组织装配子组立和装配子零件为装配顺序创建对象,凭借装配基准,分析组立装配下各子组立节点和子零件间的拓扑关系,以从下到上原则、从大到小原则、从重到轻原则、从左到右原则,实现分段组立自动装配顺序的生成功能。提供装配场地、装配流向等装配属性信息,为模拟仿真提供装配环境信息、装配顺序信息、装配三维几何模型信息、装配子组立信息、装配基准信息、装配线控制信息等依据。

4.5.3　小组立智能化装配工艺设计模块

组立装配数据是面向智能制造的分段装配工艺的基础数据,小组立智能化装配工艺设计模块为统一数据源提供关联数据转换纽带。组立装配工艺接口数据是通过三维建模软件二次开发功能实现的,统一于三维建模软件转换接口平台,减少开发工作量,提高程序代码重用率。小组立智能化装配工艺设计模块主要提供两方面的内容:分段构件模型数据接口和分段建造装配数据接口。结构模型和建造装配数据通过零件 ID 得以统一,为小组立机器人提供装配工艺属性数据和装配几何模型数据,如图 4-72 所示。

4.5.4　船厂及设备资源模型库

船厂及设备资源模型是公司的数字资产,设备资源模型库的建立搭建起了虚拟空间和物理空间之间的桥梁,模型库越充实,后期虚拟仿真过程越顺利。船厂和设备资源建模是一个庞大且烦琐的工程,但是模型一旦建立,可以反复利用。利用仿真软件中的设计表工具进行参数化建模,对所有的资源设备模型进行统一管理,以方便后续建造仿真的随时调用,如图 4-73 所示。

图 4-72　小组立智能化装配工艺设计模块界面

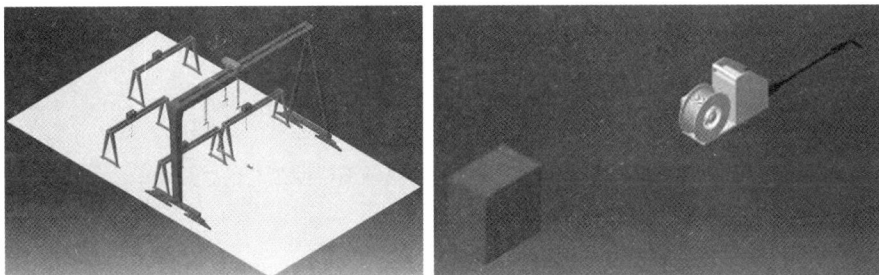

图 4-73　小组立智能化装配工艺设计模块界面

4.5.5　装配工艺仿真实船验证

4.5.5.1　切割工位

对于文字或者二维图形信息不太方便表达的切割工位的作业指导,通过前期对切割机、切割平台、半门吊、切割人员、起重作业人员的建模,根据制造部原有的切割作业规程,将人员、设备、切割作业对象在时间和空间上通过通俗易懂的虚拟建造仿真的形式加以展示,添加必要的文字说明信息,并且输出仿真作业指导视频,从而帮助施工部门进行作业前的示教、部门培训或者是规范和约束作业者的工艺行为,如图 4-74、图 4-75 所示。

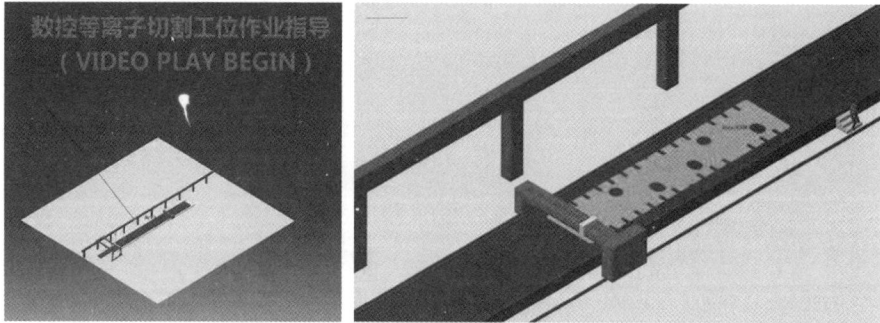

图 4-74　切割工位的作业指导视频展示

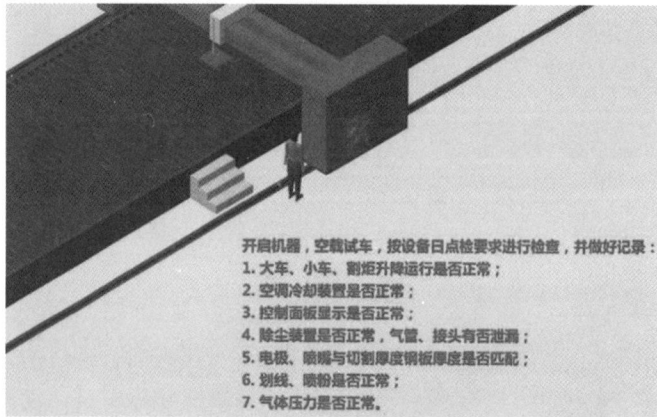

图 4-75　添加必要的文字信息来辅助说明工艺的过程

4.5.5.2　拼板工位

在拼板工位,对半门吊、埋弧自动焊和轨道、操作人员等进行建模,根据拼板作业流程,将人员、设备、拼板作业对象在时间和空间上通过虚拟建造仿真形式展现,包括钢板吊装、拼板焊接前精度测量、拼板焊接过程等,通过添加操作文字说明、输出仿真视频指导现场作业,如图 4-76 至图 4-78 所示。

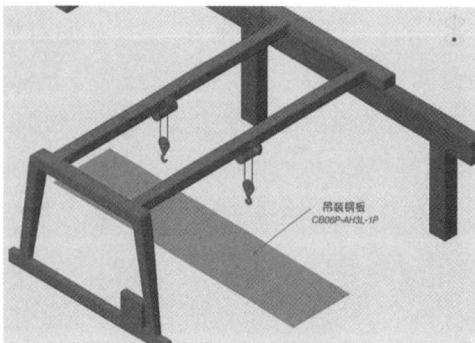

图 4-76　钢板吊装仿真

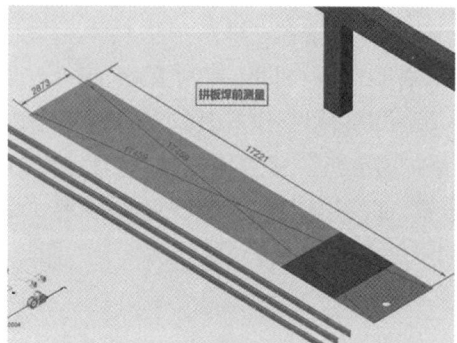

图 4-77　拼板焊接前精度测量

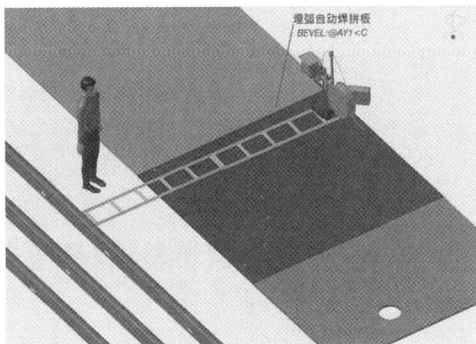

图 4-78 拼板焊接仿真

4.5.5.3 小组立工位

针对特定工位的操作规程,可以将通用的工艺流程提炼出来,以三维工艺动画的形式加以展现,如图 4-79 所展示的小组立作业施工工位,可以对其中的拼板作业工艺要求、纵骨装配作业过程中防倾倒工装的使用,纵骨焊接的顺序,吊装过程中的安全注意事项等多项要求进行详细的工艺描述,从而直观地向工人展示作业过程中的施工要求,如图 4-80 所示。

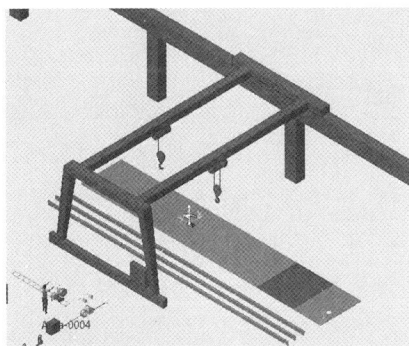

图 4-79 小组立施工工艺三维作业指导视频展示

图 4-80 小组立现场施工

4.5.5.4 中组立工位

在中组立工位,根据建造工艺流程进行虚拟装配仿真,对装配过程中的重点构件装配序列问题、吊装过程中的安全注意事项等进行工艺描述,避免实际施工中容易发生的装配困难和返工等问题,如图 4-81 所示。

4.5.5.5 大组立工位

在大组立的建造过程中,一般存在着大量的结构件和舾装件预埋、结构件和舾装件安装的综合顺序问题,通过虚拟建造装配仿真,将需要预埋的结构件提前放置在分段内部,如图 4-82 所示。

(a)   (b)

图 4-81　中组立施工工艺三维作业指导视频展示

图 4-82　预埋的零部件工艺仿真

此外,对于舾装件密集区域,通过对电舾件、管舾件、大组散装件进行安装阶段与综合安装顺序的梳理,可以将每个阶段安装多少舾装件,每个阶段舾装件和结构件的综合安装顺序是什么进行建造流程的优化,并且通过反拆法,还可以对每个托盘中放置多少舾装件、结构件进行提前梳理,甚至可以将托盘中零件的摆放顺序进行优化和确认,如图 4-83、图4-84 所示。

图 4-83　大组立过程中综合舾装顺序和托盘设计的仿真

图 4-84　大组立现场施工

4.5.5.6　工业 PAD 端的现场测试应用

利用工业 PAD 可以在现场对工人进行可视化的作业指导,通过旋转、平移、缩放、隐藏等三维动态浏览操作,能够更加准确地获取装配工艺信息。该三维工艺文档还支持尺寸的测量以及三维注释,从而可以实现生产意见的快速反馈,如图 4-85 所示。相对于利用二维图纸从事生产制造,人的大脑更适合在三维模型下直观地获取工艺信息进行生产作业,三维作业指导文件可以有效地避免工人对二维图纸理解和信息重构的偏差,从而极大地提升设计信息传递的质量及效率。

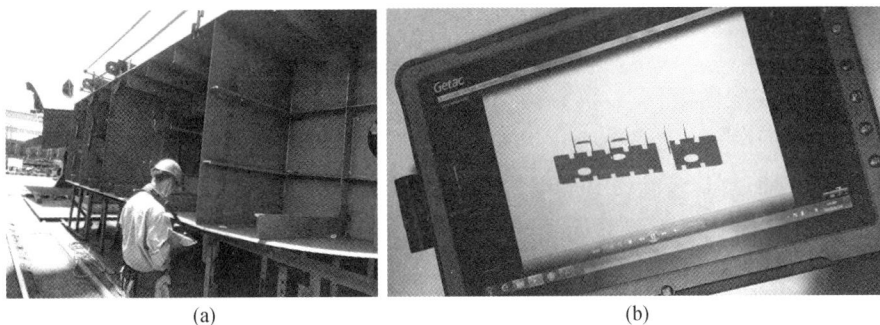

(a)　　　　　　　　　　(b)

图 4-85　工业 PAD 端三维作业指导书的现场运用

4.6　本章小结

本章主要针对造船过程中装配质量不稳定和装配耗时多等问题,通过分段组立自动划分、建立装配工艺数据库、实现组立装配顺序设计、三维组立装配顺序接口文件生成、装配资源模型构建、分段虚拟装配仿真和工艺优化、仿真工艺文件输出等流程,实现装配工艺优化,以指导现场分段装配的施工作业,减少返工现象的发生,降低生产成本。

(1)分段组立自动划分

整理和归纳面向智能制造装备的组立类型,综合考虑船体构件的几何尺寸、材料、装焊特性、精度控制等多方面因素,制定相应的组立零件编码规则,实现船体结构件组立的自动划分。

（2）建立装配工艺数据库

在装配序列成组后,形成装配树的基础,建立装配树节点属性扩展明细表,增加装配顺序、装配场地、装配流向、装配阶段等装配工艺属性,达到装配工艺数据的保存、管理、下发工作。

（3）实现组立装配顺序设计

装配顺序的设计是在自动生成装配顺序的基础上采用交互管理方式,实现组立节点装配顺序的增、删、改、保存等功能。针对装配顺序仅是以数字形式来体现的情况,为了实现装配顺序的可视化,特在三维空间增加了装配顺序标识,将这些标识保存到装配工艺数据库中,以达到交互管理设计装配顺序的目的。

（4）三维组立装配顺序接口文件生成

组立装配顺序数据是装配工艺数据的一部分,在生成装配工艺接口文件中,装配顺序属性作为组立装配节点装配工艺属性之一进行输出,为模拟仿真软件提供有效的数据源。

（5）装配资源模型构建

装配资源模型包括装配过程中涉及的工艺装备、工装、工具、工人等,设备资源模型相当于公司的数字资产,一旦建立可以重复利用。项目构建了虚拟仿真过程中涉及的大量设备资源,建立了设备资源模型库。为了加快建模速度,利用仿真软件的参数化建模功能,缩短了建模时间,建模完成后对所有资源设备模型进行统一管理,方便了后续建造仿真过程中的随时调用。

（6）分段虚拟装配仿真和工艺优化

在完成分段装配模型、设备资源模型等数据准备的基础上,设计人员按照装配工艺方案进行交互式装配仿真。虚拟装配仿真包括装配路径工艺规划、创建虚拟装配工艺环境、创建装配工艺计划、创建装配仿真运动、设置增强仿真运动等内容。在虚拟环境中,通过对组立的装配流程进行静态干涉分析和动态干涉分析,准确检测出各级组立之间、组立与工装设备之间的干涉,结合人因工程分析船体结构件尺寸控制的影响因素,实现装配可达性校验,优化装配序列或装配路径,完善工艺模型中的装配信息,最终形成符合生产建造的合理装配工艺。

（7）仿真工艺文件输出

在对分段的装配工艺进行全过程的虚拟装配仿真后,可以进行仿真结果输出,输出内容包括干涉检查报告、工时文件、仿真视频、装配工艺树等。仿真干涉分析生成干涉检查报告,设计人员根据检查结果快速优化装配工艺。仿真工时文件即仿真软件中的 GANTT 图,它基于作业顺序,将工序和时间联系起来。仿真视频可以借助视频输出工具或者录屏软件实现。根据工法策划设定的工艺阶段,将产品树、资源树和工艺树中相对应的节点建立联系,即实际施工中建立的结构、舾装件、工装件和作业工序的关联关系,形成了"产品-资源-工艺"的一体化递进式工艺设计体系,通过接口可以将产品树、资源树、工艺树等文件输出,最终形成三维工艺作业指导书所需要的数据文件。

第 5 章 分段舾装智能化设计技术

5.1 概   述

舾装作业在船舶建造过程中具有施工范围广、工作难度大、作业周期长等特点,同时在其实施过程中还具有时间、空间的灵活性和相对独立性。舾装作业不仅可以在中间产品建造的过程中进行,如从小组立、中组立、大组立阶段就可以对部分舾装件进行安装,更多的是在分段平台总组、大型总组和分段船坞搭载等阶段展开,还可以在内场独立进行单元拼装而不受分段制约。由于舾装作业所特有的多样性、复杂性、灵活性,在适当的时候对安装的舾装件进行及时安装,可减少后道生产部门施工的压力,不断实现工序前移做好必要的铺垫。同时舾装件在造船各阶段安装的完整性,对造船企业提高舾装生产效率和缩短船坞、码头周期都将起到积极的作用。

在船舶建造过程中舾装贯穿整个建造过程,舾装工程量通常占船舶建造总工程量的50%~60%,对复杂船型和特种船甚至更高,故舾装作业的质量与周期直接影响了船舶建造质量与周期,在船舶建造过程中起着至关重要的作用。为了缩短船坞周期,通常采用成组技术和托盘化管理,以此来提高分段预舾装率。目前国内的舾装率已经达到较高水准,但舾装作业仍存在问题。将智能化技术应用于船舶舾装设计过程,能够极大地提高舾装作业信息化及自动化水平,进而全面提升船舶舾装工作的效率。

5.2 舾装智能化设计工程定义

基于舾装数字化模型,有针对性地选取共性的铁舾件、管舾件、电舾件典型产品,结合当前国内制造标准和船厂施工工艺,增加外部干涉或限制条件,分析产品的定义信息。对产品定义信息进行分类组织管理,完整地反映产品零部件本身的几何属性、工艺属性、质量检测属性以及管理属性等信息,满足制造过程中各阶段属性对数据的需求。

根据梳理的产品定义信息,分别结合铁舾件、管舾件、电舾件模型特征,基于智能化设计理念,立足于智能制造各阶段属性对数据的需求,对模型设计可以反映或应该反映的属性信息进行梳理,归纳模型特征信息并选择关键特征信息,提出合理有效的特征信息表示方法和信息传递机制,并在此基础上给出满足智能制造要求的铁舾件、管舾件、电舾件智能化设计定义。整体框架如图 5-1 所示。

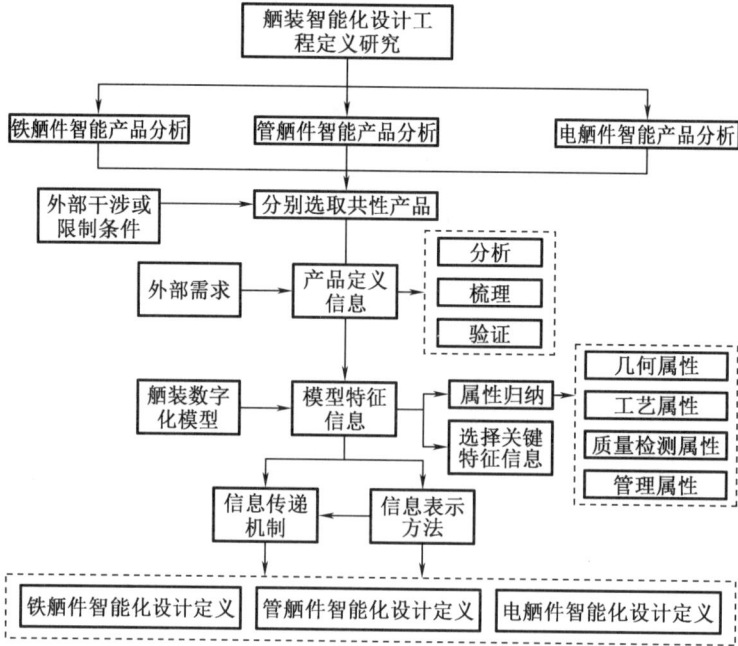

图 5-1 舾装智能化设计工程定义技术整体框架

5.2.1 船舶舾装现状

精细化和管理托盘化是船舶舾装技术中很重要的一项技术,这方面具有突出成就的是日本,日本造船企业在 20 世纪 90 年代就实现了该项技术,并因为这项技术,日本船舶行业得到迅速发展。当然并不是所有的设备都要进行托盘化管理,对于容易损坏的设备以及主机等大型设备都不适合进行托盘化管理,除此之外其他大部分设备都可以实现。托盘化管理的实现主要由三个方面来完成。首先,最基础的舾装设计,这部分工作要按照区域划分来实现;其次,就是确定效率最高的舾装阶段;最后,再按照舾装件类型进行托盘化管理。所有的事物都是不断改进完善的,托盘化管理也因为技术以及方法的不断进步而获得进一步的发展。日本的千叶船厂不断对托盘化进行改进,如今已经实现了流水作业。

预舾装和单元组装技术日趋成熟。在 20 世纪 50 年代末至 60 年代初,预舾装和单元组装技术在国外就已经萌芽,并随着时间推移得到发展,直至今天已趋于成熟。所应用的范围不断扩大,发展方向也逐渐进入标准化以及大型化。在这方面具有突出成就的有韩国的大宇船厂,其预舾装率即将接近百分之百。还有美国钢铁造船公司,此公司很好地应用了单元组装技术,实现综合机械单元。另外,广泛采用单元组装的还有德国以及日本等很多国家,他们都意识到单元组装技术的重要性,并对其进行探究,发现其适合的领域以及过程,最大限度地获得经济效益。

我国船舶技术的不断发展主要得益于制造技术及方法的不断进步,为了反映我国舾装技术的发展特点,主要将其分为五个阶段。当今正处于第四阶段,需要我们进一步努力去实现第五阶段,下面我们简要介绍这几个阶段。第一阶段:是包括船台散装、码头舾装、整船涂装三部分的系统导向型造船模式。第二阶段:也分为三部分,即分段建造、预舾装、预涂装,这构成了系统和区域导向型造船模式。第三阶段:和前面两个阶段相同,也分为三部分,即分道建造、区域舾装、区域涂装,被称为区域、类型和阶段型造船模式。第四阶段:中间产品导向型阶段,即壳舾涂一体化。第五阶段:产品导向型阶段,即设计制造一体化。介绍了以上几个阶段之后,再来大体了解造船技术发展的三个大的方面:传统造船技术、现代造船技术以及未来造船技术。显而易见,一、二阶段是第一部分,如今我们正处于第二阶段,第三阶段还需要我们通过进一步的探究努力来实现。正处的现代模式应用成组技术原理,按照分道、有序的原则实现设计、生产、管理一体化,最终达到均衡、连续的总装造船。

造船工业和我国经济发展密切相关,在我国迅速发展的经济环境下,我国船舶舾装技术发展主要呈现以下几个趋势:

(1)模块化趋势。模块化对于大规模造船以及高要求的船舶舾装技术来说具有很大优势,这正好适应了我国当今船舶建造的现状,所以模块化越来越受欢迎。很多船舶建造部分已经应用了模块化,比如救生艇连同吊放装置、舷梯、舱室单元等。模块化造船具有很多优势,不仅可以总体上提高经济效益,还能改善工作环境以及降低劳动量。经过长时间的应用,模块化技术已经成为船舶技术中必不可少的方面,具有很快的发展速度,这对于我国工业发展来说有着举足轻重的作用。

(2)精品化趋势。总体来说,我国舾装技术具有结构强度大、用料扎实的优点,也存在量较大、制造精度较低等缺点。这些缺点对于船舶的发展是不利的,为了改善造船技术,就需要提高制造精度,走精品化舾装的道路。使我国的船只外形美观,并且使外观和性能相协调。

(3)环保和节能。只要是工业生产,都会对环境造成一定的污染,船舶建造也不例外,因此对船舶建造产生的环境污染进行探究也是极其重要的一方面。为了尽可能将环境污染降到最低,我们不仅要考虑建造材料无毒,还要尽可能节约资源能源。

5.2.1.1　舾装专业划分及分解

现代造船将舾装按照船舶大区域和作业内容分为船装、机装和电装。船装是除了机舱设备和电气以外的所有安装和处理工作,船装按专业可划分为内装、外装、管装。内装是以居住、工作舱室为主的室内舾装设计,又称居装。外装是指舱室外全船各层甲板的舾装设计,又称甲板舾装。管装是指除机舱外的全船性管系舾装。机装生产设计的主要内容包括机舱范围内的管舾装、铁舾装和主机轴系三部分。电装生产设计主要负责全船电气设备和系统。

现代造船模式下的舾装设计主要依靠专业造船软件系统进行,主流专业造船软件系统一般将舾装生产设计划分为铁舾装生产设计、电装生产设计、管舾装生产设计。

船舶舾装技术发展至今,可以分为四个阶段。第一阶段由于技术的限制,在船体形成后再进行舾装。第二阶段先形成分段,然后搭载成船体,只有一部分进行预舾装。第三阶段船体部分采用分道建造法,一步一步完善区域舾装的安装。第四阶段也就是通常所讲的壳舾涂一体化建造法,在此阶段要大力推行包括单元组装、分段舾装和总段舾装在内的先行舾装作业。

就目前看来,我国大部分造船企业造船技术处于第二阶段或第三阶段,只有少部分优秀船舶企业不断努力地向第四阶段水平发展。第四阶段的壳舾涂一体化建造法是在船体分道建造和以区域导向舾装的基础上,实现空间上分道,时间上有序,责任明确,相互协调的作业优化排序。壳舾涂一体化建造法有以下主要特点。

(1)船体分道建造

根据成组技术制造原理,船体分道建造按相关生产计划或生产指令开始制造船体零件、部件和分段,并按一定的工艺流程组建生产线,以达到分道建造的目的。

(2)作业顺序改变

以往的造船模式中舾装作业比较晚,在船体作业结束后才开始。现代造船模式中船舶建造的各个阶段都会出现舾装作业,在先行阶段有单元组装、分段舾装和总段舾装作业,在后行阶段有船坞舾装和码头舾装作业,这就是舾装作业的合理分配。合理的舾装装配作业顺序提高了舾装装配作业的效率。

(3)作业内容分解

根据优化各施工阶段的内容,将船舶建造产品合理地划分为多个理想化的中间产品,使之达到互不干涉,有机统一的分道生产,从而降低船舶建造作业的难度,实现真正的一体化生产。

随着时间的推移,造船技术不断发展,全球很多先进的造船企业已经开始采用壳舾涂一体化区域造船法。跟随世界的脚步,国内先进的船舶企业也在大力推行壳舾涂一体化的建造方法。

舾装作业流程主要包括内场单元舾装、分段预舾装、总段预舾装、船坞安装以及码头系泊试验这几个阶段,其中内场单元组装和分段预舾装、总段预舾装被称为先行舾装,船坞安装和码头系泊试验被称为后行舾装。先行舾装在船舶建造时要注意生产节点,根据生产节点能够制定合理的舾装装配计划,减少无效作业时间,提高舾装安装效率。舾装作业是比较复杂的系统工程,在船舶建造中将系统工程合理分解到船舶建造的各个阶段,最终将各个阶段的舾装作业汇合可以确保整个舾装工程的完整性。

5.2.1.2　船舶舾装分类

现代造船模式是以统筹优化理论为指导,应用成组技术原理,以中间产品为导向,按区域组织生产,壳(船体建造)、舾、涂作业在空间上分道,时间上有序,实现设计、生产、管理一体化,均衡、连续地总装造船的船舶建造模式。现代造船模式把壳、舾、涂不同性质的三大作业类型,建立在空间上分道、时间上有序的立体优化排序上。

在船舶建造领域有"大舾装"的概念,除船体结构、涂装设施以外,其他的一切船舶安装设施都属于舾装件,主要包括轮机、电气、管系、通风、冷藏、甲板机械、消防、救生、内装、铁舾等。安装舾装件的作业称为舾装作业。

船舶舾装大致分为以下六个方面:

(1)船体舾装件:门、窗、梯、扶手、盖、栏杆和系缆桩等;

（2）动力装置：主机、轴系、柴油发电机、锅炉、泵、箱柜、分油机、热交换器、箱柜等；

（3）甲板机械：起货机、舵机、锚机、绞车、舱口盖系统等；

（4）电气舾装件：电气设备、导架、接头、称圈等；

（5）舱室舾装件：绝缘材料、里子板、家具、厨房设备、冷藏空调设备、铁零件、焊接件等；

（6）管系：动力系统、船舶系统、通风管系、冷藏空调管系。

5.2.1.3　舾装模块分类及其体系

舾装模块划分应依据产品建造方针及相关要求的规定进行，舾装模块设计的构思立意、设计方法、作业阶段及有关工艺要求均应服从全船综合建造的要求。

舾装模块设计应在详细设计的基础上展开，满足系统的功能要求，符合施工工艺规范，并与相关各方进行协调与优化。

舾装模块设计是生产设计的一个有机组成部分，应在各区域综合布置（完整建模）结束，并在相关专业协调平衡之后确定具体界面范围和组合物量。

通过舾装模块的划分及分类，可以大幅度提高预舾装率和生产效率，能够做到外场作业内场做、高空作业平地做，使安全生产得到保证。

舾装模块设计就是要体现各工种在空间上分道，时间上有序，变外场作业为内场作业，变高空作业为平地作业，舾装作业与船体建造并行，最大限度地缩短船坞周期，达到扩大先行工程，提高预舾装水平，减少坞内工作量，提高经济效益的目的。

坚持舾装设计的模块化方向，把舾装模块设计成为包含设备、管舾件、铁舾件、电舾件、绝缘、涂装等全部要素的相对完整的中间产品。

舾装模块的结构大小和质量，必须控制在作业场地的舾装设施能力范围之内。

舾装模块的作业阶段应该符合壳舾涂一体化的要求，并与相应的船体分段总段的制作进度相匹配。

舾装模块按其结构一般可分为管束单元模块、阀组单元模块、设备单元模块、箱柜单元模块、功能单元模块、标准化单元模块、区域单元模块等几种类型。具体分类见表5-1。

表5-1　舾装模块单元分类

模块分类	定义	举例
管束单元模块	以管子作为单元的主体进行成排束的集中组合，并由组合支架等组成	油舱内的蒸汽加热盘管单元模块、主机两侧管束单元模块
阀组单元模块	由一段总管及多头支管和阀件等组成的小单元模块	蒸汽分配阀组单元模块、二氧化碳释放阀组单元模块
设备单元模块	以设备本身或基座作为单元模块的主体，连同管子、支架、阀件、附件、构架及花钢板、格栅等组合而成	冷却器单元模块、燃油加热器单元模块

表 5-1(续)

模块分类	定义	举例
箱柜单元模块	以箱柜作为单元模块的主体,围绕箱柜进行基座设备、附件、支架、管子、格栅、花钢板等组装而成	凝水观察柜单元模块、海淡水压力柜单元模块
功能单元模块	将同一系统的机械、设备、基座、箱柜、附件、阀件和管子等组合起来,具有一种规定的独立功能的单元模块	淡水泵组单元模块、辅锅炉燃油单元模块
标准化单元模块	是功能性单元的标准化、系列化,一般由专业设备厂生产制造	制淡装置单元模块、舱底水油分离器装置单元模块
区域单元模块	将船上管系比较集中的场所不分系统地划分成若干区域,然后将该区域内所有的机械、设备、基座、构架、附件、阀件、管子、支架等组合成一个大单元模块	机舱底层全宽型单元模块、泵舱综合型单元模块

区域单元模块特点是结构复杂、体积大、质量大。为此过大过重的单元应划分为若干小单元模块。先整体制作,再拆开成几个小单元模块分别吊装,然后在船上再拼装成区域性大单元模块。

5.2.1.4 舾装件属性分析

舾装件的相似性是指在舾装件种类、组成结构、安装工艺路线和安装顺序等影响工时因素方面所具有的相似性。在同一类铁舾件中,其安装步骤的内容相同,但每个步骤所用的时间和先后顺序可能不同,这些差异性主要与铁舾件安装工艺的特征参数有关,包括非数值型参数(如安装阶段、安装顺序、打磨工艺要求等)以及数值型参数(如铁舾件的长度、宽度、高度、质量等)。

船舶舾装件的特征参数与约束关系的组成主要包括几何属性、非几何属性以及连接单元知识。

几何属性中有两类不同的属性,分别是几何模型与几何参数,其中关于船舶舾装件具备的结构特征和几何形状就是船舶舾装件的几何模型参数。研究发现大部分标准船舶舾装件的设计过程只需要稍微修改结构形状即可完成设计过程,只有很少的非标准舾装件的设计需要完全不同的结构,这就充分说明了在船舶舾装件的设计过程中可以充分应用这些几何模型知识。几何属性的作用是限制船舶舾装件实体模型的几何尺寸的参数信息,这些属性的获取途径主要有:①各种国际/国家标准、行业标准和企业标准;②长时间的设计过程中,船舶舾装件的专业设计人员累积的各类经验知识。

非几何属性主要包含了船舶舾装件的零件名、表面处理形式、规格、材质、装配信息和设计人员信息等。以角钢框架型基座为例,将它的非几何属性罗列出来,方便不同类型舾装件在设计过程中参考。角钢框架型基座的非几何属性包括基座的名称、基座的材质、基座设计人员的名称、基座的创建时间等。

连接件住处包括如螺纹孔、螺栓孔等连接结构件的结构特征和强度要求在内的所有信息,这些连接件普遍使用在船舶舾装件的结构中。在设计船舶舾装件时,对连接件的信息需要充分考虑,因为连接件的定位信息与特征一般都是跨零件的,这样才可以确保连接件的相对位置在建模过程中的一致性。比如基座中的垫板就属于连接件,它主要有方形垫板、方形带圆角垫板和圆形垫板几种不同的形式。

5.2.2　舾装信息分类

舾装信息不仅仅是舾装件的信息,还需要获取船体部分信息,除此之外数据库还包括用户信息、图纸信息等数据。将涉及的信息归纳整理为以下几类。

5.2.2.1　系统的工程信息

工程信息表包括工程名、TRIBON 工程名、船号、船型和建造单位,如图 5-2 所示。

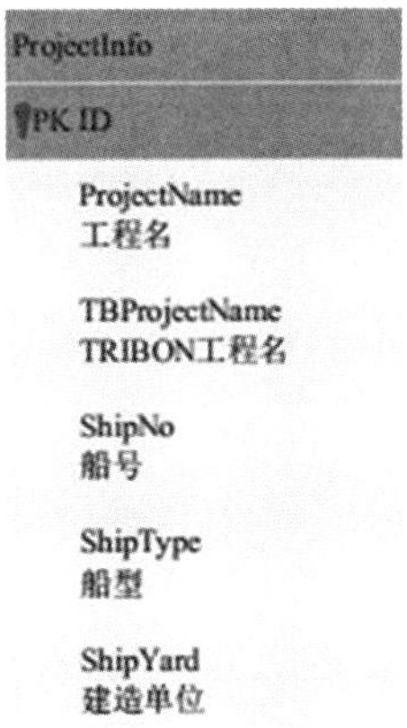

图 5-2　工程信息表

5.2.2.2　图纸配置信息

与图纸配置相关的数据表包括管系安装图(电气底座图)配置信息表、托盘信息表、托盘配置信息表、图纸管理表等。数据表设计如图 5-3 所示。

5.2.2.3　舾装及船体模型数据

舾装模型数据库存储的不仅有舾装件的信息,还包括船体部分信息,舾装件信息包括铁舾件、管系及电气相关数据,数据表设计如图 5-4 所示。

根据对舾装模型信息数据的整理,以铁舾件型材表为例,创建信息数据表如表 5-2所示。

DrawingManagement	PipeInstallDrawing	PalletInfo
PK ID	PK ID	PK ID
Project 工程	Project 工程	Project 工程
DrawingName 图名	DrawingName 图名	PalletName 托盘名
DrawingNo 图号	DrawingNo 图号	PalletTypeName 托盘类型名
BlockName 分段名	ModuleName 模块名	PK ID
ProfessionalTitle 专业名称	PalletName 托盘名	Project 工程
DrawingType 图纸类型	MathHullBlock 匹配船体分段	PalletTypeName 托盘类型名
	HullAssPath 匹配船体背景装配信息	PalletTypeReg 托盘匹配规则
	TBDrawingName TRIBON图纸名	
	TBFornName TRIBON图框名	

图 5-3　图纸配置相关信息表

ElecSeatInfo	HullPanelInfo	StructureInfo	StructPartBarInfo
PK ID	PK ID	PK ID	PK ID
Project 工程	Project 工程	Project 工程	Project 工程
ModuleName 所属模块	Name 模型名	Name 模型名	GroupNo
ColorRGB 颜色RGB码	BlockName 分段名	ModuleName 模块名	GroupType
ElecSeatSpecification 电气底座规格	DataType 数据类型	Descr 描述	GroupID
ElecSeatType 电气底座类型	Symmetry 对称性	TDMDesc 舾装件描述	PartNo 零件号
TBElecSeatName TB电气底座名称	TransfInfo 坐标轴及位置信息	TDMRemark 舾装件备注	PartID 零件内部编号
Weight 重量	SegmentInfo 外轮廓信息	PipePartInfo	PartPos 零件编号
Number 数量	PipeInfo	PK ID	PartType 零件类型
	PK ID	Project 工程	StructName 舾装件名
	Project 工程	PipeName 管名	COGInfo 重量中心
	Name 管子名	SpoolName 管段名	
	ModuleName 分段名	No 零件序号	
		PartID 零件内部编号	
		......	

图 5-4　舾装及船体模型数据表

表 5-2　铁舾装型材表

列名	数据类型	允许 Null 值
ID	uniqueidentifier	否
Project	vachar(30)	否
Group No	int	否
Group Type	int	否
Group ID	int	否
Part No	int	否
Part ID	int	否
Part Pos	vachar(30)	是
Part Type	vachar(30)	是
Struct Name	vachar(30)	否
COG Info	vachar(30)	否
……	……	……

5.2.3　舾装表征

5.2.3.1　铁舾件表征

铁舾件种类繁多、数目庞大、布置各异,由于每个舾装件都有特定的属性集合表示,因此采用产生式表示法表示各舾装件模型特征信息,另外舾装件的标准命名(模块名)也包含有效的模型信息。

(1)铁舾件命名规则

铁舾件命名规则如图 5-5 所示。

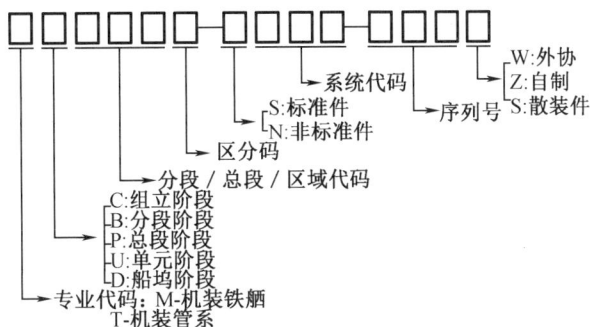

图 5-5　铁舾件命名规则

①当同一模块需要对应多份图纸时,可通过区分码使图纸与模块名一一对应,便于抽取。

②对于同一模块名同一系统代码下的部件应选择不同的序列号,如 MP10A1-NAER-110W 与 MP10A2-NAER-110W 应避免同时出现。

③W/S/Z 代码说明:

W 类部件表示从外协厂家购买的部件;

Z 类部件表示船厂在车间内制作到船上安装的部件;

S 类部件表示直接在船上制作安装的部件。

(2)铁舾件模型特征信息的产生式表示法

以供油单元为例,采用产生式表示法表示其模型特征信息如图 5-6 所示。

```
<特征信息>::=<设备类型>AND [<型号>,<制造商>,<柴油机数量>,<加热
介质>,<柴油机总功率>,<供油量>,<重油循环量>,<柴油输出压力>,<循环油
箱压力>,<重油输出压力>,<重油输出黏度>,<重油输出温度>]

<设备类型>::=供油单元
柴油机数量:多机
加热介质:蒸汽
柴油机总功率(kW):3750
柴油机输出压力(MPa):0.24
循环油箱压力(MPa):0.27
重油输出压力(MPa):0.5
重油输出粘度(cSt):13
设备预览:C:\\User\\供油单元15
设备工程项:MAR_NO_ALL\\VLCC\\JD\\EQU\\供油单元
```

图 5-6　供油单元产生式表示法示例

(3)铁舾件安装布置原则

根据船舶舾装作业先后顺序,将舾装作业划分为组立阶段、分段阶段、总段阶段、船坞阶段、单元阶段。各阶段安装原则如下。

①组立阶段

该阶段考虑在分段制造完成后无法放入分段内安装的一些管件、舾装件等,同时考虑施工工艺的合理性而安装的舾装件,如油藏加热管、双层底压载舱吸口等。

②分段阶段

分段阶段亦称分段预舾装,大部分管件及部分舾装件在此阶段安装结束。在此阶段分段通常处于倒置和侧放位置,所有甲板反面和侧壁上的管件及舾装件均可划分到此阶段进行安装,在划分时要注意所有安装的管件和舾装件不得超出分段边缘,一般在距分段边缘200 mm 以内。

③总段阶段

总段阶段是指两只或两只以上分段进行总组后,进行舾装安装的阶段,此阶段主要安装甲板正面的设备、铁舾件、管路等,同时安装跨分段的合拢管、吊梁及斜梯等舾装件,大多

数单元在此阶段安装。

④船坞阶段

此阶段主要安装大型设备及设备接口管路、总段搭载之间的合拢管、上下平台之间的斜梯、主机排气管以及直径 12 mm 以下的小管子,如蒸汽伴行管、液位遥测管等。

⑤单元阶段

单元阶段属于提前预舾装的范畴,根据设备及管路布置特点,把设备、设备基座、管子、管支架及部分舾装件等在内场提起做成单元,然后在某个方便安装的阶段整体吊装、安装。

铁舾件分布以机舱为主,此处亦以机舱为例介绍铁舾件布置原则。机舱区域铁舾件布置以机舱底层区域和机舱平台甲板为主,其布置原则如下。

①机舱底层区域

机舱底层区域是指机舱底层花钢板以下整个区域,这一区域是整个机舱的核心,涉及大部分的系统和机舱设备,大部分机舱泵均布置在机舱底层。由于机舱底层相对于其他区域空间比较狭小,设备比较集中以及大口径管路较多,布置比较困难,该区域综合布置应遵循如下原则:

a.泵及其他设备的布置应保证足够的通道及维修空间,对于相邻的设备尽量考虑做成公共底座;

b.泵的吸高和总压头需要在布置时校核;

c.对于压载泵、海水泵等泵的定位以海水总管为基准,即泵的进出口高度与海水总管的中心线应尽量保持在同一水平面上;

d.手动操作阀的手柄应全部向上,并且手柄上方无其他障碍物,以便阀门能够进行正常的操作;

e.设备、管路及其他舾装件在布置时应避开底层舱室人孔位置。

②机舱平台甲板

指机舱花钢板以上与主甲板以下的中间甲板区域,该区域一般布置发电机、锅炉、分油机、供油单元、空气瓶等大型设备,同时还布置功能性舱室。正面的管路布置及舾装件的布置大多集中在这些设备的周围,该区域设备、管路及舾装件布置应遵循以下原则:

a.该区域甲板正面的设备,除高度有特殊要求外,高度方向布置应尽量低;

b.设备基座设计考虑反面加强,尽量能利用甲板反面的加强筋作为加强;

c.设备的操作检修空间和通道尽量预留,甲板正面的设备以甲板为操作检修平台,减少搭设平台;

d.发电机排气管布置时要考虑主要电缆及发电机吊梁的位置,并与之保持合理的空间距离;

e.甲板反面的风管布置应与主干电缆和管路层次分开布置,即甲板反面依次布置电缆、管路和风管,在条件允许的情况下电缆和管路不要布置在同一挡肋位或同一挡纵骨内;

f.分油机空间比较狭小,所以在布置设备及管路时要保证设备的维修空间和通道;

g.液舱上的人孔、液位计、温度计及液位报警等位置应在管路及其他舾装件综合布置时一并考虑;

h. 主甲板下一般布置有机舱行车,主机行车下方不得布置任何风管和排气管,以免阻碍机舱行车的操作使用。

5.2.3.2　管舾件表征

Tribon 软件内含管舾件部件库,管路和管附件的模型特征信息均可从部件库中的参数定义中抽取,因此管系模块名命名标准和部件库中的参数信息均能代表管舾件模型定义的特征信息。

(1)管舾件模块命名标准

管子命名规则如图 5-7 所示。

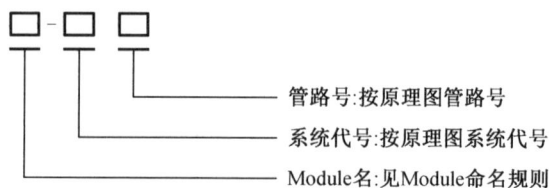

管路号:按原理图管路号
系统代号:按原理图系统代号
Module名:见Module命名规则

图 5-7　管子命名规则

示例:122 分段 B 阶段海水冷却系统 02 号管路名称为 TB122-WM02。

管支架及护圈命名规则如图 5-8 所示。

序号:以三位数表示,001~999
管支架代码:PS;护圈代码:PC
Module名:见Module命名规则

图 5-8　管支架及护圈命名规则

示例:101 分段 C 阶段管支架件号 1 名称为 TC101_PS_001;例 10B 总段 P 阶段第 10 个护圈名称为 TP10B_PC_010。

(2)管舾件部件库参数

Tribon 软件中管舾件部件库参数包括一般性参数、管参数、管子连接参数、符号描述、性状描述实体、投影图形、安装范围和几何中心、用户定义信息。表 5-3 和表 5-4 展示了一般性参数和管参数信息,标准部件库参数即为管舾件模型特征信息,可以从部件库中直接抽取。

表 5-3 一般性参数

Material code（必填）	材料代码： 1—普通钢 Steel ordinary 2—耐热钢 Steel heatproof 3—不锈钢 Steel stainless 4—铜,黄铜 Copper,brass 5—铝黄铜 Aluminium brass 6—铜镍合金 Copper nickel 8—铝合金 Aluminium alloy 9—朔料 Plastic 10—其他材料 Other materials
Acquisition（必填）	库房代码（way of stock keeping）
Weight(kg(/m))（必填）	部件质量。对于定义长度的部件（通常指管子），它表示整个部件的质量。然而,对于没定义长度的部件（如电缆）它表示每米的质量。对于一般部件,它表示每立方毫米的质量（参看 Accommodate 的域描述）。对于其他部件（如一些绝缘材料），它表示每立方米的质量
User responsible	用户署名
Kind of comp	部件的数据类型： P—管系 E—电气 V—通风
Prod prel	部件预置状态
Model prel	部件模型状态
description（必填）	命名要求体现中文说明、通径、外径、标准号等
techn. spec	技术规范说明

表 5-4 管参数

Treatment codes	材料处理码。每一位代码表示对材料的处理方式,由用户自定义
Eccenter measure	偏心尺寸（仅用于偏心部件）
Flow resistance	流阻（仅用于阀）
Extrusion code	挤压代码： 1—允许挤压成凸缘 2—不允许挤压成凸缘
Bending code	挠度代码： 1—允许机械弯曲 2—不准弯曲 3—允许手工弯曲

表 5-4(续)

Connection code	对连接件(connection pieces): 1—与主管子的表面封套直接连接 2—与凸缘(extruded bosses)连接对法兰(flanges) 4—法兰不能放置在其他两法兰之间 5—法兰能放置在其他两法兰之间

(3)管舾件安装布置原则

①先装大口径管和总管,后装小口径管和支管;

②先装密集区域管子,后装空旷场所管子;

③先装定位尺寸要求高的管子,后装要求一般的管子;

④先装箱柜密性试验管子,后装不影响箱柜密性试验的管子;

⑤先装模块或单元组装管子,后装中间连接过渡的管子;

⑥对于分层的管路系统布置,气体、热介质管道布置在上层,液体、液化烃、腐蚀性介质以及化学药剂管等宜布置在下层;

⑦气体管道宜布置在上层,低温管道宜布置在下层,气体管道的支管应开在主管的上方;

⑧管路的放空开在高点,泻放开在低点,液压系统必须带有相应的放气塞。

(4)单元的安装布置原则

①按照扩大先行工程的原则,单元尽可能在分段阶段(或总段阶段)吊装到位;

②对某些可能影响船体结构装配和焊接的单元或封舱件单元,可先吊装到船上临时搁置,待船体作业完成后安装到位;

③区域单元可在总段建造时吊装,但其总质量必须控制在起重机的吊重负荷范围以内;

④单元如在坞内吊装,则应考虑船坞两侧塔吊吊臂的不同负荷,按照单元的安装顺序吊装;

⑤单元设计应明确组装时的基准尺寸、组装顺序及工艺要求;

⑥单元的接口位置尽可能平直,上下接口要错开,要方便与船上管子的连接,两单元(主要是管束单元)连接处的管子法兰应尽量布置成阶梯状;

⑦要考虑单元在船上的位置,预留安装及操作维修的空间。

5.2.3.3 电舾件表征

对电舾件的模型特征信息进行合理有效的识别,主要采用产生式的电舾件信息表示方法,根据工艺需求界定合理的安装阶段和安装基准,确定合理的电缆铺设路线和附件安装顺序,标准库命名格式可以保证模型信息的有效抽取。

（1）电舾装件标准库命名标准

①托架命名规则

a. 直线组合托架命名格式为 ECTL□-□-□，如 ECTLS-2-A（图 5-9）。

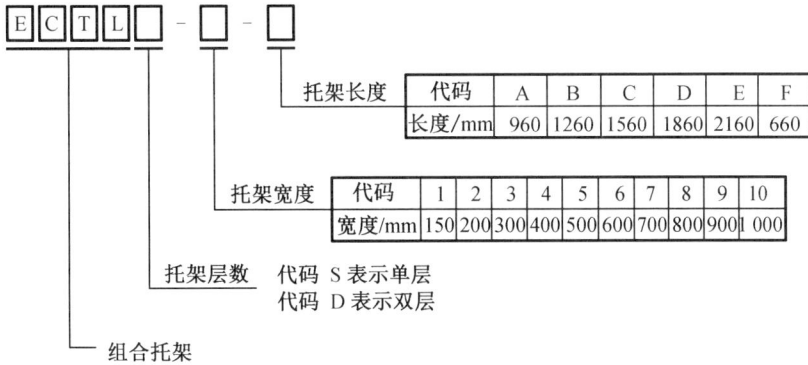

托架长度	代码	A	B	C	D	E	F
	长度/mm	960	1260	1560	1860	2160	660

托架宽度	代码	1	2	3	4	5	6	7	8	9	10
	宽度/mm	150	200	300	400	500	600	700	800	900	1 000

托架层数　代码 S 表示单层　代码 D 表示双层

组合托架

图 5-9　直线组合托架命名规则

b. 90°、45°转角组合托架命名格式为 ECTL□R□-□，如 ECTLSR1-2（图 5-10）。

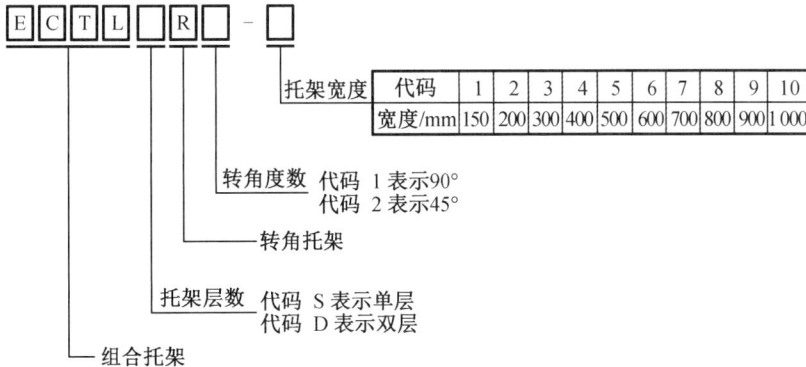

托架宽度	代码	1	2	3	4	5	6	7	8	9	10
	宽度/mm	150	200	300	400	500	600	700	800	900	1 000

转角度数　代码 1 表示90°　代码 2 表示45°

转角托架

托架层数　代码 S 表示单层　代码 D 表示双层

组合托架

图 5-10　转角组合托架命名规则

c. 三通组合托架的命名格式为 ECTLT-□，如 ECTLST-2（图 5-11）。

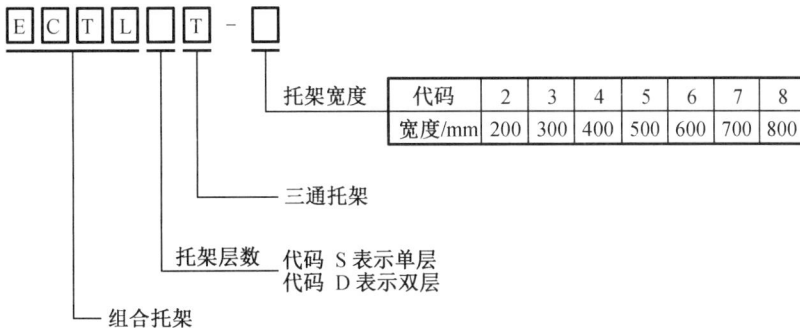

托架宽度	代码	2	3	4	5	6	7	8
	宽度/mm	200	300	400	500	600	700	800

三通托架

托架层数　代码 S 表示单层　代码 D 表示双层

组合托架

图 5-11　三通组合托架命名规则

②扁钢命名规则

扁钢命名格式为EFB□□-□,如EFB45-050(图5-12)。

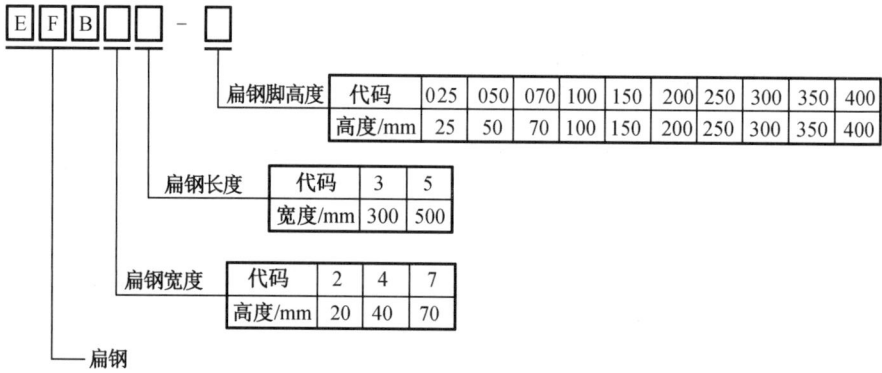

扁钢脚高度	代码	025	050	070	100	150	200	250	300	350	400
	高度/mm	25	50	70	100	150	200	250	300	350	400

扁钢长度	代码	3	5
	宽度/mm	300	500

扁钢宽度	代码	2	4	7
	高度/mm	20	40	70

扁钢

图5-12 扁钢命名规则

③电缆筒和电缆框命名规则

a.圆形电缆筒的命名格式为EGYT-□A,如EGYT-50A(图5-13)。

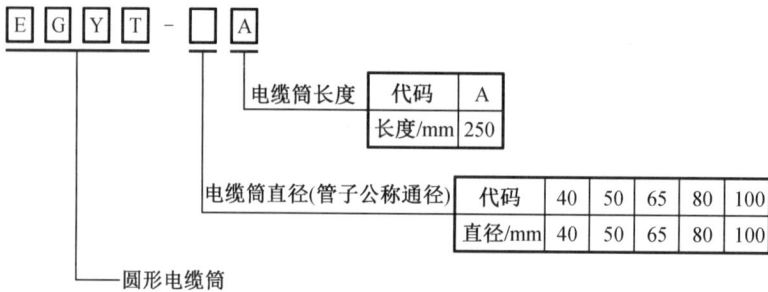

电缆筒长度	代码	A
	长度/mm	250

电缆筒直径(管子公称通径)	代码	40	50	65	80	100
	直径/mm	40	50	65	80	100

圆形电缆筒

图5-13 圆形电缆筒命名规则

b.圆形电缆框的命名格式为EGYK-□□,如EGYK-50A(图5-14)。

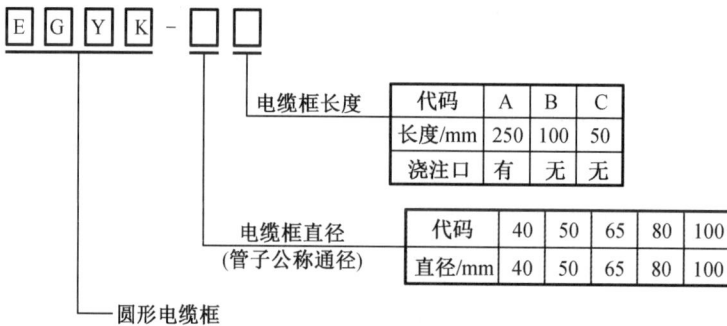

电缆框长度	代码	A	B	C
	长度/mm	250	100	50
	浇注口	有	无	无

电缆框直径(管子公称通径)	代码	40	50	65	80	100
	直径/mm	40	50	65	80	100

圆形电缆框

图5-14 圆形电缆框命名规则

（2）电舾装件模型特征信息的产生式表示法

以扁钢为例，采用产生式表示法表示其模型特征信息如图5-15所示。

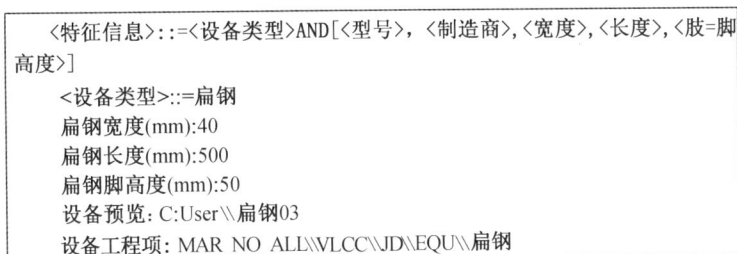

```
<特征信息>::=<设备类型>AND[<型号>,<制造商>,<宽度>,<长度>,<肢=脚
高度>]
    <设备类型>::=扁钢
    扁钢宽度(mm):40
    扁钢长度(mm):500
    扁钢脚高度(mm):50
    设备预览: C:User\\扁钢03
    设备工程项: MAR_NO_ALL\\VLCC\\JD\\EQU\\扁钢
```

图5-15 扁钢产生式表示法示例

5.3 船舶舾装设计的知识库构建技术

面向船舶舾装智能化设计的知识库结构和功能设计，包含规范表达的船舶舾装实例类、规则类、文本类和公式类知识，设计相应的知识存储方式并建立知识库；针对设计人员在设计工作中面临的不同需求，开发知识查询和推理技术，支持舾装设计的各专业设计工作。构建具有良好可视化接口的、具有多层次结构的知识库，整体框架如图5-16所示。

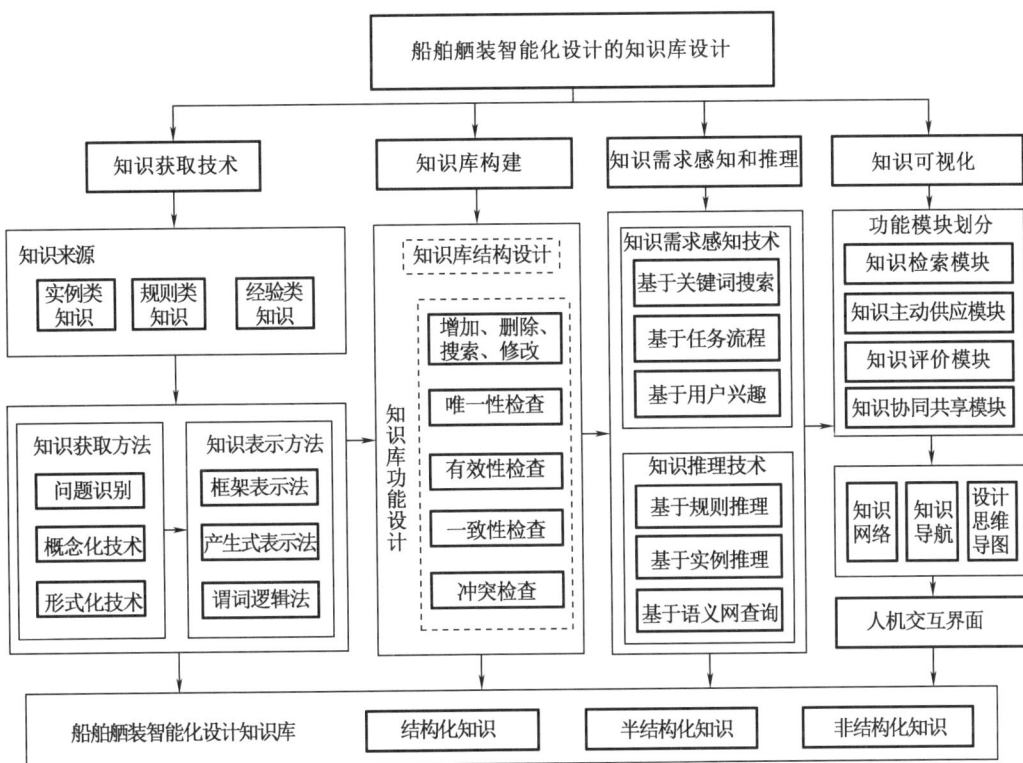

图5-16 舾装知识库构建技术整体框架

5.3.1 舾装设计知识获取

知识获取就是领域问题求解的专家知识从某种知识源(如文本、数据库等)中总结和抽取出来,转换为领域知识库中的知识。知识获取是建立知识库的关键技术之一,是实现知识表示和建立知识库的前提条件。针对船舶舾装设计内容,如何获取船舶舾装设计的知识、经验是知识获取的主要任务。但是,知识获取是知识库系统开发过程中的主要瓶颈之一,现在还没有一种方法可以做到自动获取知识,知识库所需的大部分知识主要是由知识工程师通过手工提取的。

5.3.1.1 舾装设计实例类知识的获取

根据知识获取技术的过程,对舾装设计实例知识进行获取。

(1)实例类知识获取的任务

实例,顾名思义就是舾装设计的案例,在这里主要指的是成功的案例。获取实例知识的任务就是从以前船舶舾装设计中提取已经成功的案例作为实例,经过知识工程师的整理存储到实例库中。

(2)实例类知识获取的方式

根据现有的条件,主要采用人工获取的方式。立足于船舶企业所设计过的船舶类型,提取较为成熟的区域舾装方案和全船舾装方案作为应用实例。

(3)实例类知识获取的步骤

①实例类问题识别阶段

首先理解船舶舾装设计实例的问题所在,需要与舾装设计专家进行交流与调研。船舶舾装设计实例知识包括实例问题的提出、问题的解决、实例的评价等内容。实例问题的提出即是舾装设计的需求分析。根据需求而设计得到的结果即是问题的解决,按照设计流程主要分为两大部分,一是船舶模板结构推送的结果,二是布局设计推送的结果。

②实例类知识的总体化阶段

根据舾装设计实例的特征问题特点,进一步细化实例知识的内容。船舶舾装设计实例的具体内容如下:

a. 实例号:可以用部件编号、区域编号或船型号。

b. 实例需求解决的问题(即舾装设计需求):船型、用途、性能要求(整船性能包括功率、速度)、区域尺寸、部件参数等。

c. 实例类问题的解决(即具体的舾装方案):区域布局方案或整船的舾装布置方案。

③实例类形式化阶段、实现阶段和检验阶段

这些阶段主要用于建立实例库结构、实现实例获取工具系统以及维护等。

5.3.1.2 舾装设计规则类知识的获取

(1)规则类知识获取的任务

规则类知识是指在基于规则推理过程中用到的规则等。船舶舾装设计主要是实现设计需求目标下的选型设计过程,因而舾装设计的规则类知识获取的主要任务是提取选型设计相关的知识。

(2)规则类知识获取的方式

舾装设计规则类知识主要采用人工获取。通过查阅相关资料,如船舶舾装设计手册、相关文献资料、理论书籍,针对特定的问题向舾装工程师进行调研,并对舾装工程师的知识经验进行归纳、总结。

(3)规则类知识获取的步骤

①规则类知识的问题识别阶段

问题的识别阶段就是要提出问题,规则类知识获取的问题就是要解决舾装过程中所需要哪些知识。

②规则类知识的总体化阶段

根据舾装设计规则类知识问题的特点,进一步细化规则知识的内容。

③规则类知识形式化阶段、实现阶段和检验阶段

这些阶段主要用于建立规则库结构、实现规则类知识获取工具系统以及维护功能等。

5.3.1.3 舾装设计文本类知识的获取

(1)文本类知识获取的任务

文本类知识是指在船舶舾装设计过程中所遇到的规范知识、经验知识、船东船检意见知识。获取文本类知识的任务就是将以前船舶舾装设计遇到的问题及其相应的解决方案作为指导以后舾装设计的经验,经过知识工程师的整理存储到相应的知识库中。

(2)文本类知识获取的方式

舾装设计文本类知识的获取,首先基于公司已有的文本类知识文件,采用基于自然语言处理的技术 ICTCLAS 进行分词,然后利用 TF-IDF 提取关键词,并利用信息建立关键词之间的联系,得到关键词的语义网,从而将带有关键词及权重的文本类知识文件存储到文本类知识库中。

(3)文本类知识获取的步骤

①文本类知识的问题识别阶段

文本类知识的问题即为过去舾装过程中所出现过的问题,文本类知识获取的问题就是要解决舾装过程会遇到的问题。

②文本类知识的总体化阶段

根据舾装设计文本类知识问题的特点,进一步细化文本类知识的内容。

③形式化阶段、实现阶段和检验阶段

这些阶段主要用于建立文本类知识库结构、实现文本类知识获取工具系统以及维护功能等。

5.3.1.4 舾装设计公式类知识的获取

（1）公式类知识获取的任务

公式类知识是指船舶舾装设计过程中所需要应用的公式。获取公式类知识主要将舾装设备的计算公式从设计规范、标准中提取出来存储到公式库中，帮助舾装设计工程师进行设计计算。

（2）公式类知识获取的方式

舾装公式类知识主要采用人工方式获取。首先通过查阅相关资料，如船舶舾装设计规范、手册、理论书籍，并针对具体的舾装设备与舾装工程师进行沟通，确定相应的舾装设备计算公式及使用条件。

（3）公式类知识获取的步骤

①公式类知识的问题识别阶段

首先需要与舾装设计人员进行交流和沟通，确定舾装设计过程所需要的公式类知识。

②公式类知识的总体化阶段

根据舾装公式类知识问题的特点，进一步细化公式类知识的内容。

③形式化阶段、实现阶段和检验阶段

这些阶段主要用于建立公式类知识库结构、对变量和公式进行定义，并利用这些知识进行定义查询、求实际值等操作，实现公式类知识获取、管理工具系统以及维护功能等。

5.3.2 舾装设计知识表示

知识表示就是知识的符号化和形式化的过程，是知识库系统研究的关键技术之一。知识表示是实现知识存储和建立知识库的前提。现在的知识表示方法主要有产生式、框架、面向对象等。知识表示对于问题是否能够求解以及求解的效率有重大的影响，一个恰当的知识表示可以使复杂的问题变得简单而容易。合理选择知识表示要求能够对知识和经验进行正确合理的表述，构建内容丰富、结构合理、层次分明的知识系统，既提高求解结果的可靠性，又便于知识库维护和知识获取。

5.3.2.1 舾装实例类知识的表示

本知识库中的实例类知识主要包括区域布局设计实例和全船设计实例。其中区域布局设计实例包括区域定位属性、区域外部属性及区域布局方案；全船设计实例则是由船舶类型及船舶主要参数决定的。这两类实例知识都由一系列属性及属性值确定，根据知识表示方法的比较可知框架表示法最适用于表示实例知识。图 5-17 所示为分油机间布局实例的框架表示。舾装实例知识的储存最终映射到关系数据库中存储，并通过映射到数据库的方法集将属性值与关系数据库关联起来。

```
框架名：4133
船舶类型：油船
载重量(t)：250 000
舾装区域：机舱
舾装模块：分油机间
长度(mm)：8 000
宽度(mm)：5 500
供油单元型号：FCM·2200·SS
滑油分油机型号：P635
燃油分油机型号：SA876
实例预览：C:\\User\\分油机室布局1
实例工程项：MAR_NO_ALL\\VLCC\\JD
```

图 5-17　分油机间布局实例框架表示示例

5.3.2.2　舾装规则类知识的表示

船舶舾装在船装、机装、电装三个舾装模块的基础上继续分解到每一个舾装件。由于每个舾装件都有特定的属性集合表示,因此对每个舾装件都采用产生式表示法表示。图 5-18 所示为供油单元的产生式表示示例。舾装规则类知识同样会映射到关系数据库中存储。

```
<选型规则>::=<条件>→<结论>
<条件>::=<设备类型>AND[<型号>,<制造商>,<柴油机数量>,<加热介质>,
<柴油机总功率>,<供油量>,<重油循环时>,<柴油输出压力>,<循环油箱压力>,
<重油输出压力>,<重油输出黏度>,<重油输出温度>]
<结论>::=<设备预览>AND<调备工程项>
<设备类型>::=供油单元
柴油机数量:多机
加热介质:蒸汽
柴油机总功率(kW):3 750
柴油机输出压力(MPa):0.24
循环油箱压力(MPa):0.27
重油输出压力(MPa):0.5
重没输出粘度(cSt):13
设备预览:C:\\User\\供油单元15
设备工程项:MLAR_NO_ALL\\VLCC\\JD\\EQU\\供油单元
```

图 5-18　供油单元产生式表示示例

5.3.2.3　舾装文本类知识的表示

舾装文本类知识主要包括经验知识、船东船检意见知识、设备规范知识等。经验知识由船舶类型、舾装区域、经验知识名称、经验知识描述和知识文档组成。船东船检意见知识由船舶类型、船东公司、舾装区域、问题描述、意见内容、方法描述组成。设备规范知识由船舶类型、船级社、舾装区域、规范名称、规范内容、文件地址组成。针对这种由不同属性及属性值所决定的文本类知识,采用和实例知识同样的框架表示法。图 5-19 所示为机舱合拢管设置原则经验知识的框架表示示例。舾装经验知识同样会映射到关系数据库中存储。

```
框架名:5009
船舶类型:集装箱船
舾装区域:机舱
经验知识名称:机舱合拢管设置原则
经验知识描述:机舱合拢管设置原则
一、定义
………………………
经验文档: C:\\User\\经验知识\\机舱合拢管设置原则
```

图 5-19　机舱合拢管设置原则经验知识框架表示示例

5.3.2.4　舾装公式类知识的表示

舾装公式类知识由变量、等式组成。变量由变量 ID、变量名、变量类型、变量描述、设备名称等属性组成。等式包括公式 ID、待求变量名、待求变量 ID、计算代数式、公式说明、规则判断、规则表达式、上限值、下限值等属性。针对这种由不同属性及属性值所决定的公式类知识，采用框架表示法。图 5-20、图 5-21 所示为公式类知识的框架表示示例。舾装公式类知识同样会映射到关系数据库中存储。

```
公式ID:1001
待求变量名:QFS
待求变量ID:35
计算代数式:(Nm*gm+Ng*gg)*24*b/(t*p1)*10^ -3
公式说明:分油机Required capacity
规则判断:False
规则表达式:
下限值
上限值
规则备注:
```

图 5-20　公式类知识-等式框架表示示例

```
变量ID:35
变量名:QFS
变量类型:待求
变量描述:F.O.·PURIFIER·Required·capacity
设备名称:分油机
```

图 5-21　公式类知识-变量框架表示示例

5.3.3　舾装设计知识库结构

5.3.3.1　舾装设计知识库结构设计

舾装设计知识库管理是整个系统中的基础模块，要实现基于实例的推理决定必须建立与之相应的实例类知识库，要实现基于规则的推理必须建立与规则推理相应的规则类知识库，要实现文本类知识的供应必须建立与基于语义检索相应的文本类知识库，要实现舾装件的选型计算必须建立相应的舾装公式类知识库。

知识库的层次结构图如图 5-22 所示。船舶舾装知识库主要由实例类知识库、规则类知识库、文本类知识库和公式类知识库四大部分组成。实例类知识库主要由质量案例库和区域布局实例库组成;规则类知识库库主要由供油单元规划库、滑油分油机规划库、燃油分油机规划库等组成;文本类知识库由设计规范库、经验知识库、船东船检意见库组成;公式类知识库主要用来存储舾装设备参数等计算公式。

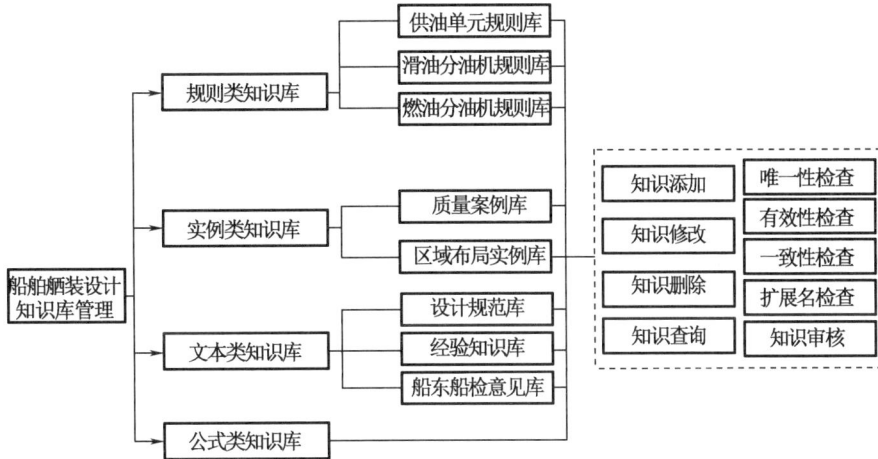

图 5-22　知识库层次结构

5.3.3.2　数据库表设计

(1)已知参数表

由表 5-5 可知,该数据表包含需要输入的参数信息,例如参数名、参数类型、参数等级等。

表 5-5　已知参数表

字段名	数据类型	长度/bit	说明	描述
ID	nvarchar	20	notnull	参数编号
name	nvarchar	20	notnull	参数名
type	nvarchar	20	notnull	参数类型
description	nvarchar	20	notnull	参数含义描述
level	nvarchar	20	notnull	参数等级

(2)计算公式表

由表 5-6 可知,该数据表包含所用到的计算公式的一些信息,包括公式名、公式表达式、输出参数等。

表 5-6　计算公式表

字段名	数据类型	长度/bit	说明	描述
EID	nvarchar	20	notnull	公式编号
ename	nvarchar	20	notnull	公式名
expression	nvarchar	20	notnull	公式表达式
expression_output	nvarchar	20	notnull	输出参数
expression_input	nvarchar	20	notnull	输入表达式
description	nvarchar	20	notnull	公式含义描述
inner_output	nvarchar	20	notnull	输出参数内部格式
inner_input	nvarchar	20	notnull	输入表达式内部格式
inner_input_parameter	nvarchar	20	notnull	输入参数内部格式
rules	nvarchar	20	notnull	参数规则表达式
constraints	nvarchar	20	notnull	约束表达
others	nvarchar	20	notnull	描述性规则
edition	nvarchar	20	notnull	公式版本号
select	nvarchar	20	notnull	冲突公式选择

（3）计算规则表

由表 5-7 可知,该数据表包括规则参数名、规则上下限、规则满足情况等信息。

表 5-7　计算规则表

字段名	数据类型	长度/bit	说明	描述
RID	nvarchar	20	notnull	规则编号
requaID	nvarchar	20	notnull	相关公式编号
rparam	nvarchar	20	notnull	规则参数名
upper_limit	nvarchar	20	notnull	规则上限值
lower_limit	nvarchar	20	notnull	规则下限值
meet	nvarchar	20	notnull	规则满足情况

（4）布局设计实例表

由表 5-8 可知,该数据表主要存储以往的布局设计案例,是以舾装件划分范围的。实例库中存在大量的设计实例,但不同的设备都有其对应的子实例库,例如对分油机室进行设计,其推荐的设计方案是从分油机室设计子实例库中选取。各种设备设计方案的子库形式大体相似,都是由实例 ID、实例设计相关参数、实例预览、实例工程项组成,此处以分油机室设计实例为示例。

表 5-8　分油机室设计实例表

字段名	数据类型	长度/bit	说明	描述
separator_id	nvarchar	6	notnull	实例 ID
ship_type	nvarchar	50	null	船舶类型
ship_weight	int		null	载重量
oputfitting_range	nvarchar	50	null	舾装范围
separator_lenght	int		null	分油机室长度
separator_width	int		null	分油机室宽度
lubricating_oil_separator_model	nvarchar	50	null	滑油分油机型号
fuel_separator_model	nvarchar	50	null	燃油分油机型号
request	nvarchar	1 000	null	设计要求
criterion	nvarchar	1 000	null	设计规范
suggestion	nvarchar	1 000	null	现场意见
instance_preview	nvarchar	Max	null	实例预览
instance_file_link	nvarchar	Max	null	实例文件地址

（5）质量案例表

由表 5-9 可知，该数据表主要储存以往的一些质量问题实例以及相应的解决办法和注意事项等信息。质量案例类知识与布局设计实例类知识相似，其具体数据项设计如表 5-9 所示。

表 5-9　舾装设计质量案例表

字段名	数据类型	长度/bit	说明	描述
user_id	nvarchar	6	notnull	设计人员编号
user_name	nvarchar	6	null	姓名
case_id	nvarchar	10	notnull	案例编号
ship_type	nvarchar	30	null	船舶类型
case_keyword	nvarchar	100	null	关键字
case_type	nvarchar	100	null	案例类型
case_name	nvarchar	100	null	案例名称
case_analysis	nvarchar	4 000	null	案例分析
case_solution	nvarchar	4 000	null	解决措施
case_drawing_before	nvarchar	100	null	相关图纸及模型（修改前）
case_drawing_after	nvarchar	100	null	相关图纸及模型（修改后）
case_standard	nvarchar	1 000	null	相关规范及标准要求

表 5-9(续)

字段名	数据类型	长度/bit	说明	描述
case_countermeasure	nvarchar	1 000	null	对策(转化为标准)
case_inspiration	nvarchar	1 000	null	启示

(6)设计规范表

由表 5-10 可知,该数据表主要储存一些设计过程中需要遵守的设计规范。

表 5-10　舾装设计规范表

字段名	数据类型	长度/bit	说明	描述
criterion_id	nvarchar	10	notnull	规范编号
ship_type	nvarchar	20	null	船舶类型
criterion_name	nvarchar	20	null	规范命名
criterion_content	nvarchar	max	null	规范内容
criterion_file_link	nvarchar	100	null	规范文件地址

(7)船东船检意见表

由表 5-11 可知,该数据表主要储存在设计过程中,船东船检的意见。意见类知识属于半结构化知识,是由关键词、问题描述和意见类知识文档组成的,一般由文本组成,通过关键词以及文本相关信息进行检索。

表 5-11　船东船检意见表

字段名	数据类型	长度/bit	说明	描述
user_id	nvarchar	6	notnull	设计人员编号
user_name	nvarchar	6	null	姓名
suggestion_id	nvarchar	10	notnull	意见编号
ship_type	nvarchar	10	null	船舶类型
suggestion_detail	nvarchar	500	null	意见描述
solution	nvarchar	500	null	解决方式

(8)经验知识表

由表 5-12 可知,该数据表主要储存一些非结构化的经验知识。

表 5-12　舾装设计经验表

字段名	数据类型	长度/bit	说明	描述
user_id	nvarchar	6	notnull	设计人员编号
user_name	nvarchar	6	null	姓名
experience_id	nvarchar	10	notnull	经验编号
ship_type	nvarchar	30	null	船舶类型
experience_name	nvarchar	100	null	经验名称
experience_content	nvarchar	max_value	null	经验内容
experience_file_link	nvarchar	100	null	经验文件地址

5.3.4　舾装设计知识查询和推理

5.3.4.1　舾装设计知识查询技术

（1）基于关键词

基于关键词的检索是设计人员输入当前需要检索的关键词，系统对关键词进行计算从而确定当前设计人员所需要检索的知识。首先设计人员根据当前的设计需求，在系统中输入关键词。其次，利用如下公式计算每对关键词之间的互信息，作为它们之间的语义关联强度。

$$MI(w_1,w_2)=\log\frac{q(w_1,w_2)}{q(w_1)q(w_2)}$$

式中，$q(w)$为知识库中包含词语 w 的知识条目在所有知识条目中所占的比例；$q(w_1,w_2)$为同时包含词语 w_1 和 w_2 的知识条目在所有条目中的比例。通过设置关联强度阈值，向设计人员提供相应的知识，以备设计人员筛选。

（2）基于任务流程

基于任务流程的知识查询是通过对设计任务流程进行梳理，将相应的知识存放到相应的设计流程中，设计人员在设计过程中选择对应任务流程，即可推荐当前设计任务所需要的设计知识。首先，利用 ICTCLAS 分词软件对这些属性文本进行分词，并用 TF-IDF 技术提取其中的关键词语。其次，利用如下公式计算每对关键词之间的互信息作为它们之间的语义关联强度。对于经验库中的每条经验知识，同样利用 TF-IDF 技术抽取其中一定数量的关键词，然后将之与工作流信息进行匹配。工作流信息 flow 与一条经验知识 exp 的匹配公式如下：

$$\text{Sim}(\text{flow},\text{exp})=\sum_{x\in\text{flow}}\sum_{y\in\text{exp}}\text{TFIDF}(x)\cdot\text{TFIDF}(y)\cdot\text{Ass}(x,y)$$

式中，x、y 分别是来自工作流信息和经验知识的关键词，它们两两之间的关联强度 $\text{Ass}(x,y)$ 由语义网络定义，关联强度需乘以两个词语 TF-IDF 各自的权重。当所有经验知识条目和当前工作流的相似度被计算完毕后,系统选择具有最高相似度的若干条经验知识推送给用户。

5.3.4.2 舾装设计知识推理技术

(1)基于规则的推理

本系统利用基于规则推理的方法为设计师提供舾装件选型。规则推理就是指从已知事实出发,运用已掌握的知识,推导出其中蕴涵的事实性结论或归纳出某些新结论的过程。基于规则推理就是将初始证据与规则库中的规则进行匹配的推理技术。基于规则的专家系统是人工智能领域中专家系统的一个分支,它模拟人类的推理方式,使用试探性的方法进行推理,并使用人类能理解的术语解释和证明它的推理结论。

基于规则推理,使用的知识包括:

①事实:事实是用来表示已知的数据或信息。

②规则:即产生式规则,用来表示系统推理的有关知识。规则由条件和动作组成,格式一般为

IF 条件

Then 动作

③舾装件智能选型思想:设计人员事先提供一组舾装件的初始参数,从规则库中进行规则匹配,推理开始后,推理机根据用户提供给事实库中的初始数据到知识库中寻找匹配知识,形成一个当前匹配知识集,然后按照冲突消解策略,将当前选择出来的舾装件加入舾装件事实库,继续进行后面的推理,重复此推理过程,直到最终所需要的舾装件类型出现为止,如图 5-23 所示。

(2)基于实例的推理

本系统利用基于本体映射的实例推理方法为设计师提供相似舾装方案。首先将舾装工程师输入的参数转化为需求本体,然后通过需求本体和区域舾装本体进行相似性计算得到和需求最相似的方案推送给工程师。本体 X 和 Y 的末端节点之间的相似度可以由相似度矩阵来表示,相似度矩阵中的元素相似度为

$$S_{nij} = S_n(X_i, Y_j) \in [0,1]$$

对于数据类型的节点用欧式距离计算相似度;对于文本类型的节点通过两节点在舾装设计标准及手册中的互信息来计算相似度;对于区间类型的节点计算方法如下:

连续型区间

$$S_n(X_i, Y_j) = \frac{\lambda(A \cap B)}{\lambda(A \cap B)}$$

离散型区间

$$S_n(X_i, Y_j) = \frac{|A \cap B|}{|A \cap B|}$$

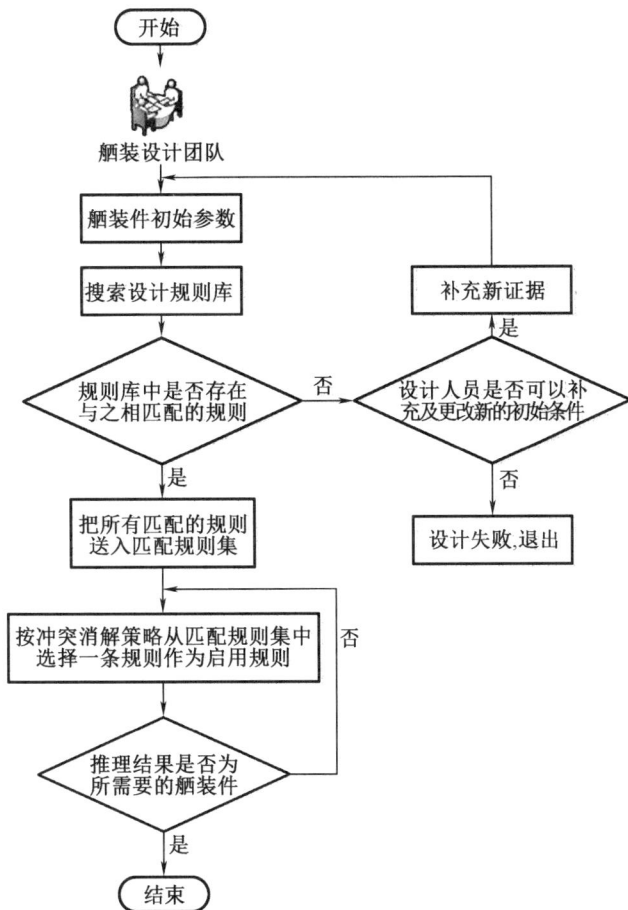

图 5-23　基于规则推理的舾装件智能选型

得到末端节点间的相似度后，再来计算输入的需求本体与区域舾装本体库中的案例相似度。设从需求节点 a 出发的全部路径中包含的末端节点组成的集合为 A，从知识库中实例的节点 b 出发的全部路径中包含的末端节点组成的集合为 B，则 a 的相似度为

$$S(a,b) = \frac{\sum_{a_i \in A} \max\{S_{b_j \in B}(a_i,b_j)\}}{|A|}$$

式中，$S(a_i,b_j)$ 为末端节点 a_i 和 b_j 的相似度。包含本体映射的区域布局设计流程如图 5-24 所示。

5.3.5　舾装设计知识库管理系统构建

5.3.5.1　舾装设计知识库管理需求

结合船舶企业舾装设计知识管理现状以及存在的问题，分析主要功能对知识库的管理需求，获得知识库管理需求如下：

（1）构建统一知识管理平台，改善知识管理机制，使舾装智能化设计系统以及设计人员能够快速查找到所需要的设计方案及舾装件。

（2）构建知识积累机制，减少设计知识流失。通过构建知识积累机制，促进设计人员将设计经验知识以知识文档形式进行存储，以便舾装智能化设计系统及其他设计人员进行设计知识重用。

（3）由于舾装设计知识种类繁多，需要对舾装设计知识进行详细分类，提高智能设计系统对知识的重用精确度。

（4）规范化舾装设计知识，在知识库管库模块上将知识按照类型制定知识文档编写规范，提高舾装设计案例和设计数据的重用率。

（5）提高舾装设计知识共享和知识库管理模块的集成程度，对现有的知识资源进行有效、标准的收集、管理、利用和深入挖掘，推进智能化设计系统的深层次应用，从而发挥系统间的协同作用。

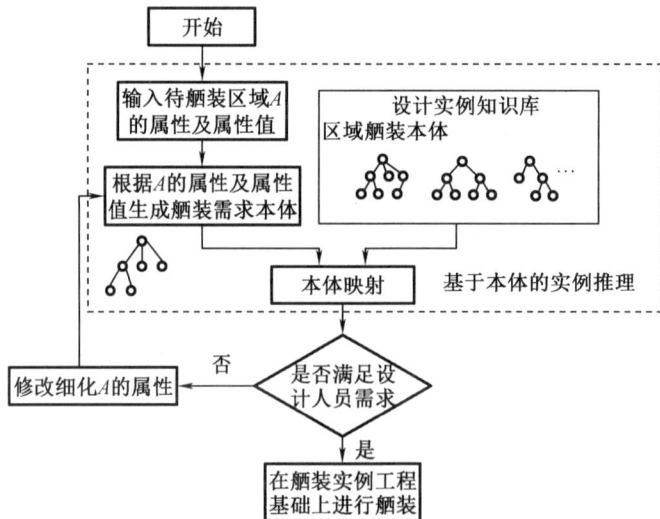

图 5-24　舾装设计实例检索

5.3.5.2　舾装知识库管理主要工作

知识库管理系统是知识库建立、更新、维护、管理、使用的功能体。在系统设计阶段与正式投入使用后，知识库的扩充、修改和完善都是十分重要和不可缺少的，知识库管理系统是知识库的重要组成部分，它实现了对设计知识的获取、查询和维护等功能。知识库及其管理系统的功能大体上包括以下几个方面：

（1）知识表示功能。向用户提供一种或多种知识表示方法。

（2）知识获取功能。在获取新知识的过程中要对知识的一致性进行检测和处理。

（3）对知识进行快速有效的查询和检索。向用户提供行之有效的查询与检索工具，是知识库及其管理系统的最基本功能。

（4）对知识库进行增、删、改操作。知识库的建立过程就是知识的获取和更新过程，所以对知识进行增、删、改的操作是不可避免的。

（5）对知识进行一致性检查。因为在对知识库进行增、删、改等操作的过程中可能会发生矛盾，出现不一致问题。

（6）知识库的日常管理与维护。包括对知识库使用权限的确认、修改知识库内容的权限的确认、知识库的定期安全检查、文件管理等工作，以防止不合法的操作而损坏知识库。

（7）知识库及其管理系统的维护与诊断。包括日常的系统事务管理、出错处理等。

其中，知识库是用来存放知识的实体，目前常用关系数据库经过改造来实现，这是因为关系数据库对数据的存储、管理、检索、查询技术比较成熟，只要增加一些控制和管理机制就可以用来作为知识的存储机构。知识库的建立、更新，知识的获取、查询和检索等分别是相应的功能模块。用户接口部分向用户提供使用知识库的手段（查询、检索、增加、删除和修改等操作）。知识库管理系统对知识库进行管理和控制，完成对知识库的各种操作，它包括系统的维护和诊断、日常的系统事务管理、知识库系统的安全控制和用户的使用权限管理等。

5.3.5.3　舾装知识库的维护和更新

船舶的设计经常面临特殊的设计要求，其设计过程也是创新问题解决的过程。为了保证舾装设计知识库的时效性，紧跟产品的发展水平，必须对已有知识内容进行修改、加强、完善，并对知识源中的无关知识、过时内容进行删除，确保各种知识库的正确性和无冗余。只有这样，才能保证设计者在产品设计过程中获得最新的知识。知识更新通过企业知识管理维护人员来实现，和知识源相连。知识管理维护员对企业产品设计知识库负责，并有权添加、删除和修改知识库中的内容。知识更新机制在整个产品设计中并不是可有可无的，而是必不可少的。它是保证动态知识交互、知识共享的前提。新的产品设计技术、方法、原理规则和专业知识，实时地更新到各种知识库中，而过时的、不实用的、错误的信息和知识同样被及时地修改或删除。

5.3.5.4　舾装知识库构建示例

在开发的知识库中，知识的管理主要通过以下功能模块来实现。

（1）知识库管理

经验知识库管理模块如图 5-25 所示。

从设计经验知识中抽象出"船舶类型""舾装区域""经验知识名称"等属性，将其以结构化的形式储存在"经验知识库"中；从船东船检意见文档中抽象出"船舶类型""船东公司""舾装区域""问题描述""方法描述""意见内容"等属性，将其以结构化的形式储存在"船东船检意见库"中，在进行知识重用时，可以使用抽象出的属性进行过滤筛选。船东船检意见库管理模块如图 5-26 所示。

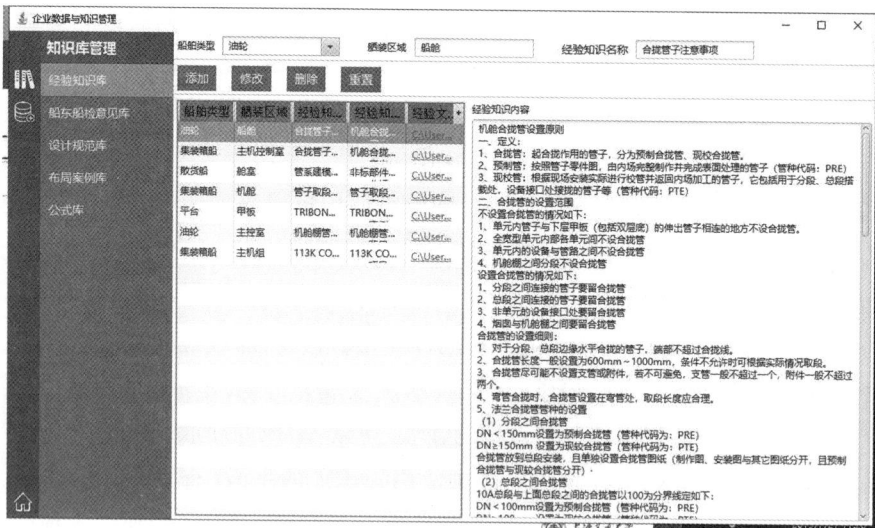

图 5-25　经验知识库管理模块

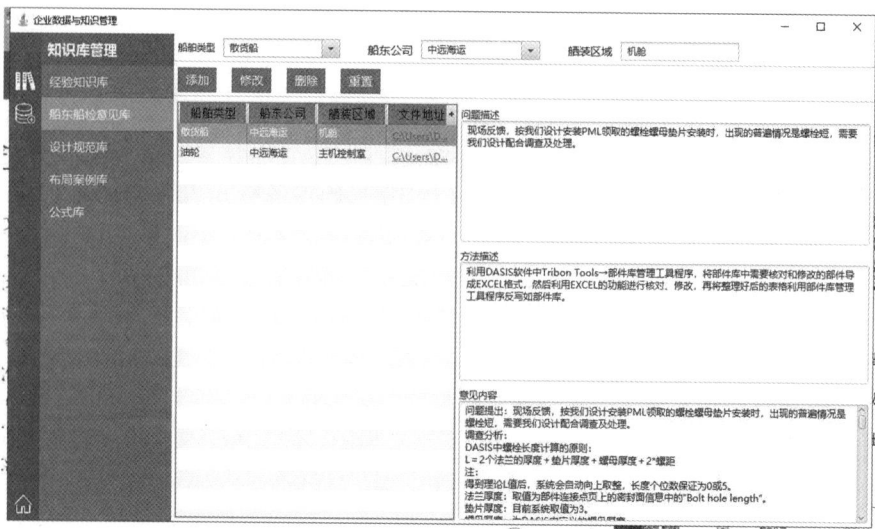

图 5-26　船东船检意见库管理模块

　　从设计规范中抽象出"船舶类型""船级社""舾装区域""规范名称"等属性,将其以结构化的形式储存在"设计规范库"中,在进行知识重用时,可以使用抽象出的属性进行过滤筛选。设计规范库管理模块如图 5-27 所示。

　　布局案例主要属性有"舾装件""船舶类型",还包含"船舶编号""船型系数""载重量(吨)""船长(m)""型宽(m)""型深(m)""吃水(m)"等船舶的基本属性,如图 5-28 所示。

300

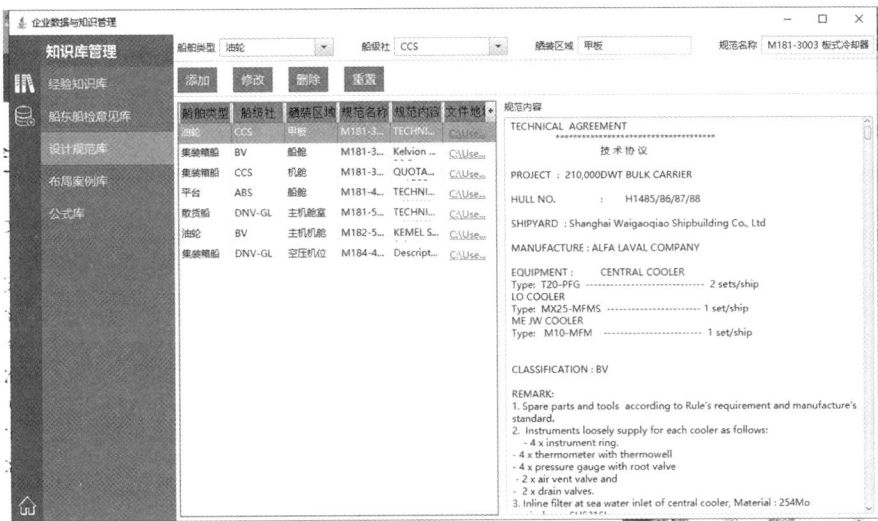

图 5-27 设计规范库管理模块

图 5-28 布局案例库管理模块

图 5-29 所示为舾装计算公式库管理模块,可实现参数增删查改以及合法性校验、代数式公式的增删查改以及合法性校验、公式链的自动校验识别与计算。

图 5-30 所示为舾装设备厂商管理模块。此处储存所有可供企业选择的舾装件设备生产厂商信息以及它们生产的设备的型号、参数范围等信息。

(2)舾装设备布局

舾装设计过程中存在大量的舾装设备,来满足设计人员对舾装设备选型的需求。如图 5-31 所示,根据造船合同规格书,通过输入船舶基本信息、主机参数、发电机参数、应急发电机参数、锅炉信息计算出其他设备参数,并生成设备计算估算书;进行规则匹配自动推送出满足要求的设备,生成设备清单;设计人员通过谈判确定厂商表,从而最终确定舾装设备并进行设备估算书重新核算。舾装设备布局模块如图5-32至图5-38所示。

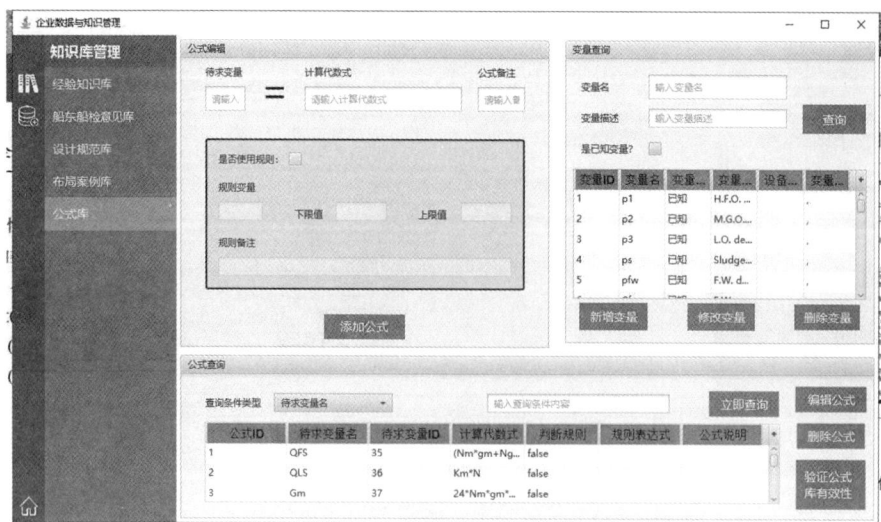

图5-29　舾装计算公式库管理模块

图5-30　舾装设备厂商管理模块

舾装件智能选型用到的知识库和数据库如下:

①项目库:储存项目ID、项目名称(命名规则)、创建时间、修改时间、创建人等信息,在新建项目时与其交互。

②项目参数库:储存每个项目中的所有参数的参数名、参数描述、参数值等信息,项目中添加、计算以及修改参数时与其交互。

③公式库:储存代数式公式相关的信息,主要用于参数的计算。

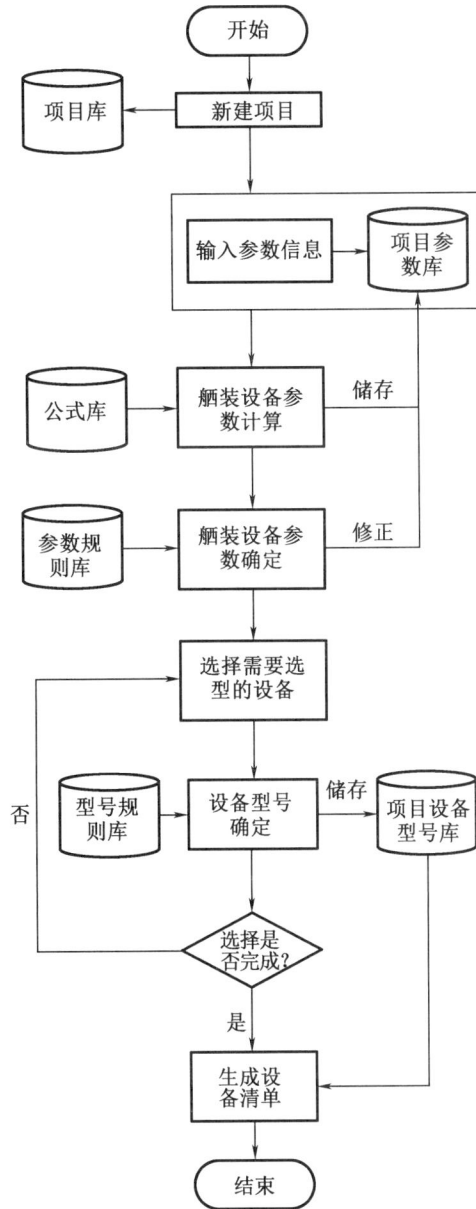

图 5-31 舾装设备布局流程图

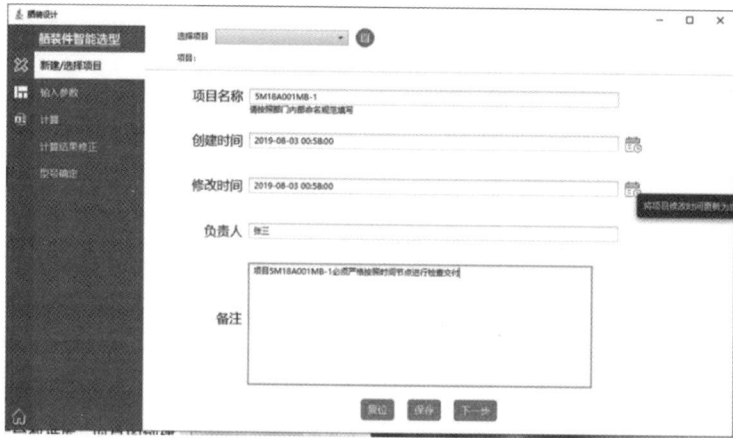

图 5-32　舾装布局设计-新建项目

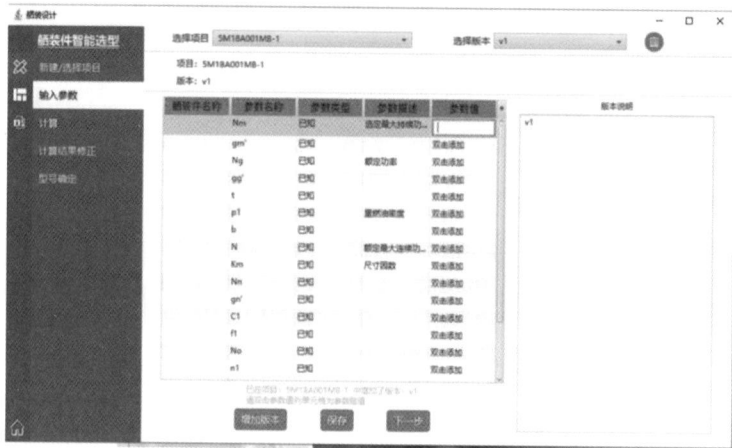

图 5-33　舾装布局设计-输入参数

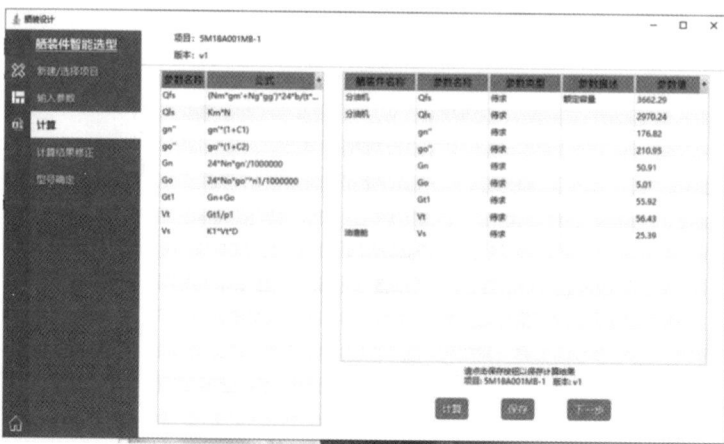

图 5-34　舾装布局设计-计算

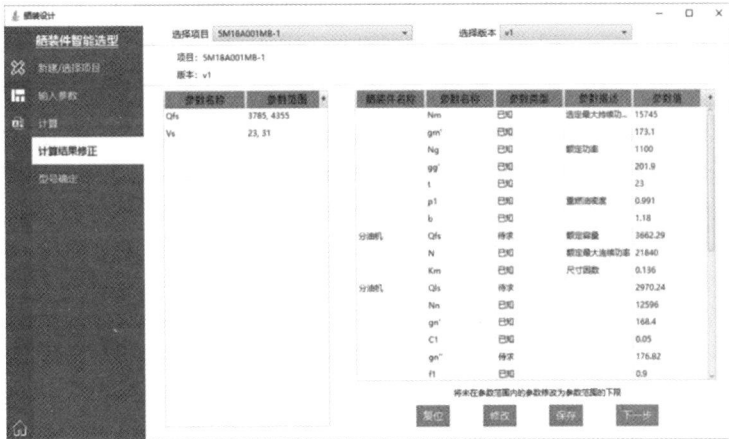

图 5-35　舾装布局设计-计算结果修正

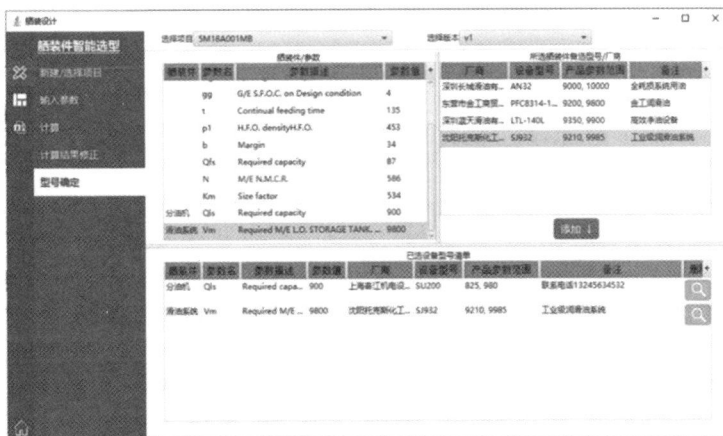

图 5-36　舾装布局设计-型号确定

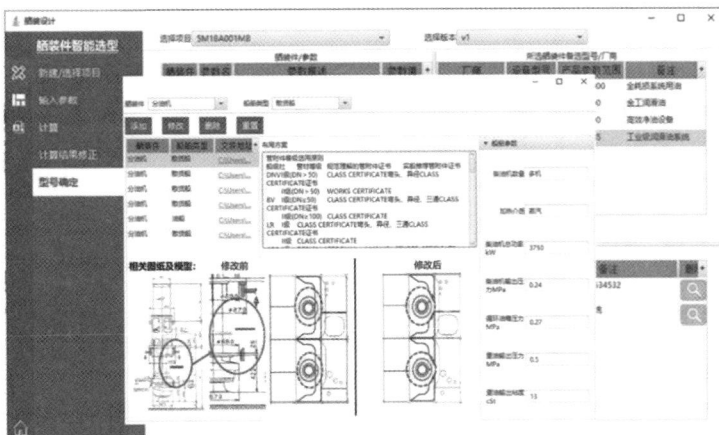

图 5-37　舾装布局设计-布局设计

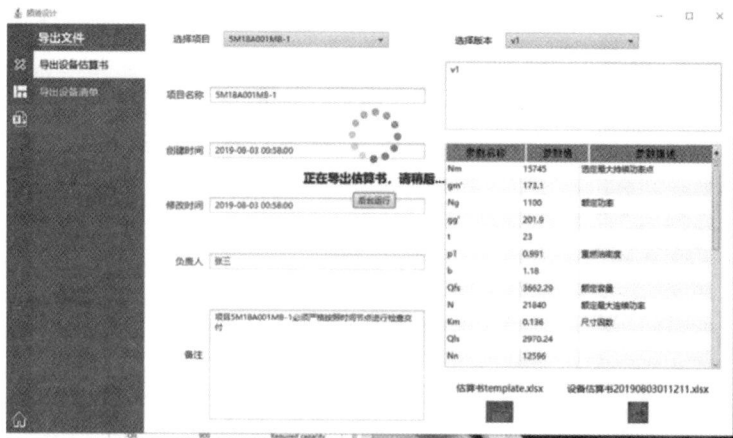

图 5-38　舾装布局设计-导出文件

④参数规则库:利用公式库计算得出的参数不一定是符合要求的,还需要满足一定的规则,因此利用参数规则库对求得参数进行修改校正。

⑤型号规则库:根据最终求得的参数,利用型号规则库选择舾装件型号。

⑥设备项目型号库:记录每个项目中所有舾装件确定的型号、厂商等信息。

(3)知识查询

知识查询利用分词、TF-IDF 算法、词向量转换、权重计算等技术,对"经验知识""船东船检意见""设计规范"进行计算,实现了通过自然语言的方式进行检索的效果。"船东船检意见"模块包括问题描述、方法描述、意见内容,都支持通过自然语言进行检索。对于英文内容,系统后台通过各种手段处理,支持大小写自动转换,提高了检索效果。知识查询如图5-39 至图 5-41 所示。

图 5-39　经验知识查询

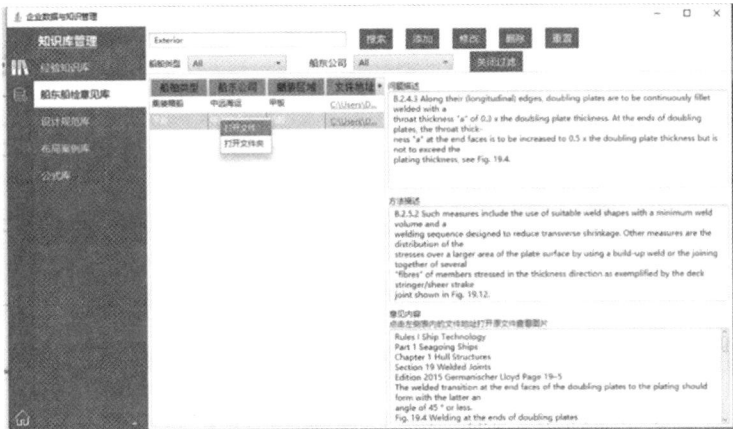

图 5-40　船东船检意见查询

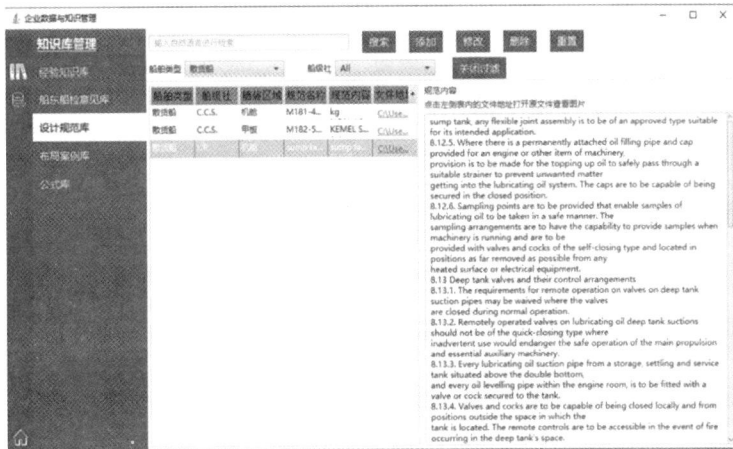

图 5-41　设计规范查询

5.4　舾装智能化建模技术

针对船舶舾装设计专业多、舾装件种类繁杂、建模标准不统一、建模及布置工时消耗量大、专业之间需要不断协调等问题,在舾装智能化设计工程定义基础上,结合舾装设计的知识库,通过舾装智能化模型建立技术和舾装智能化模型库构建技术,达到舾装模型快速完整建立的目的。

5.4.1　舾装智能化建模基本内容与准则

5.4.1.1　舾装智能化建模基本内容

以船舶机装管系及铁舾模型的建立过程为例,舾装智能化建模均分为公共库建模和实船建模两部分,建模工作流程如图 5-42 所示。

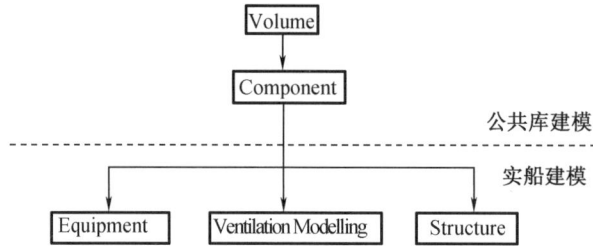

图 5-42　舾装智能化建模工作流程

5.4.1.2　舾装智能化建模准则

根据船舶舾装作业先后顺序,将舾装作业阶段划分为组立阶段、分段阶段、总段阶段、船坞阶段、单元阶段(单元阶段根据前面 4 个不同阶段来确定)。

(1)组立阶段(C 阶段)

该阶段考虑在分段制作完成后无法放入分段内安装的一些管件、舾装件等,同时考虑施工工艺的合理性而安装的舾装件,如油舱加热管,双层底压载舱吸口,大口径阀件,舱内的直梯、踏步等。

(2)分段阶段(B 阶段)

分段阶段又称分段预舾装,大部分的管件及部分舾装件在此阶段安装结束。在此阶段分段通常处于倒置和侧放位置,所有甲板反面和侧壁上的管件和舾装件,均可划分到此阶段进行安装,在划分时要注意所有安装的管件和舾装件不得超出分段边缘,一般在距分段边缘 200 mm 以内。

(3)总段阶段(P 阶段)

总段阶段是指两只或两只以上分段进行总组后,进行舾装安装的阶段,此阶段主要安装甲板正面的设备、铁舾件、管路等,同时安装跨分段的合拢管、吊梁及斜梯等舾装件,大多数单元都是在此阶段安装。

(4)船坞阶段(D 阶段)

此阶段主要安装大型设备及设备接口管路、总段搭载之间的合拢管、上下平台之间的斜梯、主机排气管以及 $\phi12$ mm 以下的小管子,如蒸汽伴行管、液位遥测管、阀门遥控管路等。

(5)单元阶段(U 阶段)

单元阶段属于提前预舾装的范畴,根据设备及管路布置特点把设备、设备基座、管子、管支架及部分舾装件等在内场提前做成单元,然后在某个方便安装的阶段整体吊装、安装。

5.4.2　舾装智能化模型库构建技术

5.4.2.1　公共库建模

公共库建模包含"Volume"和"Component"两个方面,一些标准件的公共库,可在各船型间共享使用。

设备和各类中间部件库的外形都是用 Volume 建立的,通过许多形形色色的基本几何体来堆积成近似表达各种实际的三维实体,来达到在 Tirbon 中虚拟造船的效果,用不同颜色表示模型对象的外形轮廓、管子接口、电缆接线口等,同时可根据使用需求,确定连接点等相关信息。

Component 是部件的信息集合,包含部件的材质、质量等信息,对于有 Volume 的模型要与之建立相应的关联。Component 建模在 Component 模块中完成。

按照船舶实际使用舾装件的分类,又可分为常用原材料、标准件、非标准件等。下面按照上述三种分类予以说明。

(1)常用原材料部件库建模

外舾装件中每个铁舾件均可分解到基本的板材或型材(即原材料),船厂也亟待这些原材料整条船的统计数据进行采购订货,但外舾装件具有细、小、杂且分布广等特点,人工统计耗时费力,容易出错,因此在 Components 部件库中增加了设计、生产和管理所需要的各类技术数据,诸如名称、规格、等级、材质和质量等信息,然后用计算机辅助生产设计来实现数据统计的自动化。原材料部件库如图 5-43 所示。

图 5-43 原材料部件库

(2)标准件数据库建模

外舾装件中包括国标、船标以及厂标的各种船底放泄螺塞、人孔盖、小舱口盖、带缆桩、导缆孔等,其中每一个又有多种规格及形式。在以往应用 Tribon M3 的项目中,已经做了大量建模工作,现在要将各类标准部件进行分类、整理,并存储在部件库中。标准件数据库如图 5-44 所示。

(3)非标准件数据库建模

常用非标准件一般使用 Structure Modelling 模块进行预定义,也可借助 Tribon 软件二次开发的参数化建模工具。斜梯是船舶内各层甲板间最常用的垂向通道设施,按其制造材料可分为钢质斜梯和铝质斜梯,民用船舶通常应使用钢质斜梯。普通钢质斜梯参数化建模,根据梯架材料、耳板规格、梯宽、角度、层高等主要参数,分别定义后即可建模存于数据库中。在舾装生产设计中,采用常用非标准件可显著节约建模时间,提高工作效率。

图 5-44　标准件数据库

　　舾装设备建模主要使用 Drafting 模块的 Volume 功能。首先依据设备样本,将设备构建为 Volume 实体模型,再将材料、质量、生产厂家和其他描述等相关信息一起添加到 Components 部件库中,然后就可以链接为 Equipment 设备,将该设备由厂家的二维工作图转化为实船中的舾装件三维模型,包括设备上与管子、电缆的接口。当轮机和电气专业进行管子和电缆放样时,只要把设备模型调出来,就可以直接布置管线并准确得出管线的长度和走向,提高设计质量。

　　舾装建模完成后,需要对本专业及其他专业的模型进行干涉检查,主要使用 Design Manager 模块。通过干涉检查和模型评审工作,各专业便可以调整模型,更新布置,以达到最佳出图状态。斜梯参数化建模如图 5-45 所示。

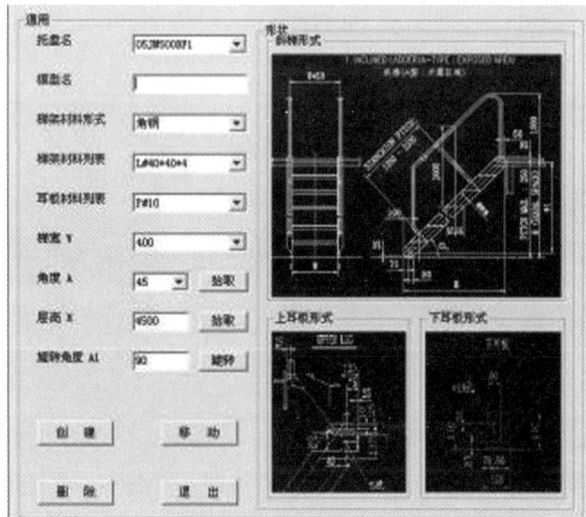

图 5-45　斜梯参数化建模

5.4.2.2　实船建模

　　实船建模是在 Tribon 系统中运用 Equipment、Ventilation Modelling 和 Structure 软件模

块,以船体模型为背景,根据详细设计图纸将机舱内设备、风管、铁舾件以虚拟模型的方式,布置在船体环境里的过程。

(1)设备建模

设备建模是在 Tribon 系统中将设备以 Equipment 的形式布置在船体模型中,除了保持对应的 Component 信息外,还应增加空间定位信息与所属系统信息,并建立与相关管子、电缆和风管的接口联系。直升机消防泡沫柜建模如图 5-46 所示。除气器建模如图 5-47 所示。

图 5-46 直升机消防泡沫柜建模

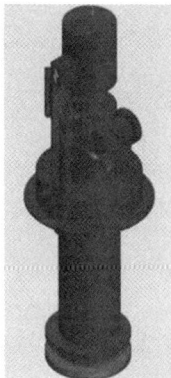

图 5-47 除气器建模

(2)风管建模

风管建模是根据机舱通风布置图,在 Tribon 系统中运用 Ventilation Modelling 模块,将风管管路、风闸等附件建立相应的模型并布置到船体环境中,根据设计标准布置风管支架。

(3)管系建模

管系建模是根据机舱布置图、管路系统原理图等详细设计图纸,在 Tribon 系统中运用 Pipe Modelling 模块,将图中的管路、附件及阀件等以电子模型的方式建立在船体模型中,并且对上述管路、附件及阀件添加相关的加工信息和安装信息。其中包括用 Pipe Support 模块建立管支架模型。管系建模如图 5-48 所示。

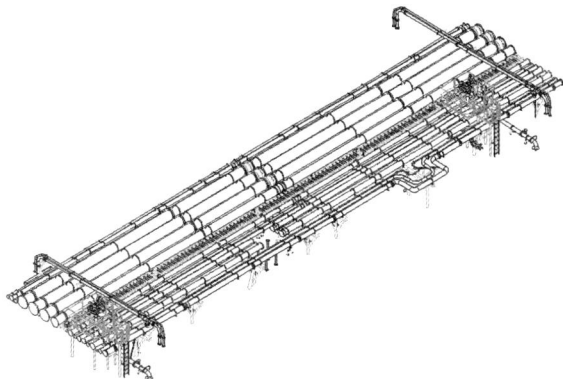

图 5-48 管系建模

（4）管支架建模

管支架建模是在 Tribon 系统中运用 Pipe Support 模块为管子增加支撑。

（5）铁舾件建模

铁舾件建模是在 Tribon 系统中运用 Structure 模块将铁舾装件（有时也适用于机械设备）布置在船体模型中。其主要应用在机舱机械设备的底座、独立箱柜、栏杆扶手、直梯、斜梯、踏步、平台格栅、人孔盖、小舱盖等铁舾件的模型建立中。

5.4.3 舾装智能化建模技术应用示例

5.4.3.1 Tribon 系统舾装模块化设计介绍

Tribon 软件是瑞典 KCS 公司推出的一种船舶设计专用软件。该软件是模块化设计软件，每一个模块都是由造船专家与软件设计人员共同开发的。它包括的模块有生产设备、船体、管子、设备、基座、风道、电缆、铁舾装、内装等。Tribon 应用程序族如图 5-49 所示。

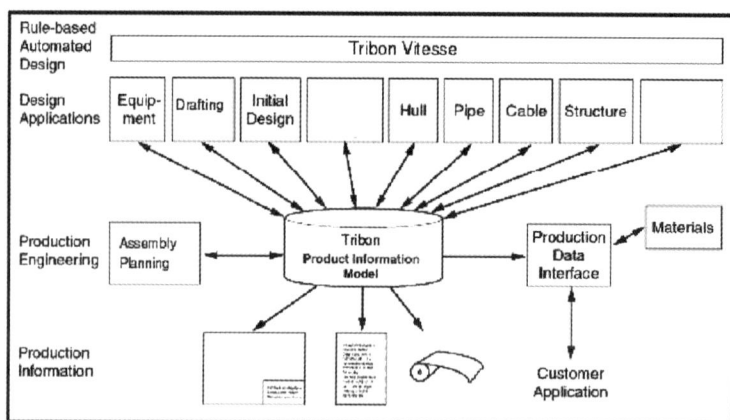

图 5-49 Tribon 应用程序族

Tribon 系统应用统一的产品信息模型，能够实现各专业之间的信息在船舶设计的各个阶段共享，从而实现并行设计，降低专业间的协调成本，减少设计和制造中的修改工作量，提高设计质量，缩短设计周期。

舾装基础数据主要包括附件库（component）、符号库（symbol）、设备库（equipment）。该模块用于存储整个舾装系统的部件信息，并负责建立、修改和维护这些数据信息。舾装系统的各子系统如管路模块、电缆模块等均以附件库为设计基础。附件库对舾装各专业所需附件集中统一管理归类。它不仅包含 2D、3D 图形信息，而且包含大量的数据信息。附件的信息以记录的形式存入部件数据库，并且用户可以追加记录，以扩充附件数量。

Tribon 系统的附件库采用的是单一数据库（singledata-bank），对于不同的项目（project），相同的附件仅需建立 1 次，因此初始时的建库工作量很大。随着附件信息的逐步扩充，工作量会越来越小，为后续的设计工作节约了时间。附件库的建立可以边设计边建

立。建库准备是船舶设计的基础,Tribon 系统正是因为有了这些基础的数据库,各子系统的信息才能高度共享和统一。

（1）管系设计模块

管系设计包括管系原理设计（General Dia-grams）、管路建模（Pipe Modelling）、生产信息提取（Outfitting Lists）等模块。由于 Tribon 软件采用单一数据库管理,在管系原理图设计时,管材、规格、法兰、设备、阀门等符号均会与附件信息建立联系,同时又可以与管系三维模型信息建立联系。因此,在管系三维放样设计时,可以利用管系原理图,检验设计是否前后一致,或有无缺漏。

管路建模模块是实现管路综合布置的模块。按照并行设计的原则,在船体的参考背景下,将各专业建立的模型调入并装配定位。设计人员可以在三维界面中直接布放管线,与二维平面放样相比,其直观性大大增强,减少了参考图纸的数量,提高了效率,有效地缩短了管路设计周期。在 Tribon M1 以后的版本中,系统增强了渲染功能,主动式漫游使操作更为方便、快捷,设计人员犹如置身实境之中。友好的干涉检查功能可以及时发现问题并进行修改,大大减少了实船返工率。

生产信息的生成与输出模块能完成管路制作图（小票）和生产信息统计工作。一旦管路建模完成后,进行小票生成程序,系统自动生成小票图并存放在数据库中,可以被设计人员查看和编辑。各种统计信息的 BOM 表（托盘）可以由生产信息提取程序生成。通风系统模块与管路系统模块的功能及界面大体是一样的。不同的是,管路系统要求有弯管机信息的输入,而通风系统无须此信息的输入。通风系统用到的所有附件可通过运行几何宏程序产生或由附件库描述生成。

（2）电缆设计模块

电缆设计模块可分为电缆原理图设计和电缆放样两大模块。原理图设计类似管系原理图设计,系统能自动导出电缆布放原理图和有关清单。电缆放样是在三维图形环境中进行的。通过调入相关的船体分段、管路和其他专业设备、电气设备及支架布置等,构成电缆路径、托架和贯通,具有检查电缆路径的连接情况、电缆敷设、电缆路径、真实贯通的填充率等功能。

（3）舱室布置模块

舱室布置系统主要是以计算机为工具,辅助专业人员进行舱室布置设计,实现计算机出图和输出清单,其主要功能包括:可以直接将船体结构作为舱室布置的甲板;可以输出任意区域的局部视图,如卫生单元的视图等;可以以房间（room）为单位进行任意拷贝、删除、修改;提供了门、窗、家具、设备、壁板、天花板、甲板敷料等的布置功能;能计算出质量、重心等参数;能提取有关属性数据;能方便地为其他专业提供背景图形。

（4）铁舾装件设计模块

该模块主要用来设计铁舾装件（基座）、支架、扶梯等,所建立的模型存在于独立的模型库中,可以被其他专业作为参考模型使用。Tribon 系统的舾装界面如图 5-50 和图 5-51 所示。

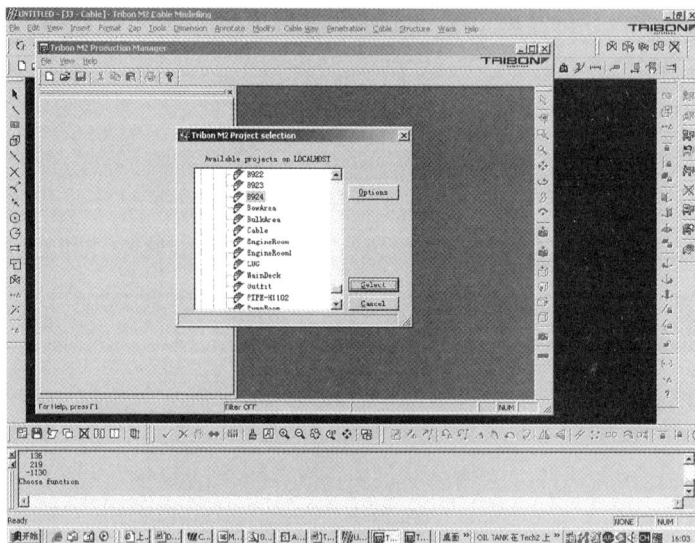

图 5-50　Tribon 系统舾装调用界面一

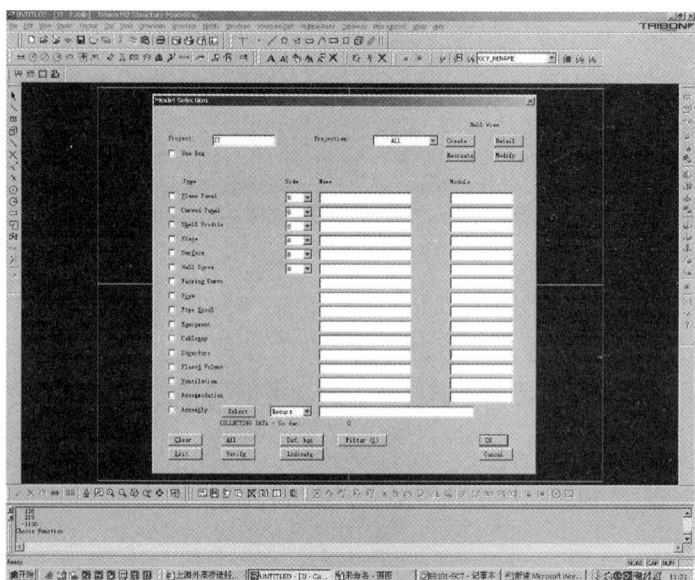

图 5-51　Tribon 系统舾装调用界面二

　　使用该软件初步设计、详细设计和生产设计时都不同程度地缩短了设计周期、提高了设计进度,初步实现了壳舾涂一体化。结合企业的具体情况,按照以中间产品为对象的模块化建造思想,应用统筹协调理论和成组技术的基本原理组织造船生产,按照并行设计的原则,使船体、机装、管装、电装、内装、外装、涂装等专业在同一个平台上进行设计,克服了传统的船体与舾装专业在设计时相互脱节的矛盾,同时减少了各专业之间协调时的困难。

5.4.3.2 机舱区域底部设备、管系、花钢板为一体的全宽型单元模块化设计示例

(1)设计内容

①把机舱底层5个独立的小单元和其他在总组阶段安装的散装管件综合组成一个包含设备、基座、管子、支架、格栅、梯子、栏杆等所有元素的全宽型单元,整体制作,分块吊装。

②把泵舱底层的管子由原总组阶段安装的100多根散装管件改为综合性整体单元(图5-52)。

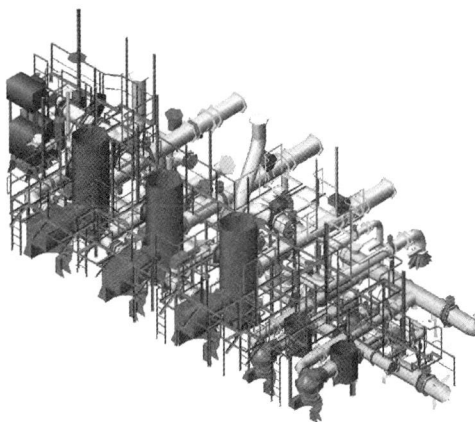

图 5-52 泵舱底层综合型单元模型

③组合件单元如发电机管束单元(图5-53)和其他功能性单元(图5-54)。组合件单元为主要由若干管附件与管子组成的具有专有功能的单元体,如各种蒸汽、压缩空气的减压阀,温度调节阀等所组成的单元体。

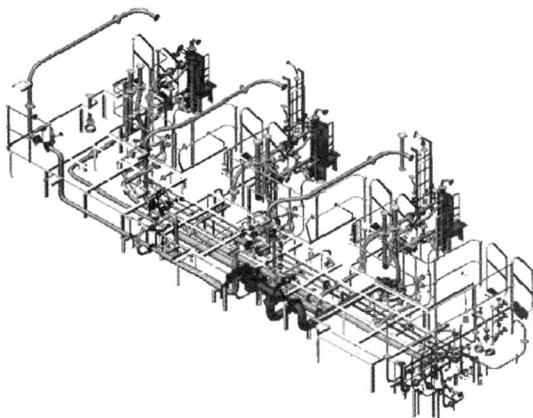

图 5-53 发电机管束单元模型

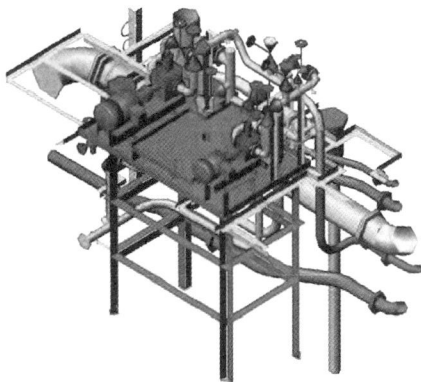

图 5-54 燃柴油输送泵组单元模型

④考虑到母型船为成品油轮，货舱内要进行特涂处理，因此对主甲板上单元支架及其他舾装件的垫块做了预焊处理。

⑤经过精心设计的单元结构大小和质量都控制在作业场地的舾装设施能力范围之内。例如舱底消防总用泵单元长 6 m，宽 5.4 m，重 8.4 t；低温淡水泵单元长 3.9 m，宽 2.1 m，重 2.7 t 等。

（2）设计方法

①整体性

a. 将机舱底层的设备、基座、管子、支架及铁舾件等所有元素综合组成一个机舱底层全宽型单元。

b. 在设计其他功能性单元时，也尽量将与该单元有关的元素一并考虑，以提高单元的整体性。

c. 在设置支架时统筹考虑，尽量将格栅和基座的支柱兼作管支架的支柱，也可以将格栅的支柱兼作箱柜基座的支柱，最大限度地节省材料，避免重复设置。

d. 保持单元组装的完整性，使单元成为一个中间产品。

②工艺性

a. 将设备与基座组装连接，并使其达到安装的技术要求。基座与格栅框架连成一个整体，相邻的设备考虑采用公共基座。

b. 单元的接口位置尽可能平、直，上下接口叉开，尽量方便与单元外管子的连接。

c. 两相邻单元连接管的法兰布置要呈阶梯状。

d. 考虑到单元在船上的位置，要预留安装及维护操作的空间。

③单元划分

a. 单元划分的依据：建造方针、区域划分图、总布置图、机（泵）舱布置图、管系原理图、分段总段划分图。单元划分根据产品建造方针及相关要求的规定进行，单元的构思立意、设计方法、作业阶段及有关工艺要求均应服从于全船综合建造的要求。

b. 单元组装的结构大小和质量，必须控制在作业场地的舾装设施能力范围之内。

c. 单元划分应在详细设计的基础上展开，满足系统的功能要求，符合施工工艺规范，并与相关各方进行协调与优化。

d. 单元划分应以总布置图、机（泵）舱布置图等为背景，根据管系原理图画出机舱全宽型综合性单元、功能型模块单元、管束单元、区域单元等包括机舱、货舱、艏艉、上层建筑在内的各种类型的单元。

e. 单元划分应充分考虑单元的完整性，尽可能设计成模块化单元，使之能更多地包含管子、支架、阀（附）件、设备、基座、格栅、梯子、栏杆、扶手、电缆管、电控箱等要素。

f. 根据以上原则，将成品油船的机舱底层按设备、管系等划分为 14 个小单元，具体如图 5-55 所示。

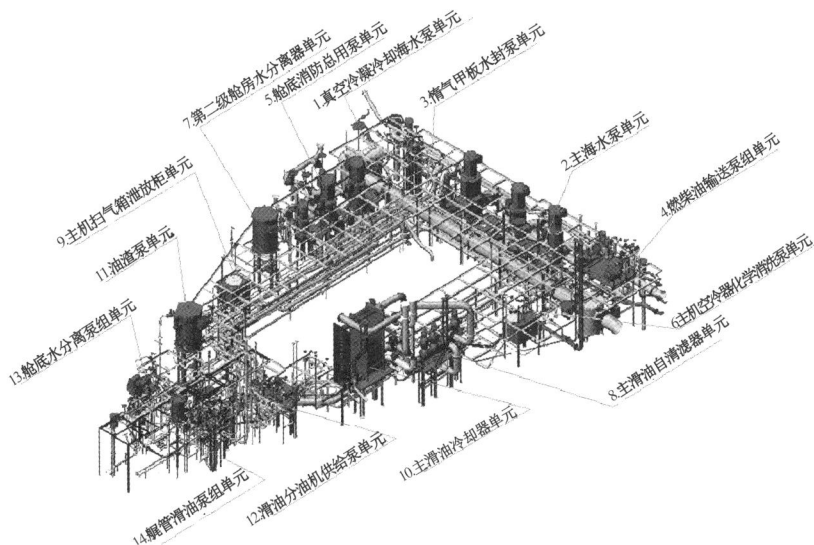

图 5-55　机舱底层全宽型单元模型(内含 14 个小单元)

通过在母型船上实施全宽型舱底单元设计,优化了制作流程。将单元中间产品化,设备、基座、管子、支架、格栅、梯子、栏杆、扶手等组成一个有机的整体,改善了工人的施工环境,同时极大提高了预舾装率。据初步测算,按此方案施工可以提高预舾装率 57 个百分点,缩短船坞周期 7 天。

5.5　分段舾装工艺的智能化设计技术

5.5.1　面向现场的舾装工序优化

5.5.1.1　预舾装一般作业工序

船舶上的舾装件种类繁多,且数量巨大。按专业可分为管舾件、铁舾件和电舾件;按物资种类可分为栏杆、直梯、斜梯、风管支架、管支架、管子、风管、电缆托架、电缆扁钢等。其中最为典型的是机舱内的舾装件,如图 5-56 所示。现场的施工需要按照一定的工序进行安装施工,即安装需要有先后顺序,否则就会出现舾装难以安装或是无法安装的情况。

目前国内船厂预舾装作业区的一般作业工序层次如图 5-57 所示,具体为:

第一层:电舾件安装,包括电缆托架、电缆扁钢等。

第二层:管舾件安装,包括管子、支架、阀附件、管附件等。

第三层:风管安装,包括风管、风管支架、风管附件等。

第四层:大型铁舾件,如平台、吊梁等。

其中管舾件安装与风管安装又分为热安装与冷安装,热安装是支架的定位、烧焊工序,冷安装为管子的连接安装,主要的连接形式有法兰连接、卡套连接、螺纹连接和套管连接等。其流程图如图 5-58 所示。

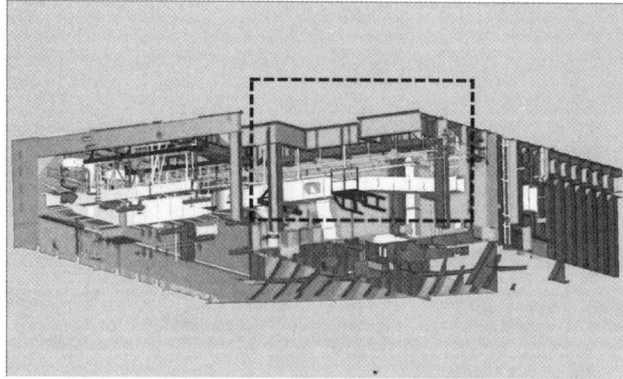

图 5-56　机舱典型分段舾装件实物图

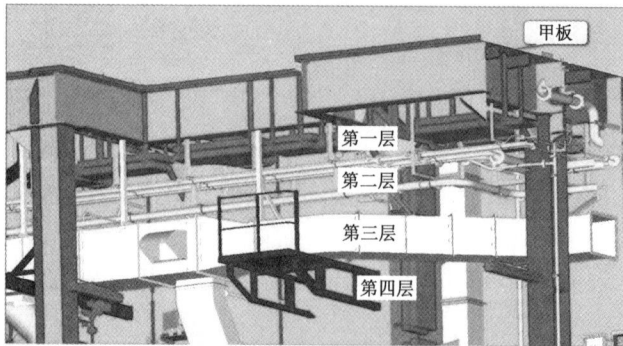

图 5-57　实物图详图

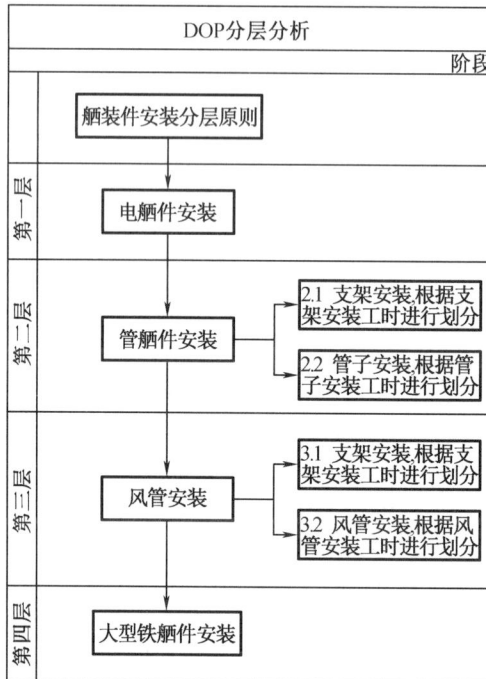

图 5-58　舾装安装顺序分层分析

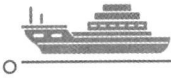

通过上述对船舶各建造阶段舾装特点的分析,对船舶舾装中间产品,指定其关键作业步骤,并对现行的分段舾装工序进行拆解分析,优化舾装工作分层和打包工序,优化面向现场操作的舾装工序,解决现场舾装工作难题。

5.5.1.2　面向现场的舾装工序优化具体原则

现场预舾装操作安装原则以及安装习惯,按照先冷后热、先大管后小管、从难到易、从下至上的原则。根据此基本原则,对现行的分段舾装工序进行拆解分析,优化舾装工作分层和打包工序,形成面向现场的舾装工序优化具体原则如下。

(1)以分段为单位,一个班组负责一个分段的预舾装。设计在划分托盘的时候应以分段为单位将管子、支架、阀附件、管附件等放在对应的托盘里。分段较大管段较多时,将管子尽量平分到几个托盘里。避免由于管子数量较大,现场的安装工人在一个较大的托盘里很难找到需要的管子,而把一个托盘里的管子平铺在地上的情形。

(2)应充分考虑现场场地资源和吊车资源。船厂预舾装作业分为画线定位、电焊固定、管子安装和焊接五个步骤。应充分考虑现场预舾装风雨棚空间及起吊能力限制,保证资源负荷平衡。

(3)应充分考虑现场的焊接作业习惯。现场作业人员按照设计提供的施工图进行舾装件安装,班组长拿到分段安装图后会将安装图分页下发给各个安装工人,工人按照安装图中所需要的管子在托盘中寻找对应的管舾件,为了减少翻看图纸的次数,工人一般会将一张图纸上的管子安装完之后再安装下一张图纸上的管子,因此设计阶段及托盘划分阶段应考虑现场工人操作习惯,尽量将同一张图纸上的管系形成一个工作包。

(4)应充分考虑现场管子安装顺序。通常有经验的安装师傅会将安装图中的大管径管子和可能出现遮挡的管子以及穿舱件标记出来,工人会优先安装这些管子。安装管子通常按照先易后难的原则,所以大口径的管子应该先安装,而且大口径的管子需要利用吊车吊装。穿舱件需要定位准确,因此也要先安装,如果先安装其他管子安装误差可能导致穿舱件定位不准确。其他的管子一般按照自下而上的安装方式依次安装,舱壁上的管子没有遮挡的话一般最后安装。

5.5.2　基于定额工时的工时知识库构建

5.5.2.1　管系安装工时知识库构建

如图 5-59 所示,将管系舾装件按照管径大小、安装类型、所在区域位置等信息结合现场施工习惯确定安装工时,建立舾装安装工时知识库。

5.5.2.2　管支架安装工时知识库构建

如表 5-13 所示,对于不同管支架质量、施工阶段、管支架安装方式进行分类,分区域按照现场实际安装工时进行统计,建立管支架安装工时知识库。

序号	规格/mm		总工时		取样	校对		安装		校装	
			法兰	套筒		法兰	套筒	法兰	套筒	法兰	套筒
1		φ22~φ27	2.50	1.90	0.40	1.10	1.00	1.00	0.50	2.10	1.50
2	1″	φ34	3.30	2.40	0.50	1.70	1.10	1.10	0.80	2.80	1.90
3	1 1/4″	φ42	3.80	2.90	0.60	1.90	1.30	1.30	1.00	3.20	2.30
4	1 1/2″	φ48	4.30	3.40	0.70	2.10	1.50	1.50	1.20	3.60	2.70
5	2″	φ55~φ60	4.80	3.90	0.80	2.30	1.70	1.70	1.40	4.00	3.10
6	2 1/2″	φ76	5.20	4.20	0.90	2.50	1.80	1.80	1.50	4.30	3.30
7	3″	φ89	5.70	4.70	1.00	2.70	2.00	2.00	1.70	4.70	3.70
8	4″	φ108~φ114	6.30	5.40	1.10	2.90	2.30	2.30	2.00	5.20	4.30
9	5″	φ133~φ140	7.70	6.10	1.40	3.80	2.50	2.50	2.20	6.30	4.70
10	6″	φ155~φ169	9.40	7.30	1.60	4.80	3.00	3.00	2.70	7.80	5.70
11	8″	φ219	11.30	8.80	2.10	5.70	3.50	3.50	3.20	9.20	6.70
12	10″	φ273	12.80	9.60	2.30	6.70	3.80	3.80	3.50	10.50	7.30
13	12″	φ325	14.80	11.00	2.70	7.60	4.50	4.50	3.80	12.10	8.30
14	14″	φ377	16.60	12.00	3.00	8.60	5.00	5.00	4.00	13.60	9.00
15	16″	φ426	18.40	13.40	3.40	9.50	5.50	5.50	4.50	15.00	10.00
16	18″	φ460	20.250	14.70	3.70	10.50	6.00	6.00	5.00	16.50	11.00
17		φ476~φ480	21.90	16.00	4.00	11.40	6.50	6.50	5.50	17.90	12.00
18	20″	φ529	24.70	17.60	4.20	13.30	7.20	7.20	6.20	20.50	13.40
19	22″	φ580	27.80	19.60	4.60	15.20	8.00	8.00	7.00	23.20	15.00
20	24″	φ610	29.30	20.60	4.80	16.10	8.40	8.40	7.40	24.50	15.80
21	/	φ631	30.90	21.60	5.00	17.10	8.80	8.80	7.80	25.90	16.60
22	26″	φ660	32.50	22.60	5.20	18.10	9.20	9.20	8.20	27.30	17.40
23	/	φ680	34.00	23.60	5.40	19.00	9.60	9.60	8.60	28.60	18.20
24	28″	φ711~φ720	37.50	24.80	5.80	21.70	10.00	10.00	9.00	31.70	19.00
25	30″	φ780	39.80	26.80	6.20	22.80	10.80	10.80	9.80	33.60	20.60
26	32″	φ813~φ820	42.90	38.00	6.60	24.70	11.60	11.60	10.60	36.30	22.20
27	34″	φ880	45.60	30.00	7.00	26.60	12.00	12.00	11.00	38.30	23.00
28	36″	φ920	48.90	/	7.40	28.50	/	13.00		41.50	/
29	38″	φ980	52.20	/	7.80	30.40	/	14.00		44.40	/
30	40″	φ1 020	55.50	/	8.20	32.30	/	15.00		47.30	/
31	52″	φ1 312	59.00	/	8.80	34.20	/	16.00		50.20	/

图5-59 管系安装工时定额表

表5-13 支架安装工时定额

电焊工时	序号	影响因素						
0.5	1	作业阶段	1(C)	2(B)	3(P)	4(D)	5(Q)	6(U)
0.6		系数	1	0.7	1	1.1	1.3	1
0.8	2	安装方式	常规安装	非常规安装				
0.9		系数	1	1.3				
1	3	分段类型	艏部	艉部	机舱	双层底	甲板	上建	隔舱
1.2		系数	1	1	1.2	1.2	1	1	1.2
1.5								

工时知识库的建立,使得对舾装工时的设计、舾装托盘的划分等的设计、管理更加有序化,使得宝贵的经验知识得以保留,方便设计人员查阅,节约设计人员计算思考的时间,减少舾装设计工作量,提高设计人员工作效率的同时使得设计更加合理。

但由于目前定额工时的准确率不高,只能当作工时参考,不能达到指导现场实际工时统计的目的,但可以作为托盘按照工时划分的参考依据。因此,舾装件安装定额工时可按照以下公式进行计算:定额工时＝基础物量×修正属性×物量单位。

(1)基础物量是根据舾装类型进行分类的,主要分成管舾安装、电舾安装、铁舾安装等;管舾安装又可根据专业分为阀附件、管支架、管子等;管子又可分为多芯管、塑料管、舷侧管等。不同的种类基础物量工时是有差异的,基础物量也可理解成某种舾装件的单位工时。

（2）修正属性是根据同种舾装件的性质不同而改变的系数，并且根据安装方式以及安装位置的不同而有所不同。以管子为例，根据管子的口径、壁厚、类型等的不同修正属性将改变，同种管子的弯角不同修正属性也不同；并且舾装件安装在分总段的位置以及安装方式不同修正属性也会发生变化。

（3）物量单位是由舾装件的大小、尺寸等决定的，舾装件尺寸越大，管子越长，物量单位越大。

鉴于目前工时知识库不够完善，需要建立充分的反馈机制，各设计阶段、各生产环节均应有适宜的通道进行反馈，不断修正物量基准，并通过分析舾装安装顺序推行的实际效果和技术验证，逐步完善舾装工时知识库。

5.5.3　面向作业对象的托盘划分原则

舾装建造过程的施工完全根据托盘划分在哪个阶段，就在哪个阶段进行施工作业，所以说好的托盘优化设计能最有效地减少无效作业时间和节省船厂有效资源。

生产的托盘是按中间产品为导向进行工程分解的产物，是造船生产设计按施工区域、施工阶段和施工类型划分舾装工程的基本作业单位，也是作业所需材料的基本集配单位。其生产管理也相应根据预先托盘设计的要求，提前做好必要的生产准备和按需进行适时的配送，按需提供各类托盘的完整物量，组织有节奏的高效造船生产。

现代造船是以托盘为主线，合理、有效地组织整个造船生产全过程，并以达到控制现场生产进度为目的。按生产设计生成的各类托盘，它不仅包含了安装作业用的施工图纸，还包括了该区域内安装物量和作业信息在内的托盘表。

5.5.3.1　舾装托盘划分基本原则

（1）按专业进行划分，一般分为机装管系、机装铁舾、电气、船装管系、船装铁舾和上建，如表5-14所示。

表5-14　舾装托盘按专业划分

托盘号	托盘名	按专业进行划分
152FP120121	152分段管系安装托盘表（B）	机装管系
152FE120121	152分段电舾装件安装托盘表（B）	电气

（2）按作业阶段进行划分，一般分为C（组立）、B（分段）、P（总段）、D（区域）、U（单元）阶段，如表5-15所示。

表5-15　舾装托盘按作业阶段划分

托盘号	托盘名	按作业阶段进行划分
101FP110121	101分段管子安装托盘表（C）	C阶段
10AFP130121	10A总段底层管系安装托盘表（P）	P阶段

（3）按施工部门进行划分，一般分为机调部和船装部，如表5-16所示。

表5-16　舾装托盘按施工部门划分

托盘号	托盘名	按施工部门进行划分
10DFFB30121	10D 总段铁舾件安装托盘表（P）（机调）	机调部
10DFFA30121	10D 总段机舱棚外围舱室铁舾件安装托盘表（P）（船装）	船装部

（4）按产品来源进行划分，一般分为管子（自制）和支架（采购），如表5-17所示。

表5-17　舾装托盘按产品来源划分

托盘号	托盘名	按产品来源进行划分
101FP110121	101 分段管子安装托盘表（C）	自制
101FP110141	101 分段管支架安装托盘表（C）	采购

（5）按施工工种进行划分，一般分为铁舾件（装配工）和基座（钳工），如表5-18所示。

表5-18　舾装托盘按工种划分

托盘号	托盘名	按工种进行划分
10CFF130121	10C 总段铁舾件安装托盘表（P）	装配工
10CFF130321	10C 总段基座安装托盘表（P）	钳工

5.5.3.2　特殊划分原则

（1）按物资数量进行划分，主要考虑防止托盘内物资被压坏，如机舱管子安装托盘的划分原则；除上述总原则之外，另要求60根左右管子划分一个安装托盘表，且一个系统的管子必须在一个安装托盘内，如表5-19所示。

表5-19　舾装托盘按物资数量划分

托盘号	托盘名	按管子数量进行划分
153FP120121	153 分段管子安装托盘表一（B）	60 根左右
153FP120122	153 分段管子安装托盘表二（B）	60 根左右

（2）按材料进行划分，主要考虑不同材料之间的保护，如上建管子安装托盘的划分原则；除上述总原则之外，另要求管子材料划分安装托盘表，如表5-20所示。

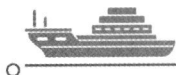

表 5-20　舾装托盘按材料划分

托盘号	托盘名	按材料进行划分
901FP120121	901 分段钢管安装托盘表(B)	钢管
901FP220521	901 分段 PE 管安装托盘表(B)	PE 管

(3)按物资类别进行划分,主要考虑细分托盘内的物资,如民船管舾安装托盘的划分原则;除上述总原则之外,另要求物资类别划分安装托盘表。如海工电舾装件按照扁钢、托架、贯通件和基座等划分安装托盘,如表 5-21 所示。

表 5-17　舾装托盘按物资类别划分

托盘号	托盘名	按物资类别进行划分
152FP120141	152 分段管支架安装托盘表(B)	管支架
152FP120191	152 分段阀附件安装托盘表(B)	阀附件
156FE120121	156 分段电舾装基座安装托盘表(B)	基座及支架类
156FE120122	156 分段电舾装托架安装托盘表(B)	托架类
156FE120123	156 分段电舾装扁钢安装托盘表(B)	扁钢类
156FE120124	156 分段电舾装贯通件安装托盘表(B)	贯通件类

5.3.3.3　托盘划分注意事项

(1)托盘的尺寸要求

①木质托盘承载舾装件(管支架、U 码、大部分电舾件等较小的舾装件):以木托标准尺寸(1.2 m×0.9 m)与堆放货架尺寸(1.5 m×1 m×0.9 m)为依据,该类托盘应满足长<1.5 m,宽<1 m,高<0.7 m。

②钢质托盘承载舾装件(较大的舾装件,如门、窗、贯穿件等):以钢托尺寸(3 m×1.6 m×0.9 m)为约束,该类托盘应满足长<3 m,宽<1.6 m,高<1.2 m。

③超长舾装件(直、斜梯、栏杆等):考虑道路宽度等运输条件,该类舾装件托盘应满足长<6 m,宽<1.6 m,高<1.2 m。

(2)托盘的质量要求

钢托盘:承重为 5 t,考虑叉车运力与钢托自重,其舾装件总质量应<4 500 kg。

木托盘:舾装件无规则摆放时<1 000 kg;规则平整摆放时<1 500 kg;紧凑、规则摆放时<2 000 kg。

5.5.4　基于托盘物量设置的舾装安装顺序

根据目前作业工时物量信息统计情况、现场作业顺序调研等,确定舾装安装顺序基本原则如下:

（1）施工班组人数固定，安装和焊接比例为7∶3，管舾件安装6~7天，焊接2~3天（以上时间是指同时开工时间）。

（2）分段一般分配给单个班组。

（3）舾装顺序基本原则：

①电舾件（电缆托架、扁钢、基座等）；

②管舾件（先支架后管系）；

③通风铁舾件（先支架后风管）。

（4）施工人员按照先铜工后电焊工的顺序工作，预舾装属于实物量承包，人员由班组自行分配。

其中以管舾件安装最为复杂与典型。管舾件的安装现状如下：预舾装作业区主要涉及两个工种，即铜工（属于复合工种）和电焊工。铜工主要负责以上舾装件的安装和点焊；电焊工主要负责以上舾装件的焊接。

典型机舱分段的管系安装标准周期为10天，管舾件安装6~7天，焊接2~3天（以上时间是指同时开工时间）。

5.5.5　典型机舱分段舾装智能化设计案例

针对传统的舾装设计部门托盘划分现状，以及各托盘在生产中的作用，以典型机舱分段舾装托盘划分为例介绍如下。

生成安装图和托盘。舾装生产设计完成建模工作后，设计人员利用 SEM 软件提取 Tribon 中分段模型信息（舾装设计是以分段为单位进行的），并生成安装图和安装托盘，一个分段的管子安装托盘中有 100~200 根管子。

安装图的划分。舾装设计部门的管子总体布局图是显示整个分段所有管舾件的安装视角的轴测图。其余分页是根据图面大小，调入适当数量的管子和支架，按安装视角作图。直到把所有管子及支架全部体现，并没有考虑管子的安装顺序。管子安装总体布置图及管子安装图分页如图 5-60、图 5-61 所示。

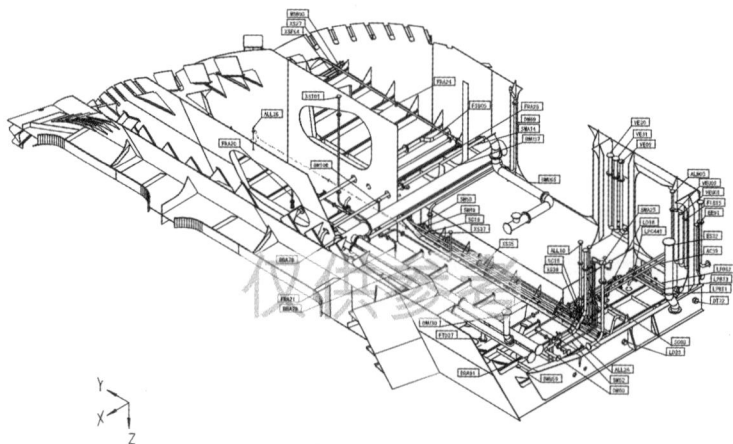

图 5-60　管子安装总体布局图

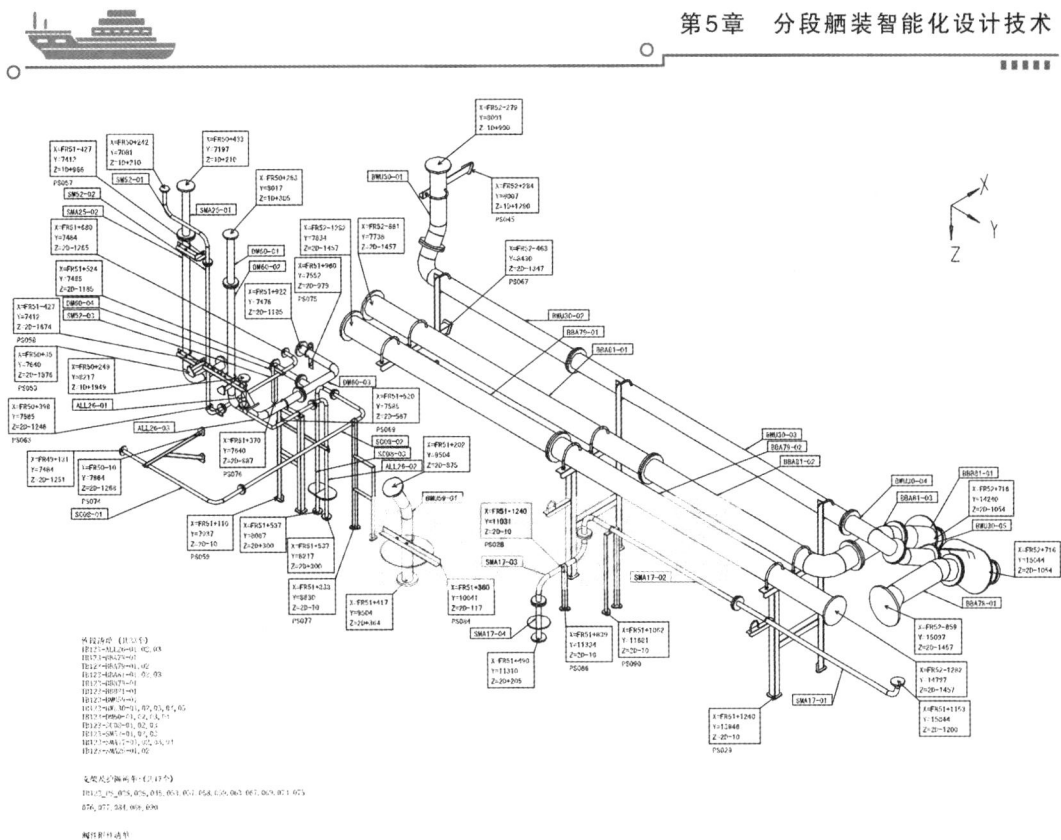

图 5-61 管子安装图分页

生成制作托盘。舾装设计部将安装托盘下发给模块部 SEM 系统,利用 SEM 软件划分安装托盘为制作托盘,制作托盘按照管子的形状、管径、大小等特征进行分类,每个托盘有 30~60 根管子。

管子加工。模块部门按管子的类型在不同生产线进行管子加工,最后再以分段为单位将制作托盘合并成安装托盘。

分拣集配。集配部门根据安装托盘对托盘进行分拣、集配。

传统的托盘划分不符合详细舾装顺序,托盘内管子数量较多,托盘内的管子与安装图关联性较弱,现场工人在安装时会花费较多时间在找管子上,影响施工效率,不同设计人员的出图习惯也不尽相同,安装图可能出现不符合现场安装习惯的情况,不利于现场施工。

分段舾装安装顺序(DOP)智能化设计以典型分段为例进行托盘划分和安装图出图,介绍如下。

提取分段模型信息、获取舾装件信息。提取分段的三维模型信息以及舾装件的尺寸大小、位置以及型号等信息,结合船体结构分段的划分考虑制作、吊运、安装工艺、安装阶段的合理性,模块划分考虑其结构尺寸、功能,尽量使小的设备、管子、部件、附件组装成一个整体,形成功能完整而且独立的模块,简化系统构成。

将管舾件先按其位置信息进行分块分层,甲板面 1 m 内的管舾件划分为第一层,1~2 m 内的管舾件划分为第二层,超过 2 m 的管舾件作为第三层。

利用工时信息计算出管舾件安装所需要的定额工时,对托盘进行精细化划分,将每个托盘内管舾件安装的定额工时控制在 2 天以内,对于定额工时超过 2 天或者不足 1 天的进行重新划分,直至托盘划分完毕。

托盘划分完成后将信息导入设计软件内,利用托盘划分信息进行安装图分页划分,使得安装图分页与托盘相对应,得到符合详细舾装顺序的安装图。详细舾装顺序安装图如图 5-62 至图 5-65 所示。

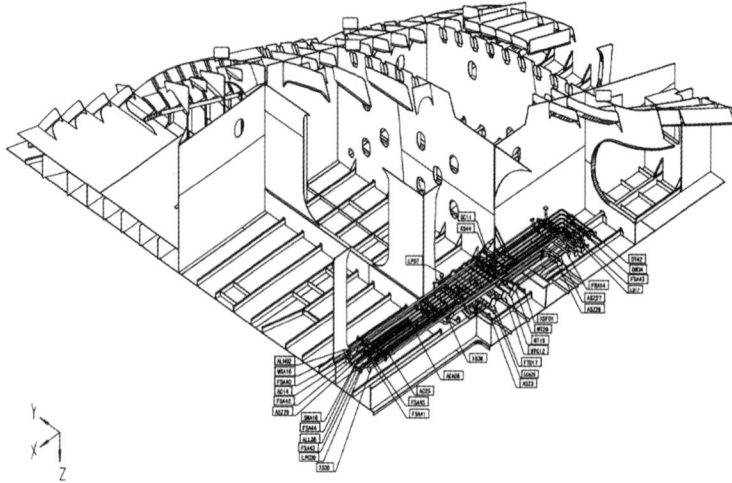

图 5-62　管子安装总体布局图

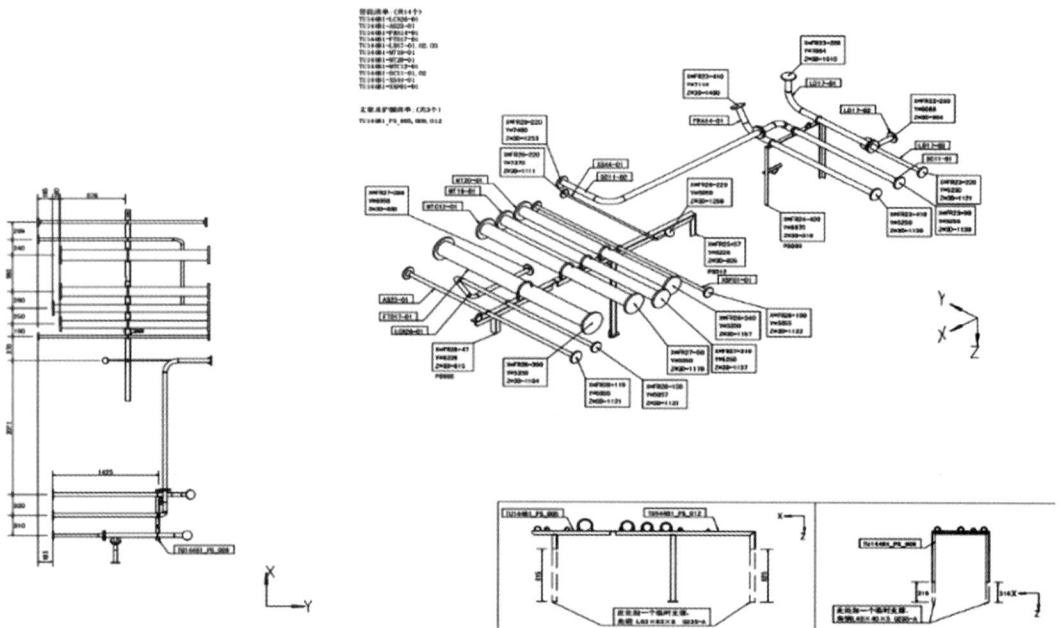

图 5-63　管子安装图分页 1

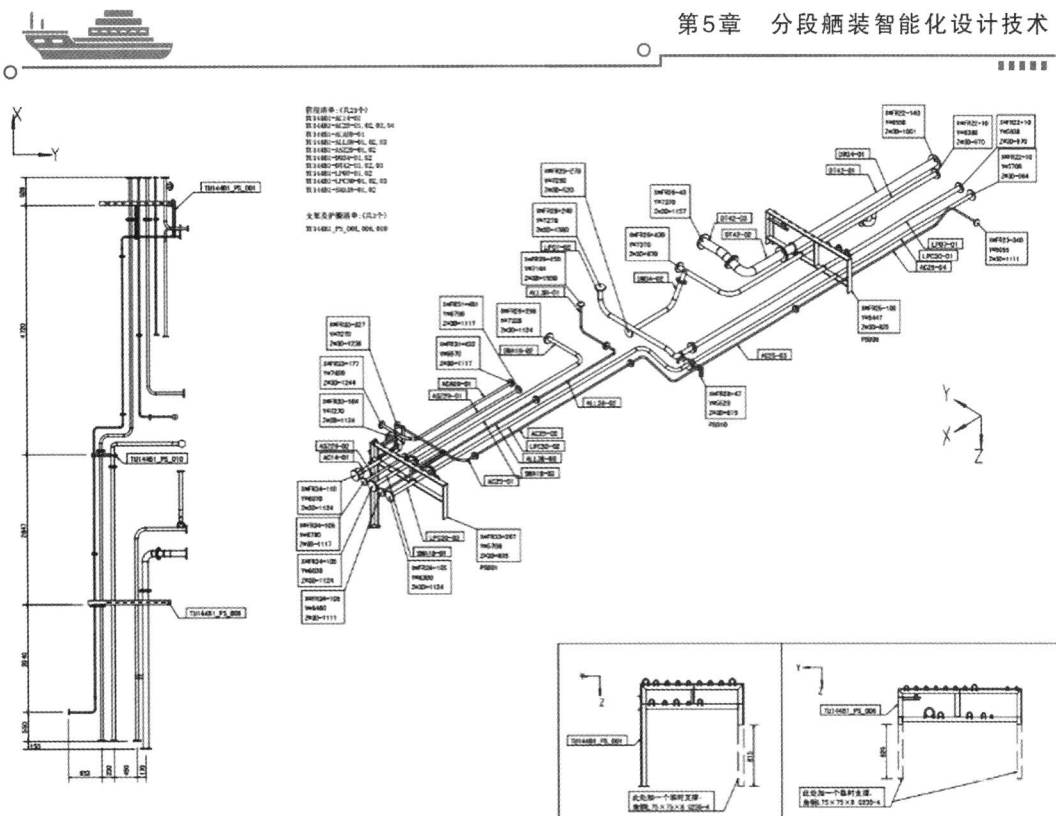

图 5-64　管子安装图分页 2

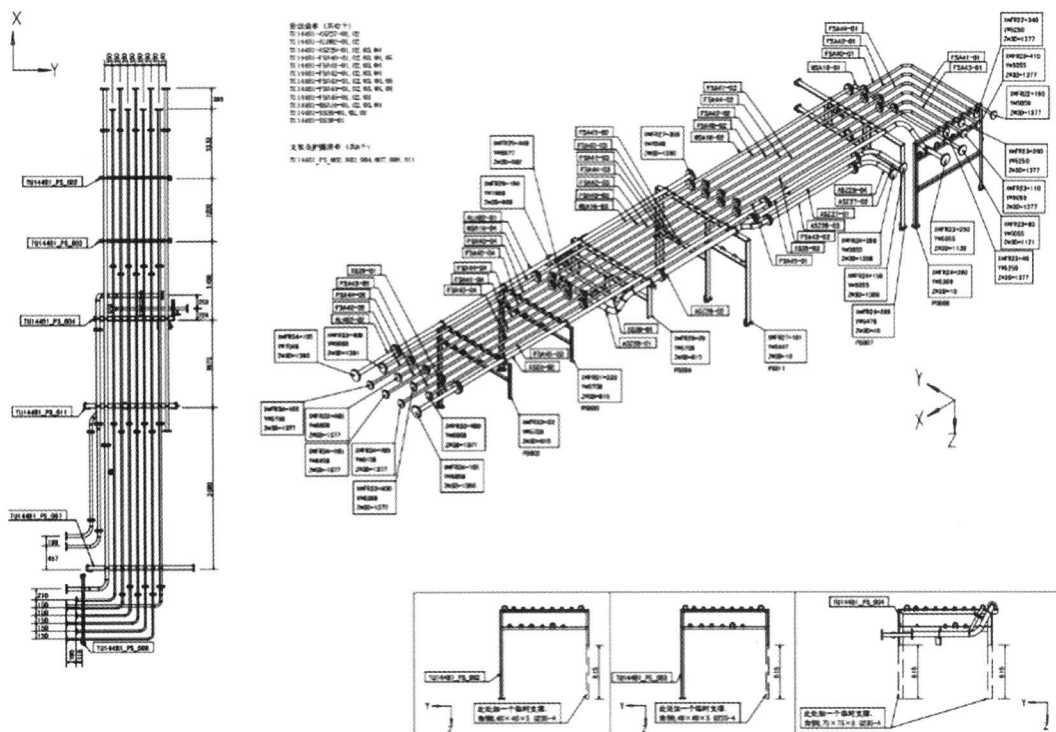

图 5-65　管子安装图分页 3

利用分段舾装安装顺序智能化设计方法所划分的托盘符合详细舾装顺序,托盘内管子数量适中,安装图按照托盘内的管子分页,现场工人在安装时会方便在托盘内找到自己需要的管子,提高施工效率,不同设计人员的出图习惯不相同,但在软件的条件下所出的安装图基本结构相差不大,减小了现场工人的识图难度,有利于现场施工。

5.6　舾装智能化设计集成应用仿真技术

舾装智能化设计集成应用仿真技术指通过基于人因工程的船舶舾装虚拟装配技术,构建舾装的虚拟装配环境,对船舶机舱虚拟装配进行仿真,并形成仿真路径,对装配路径进行人因工程分析与评估。

5.6.1　面向人因工程学的舾装虚拟装配技术

5.6.1.1　面向人因工程学的船舶虚拟装配现状

传统的船舶装配分析通常有两种方式,第一种是装配作业演示,即装配人员在实际装配环境中,在物理样机上模拟真实产品的装配过程,可以实现装配人员可视性、可达性、受力与疲劳,以及安全性、舒适性等方面的分析;第二种是舾装设计人员在设计时拖拽船舱设备,借助设计环境的干涉分析功能,手动验证舾装设计的可装配性。但是这两种方式都有着无法避免的缺陷:第一种方法中,船舶这一物理样机体积大、生产成本高、制造周期长,无法在船舶建造前进行物理样机的模拟装配;第二种方法,只能验证装配路径上的空间可用性,无法对装配环境中装配人员的可视性、可达性、受力与疲劳,以及安全性、舒适性等方面进行分析。

人因工程分析又称人机工效分析、人素分析,应用到产品装配性设计中,主要用于研究产品和工具的设计与改进、作业的设计与改进、环境的设计与改进,既可对产品的设计提出改进意见,又可对装配作业过程的安排、作业姿态、作业方法、作业量及工具的选择和配置等进行分析,提高工作效率、安全性、舒适性等。人因工程分析作为产品装配性和装配工作分析的重要内容之一,对于实现以人为中心的产品设计具有重要意义。

随着计算机技术和虚拟现实技术(virtual reality,VR)的发展,使得在虚拟环境(virtual environment,VE)下模拟产品装配与装配过程进而研究其装配性与装配性问题成为可能。通过构建虚拟装配或装配环境,引入数字样机和人体模型,结合装配或装配作业过程模型,能够实现"虚拟人舾装装配与装配"的过程仿真,并在装配与装配过程、装配与装配操作的演示中借助虚拟人体模型进行人机功效分析,从而为装配与装配工作分析提供强大的技术支持和辅助工具。

5.6.1.2　虚拟装配仿真

借助现有设计环境,在建立船舱虚拟装配环境的基础上,通过虚拟装配仿真的手段,对现有作业流程做出人因工程学分析评价,进一步提出潜在的改进方案。具体来说,包括下述几项工作：

（1）虚拟装配环境的构建。根据现有的条件,建立非沉浸式的虚拟装配环境,包括虚拟装配场景、装配对象以及人体模型的建立和实现。

（2）虚拟装配作业仿真模型。结合装配作业过程和虚拟仿真手段建立虚拟装配作业仿真模型,装配作业模型是对实际装配作业过程的抽象描述,虚拟仿真技术将这类抽象描述映射成虚拟装配环境中的装配过程,虚拟装配作业仿真模型是实现产品装配性虚拟设计与验证的基础。

（3）装配的动画演示。借助集成系统中的动画功能,在虚拟装配环境中,模拟整个装配作业的流程,并通过录像保存为视频资料,作为装配的指导资料,提供装配作业的示教展示。

（4）装配作业的人因工程学分析。在建立虚拟装配环境和装配过程的基础上,进行装配性的虚拟设计与验证,主要从人因工程学的角度对虚拟人进行分析,包括工作时间、作业姿势、可视性和可达性等方面的研究。

5.6.1.3　虚拟装配仿真工具的选择

在装备制造业界,由法国著名飞机制造公司 Dassault 开发的 CATIA 凭借其强大的曲面造型能力和智能的约束生成功能,在数字样机（DMU）设计领域得到了广泛应用,航空领域的波音、空中客车、洛克希德·马丁等公司全部采用该软件作为产品设计平台,大大缩短了新产品的研制周期。

CATIA 有非常丰富的模块选择,其中包含了人机工程学模块和 DMU 运动仿真模块,具备做人因工程分析所需的所有功能,此外还可以将整个动作过程输出为动画,帮助分析和示教。CATIA 中这些模块和机械设计功能无缝集成,可以直接读入由 CATIA 生成的模型文件,并且这些读入的模型和源文件之间是强关联的,对模型源文件的修改可以自动同步到场景模型中。因此,采用 CATIA 平台作为模型设计、场景搭建和仿真的工具。

5.6.1.4　虚拟装配作业场景的实现

虚拟场景是虚拟装配作业所处的环境,设备模型、工具模型、人体模型等都要放置于这个场景之中。

设备模型（虚拟样机）是虚拟装配作业的装配对象,是进行装配性虚拟设计与验证的前提和基础。由于虚拟样机是一种可操作的模型,在装配仿真中涉及对虚拟样机的装配及装配操作,因此不同于虚拟场景,虚拟样机需要采用基于模型的方法,以几何实体建立虚拟样机。基于模型的方法主要涉及的关键技术有：三维实体几何建模技术、实时渲染技术、碰撞检测技术、干涉校验技术、关联运动技术、物理属性技术等。运用上述技术建立的虚拟样机是一种在虚拟空间具有有限体积的三维实体模型,它一般能表现实体的几何、物理特性,如面积、形状、中心、质量和质心等,并附带着描述数字模型各个部件间关联运动和约束关系的信息。

工具模型也是虚拟装配环境的重要组成部分之一,对虚拟装配作业中的装配保障性资源分析也有着重要意义。与设备模型相同,工具模型也同样要求具有可操作性,采用基于模型的方法,可以实现装配工具的参数化建模。

此外,装配场景内还有一些三维模型,如滤器、舱壁和梯子等,这类设备、设施虽然没有装配或装配的操作,但它在虚拟场景中的空间位置会发生改变,验证装配路径时也需要考察这些模型的遮挡关系,因此这些模型是不可缺少的。对这类模型采用整体建模的方法进行创建,不制作内部细节和连接件。

所有模型按照散货船二维设计图上的尺寸重建,其中一些细节不影响仿真工作,做简化处理,部分几何结构关系简化如表 5-22 所示。

表 5-22　几何结构关系简化表

关系表述	简化后设计
海水总管管壁厚度	16 mm
法兰厚度	50 mm
海水总管螺栓孔径	M48 mm
小支管螺栓孔径	M30 mm
遮挡管系螺栓孔径	M20 mm
海水总管中心轴与墙壁间距	1 004 mm
遮挡管系支架间隔	1 850 mm
海水总管中心轴与遮挡管系支架间距	810.5 mm
遮挡管系垂直间距	100 mm
上层小平台高程	2 581.8 mm
背后墙宽度	8 320 mm
上层小平台宽	2 285 mm

场景模型完成效果如图 5-66、图 5-67 所示。

图 5-66　海水总管法兰部分视图

图 5-67　船舱底层海水总管及周边管系场景模型渲染图

(1)虚拟装配人体模型的实现

人体模型是虚拟装配环境中最重要的一个部分,所有的人因工程分析研究都需要通过人体模型来完成。人体建模技术需要综合应用人体测量学、人体力学、生理学等学科的研究方法,提供人体尺寸参数,对人体结构特征和机能进行研究,提供人体各部分的尺寸、体重、体表面积、密度、重心以及人体各部分在活动时的相互关系和可及范围等人体结构特征参数,提供人体各部分的发力范围、活动范围、动作速度、频率、重心变化以及动作时惯性等动态参数,从而分析人的视觉、听觉、触觉、嗅觉以及肢体感觉器官的机能特征,分析人在劳动时的生理变化、能量消耗、疲劳程度以及对各种劳动负荷的适应能力,探讨人在工作中影响心理状态的因素,及心理因素对工作效率的影响等。

使用 CATIA 中的 Human Builder 功能,创建装配人员的全尺寸模型,生成具有精确结构层次的数字人体模型,其中人体尺寸数据取自《中国成年人人体尺寸》(GB 10000—1988)。美国国家航空航天局(NASA)人因工效规范推荐,当结构设计必须容许装配人员调整其姿势,以操作或装配设备时,应采用第 5 百分位人员的统计数值;当结构设计必须适应充分的活动空间时,应采用第 95 百分位人员的统计数值;如果装配人员必须穿着防寒服或携带其他累赘工具时,则需要更大的活动空间。一般来说,对于关键的人体尺寸设计极限,应该建立在从第 5 百分位到第 95 百分位值的范围内,采用此范围内的尺寸在理论上可供 90% 的人使用。

依据上述原则,建立人体模型(男性)如图 5-68 所示。

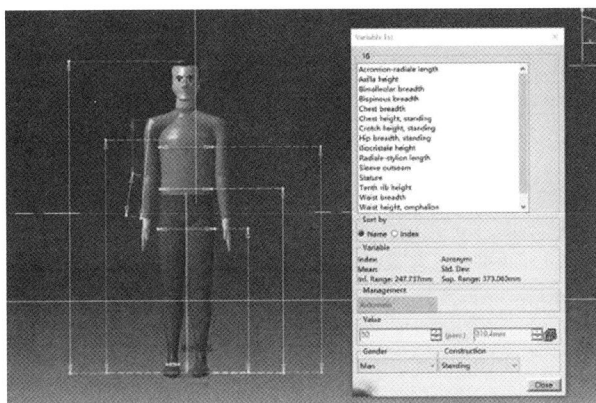

图 5-68　人体模型

（2）虚拟装配作业模型

装配作业模型包含两个方面的内容，一方面是对装配作业信息的描述，另一方面是对装配作业过程关系的描述。下面分别从这两个方面出发，概述装配作业建模问题。

对装配作业模型进行描述之前，首先需要了解装配的概念。首先需要了解与装配相关的四个术语。

①装配事件：由于故障、虚警或按预定的装配计划进行的一种或多种装配活动。

②装配活动：装配事件的一个局部，包括使产品保持或恢复到规定状态所必需的一种或多种基本装配作业，如故障定位、隔离、修理和功能检查等。

③基本装配作业：一项装配活动可以分解成的工作步骤，如松螺钉、拆管子等。

④装配动素：基本装配作业分解成的基本动作单位（动素），如伸手、抓取等。这里所提及的装配作业与装配活动的概念近似。

装配作业的层次分解关系如图 5-69 所示。装配动素交互如图 5-70 所示。

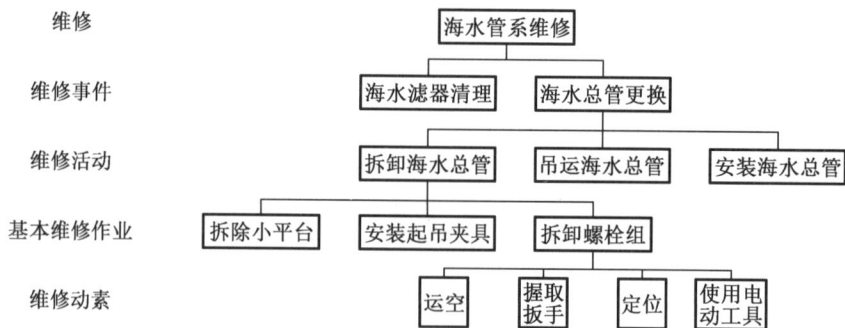

图 5-69　装配作业层次分解关系

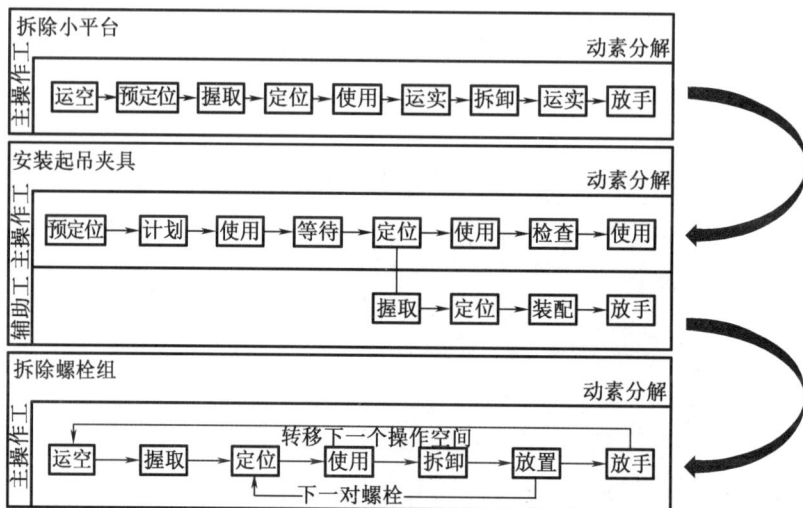

图 5-70　装配动素交互示意图

本例中，将装配海水总管作业作为分析对象。

5.6.1.5　面向虚拟装配的动画演示

CATIA 平台上的 DMU 数字装配功能模块提供了机构运动仿真和录制演示视频的功能,定义部件机构间的约束,可自动计算每个部件的自由度,继而定义机构运动轨迹。按作业顺序排列运动轨迹,设定轨迹时长,构成整个装配作业的序列。使用模拟序列播放器播放整个序列,借助虚拟摄像机,可从固定视角拍摄整个场景的作业过程,从而生成虚拟装配过程的动画演示。

(1)视觉元素定义

装配场景中,为不同的部件实体对象赋予不同的颜色,通过颜色标明部件在场景中的交互性是常见的设计。

本例中,不同着色的图例如表 5-23 所示。

表 5-23　着色图例

颜色	代表部件	含义
	海水滤器	可交互、不可移动、定位基准
	后舱壁	不可交互、不可移动、限位
	遮挡管系	不可交互、可移动
	海水总管	可交互、可移动、潜在作业对象
	螺栓组	当前操作对象
	舱内行车	可交互、自运动部件

此外,受 CATIA 平台的限制,无法完全演示小平台的拆除和逐个拆除螺栓组类复杂重复动作序列,采用修改可见性的方式表示小平台和螺栓"装配"这一动作,并使用一次动作序列代表多次重复动作序列。

(2)作业动作序列

作业动作序列依据虚拟装配作业模型中的作业流程制定,包含装配海水总管作业中拆除小平台、安装起吊夹具、拆除螺栓组三个基本装配作业。其中直线运动速度设定为0.1 m/s。三个基本装配作业的动画场景如图 5-71 所示,图中(a)(b)(c)分别是装配小平台、安装起吊夹具、拆除螺栓组中的一帧。

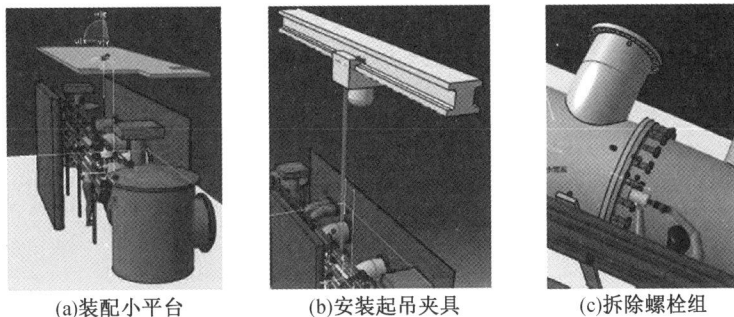

(a)装配小平台　　　　(b)安装起吊夹具　　　　(c)拆除螺栓组

图 5-71　基本装配作业动画场景

5.6.1.6 基于路径优化算法的干涉路径分段优化

(1)问题模型及目标函数的建立

在船舶建造过程中,通常将船舶分为若干个分段,对每个分段进行单独建造。在单个分段装配过程中,根据构件的相似性,可将分段中的装配单元分为零件级、小组立级和中组立级。在单个分段中,零件级构件的个数很多,在很大程度上制约着装配的速度,因此从零件级的角度来考虑分段的装配序列规划不合理,而以小组立为基础构件可大幅度简化问题的复杂性。本部分分析小组立到中组立装配的过程,对装配过程中的时间因素和成本因素进行梳理,通过最小化装配时间和成本消耗达到最优装配序列的结果。在装配过程中考虑吊装工具、吊装效率、装配方向和焊接方式等工艺约束,分析各个约束对装配时间和装配成本的影响。

①工艺约束分析

根据船舶分段实际装配过程涉及的吊装工具、吊装效率、装配方向和焊接方式等工艺约束,分析各个约束对装配时间和装配成本的影响。

a. 吊装工具

船舶组立的装配都是采用吊装的方式。设起重机有四种,最大起重能力分别为 W_a、W_b、W_c 和 W_d,使用每种起重机所花费的成本分别为 c_a、c_b、c_c 和 c_d,每个组立装配选择的吊装工具为

$$T_s = (W_s, c_s), s \in \{a, b, c, d\}$$

用 w_i 表示组立 i 的质量,则吊装消耗的总成本为

$$f_c(c) = \sum_{i=1}^{n} c_i, c_i \in \{c_a, c_b, c_c, c_d\}$$

式中,组立 i 的质量在吊装工具起吊能力范围内,即 $w_i \leqslant W_j$。由于本章节所选实例中的组立质量偏小,为使解决问题的方法具有通用性,将吊装工具的起重能力适当降低,可取 $W_a = 20\ t, W_b = 4\ t, W_c = 1\ t, W_d = 0.2\ t$。设起重花费的成本 $c_a = 4\ 000\ 元, c_b = 2\ 000\ 元, c_c = 1\ 000\ 元, c_d = 500\ 元$。

b. 聚合度

通过判断相邻两个组立装配时所使用的起重工具是否更换来衡量装配序列的聚合度,聚合度在目标函数上表现为:更换吊装工具的成本消耗 $f_e(c)$ 和更换吊装工具所需的时间 $f_e(t)$,即

$$\begin{cases} f_e(c) = ec_e \\ f_e(t) = et_e \end{cases}$$

式中,e 为组立装配中起重机更换的总次数;c_e 为每次更换吊装工具消耗的成本;t_e 为每次更换吊装工具所需的时间。设 $c_e = 300\ 元, t_e = 10\ min$。

c. 装配效率

吊装工具在各个装配方向的效率有差别,对于质量大的船舶构件而言,装配方向对装配效率的影响尤为明显。最便利的装配方向是沿着重力方向,其次是水平方向,沿重力的

反方向装配效率最差,设这三种方向的装配效率分别为 dd、dh 和 du。假设按最高效率每个组立吊装到预定位置所需的时间为 15 min,则组立 i 的实际吊装时间为

$$t_{d_i} = 15/d_k, k \in \{d, h, u\}$$

设定装配效率 $dd = 1, dh = 0.8, du = 0.6$。

d. 焊接方式及效率

组立与组立间所接触的地方均是通过焊接方式相连,每条焊缝的长度可通过计算机辅助设计。

$$f_u(t) = \sum_{i=1}^{n} f_{t_i}$$

$$f_{t_i} = \max[t_1, t_2, \cdots, t_m], m \in \{1, 2, \cdots, n\}$$

$$t_i = \sum_{i=1}^{n} \frac{l_{ij}}{v_{ij}}$$

所以目标函数可以转化为下式:

$$F(c, t) = \alpha \left(ec_e + \sum_{i=1}^{n} c_i \right) + \beta \left(et_e + \frac{15}{d_k} + \sum_{i=1}^{n} \max \left[\sum_{i=1}^{n} \frac{l_{ij}}{v_{ij}} \right] \right)$$

②分段组立几何约束处理

对船体分段组立的装配过程建立数学模型,需要建立船体分段组立间装配的干涉矩阵,并判断分段组立可行的装配序列。

为分析装配序列的可行性,推导组件的可行装配方向,需要考虑该组件与其他组件之间在装配时的关系。为简化数学模型以便于处理,引入笛卡儿坐标系和干涉矩阵的概念,分析组件分别沿 x、y 和 z 轴正负方向上装配时与其他组件的关系。假定整个装配过程有 n 个组件参与,则整个装配序列 $AS = \{P_1, P_2, \cdots, P_n\}$。船舶分段所有装配组立间的干涉关系就构成一个 $N \times N$ 的矩阵,称为干涉矩阵,且矩阵中每个元素均包含 x、y 和 z 三个轴正负六个方向的干涉情况。

根据运动的相互性可知,组件 i 在 $+x$、$+y$、$+z$ 装配方向上分别与组件 j 的干涉情况,和组件 j 在 $-x$、$-y$、$-z$ 装配方向上与组件 i 的干涉情况相同,因此在建立干涉矩阵时只需给出组件在 $+x$、$+y$、$+z$ 装配方向上的值即可。由上可知,装配体的干涉矩阵 $\boldsymbol{I}$ 可建立为

$$\boldsymbol{I}_{d_k} = [I_{ijd_k}]_{N \times N}, d_k = +x, +y, +z$$

式中,I_{ijd_k} 表示组件 j 沿 d_k 方向装配时与组件 i 间的干涉关系。若组件 j 与 i 发生干涉,则取 $I_{ijd_k} = 1$,否则 $I_{ijd_k} = 0$。

③装配序列可行性判断

假定当前装配组立为 P_i,当前状态为已有 m 个组件完成了装配,其装配序列为 $ASm = \{P_1, P_2, \cdots, P_m\}$,$P_j$ 为 ASm 中的任意一个组件,要确定该装配序列是否为可行装配序列,需从以下两个方面进行判断:

a. 装配序列组立接触关系可行性判断

组立 i 装配之前,需先判断是否有与之相接触的组立已经装配,若有,则该装配可行;若没有,则认为当前装配序列不可行。船舶组立装配时,除了第一个组立(即基准组立)的装

配不需要判断接触关系外,由于组立不能孤立存在,后续组立的装配都需要对接触关系进行判断。用一个 $N \times N$ 的矩阵来表示组立间的干涉关系:$M_A = [M_{ij}]_{N \times N}$。组立 i 的装配连接关系描述为

$$M_i = M_{iP_1} \cup M_{iP_2} \cup M_{iP_3} \cup M_{iP_m}$$

式中,M_{iP_1} 表示组件 i 与组件 P_1 间的连接关系。若存在连接,则 $M_{iP_1} = 1$,否则 $M_{iP_1} = 0$。若装配序列可行,则需组立 i 装配时 $M_i = 1$。

b. 装配序列组立接触关系可行性判断

定义 P_1 相对于 P_j 的干涉向量 $IA_m = \{I_{ijx}, I_{ijy}, I_{ijz}, I_{jix}, I_{jiy}, I_{jiz}\}$,其数值均可从干涉矩阵得到。对于组件 P_i 的可装配性而言,只要 P_i 相对于 P_j 的干涉向量 IA_m 中有一个元素为 0,则表示该组件相对于组件 P_j 可装配。于是可将组件 P_i 与已装配组件分别在 $\pm d_k$ 方向上做运算,表示如下:

$$\begin{cases} +I_{id_k} = I_{iP_1d_k} \cup I_{iP_2d_k} \cup \cdots \cup I_{iP_md_k} \\ -I_{id_k} = I_{P_1id_k} \cup I_{P_2id_k} \cup \cdots \cup I_{p_mid_k} \end{cases}$$
$$d_k = +x, +y, +z$$

因此,若存在某一方向,使得组件 P_i 沿该方向装配时不与已装配零件发生干涉,则 $+I_{id_k}$ 与 $-I_{id_k}$ 元素中至少有一项为 0。

(2)基于遗传模拟退火融合的优化求解算法

遗传算法擅长对离散空间的搜索,其搜索整个解空间的能力较强,但是局部搜索能力较差,且在解决装配序列问题上对初始解是否可行有较高的依赖性。而模拟退火算法对初始解是否可行没有限制,且有较强的局部搜索能力,能避免陷入局部最优解,但是对整个解空间的搜索不够全面。因此,将遗传算法和模拟退火算法融合求解,可以汲取两种算法的优点,克服各自的缺陷,实现优势互补。

基于遗传算法的快速全局搜索能力和模拟退火算法的局部搜索能力,提出一种基于遗传模拟退火融合算法的船舶分段装配序列优化方法。算法的基本思路是结合问题模型中可行解的性质,在算法前过程采用遗传算法进行求解,充分利用遗传算法的快速性、随机性和全局收敛性,其结果是生成子代装配序列个体;算法后过程采用模拟退火算法,即在船体分段装配序列生成的过程中,在接受子代序列为下一代种群中个体序列时,采用模拟退火算法的状态转移规则,充分利用模拟退火算法局部搜索能力强等特点,快速生成全局最优的或近优的分段装配序列。

结合船舶装配序列优化问题的特点,并基于上述算法策略,本部分设计了求解该问题的遗传模拟退火融合算法。

①基于基因组的编码方法

对于船舶组立而言,单个基因不足以表现出整个组件的所有属性,因此采用基因组来对组立进行编码。本部分船舶组立的属性包括组立编号 N、吊装工具 T 和装配方向 D 三个方面。因此,组立 i 的基因组可表示为 (N_i, T_i, D_i)。则整个装配序列的染色体即可表示为 $[(N_1, T_1, D_1), (N_2, T_2, D_2), \cdots, (N_n, T_n, D_n)]$。对基因采用十进制编码,$n$ 为装配体组立的总个数,组立 i 的吊装工具 T_i 的选择分别用 1,2,3,4 来表示工具 A、B、C 和 D;组立的吊装

方向分别用 1,2,3 来表示平动方向 x、y 和 z。

②适应度函数

由于受选择策略的限制,要求适应度函数为非负,且适应度值越大越好。所以分段装配序列的适应度函数可定义为

$$Fit(x) = \begin{cases} \dfrac{1}{f(x)}, & f(x) \neq 0 \\ 0, & f(x) = 0 \end{cases}$$

式中,x 表示分段装配序列;$f(x)$ 表示该装配序列关于装配成本和总装配时间的函数。

③选择

在选择用于保留的最优分段装配序列个体时,采用轮盘赌的方法。个体适应度值越大,被选择作为下一代父代的概率越大。具体实现过程如下。

步骤1:根据装配序列个体适应度值计算其被选择的概率。

$$P_i = \dfrac{f_i}{\sum\limits_{j=1}^{N} f_j}$$

步骤2:产生一个 $[0,1]$ 区间的随机数 r,若 $\sum\limits_{j=0}^{i-1} P_j \leq r < \sum\limits_{j=0}^{i} P_j$,则选择个体 i 遗传到下一代,其中 $P_0 = 0$。

④交叉

本部分对分段装配序列采用单位置顺序交叉法。具体实现过程如下。

步骤1:对进行交叉的两个父代染色体 P_i 和 P_j,生成一个在 $[1, n-1]$ 间的随机数 r_c。

步骤2:保留父代 P_i 中 r_c 之前的基因片段,从父代 P_j 中删除父代 P_i 中保留的基因,然后将 P_j 中剩下的基因从 r_c 之后按顺序补齐至 P_i 中,得到子代 C_i。

⑤变异

排序问题的变异主要是前后顺序的变异。对于船体分段装配序列这个特定的问题来说,每个组立的排序还受到装配工艺的影响,此处工艺变异包括吊装工具的变化和吊装方向的变化。则此处变异过程的实现可以描述如下。

步骤1:船体分段装配序列前后顺序的变异。产生两个在 $[1, n]$ 间的随机整数,将这两个整数位置上的组立排序进行互换。

步骤2:分段装配工艺的变异。对吊装工具产生一个在 $[1,3]$ 间的随机整数,替换原基因值;对装配方向产生一个在 $[1,3]$ 间的随机整数,替换原基因值。

⑥模拟退火操作

父代装配序列个体 p_1 和 p_2 经过交叉、变异后形成子代装配序列个体 c_1 和 c_2,分别计算个体适应度 f_p 和 f_c。以概率 p 接受子代为下一代种群中的个体,有

$$p = \begin{cases} 1, & f_c < f_p \\ \exp\left(-\dfrac{f_c - f_p}{t}\right), & f_c \geq f_p \end{cases}$$

⑦交叉概率和变异概率

交叉概率是产生船体分段新装配序列的主要途径,它决定着遗传算法的全局搜索能力,一般应取较大值。但如果取值过大,又会破坏种群中的优良装配序列,对种群进化产生不利影响;若取值过小,则导致产生新装配序列的速度较慢。因此,一般取值在 0.4~0.99 之间。本部分船体分段的两条装配序列交叉时取概率 $p_c = 0.6$。

变异概率是产生船体分段新装配序列的辅助方法,它决定了遗传算法的局部搜索能力。若取值较大,则虽能产生较多的新装配序列,但很有可能破坏许多较好的装配序列,使得遗传算法运算近似于随机搜索过程;若取值过小,则产生新装配序列的能力和抑制早熟的能力就变差。但是船体分段装配序列的变异包括组立前后位置的变异和装配工具与装配方向的变异,且变异是装配工具和装配方向变化的主要途径,则变异概率取值不能太小。因此,经过综合考虑取变异概率 $p_m = 0.3$。

⑧终止条件

当迭代满足以下条件时,认为结果已收敛,当前装配序列为最优的船体分段装配序列,种群停止进化:

a. 迭代次数达到用户设定值;

b. 连续多次迭代后的适应度值无明显变化。

遗传模拟退火融合算法的具体求解步骤如下:

步骤1:根据船体分段组立的个数确定编码长度,设定算法参数,设置种群大小、初始交叉变异概率、初温及衰减参数、最大迭代次数、适应度差值,令初始化进化代数计数器 $t = 0$。

步骤2:随机产生初始群体 $P_0(t)$,并对种群中的船体分段各装配序列个体进行接触和干涉可行性判断。

步骤3:评价当前群体的适应度,并保存当前最优个体。

步骤4:对种群 $P_0(t)$ 的个体执行交叉操作,得到 $P_1(t) = \text{Crossover}[P_0(t)]$。

步骤5:对种群 $P_1(t)$ 的个体执行变异操作,得到 $P_2(t) = \text{Mutation}[P_0(t)]$,根据接触矩阵和干涉矩阵判断种群中的船体分段各装配序列个体的可行性。

步骤6:对 $P_2(t)$ 的个体执行模拟退火操作,得到 $P_3(t) = \text{Simulated Annealing}[P_2(t)]$,根据 Metropolis 准则判定是否接受从当前个体到新个体的转移。

步骤7:评价所得群体 $P_3(t)$ 的适应度。

步骤8:执行个体的选择和复制操作,$P_0(t+1) = \text{Reproduction}[P_0(t) \cup P_3(t)]$。

步骤9:终止条件判断。若不满足终止条件,则 $t = t+1$,转步骤4,继续进化过程;若满足终止条件,则输出当前最优个体,算法结束。

5.6.1.7 面向虚拟装配的人因工程学分析

在建立虚拟装配作业仿真模型的基础上,研究虚拟环境下装配人员的人因工程学分析方法。

(1)前期调研与分析

选取某型 20.6 万 t 散货船的机舱作为调查对象,图 5-72 为一艘正在干船坞内舾装的该型船。

图5-72　调查对象某型散货船

图5-73(a)是未安装柴油主机前机舱内海水管系部分的俯视图,5-73(b)是在场景模型中参考实物建立的海水总管及周边管系简化模型对应部分。

(a)俯视图　　　　　　　　　　　(b)对应场景

图5-73　施工中的机舱底层海水管系俯视图与模型中对应场景

图5-74(a)是海水总管作业的现场,图5-74(b)、图5-74(c)展示了两段海水总管间连接处的法兰,图5-74(d)是海水总管和后方挡板之间、海水支管旁的作业空间实拍。

(a)作业现场　　　　　　　　　　(b)连接法兰(一)

图5-74　施工中的机舱底层海水管系俯视图与模型中对应场景

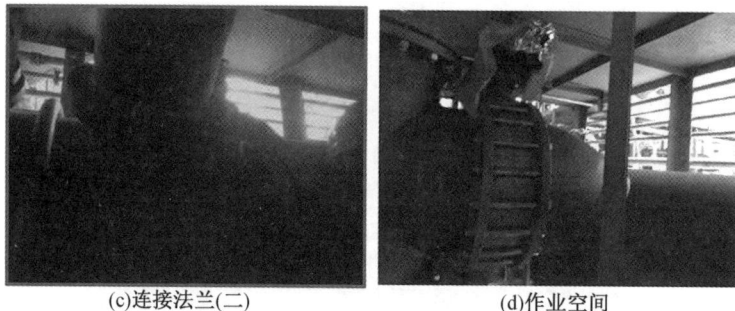

(c)连接法兰(二)　　　　　　　　(d)作业空间

图 5-74(续)

影响海水总管装配作业的若干潜在问题:单对法兰盘上一组螺栓数量可观,装配一段海水总管至少要对两对法兰进行操作,整个过程中存在大量重复动作;前方管路支架上有管路遮挡,可能影响螺栓拆除作业;海水总管与后方隔断墙之间空间有限,可能会限制装配人员的姿势,导致可视性和可达性不能满足作业需求;空间狭窄,工作负荷大,疲劳积累易导致劳损和效率降低。

通过动作流程优化、作业空间分析和劳动姿势分析,借助人因工程学工具,分析现有状态,解决海水总管装配作业的潜在问题。在使用人因工程学工具前,需要先建立虚拟装配作业的概念模型。通常一个装配事件包含以下作业活动:准备、故障诊断、装配、更换、组装、调校和检验。本部分所建立的装配作业模型用于描述装配作业层中某一项作业的过程模型。

装配作业模型中所需要包含的信息有以下两方面的内容。

①装配作业信息

装配作业信息通常指装配作业的对象(产品)信息、目的或目标、各种子作业、装配方案、装配规划以及装配所需的人力和人员、装配工具、设备、备件、技术资料等综合保障资源。根据模型分析内容的不同,装配作业信息所包含的内容也会有所不同。装配作业信息是建立装配作业模型的前提和基础。

②装配过程信息

按建立模型的目的,装配过程信息可分为描述装配工作流程和描述装配作业过程两种类型,相应的模型为装配工作流程模型和装配作业过程模型。装配工作流程模型描述从产品在使用中发现故障,进行故障分析(故障检测、故障隔离)和制定装配策略,到申请和等待备件,进行装配(更换故障件),最后实现故障修复重新投入使用的整个产品装配任务流程,模型实际上是一种工作流程模型,通常用于业务流程管理。装配作业过程模型描述对故障件的具体装配操作过程,是装配流程中装配作业的细化,主要研究产品装配或装配过程中各个部件的拆装状态、装配人员的具体拆装操作活动以及这些活动工序的安排等问题,模型用于装配过程分析,通常是对装配保障资源、装配作业时间和装配作业工序的合理性进行分析。

根据管系装配手册要求及海水管系结构图,按海水总管装配步骤确定装配操作,螺栓组装配过程如图 5-75 所示。

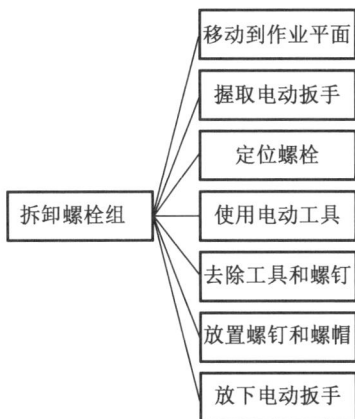

图 5-75　螺栓组装配作业

海水总管间法兰通过 20 对螺栓相连,围绕法兰一周,不同位置的螺栓操作条件差别很大,应区别分析。因此,将装配螺栓的情景划分为 4 个操作空间,对应的操作对象(螺栓)所处位置如图 5-76 所示。装配 1 号空间位置的螺栓仿真模型截图如图 5-77 所示。

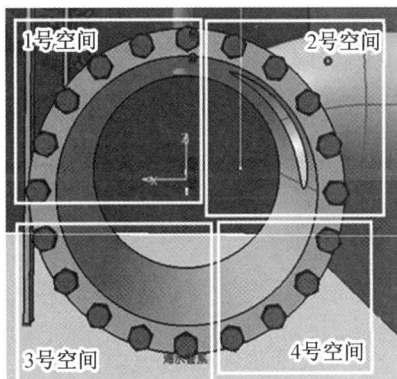

图 5-76　操作空间的划分

图 5-77　装配螺栓组的仿真模型

(2)动作流程优化

针对装配作业过程中存在的大量重复动作,需要对动作流程进行优化。动作流程的优化着眼于对动作序列的简化与合并,减少重复操作和装配人员扫过的距离,节省作业时间。本次优化中将工作时间作为流程优化的目标指标,采用工作时间分析方法改进动作流程。工作时间指的是装配人员参与装配作业的净劳动时间,若不做特别说明,以下所说的工作时间均指净劳动时间。作为人因工程学定量分析的重要因素之一,工作时间的准确性至关重要。

预定时间标准法(predetermined time standard,PTS)是国际公认的制定时间标准的先进技术。它利用预先为各种动作制定的时间标准来确定进行各种操作所需要的时间,而不是通过直接观察和测定。作为一种工作衡量技术,PTS 有如下优点:可以在生产开始前设计工作方法,并预知其时间值;在制订标准时间时,由于能精确地说明动作并加上预定工时值,因而有可能较之用其他工作测定方法,提供更大的一致性。而且,不需要对操作者的努力程度进行评价,就能对其结果在客观上确定出标准时间。

MODA PTS 中文简称模特法(MOD 法),是一种先进的 PTS 法分析技术。其基本思想是通过模特数的排列来预定动作所需的标准时间,具体特点如下:以简单的手指动作为最基本单元,身体其他部位动作所需时间都以手指动作一次所需时间的整数倍表示;采用MOD(Modular)作为时间值的最小单位,它是根据最小能量消耗原则,测得的人的手指动作一次的统计平均时间。在实际使用中,可按照该工作的实际情况决定 1MOD 的时间值,如:

1MOD=0.129 s,正常值,能量消耗最小动作时间

≫1MOD=0.1 s,高效值,熟练工人的高水平动作时间

≫1MOD=0.143 s,包括疲劳恢复时间(10.7%)在内的动作时间

≫1MOD=0.12 s,快速值,比正常值快7%左右

把身体各部位动作分为 21 个,每个动作以代号、图解、符号、时间值表示。其动作体系分类如表 5-24 所示。

表 5-24　MODA PTS 动作体系分类

上肢动作	移动动作	基本移动动作	M1 手指动作	注 1:需要用眼注意的动作; 注 2:需要精确定位的注意动作; 独:需要在其他动作停止的场合,独立的动作进行者; 往:往复动作,指往复一次回到原来状态
			M2 手腕动作	
			M3 小臂动作	
			M4 大臂动作	
			M5 伸直手臂动作	
		反射性动作	M1/2、M1、M2、M3	
	终结动作	触摸动作 抓握动作	G0 碰、接触	
			G1 简单抓取	
			G3 复杂抓取	
		放置动作	P0 简单放置	
			P2 复杂放置(注 1)	
			P5 组装(注 2)	
其他动作	下肢动作		F3 组踏板动作	注 1:需要用眼注意的动作; 注 2:需要精确定位的注意动作; 独:需要在其他动作停止的场合,独立的动作进行者; 往:往复动作,指往复一次回到原来状态
			W5 走步动作	
	附加因素		L1 质量因素	
	其他动作		E2 用眼(独)	
			R2 抓握校正(独)	
			D3 判断和反应(独)	
			A4 加压施力(独)	
			C4 曲柄旋转	
			B17 弯体/直立(往)	
			S30 起身/坐下(往)	

在本例中,以装配海水总管间法兰螺栓组为例,分析工作时间的计算。其中电动扳手工具重 8.2 kg,考虑质量因素 L1×2;单对螺栓重 3.9 kg,考虑质量因素 L1,放宽设定为 20%。以 1 号操作空间为例,单次装配螺栓的 MOD 序列如表 5-25 所示。

表 5-25　单次装配螺栓 MOD 法分析表

左手的动作	标记符号	MOD	标记符号	右手的动作
支撑工具	L1 * 2M4G1	7	L1 * 2M4G1	抓取电动扳手
		8	L1 * 2M4P2	将电动扳手移到螺母附近
		10	L1 * 2M3P5	将扳手对准并套入螺母
		6	L1 * 2A4G0	抓紧扳手启动工具
		5	L1 * 2D3	拧松螺母
		6	L1 * 2M4P0	将电动扳手移走
抓紧螺栓	L1G1A4	11	L1M4G1M2M3	拧出螺母
将螺栓移走	L1M5P0	6	L1M5P0	将螺母移走
总 MOD		59		
正常工时/s		7.61		
放宽 20%/s		9.13		

由表 5-25 分析可知,一般装配人员采用正常速度进行装配螺栓的动作时间值为 59MOD,即 59×0.129＝7.61 s,考虑放宽 20% 为 $t_宽＝9.13$ s。考虑到每次操作使用反射动作的次数略有不同,上述分析值也会有所差别,但浮动值一般不超过 0.5 s。

装配人员在不同操作空间之间切换,需要移动站位和更改姿势,但不同的操作空间对操作时间的影响不大,因此只考虑移动站位和更改姿势带来的时间增加。这种切换耗时受空间限制影响显著,因此不适用 MOD 法,取四个操作空间切换时间的均值 $t_切＝60$ s。

综上,可求得单组(20 对)螺栓装配作业耗时(T)为 $T＝20t_宽+4t_切＝9.13×20+60×4＝422.6$ s。

分析表 5-25,观察到电动扳手质量较大,给每一步动作都增加了质量因素 L1×2;单组螺栓有 20 对,考虑整合整组螺栓的操作动作,减少一些往复运动。综合上述两点,对工人工作空间布置做出改进,如图 5-78 所示,使用伸缩绳将电动扳手悬挂起来,可以取消电动扳手带来的质量因素 L1×2;使用悬挂式电动扳手后,减少了电动扳手和对象螺栓之间的距离,可以降低单次装配螺栓抓取电动扳手的大臂动作 M4 为小臂动作 M3;整合整组螺栓的操作动作,将"单次装配螺栓"作业分解为"拧松螺栓"和"拧下螺栓"两步子作业,两步新动作的 MOD 分析如表 5-26 所示,如此可减少装配整组螺栓移动电动扳手的总次数。

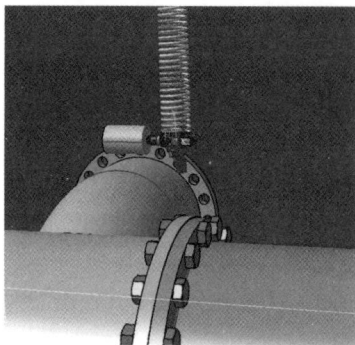

图 5-78　使用伸缩绳悬挂的电动扳手

表 5-26　"拧松螺栓"和"拧下螺栓"MOD 法分析表

操作:拧松螺栓			操作:拧下螺栓		
右手的动作	标记符号	MOD	右手的动作	标记符号	MOD
抓取/移动电动扳手	M3G1	4	抓紧螺母	M2G1A4	7
将电动扳手移到螺母附近	M3P2	5	拧下螺母	L1M3G1M2M3	10
将扳手对准并套入螺母	M2P5	7	将螺栓移走	L1M3P0	4
抓紧扳手启动工具	A4G0	4			
拧松螺母	D3	3			
总 MOD		23	总 MOD		21
正常工时/s		2.967	正常工时/s		2.709
放宽 20%/s		3.56	放宽 20%/s		3.24

　　改进前后装配一组螺栓的操作顺序如图 5-79 所示,仍以单组(20 对)螺栓装配作业耗时为评价指标,改进后耗时为

$$
\begin{aligned}
T^* &= \left[\left(t_{拧松} \times 5 + t_{拧下} \times 5 + t_{放置} \right) + t_{切} \right] \times 4 \\
&= \left[\left(3.56 \times 5 + 3.24 \times 5 + 0.774 \right) + 60 \right] \times 4 \\
&= 379.1 \text{ s}
\end{aligned}
$$

式中,$t_{拧松} = 3.56$ s,是放宽 20% 后拧松螺栓的单次耗时;$t_{拧下} = 3.24$ s,是放宽 20% 后拧下螺栓的单次耗时;$t_{放置} = 0.774$ s,是放置电动扳手的单次耗时;$t_{切} = 60$ s,是四个操作空间切换时间的均值。

可得动作改进后定额耗时减少 $\Delta T = 422.6 - 379.1 = 43.5$ s,改善率 $\dfrac{\Delta T}{T} = \dfrac{43.5}{422.6} = 10.29\%$。

　　(3)作业空间改善

　　由于海水总管处于机舱底层,油路、水路、冷却水路的管路集中于此,因此在海水总管周边形成了遮挡,装配人员可活动空间有限。为保障作业顺利进行,可能需要拆除一些遮挡物,改进工具布置,创造合适的作业空间,使装配人员可以对操作对象进行良好观察和充分活动,称之为"可达性"。广义上的"可达"包括三个方面的内容:

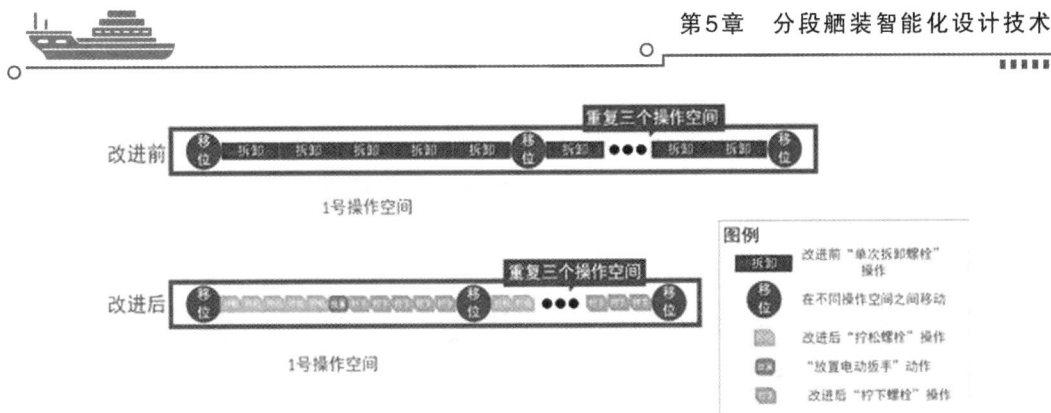

图 5-79　改进前后动作流程示意图

①实体可达,装配人员应能够接触目标件。

②视觉可达,装配人员应能够看得到目标件以及自己的操作动作,如在目视情况下进行的视觉定位动作、连续动作、逐次动作和反复动作等。

③作业空间可达,装配人员应能够有足够的操作空间,根据人体尺寸设计,作业空间应大于人体最小作业空间。

面向虚拟装配的人员可达性定性评估,主要通过虚拟装配仿真过程直接判断。结合人体尺寸、作业姿势以及作业空间,在虚拟场景中进行人体运动控制和分析,判断人员是否能够接触到操作部件、操作过程是否有良好的视野、操作姿势是否舒适,以及是否有足够的空间完成操作等。

在 CATIA 中,装配部位是否实体可达采用可达包络(reach envelope)判断,可达包络用球状面描述了人体上肢能触及的范围,其中包含了碰撞检测算法,可以精确判断装配部位是否处于可达包络之内。

在装配作业中,大部分的交互信息是通过视觉来传递的,所以可视性分析必不可少。海水总管的零件几何尺寸较大,对视觉的要求可以放低,据此提出海水总管装配中的可视性要求:①应保证零件在进入工作人员的最佳视野之内(垂直方向 60°,水平方向 8°),并且视距范围最好在 25~35 cm 之间。②通过眼睛和头部的转动,能够扩大人体的视野范围。这样,工作人员在作业时,实际能获得的有效视野范围是通过转动眼睛、头部和人眼的主视野综合作用的效果。③合理控制光源的亮度。一般光源亮度控制在 16 cd/cm² 以下比较合适。当亮度大于 300 cd/cm² 时,可采用不透明的磨砂灯罩,或用氢氟酸处理灯罩内壁以及涂白色无机粉末等办法,以提高灯光的漫射性能。若达不到操作时的照明需求,就需要进行人工辅助照明。④合理分布光源。不要将灯光直接射入人眼及作业区域内(可经过灯罩边缘或在射到墙壁后再反射到作业区域内)。⑤减少亮度对比。人眼从亮处到暗处(或从暗处到亮处)需要经过瞳孔的放大、缩小,在一段时间后才能适应,重复这种动作无疑将增加视觉的疲劳。

改进措施由两方面组成:尽可能少地拆除一部分影响作业的遮挡物和增加操作辅助设备。结合装配海水总管装配作业的所有三个基本装配作业,拆除小平台后的空间条件发生变化,可视性与可达性增强,因此遮挡物的拆除有两种潜在的可能:可视性与可达性充足,不再需要装配额外的遮挡物;可视性与可达性仍然不足,需要拆除前方管路支架上一部分管路和支架。增加操作辅助设备,使用伸缩绳将电动扳手悬挂起来,对比改进前后悬挂扳手的作用。

图 5-80 所示为四种操作空间装配人员姿态的可视性分析,在规定作业姿势下,视角可以覆盖操作工具和操作对象,不构成障碍。

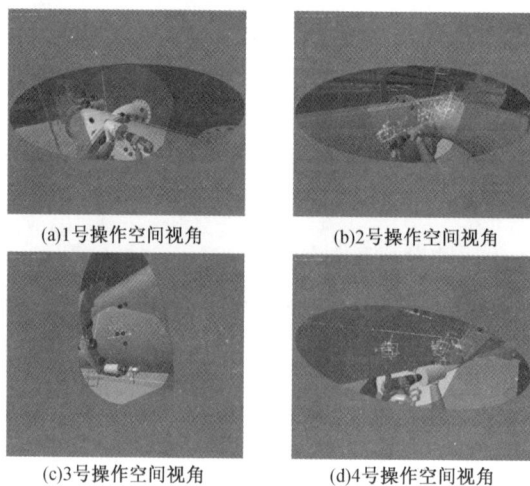

(a)1号操作空间视角   (b)2号操作空间视角

(c)3号操作空间视角   (d)4号操作空间视角

图 5-80　四种操作空间的可视性分析

图 5-81 所示为四种操作空间装配人员姿态的可达性,其中 1 号、2 号、4 号操作空间装配工人活动空间充足,站立原点四周空间大于人体最小作业空间,不会对装配作业构成障碍。3 号操作空间在满足实体可达及视觉可达条件时,没有合理的姿势能够保证作业空间可达,分析后认为,可考虑拆除作业位置背侧的一根管路支架以使作业空间大于人体最小作业空间。

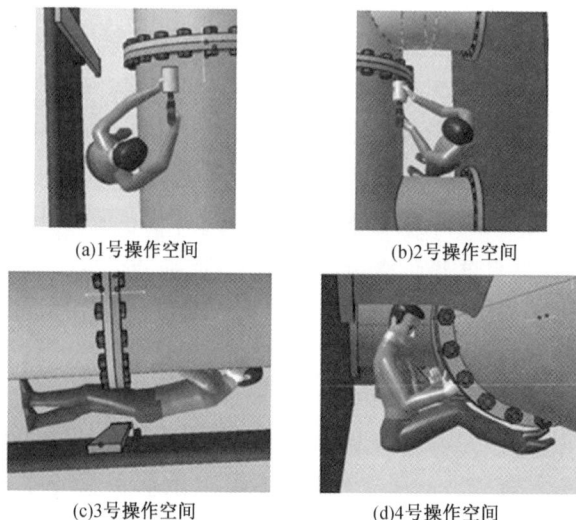

(a)1号操作空间   (b)2号操作空间

(c)3号操作空间   (d)4号操作空间

图 5-81　四种操作空间的可达性

电动扳手自重约 8.2 kg,使用伸缩绳将其悬挂,由于质量减轻,装配人员在使用电动扳手时,负荷降低,以 2 号操作空间内的作业姿势为例,腕关节和手臂部分负荷显著降低,减少了劳损的产生。

(4)劳动保护

"空间狭窄,工作负荷大,疲劳积累易导致劳损和效率降低",根据现场的观察和实操模拟,分析原因为工作空间狭窄,限制了作业姿势。而不自然的作业姿势使肢体负荷集中于部分关节,造成一些身体部位更容易积累疲劳。疲劳的部位运动能力下降,使工人的工作效率降低,且更容易受伤。对现有作业姿势进行分析,为负荷过重的部位增加劳动保护,分散受力,可减缓疲劳的积累,保证工作效率。

作业姿势分析的内容是判断装配作业是否会引起人员工作效率下降、疲劳或损伤等,同时必须确保各种装配操作控制在人的体力限度以内。通常需要根据工作负荷对这些操作的动态姿势做人因工程分析,CATIA 的人机工程学模块中提供了 RULA(rapid upper limb assessment)分析功能,即快速上肢姿势分析,通过人员上肢作业姿势、运动次数、肌肉受力情况等,分析人员的上肢疲劳程度和无暂停工作时间等,这是一种常用的姿势分析方法。通常采用评分的方式表明当前作业姿势是否易疲劳,进而判断是否需要对作业姿势加以改进。在四个操作空间内,分别对作业姿势进行评估。

图 5-82 是 1 号操作空间中装配人员作业的姿态。装配人员左侧肢体中左前臂、手腕、肌肉负荷较大,不宜长久保持;其右侧躯体中右前臂、肌肉负荷较大,不宜长久保持。说明装配人员在此姿态下容易疲劳,应在作业前加入准备活动,避免肌肉拉伤。

图 5-82　1 号操作空间作业姿态

图 5-83 是 2 号操作空间中装配人员作业的姿态。装配人员左侧肢体中手腕、肌肉负荷较大,不宜长久保持;其右侧躯体中右前臂、手腕、肌肉负荷较大,不宜长久保持。两侧躯体易劳损部位集中在手腕,建议为装配人员配备护腕以保护腕关节。

图 5-84 是 3 号操作空间中装配人员作业的姿态。这种平躺状态的装配人员肢体主要负荷在肌肉、大臂和脖颈上。3 号操作空间中作业应注意保护脖颈,建议考虑为装配人员增加靠垫作为保护。

图 5-83　2 号操作空间人员作业姿态

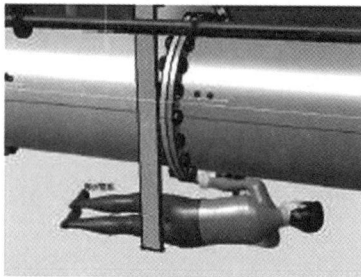

图 5-84　3 号操作空间人员作业姿态

图 5-85 是 4 号操作空间中装配人员作业的姿态。这种坐姿的装配人员肢体总体负荷较小,其中左侧肢体以肌肉大负荷为主,右侧肢体肌肉和手腕负荷较大。在此操作空间作业,建议装配人员佩戴护腕。

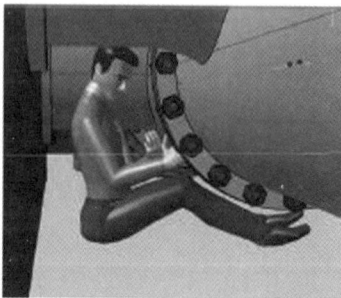

图 5-85　4 号操作空间人员作业姿态

5.6.2　面向客户需求的综合评审技术

5.6.2.1　三维模型数据库的完善

对常用原材料部件库(图 5-86)进行完善。外舾装件中每个铁舾件均可分解到基本的板材或型材即原材料,船厂也亟待这些原材料整条船的统计数据进行采购、订货,但外舾装件具有细小复杂且分布广等特点,人工统计耗时费力容易出错,所以在每个原材料部件描述中均添加船厂特定要求参数。

图 5-86 原材料部件库

建立标准件数据库,如图 5-87 所示,外舾装件中包括国标船标以及厂标的各种船底放泄螺塞、人孔盖、小舱口盖、带缆桩、导缆孔等,其中每一个又有多种规格及形式。

图 5-87 标准件数据库

非标准件数据库由两部分组成,即目标船的外舾装设备和常用非标准件。对于目标船的外舾装设备,建立实体小样与部件库中该设备的基本信息,链接为设备库,使该设备从二维平面转化为三维实体,成为实船中的舾装件。当其他专业进行管放或电缆敷设时只要调用该设备,就可以按照设备进出口连接管子或电缆。在图 5-88 中准确地给出了管子的长度、走向,确定合适的排列位置,最大程度提高设计质量。

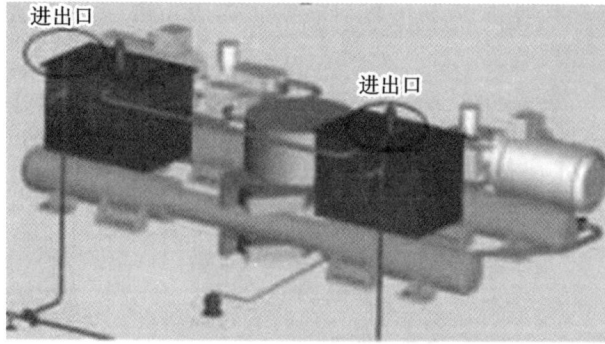

图 5-88　舵机油箱进出口

对于常用非标准件,一般可采用 Standard Structure 预定义,比如钢质直梯依照梯长梯宽、眼板长度等特定参数,将其细分后分别建立数据模型保存于 Standard Structure 库。当使用到某部直梯时,可以直接从该库中选用符合要求的直梯。若有变化根据实船情况进行略微修改,但 Standard Structure 中的数据不发生任何改变。这种常用非标准件在 Standard Structure 使用可减少建模时间,避免重复工作,提高工作效率。

5.6.2.2　船舶舾装件参数化建模与布置

参数化设计在传统意义中是指在图形建立过程中使用定义好的几何约束来限制的方法。参数化设计流程:首先通过变量约束的形式表现出产品的尺寸结构,并在计算机里存储这些变量,设计人员对用户窗口进行操作来改变各种变量的数值,同时计算机程序依据事先定义好的来改变其他相关变量的值,最终一个新的产品模型被创建成功。参数化设计流程如图 5-89 所示。一方面,参数化设计手段会修改产品图形,另一方面,参数化设计会对产品进行一种柔性设计,所以在概念、造型、仿真和动态设计过程中越来越广泛地使用参数化设计,设计人员也对参数化设计的应用价值高度认可。

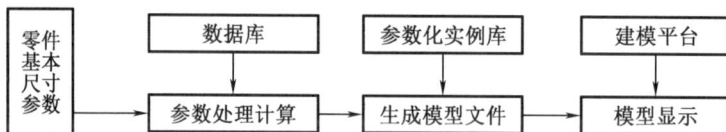

图 5-89　参数化设计流程图

但是,参数化设计存在着无法及时修改产品的结构特征,无法准确建立产品结构不同参数变量之间的函数关系,同时无法及时约束参数变量等一系列不足。单纯的参数化设计过程中的不足可以通过知识工程这样的新型人工智能化的工程设计方法来弥补,在建立产品特征之间的关联性时,知识工程技术采用的是尺寸修改机制,牢固清晰地将产品的尺寸参数与尺寸特征间的信息联系在一起;与此同时,知识工程设计方法可以校验不同参数变量间的约束关系,通过设计准则对不同的参数表进行约束,当参数变量在产品设计过程中不符合校验标准时,系统可以很快地给出出错信息反馈,提醒设计人员及时进行修改,使得参数化设计的可靠性大大增强。

基于知识工程的船舶舾装件参数化设计系统的流程如图 5-90 所示,在设计过程中,设计人员首先将产品的一系列设计要求通过用户操作界面输入程序,系统会依据相应的设计要求调取知识库中的部件模型、工程数据和专家经验等知识实时驱动产品结构尺寸以及形状特征,并依据设计准则对产品设计要求进行判断,同时不断地修正产品设计要求,直到产品参数化设计完成。

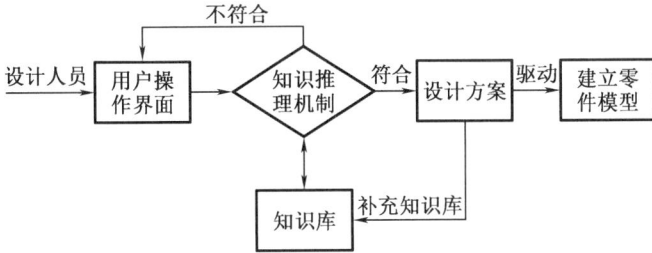

图 5-90　基于知识工程的船舶舾装件参数化设计系统流程图

基于知识的船舶舾装件参数化设计系统主要包含了三个模块,分别是用户操作界面模块、几何建模模块以及知识模块,实现流程如图 5-91 所示。

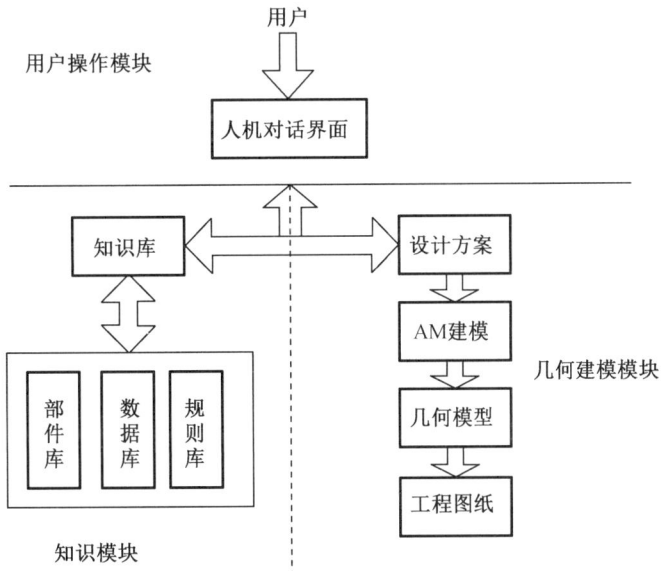

图 5-91　系统实现基本流程图

用户操作界面模块的功能是提示用户输入船舶舾装件的设计要求、船舶舾装件的零件几何信息以及船舶舾装件的设计参数,设计人员根据具体的设计要求实时地对船舶舾装件的设计参数进行添加、删除与修改,并将这些参数传递回系统内部,具体的操作由系统提供的相应数据库的接口实现。这样舾装件的模型就会很快地在建模模块中完成建立,而且设计结果也可以供设计人员预览,为设计人员的设计工作提供了便利。

船舶舾装件设计系统的核心部分是知识模块,当然知识库系统更是其中最重要的部分。基于知识工程的船舶舾装件参数化设计系统的核心部分是知识模块,部件库、数据库和规则库组成了知识库。其中,部件库中存储了大量的标准船舶舾装件的设计模块,供设计人员直接调用和修改;数据库中主要存储了船舶舾装件的标准设计规范和产品的标准等,在设计工程中供设计人员参考;规则库中则存放了各种 CS 文件,这些 CS 文件主要由 C#编程语言编写,它们存储了与各种接口和舾装件的参数化知识驱动等一系列规则。知识库系统是系统连接各个模块的工具,系统通过对知识库的访问和检索实现知识的重用。

几何建模模块的主要功能是实现船舶舾装件的建模。船舶舾装件模型的生成主要通过驱动知识库中各种各样的舾装件知识和规则来实现,当然,各种属性信息在舾装件的建模过程中也要给出,这样才能做到工程图纸文件的输出。另外,在舾装件的设计过程中,新的设计规则、设计知识和舾装件的模型都应当以知识的形式存储到知识库中去,从而可以动态地扩充知识库,为其他设计人员使用提供了便利。

5.6.2.3 舾装建模平衡与评审

(1)综合布置平衡

确定主要设备、大型舾装件布置原则及主管路走向,通过平衡检查机舱布置图、泵舱布置图布置的合理性及主干电缆、风管和大管子的走向及高度。

综合平衡主要检查:

①设备布置满足通道要求,满足设备检修空间要求;

②设备布置紧凑且功能相同或相近设备尽量布置在一起且为进出管路及阀附件留出足够的空间;

③主干电缆、风管、主管路的走向及高度互不干涉且各自路径最合理。

(2)专业平衡

专业间或专业内部在建模过程中要局部平衡。专业内部主要是管系和铁舾装之间的平衡保证局部布置合理,专业外部主要是协调与电装设备、主干电缆、扁铁等之间的碰撞及布置位置保证整体布置合理。

(3)区域平衡

根据计划要求,对单个或多个区域建模完整性以及模型质量(空间位置、工艺性、合理性)进行平衡,是提供开孔、加强的前提基础。区域平衡主要内容包括:

①检查区域模型是否完整。

②检查上下左右管子是否连接到位。

③检查模型是否有干涉。通过调出相关区域的结构、管子、铁舾件、电舾件、设备、管支架、风管、风管支架、工法工装件等全部模型生成干涉文件,然后对干涉内容进行逐项检查,做到本专业内的自行协调解决,本专业与其他专业联合的通过主管联系解决,本专业外的告知主管并请主管通知相关专业及主师。

④检查设备维修、操作、吊装空间;检查阀件、阀附件的操作是否方便。

⑤检查通道是否满足规范要求。

⑥检查合拢管预留是否合理。

⑦检查开孔、加强是否完整、准确。

⑧检查设备及其附件、管路是否按厂家推荐要求安装,是否安装完整。

5.6.3　基于仿真的智能化建模效果评价技术

5.6.3.1　舾装件设计的特征参数与约束关系

设计船舶舾装件的过程中有许多因素需要注意,如舾装件的外形尺寸、材质的选择、装配节点的考虑以及其自身的表面处理。整理和分类船舶舾装件的设计知识有以下两大好处:一是建立船舶舾装件快速设计流程和船舶舾装件设计知识合理利用的理论参考基础;二是有助于辅助船舶设计人员设计出更合理更标准的船舶舾装件。

机械产品在设计过程中需要遵循很多标准规范,如国际和国家标准、各企业标准等一系列规范,整个设计过程中需要使用的设计知识表现形式多变、内容丰富,但是能起到决定产品竞争力作用的还是专业设计人员长时间工作积累下来的设计经验以及技能经验。船舶舾装件是一种机械产品,其特征参数与约束关系不仅包含了以上所描述的各种知识,同时也具备了以下几个特点:船舶舾装件设计需要考虑的因素非常多,用准确的理论模型不容易表达;船舶舾装件设计知识有多种表现形式,且各种知识相互联系,如三维实体模型图、二维设计图、各种设计标准等;船舶舾装件的设计过程会与不同方面的学科进行交流,所以其设计知识的特点就是繁杂、无序;船舶舾装件的功能会随时间的变迁更新,舾装件的设计通常会用到那些处于探索阶段的方法和知识,目前这些方法还没有形成统一的概述,难以进行表达和处理,同时这些知识时刻在变化,实时性极强。

船舶舾装件的特征参数与约束关系的组成主要包括几何属性、非几何属性以及连接单元知识。几何属性中有两类不同的属性,分别是几何模型与几何参数,其中关于船舶舾装件具备的结构特征和几何形状就是船舶舾装件的几何模型属性。研究发现大部分标准船舶舾装件的设计过程只需要稍微修改结构形状即可完成,只有很少的非标准舾装件的设计需要完全不一样的结构,这说明在船舶舾装件的设计过程中可以充分利用这些几何模型知识。几何参数属性是指限制船舶舾装件实体模型的几何尺寸的参数信息,这些属性的获取途径主要有各种国际和国家标准、行业标准和企业标准;长时间的设计过程中,船舶舾装件的专业设计人员积累的各类经验知识。以角钢加管材型基座为例,它的几何属性有基座的长 A、基座的宽 B、基座的高 H 等,如图 5-92 所示。

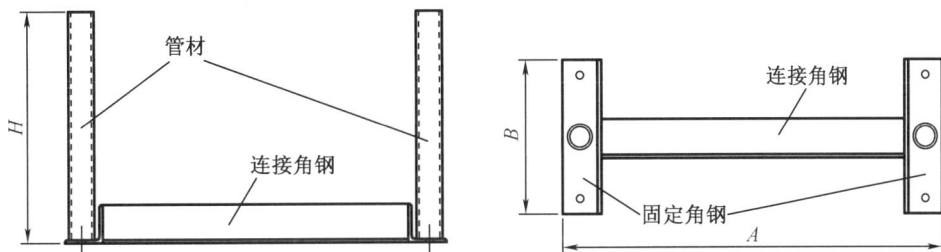

图 5-92　角钢加管材型基座的几何属性

　　非几何属性主要包含船舶舾装件的零件名、表面处理形式、规格、材质、装配信息和设计人员信息等知识。以角钢框架型基座为例,将它的非几何属性罗列出来,方便不同类型舾装件在设计过程中参考。角钢框架型基座的非几何属性包括基座的名称、基座的材质、基座设计人员的名称、基座的创建时间等。

　　连接单元知识包括如螺纹孔、螺栓孔等连接结构件的结构特征和强度要求在内的所有知识,这些连接件普遍使用在船舶舾装件的结构中。在设计船舶舾装件时,对连接件的知识需要充分考虑,因为连接件的定位信息与特征一般都是跨零件的,这样才可以确保连接件的相对位置在建模过程中的一致性。例如基座中的垫板,它就属于连接件,它有几种不同的形式,主要有方形垫板、方形带圆角垫板和圆形垫板。

　　方形垫板的特征参数如图 5-93 所示,主要包括垫板的长 c、宽 d 和厚 h_1 等,同时一般的方形垫板的长和宽均比基座腿的角钢对应边的尺寸大 30 mm。

　　方形带圆角垫板的特征参数如图 5-94 所示,主要包括垫板的长 c、宽 d 等,同时一般的方形带圆角的垫板的圆角处的对角线长度比角钢的对角线长度大 30 mm。

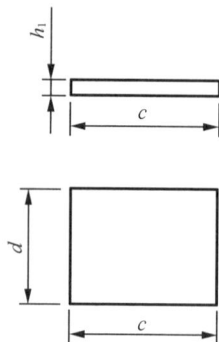

图 5-93　方形垫板的特征参数　　　　　　图 5-94　方形带圆角垫板的特征参数

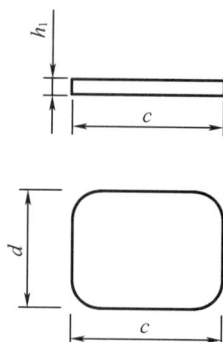

　　圆形垫板的特征参数如图 5-95 所示,主要包括垫块的直径 ϕ、厚 h_1 等,一般的圆形垫板的直径比基座腿的角钢对角线尺寸大 30 mm。

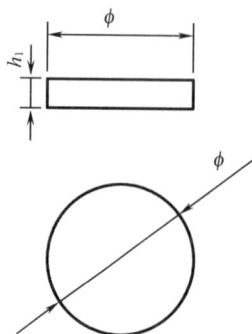

图 5-95　圆形垫板的特征参数

5.6.3.2　船舶舾装件设计过程

舾装件的参数化建模方法有效地结合了三维建模技术和参数化的设计方法,它操作的对象是舾装件的几何特征信息,然后将这些几何尺寸的信息参数化,从而完成船舶舾装件多样的设计方式,如相似设计、变型设计以及快速设计等,这种建模方法给予舾装件设计的技术支撑。船舶舾装件参数化建模的实现过程涵盖了三个阶段,分别是选择适宜的定位信息、提取关键参数、创建舾装件的三维模型。

（1）定位信息的选择

依据舾装件所处的环境及其结构,选择适宜的定位信息,然后将定位信息当作建模的约束基础。船舶舾装件的具体定位是通过给定的定位信息来进行约束的,根据船舶设计人员建模时使用的定位基准,在系统中通过设备定位点来实现设备的定位信息。设计人员在使用快速生成舾装件功能模块时,首先就要给出舾装件的定位信息,因为这是舾装件设计的基础。例如,在系统中建立角钢框架型基座模型,需要给定它的定位信息,角钢框架型基座的定位信息如图5-96所示。

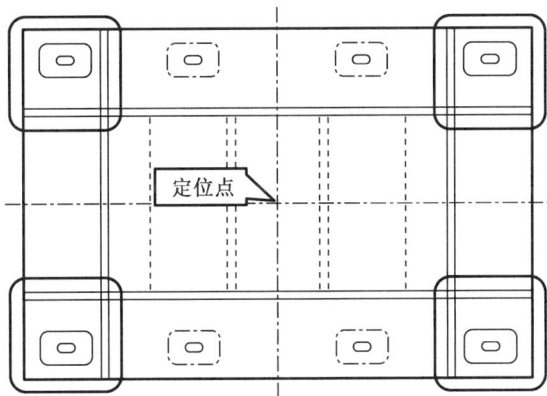

图 5-96　角钢框架型基座定位

（2）关键特征参数的提取

分析舾装件的结构特征,将关键的外部尺寸参数提炼出来。将已经定义的船舶舾装件的参数进行调整,从而新建出设计人员需要的舾装件,这就是几何图形参数化设计的核心,因此构建船舶舾装件参数化模型的基础是将船舶舾装件结构中关键的几何特征提炼出来,并把这些特征当作自定义参数变量,在进行舾装件参数化建模时,上述提到的特征参数在被当作关系式的自变量的同时,也应该能被关系式所约束。以角钢加管材型基座为例,其关键尺寸参数如图5-97所示,在基座参数化建模时,这些关键的参数要求设计人员自己输入,从而实现尺寸驱动。

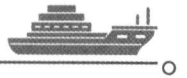

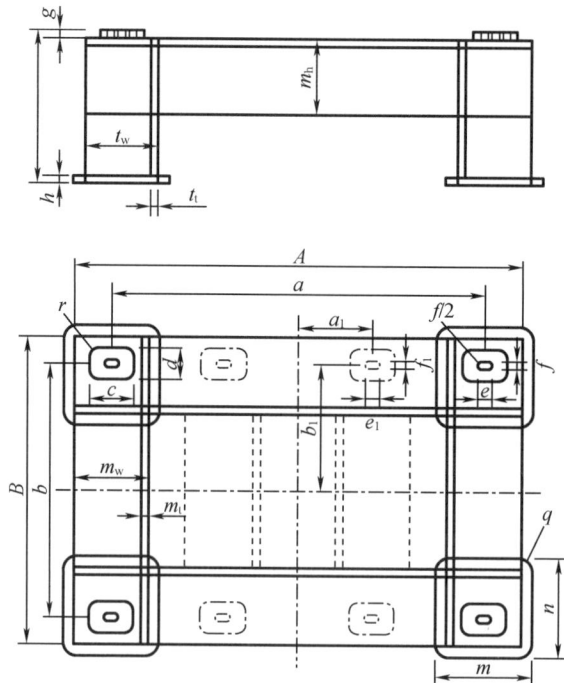

图 5-97　角钢加管材型基座的关键尺寸参数

（3）三维模型的创建

创建舾装件的三维模型，并将三维模型当作舾装件参数化设计时的特征基础。三维模型是在确定了舾装件的定位信息与关键参数后，才开始进行建立的。在进行三维建模时，根据舾装件的三维模型的外形特征，增加外形约束和尺寸参数，值得注意的是外形特征需要被完全限制。同时，建立好舾装件的三维模型后，需要把前面两个步骤设计好的定位信息与结构特征融合在一起，这样在后面的设计过程中可以做到舾装件的快速设计。图 5-98所示为创建角钢框架型基座三维模型的创建过程。

（4）船舶舾装件的知识推理

将专家设计经验建成一套程序化的、可控的、合理的推理机制，可以将知识库中的知识在产品设计中得到很好的表达，保证知识在设计和开发过程得到正确的使用，把这些经验转变成计算机能够识别的语言，最终驱动设计软件完成产品的快速设计。本部分在知识推理过程中，使用 CBR（case-based reasoning）和 RBR（rule-based reasoning）的知识推理方法。

RBR 是基于规则的知识推理方法，它将知识和经验作为若干推理过程中的产生式规则，RBR 演绎推理的核心是从一组前提推导出某一结论，它常用的推理语句的表达形式是if-then，这种语法结构表达起来简单、清晰。RBR 较好地描述了产品的表达知识，有较强的推理机制和较高的推理效率。

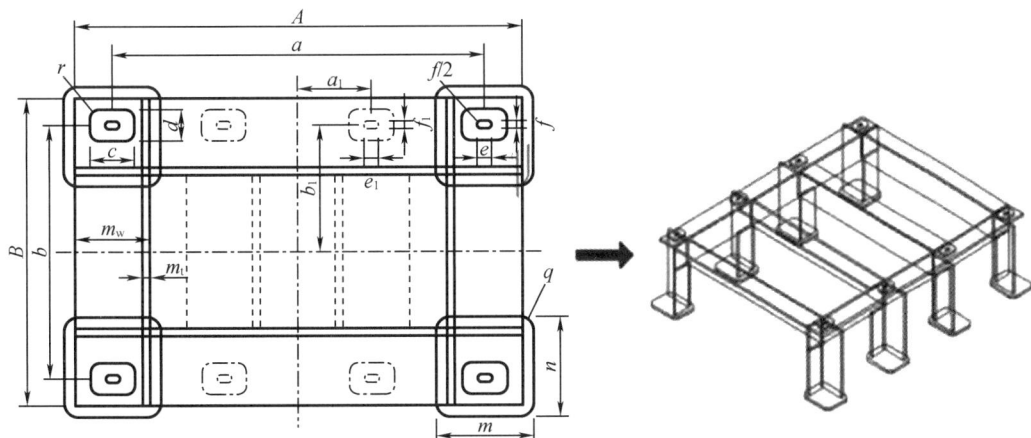

图 5-98　角钢框架型基座三维模型的创建过程

基于 CBR 的产品设计通过实例检索、实例重用、实例修正和实例保存四个步骤,完成某个零部件或一个产品的设计过程。这四个步骤如下:①实例检索,输入需要解决问题的要求、特征信息等,系统从实例库中检索找出与当前问题相似的实例或实例集;②实例重用,把搜索检索到的实例或实例集中的信息知识重新用到新的问题中;③修正即修改实例,直到使之适应当前的问题;④实例保存,将当前设计问题的解作为一个新实例存入实例库中,为之后的重用做基础。基于实例的推理过程如图 5-99 所示。

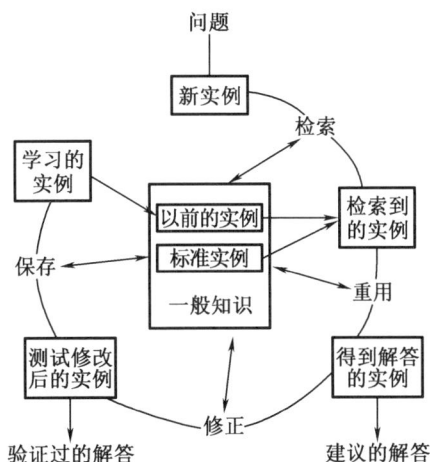

图 5-99　基于实例的推理过程

本部分采用 CBR 和 RBR 规则混合的推理方法,以板材型基座为例,其他舾装件采用相似的处理方式,基于板材型基座的结构特点,提出以下实例检索与重用规则。

规则一,首先通过实例检索,寻求是否存在腹板间距、面板长度、面板宽度、腹板高度、加强肘板相同,而连接肘板不同或相同的设计实例对象。如果存在,就调出该板材型基座设计实例的主体结构,选配符合要求的新的连接肘板的参数,修改主体结构中连接肘板的高度、板厚和长度等,设计完成后保存为新的板材型基座设计实例对象。在这个设计阶段如果存在多个实例,需要选择最早设计日期的一个作为调用对象。

规则二,在按规则一中给出的实例检索条件未得到检索结果的情况下,按下述的检索条件进行重新检索,即检索是否存在腹板间距、面板长度、面板宽度、腹板高度相同,而加强肘板不同的设计实例对象。若存在,则调出该设计实例的主体结构及其设计过程(即该实例的设计过程浏览),视设计需要修改设计过程中的相关设计参数,并选配新的加强肘板的参数,完成设计并形成新的设计实例。在该设计阶段,若存在多个实例对象,则设计完成日期排序并选择。

规则三,如果按规则一和规则二实例检索并没有得到可重用的设计实例,那么就按斜梯的设计流程,按顺序完成新的主体结构实例对象的设计,配置好设计要求的材质,最后形成新的产品级设计实例。

根据 CBR 及 RBR 混合推理机制和板材型基座设计过程,给出板材型基座的设计流程,其他舾装件采用相似的处理方式,具体设计流程如图 5-100 所示。

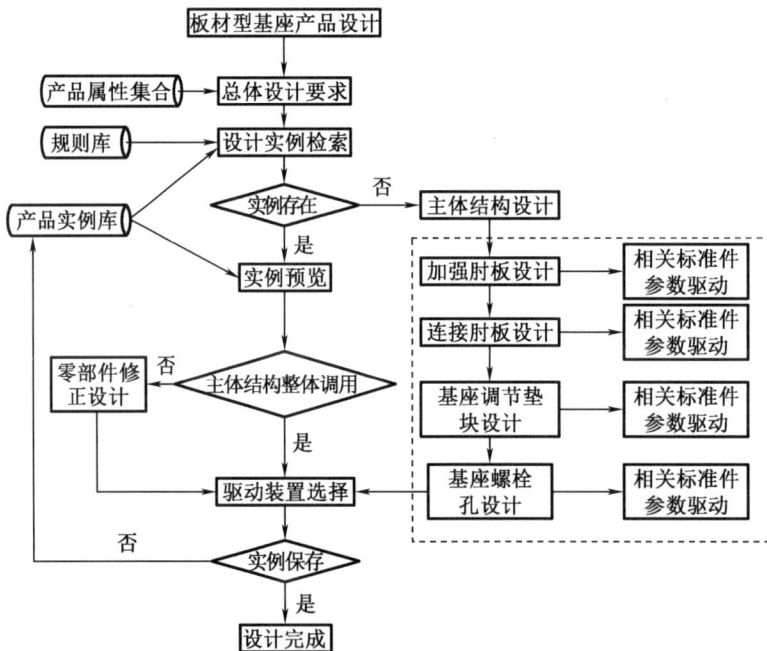

图 5-100　板材型基座的具体设计流程

5.6.3.3　舾装建模仿真评价

在系统尤其是复杂大系统的建模和仿真中,仿真系统建立是否无误、能否满足仿真系统使用者的要求以及仿真系统是否运用成功,是评判一个仿真系统能否可信的公认标准,必须对仿真系统进行系统校核与系统验证(VV&A)。VV&A 的含义如下:

①校核:核查建模和仿真是否对仿真系统建立人员所刻画的技术与概念等进行了无误

表示。

②验证：基于建模和仿真的出发点，分析建模和仿真对实际系统的精准刻画水平。

③确认：基于特定的应用目的，由权威组织给出建模和仿真是否具备可用性的官方审核结论。

通过对船舶舾装设计校核过程、验证过程和确认过程的原理研究，总结出船舶舾装设计过程的评估指标特性，如图 5-101 所示。

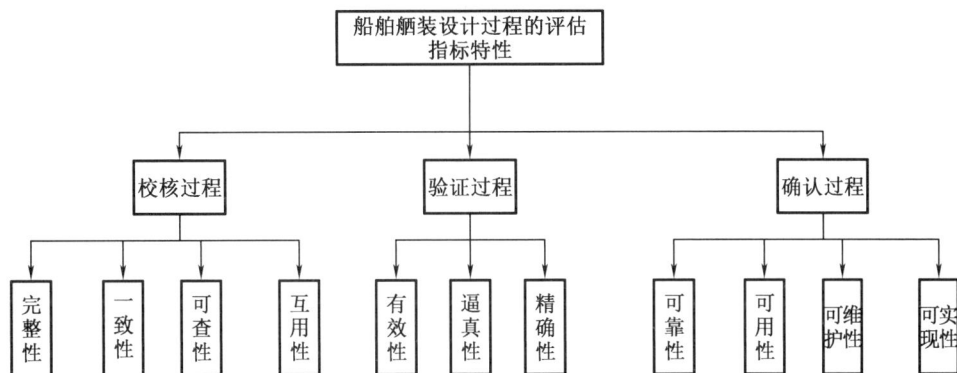

图 5-101　船舶舾装设计过程的评估指标特性

在图 5-101 中，船舶舾装设计校核过程主要是判断船舶舾装设计模型的准确性与布置的合理性，具体如下：

①完整性，指船舶舾装设计模型所定义的信息完整程度与所需要的模型信息间完整程度匹配度的一种属性。

②一致性，指船舶舾装设计与开发者所预想的效果描述一致程度的一种属性。

③可查性，指船舶舾装设计返回到建模需求能力相关的一种属性。

④互用性，指反映船舶舾装设计各模型实际系统之间、外界环境和实际系统之间的互操作性能力。

在图 5-102 中，船舶舾装设计系统中验证过程主要是从船舶舾装设计的应用目的出发，判断仿真系统表示实际系统的精准水平，具体如下：

①有效性，指船舶舾装设计仿真系统的表示水平充分无误地与具体运用的质量特性相符合的一种属性。

②逼真性，指船舶舾装设计系统以可度量的形式再现对应实际系统的行为与状态水平相关的一种属性。

③精确性，指与船舶舾装设计仿真系统的精确水平有关的一种属性。

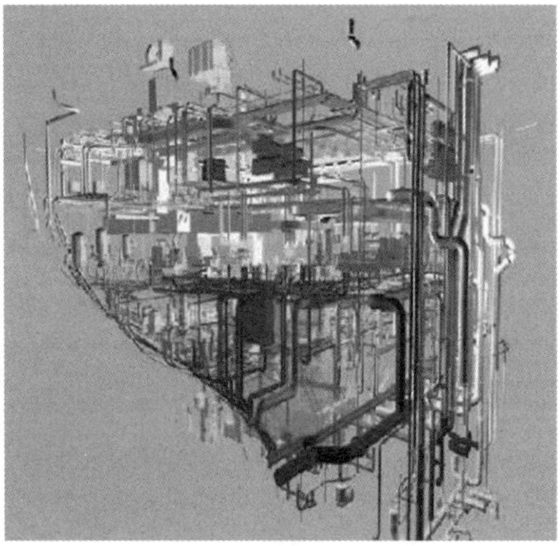

图 5-102　机舱模型干涉检查

在图 5-103 中,船舶舾装设计系统确认过程主要是判断船舶舾装设计仿真系统运行所有阶段和具体应用目的二者间的适应水平,具体如下:

①可靠性,指船舶舾装设计仿真系统在特定条件和时间完成预定功能的能力相关的一种属性。

②可用性,指与降低船舶舾装设计仿真系统被误用的可能性相关的一种属性。

③可维护性,指与船舶舾装设计仿真系统进行维护的难易程度相关的一种属性。

④可实现性,指船舶舾装设计仿真系统可以使用现存技术和手段实现的一种属性。

图 5-103　主甲板通道建模干涉检查

利用舾装模型库实现对相应舾装件的参数化、智能化建模与布置,通过各专业间进行综合评审与仿真,可验证建模的准确性及布置的合理性,以及规范的符合程度。通过应用仿真技术对舾装智能化设计技术的综合应用与评价,验证了舾装模型库与设计知识库的适用性,符合船舶人员设计效果,基本满足设计人员需求。

5.6.4 应用效果

以机舱双层底分段为例：

（1）提取分段模型信息，获取舾装件信息，以分段为单位，提取分段的三维模型信息以及舾装件的尺寸大小、位置、型号等信息。

（2）按专业划分托盘，通常一个分段的铁舾件和电舾件数量有限，工作量2~3天，因此将铁舾件和电舾件分别放入两个托盘中，管舾件则需要根据管子在船体内的坐标位置信息分层划分为不同的托盘。

（3）分段管舾件分层划分，管舾件分层原则是按照甲板面1 m为单位进行划分，即甲板面1 m内的管舾件划分为第一层，1~2 m内的管舾件划分为第二层，超过2 m的管舾件作为第三层。

（4）定额工时计算。计算每一层管子的定额工时，计算公式为前文介绍的方法，即定额工时=基础物量×修正属性×物量单位；按照以上方法计算的定额工时并不是可用于现场统计工时数据的工时信息，但可作为按工时划分托盘的指导依据。

（5）工时信息与工件的匹配，管舾件与提取的工时信息利用零件代码在知识库中进行匹配。

（6）管子托盘精细划分。工时信息与工件信息匹配后，判断某一层的定额工时是否超过2天，若工时超过2天，按照x或y轴坐标由小至大的顺序将同一层中同一系统的管子放入一个托盘，托盘容量按照2天的定额工时进行划分；直至本层管子全部划分完成，判断划分的最后一个托盘的工时是否小于等于1天，如果小于等于1天则将最后一批管子划分到上一个托盘中，至此某一层的管舾件托盘划分完成。其余每一层都按照该方法划分，直至分段的管舾件全部划分完毕。舾装设计模型提取主界面如图5-104所示。舾装安装顺序托盘划分示意图如图5-105所示。

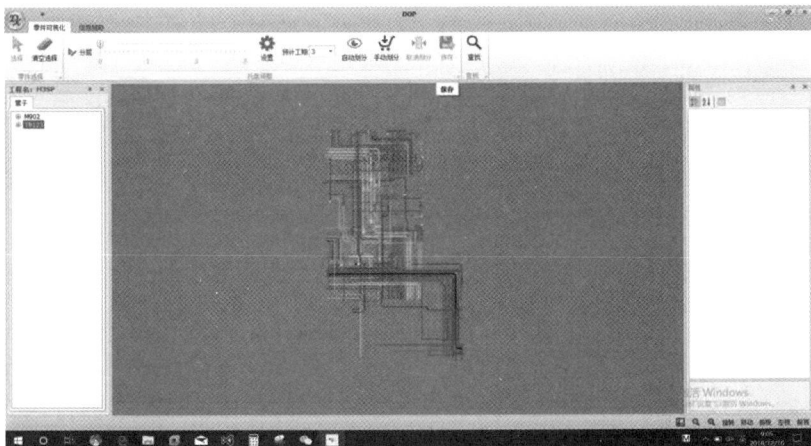

图5-104 舾装设计模型提取主界面

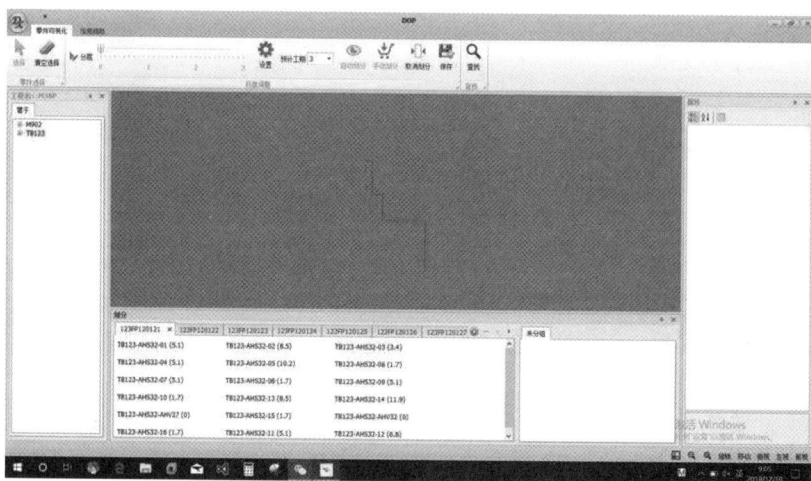

图 5-105　舾装安装顺序托盘划分示意图

5.7　本章小结

本章主要论述了分段舾装智能化设计的相关关键技术、舾装智能化设计工程定义、知识库构建技术部、舾装智能化建模技术、分段舾装工艺的智能化设计技术、舾装智能化设计集成应用及仿真技术等。分段舾装智能化设计技术能够提高舾装件在造船各阶段安装的完整性，对造船企业提高舾装生产效率和缩短船坞、码头周期都将起到积极的作用。分段舾装智能化设计的核心技术总结如下。

（1）面向人因工程学的舾装虚拟装配技术

借助现有设计环境，在建立船舱虚拟装配环境的基础上，通过虚拟装配仿真的手段，对现有作业流程做出人因工程学分析评价，通过虚拟样机模拟装配场景（场景里包含装配作业所处的环境、设备模型、工具模型、人体模型等），所有模型均按照散货船二维设计图上尺寸重建，其中一些细节不影响仿真工作，做简化处理，实现装配环境的参数化建模。

（2）面向客户需求的综合评审技术

利用舾装模型库实现对相应舾装件的参数化、智能化建模与布置，通过各专业间进行综合评审与仿真，验证建模的准确性及布置的合理性，以及规范的符合程度。通过应用仿真技术对舾装智能化设计技术进行综合应用与评价，验证了舾装模型库与设计知识库的适用性，符合船舶人员设计效果，基本满足设计人员需求。

（3）舾装模块分类及其体系技术

舾装安装顺序智能化设计的核心技术是分段模型提取、舾装件类型划分、舾装件外形尺寸信息提取、舾装件坐标信息提取、舾装件工时信息的导入与匹配。通过舾装模块的划分及分类，可以大幅度提高预舾装率、大幅度提高生产效率，能够做到外场作业内场做、高空作业平地做，使安全生产得到保证。

（4）分段舾装工序优化技术

基于舾装智能化设计定义,结合舾装知识库和舾装智能化建模技术相关内容,从设计角度展开分段舾装工序研究,通过对船舶各建造阶段舾装特点的分析,对船舶舾装的中间产品,建立与安装阶段匹配的数字工序文件,界定工序阶段,指定关键步骤,对现有分段的舾装工序进行拆解分析,优化舾装工作分层和打包工序。分析确认最适宜的舾装作业量、作业形态、作业顺序和作业反馈机制,界定安全、合理、高效的舾装安装顺序。

第6章 涂装工艺智能化设计技术

6.1 概　述

我国造船企业面临涂装生产自动化程度低、环境污染严重、涂料浪费多、质量不稳定、施工人员伤害风险大等问题。船舶涂装设计系统开发,对支持船舶分段智能涂装设计技术的研发与应用,引领行业进入智能施工阶段,实现船舶分段涂装的跨越式发展具有重大的现实意义。

涂装工艺智能化设计技术,一方面,将大幅度提高应用企业的船舶涂装水平,提高船舶涂装质量、效率和稳定性,更好地满足多品种、小批量的船舶涂装模式。另一方面,推动和促进船舶企业智能涂装的设计技术水平以及规模化、产业化发展,尤其是在智能涂装设计系统、涂装轨迹规划等的工程化应用,可进一步加快涂装智能化设计进程,缩小与发达国家的差距,改变国内船舶智能涂装设计无成熟应用的局面,为我国船舶行业实施智能制造提供保障,对实现我国的海洋强国战略、制造强国战略以及推动国民经济的发展具有重要意义。

6.2　涂装智能化设计工程定义

船舶涂装是指在船舶建造工艺流程中实施保护的工艺过程,这个工艺过程包括钢材表面预处理、船体分段二次除锈以及对船体结构进行涂覆涂料的施工等。

船舶涂装工艺技术体系大体上由船舶涂装设计、船舶涂装标准、涂装前表面处理、船体涂装作业、船舶涂料以及船舶涂装管理等方面组成,其工艺技术体系如图6-1所示。

按照现代船舶涂装设计流程、设计要求、建造方式,以涂装要素数据逻辑分析技术,运用聚类分析法分析涂料信息、涂装设备信息、工时定额信息、作业周期信息,生产管理信息的适用性。依靠涂装管理系统支撑与驱动,满足标准化涂装工程定义及涂装工程智能分解技术的要求,并选择大型散货船的货舱平直外板区域进行应用验证及评估,如图6-2所示。

6.2.1　面向智能制造的涂装工程定义

面向智能制造的涂装工程定义是实现涂装工艺设计完整性三维建模,使得设计的三维模型与生产、管理信息实现智能互联的基础研究。目前,大多数船舶3D设计软件底层架构不支持涂装专业的完整信息建模,这导致大部分情况下,涂装的生产设计独立于船舶3D设计软件以外,如图6-3所示。

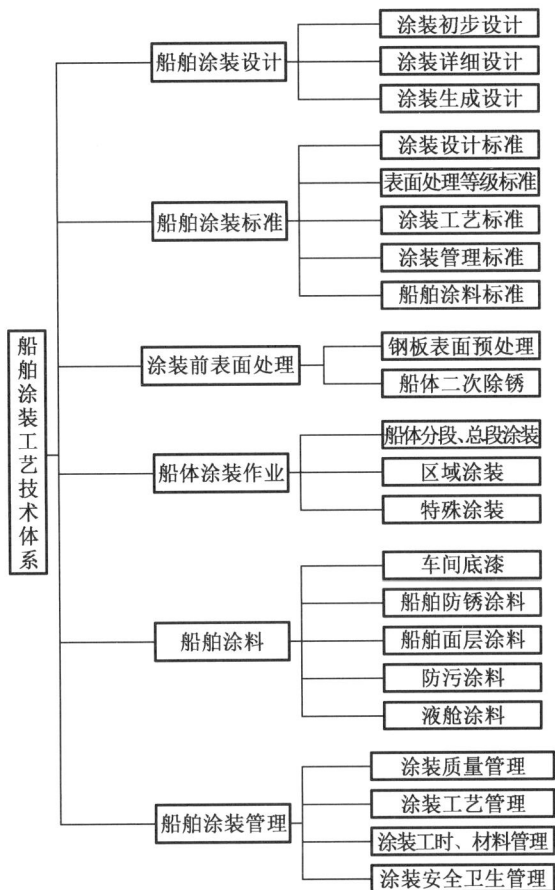

图 6-1 船舶涂装工艺技术体系

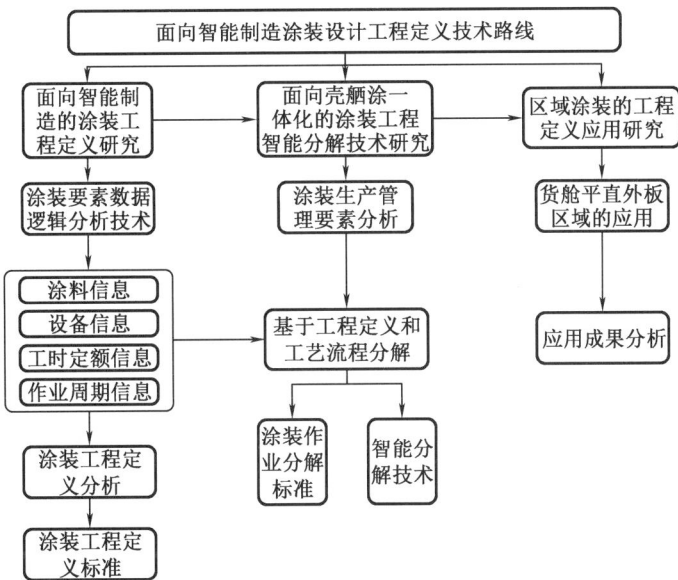

图 6-2 面向智能制造涂装设计工程定义技术路线

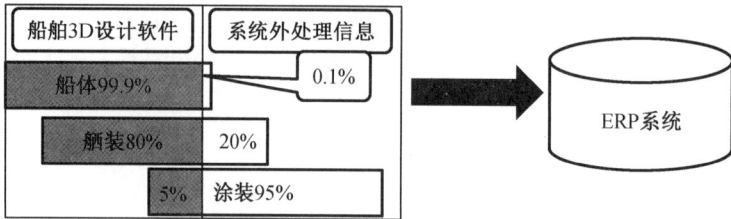

图 6-3　涂装生产设计与船舶设计的关系图

6.2.1.1　涂装工艺标准化定义的主要内容及其逻辑关联

通过对船舶涂装工艺相关信息进行标准化定义,包括船舶区域定义、舱室定义、部位定义、构件定义、作业阶段定义、物量定义、除锈方式与等级定义、涂料配套定义、检测设备定义、涂装设备定义等,为建立准确、完整的涂装工艺信息数据源提供支撑。

核心逻辑关联为涂装编码的定义(即区域定义、舱室定义、部位定义、构件定义)与船舶涂料配套定义之间的逻辑关联,由涂装编码的定义将船舶分解成需要涂装定义的最小单元,每一个涂装单元都包含了涂装所需的基本涂装配套信息。而关于物量的定义、作业阶段的定义、除锈方式与等级的定义和检测设备的定义则是在整船涂装配套定义完成之后,由计算机根据预先设计的算法要求进行智能化定义。其逻辑关系如图 6-4 所示。

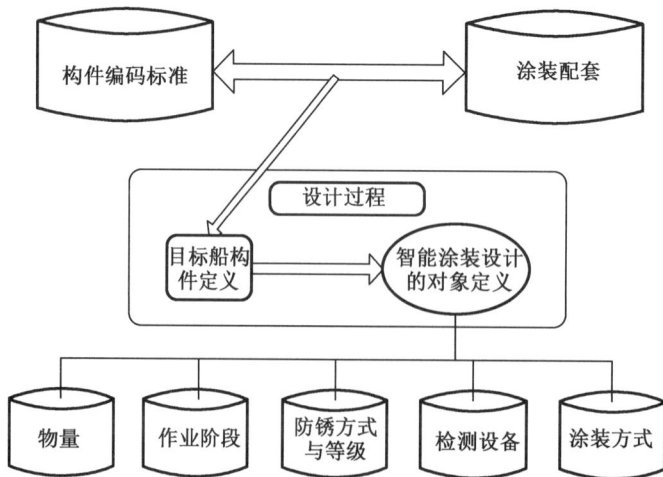

图 6-4　标准间逻辑关系图

6.2.1.2　涂装工艺相关信息的标准化定义

生产设计时对涂装设计对象进行定义,一个涂装设计对象包括区域、舱室、部位、构件四级编码以示区分,如图 6-5 所示。

图 6-5　编码结构示意图

编码说明：

区域：1 位英文字母，共 24 个字符（去除字母 i 和 o）；

舱室：1 位英文字母或阿拉伯数字，共 34 个字符（去除字母 i 和 o）；

部位：1 位英文字母或阿拉伯数字，共 34 个字符（去除字母 i 和 o）；

构件：1 位英文字母或阿拉伯数字，共 34 个字符（去除字母 i 和 o），一般地，一个板架在相同舱室相同部位的零件定义相同构件编码。

（1）船舶区域定义

举例如表 6-1 及图 6-6 所示。

表 6-1　区域定义表

编码	区域名称	编码	区域名称
A	AFTERBODY	E	ENGINEROOM
B	D/BOTTOM	F	BOWAREA
C	C/HOLD	G	JACKUPPALTFORM（EXTERIORZONE）
D	MAINDECK	H	ACCOMMODATION

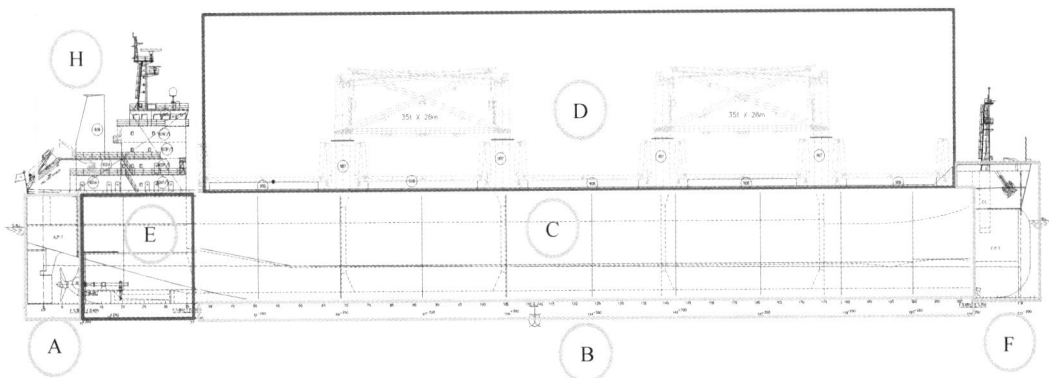

图 6-6　区域划分示意图

编码说明：

区域编码为 1 级，通过 1 位英文字母表达，相同船型的区域编码应尽可能一致。

（2）舱室定义

这里以 A 区域舱室定义为例，如表 6-2 及图 6-7 所示。

表 6-2　舱室定义表

编码	舱室名称	编码	舱室名称
A0	AFTERAREA	A4	AFTOPENDECK
A1	TANK	A5	FANROOM
A2	ROOM/STORE	AA	STEERGEARTANK
A3	RUDDER	AB	ROPETK

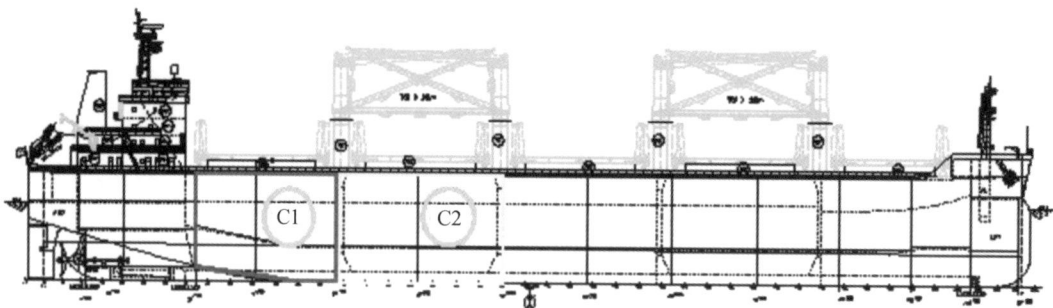

图 6-7　舱室划分示意图

编码说明：

舱室编码为 2 级，其中第 1 级为舱室所在的区域编码，一个舱室对应一个舱室名称。

（3）部位定义

以 A 区域 B 舱室的部位定义为例，如表 6-3 所示。

表 6-3　部位定义表

编码	部位名称	编码	部位名称
ABA	缆索舱顶壁	ABE	润滑剂储藏室钢制顶壁
ABB	缆索舱甲板	ABF	润滑剂储藏室钢制甲板
ABC	化学品储藏室钢制顶壁	ABG	普通储藏室钢制顶壁
ABD	化学品储藏室钢制甲板	ABH	普通储藏室钢制甲板

编码说明：

部位编码为 3 级，其中第 1 级为区域编码，第 2 级为舱室编码，第 3 级为部位编码。

（4）构件定义

构件定义如表 6-4 所示。

表 6-4　构件定义表

编码	部位名称	编码	部位名称
A		C	
B		D	

编码说明：

构件以一位字母或数字(共34个字符)表达,构件定义时,仅用于随机区分,没有实际含义,一般地,相同船体板架、相同舾装件定义相同构件编码。

举例：

在智能涂装设计情况下,以目标船货舱底部为例,涂装设计对象的编码定义如图6-8所示。

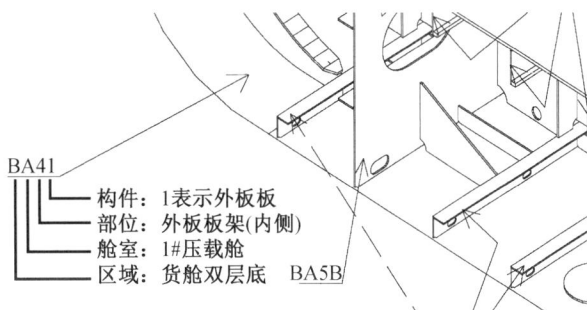

图6-8 构件定义示意图

说明：

区域编码：B表示货舱双层底；

舱室编码：A表示1#压载舱；

部位编码：3表示内底板板架,4表示外板板架,5表示舱内；

构件编码：以外板部位为例,BA41表示外板内侧,BA42表示舷侧纵骨,BA43表示底部外板纵骨,同一部位相同纵骨的构件码相同。

(5)作业阶段定义

作业阶段定义如表6-5所示。

表6-5 作业阶段定义表

编码	作业阶段	说明
B1	分段涂装	除了特种船舶的特殊部位(如成品油船的货油舱)外,船体的各个部位在分段阶段都要进行部分或全部涂层的涂装
G1	总段涂装	总段涂装必须在总段结构完整性交验和规定的总段预舾装工作完成以后进行
D1	坞内涂装	坞内涂装主要是对船体水线以下区域进行完整性涂装,也做一些码头舾装阶段来不及进行的涂装工作,船舶下水时,船底防污染通常未涂装结束,故进坞时往往还需涂装2~3道防污漆

编码说明：

作业阶段为2级编码,采用1位英文字母加1位数字表示,作业阶段可以根据不同船企的实际情况进行增加,例如部分船企将总组作业分为2个阶段,即1级总组和2级总组,则作业阶段用G1、G2来区分。

（6）物量定义

物量定义如表 6-6 所示。

表 6-6　物量定义表

物量类别	物量描述	单位
涂料	SEAGRANDPRIX660HS5904BBROWN	升（L）
	SEAGRANDPRIX660HS5904BLIGHTBROWN	升（L）
	BANNOH15005084GREY	升（L）
	BANNOH1500SZ5084KPLUM	升（L）
稀释剂	EPOXYTHINNERA	升（L）
	CR/ACRITHINNERA	升（L）
砂轮片	—	片
胶带纸	—	米（m）

编码说明：

物量类别的编码不单独定义，与 ERP 系统中的物资代码（material code）相一致。

（7）除锈方式与等级定义

参考国家标准 GB 3375—1991，除锈方式与等级如表 6-7 所示。

表 6-7　除锈方式与等级定义表

编码	除锈方式与等级	说明
Sa1	轻度喷砂除锈	只除去硫松轧制氧化皮、锈和附着物
Sa2	彻底喷砂除锈	轧制氧化皮、锈和附着物几乎都被除去，至少有 2/3 面积无任何可见残留物
Sa2.5	非常彻底喷砂除锈	轧制氧化皮、锈和附着物残留在钢材表面的痕迹已是点状或条状的轻微污痕，至少有 90% 面积无任何可见残留物
Sa3	喷砂除锈至钢材表面洁净	表面上轧制氧化皮、锈和附着物都完全除去，具有均匀多点光泽
St2	彻底手工和动力工具除锈	无可见油脂和污垢，无附着不牢的氧化皮、锈和附着物
St3	非常彻底手工和动力工具除锈	同上，但除锈比 St2 更为彻底，底材显露部分的表面应具有金属光泽

编码说明：采用 2 位英文字母加数字表示。

（8）涂料配套定义

涂料配套定义举例如表6-8所示。

表6-8 涂料配套定义表

构件编码	构件名	除锈等级	面积	道数	油漆名称及牌号	干膜厚度

（9）检测设备定义

检测设备定义如表6-9所示。

表6-9 检测设备定义表

编码	检测设备	说明
AA	湿膜测厚仪	各种涂料施工后,立即将湿膜测厚仪稳定垂直地放在平整的工件涂层表面,可立即测得涂层厚度
AB	干膜厚度测试仪	可无损地测量磁性金属基体(如钢、铁、合金和硬磁性钢等)上非磁性覆盖层的厚度(如油漆)及非磁性金属基体(如铜、铝、锌、锡等)上非导电覆盖层的厚度
AC	表面盐分仪	可应用于造船、桥梁、船舶、铁塔等工程计划中在涂漆前表面盐分的浓度分析和即时测量
AD	清洁度检测仪	用于检测钢结构表面清洁度
AE	表面粗糙度测量仪	可对多种零件表面的粗糙度进行测量,包括平面、斜面、外圆柱面,内孔表面、深槽表面及轴承滚道等,实现了表面粗糙度的多功能精密测量

编码说明：

检测设备编码用2级英文表达,根据实际情况可进行扩展。需根据涂装任务包,定义1个任务包所需的检测设备。

（10）涂装方式定义

涂装方式编码用2级英文表达,根据实际情况可进行扩展,如表6-10所示。

表6-10 涂装方式定义表

编码	涂装方式	说明
BC	刷涂	在刷子上沾上涂料进行涂漆
RC	辊涂	用海绵等材料制成的圆筒沾涂料进行滚动涂装
SC	喷涂	将涂料雾化喷射到被涂物表面形成漆膜
MC	机器人涂装	使用涂装机器人进行涂装作业

6.2.2 面向壳舾涂一体化的涂装工程智能分解技术

对班组管理、生产设计、工程计划等方面进行分析,制定一套基于精细化派工管理的舱室细分原则,改进了原有的设计方法,解决了涂装生产计划准确性不强、工时定额不准确、任务分配不均匀等问题,从而提高了生产效率。

6.2.2.1 区域、舱室、部位划分标准

当部位或空间没有特殊规定时,漆涂料配套与周围环境或舱室相似,区域、部位、部件的编写程序和分类可按先外后内,先大后小的原则。下述程序和分类可供参考,如表6-11、表6-12 和表6-13 所示。

表6-11 舱口围颗粒细要求规则表

部位	前	后	左	右
舱围外表	*#货舱舱围外表前	*#货舱舱围外表后	*#货舱舱围外表左	*#货舱舱围外表右
舱围内表	*#货舱舱围内表前	*#货舱舱围内表后	*#货舱舱围内表左	*#货舱舱围内表右

表6-12 主甲板颗粒细要求规则表

部位	左右分界	前后分界
艏楼甲板艏. FR304	CL.	.
1#货舱区域主甲板 FR273. FR304	CL.	FR288
2#货舱区域主甲板 FR245. FR273	CL.	FR259
3#货舱区域主甲板 FR217. FR245	CL.	FR231
4#货舱区域主甲板 FR189. FR217	CL.	FR203
5#货舱区域主甲板 FR160. FR189	CL.	FR174
6#货舱区域主甲板 FR131. FR160	CL.	FR145
7#货舱区域主甲板 FR103. FR131	CL.	FR117
8#货舱区域主甲板 FR75. FR103	CL.	FR89
9#货舱区域主甲板 FR45. FR75	CL.	FR60
上建区域主甲板 FR22. FR26	CL.	.
艉部区域主甲板 FR14. 艉	CL.	

表6-13 货舱甲板颗粒细要求规则表

部位	左右分界	前后分界
1#货舱甲板 FR273. FR304	CL.	FR290
2#货舱甲板 FR245. FR273	CL.	FR261

表 6-13（续）

部位	左右分界	前后分界
3#货舱甲板 FR217. FR245	CL.	FR233
4#货舱甲板 FR189. FR217	CL.	FR205
5#货舱甲板 FR160. FR189	CL.	FR177
6#货舱甲板 FR131. FR160	CL.	FR148
7#货舱甲板 FR103. FR131	CL.	FR119
8#货舱甲板 FR75. FR103	CL.	FR91
9#货舱甲板 FR45. FR75	CL.	FR62

船体主要分为两大区域：外部、内部。

船体外部分为四个中区域：船体外板、露天甲板、上层建筑、机舱棚及烟囱外。

船体内部分为七个中区域：上层建筑内、艉部舱室、艏部舱室、液舱、空舱和隔离舱、货舱、机舱。

根据船体的结构、区域、部位、部件，涂装给予设计部的细分原则要求如下：

（1）压载舱：150 m² 左右一个工作区；

（2）舱口围：左、右、前、后四片；

（3）舱口盖：左、右两个（按常规）；

（4）主甲板：在原先的每个主甲板基础上再分为左前、右前、左后、右后；

（5）货舱顶壁：不再细分；

（6）货舱甲板：分为左前、右前、左后、右后；

（7）外板：按分段边界大致一面分四个区域，以左舷的平船底为例，如表6-14所示；

表 6-14 左舷颗粒细要求规则表

部位	分界
左平船底一区	艏部—FR238.280（即 B229 与 B281 分段间焊缝）
左平船底二区	FR238.280（即 B229 与 B281 分段间焊缝）—FR155+400（即 B225 与 B226 分段间焊缝）
左平船底三区	FR155+400（即 B225 与 B226 分段间焊缝）—FR71+80（即 B221 与 B222 分段间焊缝）
左平船底四区	FR71+80（即 B221 与 B222 分段间焊缝）—艉部

（8）机舱、机舱棚、上建、首部舱室：不再细分。

根据船体结构进行初步分解，明确表明舱室、甲板、压载舱等。对非结构面（光面），船体外板或内部结构面外结构面，封闭舱室结构，拟作一个单元，外封闭舱室结构，设定一个最大面积 λ，此面积包括内部结构的外表面，进行区域划分。

6.2.2.2 舱室、区域定义算法

舱室、区域定义是依据"有界有向图形元素几何构型原理"，提出的一种几何构型定义

方法。该方法的基本原理就是对各种基本体素(或面素)与复杂形体,均采用一组"有界有向图形元素"的集合来加以描述,即用一组联立不等式、等式方程组来表示实体(图形)的有界边界,在该边界范围内任一点均属于该实体(图形),而在其外的点均不在该实体上。

采用有界有向图形元素几何构型原理对船舶的涂装舱室下属的凸面体界定一个范围。有界有向图形元素几何构型原理中指出,根据一个空间面和面外的一点可以建立一个函数,描述平面某一侧的空间。如果有多个平面,就可以得到唯一的空间范围。这个空间的范围由一个方程组描述,能够满足这个方程组的空间点都被包容在这个空间范围内,反之,只要有一个函数不能满足,就表明这个点不在这个空间内部。

显然,方程组描述的空间范围只能是外凸的空间,也就是本部分提到的空间凸面体。凸面体的形状不能确定,可能是四面体、五面体、柱状、锥状,所以包围凸面体的面的个数不确定,面方程的个数也不一样。每个面都是三维空间中的面,每个面方程都可由五个参数描述。

涂装舱室是由凸面体布尔运算得到的。涂装舱室是船舶分段的组成部分,其空间组成比较复杂,不一定是凸面体,可能是多个凸面体离散在不同的部位,也可能是带有凹陷的空间。如果直接判断构件是否在涂装舱室内部,数学上描述比较困难,对计算面积的算法要求很高,而且平面的参数难以求取,对生产设计人员的要求也比较高。基于以上原因,把涂装舱室划分成凸面体。涂装舱室内部构件的面积数据,由凸面体内部构件面积汇总得来。

本次分段划分优化方法采用的是 Otsu 图像分割法。Otsu 方法是一种常用的图像分割法,它把图像的最大类间方差对应的阈值作为图像分割的最佳阈值。根据灰度可以把图像分为 N 个区域,即用 i 个阈值把图像分割为 N 个区域,每个区域中的像素具有相同的灰度值。目前已有很多学者通过研究得到了一些多阈值图像分割的算法,其基本思路都是给定一个目标函数,其中 $f(t_1, t_2, \cdots, t_N)$,t_N 为阈值,N 为阈值数量,在区间 $[0, L-1]$(L 为图像的灰度级)选取 $t_1, t_2, \cdots, t_N$,使 f 取最大值或最小值。

Otsu 图像分割法适用于单阈值图像分割,但也可以推广到多阈值,该方法所使用的最大类间方差对分割区域性明显的图像有着良好的效果。多阈值 Otsu 图像分割法的计算式为

$$f_{\text{Otsu}} = \sum_{K=1}^{K} P_K (m_K - m_G)^2 \tag{6-1}$$

$$P_K = \sum_{i \in C_K} P_i \tag{6-2}$$

$$m_K = \frac{1}{P} \sum_{i \in C_K} i P_i \tag{6-3}$$

为了获得最优分割阈值,传统的求解过程遍历所有可能的 $t_1, t_2, \cdots, t_N$,分别计算它们对应的类间方差典型的船舶涂装轮廓灰度图像,并通过比较获得最大类间方差和它对应的最优阈值。这种穷举法的计算复杂度为 $O(L^N)$。随着阈值数量的增加,计算复杂度成指数级增长。常见的灰度级为 $L = 256$,当 $N > 5$ 时,在当前主流计算机上的计算时间和内存消耗已经难以接受,所以需要提高计算效率。针对快速求解函数在指定区间上的最值问题,很多学者通过研究得出一些智能优化算法,包括遗传算法、蚁群算法、禁忌搜索算法、模拟退火

算法、粒子群优化算法等。其中粒子群优化算法作为一种简单、全局优化能力强的智能优化算法,在多阈值图像分割中得到了广泛的应用。

基于图像分割的轮廓方法首先对输入图像预处理,然后按照涂层的数量对图像进行多阈值分割,把各层涂装区域分别提取到一个二值图像中,对得到的二值图像进行形态学滤波,在二值图像中提取并筛选轮廓,输出以像素坐标表示的轮廓点。该方法的基本流程图如图 6-9 所示。

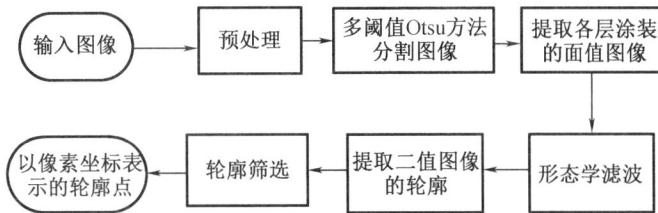

图 6-9 基于图像分割的轮廓检测方法的基本流程

本部分欲应用 Otsu 图像分割法实现舱室、区域的最小颗粒度划分,该方法是应用最广泛的阈值分割法之一,对直方图呈双模或者多模分布的图像分割效果好,对直方图呈单模分布的分割效果差,符合本部分提出的舱室区域划分要求。

6.2.3　区域涂装的工程定义应用

第一级编码定义了船舶的各区域,在船体模型上以区域造船的思路对船体进行大区域划分,举例如图 6-10 所示。

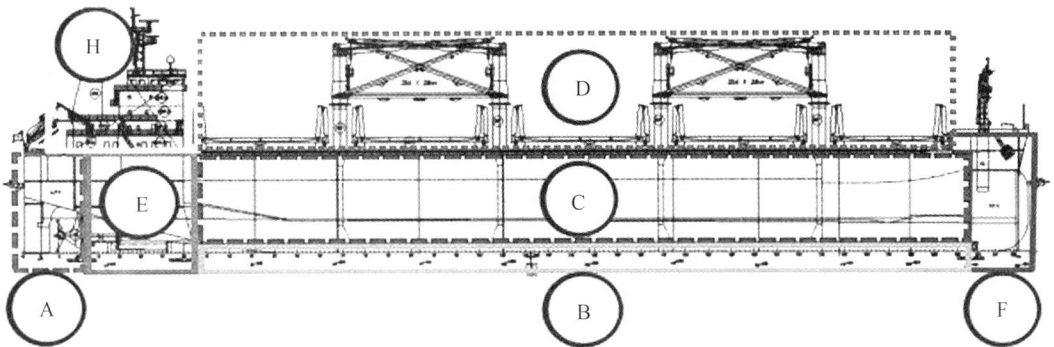

图 6-10 区域的定义

图 6-10 中不同字母代表了船舶不同的区域。

实际定义应该在船体的轻量化模型中操作,选取船体三维模型相同区域进行定义。

第二级编码定义了船舶不同区域中的各舱室,依据船舶的舱室划分图等设计图纸,进行不同的舱室空间位置、舱室名称、编码的定义,一般地,不同的舱室的涂装要求不一样。举例如图 6-11 所示。

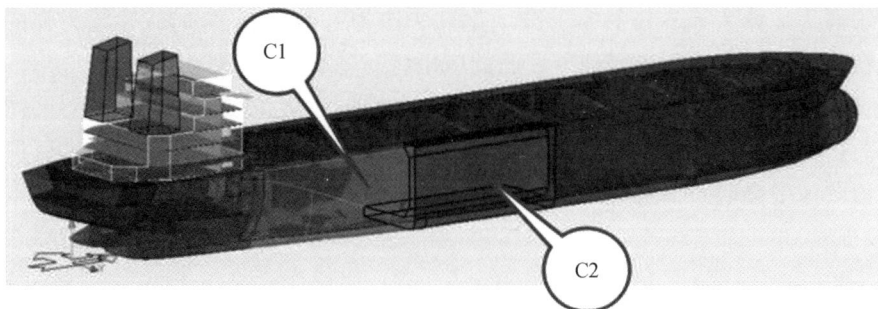

图 6-11　舱室的定义

实际定义应该在船体的轻量化模型中操作,选取船体三维模型中相关舱室进行定义。

第三级编码定义了各舱室中不同的部位,依据船舶舱室不同部位涂料所处环境的不同对舱室各部位进行划分。举例如图 6-12 所示。

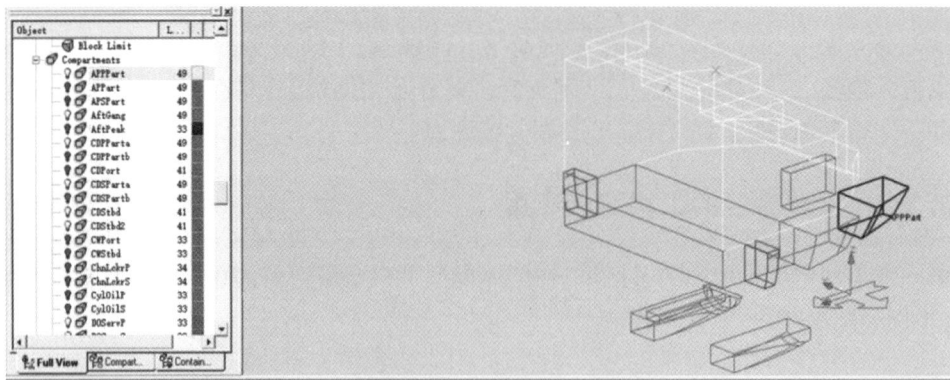

图 6-12　部位的定义

第四级编码定义了相同区域、舱室、部位内,涂装对象的船体结构、舾装件。构件以一位字母或数字(共 34 个字符)表示,构件定义时,仅仅用于随机区分,没有实际含义,一般情况下,相同船体板架、相同舾装件定义相同构件编码。举例如图 6-13 所示。

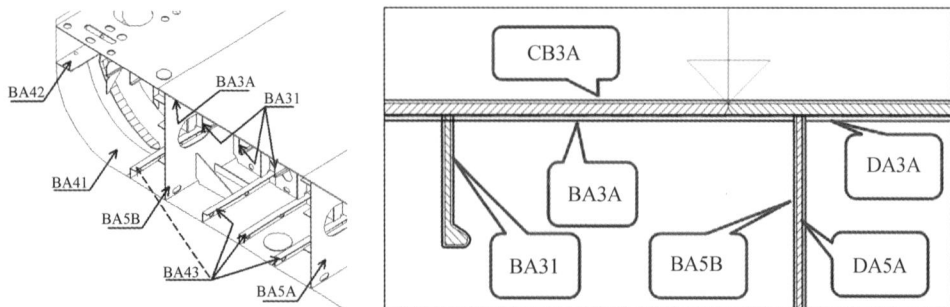

图 6-13　构件的定义

涂装配套由船厂与油漆厂家提供，油漆厂家根据不同船舶订制不同的油漆配套方案，而涂装设计的相关人员需要将油漆厂家提供的涂装配套方案按照表6-15所示的标准格式对各区域进行涂装配套定义，而涂装配套的标准模式为系统录入的标准模式。

表6-15 涂装配套的定义

构件编码	构件名	除锈等级	面积/m²	道数	油漆名称及牌号	干膜厚度/μm
ABB1	应急消防泵海底门1号（SC）	St3	4	1	BANNOH15005084GREY	73
				2	BANNOH1500SZ5084KPLUM	64
				3	BANNOH15005084GREY	67
				4	SEAGRANDPRIX660HS5904BLIGHTBROWN	67
BAB1	右前平船底1号（MC）	St3	3	1	BANNOH15005084GREY	73
				2	BANNOH1500SZ5084KPLUM	64
				3	SEAGRANDPRIX660HS5904BBROWN	67
				4	SEAGRANDPRIX660HS5904BLIGHTBROWN	67

涂装设计对象包括涂层、胶带等。总之，涂装设计对象是以物量计算为中心，以智能涂装设计为目的，同时为涂装机器人的应用提供数据支撑进行的。

胶带等的建模可以参照结构焊缝或直接定义，作为施工和物量统计的依据，如图6-14所示。

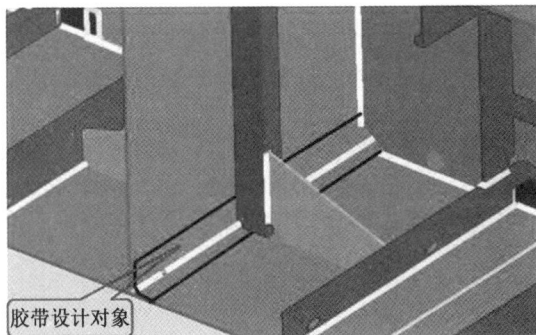

图6-14 建模示意图

编码的结构化应用流程如图6-15所示。

对与船舶涂装工艺相关的信息进行标准化定义是为应用对象建立准确、完整的涂装工艺信息数据源提供支撑。船舶的三维建模过程中可以通过对船体结构进行区域定义、舱室定义、部位定义和构件定义，使得船体结构中的每一个构件都具备对应的代码，为下一步实现船舶涂装的智能化设计奠定基础。具体说明如图6-16所示。

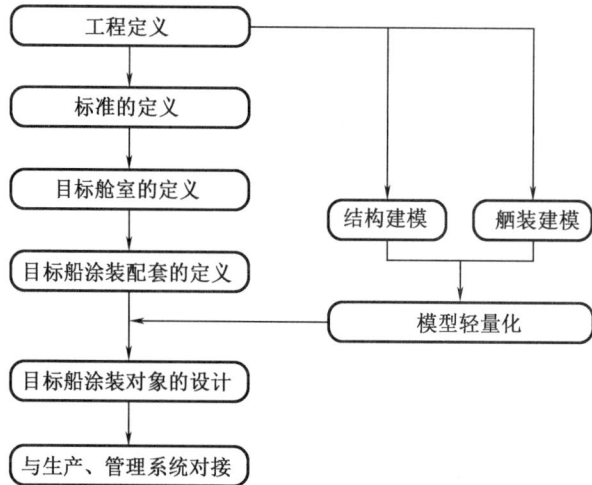

图6-15　编码应用流程图

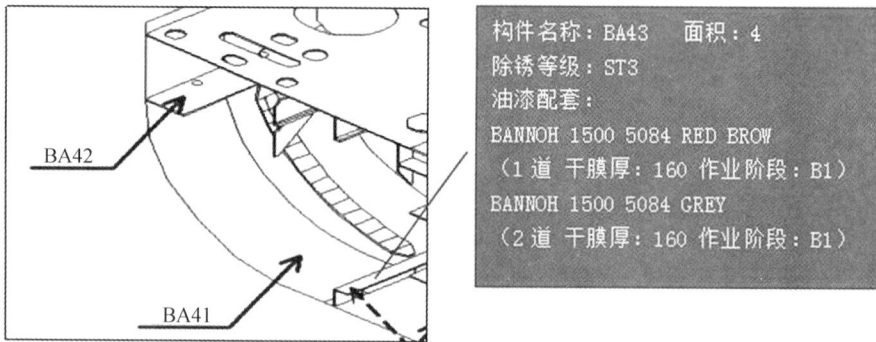

图6-16　操作逻辑示意图

其中同一部位的相同构件的名称相同,除锈等级和油漆配套由涂装配套表进行智能化匹配,涂装的物量在确定了全船的各个构件后可以根据定义在系统里的物量计算公式进行计算,而相应的检测仪器会依据相应作业阶段进行匹配。

以180KBC散货船的236分段为例,PROJETC(236)分段是典型的双层底分段,包括压载舱、货舱甲板、管弄前部等,如图6-17所示。首先输入模型,根据分段进行舱室定义,按照舱室、区域划分原则对分段模型进行预处理,得到表6-16。PROJETC(236)分段作业区域划分如图6-18所示。

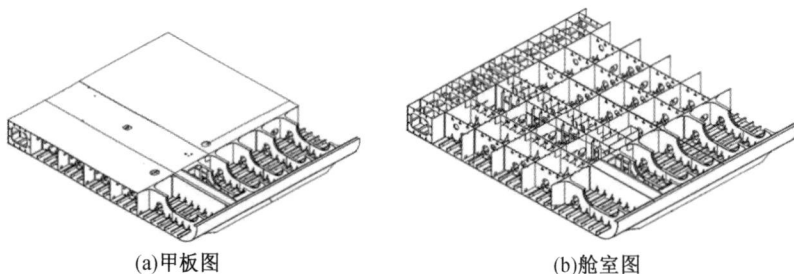

(a)甲板图　　　　　　　　　　(b)舱室图

图6-17　PROJETC(236)分段结构图

表 6-16 236 分段舱室结构划分表

分段号	涂装区域	预处理等级	面积/m²
236	左平船底 3 区 FLATBOT(OS)	T3	2
	右平船底 3 区 FLATBOT(OS)	T3	418
	右垂直船底 3 区 V/BOTTOM(OS)	T3	46
	5#货舱甲板 5#GARGOTKDECK(ID)	T3	160
	6#货舱甲板 6#GARGOTKDECK(ID)	T3	65
	5#货舱污水井右 5#BLLGEWELL(S)(WO)	T3	6
	管弄前部 FOREPARTOFP/DUCK(IS)	T2	450
	管弄前部内压载管 B/PIPEOFFORE(OS)	T2	48
	5#坐镦 5#LOWERSTOOL(OS)	T3	70
	5#右舱压载舱 1 区(IS)	B3	996
	5#右舱压载舱 2 区(IS)	B3	946
	6#右舱压载舱 3 区(IS)	B3	535

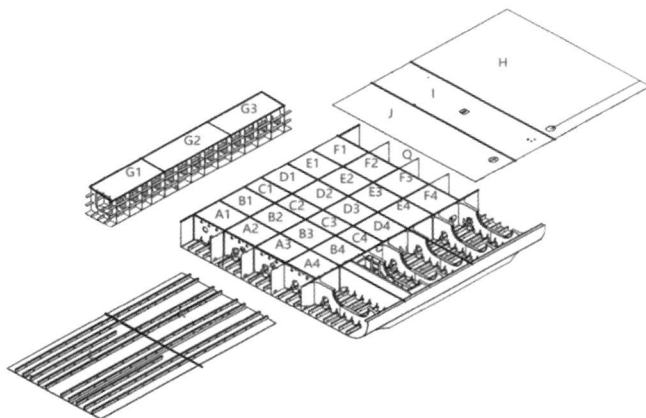

图 6-18 PROJETC(236)分段作业区域划分

完成预处理后应用多阈值数 Otsu 方法,对分段模型进行进一步的颗粒度细分,得到表 6-17。

表 6-17 236 分段舱室结构划分表

涂装区域	包含区域	预处理等级	面积/m²
左平船底 3 区 FLATBOT(OS)	L、K	T3	2
右平船底 3 区 FLATBOT(OS)	L、K	T3	418
右垂直船底 3 区 V/BOTTOM(OS)	R	T3	46
5#货舱甲板 5#GARGOTKDECK(ID)	H	T3	160

表 6-17(续)

涂装区域	包含区域	预处理等级	面积/m²
6#货舱甲板 6#GARGOTKDECK(ID)	J	T3	65
5#货舱污水井右 5#BLLGEWELL(S)(WO)	H	T3	6
管弄前部 FOREPARTOFP/DUCK(IS)	G1、G2、G3	T2	450
管弄前部内压载管 B/PIPEOFFORE(OS)	G1、G2、G3	T2	48
5#坐镦 5#LOWERSTOOL(OS)	I	T3	70
5#右舱压载舱 1 区(IS)	A(1~4)、O、P	B3	996
5#右舱压载舱 2 区(IS)	E、F(1~4)、M、Q	B3	946
6#右舱压载舱 3 区(IS)	B、C、D(1~4)、N	B3	535

最小颗粒度细分可实现涂装派工不再是多人负责一个区域,而是一人负责多个区域,使工时定额时更加合理,也能更合理地安排工程计划,有助于管理水平的提高,减少物料浪费,降低成本。各级管理者和决策者利用本系统处理日常大量的信息和资料的管理、统计、预测、反馈和跟踪工作,能及时掌握各种动态情况,以便更合理地安排人、财、物的使用,并使其发挥最大的效益。

6.3 面向设备和管理的涂装智能化设计技术

面向设备和管理的涂装智能化设计技术以爬壁式涂装机器人和涂装生产管理为对象,分解和提取智能设备及涂装生产管理数据,采用涂装设计与爬壁式涂装机器人及涂装生产管理工艺特征数据输出接口,输出爬壁式涂装机器人与涂装生产管理数据、涂料数据、涂装工艺要求,实现涂装设备信息自动识别,如图 6-19 所示。

6.3.1 面向设备和管理的智能涂装工艺特征

面向设备和管理的智能涂装工艺特征包括涂装工艺相关的设备和管理信息,涂装工艺信息与相关管理信息之间存在一定的数据逻辑,通过统一数据结构,能够实现工艺特征的通用表达。

6.3.1.1 涂装机器人参数

机器人由机械部分、传感部分、控制部分三大部分组成,其中控制系统相当于机器人的大脑,控制指挥机器人进行各项操作。如同人一样,机器人不是天生就能劳动作业的,需要后天"学习",将机器人需要进行作业的相关基础数据和任务指令包集成进机器人的系统中去,形成机器人的"知识和经验储备",这就要求对机器人作业的工艺数据进行研究分析(表 6-18)。

面向设备和管理的涂装智能设计技术路线

↓

面向爬壁式涂装机器人与生产管理工艺特征的工程定义适用性技术

面向爬壁式涂装机器人的涂装智能设计技术研究 → 面向生产管理信息化的涂装智能设计技术研究 → 基于三维模型的涂装智能设计综合技术研究

面向爬壁式涂装机器人的设计数据输出技术 → 面向涂装生产管理的设计数据输出技术 → 涂装设计数据输出集成技术

面向爬壁式涂装机器人的涂装智能设计技术标准 → 面向涂装生产管理的涂装智能设计技术标准 → 涂装智能设计综合技术标准

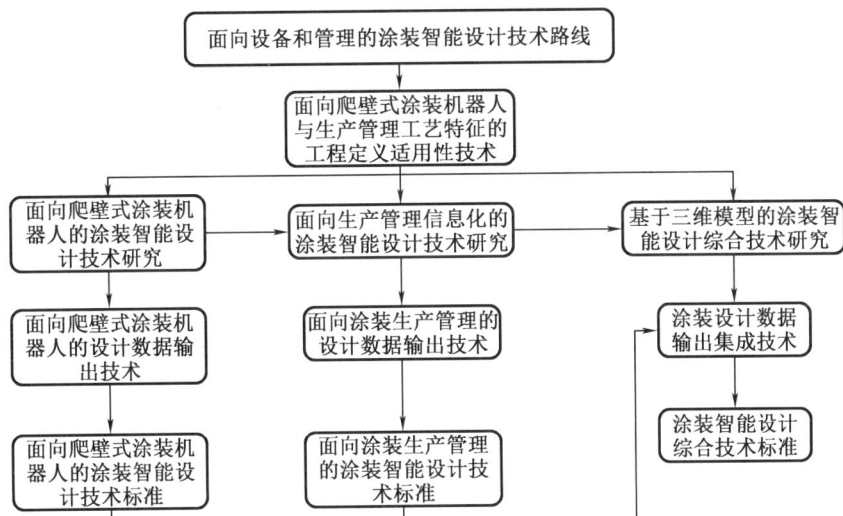

图 6-19　面向设备和管理的涂装智能设计技术路线

表 6-18　爬壁机器人基本数据

爬壁机器人本体基本数据		工作环境	
尺寸	1 550 mm×1 050 mm×780 mm	工作气压	≥0.6 MPa
		工作温度	5~45 ℃
质量	145 kg	工作湿度	<50%
相对定位精度	10 mm	地表风速	<3 m/s
最大负载	100 kg	爬壁机器人接入电源要求	
最大作业运行速度	300 mm/s	输入电源	三相四线制 AC380 V
响应时间	0.1 s	电源频率	50/60 Hz
防护等级	IP54	电源功率	>20 kW
刹车距离	10 mm	油漆泵相关数据	
越障能力	<8 mm	压力比	65:1
跨越缝隙宽度	>5 mm	空载排量	≥28 L/min
可通过曲面半径	>2.5 m	进气压力	0.4~0.6 MPa
		空气消耗量	500~1 200 L/min
管线长度			
连接电缆长度	20 m	工作电缆长度	50 m
连接气管长度	15 m	工作气管长度	50 m

通过以上分析可以得出决定涂装机器人油漆喷涂作业效果的参数主要有以下几项：

①涂装区域作业的高度和宽度；

②涂装机器人的平移距离；

③涂装机器人的运行速度;

④喷涂油漆种类;

⑤油漆泵的压力;

⑥喷枪高度。

6.3.1.2 涂装管理信息梳理

分段涂装的工程管理是以船舶建造总进度计划为纲领制定与实施的过程,其中涉及涂装与船、机、电、舾装等建造工程的协作问题。分段涂装工程管理内容包括质量、膜厚、工程、工时、材料、工具、5S 和安全等方面,在制定涂装作业计划时,其具体管理内容如表 6-19 所示。

表 6-19 分段涂装工程管理内容及特点

对应的方面	具体内容	管理特点
环境管理	主要包括湿度和温度管理,湿度直接影响着被涂钢材表面是否干燥,而温度是影响涂料固化的一个重要因素	环境管理难均衡,要时常对湿度、温度、采光、通风等进行检测
图层管理	不仅仅是质量控制,而且还包含涂装质量要求的定制、质量检查、质量信息反馈与处理和完工涂层保护等全过程	涂层管理涉及广,与表面处理质量、涂料、涂装工艺和技术等息息相关
膜厚管理	是对施工中的漆膜厚度进行控制和对施工后的膜厚进行检测、分析、判别和质量反馈与处理的过程	膜厚管理技术性强,其管理的重点在于实施中工艺条件的控制
材料管理	是以最小的材料费用,把所需类型和数量的涂料及时投入生产作业之中,并在生产中获得有效使用的方法与过程	材料管理难解决,其管理重点在于控制和跟踪监视材料的使用情况
工时管理	是指分段涂装作业工时定额的制定和管理	与工程管理紧密相关
安全管理	涂料易燃易爆,而且极易挥发,必须严格把关	一般比较隐秘,容易忽视

分段涂装规格与周期时间表是安排涂装作业计划的重点,首先在于确保涂装工作的必要周期,然后依此制定涂装标准日程表。在不同温度、湿度等气候条件下,涂装周期会有相应的变化。各船的涂装规格是有差别的,对于每艘船而言,其全部分段都要依照相应的涂装要求,计算出周期。涂装周期应该包括分段二次除锈、每道涂层喷涂时间、涂层干燥时间、涂层修补时间、脚手架搭设和拆除等工作所必需的作业时间。

6.3.2 面向爬壁式涂装机器人的智能设计技术

涂装工艺参数与机器人工艺参数存在一定逻辑关系,基于涂装标准化工程定义的机器

人基础信息库,可以实现涂装工艺参数与机器人运行参数的对接。

6.3.2.1　涂装区域空间信息

涂装机器人的作业区域集中在船舶的平行中体区域,根据涂装作业环境的不同分为干舷区和湿舷区,如图6-20所示。

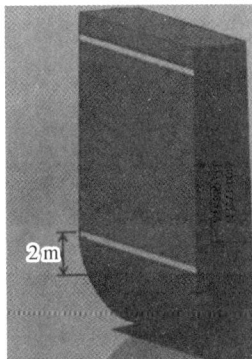

图6-20　船体平行中体区域

在此区域内船舶的外表面为平面,可以适应机器人的行走机构,使得机器人能够顺利进行涂装作业。

进行涂装作业前应先确认涂装区域表面按照涂装工艺要求进行打磨,去除油污,达到喷涂要求,确认喷涂表面没有水珠、油污等液体,以免车体打滑。待确认工作完成后便可以在喷涂区域的上边缘和下边缘分别贴好色带,要求色带均匀牢靠,并且下边缘色带距离底部弧面至少保留2 m,以方便机器人转向;必须使用边缘为绿色的色带,不得随意更改颜色,以免影响系统的检测识别功能。

在输入作业区域的宽度、高度等信息后,机器人将在规划好的范围内进行喷涂行动,其喷涂路径如图6-21所示,先空程走上舷侧顶端,再从上往下喷涂油漆至底部,关闭喷枪,向右侧平移相应距离,之后一直重复上述路径直至喷涂完成。

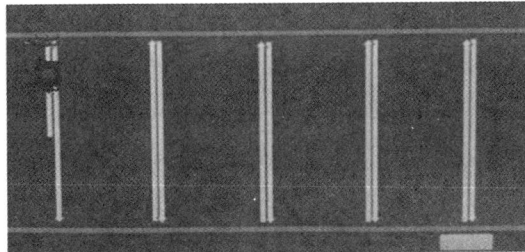

图6-21　机器人喷涂路径示意图

6.3.2.2　涂装参数的确定

不同的涂装工艺参数对应着不同的机器人运行参数,二者之间的数据关联需要通过多次的试验及计算获得,将获得的涂装工艺参数表导入生成涂装机器人的工艺信息库,就可以实现涂装工艺数据与涂装机器人的对接。数据库结构如图6-22所示。

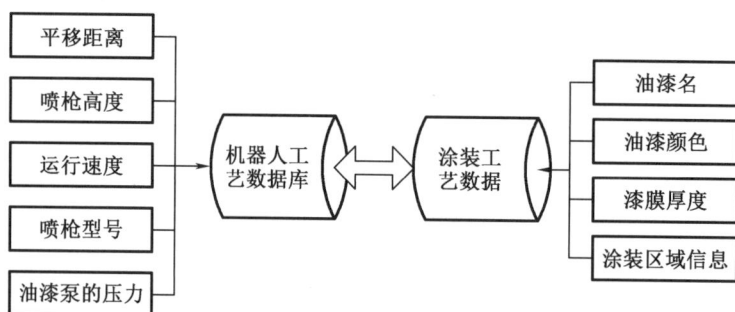

图 6-22 数据库结构图

下面介绍如何通过试验和计算获得不同涂装工艺数据下对应的机器人运行数据。

（1）试验前准备

①材料准备

仿船舶外板铁皮板（90 cm×200 cm）:若干张;

油漆名称:CSSC1;

地铺黄纸:1卷;

湿膜测厚卡片:若干张。

②设备准备

喷涂机器人样机:1台;

气泵机:2台;

搅拌枪:1部;

其他设备:电力和气源准备、连接胶管及其他工具准备、配套作业人员及叉车安排。

③作业前准备及检查

在试验区域用警示带画出警戒区域,警示人们在设备施工时远离警戒区,确保施工安全。

确认待喷涂板材按照工艺要求进行打磨,去除油污,达到喷漆的要求。

设备连接:连接电源线,将集成小车绕线盘上的电源电缆线拉出,与现场的电源接头连接在一起,确保连接可靠;连接气管,将集成小车上的气管拉出,接到现场的气源上;安放无线路由器天线,从集成小车内取出两个路由器天线,将其安放在集成小车的上方。

开机前的检查:全面检查爬壁机器人和电控柜,确认电控柜与机器人本体之间连接的电源线、通信线（出厂前已连接好）无异常,确认无缺相漏电等危险隐患后,方能启动运转。启动后如发现异常,应立即断开电源并停止使用,待异常解除后再重新启动;检查急停按钮是否已复位（旋出状态）,如未复位,将按钮旋出,使之复位;开机前,请检查控制器和无线路由器的网线是否连接完好。

开机、连接无线路由器:打开电控柜柜门,打开总电源开关,然后关上柜门;按下电器柜上

的绿色按钮,为设备上电;等待约 30 s,待机器人控制器和驱动器上电运行;启动工业 PAD,爬壁机器人上电后,工业 PAD 会自动搜索出厂设定的无线路由 ID。无线路由器名称与所使用的爬壁机器人产品序列号相一致。若无法搜到,原因可能有两个:电控柜内路由器未能正常工作或作业 PAD 无线网卡未打开。请先打开电控柜,检查路由器是否正常工作。

（2）数据获得

这里进行的是静态漆膜的生长模型试验,在确定机器人喷枪高度、泵压力和喷涂时间后即可开始喷涂,将机器人对准水平放置的铁皮板,如图 6-23 所示,打开喷枪喷涂预设时间后立即关闭喷枪。

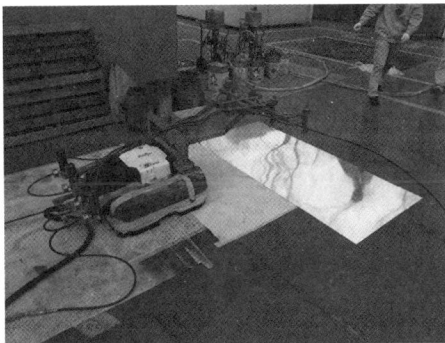

图 6-23 机器人现场试验

待喷涂完毕后测试最右侧喷枪的右半边椭圆漆膜的厚度参数,这样做是为了测得的漆膜厚度是单独一个喷枪所产生的。以喷枪喷口在铁皮板上的投影点为原点,以 50 mm 为间隔,分别测得沿椭圆形喷涂区域长轴方向的漆膜厚度数据和沿短轴方向的漆膜厚度数据,如表 6-20 所示。

表 6-20 机器人喷涂试验数据

泵压力 = 0.6 MPa;时间 t = 3 s;高度 h = 500 mm;长轴 a = 660 mm;短轴 b = 350 mm								
$y = 0$								
x/mm	0	50	100	150	200	250	300	350	400
Q/μm	125	124	120	115	107	97	86	74	68
$x = 0$								
y/mm	0	50	100	150	200	250	300	350	
Q/μm	125	122	114	100	81	57	29	0	

（3）参数计算

这里选用 Matlab 软件来处理已经获得的试验数据。Matlab 是美国 Math Works 公司出品的商业数学软件,是用于算法开发、数据可视化、数据分析以及数值计算的高级技术计算语言和交互式环境。

在获得涂装机器人静态喷漆的试验数据后，即可通过 Matlab 中的函数拟合工具箱进行函数拟合，以确定涂层厚度积累速率函数 $q(x,y)$ 中的参数 β_1、β_2：

$$q(x,y) = q_{max}\left(1-\frac{x^2}{a^2}\right)^{\beta_1-1}\left[1-\frac{y^2}{b^2\left(1-\frac{x^2}{a^2}\right)}\right]^{\beta_2-1}$$

操作步骤如下：

①在 Command 窗口输入两个向量的具体值，即输入：

$x = [0\ 5\ 10\ 15\ 20\ 25\ 30\ 35\ 0\ 0\ 0\ 0\ 0\ 0\ 0\ 0]$；

$y = [0\ 0\ 0\ 0\ 0\ 0\ 0\ 0\ 5\ 10\ 15\ 20\ 25\ 30\ 35]$；

$q = [0.125\ 0.124\ 0.12\ 0.115\ 0.107\ 0.974\ 0.861\ 0.735\ 0.1222\ 0.1138\ 0.100\ 0.809\ 0.57\ 0.29]$

如图 6-24 所示，在完成数据的录入后，继续在 Command 窗口输入 cftool 命令，进入 cftool 工具箱。

图 6-24　数据录入

②在 cftool 工具箱窗口中选中相应数据和拟合选项，如图 6-25 所示。

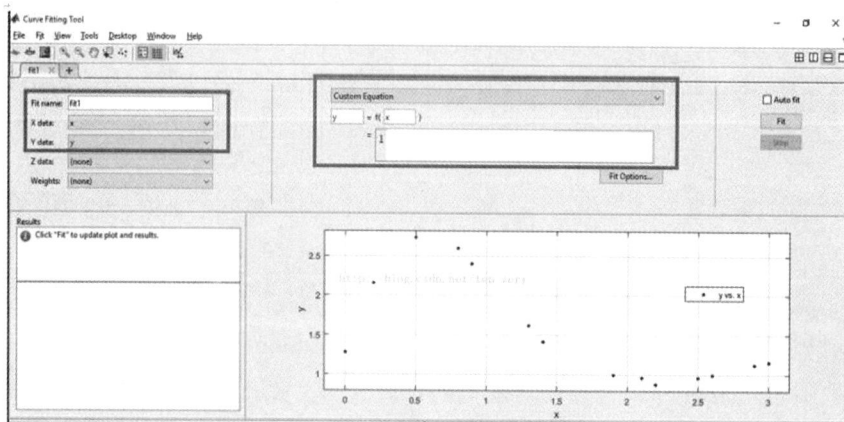

图 6-25　cftool 工具箱界面

左侧选项界面 X data 值即为 x, Y data 为 y, Z date 为 q。右侧选项界面选择 Custom Equation 选项,并在下方录入自定义的函数,如图 6-26 所示。

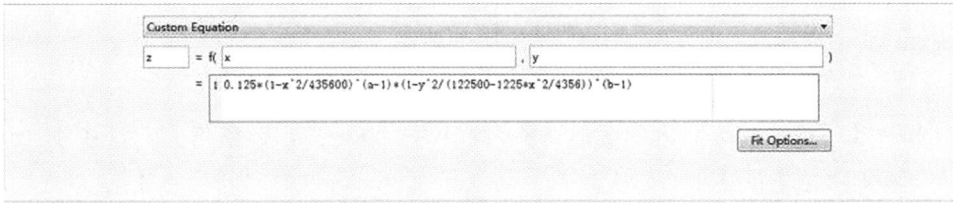

图 6-26　录入函数

③录入函数和数据后,程序便可自动开始函数拟合。函数图像如图 6-27 所示,参数值输出如图 6-28 所示。

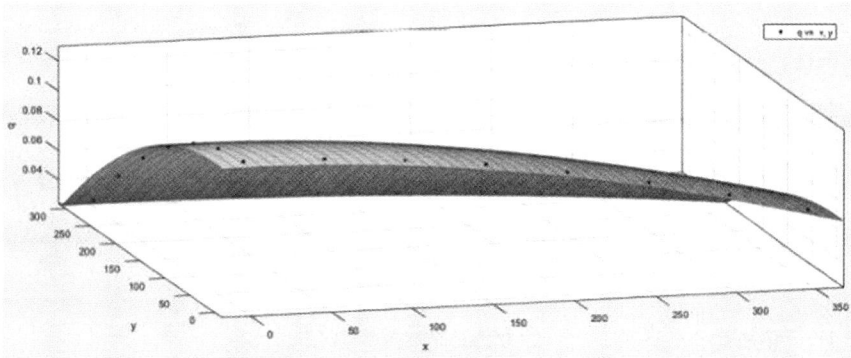

图 6-27　函数图像

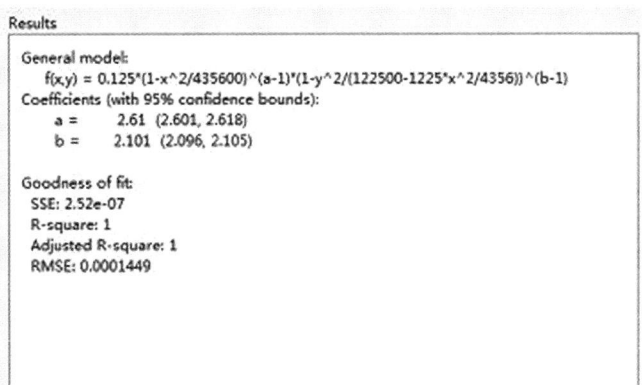

图 6-28　参数值输出

其中参数 a 即为 $\beta_1 = 2.61$,参数 b 即为 $\beta_2 = 2.101$,最终通过这种拟合方法便可确定涂层厚度积累速率函数最终形式:

$$q(x,y) = \frac{q_{max}}{t}\left(1 - \frac{x^2}{a^2}\right)^{\beta_1 - 1}\left[1 - \frac{y^2}{b^2\left(1 - \frac{x^2}{a^2}\right)}\right]^{\beta_2 - 1}$$

$$= 0.042\left(1 - \frac{x^2}{660^2}\right)^{1.61}\left[1 - \frac{y^2}{350^2\left(1 - \frac{x^2}{660^2}\right)}\right]^{1.101}$$

在确定涂层厚度积累速率函数后,通过调节不同喷枪高度和机器人运行速度,便可以确定不同膜厚要求下的各项机器人参数。以上部分为一次机器人试验的数据,具体需要经过多次试验确定机器人参数,表6-21即为经多次试验后确定的机器人运行参数表。

表6-21 机器人运行参数表

序号	油漆名称	油漆型号	油漆颜色	漆膜厚度/μm	喷枪型号	喷嘴型号	泵1压力/MPa	泵2压力/MPa	喷枪高度/mm	车体速度/(mm·s⁻¹)	横移距离/mm
1	CSSC1	JOTUN	红色	110	长江Y	YCK	0.6	0.6	500	300	1 200
2	CSSC2	JOTUN	黑色	90	长江	YCK	0.6	0.5	300	300	1 200
3	CSSC3	YUN	蓝色	85	长江	YCK	0.4	0.6	300	300	1 200
4	CSSC4	ZAY	黄色	100	GRIKO	GRIKO	0.5	0.5	360	300	1 200

6.3.3 面向生产管理信息化的涂装智能设计技术

构建涂装工艺数据库,能够实现基础数据的管理与算法的调用,采用数据协议方式,实现数据的在线更新与协同共享。具备的功能包括系统管理、数据检索、数据管理与维护、资源与统计管理。

数据入库前需对数据进行标准化处理。涂装工艺数据库中主要的数据类型有整数数据类型、浮点数据类型、字符数据类型、图像数据类型。

实时采集涂装生产过程中的涂装工艺参数,90%的分段涂装数据可通过智能车间信息系统进行自动采集。构建智能涂装工艺的各类规则库和案例库,并利用各类知识推理方法以及智能优化算法自动生成不同的工艺参数方案,实现基于知识库的涂装工艺参数智能决策,并在智能喷涂应用中实现工艺参数的自动化输出。

基于涂装设计工程标准化定义,建立涂装工艺数据(除锈方式与等级、涂料牌号与名称、涂装的工艺等)与生产管理信息逻辑关系(图6-29),形成数据接口,实现涂装智能设计技术与生产管理信息化的连接。

图6-29 生产管理信息与涂装工艺信息逻辑关系图

6.3.3.1 涂装作业环境管理

涂装作业环境对涂装的质量有着十分重要的影响,潮湿的表面会对涂料的附着力、表面成膜状态和干燥所需时间都产生不良的影响。所以,在雨雪或有雾等空气湿度较大的情况下应该停止露天涂装作业。同时温度也对涂装的质量有着重要影响,当温度过低时涂料难以固化,过高时又会产生起皮等漆膜弊端。此外,露天环境中的风力、粉尘等都会给涂装的质量造成影响,所以船舶涂装的生产管理与环境有着重要的联系。

(1)湿度要求

这里的环境湿度一般是指大气的相对湿度。其表示在一定温度条件下,空气中水汽压与饱和水汽压的比值(常用百分数表示)。

相对湿度在85%以下时,被涂钢材的表面一般不会产生水汽的凝结,而当相对湿度超过85%时,一旦大气温度有所下降或被涂表面温度发生变化,钢材表面即会产生水汽凝结,影响涂装质量。

所以当被涂表面温度与环境温度不一致时,需要保证被涂表面的温度高于环境露点至少3 ℃,以确保被涂表面不会产生水汽凝结。

通常可以用温度计先测空气的温度,再用湿度计测得相对湿度,通过露点计算尺等工具查得该处空气的露点。

(2)温度要求

涂料喷涂到被涂表面后一段时间后会慢慢固化,通常是由于涂料内所含的溶剂渐渐挥发或者涂料本身发生了化学变化,而不管是哪种固化类型的涂料,周围的环境温度都对涂料的固化速度有着重要影响。

温度过低时(一般指低于 5 ℃),一般化学固化型的涂料会停止固化反应,这时应停止涂装工作或选用低温型环氧涂料。对于水性涂料,当温度低于 5 ℃时应停止涂装作业。最适宜的涂装工作环境温度应在 10 ℃以上。

但是过高的温度也会促使涂料固化过快,引起涂刷困难,刷纹明显,涂层起泡、皱皮等问题,所以当钢材表面温度大于 40 ℃时也应该停止涂装作业。

其他要求:

①特种涂装应在涂料厂商推荐的环境条件下进行,不同涂料厂家会提供相应涂料的参数性能,以便涂装现场环境管理,涂料的技术参数书如图 6-30 所示。

②涂装作业时和涂层干燥前,待涂表面应避免被周围的粉尘污染或被水滴溅湿。

③涂装作业应该保持良好的光线、通风条件。但也应该避免在风力过大时作业,一般风速大于 3 m/s 时应停止作业。

产品数据

性能	测试/标准	描述
体积固体含量	ISO 3233	75%±2%
光泽度(GU 60°)	ISO 2813	哑光(0~35)
闪点	ISO 3679 方法1	35℃
密度	理论值	1.44 kg/L
VOC-美国/香港	US EPA 方法24(测试值)	240 g/L
VOC-欧盟	IED(2010/75/EU)(理论值)	233 g/L
VOC-中国	GB/T 23985—2009(ISO 11890-1)测试值	240 g/L

干燥和固化时间

底材温度	-10 ℃	-5 ℃	0 ℃	5 ℃	10 ℃	23 ℃	40 ℃
表(触)干	26小时	14小时	10小时	6小时	5小时	2小时	1小时
可踩踏干燥	96小时	48小时	30小时	16小时	10小时	5小时	2小时
干燥后复涂,最短间隔	42小时	24小时	18小时	10小时	7小时	4小时	2小时
干燥/固化至可使用			21天	14天	10天	7天	3天
干燥/固化至可浸没	18天	9天	5天	4天	3天	2天	1天

图 6-30　涂料技术参数书

6.3.3.2　涂层质量管理

(1)二次除锈对涂装设计工艺参数的要求

船舶二次除锈工作的重点部位在于焊缝区、烧损区、自然锈蚀区,此外还包括车间底漆完好区域与型钢反面、角隅边缘等作业困难区域的除锈与清理工作。

关于船舶二次除锈作业时,各部位的具体工艺要求,我国船舶行业标准《船舶涂装技术要求》(CB/T 4231—2013)做出了如表 6-22 所示的规定。

表 6-22　二次除锈工艺要求

作业部位	作业方式	一般要求
焊缝区	磨料喷射，动力工具打磨	除去焊缝两侧烧焦、起泡、变色的涂膜及周围 30～50 mm 范围内底层已受热损伤的涂膜；除去焊缝表面及两侧的黑皮、黄锈
烧损区	磨料喷射，动力工具打磨	除去烧焦、起泡、变色的涂膜及周围 30～50 mm 范围内底层已受热损伤的涂膜；涂层膜厚大于 50 μm 时，上述区域周围 25～30 mm 范围内的涂层应形成坡度自然锈蚀区
自然锈蚀区	磨料喷射，动力工具打磨	除去锈蚀区及周围 2～25 mm 范围内涂膜与黄锈；涂层膜厚大于 50 μm 时，上述区域周围 25～30 mm 范围内的涂层应形成坡度
车间底漆完好区	磨料喷射，动力工具打磨	轻底喷丸或用风动工具轻度打磨，除去车间底漆表面的白锈；轻度打毛与表面清理；特殊部位根据有关涂料的技术要求处理
型钢的反面，角隅边缘等作业困难区	磨料喷射，动力工具打磨、手工工具打磨	尽可能除去表面黑皮及黄锈，对防腐蚀要求高的部位应消除尖锐边缘

（2）二次除锈的质量要求

关于船体各部位二次除锈质量等级要求，在我国船舶行业标准《船舶涂装质量验收技术要求》（CB/T 3513—2013）中按特定处所和非特定处所分别做出了如表 6-23 和表 6-24 所示的规定。

表 6-23　特定处所二次除锈质量要求

部位	分段阶段
压载舱	被破坏的车间底漆和焊缝处达到 Sa2.5。 若车间底漆按 IMO/MSC215(82) 相关实验程序未通过涂层合格证明预实验，完整底漆至少要去除 70%，达到 Sa2。 若由环氧基的主涂层和车间底漆组成的整体涂层系统按 IMO/MSC215(82) 相关的实验程序通过了合格证明预实验，则当使用同样的环氧涂层系统时，可保留完整的车间底漆。保留的车间底漆应采用扫掠式喷砂、高压水洗或等效的方法进行清洗。 若一种硅酸锌车间底漆作为环氧涂层系统的一部分以通过 IMO/MSC215(82) 相关的涂层合格预实验，该底漆可以和其他通过 IMO/MSC244(83) 相关涂层合格预实验的环氧涂层组合使用，只要该底漆的兼容性得到涂料生产商的确认，并通过 IMO/MSC215(82) 所述的无浪运动条件下的实验

表 6-23（续）

部位	分段阶段
油舱	破损的车间底漆和焊缝处达到 Sa2.5。 若车间底漆未通过试验程序 IMO/MSC288(87)相关的预实验,所有待涂表面完整底漆至少要去除 70%,达到 Sa2。 若由环氧基的主涂层和车间底漆组成的整体涂层系统按 IMO/MSC288(87)相关实验程序通过了合格证明预实验,则当使用同样的环氧涂层系统时,可保留完整的车间底漆。保留的车间底漆应根据涂料生产商的建议用扫掠式喷砂、高压水洗或等效的方法清洁
空舱	被破坏的车间底漆焊缝处达到 Sa2 或 St3。 若车间底漆未通过按 IMO/MSC244(83)相关实验程序合格涂层证明预实验,完整底漆至少要去除 70%,达到 Sa2。 若由环氧基的主涂层和车间底漆组成的整体涂层系统按 IMO/MSC244(83)相关实验程序通过了合格证明预实验,则当使用同样的环氧涂层系统时,可保留完整的车间底漆。保留的车间底漆应根据涂料生产商的建议用扫掠式喷砂、高压水洗或等效的方法清洁

表 6-24　非特定处所二次除锈质量要求

处理部位		涂料种类	表面处理方式	处理等级
车间底漆受损伤部位,如焊缝区、火工区、自然锈蚀区	船体外板、室外暴露位置	常规涂料	喷射处理	Sa2
			动力工具处理	St2~St3
		环氧树脂涂料乙烯树脂涂料聚氨酯涂料	喷射处理	Sa2.5
			动力工具处理	St3
		无机锌涂料	喷射处理	Sa2.5
	舱室内部	常规涂料	喷射处理	Sa2
			动力工具处理	St2
	舱室内部	环氧树脂涂料乙烯树脂涂料	喷射处理	Sa2
			动力工具处理	St2~St3
		无机锌涂料	喷射处理	Sa2.5
	液舱内部（除燃油舱、液压油舱、滑油舱外）	常规涂料	喷射处理	Sa2
			动力工具处理	St2~St3
		环氧树脂涂料乙烯树脂涂料聚氨酯涂料	喷射处理	Sa2.5
			动力工具处理	St3
		无机锌涂料	喷射处理	Sa2.5
	燃油舱、液压油舱、滑油舱	防锈油	动力工具处理	St2
		耐油涂料	动力工具或喷射处理	St3 或 Sa2.5

（3）涂装前表面清理质量要求

船体二次除锈后、涂装作业前，为确保涂料与被涂表面之间的附着力，需要对被涂表面进行清理。涂装前标签清理的主要工作内容为除水、除盐、除油、除尘以及去除其他污染物。

CB/T 4231—2013 对涂装前表面清理的具体工艺规定要求如下：

①水分采用布团、棉纱擦去，或用去除油分和水分的压缩空气吹干。

②盐分采用清水清洗，然后除去水分，使表面完全干燥。

③油污采用去污剂清洗，然后用淡水清洁，少量油污可用蘸有清洁剂的布团或棉纱擦去。

④灰尘采用吸尘器吸去，局部少量的灰尘可用毛刷刷去。

⑤其他表面污染物视情况采取相应措施除去。

CB/T 3513—2013 中做出了如表 6-25 所示的规定。

表 6-25　船体表面清理质量要求

清理项目			无机锌涂料	环氧树脂、乙烯树脂涂料	常规涂料
水分			肉眼看不见痕迹	肉眼看不见痕迹	肉眼看不见痕迹
盐分	非特定处所		肉眼看不见痕迹	肉眼看不见痕迹	肉眼看不见痕迹
	特定处所	压载舱、油舱	≤50 mg/m² NaCl		
		空舱	一次表面处理	≤50 mg/m² NaCl	
			二次表面处理	≤100 mg/m² NaCl	
油脂			肉眼看不见痕迹	允许痕迹存在	允许痕迹存在
灰尘	非特定处所		允许痕迹存在	允许痕迹存在	允许痕迹存在
	特定处所	压载舱、油舱	颗粒大小为"3""4"或者"5"的灰尘分布量为 1 级；若不用放大镜，在待涂表面可见的更小颗粒的灰尘应去除		
		空舱	颗粒大小为"3""4"或者"5"的灰尘分布量为 2 级		
锌盐			允许轻微痕迹存在	允许痕迹存在	允许痕迹存在
气割电焊烟尘			允许轻微痕迹存在	允许痕迹存在	允许痕迹存在
粉笔记号			允许轻微痕迹存在	允许痕迹存在	基本清除
标记漆			允许轻微痕迹存在	若标记漆为同类型可不必去除	不必清除

6.3.3.3　涂装材料管理

涂装材料管理的目的在于以尽可能小的材料消耗和费用完成船舶涂装。因此，其重点在于对涂装材料定额的计算，只有准确地计算涂装材料定额，才能准确地完成涂装材料的发放，既不会使得涂装工作因涂装材料的短缺而发生延误，也不会形成浪费，最终实现涂装材料的精确管理。

涂装材料的定额应该与涂装生产设计的工艺数据关联在一起考虑。一般情况下,材料定额由以下几个参数条件确定:

①涂装部位的面积;

②所用涂料单位面积的理论涂布量(即涂料的理论涂布率);

③涂层道数;

④涂装损耗系数(与涂料与涂装环境等有关)。

下面介绍涂料定额的计算方法。涂料定额的计算包括体积固体分的计算、干膜厚度(DFT)和湿膜厚度(WFT)的计算、理论涂布率的计算、实际涂布率的计算、涂料的实际用量计算等几项。

(1)体积固体分的计算

体积固体分指涂料中非挥发性成分与液态涂料的体积比。这是一个非常重要的概念,液态涂料中的溶剂挥发后,真正留在被涂物表面成为漆膜的就是涂料中的非挥发分,即固体分。

体积固体分的计算一般是按照《油漆及颜料化学师(OCCA)》单行本第四册中所述的"涂料固体成分的含量确定"的方法来计算的,此方法通过试验测量漆膜的湿膜厚度和干膜厚度,并按照如下公式计算:

$$体积固体分 = \frac{干膜厚度}{湿膜厚度}$$

(2)干膜厚度和湿膜厚度的计算

干膜厚度指已固化涂层的厚度,通常以 μm 表示。

湿膜厚度指施工后立即获得的湿状涂层的厚度。

涂层厚度可在施工过程中进行测定,无论涂层是处于湿膜还是干膜状态。干膜厚度通常在涂装合同中予以规定。湿膜厚度的测定可有助于确定必须施工多厚的涂层才能达到规定的干膜厚度。湿膜的测定有利于及时发现每一道施工涂层在厚度上的差错,以便纠正。

所使用的体积固体分决定了实际涂装过程中干膜厚度和湿膜厚度之比,其数据可由涂料生产商所给的油漆参数性能手册查得。

通过查阅相关产品的体积固体分,在已知干膜厚度的情况下,计算其相对应的湿膜厚度,按如下公式计算:

$$湿膜厚度 = \frac{干膜厚度}{体积固体分}$$

实际施工中,经常要在涂料中加入一定量的稀释剂。稀释剂的使用增加了体积总数,但并不增加体积固体分。

例如,加入25%的稀释剂稀释涂料,所需要做的只是在公式中加上25%这个数字。

计算稀释后的涂料的湿膜厚度,按以下公式计算:

$$稀释后的湿膜厚度 = \frac{干膜厚度×(1+稀释量(百分数))}{体积固体分}$$

在加入稀释剂的情况下,计算很可能要达到配套规定的干膜厚度所需的湿膜厚度范围,可分二个步骤进行:

步骤1:计算稀释剂的体积;

步骤2:计算湿膜厚度范围。

理论涂布率是指将涂料施工在光滑的表面上而毫无损耗时,1 L可以涂布的面积(m²),单位是 m²/L。

(3)理论涂布率的计算

$$理论涂布率 = \frac{体积固体分 \times 1\,000}{干膜厚度}$$

理论涂布率的计算公式是基于体积固体分为100%的涂料来推导的。

(4)实际涂布率的计算

实际涂布率的计算是用理论涂布率减去涂布率乘以估计的损耗(百分数),计算公式如下:

$$实际涂布率 = 理论涂布率(1-损耗)$$

如果已经计算出理论涂布率,又能估算出涂料的损耗,就能计算出涂料的实际涂布率。

以无机富锌底漆(体积固体分63%)为例,喷涂75 μm的干膜厚度,损耗为40%,理论涂布率为8.4 m²/L,这时无机富锌底漆的实际涂布率为

$$实际涂布率 = 理论涂布率 \times (1-损耗) = 8.4 \times (1-0.4) = 5.04 \ m²/L$$

实际上,这个损耗是不确定的,因为实际施工中受到多种因素的影响,它是各种损耗因素(如施工方法、工人的技术、被涂物的结构和形状、表面粗糙度、工作环境(风速、高空、白昼等)、漆膜的分布等)的综合参数,具体损耗由现场施工人员试验求得。

(5)涂料的实际用量计算

通过涂料的实际涂布率确定涂料的实际用量,实际用量可由以下公式求得:

$$涂料实际用量 = \frac{面积 \times 干膜厚度}{10 \times 体积固体分 \times 100 \times (1-损耗)}$$

上述公式中的(1-损耗),即损耗系数(表6-26)。

表6-26　损耗系数表

损耗/%	损耗系数
20	0.8
30	0.7
40	0.6

6.3.3.4　涂装工时管理

(1)冲砂工时影响因素

①除锈等级要求对工时的影响

船体各部位二次除锈的质量要求会根据其所在位置和所采用涂料的不同来确定。如处于外板、压载水舱等腐蚀环境恶劣的部位和需要采用高性能涂料(环氧树脂涂料、聚氨酯

涂料、无机锌涂料等)的部位,对二次除锈的质量有较高要求,其他部位的要求则相应较低。而钢材表面的质量等级对冲砂质量等级提出了要求,钢材表面的锈蚀等级可分为A、B、C、D四个等级。冲砂等级分为Sa1、Sa2、Sa2$^{1/2}$、Sa3四个等级,不同的等级要求使得冲砂人员承担了不同的作业负荷,较高的冲砂等级要求相应地会产生较高的作业负荷,作业时长会相应增加。根据现场实际调研得到如下冲砂等级与效率和工时的修正系数表(表6-27)。

表6-27 冲砂等级与工时修正系数表

清理等级	Sa2	Sa2$^{1/2}$	Sa3
相对效率/%	166.7	100	66.7
修正系数	0.6	1	1.5

②分段结构对工时的影响

分段冲砂作业是在封闭的冲砂车间中进行的,在这样有限的空间中作业,分段的结构便对作业人员的施工效率产生了重要的影响。依据作业人员所处环境的不同,可将施工人员的作业区域划分为开放区域、半封闭区域和封闭区域。在开放区域施工人员的可视条件较好,施工时身体活动的自由度较大,施工效率明显较高。而在半封闭区域可视条件有所下降,施工时身体活动范围也受到相应结构的限制,效率有所下降。完全封闭区域则各项条件都受到较大的限制,同时由于作业时铜矿砂冲击金属表面产生较大噪声,在封闭空间中噪声最大,使得作业效率大大降低。

在冲砂结束后需要进行清洁、清砂、收砂等工作。首先将脚手架、缝隙重叠处、跳板上的角落等地方的余砂吹落至底部。再用砂管或吸尘器将黏附在钢板表面的灰尘吹吸干净。清理的顺序为由上而下、由里到外依次进行,使得已经清理干净的地方不再受到污染。而正是由于分段结构的复杂性使得收砂作业的难度不一而同。

最后通过对不同结构下冲砂、收砂作业整理得到其相应的作业效率,以一个典型分段的作业工时为标准,给予其他复杂结构分段一个修正系数,通过试验不断完善修正系数,最终确定各部位相对于典型分段的修正系数,从而得到其冲砂作业的工时。

③分段打磨作业影响因素

在分段除锈的过程中,打磨的区域应该主要为钢板划痕,以及其他的一些飞溅等。焊缝、底漆损坏、锈蚀、烧损等区域,型材、人孔、漏水孔、R孔等切割边缘的端面有锈蚀及氧化皮要彻底去除,露出金属色质,标准要达到相应的规格书要求。分段打磨作业的效率相较于喷砂作业低,根据《涂装作业标准书》规定,Sa2.5级冲砂的考核指标约为每天每人每枪60 m^2,Sa1级冲砂的考核指标约为每天每人每枪100 m^2,而St3级分段打磨的考核指标约为每天每人每枪20 m^2,因此应对打磨区域修正系数进行相应调整。

④舾装件、管口保护影响因素

对于预舾装件、管子等在分段打磨前已经处理过的部位需要在分段除锈过程中进行保护,以防止除锈过程中二次污染已经处理清洁的部件,所以需要在作业前对舾装件、管口等部位进行清洁、包扎或者粘贴胶带等方式进行保护。这使得除锈作业的前期准备工作时间增加,所以可以通过添加修正系数的方式来准确预估工时。

这里以超大型油轮为例,通过选取该船的典型分段计算标准分段冲砂作业工时定额。通过试验和经验总结出各部位影响因素的修正系数,如表6-28所示。

表6-28　冲砂作业工时修正系数表

序号	影响因素							
1	结构影响收砂	水密肋板顶端						修正系数
		BBC	CAD	BCD	ACC			
		DBB	CBA	BCA	DCC			1.5
		密闭舱室						修正系数
		BBD	ACD	DBB	BBD			1.5
		开口向上						修正系数
		BBD	BBC	CAD	BCD			1.5
2	打磨作业	打磨作业						修正系数
		BBD	BBC	CAD	BCD	ACC	BBA	1.9
3	舾装件、管口保护	涉及部位						修正系数
		ABA	ABC	ABB	AAC	AAC	ACA	AAD
		BCD	BBD	BBC	CAD	BCD	ACC	BBA	1.1
		BBD	ACD	DBB	CBA	BCA	DCC	

(2)涂装工时影响因素

①油漆道数影响因素

船舶不同部位所处环境的不同,对油漆的性能会有不同的要求。根据油漆配套要求,其一般由防锈漆、连接漆和防污漆构成,一般情况下涂3到5道油漆,特殊情况除外(冰区等)。这里以超大型油轮为对象,建立油漆道数和喷涂标注工时定额修正系数间的逻辑关系,如表6-29所示。

表6-29　修正系数表

道数	2	3	4	5	6
修正系数	1	1.2	1.4	1.6	1.8

②高空车作业影响因素

高空车用于分段作业时高层部位的涂装施工作业。高空作业车操作复杂,对操作人员的技术提出了较高的要求,在使用车辆前必须检查发动机水、油是否在正常范围内,喷涂作业人员的动作也需格外小心,这都对涂装作业的效率产生较大的影响。高空车作业如图6-31所示。

图 6-31 高空车作业图

③特殊部位涂层保护影响因素

为了防止涂层系统过早破坏或老化,对特殊部位的涂层系统的类型、钢材的处理、涂装和涂层的质量检查以及维护建立了完善的涂层保护标准。依据相关涂层保护标准进行对相关涂装部位涂装作业,能够大大增加船舶涂层的性能和寿命,但同时也会增加劳动时间。

④舾装件、管口保护影响因素

同样以超大型油轮为例,通过选取该船的典型分段计算标准分段涂装作业工时定额。通过试验和经验总结出各部位影响因素的修正系数,如表 6-30 所示。

表 6-30　涂装工时修正系数表

序号	影响因素							
1	高空车作业	舯艉外板						修正系数
		BBC	CAD	BCD	ACC	BBC	CAD	BCD	
		DBB	CBA	BCA	DCC	ACD	DBB	BBD	1.1
		BBD	BBD						
2	涂层保护	双层底分段压载						修正系数
		BBD	BBC	CAD	BCD	ACC	BBA		
									1.1
3	舾装件、管口保护	涉及部位						修正系数
		ABA	ABC	ABB	AAC	AAC	ACA	AAD	
		BCD	BBD	BBC	CAD	BCD	ACC	BBA	1.1
		BBD	ACD	DBB	CBA	BCA	DCC		

6.3.3.5　涂装安全管理

(1)冲砂作业对安全管理的要求

①脚手架验收:作业前必须先对脚手架进行验收,同时还须对脚手板上、分段上及舱室内高处的可移动铁板、脚手余料进行彻底清理,防止物体打击事故发生。

②作业前必须将厂房大门关上,将通风、除尘、照明系统打开(由专人操作),按操作规程及相关技术要求规范安装必要的防护工装等。

③员工的安全帽、送风帽、防尘口罩、耳塞、工作服、冲砂手套、工作鞋、安全带等劳防用品检查完好,并规范穿戴,正确使用,劳务公司做好劳防用品的发放、登记、签收等工作。

④班组长落实作业中需要使用的工装件,并正确使用。其中分段使用的直梯须进行有效固定。

⑤必须使用防爆照明灯具。

⑥高于基准面 2 m 以上的高处作业必须挂好安全带,并高挂低用。

⑦冲砂作业中,冲砂枪口不准对人,冲砂枪修理时,必须先泄压。

⑧分段内的积砂必须及时清理,防止过重导致分段变形、倒塌引发安全事故。

⑨冲砂厂房内严禁吸烟,吸烟请在指定时间段至吸烟点。

⑩冲砂缸配电箱门须保持常闭,禁止擅自修理改动无限遥控设备。

⑪作业结束后,按《涂装部 5S 管理规定》相关要求,做好现场清扫工作等。

(2)打磨作业对安全管理的要求

①脚手架验收:作业前必须先对脚手架进行验收,同时还须对脚手板上、分段上及舱室内高处的可移动铁板、脚手余料进行彻底清理,防止物体打击事故发生。

②申请风机,落实通风。有限空间、密闭舱室、密闭分段打磨之前,必须先通风,由班组长填写风机申请单,经作业区管理人员审批后送支持作业区车辆运输班,待风机铲运到位,由作业区负责将风机吊上船。由支持作业区专业电工负责接电。通风管必须使用三防布风管(涂装作业舱室内部通风管可使用塑料风管),舱室风机数量按公司通风规定数量配置,特殊区域(艏尖舱、艉尖舱、蒸馏水舱、机泵舱底小舱、管弄)必须布设抽风管路。

③气包、压缩空气皮管的对接法兰接头处须用六颗螺丝拧紧。拉气包时必须安装专用滑轮工装,使用麻绳往上拉,禁止使用电缆或其他不结实的绳索,防止坠落发生物体打击事故,拉气包人员必须挂好安全带。在确认各节压缩空气皮管均接好,气包头子完好后,再打开压缩空气总开关。

④作业时必须先戴好送风帽(送风帽内必须有安全帽),安装两层防护玻璃,穿戴好工作服、工作鞋、打磨翻毛手套、安全带、耳塞等劳防用品;进入舱室或需要进行补充照明的区域必须使用防爆灯具;高处作业必须挂好安全带,并高挂低用;水上作业必须穿好救生衣。

⑤打磨枪使用时,要先确认转速和平稳度是否正常,异常的不得使用;受潮、变形或裂伤的打磨材料禁止使用;边角处打磨严禁使用工具硬磕,防止材料爆裂飞出伤人。

⑥擦洗溶剂时,必须使用防爆灯照明(非防爆的物件、物品严禁进舱);员工必须戴好防毒口罩、橡胶手套等。溶剂不允许携带上船,使用的溶剂揩布必须包裹严密,放置于安全区域。

⑦使用过的溶剂揩布、溶剂桶、手套,禁止倒在船上垃圾斗内,或丢在船上,必须按危险废弃物管理要求处理。

(3)使用高空车时对安全管理的要求

①高空车操作人员必须持证上岗,高空车内必须配备灭火器,并检查完好无误;高空车

防撞护栏完好,操作装置、报警装置良好。

②高空车作业斗内杂物必须及时清理干净,防止挡住车斗底部网板影响视线,造成事故。

③擦溶剂时必须配备封口容器,揩布要装在封口容器内。

④高空车作业人员必须使用全身式安全带,两个挂钩应分别挂设在防护栏杆与车体挂环处。

⑤高空车作业人员严禁高处翻越高空车斗,特殊区域(舵叶顶部区域、散货轮货舱四个顶角区域)除外。

⑥高空车停放时不能占用安全通道,不得压起重机轨道、警戒线以内区域,大臂、车斗及车身不得伸入起重机行驶的空间,如作业必须占用轨道施工的,则须事先填写轨道占用申请单,获批准后方可施工。

⑦高空车使用结束后有指定区域停放高空车的,必须停放到指定区域。

⑧吊笼操作人员必须持证上岗,挂速差式安全带,且保证一人一个速差式安全带。

(4)油漆作业对安全管理的要求

①脚手架检查确认,同时还须对脚手板上、分段上及舱室内高处的可移动铁板、脚手余料进行彻底清理,防止物体打击事故发生。

②油漆作业时,作业人员必须持证上岗,穿戴好通风面罩、防毒口罩、橡胶手套、工作服、工作鞋等劳防用品,高处作业要挂好安全带,并高挂低用;噪音大的区域要戴好耳塞;水上作业要穿好救生衣。

③喷涂作业时,必须安排专人监护,密闭舱室按规定做好通风,喷枪不准对人,喷枪保险、自锁装置和保护罩等安全装置必须完好;喷涂过程中,停枪必须上保险;枪口阻塞时,必须先泄压再进行修理。

④油漆作业必须使用防爆照明灯,涂装毗邻区域5~15 m以内严禁明火、烟火;舱内严禁带入手机、对讲机、打火机和其他金属物件;喷漆泵必须规范接地,不准将溶剂带上船。

6.3.4　基于三维模型的涂装智能设计综合技术

6.3.4.1　基于三维模型的涂装设计流程的分析

(1)在涂装智能化辅助设计系统中导入基于船体三维模型的涂装设计数据。

(2)在系统完成涂装管理相关参数的配置。

(3)程序自动完成涂装管理数据和机器人工艺数据的生成。

(4)根据已经建立的涂装智能设计技术与生产管理信息化的逻辑关系,程序将船舶生产管理所需的涂装工艺数据导入生产管理信息数据库,实现涂装智能设计技术与生产管理信息化的连接。

6.3.4.2 涂装辅助设计系统框架

系统的设计框架如图 6-32 所示。

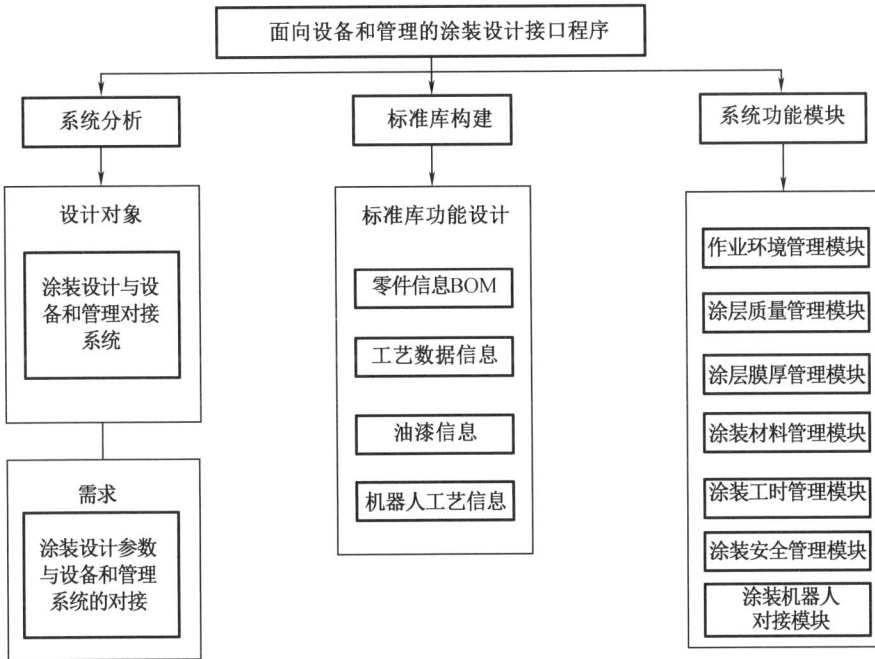

图 6-32 系统框架图

面向设备和管理的涂装设计接口软件开发具有作业环境管理、涂层质量管理、涂层膜厚管理、涂装材料管理、涂装工时管理、涂装安全管理和涂装机器人管理对接等模块,具体功能如表 6-31 所示。

表 6-31 系统详细功能列表

模块名称	主要功能	界面及功能详细描述	输入	输出
涂装生产管理模块	环境管理	显示不同构件作业时的工作环境状态,提示是否适合相关作业(并对这些信息具备增删改的功能)	温度信息、湿度信息	温度、湿度信息及在其对应施工环境是否合适的提醒
	涂层管理	显示涂层对应的油漆信息、涂层膜厚信息、涂层质量信息(并对这些信息具备增删改的功能)	构件面积、除锈等级、油漆名、干膜厚度	构件面积、除锈等级、油漆名、干膜厚度、湿膜厚度、固体含量、固化时间、二次除锈质量要求等

表 6-31(续)

模块名称	主要功能	界面及功能详细描述	输入	输出
涂装生产管理模块	材料管理	对分段涂装阶段涂料及稀释剂用量进行预估,并且同构构件页面显示每个工人负责构件的涂料用量(并对这些信息具备增删改的功能)	构件面积、油漆名、涂布率、稀释量	油漆用量、稀释剂用量等
	工时管理	对分段涂装阶段工时进行预估,并透过构件划分实现派工,可在构件截面查询预估工时(并对这些信息具备增删改的功能)	面积、道数、除锈等级	冲砂额定工时预估、涂装额定工时预估
	安全管理	显示不同作业环境、状态下的作业安全规范与相应的要求(并对这些信息具备增删改的功能)	涂装方式、作业部位	安全规范要求
机器人管理模块	机器人数据对接	实现涂装参数与涂装机器工艺信息的对接,实现机器人的智能涂装功能参数配置与路径规划(并对这些信息具备增删改的功能)	涂装部位、作业宽度及高度、油漆名、漆膜厚度	喷枪型号、喷嘴型号、泵压力、喷枪高度、车体速度、横移距离
基础信息模块	机器人基础信息储存	储存机器人基础几何信息、空间信息(并对这些信息具备增删改的功能)	油漆名、漆膜厚度、喷枪型号、喷嘴型号、泵压力、喷枪高度、车体速度、横移距离	
基础信息模块	涂装工艺信息储存	储存涂装工艺对应相关信息(并对这些信息具备增删改的功能)	冲砂工时影响因子及其修正系数对应部位代码、除锈等级对应修正系数、涂层道数对应修正系数、涂装工时影响因子及其修正系数对应部位代码、涂装作业损耗系数对应部位代码、标准分段涂装作业工时定额、标准分段冲砂作业对应工时定额	
	油漆信息储存	储存油漆的各项基础信息(并对这些信息具备增删改的功能)	供应商信息、油漆名、颜色、固体含量、理论涂布率、闪点、稀释量、稀释剂牌号、固化时间	

6.4 涂装智能设计的应用技术

涂装设计涉及涂料供应商、系列产品、产品技术参数、涂装施工工艺等大量的数据信息。涂装工艺设计在制定过程中也存在复杂性、多因素性、经验性等特点。在不同的设计软件背景下,实现涂装工艺完整性建模,以解决涂装结构表面空间位置信息、几何信息、工艺信息在涂装管理系统与智能喷涂设备之间的数据指令提取、传输与交换问题。

图 6-33 所示为涂装智能化设计技术应用流程图。

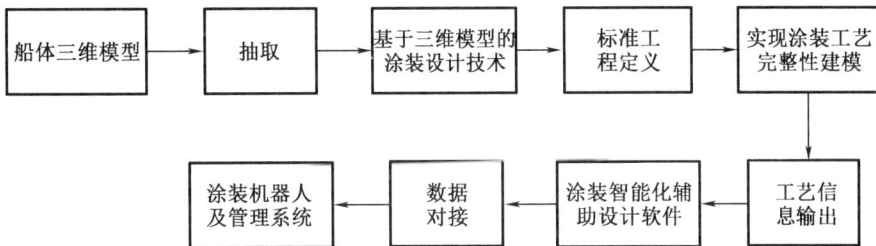

图 6-33 涂装智能化设计技术应用流程图

利用涂装工程定义标准、涂装作业分解标准、涂装工艺信息、涂装智能设备信息,基于三维模型,制定涂装三维建模完整性特征标准。分析和评估涂装智能化设计软件,并依照评估效果进行涂装智能软件二次开发,形成涂装智能化辅助设计软件。最终选择大型散货船货舱段平直外板进行应用验证,检验并分析验证效果。涂装智能设计的应用技术路线如图 6-34 所示。

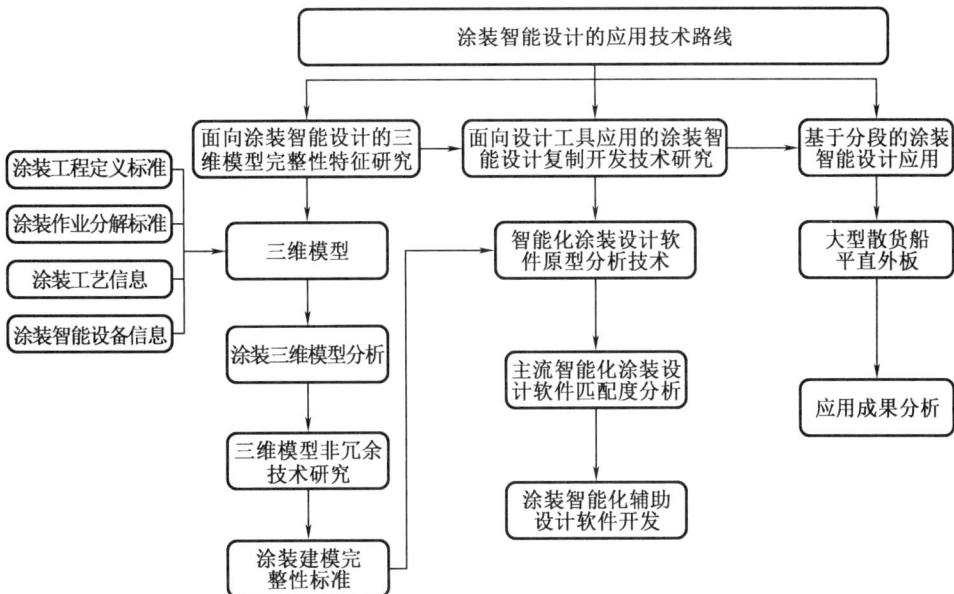

图 6-34 涂装智能设计的应用技术路线

6.4.1 面向涂装智能设计的三维模型完整性特征

以三维模型为核心,对涂装设计、生产、管理等信息进行梳理,建立相关数字化标准,结合三维模型集成完整的产品数字化定义信息。

6.4.1.1 基于三维模型的船舶产品特征

基于三维模型的船舶产品是采用三维建模技术进行船舶产品的数字化定义,融合虚拟现实、工艺仿真技术、三维图形技术,将船舶产品船体、舾装、涂装各专业的开发和分析过程集成到一起,给出能够为船舶全生命周期各环节应用的准确、完整、规范和有效的特征定义。具体注意事项如下:

(1)产品三维几何的表达

全三维数字模型完整表达了船舶产品船体结构、舾装区域三维几何模型,同时完整表达了产品模型之间的拓扑关系,形成产品模型结构树,并描述了产品零部件之间的装配关系。

(2)产品信息表达

全三维数字化模型还定义了船体分段、舾装托盘的属性信息,分段与托盘的零部件加工信息、装配信息,描述了产品的焊接工艺和涂装工艺信息。

(3)具有船舶制造图纸的可生成性

根据船舶三维模型和产品信息,可以生成船体生产、涂装作业等施工图纸,用于现场施工。

(4)具有船舶产品生产信息的传递性

全三维数字模型的设计编码信息、设计 BOM 信息、设计计划管理信息等,通过模型的信息集成流转,由生产管理继承应用,进行生产计划安排、任务包的物量计算、生产效率与负荷分析等。

(5)具有船舶产品制造信息的传递性

利用全三维数字模型、产品信息等,可以生成产品零件的制造 BOM,用以作为领料依据,进行制造计划的安排等。

(6)具有船舶产品可制造性分析

根据全三维数字模型和产品信息,可以进行设计评估仿真验证,对分段、区域、托盘等划分合理性和综合布置合理性进行分析,对各类零部件进行设计过程的干涉检测。

6.4.1.2 船舶涂装工艺阶段

(1)分段涂装

分段涂装是船舶涂装中最重要的环节。除特种船舶的特殊部位(如成品油船的货油舱)外,船体的各个部位在分段阶段都要进行部分或者全部涂层的涂装。涂装应注意以下问题:

①分段涂装应在预舾装工作完成后进行。

②分段涂装前,对分段的大接缝、尚未进行密性试验的焊缝以及不该涂装的部位与构件,用胶带或其他包覆性材料进行遮蔽。

③分段涂装结束后,应使涂层充分干燥。

（2）总段涂装

总段涂装是指分段在船台(坞)合拢以后直至船舶下水(出坞)前这一阶段的涂装作业。该阶段涂装主要工作内容为船体大接缝修补涂装,分段涂装后由于机械原因或焊接、火工矫正等原因引起的涂层损伤部位的修补,以及船舶下水(出坞)前必须涂装到一定阶段或全部结束的部位的涂装。改阶段应注意以下问题：

①船体的大接缝及分段阶段未作涂装的气密性焊缝试验,应在试验结束后进行修补涂装。

②修补涂装时,修补区域的涂料品种、层数、每层的膜厚要与周围涂层一致,并按照顺序涂装。

③船体外板涂装时,对牺牲阳极、声呐探测器、螺旋桨、外加电流保护用的电极等不需要涂装的部位,应做好遮蔽。

（3）坞内涂装

坞内涂装主要是对船体水线以下区域进行完整性涂装。坞内涂装需要注意以下问题：

①水线以下区域涂装前应先用高压水认真冲洗,清楚污泥杂物。

②船舶进坞后,应放尽压载水,以免外板表面产生凝露,影响涂装。

③在出坞前涂层应完全干燥。

6.4.1.3　涂装生产工艺信息的输出标准

最后是分段的划分,由于船舶涂装设计是根据不同的涂装区域做出相应的油漆配套,从而以此展开工作,又需要根据分段出图,因此涂装区域和船体分段之间就存在必然的联系。实际上,二者的关联关系相互交错,一个涂装区域内可能包含多个分段,而一个分段也往往跨越多个涂装区域,因此它们之间属于一种多对多的关系。

所以涂装配套设计时是以区域划分的方式进行的,而分段的划分按照船体现场施工要求进行划分,分段中所包含的构件信息和按区域划分的涂装构件信息相同。最终系统导出以区域、舱室、部位、构件划分的零件 BOM 及以分段涂装划分的配套 BOM,举例如表 6-32 和表 6-33 所示。

表 6-32　BC21 型船零件表

编码	区域	编码	舱室	编码	部位	编码	构件
A	艉部区域	AB	应急消防泵海水箱	ABA	应急消防泵海水箱	ABA1	应急消防泵海水箱 1 号
						ABA2	应急消防泵海水箱 2 号
				ABB	应急消防泵海底门	ABB1	应急消防泵海底门 1 号

表 6-32（续）

编码	区域	编码	舱室	编码	部位	编码	构件
B	船底区域	BA	平船底	BAA	左前平船底	BAA1	左前平船底 1 号
						BAA2	左前平船底 2 号
				BAB	右前平船底	BAB1	右前平船底 1 号
						BAB2	右前平船底 2 号
		BB	垂直船底	BBA	左前垂直船底	BBA1	左前垂直船底 1 号
						BBA2	左前垂直船底 2 号
				BBB	右前垂直船底	BBB1	右前垂直船底 1 号
						BBB2	右前垂直船底 2 号
C	C/HOLD	CA	1 号货舱	CAA	左货舱顶壁	CAA1	左货舱顶壁 1 号
						CAA2	左货舱顶壁 2 号
						CAA3	左货舱顶壁 3 号
				CAB	右货舱顶壁	CAB1	右货舱顶壁 1 号
						CAB2	右货舱顶壁 2 号
						CAB3	右货舱顶壁 3 号

表 6-33 H1466 分段涂装配套表

构件编码	构件名	除锈等级	面积/m²	道数	油漆名称及牌号	干膜厚度/μm
ABB1	应急消防泵海底门 1 号（SC）	St3	12	1	BANNOH15005084GREY	150
				2	BANNOH1500SZ5084KPLUM	100
				3	BANNOH15005084GREY	135
				4	SEAGRANDPRIX660HS5904BLIGHTBROWN	135
BAB1	右前平船底 1 号（MC）	St3	15	1	BANNOH15005084GREY	150
				2	BANNOH1500SZ5084KPLUM	100
				3	SEAGRANDPRIX660HS5904BBROWN	135
				4	SEAGRANDPRIX660HS5904BLIGHTBROWN	135
CAA1	左货舱顶壁 1 号	St3	20	1	BANNOH15005084REDBROWN	73
				2	BANNOH15005084GREY	73
CAA2	左货舱顶壁 2 号	St3	22	1	BANNOH15005084REDBROWN	73
				2	BANNOH15005084GREY	73
St3	右货舱顶壁 3 号	St3	20	1	BANNOH15005084REDBROWN	73
				2	BANNOH15005084GREY	73

6.4.1.4　生产管理信息的输出标准

现有涂装生产管理信息的主要内容包括相应的零件名称(或分段名称)、涂装温度、湿度、涂料闪点、冲砂工时及喷涂工时、相应涂料及稀释剂的用量和固化时间、涂装安全规则等,以 TXT 文本格式输出,如图 6-35 所示。

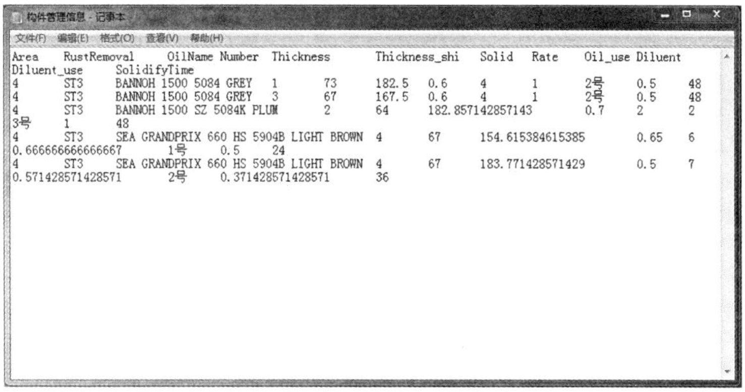

图 6-35　构件管理信息

涉及涂装机器人的信息包括涂装区域、油漆名、漆膜厚度、涂装区域高度、区域宽度、喷枪型号、喷嘴型号、泵压力、喷嘴高度、车体速度及横移距离等参数信息,同样以 TXT 文本格式输出,如图 6-36 所示。

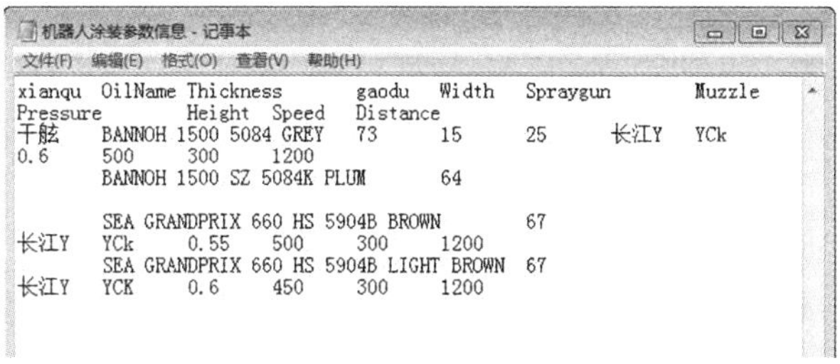

图 6-36　涂装机器人运行信息

6.4.2　面向设计工具应用的涂装智能设计辅助系统

涂装智能设计辅助系统,满足涂装智能设计三维模型完整性特征要求,利用智能提取技术,以实现涂装智能设计的准确性和完整性。

6.4.2.1　涂装智能设计辅助系统体系结构的选择

综合考虑下选择 C/S 架构可以比较好地符合要求。C/S 结构的优点是能充分发挥客户端计算机的处理能力,很多工作可以在客户端处理后再提交给服务器,客户端响应速度快。具体表现在以下两方面:

（1）应用服务器运行数据负荷较轻

最简单的 C/S 体系结构的数据库应用由两部分组成，即客户应用程序和数据库服务器程序。二者可分别称为前台程序与后台程序。运行数据库服务器程序的机器，也称为应用服务器。一旦服务器程序被启动，就随时等待响应客户程序发来的请求；客户应用程序运行在用户自己的电脑上，对应数据库服务器，可称为客户电脑，当需要对数据库中的数据进行任何操作时，客户程序就自动地寻找服务器程序，并向其发出请求，服务器程序根据预定的规则做出应答，送回结果，应用服务器运行数据负荷较轻。

（2）数据的储存管理功能较为透明

在数据库应用中，数据的储存管理功能是由服务器程序和客户应用程序分别独立进行的，并且通常把那些不同的（不管是已知的还是未知的）前台应用所不能违反的规则，在服务器程序中集中实现，例如访问者的权限，编号可以重复、必须有客户才能建立订单这样的规则。所有这些，对于工作在前台程序上的最终用户，是"透明"的，他们无须过问（通常也无法干涉）背后的过程，就可以完成自己的一切工作。在客户服务器架构的应用中，前台程序不是非常"瘦小"，麻烦的事情都交给了服务器和网络。在 C/S 体系下，数据库不能真正成为公共、专业化的仓库，它受到独立的专门管理。系统总体架构如图 6-37 所示。

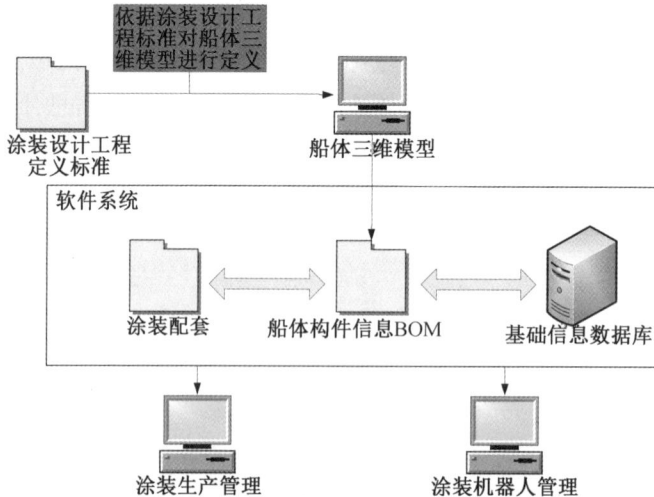

图 6-37　系统总体架构图

图 6-38 是从需求分析中总结的功能类抽取出的实际业务逻辑实体关系图。数据库物理结构关系图如图 6-39 所示。

6.4.2.2　涂装智能设计辅助系统功能模块的设计

（1）涂装设计数据录入模块

在登录接口程序后，出现如图 6-40 所示界面，操作人员可在该界面创建新船或在相应信息库中录入数据，如系统已经录入过相应船舶的信息，可在查询栏中进行查询。选中船号后，点击进入管理界面，如图 6-41 所示。

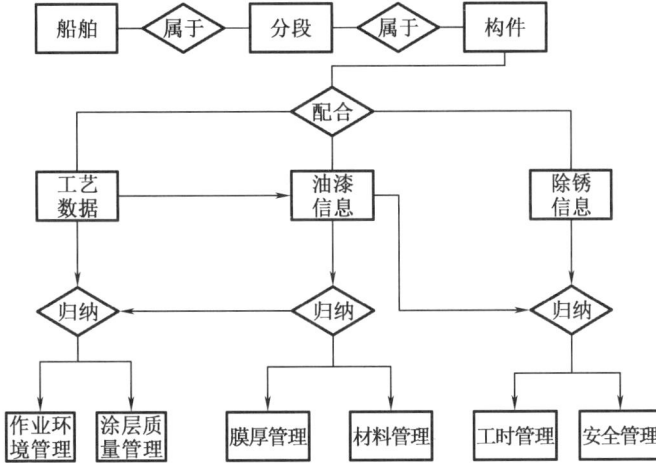

图 6-38 业务逻辑实体关系图

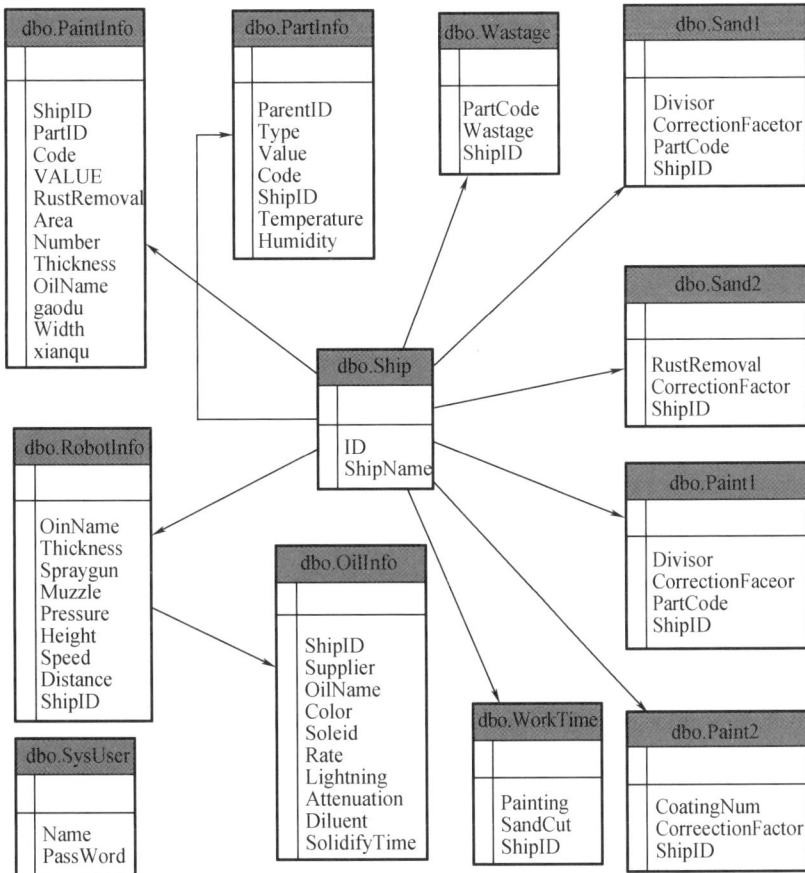

图 6-39 数据库物理结构关系图

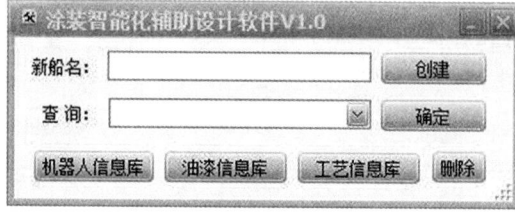

图 6-40　界面信息

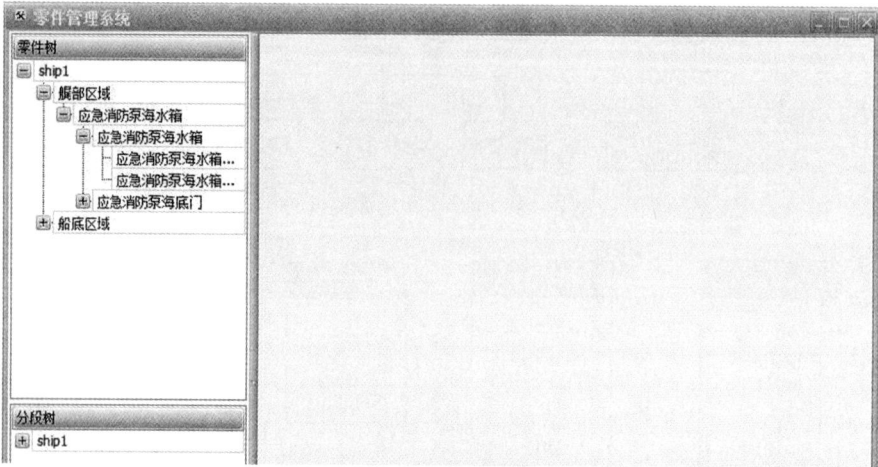

图 6-41　生产管理界面

如图 6-42 所示,通过右击相关船名,右击零件树和分段树弹出对话框选择导入零件表和涂装配套表,界面会以树状形式显示船体零件树和分段涂装配套树,零件树包含区域、舱室、部位、构件四级,分段涂装配套树包含分段名和构件两级。

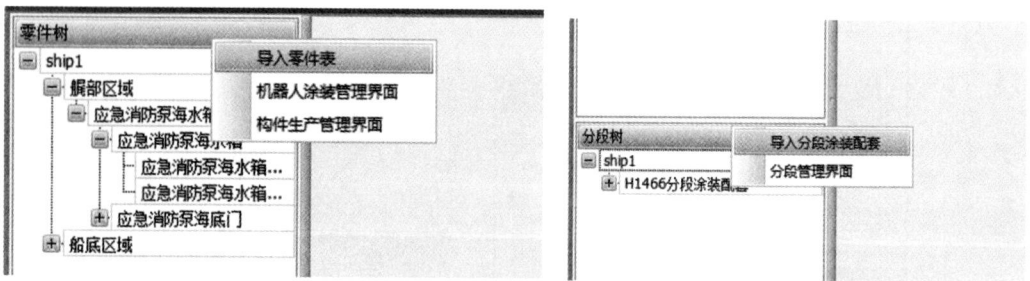

图 6-42　涂装设计文件导入模块

接口程序需要导入船体零件表和涂装配套表两个表格。船体零件表由三维建模软件导出,表格依照涂装设计工程定义标准规则划分的船体构件信息,包含区域、舱室、部位、构件等四级编码。

(2)涂装生产管理功能模块

导入船体的零件表和涂装配套表后,系统会自动生成如图 6-43 所示的生产管理界面,可以通过点击不同构件名,查看相应构件的生产管理信息,实现涂装生产的精细化管理。

图 6-43　构件信息管理界面图

图 6-44 所示为分段管理界面,包含了该分段下所有构件的信息汇总,包括总的涂装工时信息,各类油漆类型及用量的汇总,各类稀释剂类型及用量的汇总,方便涂装生产管理人员统计,使得工时管理和物量管理更加精细化。

图 6-44　分段管理界面

涂装机器人对接模块的主要作用是实现涂装生产设计工艺信息与涂装机器人的数据对接,如图 6-45 所示。右击包含机器人涂装需求的区域名称显示机器人参数管理界面,其中包括涂装机器人喷涂作业时的配置参数以及轨迹代码,点击修改可以修改各项参数,点击导入即可将各参数导入机器人接口。

(3)基础信息库模块

系统所包含的机器人信息库、油漆信息库和工艺信息库三个基础信息库,如图 6-46 所示。其中,机器人信息库和油漆信息库为全项目通用基础信息,任意一条船的项目都可调用。而工艺信息库包含每一条船所特有的涂装工艺信息,所以必须在查询确定船号项目后完成工艺信息的录入,每个项目配套一个专属工艺信息库。油漆信息库界面如图 6-47 所示。

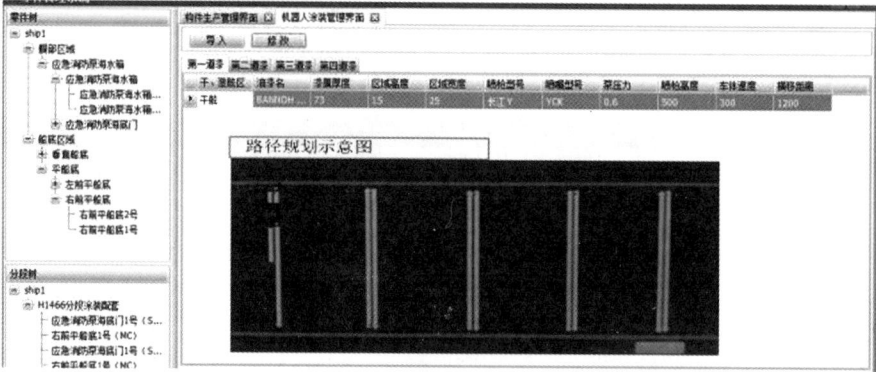

图 6-45　涂装机器人管理界面

图 6-46　机器人信息库界面

图 6-47　油漆信息库界面

　　工艺信息库界面如图 6-48 所示,其包含了对船舶喷砂、涂装作业各影响因素信息,通过现场的试验以及数据分析,可以得到相应影响因素对涂装工时以及涂料用量的修正系数,并且录入选取的相应标准分段的涂装作业工时定额和冲砂作业工时定额。

　　通过右击相对应的影响因素表界面弹出如图 6-49 所示界面,可以根据实际需求增加新的影响因素和与之对应的修正系数,通过点选部位的方式,使得该部位下对应的构件具备该影响因子。在系统计算的构件涂装工时会自动乘以该构件对应的修正系数,使得工时的管理更加精细化。

图 6-48　工艺信息库界面

图 6-49　影响因子添加界面

6.5　应用验证与评估

选取基于涂装工艺和配套复杂度要求高的典型分段,面向智能喷涂装备的工艺需求,应用涂装智能化辅助设计系统,完成设计应用验证和评估。

6.5.1　应用环境

(1)服务器要求

至少一台服务器用来为系统提供正常服务。

计算机和处理器:配备兼容 Intel Pentium 2.40 GHz 处理器的标准台式机电脑。

内存:1.25 GB 内存。

硬盘:20 GB 的可用硬盘空间。

操作系统:安装了最新服务包的 Microsoft、Windows、XP、Profession、Edition(updateto SP2)。

支持软件:Internet Explorer 6.0(IE 6.0)简体中文版及以上版本。

数据库:sqlserver2008。

网络及协议:服务器满足数据库 Oracle(R)Enterprise 9I 和网络域的成员数量要求。以 TCP/IP 协议为主的 Internet 结构,同时需要支持用户数据协议(UDP)和互联网控制消息协议(ICMP)。

程序语言及编程环境:C#、Visual Studio2010。

(2)客户端要求

计算机和处理器:pentium(R)42.39 GHz。

内存:1.25 GB。

硬盘:15 GB 硬盘空间。

操作系统:Windows、XP、Professional。

支持软件:安装了最新服务包的 Internet Explorer 6 及以上。

6.5.2　涂装智能设计数据传输及应用

以某型船的 525 分段为例,该分段为典型的压载舱分段,包括船底、货舱顶壁、干舷、货舱通道、主甲板以及两个压载舱区域。首先调入分段模型,在调入船体模型时需用 Box 进行限定,可以在 2D 或 3D 图形中查询出需要计算的舱室边界,使调入的模型与需要计算的模型相一致。此边界采用全船固定坐标来标注,坐标值的大小最好采用绝对数值来表示。

选用 No Automatic(无自动)的方式来计算包含于 Room(房间)中的结构模型,这时可以使用 Panel(面板)中的 same as view(　)函数,根据设计需要计算舱室,进行若干边界定义。边界定义完成后可以预览一下所定义的边界与实际需要计算的边界是否相一致,如图 6-50 所示。

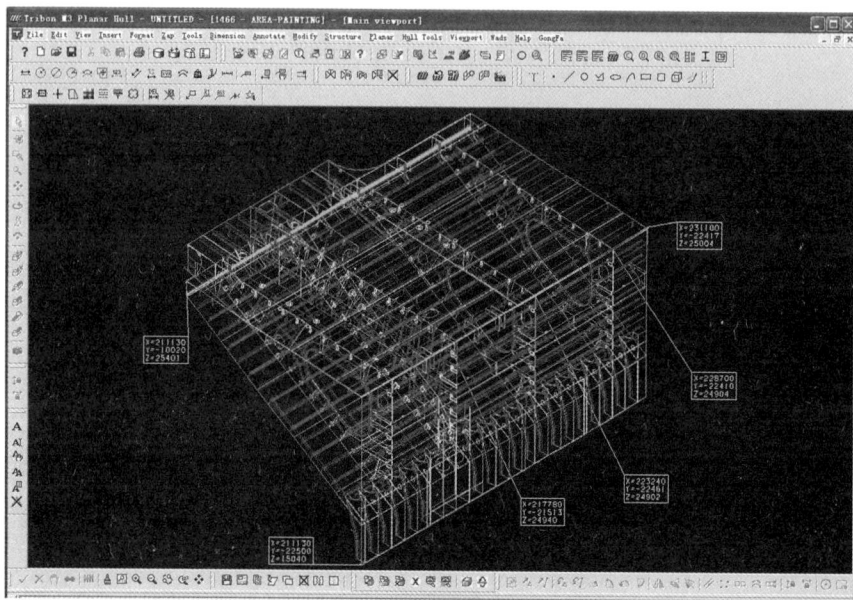

图 6-50　Tribon 分段面积计算操作界面

按程序的提示退出并进行计算,计算结束后用来查看最终计算结果,也可以查看明细及最终结果。

6.5.2.1　从 Tribon 中导出模型数据

运行系统点击 Menu(Paint. >Entire Area Management)输入船名后关闭即可。"C:\Smart Paint\Sample\" 文件夹中需要包含同船名的 Room List 文件(ex. Smart Paint_Room Name_TAAcsv). Room List 文件中指定的 Room List 在未来生成新船时,需要定义的部分将自动导出到 Room List 中。从 Tribon 中抽取的模型导入 Smart Paint,Menu(Paint. >Paint Spec Management)选择 Import Model 标签,将从 Tribon 中抽取的模型进行导入,导入完成后如图6-51所示。

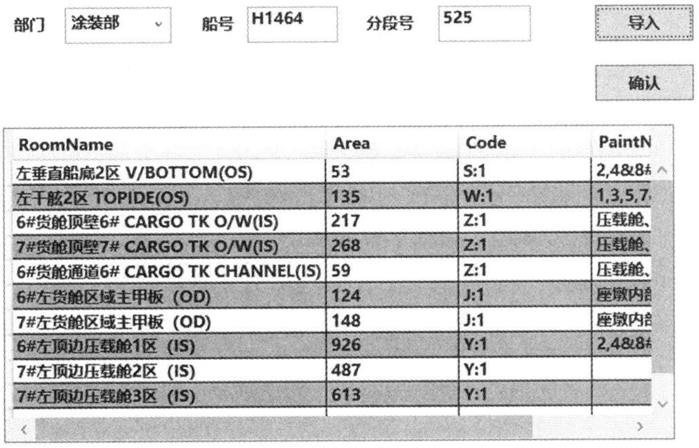

RoomName	Area	Code	PaintN
左垂直船底2区 V/BOTTOM(OS)	53	S:1	2,4&8#
左干舷2区 TOPIDE(OS)	135	W:1	1,3,5,7
6#货舱顶壁6# CARGO TK O/W(IS)	217	Z:1	压载舱
7#货舱顶壁7# CARGO TK O/W(IS)	268	Z:1	压载舱
6#货舱通道6# CARGO TK CHANNEL(IS)	59	Z:1	压载舱
6#左货舱区域主甲板 (OD)	124	J:1	座墩内部
7#左货舱区域主甲板 (OD)	148	J:1	座墩内部
6#左顶边压载舱1区 (IS)	926	Y:1	2,4&8#
7#左顶边压载舱2区 (IS)	487	Y:1	
7#左顶边压载舱3区 (IS)	613	Y:1	

部门 涂装部 　船号 H1464 　分段号 525 　导入　确认

图6-51　525分段数据导入界面

6.5.2.2　应用涂装设计系统实现颗粒细分

确认数据导入无误后,根据分段、区域最小颗粒度细分原则,将分段进行自动区域划分。划分时根据分段各区域大小合理修改调节 code 参数,左垂直船底2区设 S:1,左干舷2区设 W:1,6#货舱顶壁6#设 Z:2,7#货舱顶壁7#设 Z:2,6#左货舱区域主甲板设 J:1,7#左货舱区域主甲板设 J:1,6#左顶边压载舱1区设 Y:6,7#左顶边压载舱2区设 Y:3,7#左顶边压载舱3区设 Y:4。完成参数调节,确保细分符合设计者需求后点击">>"按键,导出区域细分参数,点击"确认"完成操作。如图6-52所示。

完成颗粒细分操作后,进行下一步操作,检验矫正。对照525分段模型图,统计分段总面积为3030,将分段共细分为 S1、W1、Z1、Z2、Z3、Z4、Z5、J1、J2、Y1、Y2、Y3、Y4、Y5、Y6、Y7、Y8、Y9、Y10、Y11、Y12、Y13 共22个区域,检验完毕,确认无误后,点击"确认"。如图6-53所示。

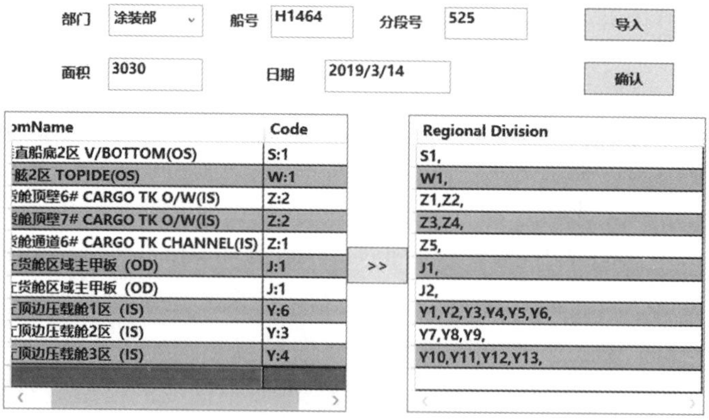

图 6-52　525 分段颗粒度细分操作界面

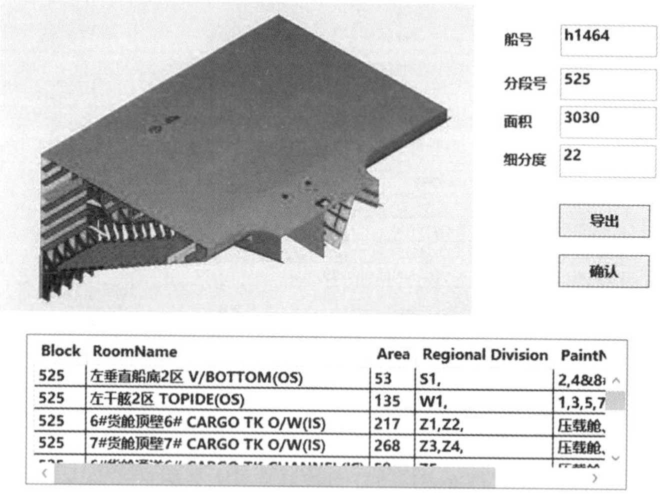

图 6-53　525 分段数据检验校正操作界面

6.5.2.3　涂装配套的设计

根据油漆供应商提供的本船所需要的油漆配套,建立油漆信息库。可以直接导入油漆配套表、油漆明细表、分段、区域涂装图册等的油漆信息,是管理统计各种油漆用量、稀释剂用量的基础。可以进行供应商的添加、删除、修改,油漆的添加、删除、修改,导入配套表等操作。在添加油漆时,设定某些项为必填项,可以根据面积信息直接计算油漆和稀释剂的用量,也保证了油漆信息的完整和系统的稳定。生成列表按照油漆种类排序便于查找、修改等操作。如图 6-54 所示。

通过以上方法完成船体的构件划分后,将划分好的零件表导入涂装智能化辅助设计软件。操作步骤如下:

①创建 H1464 船涂装设计管理项目,如图 6-55 所示。

②导入 H1464 船零件表及 525 分段涂装配套表。零件表及涂装配套表文件如图 6-56所示。

③在涂装工艺数据库中完成涂装工艺信息的配置,如图 6-57 所示。

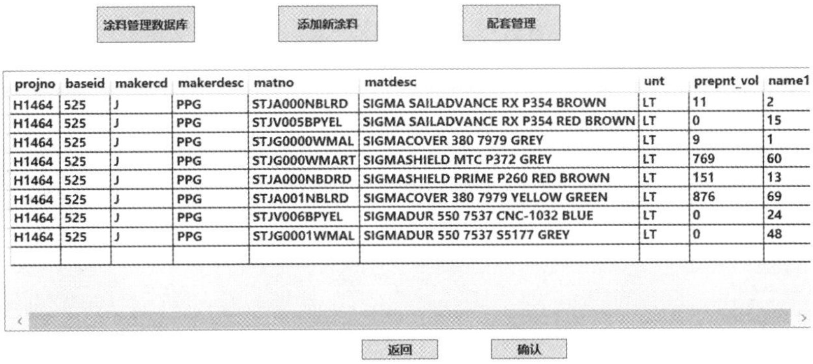

涂料管理数据库　　添加新涂料　　配套管理

projno	baseid	makercd	makerdesc	matno	matdesc	unt	prepnt_vol	name1
H1464	525	J	PPG	STJA000NBLRD	SIGMA SAILADVANCE RX P354 BROWN	LT	11	2
H1464	525	J	PPG	STJV005BPYEL	SIGMA SAILADVANCE RX P354 RED BROWN	LT	0	15
H1464	525	J	PPG	STJG0000WMAL	SIGMACOVER 380 7979 GREY	LT	9	1
H1464	525	J	PPG	STJG000WMART	SIGMASHIELD MTC P372 GREY	LT	769	60
H1464	525	J	PPG	STJA000NBDRD	SIGMASHIELD PRIME P260 RED BROWN	LT	151	13
H1464	525	J	PPG	STJA001NBLRD	SIGMACOVER 380 7979 YELLOW GREEN	LT	876	69
H1464	525	J	PPG	STJV006BPYEL	SIGMADUR 550 7537 CNC-1032 BLUE	LT	0	24
H1464	525	J	PPG	STJG0001WMAL	SIGMADUR 550 7537 S5177 GREY	LT	0	48

返回　　确认

图 6-54　525 分段油漆配套操作界面

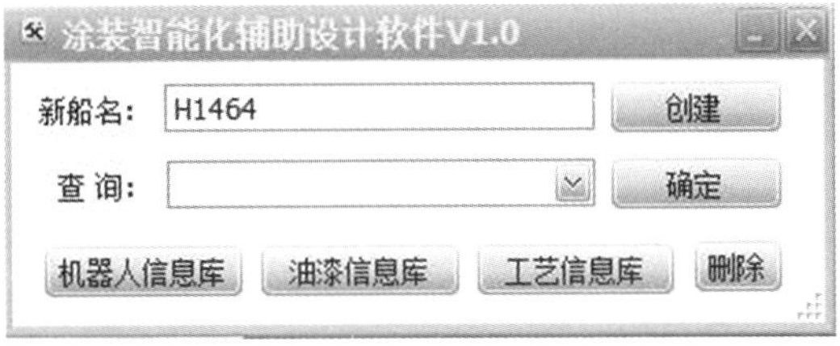

图 6-55　项目创建

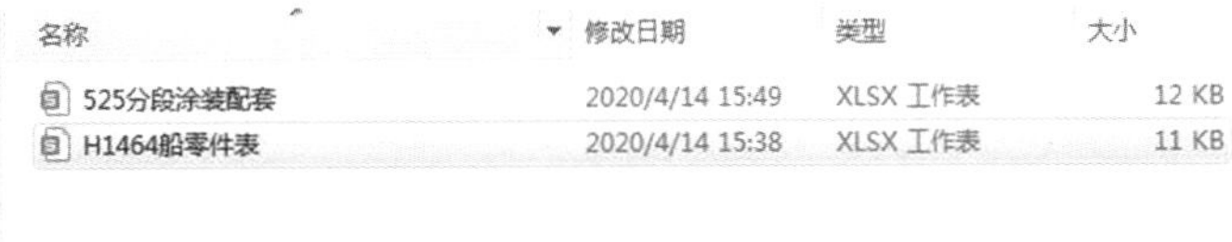

名称	修改日期	类型	大小
525分段涂装配套	2020/4/14 15:49	XLSX 工作表	12 KB
H1464船零件表	2020/4/14 15:38	XLSX 工作表	11 KB

图 6-56　零件表及涂装配套表文件

图 6-57　工艺信息配置

6.5.2.4　管理信息的查询及导出

构件管理信息的查询如图 6-58 所示。

图 6-58　构件管理信息查询

分段管理信息的汇总如图 6-59 所示。

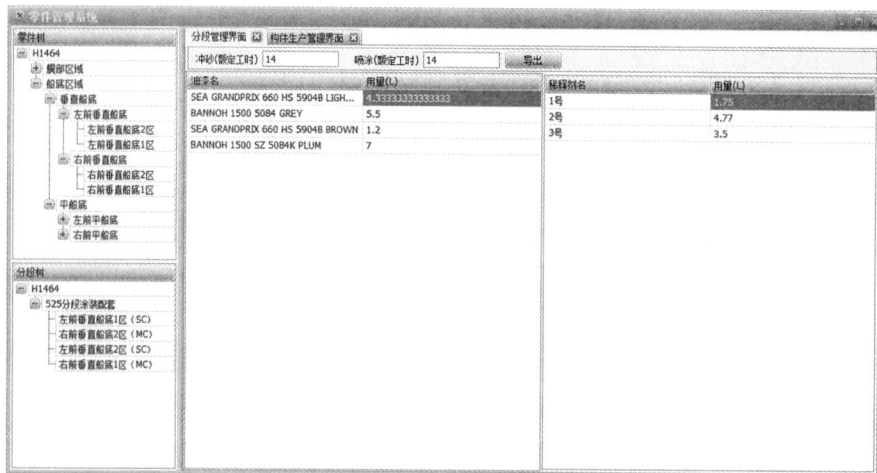

图 6-59　分段管理信息汇总

对于含有机器人涂装信息的构件,在机器人管理界面中核查确定所有信息,如图 6-60 所示。点击"导出"按钮,弹出如图 6-61 所示界面,选择储存文件的位置及文件名,点击"保存"即可完成涂装构件管理数据的导出。

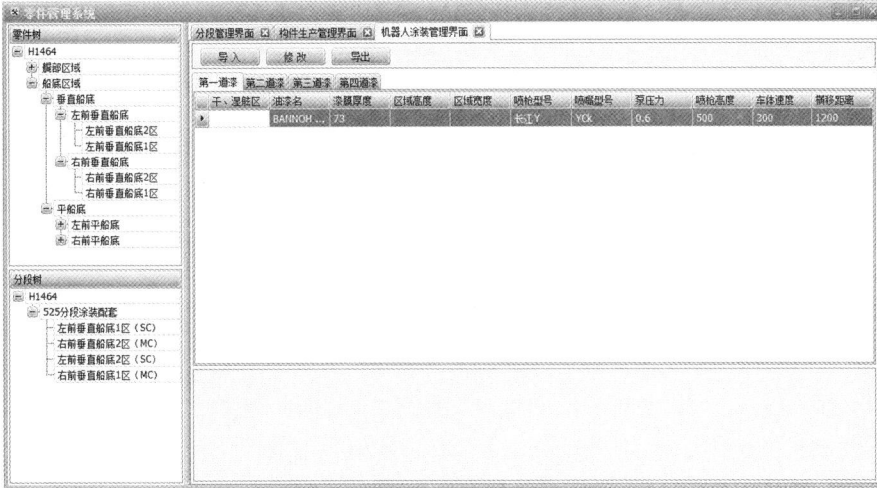

图 6-60　机器人运行参数

图 6-61　选择数据保存位置

机器人运行参数会以 TXT 文本格式保存在相应位置,如图 6-62 所示。

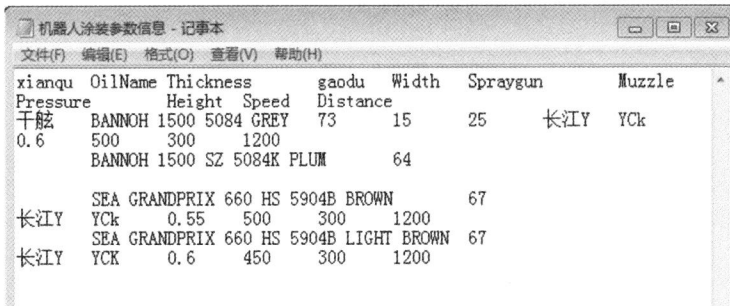

图 6-62　机器人运行数据输出

6.6 本章小结

船舶涂装工艺智能化设计技术包含面向智能制造涂装设计工程定义、面向设备和管理的涂装智能化设计、面向涂装智能设计的三维模型完整性、涂装智能化设计数据传输等技术,本章详细论述了船舶涂装工艺智能设计技术的相关内容,指出了当前涂装工艺智能化设计技术大背景与现状,给出了区域涂装的工程定义,介绍了涂装智能设计辅助系统等核心系统,并给出了某型船的应用实例,为推行涂装作业标准化、高效化提供了保证。

(1)涂装智能化设计工程定义

这部分主要介绍了涂装工艺标准化定义的主要内容及其逻辑关联,给出了船舶区域、舱室、部位、构件的标准化定义;详细分析了面向壳舾涂一体化的涂装工程智能化分解技术,包括区域、舱室、部位划分标准,提出了舾装、区域定义算法,以某船型区域涂装为例,实现了船舶涂装智能化设计工程定义应用。

(2)面向设备和管理的涂装智能化设计技术

这部分主要介绍了面向设备和管理的智能涂装工艺特征,对涂装机器人参数、涂装管理信息进行了梳理,介绍了面向爬壁式涂装机器人的智能设计技术,确定了涂装区域空间信息及具体参数,给出了涂装生产管理信息要求,包括涂装作业环境管理、图层质量管理、涂装材料管理、涂装工时管理、涂装安全管理等信息;分析了基于三维模型的涂装设计流程及涂装辅助设计系统框架。

(3)涂装智能设计应用验证

这部分主要介绍了基于三维模型的涂装三维模型完整性特征,利用涂装工程定义标准、涂装作业分解标准、涂装工艺信息、涂装智能设备信息,基于三维模型,制定了涂装三维建模完整性特征标准;开发了涂装智能设计辅助系统,满足涂装智能设计三维模型完整性特征要求,利用智能提取技术,实现涂装智能设计的准确性和完整性。

参 考 文 献

[1] 应长春. 船舶工艺技术[M]. 上海:上海交通大学出版社,2013.

[2] 肖克. CO_2 激光切割机在工业企业的应用前景[J]. 光机电信息,2004(01):13-15.

[3] 谢新. 船舶制造工艺装备的发展与创新[J]. 造船技术,2007(03):1-4.

[4] 杨振,龚建东,胡小才. 舾装安装顺序智能化设计技术[J]. 船海工程,2021,50(02):102-105.

[5] 吕昊,陈昱希,刘成,等. 船舶管路磁信号数值模拟[J]. 造船技术,2021,49(03):56-59.

[6] 朴香美,朱明华,单小芬. 基于三维体验平台的双层底分段工艺成组技术[J]. 船海工程,2021,50(04):1-4.

[7] 李明鹏,翁成生,徐建军,等. 面向数字化制造的船舶管路设计编码规则探讨[J]. 船舶标准化与质量,2021(01):6-9,32.

[8] 闫新华,付黎伟,甄守乐. 三维激光切割机的发展现状及未来动向[J]. 锻压装备与制造技术,2021,56(04):7-10.

[9] 颜丽琳,王睿,刘海滨,等. 舾装生产设计图纸信息的提取和发布[J]. 船舶与海洋工程,2021,37(05):71-73,78.

[10] 苑明超. 复杂产品装配过程规划及仿真技术的研究[D]. 沈阳:东北大学,2008.

[11] 曹晶. 基于 C/S 架构与数据库技术的船舶集成套料系统研究[D]. 南京:南京理工大学,2012.

[12] 刘平革,朱书峰,郑兵,等. 船体零件套料的发展及现状[J]. 船电技术,2015,35(10):63-66.

[13] 刘新. 船体构件加工作业制造执行管理系统研究[D]. 镇江:江苏科技大学,2018.

[14] 张元玮,王良秀,王硕丰,等. 海洋工程船舶综合电力推进系统关键技术分析[J]. 船舶工程,2014,36(03):75-80.

[15] 龙哲,罗宇,陈建波. 板材自动套料算法研究的现状及应用实例[J]. 造船技术,2008(01):16-19.

[16] 杨威,罗阳,刘胜青. 大规模矩形零件优化套排的遗传算法[J]. 四川大学学报(工程科学版),2001,33(05):59-62.

[17] 黄楚明,梁健帮. 船舶建造的板材切割方法与效率研究[J]. 广东造船,2019,38(03):55-57.

[18] 强文清,秦慧劼. 船舶舾装智能管理应用与分析[J]. 船舶物资与市场,2019(07):71,73.

[19] 习立洋. 面向精益生产的典型分段标准工程图管理技术优化研究与应用[D]. 镇江：江苏科技大学,2021.

[20] 程庆和. 船舶智能化设计技术现状及发展规划[C]//中国造船工程学会. 2018 年数字化造船学术交流会议论文集. 中国造船工程学会:2018.

[21] 徐超,周宏,刘建峰,等. 涂装智能化设计的工程定义及应用研究[J]. 船舶标准化与质量,2020(04):22-26.

附录 A 研发设计业务流程

表 A-1 研发设计业务流程

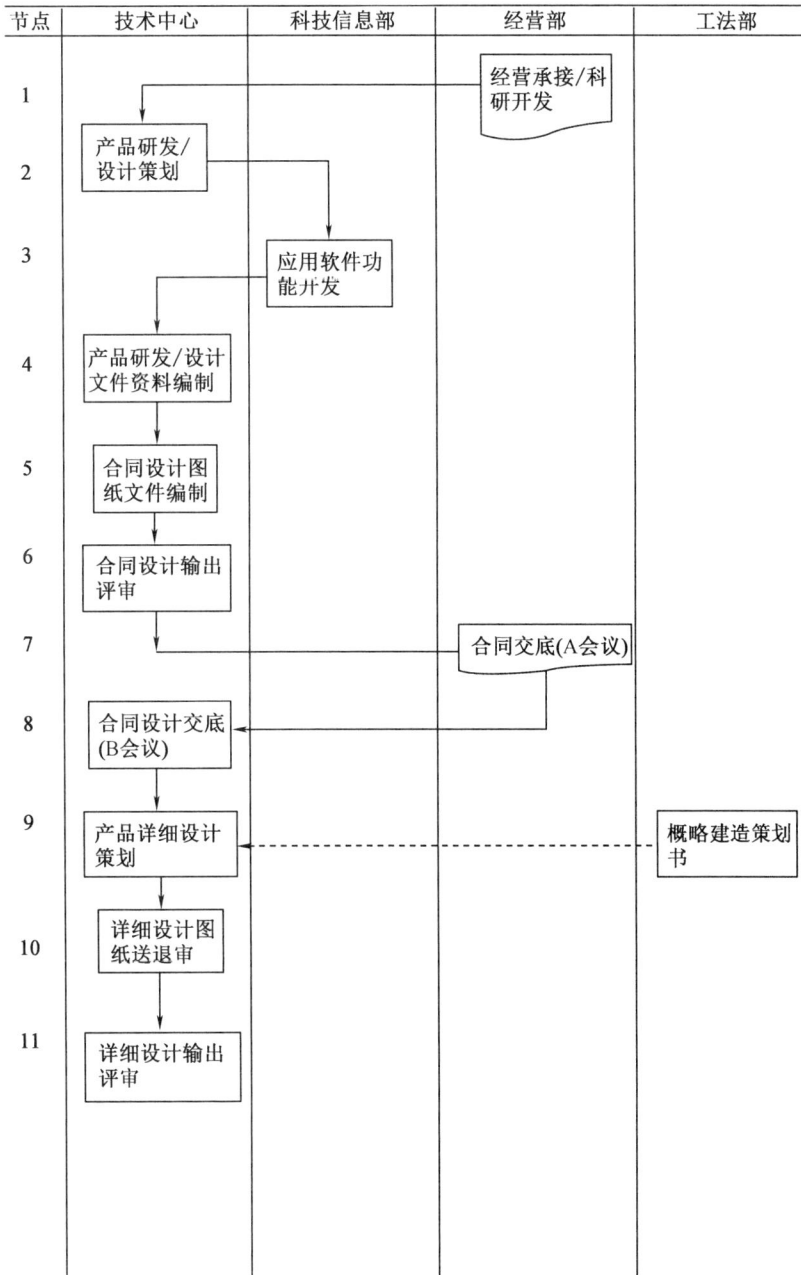

节点	技术中心	科技信息部	经营部	工法部
1			经营承接/科研开发	
2	产品研发/设计策划			
3		应用软件功能开发		
4	产品研发/设计文件资料编制			
5	合同设计图纸文件编制			
6	合同设计输出评审			
7			合同交底(A会议)	
8	合同设计交底(B会议)			
9	产品详细设计策划			概略建造策划书
10	详细设计图纸送退审			
11	详细设计输出评审			

表 A-1(续)

节点	技术中心	科技信息部	经营部	工法部
12	详细设计交底 (C会议)			
13	生产设计策划			详细建造策划书
14	生产设计图纸文件编制			
15	生产设计输出评审			
16	生产设计交底 (D会议)			

附录 B 造船生产设计与制造业务流程

表 B-1　造船生产设计与制造业务流程

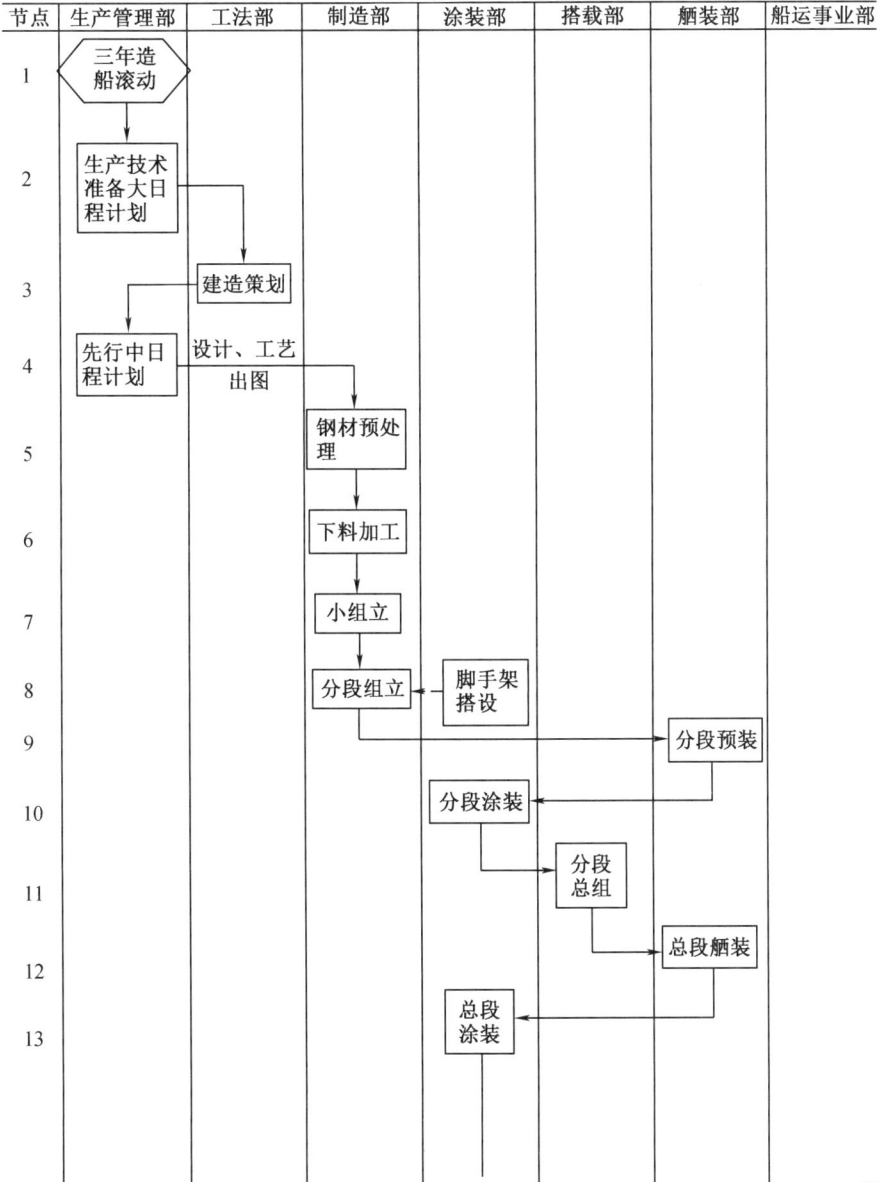

节点	生产管理部	工法部	制造部	涂装部	搭载部	舾装部	船运事业部
1	三年造船滚动						
2	生产技术准备大日程计划						
3		建造策划					
4	先行中日程计划	设计、工艺出图					
5			钢材预处理				
6			下料加工				
7			小组立				
8			分段组立	脚手架搭设			
9						分段预装	
10				分段涂装			
11					分段总组		
12						总段舾装	
13				总段涂装			

表 B-1(续)

节点	生产管理部	工法部	制造部	涂装部	搭载部	舾装部	船运事业部
14					船坞(船台)搭载		
15						船坞(船台)舾装	
16				船坞(船台)涂装			
17					下水出坞		拖轮配合
18						码头舾装	
19						系泊试验	
20						试航试验	
21	完工交船						

附录 C 船体加工通用工艺

一、一般要求

1. 加工前应先检查加工设备的加工能力和精度是否满足要求,并用废料试加工。

2. 弄清各构件的加工要求,选择合适的加工设备和方法。

3. 如需用样板加工的构件应先检查样板的准确程度,待确认无误后方可加工。

二、边缘加工

1. 剪切

(1)剪切前,应根据工件边缘的形状和厚度选择合适的剪切机床。

(2)剪切前,应根据机床工作能力的均值,调整上下刀片的间隙,并使其沿整个刀片长度内保持一致,工件厚度小于 4 mm 时,上下刀片的间隙要按规定调整,以保证工件的质量。

(3)当一张钢板已排列多个零件时,应根据其排列情况预磨确定剪切程序,以便操作顺利进行。

(4)剪切前,应将工件的剪切线与下刀口边缘严格对准,以保证剪切边缘的准确位置。

(5)剪切操作时,动作应一致,服从统一指挥。

(6)剪切后的各项零件应按零件编码和加工路线分别堆放整齐。

(7)剪切精度:

①剪切位置偏移≤±1.0 mm。

②剪切宽度误差≤±2.0 mm。

③有余量边缘允许偏差±2.0 mm。

④剪切端边的不垂直度≤5°。

2. 刨边

(1)刨边线应根据所需刨边长度和刨边角度,调整刀架行走限位器及刨刀与工件间的角度。

(2)刨边前,应检查工件的尺寸标志,刨边余量及边缘平直度是否符合要求。

(3)凡是不平整的零件在刨边前应先矫平平整。

(4)采用层叠、二次刨边的零件,其刨边余量数值必须一致。

(5)若需刨出边缘斜度(坡口)的零件,不能采用层叠刨边。

(6)刨边时,每次进刀量应一致,在行程中不得改变,以保证加工边缘的准确性。

(7)刨边精度:

①边缘与号料偏差≤±0.5 mm。

②钢板两边的不平行度≤1 mm。

③刨边边缘与钢板表面的不垂直度≤2°。

④钢板纵边与横边的不垂直度≤1 mm。

3. 气割

（1）气割前应认真检查工作场地的安全生产条件。

（2）气割前应检查工件切割表面的油污、铁锈等杂物。

（3）将氧气调节至所需的压力。

（4）根据工件厚度、切割线等具体情况选择合适的割嘴机型及切割辅助装置。

（5）点火调整预热火焰，然后打开切割氧气阀，检查切割氧流（风线）的形状和长度是否符合要求。

（6）气割时对准零件的号料线，割后应留出半个切割符号（对不需再加工的边缘）或整个切割符号（对需要再经刨边的边缘）。

（7）割炬的移动必须保持匀速。

（8）割嘴与工件的距离，要求在整个操作过程中保持一致。

（9）为减小零件在气割时的变形，操作时应遵循下列程序：

①大型零件的切割应先从短边开始。

②在钢板上切割不同尺寸的零件时，应先割小件后割大件。

③在钢板上切割不同形状的零件时，应先割较复杂的零件后割较简单的零件。

（10）对薄板气割的特殊要求：

①选用小号割嘴。

②割嘴后倾30°~45°。

③尽量加快气割速度。

④减小预热火焰功率。

⑤尽量避免中断切割过程。

（11）对大厚度板气割的特殊要求：

①加大预热火焰功率或专设预热炬沿割线先行预热。

②割嘴前倾10°~20°。

③手割时在切割过程中将割炬稍做前后均匀摆动，机割时将速度调至适当位置，不宜过快。

④尽量避免中断切割过程。

（12）气割精度偏差：

①表面粗糙度，对构件自由边≤0.1~0.5 μm，对焊接接缝≤0.1~0.8 μm。

②气割缺口<3.0 mm且需修补或磨平。

③板边缘直线度，对手工焊缝≤±1.5 mm。

④坡口尺寸、坡口角度≤±2°，留根≤±1.0 mm。

⑤构件形状与理论尺寸≤±2.5 mm。

⑥面板宽度与理论尺寸≤±2.0 mm。

三、成形加工

1.冷弯加工

（1）进行冷弯加工的零件，必须先行号料切割，对一些较薄的船体外部零件需预先辊平。

（2）进行冷弯加工的零件，除在号料时划出必要的位置线及文字符号以外，在加工以前，还应根据零件的弯曲形状和所用的加工方法，划出必要的加工基准线作为操作时的依据。

（3）加工前要认真检查工件的表面质量、清除表面油污，特别是零件边缘和两端的割渣及毛刺，弯曲部分的号料和凿印或样冲点应置于零件弯曲的凹面处。

（4）使用模压加工的零件，在加工前必须先进行空载试压，检查压模的安装是否正确、可靠，在加工过程中，应经常检查模具固定螺栓是否松动，以防模具移位。

（5）如果被加工零件长，而需要分段进行压制时，在每次压制过程中，不能将钢板的弯度压向过大，使压过部分和未压过部分的交界处折弯度产生过大悬殊，引起材质的破坏。一般情况下，一次折弯的角度为20°～25°，为了保证弯曲形状的连续性，后段压制必须与前段压制位置重叠50～100 mm。

（6）用三芯辊滚压圆筒或圆锥形前，零件两边缘的圆弧应先在油压机上压出，其长度≥150 mm，圆弧需与筒形曲线一致。

（7）型钢在进行压弯加工前，需用样板或样台提供的数据，划出逆直线。

（8）加工精度：

①折边材其折边宽度差≤±3.0 mm，腹板高度差≤±2.0 mm，折边板的夹角≤±2/100折边宽，折边后的弯曲度≤其长度的1/100。

②单向曲度板或型钢加工后的样板或样条的间隙≤2.0 mm，双向曲线板与样板间隙≤3.0 mm。

③滚平后的钢板每平方米不平度：当$\delta = 3 \sim 5$ mm 时≤4 mm，当$\delta = 6 \sim 8$ mm 时≤3 mm，当$\delta > 8$ mm 时≤2 mm。

④滚平后的圆形筒形公差：直径≤5/1 000，椭圆度≤7/1 000，中心线直线度≤0.6/1 000。

2.热弯加工

（1）根据工件厚度和成形要求，选择合理的加热参数。

（2）操作前，宜根据工件成形要求，在钢板上预先划出加热线的位置和长度。

（3）形状左右对称的零件，两边加热线的数量、位置和长度应完全一致，加热温度也应一致，操作应对称进行。

（4）在操作过程中应保持加热嘴的移动速度一致。

（5）尽量避免在同一部位重复加热次数过多，一般情况下重复加热次数不超过三次。

（6）为提高成形效果，在操作过程中可按工件的挠曲情况辅以必要的垫块并压紧。

（7）加工完毕后，卸除一切外力压紧装置，再次核对加工形状，并认真检查工件表面有无裂纹、熔融、锤鳞、气泡等缺陷。

（8）精度要求：

①肋骨截面方向与弯板的间隙≤3.0 mm。

②纵向方向的弯曲度≤4.0 mm。

③双曲度板的三夹样板平头线的不直度≤5.0 mm。

附录 D 船体焊接工艺

一、总则

1. 要求施工者严格按照《焊接规格表》进行施工。

2. 船体艏艉外板的对接缝(非自动焊拼板部分)应先焊横向焊缝,后焊纵向焊缝。

3. 在建造过程中,先焊对接焊缝,后焊角焊缝。

4. 整体建造部分和箱体分段等应从结构的中央向左右和前后逐格对称地进行焊接,由双数焊工对称施焊。

5. 凡超过 1 m 以上的收缩变形量大的长焊缝,应采用分段退焊法或分中分段退焊进行焊接缝。

6. 在焊接过程中,先焊收缩变形量大的焊缝,再焊收缩变形量小的焊缝。

7. 边箱分段、内底分段、甲板分段、艏艉分段分层建造,在合拢口两边应留出 200~300 mm 的外板缝暂不接焊,以利合拢时装配对接,且肋骨、舱壁及平台板等结构靠近合拢口一边的角焊缝也暂不焊接,等合拢缝焊完后再焊。

8. 靠舷侧的内底边板与纵骨、底外板与纵骨至少要留一条纵骨暂不焊接,避免自由边波浪变形太大,不利于边箱合拢。

9. 二层底分段艏艉分段大合拢,边箱分段合拢的对接缝要用低氢型(碱性)焊条或用相同级别的 711、712 系列的 CO_2 焊丝对称焊接,一次性连续焊完。

10. 构件、分段、分片等部件各自完工后要自检、互检、报检,把缺陷修补完毕,把合格品送下一道工序组装,没有拿到合格单的部件不能放到下一道工序组装。

二、焊接材料使用范围的规定

1. 焊接下列船体结构和部件应采用低氢型(碱性)焊条或相同级别的 711、712 系列的 CO_2 焊丝:

(1)船体环型对接焊缝,中桁材对接缝,合拢口处骨材对接焊缝;

(2)主机座及其相连接的构件;

(3)艏柱、艉柱、艉轴管、美人架等;

(4)桅杆座及腹板、带缆桩、导缆孔、锚机座、链闸及其座板等;

(5)艉拖沙与外板结构等;

(6)上下舵杆与法兰,舵杆套管与船体结构之间的连接。

2. 普通钢结构的焊接用酸性 E4303 焊条焊或 JM-56 系列 CO_2 焊丝焊接。

3. 埋弧自动拼板,板厚≥8 mm,用 $\phi4.0$ mm 焊丝焊接,板厚 5~8 mm,用 $\phi3.2$ mm 焊丝焊接。

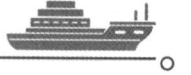

三、间断焊角接焊缝,局部加强焊的规定

1. 组合桁材、强横梁、强肋骨的腹板与面板的角焊接缝在肘板区域内应为双面连续焊。

2. 桁材、肋板、强横梁、强肋骨的端部加强焊长度应不小于腹板的高度,但间断的旁桁材端部可适当减小但要≥300 mm。

3. 纵骨切断处端部的加强焊长度应不小于1个肋距。

4. 骨材端部削斜时,其加强焊长度不小于削斜长度,在肘板范围内应双面连续焊。

5. 用肘板连接的肋骨、横梁、扶强材的端部的加强焊,在肘板范围内应双面连续焊。

6. 各种构件的切口、切角、开孔(如流水孔、透气孔、通焊孔等)的两端应按下述长度进行包角焊:

(1)当板厚>12 mm 时,包角焊长度≥75 mm。

(2)当板厚≤12 mm 时,包角焊长度≥50 mm。

7. 各种构件对接接头的两侧应有一段对称的角焊缝,其长度不小于75 mm。

四、其他规定

1. 锚机座、链闸、系缆桩底座、桅杆底座等受力部位的甲板与横梁、纵骨等是间断焊缝的应改为双面连续角缝。

2. 中段底板外板缝,在平直位置的拼装焊缝采用手工焊或 CO_2 半自动焊打底焊至平,然后埋弧自动焊盖面。

3. 如果构件的角焊缝大量采用双面间断焊,但对于少量的短构件无法均匀分布焊缝时,可采用单边连续焊,另一边包头焊,包头长度≥150 mm,原来焊脚高度不变。

4. 主机座腹板与面板开 K 型坡口,角度50°~55°,中间留钝边1~2 mm,左右对称施焊,焊前要打磨清理坡口。

5. 中段箱体甲板边板与舷顶列板的角焊缝采用单边开坡口,留钝边0~3 mm,保证全熔透或深熔焊(按设计要求)。

6. 为了减少舷侧板因角焊缝引起的变形,艏艉甲板与舷侧旁板、舷封板的平角焊缝暂不焊接,等上层舷侧板装好,焊好对接缝后才焊平角焊。

7. 间断焊的角焊缝要求在施焊的部位点焊,不施焊的部位不能乱点焊。

五、焊接材料的要求

1. 船上使用的焊接材料必须具备相应船级社认可证书,使用前必须是经检验合格的产品。如果焊条受潮则必须经烘干后方能使用:酸性焊条为 150 ℃×1 h;碱性焊条为 350 ℃×2 h。

2. 点焊、补焊所使用的焊材要与原焊缝所用的焊接材料一致,吊环焊接必须使用低氢型(碱性)焊材。

3. 使用碱性焊条施焊时,焊条必须放于 100~150 ℃保温筒中保温,不能露天放置,用完

一支取一支。

4. 使用 CO_2 气体保护焊时,气体纯度应达到 99.5% 以上,使用前应进行放水处理,气瓶余压保持在 10 kgf①/cm² 以上,气体流量在 12~18 L/min 之间。气瓶余压降至 10 kgf/cm² 时,要更换气瓶。

5. 埋弧自动焊的焊剂使用前必须经过 200~250 ℃×1 h 烘干后方可使用;焊丝必须是干净无杂物、无油污、无锈的合格品。

六、各种焊接方法使用范围

1. 单丝埋弧自动焊(板厚≥5 mm):

(1)内底板、平直船底板、平行舯体舷侧外板、甲板、纵横舱壁板、平台板、上层建筑甲板、内外围壁板及其他平直板材拼板对接缝;

(2)分段合拢后处于水平位置的对接缝的盖面焊。

2. CO_2 气体保护自动角焊或半自动角焊:

(1)纵骨与内底板、平直外板;

(2)甲板与纵骨、舱壁与扶强材、上层建筑(反装)甲板与横梁;

(3)舷侧外板(平直)、纵壁与纵骨;

(4)各类平直 T 型构件。

3. CO_2 气体保护半自动焊(陶瓷垫片单面焊双面成形):

(1)所有环型大合拢对接焊缝;

(2)左右分段拼装合拢的纵向对接缝;

(3)其余外板平、立位置对接缝。

4. CO_2 气体保护半自动焊:

(1)有线型的角焊,长度和位置不适合进行自动焊的角接焊缝,对接焊缝,吊环等;

(2)肘板与内底板、外板的角焊缝,纵舱壁与内底板、甲板、横舱壁及横舱壁与内底板、甲板等的角焊缝;

(3)艏、艉段纵横向外板对接焊缝;

(4)艏、艉段纵横构件的角焊缝;

(5)上层建筑的平、立位置的对接缝及角焊缝。

5. 手工电弧焊:

(1)全船仰位置的角接焊缝及少量的对接缝;

(2)局部困难位置和不能体现 CO_2 气体焊优点的所有焊缝。

七、焊工资格及施焊要求

1. 本船属入级船舶,从事该船焊接施工的焊工必须具备相应船级社认可的证书(相应位置认可资格证书);并且施工范围不能超出证书规定的工作范围(焊接位置、焊接方法);

---

① 　1 kgf = 9.806 65 N。

施工时要求持证;随时接受质检员及生产主管、验船师的检查。生产主管及质检员做好现场焊接生产工艺纪律的监督,及时向技术部门反映现场生产中存在的焊接问题。

2. 焊工进入该船施焊过程中,必须严格执行《焊接工艺认可评定》。

3. 焊缝具体规格要求按《焊接规格表》执行。

4. 施焊过程必须调校好所使用的电流、电压;保证焊缝与母材的熔透并不会出现"咬边"现象。

5. 角焊缝"焊脚"必须均匀对称,焊缝表面平滑、熔透性能好。

6. CO_2 气体保护多道焊的焊接要求:

(1)打底焊的厚度控制在 3~4 mm(CO_2 气体保护单面焊双面成形打底层焊道工艺参数应偏小些),连接焊道的弧坑应打磨。如果在焊接过程中焊机故障或其他原因需中断焊接时,则必须把弧坑打磨成斜坡,斜坡角度应小,斜坡末端要薄,以利与焊缝的连接,避免焊缝接头处过高。

(2)焊填充层焊道,焊前先清理打底层的焊渣,并检查打底焊道余高。如果焊道高凸则可用砂轮磨平,填充层焊道的工艺参数应大于打底层焊道;施焊时特别注意,不要让填充焊道凸起太高,以免造成两侧死角而产生夹渣和未熔合缺陷,填充层焊道高度离钢板表面距离约 2 mm,并要注意不要把坡口的边缘熔化掉。

(3)焊盖面层焊道,焊前清理焊渣杂物,并查看填充焊缝宽和高度,如局部过小可焊上相应尺寸短焊道,如局部过高则用砂轮磨平,再焊盖面焊。

7. 陶质衬垫 CO_2 气体保护半自动单面焊要求:

(1)坡口尺寸按《焊接工艺认可评定》执行。

(2)清除正面坡口内和两侧的锈、漆及污垢,并对坡口背面进行平整,清理焊疤和锈垢等,以保证陶质衬垫能紧贴于焊件背面。

(3)坡口内不宜使用定位焊,固定板缝可用装配"码""两码"之间距离以 250 mm 为佳。

(4)必须将衬垫的红色中线对准焊缝中心、贴于焊件背面并一定要把铝箔捋平。

(5)必须认真打好底焊,施焊时仔细观察熔池和焊道根部的形成,保障焊道背面成形良好。

8. 建议操作:

(1)坡口正反面的周围 20 mm 范围内(碳弧气刨或风割炬开坡口要用砂轮磨掉坡口表面的氧化皮及修正坡口)要清除一切油污、锈水等杂物。

(2)在 CO_2 气体保护焊对接焊缝(板厚>8 mm)中,施焊时在坡口内做小幅度横向摆动,焊丝在坡口两侧稍做停留,保障焊缝与母材熔透。

(3)焊丝伸出长度一般为焊丝直径的 10~12 倍。

(4)使用 CO_2 气体保护焊,焊接电流在 200 A 以下时,气体流量应选 10~15 L/min;焊接电流在 200 A 以上时,则气流量应选 15~25 L/min。

八、焊接节点应用要求

1. 板厚差削过渡边的要求：

当单边板厚差 $d>4$ mm 时,要进行板厚削斜处理。削斜长度 $L \geqslant 10\,d$,如图 D-1 所示。

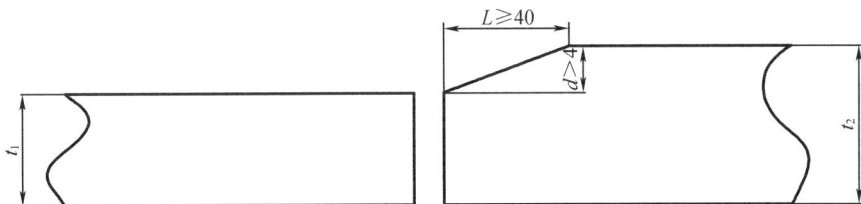

图 D-1　板厚削斜(单位:mm)

过渡边焊后要打磨平滑以保证应力平滑过渡。

2. 焊缝最少间距要求：

(1)对接焊缝之间的平行间距 $d \geqslant 300$ mm；

(2)角接焊缝或角接焊缝与对接焊缝之间间距 $d \geqslant 30+3t$ (t 为板厚)；

(3)同一平面内焊缝与人孔、气孔等开孔之间间距 $d \geqslant 30$ mm；

(4)割换板宽度 $L \geqslant 300$ mm；

(5)管子纵向焊缝至少错开 50 mm(弧长)。

九、拼板焊接要求

所有拼板的对接焊缝必须平直,无锈无氧化皮及杂物,焊缝表面两边 20 mm 应清洁无任何杂物,拼缝间隙为 0~1.5 mm(定位焊应尽量少,点焊要小),每条焊缝施焊前应装上与原板等厚的 $\geqslant 100$ mm×100 mm 规格的引弧板和接弧板方可施第一道焊,具体操作规程按《焊接工艺认可评定》执行。反身二道施焊前,必须用砂轮机把氧化皮等杂物打磨干净(焊道内及两边 20 mm 范围)方可施焊。

十、焊前预热要求

1. 以下各项焊接,施焊前必须采取预热措施,预热温度根据板厚确定(一般为 150 ℃左右)：

(1)铸钢(锻钢)之间及铸钢(锻钢)与其他结构钢间的焊接；

(2)气温低于 5 ℃时；

(3)当工件刚性过大时；

(4)材料碳当量大于 0.41%时。

上述各项点焊与补焊也同样要求预热。

2. 预热与层间温度：

(1)预热范围至少为坡口两侧 100 mm(注意加热范围应保证不会使周围板产生较大变

形)加热,应使整个加热区域达到预热温度,而不是局部;

(2)铸钢件焊接应注意焊层间温度不能超过 250 ℃,不低于预热温度;

(3)焊后和热处理结束后立即用石棉保温材料覆盖缓冷。

3. 焊后热处理:

(1)局部去应力热处理温度范围为 550~600 ℃,在此温度范围内每毫米厚度保温时间为 1~2 min,但总体不超过 3 h;

(2)加热与冷却速度要求缓慢(工件温度在 300 ℃以上特别注意监控)。

十一、潮湿条件下的焊接要求

1. 由于下雨、冷空气或其他原因使空气湿度大、焊接接头潮湿时必须用火焰将坡口两侧 100 mm 范围内和接头间隙之间的水分彻底烘干才可焊接。

2. 周围有水的情况下,电弧作用点与水的距离超过 100 mm,且保证在焊接过程中不会有流水影响方可施焊。

3. 一般强度钢在没有与水直接接触情况下才能焊接。

4. 雨天露天环境下的焊接施工应停止(除非焊接区域、焊接设备、焊接材料及焊工都有有效遮挡且有防风雨措施时才能施工)。

十二、注意事项

1. 装配间隙应符合工艺规定和图纸要求,焊缝应保证平直。

2. 焊缝受潮要用火焰烘干后才施焊。

3. 点焊尽量选在焊件的端面和背面。

4. 薄板焊接要注意焊后变形及焊缝成形不良现象。

5. 搭接焊缝时,两板的搭接宽度应为较薄板厚的 3~4 倍,但不大于 50 mm。

6. 等厚板错边量 a:重要结构 $a<0.1t$(t 为板厚),且不大于 2 mm;一般结构,$a<0.15t$(t 为板厚),且不大于 3 mm。

十三、质量要求

1. 焊缝的外观尺度必须满足《焊接规格表》要求。

2. 焊缝内部质量按入级规范要求。

3. 无损探伤数量、部位及质量等级由验船师与设计部门共同协定。

十四、船台大合拢焊接工艺

1. 合拢口处的所有角焊缝均按 6 500 t 油船《焊接规格表》的尺寸要求进行施焊。

焊接材料:特殊部位另定,一般结构钢焊条用 CHE42(E4303);CO_2 焊丝用 CHW-50C6SW 或 CHT-711、KFX-712C,ϕ1.2 mm。

2. 合拢口处的桁材、骨材的对接焊缝按《焊接工艺认可评定》执行。其中:

（1）手工平、立、仰对接均采用单边坡口反面清根；

（2）CO_2平、立对接均采用单边坡口，背面加衬垫；

（3）焊接材料：焊条用CHE56（E5016）；焊丝用CHT-711或KFX-712C。

3. 内底板（二层底板）、底板、纵舱壁、舷侧外板、甲板等的对接焊：

（1）内底板与内底板的对接焊坡口向上。纵向焊缝采用单边坡口反面成形法。首先用CO_2焊打底反面加衬垫。焊缝厚度控制在4~5 mm，再用埋弧自动焊分两道焊完。横向焊缝全部采用CO_2单边焊双面成形法焊完。

（2）底板与底板的对接焊坡口向上，纵向与横向焊缝全部采用CO_2单边焊双面成形法焊完。

（3）纵舱壁与纵舱壁的对接焊坡口向船舯，采用CO_2单边焊双面成形法焊完。

（4）舷侧外板与舷侧外板的对接焊坡口向外（背向船舯），采用CO_2单边焊双面成形法焊完。

（5）甲板与甲板的对接焊坡口向上，采用CO_2单边焊双面成形法焊完。

（6）CO_2焊丝用CHT711或KFX-712C，$\phi1.2$ mm，埋弧自动焊丝用H08A，$\phi4.0$ mm。

4. 纵横舱壁（槽型）的焊接：

（1）对接拼装焊，采用CO_2单边焊双面成形法。

（2）四周角焊缝，采用单面开坡口，钝边0~3 mm。为了保证全熔透，反面用砂轮机进行清根。平、立位置焊用CO_2半自动焊，仰位置焊用手工电弧焊完成。

5. 焊接程序及坡口方向图：

（1）先焊桁材、骨材的对接缝；

（2）再焊板与板之间的对接缝；

（3）后焊桁材、骨材的角焊缝。

附录 E　船体装配工艺

一、胎架制作

1. 适用范围
本工艺适用于所有钢质船舶的分段制作。

2. 工艺内容
制作分段的胎架主要采用支柱形式。

(1)制作前的准备:

胎架要建在有足够承载能力的平台基础上,平台不能有下沉变形现象。平台基础钢条面上的旧焊脚疤,必须要刨平以后方能施工。根据胎架草图用 L75×75×8 角钢设置支柱,角钢应与地面的基础面焊牢,设有斜撑和纵向牵条,角钢顶部用模板与船体连接。胎架应焊牢,确保安全。胎架划线时应注意贴胎面高度的不同。

有线型的胎架制作前,应准备好所要建造分段的内(外)卡样板,样板在搬运和使用中必须注意避免撞击,样板应平放在平坦的地方,不要将样板任意丢抛,要尽量保证精度不变形,用后应妥善保存。准备好划线前所需的一切工具,包括墨盒、卷尺、水平管、水平尺等。

(2)胎架基准面的切取与选择:

①胎架基准面的选择主要根据船体或型线的变化及施工条件的改善决定。整个胎架的最低高度一般取 1.30 m,最小不得低于 1.20 m。

②正切胎架:当胎架基准面平行(或垂直)于船底基线面,同时又垂直于肋骨平面时使用。该胎架适用于底部分段、甲板分段和线型变化较少的舷侧分段,采用这种正切成的胎架,其制造和分段装焊、划线工作都比较简便。

③单斜切胎架:当肋骨线型中的肋骨级数较小的舷侧分段可采用单斜切(又名正斜切)胎架。

④双斜切胎架:对艏艉曲度变化大的舷侧分段,可采用双斜切胎架,为便于分段装焊,可适当降低胎架高度。

(3)胎架基准面切取的要领:

①看分段肋骨线是水平、垂直还是倾斜。

②看肋骨级数的大小,级数变化小表示胎架纵向不很陡,级数变化大表示胎架纵向有显著的斜升。

③尽量使胎架表面的横向倾斜度不超过 15°～20°,纵向倾斜不超过 10°,尽量使胎架四个角度接近。

（4）制作胎架的原则与要求：

①胎架要有足够的强度和刚度，以支撑分段的质量，保证装配线型。

②根据分段生产批量、场地面积、劳动力分配、分段建造周期、起重设备范围等因素选择适当的胎架形式和数量，并应考虑分段的船体线型与形式决定合理的胎架基面切取方法，以满足生产计划的要求，改善施工条件，扩大自动、半自动焊接的应用范围。

③胎架支柱端点所形成的工作面应与分段的外形贴合，同时应考虑为预防变形而加放的纵、横向反变形数值和外板的板厚差。

④支柱间距应按1 m间方设置，分段的大接头处应根据实际情况另设加强材料。

⑤胎架由装配工搭焊好后，必须由专职电焊工对胎架的支撑和纵向牵条与平台的基准面的连接处进行满焊，以确保胎架强度和在分段施工中安全使用。

⑥胎架上应划出肋骨号、分段中心线（假定中心线）、接缝线、水平线、检验线等必要的标记。

⑦对于工作面离开平台基础面较高的胎架，应安装脚手架和上下的梯子（或踏步），以确保工人生产的方便和安全。

3.胎架的施工工艺和技术要求

（1）胎架宽度方向尺寸必须小于分段的宽度（反身建造分段有例外情况），自分段宽度边缘（计入外板厚度）起至胎架模板的外缘之间尺寸为50~100 mm。

（2）胎架的四角水平允许偏差<±2 mm。

（3）胎架的四角水平与地面中心线不重合，允许偏差±1 mm。

（4）胎架结构中角钢的平直度要求为3/1 000。

（5）划线后应在支柱上敲样冲眼，气割后应用样板复查，允许偏差<±1.5 mm（如施工工艺上规定做反变形，应在划线样板上预先做好，或做两次划线）。

（6）应该考虑到分段的钢板不同厚度在胎架上安装时，支柱的线型也应根据不同厚度划线。

（7）如利用肋板样或梁拱样板划线时，应另加放板厚度划线，这样才能避免遇到曲线或折角时分形轮廓缩小或缩短。

（8）支柱之间应设置纵向牵条，牵条位置应选择在纵向构件处，它既可当作纵向构件线型的胎板，又是胎架纵向加强材，横向接头处应增设纵向牵头，以保证横向接缝焊接后不致变形，同时也可确保拼板时的安全生产。

（9）支柱上应划出分段中心线、外板接缝线、水平线、水线等必要标记。

（10）胎架制造完毕后，利用检验线的标记，划出余量切割以后，即用样板进行第二次复验工作。

（11）对于批量生产的船舶，胎架在使用过程中，每生产一个分段后，必须对胎架正确性进行检查，如发现变形，立即矫正。

（12）胎架验收合格后，应在整个胎架上划出水平检查线，以供复查。

二、拼板

1.船体的各层平板、平台、纵横舱壁、围壁、内底板和平直的外板等大面积平板，均需预先拼板。

2. 拼板前应将刨过边的钢板边缘用砂轮等工具清除铁锈,然后按照图纸(或草图)的要求,将钢板铺在平台上,并核对钢板号料时所标注的符号。同时检查钢板正反面、直线边缘平直度和边缘坡口。

3. 拼板时,将钢板基准端的边缘对平齐,用花篮螺丝坚固或撬杆撬紧。然后加密定位焊,其定位焊距离一般在 200~300 mm。

4. 拼装定位时,在板缝的两端应设置引弧板和熄弧板,其规格一般为 100 mm×100 mm,厚度与所拼板厚度相当。

5. 板缝施焊完毕后,应矫正钢板因施焊产生的变形。

三、划线

1. 划线前,包括封底焊缝在内的焊缝应当焊完,需要火工矫正的作业亦应完成。

2. 划线使用的草图、样板、样棒均由放样提供。

3. 划线应按要求加放纵、横向焊接收缩余量。划线的符号必须一致,中心线、轮廓线、结构线、余量线、对合线(检查线)等都要用色漆表示清楚,并用样冲做标记。

4. 结构理论线按图纸或民用船舶理论线标准执行。

5. 结构划线偏差,直线部分和曲线部分一般不应超过±2 mm。

6. 报检合格后进行下道工序。

四、部件组装

1. T 型材的装焊

(1)T 型材由腹板、面板组合而成。有些较宽的腹板的 T 型材,腹板上还装有一定数量的角钢或扁铁扶强材。

(2)T 型材组装时一般定位焊于一侧,并放置 3°~5° 的反变形,施焊时先焊无定位焊的一侧。

(3)直 T 型材一般采用倒装法在平台上进行装配焊接,弯 T 型材则采用侧装法在胎模上对线型进行装配焊接,对具有扶强材的 T 型材,待腹板与面板组装完好,将其翻倒,再安装腹板扶强材。

(4)T 型材接头处的面板与腹板应错开 100 mm 以上,T 型材装配定位焊时,应加设临时支撑马板和合理的施焊方法,对焊接产生的变形应进行校正。

(5)T 型构件装配焊接公差为:外形与型线偏差为±2 mm,面板与腹板垂直度公差≤ 2 mm。

(6)报检合格后转下道工序。

2. 肋骨框架装焊

(1)肋骨框架是由横梁、肋骨、肋板和肘板等组合而成的环形框架,通常分普通肋骨框架和强肋骨框架。

(2)肋骨框架装配前应在平台上画出左右对称的全宽肋骨型线图,其型值由放样提供。

平台上的型线作为装焊接时对线定位和检验的依据。

（3）装焊时，按照肋骨号将所需肋骨、横梁、肋板与同号的型线对准。肘板安装时，应注意横梁和肋骨表面平整性，检查整个框架无扭曲现象后再进行定位焊。

（4）肋骨框架装好后，应划上中心线、纵向构件位置线、外板接缝线、水平线等记号，用样冲或白漆标示在肋骨框架上，供分段装配定位和安装构架用。

（5）为防止肋骨框架焊接、吊运、搁置时变形，在肋骨框架上应装临时加强材，临时加强材应避开所划的各种线。

（6）框架焊接，将框架上面的所有焊缝对称焊好吊运翻身后，再将另一面的焊缝对称焊好。

（7）强肋骨框架因强横梁、强肋骨、肋板都是对接的，所以都要经过余量划线和切割后，再进行装配。

（8）肋骨框架的外形应与线型吻合，一般允许误差为±1 mm，考虑收缩变形，装配时零件要放在肋骨线的外缘，使其收缩后仍能符合线型要求。

五、中合拢

1. 船体分段是由零、部件装配焊接而成的船体局部结构，是船体装配工艺程序中的重要组成部分。装配中必须熟悉分析施工图纸，选择正确的分段基面和工艺装备（平台或胎架），选择合理的装配工艺程序和焊接工艺程序。

2. 分段上胎架铺板，依据胎架中心线、肋骨线等进行定位，对准位置后四周应与支柱固定。自动焊拼板焊缝在结构安装处不平时应刨平。

3. 在胎架上的基准面定位后，应选择适当的划线方法划纵横构架安装线。

4. 底部分段内底板与部件装焊之前，需拆除部件上的临时加强材，并对局部焊接变形予以火工矫正。另在吊环处的部件和内底板间的焊缝，必须在分段吊离胎架前焊好，且吊马处1 m范围内结构应双面满焊。

5. 舷侧分段装配时使用的角度样板由放样提供，构架焊接前应做好临时性加强。

6. 尾部总段安装舵筒前应将其附近难焊部位先焊好，然后放上舵筒，修正其边缘即行固定。

7. 各分段大接头余量按图纸或工艺要求执行，不可随意切割。

8. 分段（或舱口盖）在建造中，各工序应按检验项目表所规定的报检项目要求进行各阶段的报检，取得认可后，方可进行下道工序的施工。

9. 分段脱胎前，必须清渣、批瘤、打磨；脱胎后，批马脚、打磨（翻身分段）。

10. 分段建造完工后，必须用样冲打上检验线（中心线、水平检验线、定位肋骨线）。

六、临时性加强

1. 结构临时性加强应能有效地防止焊接变形，防止分段、部件在吊运、翻身、搁置等情况下的变形和损坏，且能作为船台（或总段）装配时保证型线的有效措施。

2. 临时性加强材料尽量利用废旧料和边余料。

3. 组件和部件的临时性加强：

(1)组合 T 型材的加强撑材间距应在 500~800 mm,必要时可放角度反变形。

(2)肋骨框架的临时加强材的设置应考虑纵向构件吊装时的方便。

4. 分段的临时性加强：

(1)底部分段若两端无肋板应设置加强撑材(或假肋板),护边角钢在分段翻身后拆除。

(2)舷侧分段上下口应设置加强型钢,待分段对接后拆除。

(3)具有大开口的甲板分段或舱口呈"凹"形的甲板分段,开口处必须设置临时加强材,合拢后拆除。

(4)上层建筑分段下口,门框围壁应设置临时加强材,其加强材合拢后拆除。

5. 假隔壁：

(1)假隔壁作为分段安装的支撑和依托,并保持相邻分段连接部分线型的光顺。

(2)假隔壁的线型由放样提供。

(3)假隔壁结构应当简单,便于装、拆。同时,还应预先开出各种构架贯穿的切口,以不妨碍舷侧和甲板分段的吊装(注意避免与舷侧纵桁、纵骨和甲板纵桁等相碰)。

(4)假隔壁的安装位置离分段大接头不大于 300 mm,在总段内的假隔壁也可设在两端肋骨位置上。

(5)假隔壁材料应尽可能利用废旧钢材或边余料。

七、其他

1. 严格遵守一步一校,未经校正的零、部件不得转入下道工序安装。

2. 严格控制装配间隙≤3 mm,不能随意切割,测量尺寸划线后再行切割。

3. 为了提高外观质量,吊环原则上不能装在舷侧板外表面(特别是水平线以上部分)和上层建筑外围壁外表面上,其余结构上亦不能随意点马,特别是影响外观质量处。

4. 校正锤击时,榔头要平击,不能在产品上留下明显的榔头印迹。

注:本通用工艺若与特定产品的施工工艺矛盾,以特定产品的施工工艺为准。

附录 F 船舶管系安装工艺

一、范围

本规范规定了船舶管系的安装前准备、人员、工艺要求、工艺过程和检验。

本规范适用于大中型船舶管系的安装。对于特种船舶或有特殊要求的管系,应按设计要求,编制相应的工艺文件。

二、安装前准备

1. 熟悉和掌握管系设计图纸与技术文件,按要求进行安装准备。

2. 安装的管子应有合格标记。管端严密封口,对封口损坏的管子,安装前需用压缩空气吹净管内壁。

3. 安装的阀门及管件等应有产品检验合格证书,并具有良好的清洁封口。法兰密封面和螺纹接头的螺纹不能碰伤或有其他损坏,如有损坏应予修正。

4. 安装的管子、阀门及管件等应对照相应图样和技术文件核查其正确性和配套完整性。

5. 管子和管件安装前应堆放在环境清洁的场所。

6. 镀锌管或镀锌零件的镀层表面应光滑,如在装焊时局部受到损伤应及时用富锌底漆补涂。

7. 管子连接机械设备时,应仔细检查管子与设备的对应接口是否一致,并检查设备接口内的清洁状况,如有污物或其他不清洁的情况,应视实际情况,进行局部清洁或拆卸清洗,在达到要求后方可与管子连接。

8. 管子连接阀门和其他管件时,应仔细检查管子与阀门和其他管件的对应接口是否一致,并检查阀门和其他管件接口内的清洁状况,如有污物或锈蚀,必须进行局部或全部清洁,在达到要求后才能提交安装。

三、人员

1. 安装人员和检验人员应具备专业知识,并经过相关专业培训、考试或考核取得合格证书,方可上岗操作。

2. 安装人员和检验人员应熟悉本规范要求,并严格遵守工艺纪律和现场安全操作规程。

四、工艺要求

1. 管系安装必须按图纸进行,管子的排列应尽可能平直、成组成束并列、整齐和美观,避免不必要的迂回和斜交。

2. 管系的安装间距:

(1)并行管或交叉管,邻近两根管子(包括管子附件)间距一般应在 20 mm 以上,允许极限大于 10 mm,如图 F-1 所示。

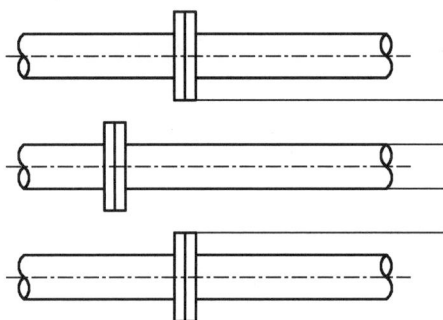

图 F-1 管子间距

(2)对于需要包扎绝缘的管子,包扎好绝缘后,其外缘与相邻管子、管系附件或船体结构件的间距在 20 mm 以上。

(3)下列管子与电缆的距离应一般在 100 mm 以上:

①蒸汽管子绝缘层外表;

②非水隔层绝缘的排气管外表;

③工作压力 9.8 MPa(100 kgf/cm^2)以上的高压空气管。

3. 空气、透气管应尽量确保无冷凝水现象。在露天的干舷甲板或在上层建筑的船楼甲板上敷设的透气管高度要求应符合图 F-2 所示。

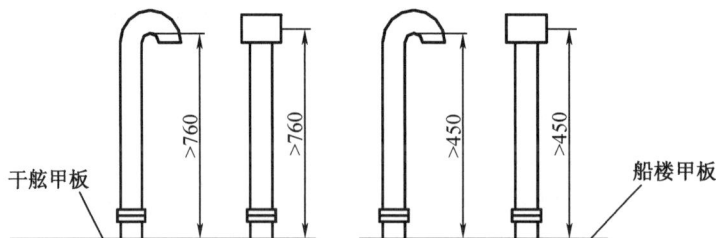

图 F-2 甲板上敷设透气管高度(单位:mm)

4. 测量管安装力求垂直,如必须呈弯曲形时,则应弧顺、缓和,使测量工具(如测深尺)能顺利通过。测量管上端应引至易于接近的舱壁甲板以上的部位,而对油舱应引至开敞甲

板上的安全位置。在测量管最上端合适位置处应有透气孔。下端口对应的舱底板上,安装防击板,防击板尺寸见表 F-1。在测量管下端盖板处,即管端上开 3~4 个长槽,开槽位置如图 F-3 所示。

表 F-1　防击板尺寸　　　　　　　　　　　　　　(单位:mm)

测量管 通径(DN)	防击板 尺寸(D×T)	测量管末端与 防击板距离(L)	简　图
≤50	100×10	20~25	
≥65	120×10	15~20	

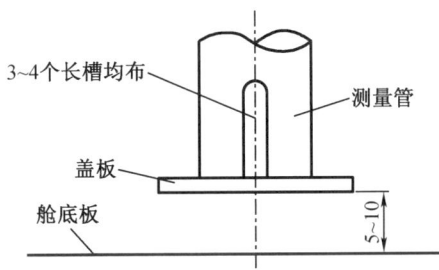

图 F-3　开槽位置(单位:mm)

5. 凝水管路布置的斜度和放水阀或旋塞的数量及位置,应在船舶处于正常纵倾、正浮或横倾不超过 5°时,能使凝水管系任何管段有效地泄放凝水。

6. 管子安装前,应检查管内清洁,如管子内壁有锈蚀,应及时予以清除。安装后的管路要防止异物进入,末端应予封口,保持管内清洁。

7. 主机滑油循环管路、汽缸油管路、凸轮轴滑油管路,安装后要进行投油清洗。

8. 蒸汽管、热水管的安装要求有热胀冷缩的补偿。

9. 舱柜空气管安装应保证空气是向上的,不能有"袋形"出现。

10. 无水封的便器和水池的泄放管路应设 S 弯头。管路的倾斜度为 2°~3°。有条件的地方,应尽量增加疏通接头。

11. 在管子弯头处附近设置法兰时,一般情况下法兰不应嵌入管子的弯曲部分。

12. 中间有 90°弯角的管子,应避免出现弯角管子两边较长和等长的现象。

13. 在船体分段连接处、单元连接处和设备连接处一般应设置嵌补管(合拢管)。嵌补管长度为 1 m 左右。

14. 为了便于管子安装,成束管子法兰的排列形状一般应为错开形或阶梯形,如图 F-4 所示。

15. 阀、旋塞及滤器的安装位置,应设在便于操作和维修的地方。阀和阀并排布置时,操纵手轮的间距应在 30 mm 以上。

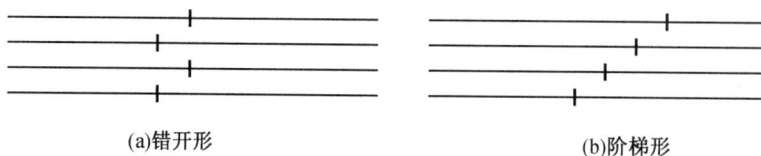

图 F-4　成束管子法兰的排列形状

16. 当阀件布置于花铁板之下时,其操纵手轮应与花铁板平行,且应在其对应的花铁板上开孔并设置活络盖板。

五、工艺过程

1. 船舶管系安装必须按工艺阶段的要求先后进行分段预装、总段安装和船上安装。

2. 管子的安装:

(1)安装人员应先找出管子安装基准,然后按图依次安装,其基本的安装方法是按距甲板(平台)、肋骨、船舯或船体相关结构的尺寸,确定管子的位置进行安装。

(2)安装好的管子不能处于受力状态。管端法兰的连接应同心。

(3)舷侧接管在船上安装时,应在肘板装配后整体热浸锌。

(4)镀锌管件在船上焊接后,镀锌层破损处应涂富锌漆。

3. 卡套接头的安装:

(1)对卡套接头有预装要求的,应编制专用工艺文件。

(2)卡套接头的卡套与被连接管子之间的间隙,应符合卡套接头的技术要求。

(3)装入卡套接头处的管子外圆,应是无缺陷的圆柱表面;管子端面应垂直于圆柱面,且无毛刺。

(4)卡套接头连接的两根管子,应在同一中心线上。

(5)卡套接头安装时,应使卡套切入管子圆柱表面,形成密封环状,其安装过程如下:

①管子塞入卡套螺帽、卡套、卡套接头体,且管子端面与卡套接头的止推面完全接触;

②用手扳动卡套螺帽,使卡套螺帽与卡套和卡套接头体紧密贴合;

③用扳手扳旋卡套螺帽 1~1.5 圈;

④松开卡套螺帽检查卡套切入管子圆柱表面的状态,应是均匀的密封环状;

⑤重新安装,扳紧卡套螺帽。

(6)管子支架应布置在卡套接头的附近。用于卡套接头连接管子的支架,其间距应密一点。

4. 密封垫片的安装:

(1)密封垫片严格按管路系统规定的垫片材质安装。

(2)密封垫片安装时应保证垫片与法兰规格一致,一对法兰之间只能放置一张垫片。

5. 紧固件的固定

(1)法兰安装用的镀锌螺栓、螺母用在船上绝大部分场合。发黑处理的螺栓和螺母用在油舱内的管子处。

（2）当法兰面平行船体基线时,螺栓的六角头安装在法兰上面,螺母在下。

（3）固紧好的螺栓、螺母,要求螺栓露出螺母 1~4 牙。

（4）在法兰连接时,螺栓、螺母的旋紧,应按螺栓的分布,进行均匀的逐步固紧。一般按对角方向旋紧。

（5）螺栓、螺母材料一般使用普通碳素钢,液压系统的高压管、高压空气管使用高强度钢。

6. 开孔和补强：

（1）船上现场开孔,应先划线画开孔圆,打样冲眼,后自检、组长检验、作业长检验认可后开孔。开孔后打磨。

（2）开割圆孔、腰圆孔等的圆弧部位应使用圆规割刀切割。开孔后应打磨去除氧化皮、毛刺等。

（3）上甲板、舷旁的开孔在划线后应报品质保障部认可后进行开孔。

（4）开孔时应注意安全,要防止因明火作业而引起火警的可能。

（5）开孔应远离船体大接头处。

（6）船体结构的重要构件上不允许开孔。

（7）管子穿过纵桁腹板强横梁腹板时,均要求补强。补强方法可用复板,也可采用开孔四周加厚扁钢加强。

（8）对管子穿过水密甲板、水密隔舱时采用复板补强。对管子穿过非水密隔舱、非水密甲板时可采用护圈补强。

7. 管子支架的安装：

（1）管子安装时应及时使用支架固定。支架应固定在船体构架上,可根据船体结构和管路布置,采用不同形式的支架。

（2）不应由于支架的安装造成管子处在受力状态。

（3）管子支架间距一般应按 Q/SWS54-002—2003《船舶管系生产设计规范》中表 2 的规定,但当管子有挠度或振动时,支架应适当增加。

（4）支架与船体结构的连接：支架底脚端头焊在甲板、隔舱时,支架下应焊接垫板,垫板与船体焊接是四周连续焊,支架与垫板的焊接应是四周连续包角焊。

（5）有色金属管、非金属管、外涂塑管、油舱中的管子,及油轮上有关管子与支架之间应加垫青铅、橡皮或聚氟乙烯等材料,避免两者直接接触。

（6）蒸汽管、排气管的伸缩管段应采用可使管子能轴向伸缩的支架。

（7）支架安装后,紧固螺栓从螺母的伸出量为 1~4 牙。

8. 管系附件安装：

（1）管系附件安装时必须根据管内的介质流向,确定正确的安装位置。

（2）安装阀件时应使阀件上的流向箭头与管内介质的流向一致。安装直通止回阀、截止止回阀、防浪阀、电磁阀时,应使阀体的进出口保持水平。阀件的手轮位置,应按安装空间的具体情况而定。在花钢板下的阀件手轮应向上。在结构紧凑的地方要考虑手轮的升程是否碰到船体结构或其他管子而影响阀件的开启。

（3）安装滤器时要考虑滤器内的滤网能拆出清洗。注意安装方向和滤器脚的固定,滤器上方不能有管子通过。

（4）吸入口、吸入滤网、止回除污器,应与舱底或柜底保持一定的距离,数值按设计要求而定。

（5）具有轴向伸缩的附件,如伸缩接头、膨胀管节的安装应按制造厂规定的要求进行安装。保证足够的伸缩量。

9. 船舶交船前管路、附件上的铭牌应安装完毕。

六、检验

1. 安装完整性检验

（1）管路系统安装完毕后,按照报验项目单,按系统进行完整性交验。先由部门作业长自验,合格后报品质保障部验收,合格后按规定交船检、船东验收。

（2）验收文件:系统原理图、相关图纸、技术文件及更改通知单。

（3）验收内容:对管路系统的连接、外观、安装正确性、操作位置予以验收。

2. 密性试验

（1）管系的密性试验压力按技术文件执行。

（2）燃油管系、油舱加热管系的密性试验压力为1.5倍的设计压力,但不小于0.4 MPa。

（3）主机、辅机的启动管路的密性试验压力不大于空气瓶上的安全阀起跳压力。

（4）其他管系的密性试验压力为1.25倍的设计压力。

（5）空气管、漏水管用注水方式进行密性试验。

（6）不能进行密性试验的管路,可在效用试验时检查泄漏。

（7）燃油管系密性试验的介质为液体,滑油管系密性试验的介质为气体。

（8）对冷却器、泵、滤器等设备不计入密性试验范围。

附录 G　船舶涂装工艺

一、范围

本规范规定了钢质船舶涂装的工艺准备、人员、工艺要求、工艺过程和检验。

二、规范性引用文件

CB/T 3513—2013《船舶涂装质量验收技术要求》

三、工艺准备

1. 船用涂料的一般要求

（1）船用涂料应由专业涂料生产公司生产。提供给船厂的每批涂料必须密封包装，包装桶上应印有产品名称、牌号、颜色、出厂批号、储存期等。

（2）船用涂料的各项性能指标应符合涂料生产公司提供的产品说明书的规定。

2. 船体各部位涂层配套

根据船体各部位所处环境的腐蚀条件，应选用合适的涂层配套。涂层配套参见涂装说明书及明细表。

四、人员

1. 操作人员和检验人员应具备专业知识，并经过相关专业培训、考试或考核取得合格证书，方可上岗操作。

2. 操作人员和检验人员应熟悉本规范要求，并严格遵守工艺纪律和现场安全操作规程。

五、工艺要求

1. 分段涂装

（1）分段涂装必须在结构完整性交验和规定的分段预舾装工作完成以后进行。

（2）为便于密闭舱室磨料清理和通风换气，必要时，可在征得船东同意后，增设工艺孔。

（3）分段涂装结束后，应在涂层充分干燥后才能启运。

（4）底部分段必须在外板的涂层充分干燥以后才能运送至总段平台或坞内合拢。放置时，墩木处宜采用耐溶剂性能好的软性材料衬垫。

2. 总组涂装

（1）总组涂装必须在总段结构完整性交验和规定的总段预舾装工作完成以后进行。

（2）总组合拢焊缝在涂料施工后，必须达到油漆说明书中规定的干燥时间。

六、工艺过程

1. 涂装前表面处理

（1）分段表面处理

①钢材表面处理前应除去表面的油污、水分和杂物。

②抛丸或喷丸可采用钢丸、钢丝段、棱角砂等磨料。

③抛丸或喷丸后的表面，必须清除所附着的丸粒、灰尘等杂物。

④未经预处理的钢材在组成部件、分段后，如果以喷丸方式进行除锈，其表面质量应与相应部位的二次除锈质量相当。

（2）二次表面处理

①结构表面缺陷处理：处理因切割焊接装配后产生的问题。对结构表面缺陷处理包括以下内容：

a）锐边打磨光滑；

b）粗糙焊缝打磨光顺；

c）飞溅和焊渣的去除及打磨；

d）裂缝和凹坑；

e）表面缺陷，如起鳞；

f）手工焊缝打磨光顺；

g）钢板的切割边打磨光顺。

②溶剂清洗：清除钢板表面所有可见油类、油脂、污垢和其他可溶性污物。若有厚重的油脂，可先用工具除去，再用溶剂除去剩下的油脂。

③二次除锈：

a）二次除锈的主要方式为动力工具除锈。

b）应尽量在天气情况良好时和室内进行二次除锈作业，除锈结束后应清除表面的油污、尘埃等异物。

c）二次除锈作业时，对各部位的具体要求。

焊缝区、烧损区、型钢的反面、边缘等施工困难区域：除去焊道两侧烧焦、起泡、变色的涂膜及周围 30~50 mm 范围内底层已受热损伤的涂膜，除去焊道表面及两侧的黑皮、黄锈。

d）船体各部位二次除锈等级应符合相关要求（表 G-1）。

表 G-1　除锈等级

级别	标准
Sa3	在不放大的情况下进行观察时,表面应无可见的油脂和污垢,并且没有氧化皮、铁锈、油漆涂层和异物。该表面应具有均匀的金属光泽
Sa2.5	在不放大的情况下进行观察时,表面应无可见的油脂和污垢,并且没有氧化皮、铁锈、油漆涂层和异物。任何残留的痕迹应仅是点状或条纹状的轻微色斑
St3	在不放大的情况下进行观察时,表面应无可见的油脂和污垢,并且几乎没有附着不牢的氧化皮、铁锈、油漆涂层和异物,但表面处理要彻底得多,表面应具有金属底材的光泽
St2	在不放大的情况下进行观察时,表面应无可见的油脂和污垢,并且几乎没有附着不牢的氧化皮、铁锈、油漆涂层和异物

2. 涂装作业

(1)涂装作业环境

①涂装工作应尽可能在天气情况良好时进行,气候潮湿或气温较低的季节应在室内进行。

②雨天、雪天、雾天不应进行露天涂装。

③一般情况下,对于环氧、焦油环氧涂料,当环境温度低于 5 ℃时,不应进行涂装;对于环氧类涂料的涂装,当环境温度低于 5 ℃时,应选用冬用型;对于水性涂料,当环境温度低于 0 ℃时,不应进行涂装;对于其他涂料的涂装,当环境温度低于 0 ℃时,应采取措施对涂料进行预热处理。

④在潮湿表面上不允许进行涂装。涂装施工应在相对湿度不超过 85%时或钢板表面温度高于露点 3 ℃时进行。

(2)涂装作业准备

①发料与领料:

a)涂料应严格按照涂装说明书规定的品种、牌号、颜色和定额数量发放领取;

b)稀释剂应根据相关配套的品种和比例发放领取。

②开桶:

a)涂料在开罐前确认涂料的品种、牌号、颜色符合涂装说明书,并记录批号;

b)涂料应根据实际需要量,在涂装作业即将开始时开桶,避免浪费。

③搅拌:涂料使用前,应用机械搅拌均匀。若为双组分涂料,应先搅拌均匀,加入固化剂后再次搅拌均匀。

④混合熟化:双组分涂料要按规定比例混合。混合熟化过程如下:

a)涂料搅拌均匀;

b)倒入一半固化剂搅匀;

c)倒入剩下的固化剂搅匀;

d)必要时加入稀释剂搅匀;

e)按规定放置一定时间进行熟化(20 min 左右);

f)过滤喷涂。

注意使用时间不要超过规定时间,以免胶化报废。熟化时间和混合使用时间随温度上升而缩短,需注意厂商说明。高温季节须避免在太阳暴晒下施工。

⑤稀释:通常涂料开桶就可使用,无须稀释。以下情况可以加稀释剂:

a)冬季在温度低时;

b)手工或无气喷涂时;

c)特意降低膜厚时。

⑥过滤:为了除去涂料中仍残余的难分散的较大颗粒、结皮或其他异物,可按以下方法解决:

a)经过过滤网倒入另一空桶;

b)喷涂时,在漆泵吸口处加滤网或过滤器;

c)使用完后,用溶剂清洗;

d)喷涂特殊涂料时,如玻璃鳞片涂料,需拆去滤网。

⑦遮蔽:

a)分段大接缝及密性试验前的水密焊缝,不允许涂各种防锈涂料、面漆,涂装前应予以遮蔽;

b)喷涂作业时,对不应涂漆的部位应予以遮蔽。

(3)涂装施工

①涂装施工主要有刷涂、辊涂、无气喷涂等方法。下列一个或几个因素决定了施工方法的选择:

a)工件的尺寸和类型;

b)待涂区域的可接近程度;

c)待涂区域的形状;

d)(喷涂施工中的)喷涂可能会造成关键区域的损坏或对周围环境的破坏;

e)涂料的类型。

②刷涂:

a)刷涂施工通常用于:

• 不可能进行辊涂或喷涂的区域或局部修补;

• 角和边的切割处;

• 为了在裂缝或腐蚀麻坑处取得良好的渗透作用;

• 灵敏度高的仪器、电机、机械和仪表周围等关键区域;

• 对焊接处、铆钉、螺栓、螺母、棱边、法兰、角落等的预涂。

b)刷涂施工的工序:

• 将漆刷的1/2浸满涂料;

- 取出时,在容器内沿擦去或磕去过量的涂料;
- 漆刷始终与待涂表面处于垂直状态,运行时的用力和速度应均衡;
- 漆刷运行采用平行轨迹,并重叠漆刷的1/3的宽度;
- 在前道涂层上以直角呈交叉状施工后道涂层。

③辊涂:

a)辊涂施工一般用于宽大、平整的表面;

b)辊涂施工时,辊筒以交叉的走势在表面上滚动,将涂料均匀地涂布在表面上。

④无气喷涂:

a)无气喷涂的喷嘴根据不同涂料的性能进行选择。

b)无气喷涂施工要领包括台下几点:

- 开始施工涂料前,施工者应检查喷枪,并调节喷枪以产生最佳扇面;
- 手持喷枪使喷束始终垂直于表面并与受涂表面保持 25~30 cm 的均匀距离,避免手腕转动而成为弧形移动;
- 扳机应恰在待涂表面的边与喷嘴成一直线前扣动,扳机应完全扣下并匀速移动喷枪直至到达物体的另一边,然后放松扳机,关掉流体,待喷枪继续移动一段距离直至恢复至返回道,并到达喷涂物体的边时,再次完全扣下扳机并继续移动经过物体;
- 喷涂时要在移枪中开动扳机,同样要在移动中关闭扳机;
- 每一喷道应在前一喷道上重叠 50%,漆膜均匀覆盖;
- 喷涂拐角处,喷枪要对准角中心线,确保两侧都能得到均匀的膜厚。

⑤预涂:以下区域,在全面涂装以前(或以后)必须刷涂(或辊涂)1~2 道,待其稍干,方可全面涂装。

a)拉毛区域和手工焊的区域;

b)加强筋、面板、衬板和圆盘的边缘;

c)过水孔、管子支架和人孔等;

d)缺陷处和损伤处;

e)难以到达的区域。

⑥复涂:每道涂层复涂,应严格遵照油漆公司提供的产品说明书中涂装间隔时间要求。在少于最小复涂间隔时间时,不得进行下一道涂装。若超过最大复涂间隔时间,涂层表面必须拉毛处理,才可进行下一道涂装。

⑦涂层交叠:两种不同类型的涂料发生交叠时,必须严格按照生产设计规定的顺序进行叠接。

⑧涂层修补:

a)膜厚未达到规定要求或原涂层受损伤的区域都应进行涂层修补;

b)涂层修补时,所用涂料的品种、层次、每层膜厚都应与周围涂层一致,按原涂装顺序涂装;

c)修补区域与周围区域涂层的交界叠加应注意平滑。

七、检验

1.涂层质量

（1）涂层系统要求

船舶各部位的涂层系统及每道涂层的涂料品种、牌号、颜色、度数和膜厚应符合涂装说明书及明细表的规定。

（2）涂层外观要求

①船舶各部位的涂层外观质量应符合要求。

②涂层表面质量存在缺陷时，应根据缺陷的种类、范围和严重程度，进行修整或返工。

（3）涂层膜厚要求

涂层规定膜厚应符合涂装说明书及明细表的要求。

2.检验的范围和程序

（1）检验的范围

①钢材表面预处理；

②涂装前二次除锈与表面清理；

③涂层外观；

④涂层膜厚。

（2）检验的程序

①施工队自检；

②公司内部检查；

③提交船检、油漆服务商、船东验收，并签署验收单。